大学赤本シリーズ

454

中部大学

教学社

は　し　が　き

　おかげさまで，大学入試の「赤本」は，今年で創刊 70 周年を迎えました。
　これまで，入試問題や資料をご提供いただいた大学関係者各位，掲載許
可をいただいた著作権者の皆様，各科目の解答や対策の執筆にあたられた
先生方，そして，赤本を使用してくださったすべての読者の皆様に，厚く
御礼を申し上げます。

　以下に，創刊初期の「赤本」のはしがきを引用します。これからも引き
続き，受験生の目標の達成や，夢の実現を応援してまいります。

　本書を活用して，入試本番では持てる力を存分に発揮されることを心よ
り願っています。

編者しるす

＊　　　＊　　　＊

　学問の塔にあこがれのまなざしをもって，それぞれの志望する大学の門
をたたかんとしている受験生諸君！　人間として生まれてきた私たちは，
自己の欲するままに，美しく，強く，そして何よりも人間らしく生きるこ
とをねがっている。しかし，一朝一夕にして，この純粋なのぞみが達せら
れることはない。私たちの行く手には，絶えずさまざまな試練がまちかま
えている。この試練を克服していくところに，私たちのねがう真に人間的
な世界がはじめて開かれてくるのである。

　人生最初の最大の試練として，諸君の眼前に大学入試がある。この大学
入試は，精神的にも身体的にも，大きな苦痛を感ぜしめるであろう。ある
スポーツに熟達するには，たゆみなき，はげしい練習を積み重ねることが
必要であるように，私たちは，計画的・持続的な努力を払うことによって，
この試練を克服し，次の一歩を踏みだすことができる。厳しい試練を経た
のちに，はじめて満足すべき成果を獲得できるのである。

　本書は最近の入学試験の問題に，それぞれ解答を付し，さらに問題をふ
かく分析することによって，その大学独特の傾向や対策をさぐろうとした。
本書を一般の参考書とあわせて使用し，まとはずれのない，効果的な受験
勉強をされるよう期待したい。

（昭和 35 年版「赤本」はしがきより）

挑む人の、いちばんの味方

赤本創刊70周年

1954年に大学入試の過去問題集を刊行してから70年。赤本は大学に入りたいと思う受験生を応援しつづけてきました。これからも，苦しいとき落ち込むときにそばで支える存在でいたいと思います。

そして，勉強をすること，自分で道を決めること，努力が実ること，これらの喜びを読者の皆さんが感じることができるよう，伴走をつづけます。

そもそも赤本とは…

受験生のための大学入試の過去問題集！

70年の歴史を誇る赤本は，500点を超える刊行点数で全都道府県の370大学以上を網羅しており，過去問の代名詞として受験生の必須アイテムとなっています。

………… なぜ受験に過去問が必要なのか？ …………

大学入試は大学によって問題形式や頻出分野が大きく異なるからです。

赤本の掲載内容

傾向と対策

これまでの出題内容から，問題の「**傾向**」を分析し，来年度の入試に向けて具体的な「**対策**」の方法を紹介しています。

問題編・解答編

◈ 年度ごとに問題とその解答を掲載しています。

◈ 「**問題編**」ではその年度の試験概要を確認したうえで，実際に出題された過去問に取り組むことができます。

◈ 「**解答編**」には高校・予備校の先生方による解答が載っています。

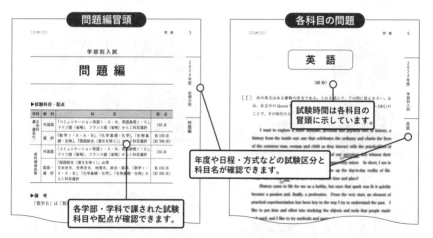

他にも，大学の基本情報や，先輩受験生の合格体験記，在学生からのメッセージなどが載っていることがあります。

2024年度から見やすいデザインに！ NEW

受験勉強は 過去問に始まり,

STEP 1 （なにはともあれ）

まずは 解いてみる

しずかに…
今，自分の心と
向き合ってるんだから

ムーン

それは
問題を解いて
からだホン！

過去問は，**できるだけ早いうちに 解くのがオススメ！**
実際に解くことで，**出題の傾向，問題のレベル，今の自分の実力が**
つかめます。

STEP 2 （じっくり具体的に）

弱点を 分析する

分析の結果だけど
英・数・国が苦手みたい

スリー

必須科目だホン
頑張るホン

間違いは自分の弱点を教えてくれ
る**貴重な情報源。**
弱点から自己分析することで，**今 の自分に足りない力や苦手な分野**
が見えてくるはず！

合格者があかす
赤本の使い方

傾向と対策を熟読
（Fさん／国立大合格）

大学の出題傾向を調べる
ために，赤本に載ってい
る「傾向と対策」を熟読
しました。

繰り返し解く
（Tさん／国立大合格）

1周目は問題のレベル確認，2周
目は苦手や頻出分野の確認に，3
周目は合格点を目指して，と過去
問は繰り返し解くことが大切です。

過去問に終わる。

STEP 3
> 志望校に
> あわせて

苦手分野の
重点対策

> 明日からはみんなで頑張るよ！
> 参考書も！ 問題集も！
> よろしくね！

> 呼んだ？

> なにを!?
> どこから!?

> グッ グッ

参考書や問題集を活用して，苦手分野の**重点対策**をしていきます。**過去問を指針**に，合格へ向けた具体的な学習計画を立てましょう！

STEP 1 ▶ 2 ▶ 3
> サイクル
> が大事！

実践を
繰り返す

> STEP 1
> 解く!!
> やるのは
> ボクだよ〜

> 対策!!

> 分析!!

> STEP 3

> STEP 2

STEP 1〜3を繰り返し，実力アップにつなげましょう！
出題形式に慣れることや，**時間配分を考える**ことも大切です。

目標点を決める
（Yさん／私立大合格）

赤本によっては合格者最低点が載っているので，それを見て目標点を決めるのもよいです。

時間配分を確認
（Kさん／私立大学合格）

赤本は時間配分や解く順番を決めるために使いました。

添削してもらう
（Sさん／私立大学合格）

記述式の問題は先生に添削してもらうことで自分の弱点に気づけると思います。

新課程も赤本で
ばっちり！

新課程入試 Q&A

使える？

2022年度から新しい学習指導要領（新課程）での授業が始まり，2025年度の入試は，新課程に基づいて行われる最初の入試となります。ここでは，赤本での新課程入試の対策について，よくある疑問にお答えします。

Q1. 赤本は新課程入試の対策に使えますか？

A. もちろん使えます！

OK

旧課程入試の過去問が新課程入試の対策に役に立つのか疑問に思う人もいるかもしれませんが，心配することはありません。旧課程入試の過去問が役立つのには次のような理由があります。

● 学習する内容はそれほど変わらない

新課程は旧課程と比べて科目名を中心とした変更はありますが，学習する内容そのものはそれほど大きく変わっていません。また，多くの大学で，既卒生が不利にならないよう「経過措置」がとられます（Q3参照）。したがって，出題内容が大きく変更されることは少ないとみられます。

● 大学ごとに出題の特徴がある

これまでに課程が変わったときも，各大学の出題の特徴は大きく変わらないことがほとんどでした。入試問題は各大学のアドミッション・ポリシーに沿って出題されており，過去問にはその特徴がよく表れています。過去問を研究してその大学に特有の傾向をつかめば，最適な対策をとることができます。

出題の特徴の例	・英作文問題の出題の有無
	・論述問題の出題（字数制限の有無や長さ）
	・計算過程の記述の有無

新課程入試の対策も，赤本で過去問に取り組むところから始めましょう。

Q2. 赤本を使う上での注意点はありますか?

A. 志望大学の入試科目を確認しましょう。

　過去問を解く前に, 過去の出題科目（問題編冒頭の表）と 2025 年度の募集
要項とを比べて, 課される内容に変更がないかを確認しましょう。ポイントは
以下のとおりです。科目名が変わっていても, 実際は旧課程の内容とほとんど
同様のものもあります。

英語・国語	科目名は変更されているが, 実質的には変更なし。 ▶▶ ただし, リスニングや古文・漢文の有無は要確認。
地歴	科目名が変更され,「歴史総合」「地理総合」が新設。 ▶▶ 新設科目の有無に注意。ただし,「経過措置」(Q3参照) により内容は大きく変わらないことも多い。
公民	「現代社会」が廃止され,「公共」が新設。 ▶▶ 「公共」は実質的には「現代社会」と大きく変わらない。
数学	科目が再編され,「数学 C」が新設。 ▶▶ 「数学」全体としての内容は大きく変わらないが, 出 題科目と単元の変更に注意。
理科	科目名も学習内容も大きな変更なし。

　数学については, 科目名だけでなく, どの単元が含まれているかも確認が必
要です。例えば, 出題科目が次のように変わったとします。

旧課程	「数学Ⅰ・数学Ⅱ・数学A・数学B（数列・ベクトル）」
新課程	「数学Ⅰ・数学Ⅱ・数学A・**数学B（数列）・数学C（ベクトル）**」

　この場合, 新課程では「数学C」が増えていますが, 単元は「ベクトル」の
みのため, 実質的には旧課程とほぼ同じであり, 過去問をそのまま役立てるこ
とができます。

Q3. 「経過措置」とは何ですか？

A. 既卒の旧課程履修者への対応です。

　多くの大学では，既卒の旧課程履修者が不利にならないように，出題において「経過措置」が実施されます。措置の有無や内容は大学によって異なるので，募集要項や大学のウェブサイトなどで確認しておきましょう。

○旧課程履修者への経過措置の例

- ●旧課程履修者にも配慮した出題を行う。
- ●新・旧課程の共通の範囲から出題する。
- ●新課程と旧課程の共通の内容を出題し，共通範囲のみでの出題が困難な場合は，旧課程の範囲からの問題を用意し，選択解答とする。

例えば，地歴の出題科目が次のように変わったとします。

旧課程	「日本史 B」「世界史 B」から 1 科目選択
新課程	「歴史総合，日本史探究」「歴史総合，世界史探究」から 1 科目選択※ ※旧課程履修者に不利益が生じることのないように配慮する。

　「歴史総合」は新課程で新設された科目で，旧課程履修者には見慣れないものですが，上記のような経過措置がとられた場合，新課程入試でも旧課程と同様の学習内容で受験することができます。

新課程の情報は WEB もチェック！
より詳しい解説が赤本ウェブサイトで見られます。
https://akahon.net/shinkatei/

科目名が変更される教科・科目

	旧 課 程	新 課 程
国 語	国 語 総 合 国 語 表 現 現 代 文 A 現 代 文 B 古 典 A 古 典 B	現 代 の 国 語 言 語 文 化 論 理 国 語 文 学 国 語 国 語 表 現 古 典 探 究
地 歴	日 本 史 A 日 本 史 B 世 界 史 A 世 界 史 B 地 理 A 地 理 B	歴 史 総 合 日 本 史 探 究 世 界 史 探 究 地 理 総 合 地 理 探 究
公 民	現 代 社 会 倫 理 政 治 ・ 経 済	公 共 倫 理 政 治 ・ 経 済
数 学	数 学 I 数 学 II 数 学 III 数 学 A 数 学 B 数 学 活 用	数 学 I 数 学 II 数 学 III 数 学 A 数 学 B 数 学 C
外 国 語	コミュニケーション英語基礎 コミュニケーション英語 I コミュニケーション英語 II コミュニケーション英語 III 英 語 表 現 I 英 語 表 現 II 英 語 会 話	英語コミュニケーション I 英語コミュニケーション II 英語コミュニケーション III 論 理 ・ 表 現 I 論 理 ・ 表 現 II 論 理 ・ 表 現 III
情 報	社 会 と 情 報 情 報 の 科 学	情 報 I 情 報 II

大学のサイトも見よう

目 次

2024年度
問題と解答

2023 年度
問題と解答

掲載内容についてのお断り

- 一般推薦入試，特別奨学生入試，後期入試については掲載していません。
- 前期入試Ａ・Ｂ方式，AM・BM 方式についてはそれぞれ代表的な1日程を掲載しています。

大 学 情 報

基 本 情 報

 ## 学部・学科の構成

大　学

●**工学部**
　機械工学科
　都市建設工学科
　建築学科
　応用化学科
　情報工学科
　電気電子システム工学科

●**経営情報学部**
　経営総合学科

●**国際関係学部**
　国際学科

●**人文学部**
　日本語日本文化学科

　　英語英米文化学科
　　心理学科
　　歴史地理学科
　　メディア情報社会学科※
※2024 年 4 月開設。

●**応用生物学部**
　　応用生物化学科
　　環境生物科学科
　　食品栄養科学科（食品栄養科学専攻，管理栄養科学専攻）

●**生命健康科学部**
　　生命医科学科
　　保健看護学科
　　理学療法学科
　　作業療法学科
　　臨床工学科
　　スポーツ保健医療学科

●**現代教育学部**
　　幼児教育学科
　　現代教育学科（現代教育専攻，中等教育国語数学専攻）

●**理工学部**
　　数理・物理サイエンス学科
　　AI ロボティクス学科
　　宇宙航空学科

大学院

工学研究科 / 経営情報学研究科 / 国際人間学研究科 / 応用生物学研究科 / 生命健康科学研究科 / 教育学研究科

📍 大学所在地

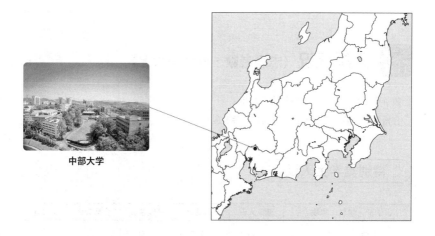

中部大学

〒 487-8501　愛知県春日井市松本町 1200

2024年度入試データ

 ## 入試状況（志願者数・競争率など）

○競争率は受験者数÷合格者数で算出。
○合格者数・合格者最低点に追加合格者を含む。

特別奨学生入試

学部・学科・専攻		募集人員	志願者数	受験者数	合格者数	競争率
工	機械工	6	256	250	7 176	35.7 1.4
	都市建設工	3	55	54	1 41	54.0 1.3
	建築	4	135	134	6 74	22.3 1.7
	応用化	3	134	131	7 108	18.7 1.1
	情報工	4	263	254	4 59	63.5 4.2
	電気電子システム工	6	130	129	4 95	32.3 1.3
経営情報	経営総合	17	156	151	10 44	15.1 3.2
国際関係	国際	8	51	50	6 27	8.3 1.6
人文	日本語日本文化	2	40	39	4 23	9.8 1.5
	英語英米文化	2	23	22	4 12	5.5 1.5
	心理	2	77	76	2 32	38.0 2.3
	歴史地理	2	49	47	5 24	9.4 1.8
	メディア情報社会	2	42	41	1 7	41.0 5.7

（表つづく）

学部・学科・専攻			募集人員	志願者数	受験者数	合格者数	競争率
応用生物	応用生物化		3	142	137	8 47	17.1 2.7
	環境生物科		3	103	101	1 34	101.0 2.9
	食品栄養科	食品栄養科学	3	28	27	2 11	13.5 2.3
		管理栄養科学	3	44	44	2 21	22.0 2.0
生命健康科	生命医科		3	57	57	4 18	14.3 2.9
	保健看護		3	118	115	5 24	23.0 4.6
	理学療法		3	72	70	2 12	35.0 5.7
	作業療法		2	25	25	0 8	— 3.1
	臨床工		2	37	37	1 16	37.0 2.3
	スポーツ保健医療		3	36	34	0 5	— 6.8
現代教育	幼児教育		2	36	34	1 20	34.0 1.7
	現代教育	現代教育	2	65	63	3 34	21.0 1.8
		中等教育国語数学	2	45	44	3 21	14.7 2.0
理工	数理・物理サイエンス		2	82	81	3 43	27.0 1.8
	AIロボティクス		3	51	50	1 40	50.0 1.2
	宇宙航空		6	47	44	4 32	11.0 1.3
合計			106	2,399	2,341	101 1,108	23.2 2.0

(備考)

- 合格者数の上段は特別奨学生候補者，下段は一般合格者の数値を表す。
- 競争率の上段は受験者数÷特別奨学生候補者数，下段は（受験者数−特別奨学生候補者数）÷一般合格者数で算出。
- 特別奨学生として選ばれなくても，成績優秀者は一般合格者として選抜される。

一般選抜

●前期入試A方式

学部・学科・専攻			募集人員	志願者数	受験者数	合格者数	競争率
工	機　械　工		33	364	352	11 83	32.0 4.2
	都　市　建　設　工		15	92	90	2 15	45.0 6.0
	建　　　　　築		21	169	161	7 23	23.0 7.0
	応　　用　　化		18	155	150	6 45	25.0 3.3
	情　　報　　工		24	439	418	8 56	52.3 7.5
	電気電子システム工		33	209	193	6 32	32.2 6.0
経　営 情　報	経　営　総　合		57	310	304	19 95	16.0 3.2
国　際 関　係	国　　　　　際		24	77	76	5 21	15.2 3.6
人　文	日本語日本文化		15	87	86	5 29	17.2 3.0
	英　語英米文化		12	46	45	2 13	22.5 3.5
	心　　　　　理		18	183	179	6 54	29.8 3.3
	歴　史　地　理		18	207	200	6 36	33.3 5.6
	メディア情報社会		12	100	95	4 15	23.8 6.3
応　用 生　物	応　用　生　物　化		21	306	290	7 59	41.4 4.9
	環　境　生　物　科		21	293	288	7 44	41.1 6.5
	食　品 栄養科	食　品 栄養科学	9	55	55	3 18	18.3 3.1
		管　理 栄養科学	15	60	59	3 15	19.7 3.9
生　命 健康科	生　命　医　科		9	133	128	3 20	42.7 6.4
	保　健　看　護		18	194	188	6 26	31.3 7.2

（表つづく）

学部・学科・専攻		募集人員	志願者数	受験者数	合格者数	競争率
生命 健康科	理　学　療　法	6	176	172	3 10	57.3 17.2
	作　業　療　法	6	64	62	2 7	31.0 8.9
	臨　　床　　工	6	75	73	2 9	36.5 8.1
	スポーツ保健医療	12	95	90	3 13	30.0 6.9
現　代 教　育	幼　児　教　育	15	77	76	2 23	38.0 3.3
	現　代 教　育 　現代教育	12	158	152	4 57	38.0 2.7
	中等教育 国語数学	3	90	87	1 13	87.0 6.7
理　工	数理・物理サイエンス	9	130	124	3 24	41.3 5.2
	AI ロ ボ テ ィ ク ス	15	81	80	0 12	— 6.7
	宇　宙　航　空	15	82	79	2 13	39.5 6.1
合　　計		492	4,507	4,352	138 880	31.5 4.9

（備考）

- 合格者数の上段は選抜奨学生，下段は一般合格者の数値を表す。
- 競争率の上段は受験者数÷選抜奨学生数，下段は受験者数÷一般合格者数で算出。

●前期入試Ｂ方式

学部・学科・専攻			募集人員	志願者数	受験者数	合格者数	競争率
工	機　械　工		27	364	354	87	4.1
	都　市　建　設　工		6	92	90	14	6.4
	建　　　築		8	169	162	32	5.1
	応　用　化		12	155	152	52	2.9
	情　報　工		19	439	419	63	6.7
	電気電子システム工		27	209	197	75	2.6
経営情報	経　営　総　合		33	310	307	111	2.8
国際関係	国　　際		8	77	76	47	1.6
人文	日本語日本文化		8	87	86	56	1.5
	英語英米文化		3	46	45	19	2.4
	心　理		7	183	179	47	3.8
	歴　史　地　理		7	207	201	95	2.1
	メディア情報社会		3	100	97	43	2.3
応用生物	応　用　生　物　化		12	306	294	122	2.4
	環　境　生　物　科		12	293	288	87	3.3
	食品栄養科	食品栄養科学	5	55	55	28	2.0
		管理栄養科学	16	60	60	27	2.2
生命健康科	生　命　医　科		4	133	131	46	2.8
	保　健　看　護		7	194	191	64	3.0
	理　学　療　法		3	176	174	16	10.9
	作　業　療　法		3	64	62	20	3.1
	臨　床　工		3	75	73	12	6.1
	スポーツ保健医療		5	95	94	20	4.7
現代教育	幼　児　教　育		11	77	76	40	1.9
	現代教育	現代教育	10	158	153	56	2.7
		中等教育国語数学	2	90	87	19	4.6
理工	数理・物理サイエンス		6	130	124	43	2.9
	AIロボティクス		12	81	80	20	4.0
	宇　宙　航　空		9	82	79	17	4.6
合　計			288	4,507	4,386	1,378	3.2

●前期入試 AM 方式

学部・学科・専攻			募集人員	志願者数	受験者数	合格者数	競争率
工	機　械　工		15	137	126	77	1.6
	都　市　建　設　工		5	49	48	38	1.3
	建　　築		7	56	51	33	1.5
	応　用　化		5	43	42	33	1.3
	情　報　工		8	137	128	36	3.6
	電気電子システム工		15	113	106	89	1.2
経営情報	経　営　総　合		22	76	74	45	1.6
国際関係	国　　際		8	27	26	14	1.9
人文	日本語日本文化		5	18	18	16	1.1
	英語英米文化		3	9	9	7	1.3
	心　　理		5	42	41	23	1.8
	歴　史　地　理		5	32	30	19	1.6
	メディア情報社会		5	28	27	13	2.1
応用生物	応　用　生　物　化		10	105	101	40	2.5
	環　境　生　物　科		10	129	125	52	2.4
	食品栄養科	食　品栄養科学	3	37	37	25	1.5
		管　理栄養科学	5	26	26	18	1.4
生命健康科	生　命　医　科		3	31	30	14	2.1
	保　健　看　護		7	71	68	40	1.7
	理　学　療　法		3	49	44	16	2.8
	作　業　療　法		2	18	17	10	1.7
	臨　床　工		3	30	29	7	4.1
	スポーツ保健医療		5	16	15	5	3.0
現代教育	幼　児　教　育		4	15	14	7	2.0
	現代教育	現代教育	3	52	48	32	1.5
		中等教育国語数学	2	20	19	6	3.2
理工	数理・物理サイエンス		3	59	54	30	1.8
	AI ロボティクス		7	43	41	25	1.6
	宇　宙　航　空		6	33	31	19	1.6
合　　計			184	1,501	1,425	789	1.8

●前期入試 BM 方式

学部・学科・専攻			募集人員	志願者数	受験者数	合格者数	競争率
工		機　械　工	10	137	129	84	1.5
		都 市 建 設 工	5	49	49	31	1.6
		建　　　築	7	65	63	37	1.7
		応　用　化	5	28	26	19	1.4
		情　報　工	8	121	117	39	3.0
		電気電子システム工	10	121	114	84	1.4
経　営情　報		経　営　総　合	17	83	77	40	1.9
国　際関　係		国　　　際	8	16	16	10	1.6
人　文		日 本 語 日 本 文 化	5	29	28	23	1.2
		英 語 英 米 文 化	3	15	14	8	1.8
		心　　　理	5	66	63	31	2.0
		歴　史　地　理	5	37	37	24	1.5
		メ デ ィ ア 情 報 社 会	5	43	38	19	2.0
応　用生　物		応　用　生　物　化	10	93	91	44	2.1
		環　境　生　物　科	10	141	137	69	2.0
	食　品栄養科	食　品栄養科学	3	40	38	25	1.5
		管　理栄養科学	5	29	29	22	1.3
生　命健康科		生　命　医　科	3	45	45	26	1.7
		保　健　看　護	7	64	62	27	2.3
		理　学　療　法	2	55	55	15	3.7
		作　業　療　法	2	20	20	9	2.2
		臨　床　工	3	28	28	11	2.5
		ス ポ ー ツ 保 健 医 療	5	29	29	13	2.2
現　代教　育		幼　児　教　育	5	9	9	3	3.0
	現　代教　育	現代教育	3	45	43	22	2.0
		中等教育国語数学	2	22	22	10	2.2
理　工		数理・物理サイエンス	3	45	43	26	1.7
		AI ロ ボ テ ィ ク ス	7	44	41	30	1.4
		宇　宙　航　空	5	35	35	23	1.5
合　　計			168	1,554	1,498	824	1.8

●共通テストプラス方式

学部・学科・専攻			募集人員	志願者数	受験者数	合格者数	競争率
工	機　械　工		4	305	296	180	1.6
	都　市　建　設　工		2	73	71	41	1.7
	建　　　築		4	148	141	78	1.8
	応　用　化		3	132	127	78	1.6
	情　報　工		4	362	347	124	2.8
	電気電子システム工		4	161	148	88	1.7
経営情報	経　営　総　合		8	206	203	137	1.5
国際関係	国　　　際		5	45	45	28	1.6
人文	日本語日本文化		4	72	71	51	1.4
	英語英米文化		2	20	20	11	1.8
	心　　　理		4	134	130	61	2.1
	歴　史　地　理		4	161	157	106	1.5
	メディア情報社会		2	78	74	31	2.4
応用生物	応　用　生　物　化		4	234	224	121	1.9
	環　境　生　物　科		4	237	233	109	2.1
	食品栄養科	食品栄養科学	3	43	43	27	1.6
		管理栄養科学	4	39	38	26	1.5
生命健康科	生　命　医　科		4	95	94	55	1.7
	保　健　看　護		4	148	145	63	2.3
	理　学　療　法		3	138	135	17	7.9
	作　業　療　法		3	39	38	15	2.5
	臨　床　工		4	45	43	16	2.7
	スポーツ保健医療		4	46	45	10	4.5
現代教育	幼　児　教　育		4	61	60	24	2.5
	現代教育	現代教育	4	131	127	77	1.6
		中等教育国語数学	2	77	74	21	3.5
理工	数理・物理サイエンス		2	118	112	59	1.9
	AIロボティクス		4	68	67	28	2.4
	宇　宙　航　空		4	64	62	35	1.8
合　　計			107	3,480	3,370	1,717	2.0

●共通テスト利用入試前期

学部・学科・専攻			募集人員	志願者数	受験者数	合格者数	競争率
工	機械工		6	160	160	80	2.0
	都市建設工		6	41	41	29	1.4
	建築		6	85	85	39	2.2
	応用化		6	107	107	73	1.5
	情報工		6	186	186	47	4.0
	電気電子システム工		6	98	98	72	1.4
経営情報	経営総合		6	194	194	133	1.5
国際関係	国際		6	51	51	47	1.1
人文	日本語日本文化		6	62	62	39	1.6
	英語英米文化		6	29	29	20	1.5
	心理		6	99	99	18	5.5
	歴史地理		6	144	144	43	3.3
	メディア情報社会		6	57	57	21	2.7
応用生物	応用生物化		6	226	226	101	2.2
	環境生物科		6	187	187	61	3.1
	食品栄養科	食品栄養科学	3	45	45	27	1.7
		管理栄養科学	5	51	51	29	1.8
生命健康科	生命医科		3	95	95	34	2.8
	保健看護		6	63	63	23	2.7
	理学療法		3	91	91	27	3.4
	作業療法		3	20	20	8	2.5
	臨床工		3	32	32	8	4.0
	スポーツ保健医療		6	29	29	4	7.3
現代教育	幼児教育		3	28	28	18	1.6
	現代教育	現代教育	3	66	66	46	1.4
		中等教育国語数学	3	62	62	26	2.4
理工	数理・物理サイエンス		3	95	95	52	1.8
	AIロボティクス		3	49	49	27	1.8
	宇宙航空		6	55	55	43	1.3
合計			143	2,507	2,507	1,195	2.1

●共通テスト利用入試後期

学部・学科・専攻			募集人員	志願者数	受験者数	合格者数	競争率
工	機　械　工		若干名	19	19	13	1.5
	都 市 建 設 工		若干名	12	12	10	1.2
	建　　　　築		若干名	7	7	6	1.2
	応　用　化		若干名	13	13	11	1.2
	情　報　工		若干名	32	32	16	2.0
	電気電子システム工		若干名	36	36	25	1.4
経営情報	経　営　総　合		若干名	20	20	17	1.2
国際関係	国　　　　際		若干名	3	3	2	1.5
人 文	日 本 語 日 本 文 化		若干名	4	4	3	1.3
	英 語 英 米 文 化		若干名	0	0	0	－
	心　　　　理		若干名	10	10	0	－
	歴　史　地　理		若干名	5	5	1	5.0
	メディア情報社会		若干名	11	11	1	11.0
応用生物	応 用 生 物 化		若干名	24	24	11	2.2
	環 境 生 物 科		若干名	28	28	7	4.0
	食品栄養科	食　品栄養科学	若干名	7	7	6	1.2
		管　理栄養科学	若干名	8	8	8	1.0
生命健康科	生　命　医　科		若干名	19	19	11	1.7
	保　健　看　護		若干名	8	8	1	8.0
	理　学　療　法		若干名	6	6	1	6.0
	作　業　療　法		若干名	1	1	0	－
	臨　床　工		若干名	5	5	2	2.5
	スポーツ保健医療		若干名	5	5	1	5.0
現代教育	幼　児　教　育		若干名	4	4	3	1.3
	現　代教　育	現代教育	若干名	5	5	2	2.5
		中等教育国語数学	若干名	7	7	1	7.0
理 工	数理・物理サイエンス		若干名	10	10	5	2.0
	AI ロ ボ テ ィ ク ス		若干名	25	25	19	1.3
	宇　宙　航　空		若干名	4	4	3	1.3
合　　計			若干名	338	338	186	1.8

募集要項(出願書類)の入手方法

入学試験要項は，大学ホームページ内，「入試情報」から確認または入手（ダウンロード）してください。

＼入学試験要項はこちら／

問い合わせ先

中部大学　入学センター

〒 487-8501　愛知県春日井市松本町 1200

TEL　0120-873941

URL　https://www.chubu.ac.jp/

 中部大学のテレメールによる資料請求方法

| スマートフォンから | QRコードからアクセスしガイダンスに従ってご請求ください。 |
| パソコンから | 教学社 赤本ウェブサイト(akahon.net)から請求できます。 |

TREND & STEPS

傾 向 と 対 策

　科目ごとに問題の「傾向」を分析し，具体的にどのような「対策」をすればよいか紹介しています。まずは出題内容をまとめた分析表を見て，試験の概要を把握しましょう。

注　意

　「傾向と対策」で示している，出題科目・出題範囲・試験時間等については，2024年度までに実施された入試の内容に基づいています。2025年度入試の選抜方法については，各大学が発表する学生募集要項を必ずご確認ください。

来年度の変更点

　2025年度入試では，以下の変更が予定されている（本書編集時点）。
- 前期A・B方式，AM方式・BM方式において，「物理基礎」「化学基礎」のみの試験が廃止され，「物理基礎・物理」「化学基礎・化学」としての実施となる。

英　語

年度	区分	番号	項　目	内　容
2024 ●	A・B方式	〔1〕	読　　解	内容説明, 主題
		〔2〕	文法・語彙	空所補充
		〔3〕	会 話 文	空所補充
		〔4〕	文法・語彙	同意表現
		〔5〕	文法・語彙	語句整序
	AM・BM方式	〔1〕	読　　解	内容説明, 同意表現
		〔2〕	文法・語彙	空所補充
		〔3〕	会 話 文	空所補充
		〔4〕	文法・語彙	同意表現
		〔5〕	文法・語彙	語句整序
2023 ●	A・B方式	〔1〕	読　　解	内容説明, 同意表現
		〔2〕	文法・語彙	空所補充
		〔3〕	会 話 文	空所補充
		〔4〕	文法・語彙	同意表現
		〔5〕	文法・語彙	語句整序
	AM・BM方式	〔1〕	読　　解	内容説明
		〔2〕	文法・語彙	空所補充
		〔3〕	会 話 文	空所補充
		〔4〕	文法・語彙	同意表現
		〔5〕	文法・語彙	語句整序

（注）　●印は全問, ◑印は一部マークセンス方式採用であることを表す。

 読解, 文法・語彙, 会話文と多彩
基礎を重視し, オールラウンドな実力が問われる

01 出題形式は？

　各方式ともに全問マークセンス方式で, 大問5題の出題である。試験時間は60分。

02 出題内容はどうか？

　大問ごとの出題内容は，〔1〕は英文の内容把握を問う読解問題，〔2〕は四択形式の空所補充，〔3〕は会話文2つの空所補充，〔4〕はイディオムの同意表現の選択問題，〔5〕は語句整序となっている。

03 難易度は？

　難問と思われる問題は出題されていない。〔1〕の英文読解問題は，英文の内容自体は標準レベルといえる。設問の中にはやや慎重な思考を要するものもみられるが，いずれも実力が反映される良問である。〔2〕〔4〕〔5〕の文法・語彙問題も，基本的な文法事項や語彙力を問うものである。〔3〕の会話文の空所補充問題は，空所の前後を文法的な視点で考えることで答えに近づけるような問題となっている。文脈に沿って，会話の流れを正しく理解する必要がある。多様な出題に対して完答するためには60分という試験時間の中で，どういう順番で解くのが一番自分に合っているかを考えてみるのも大切である。

対　策

01 読解力をつける

　読解問題では，2023年度のA・B方式は，自動販売機の歴史に関連した題材，AM・BM方式はアメリカの画家ノーマン=ロックウェルに関連した題材が，2024年度のA・B方式では，アメリカの映画音楽作曲家ジョン=タウナー=ウィリアムズに関連した題材，AM・BM方式はハワイアンピザに関連した題材が扱われた。中には見慣れない単語や挿入句などが多いため読みにくく感じる文章もあるが，設問の選択肢は比較的はっきりしているため落ち着いて取り組むこと。設問は本文の流れに沿って内容把握力を求めるものがみられるが，設問に書かれている単語を手掛かりに本文中で答えを探せば，本文全体が理解できていなくても，解ける問題も多

い。2023 年度は出題がなかったが，主題を問う問題が 2024 年度は出題された。『やっておきたい英語長文』（河合出版）の 300 や 500 などの標準的な分量の英文読解問題集を利用してさまざまなテーマの英文にあたり，設問を意識しながら順に内容を読み取る練習をしておこう。

02　文法力・語彙力をつける

　基本文法の習得を心がけて，『Next Stage 英文法・語法問題』（桐原書店）や『Scramble 英文法・語法』（旺文社）などの標準レベルの文法問題集でしっかりとトレーニングを積むことが最も効果的な対策になる。語彙力を身につけるためには，『英単語ターゲット 1900』『英熟語ターゲット 1000』（ともに旺文社）や『システム英単語』（駿台文庫）も利用するとよい。ふだんからノートに書きためるなどして，自分なりにまとめておこう。また，語句整序問題が例年出題されているが，この形式の問題には英作文と同様の力が必要である。文法の定着はもとより，解法の手際のよさが必要となるが，同じ形式の問題を数多く演習すれば必ず身につくものなので，しっかり対策をしておきたい。

03　過去問の研究

　問題の形式や内容・量などはほぼ一定しているので，過去問の研究は大きな意味をもつだろう。問題解答の方策，時間配分など，事前に対策を考えておくことが重要なので，可能な限り過去問の演習をしておくことが望ましい。

日本史

年度	区分	番号	内　　容	形　　式
2024 ●	A・B方式	〔1〕	「類聚三代格・弘仁格式序」「玉葉」―古代・中世の政治　　⊘史料	選　択
		〔2〕	雄藩の台頭	選　択
		〔3〕	条約改正	選　択
		〔4〕	毒ガス開発と日本の戦争	選　択
	AM・BM方式	〔1〕	古代・中世の仏教文化	選　択
		〔2〕	享保の改革	選　択
		〔3〕	「民撰議院設立の建白書」―自由民権運動　　⊘史料	選　択
		〔4〕	近代日本の貿易構造	選　択
2023 ●	A・B方式	〔1〕	古代・中世の外交	選　択
		〔2〕	「禁中並公家諸法度」「バテレン追放令」ほか―近世初期の法令　　⊘史料	選　択
		〔3〕	第一次世界大戦と日本の社会	選　択
		〔4〕	「第3次近衛声明」―近衛三原則　　⊘史料	選　択
	AM・BM方式	〔1〕	旧石器文化・縄文文化，室町幕府	選　択
		〔2〕	江戸時代の飢饉と農業・社会	選　択
		〔3〕	明治・大正時代の出版・思想・文学	選　択
		〔4〕	「日米安全保障条約」―日米安保体制　　⊘史料	選　択

（注）　●印は全問，◐印は一部マークセンス方式採用であることを表す。

傾向　基本的内容を全時代からバランスよく出題

01　出題形式は？

　各方式とも全問マークセンス方式。例年，大問4題，解答個数32個である。試験時間は60分。適切な語句を選ぶ問題を中心に，正文・誤文を選択する問題も含まれている。過去には配列法が出題されたこともある。

　なお，2025年度は出題科目が「歴史総合（日本史），日本史探究」とな

る予定である（本書編集時点）。

出題内容はどうか？

　時代別では，例年，原始・古代・中世，近世，近代，近現代に各大問が
ほぼ対応する形式である。数年を通じてみると，原始から現代までバラン
スよく出題されている。テーマ史的出題が多く，近現代史が複合した形や
時事的内容を含む出題もみられる。

　分野別では，政治史を軸として，外交史・経済史・文化史などからバラ
ンスよく出題されている。

　史料問題は，ほぼ毎年出題されている。2023 年度は A・B 方式で「禁
中並公家諸法度」など，AM・BM 方式で「日米安全保障条約」が，2024
年度は A・B 方式で「類聚三代格・弘仁格式序」『玉葉』，AM・BM 方式
で「民撰議院設立の建白書」が取り上げられている。多くが受験では頻出
の重要史料であり，史料文中の空所補充なども出題されている。

難易度は？

　ほとんどが基本的かつ平易な設問で，全体としては教科書の理解を問う
ものとなっている。なかにはやや難問も含まれるが，基本的事項の知識を
確実に身につけておけば高得点も可能である。試験時間 60 分は，十分に
余裕のある時間なので，何度も繰り返し確認して，不注意によるマークミ
スなどを避けるようにしよう。

対　策

01 教科書精読による基本事項の学習

　基本的な事項を中心に出題されているため，教科書の内容を確実に習得
し，教科書の重要用語・基本用語を徹底的に把握しておこう。問題によっ
ては，教科書の記述をそのまま使用したような設問もみられる。戦後史の

問題では「現代社会」や「政治・経済」の知識で解けることもある。日頃からニュースや新聞に親しみ，時事問題に興味・関心をもつことが大事である。広い視野をもって勉強に取り組もう。さらに，地名などは常に地図で場所を確認するよう心がけてほしい。

02 時代的・分野的に偏りのない学習

　年度によって多少異なるが，原始・古代から現代に至るまで平均的に出題される傾向にある。したがって，時代によって得意・不得意ができないよう，全時代を通して偏りなく学習を進めていくことが重要となる。特に，現代史については，例年大問1題が出題されることが多いので，おろそかにならないようしっかり学習しておこう。また，政治史が中心ではあるが各分野から出題されているので，時代的にも分野的にもバランスよく学習していくことが肝要であり，計画的な学習が望まれる。

03 マークセンス方式への対処

　四者択一で歴史用語や人名を選択する問題が多いが，「最も適当なもの」「誤っているもの」を選択する正文・誤文選択問題も出題されている。これらは，単純なものばかりではなく，一定の慣れと正確な知識が必要である。重要語句の把握は必要であるが，一問一答式に語句を暗記するだけの学習に終始することなく，マーク式対策問題集や正誤判定中心の問題集などを有効に活用して，マークセンス方式に慣れ，正文・誤文選択問題にも対応できる実力を養いたい。

04 史料問題

　史料問題として取り上げられている史料は入試で頻出のものが多く，史料文中の空所補充や文中の語句に関する問題などが出題されている。こうした史料問題は事前の学習が不可欠なので，史料集や史料問題集を利用して，あらかじめ重要史料の出題傾向をつかんでおこう。また，未見の史料でも基本的な知識があれば解答できる場合も多いので，まずは多くの史料

問題に接して史料自体に慣れておくことが重要である。

05　過去問演習

　出題の形式や傾向をあらかじめ把握しておくためにも過去問の演習は重要である。また，毎年類似した時代・分野から出題されていることもあり，本書掲載の過去問にしっかり取り組んでおきたい。過去問演習の際には，教科書のどこに書いてある内容なのかを必ずチェックし，間違えた事項については，その前後の文章を熟読しよう。

世 界 史

年度	区分	番号	内　容	形　式
2024 ●	A・B方式	〔1〕	魏晋南北朝時代 　　　　　　　　　⊘年表・地図	選　択
		〔2〕	フランク王国	選択・正誤
		〔3〕	第一次世界大戦後の国際協調 　　　　　⊘年表	選　択
		〔4〕	第三世界の連携	選択・配列
	AM・BM方式	〔1〕	第二次世界大戦後の朝鮮半島	選択・配列
		〔2〕	テューダー朝 　　　　　　　　　　　⊘年表	選択・正誤・配列
		〔3〕	啓蒙思想	選　択
		〔4〕	北宋 　　　　　　　　　　　　　　　⊘地図	選択・正誤・配列
2023 ●	A・B方式	〔1〕	列強の中国分割 　　　　　　　　⊘史料・地図	選択・正誤・配列
		〔2〕	中国などでの土地制度	選択・正誤
		〔3〕	19世紀のドイツ帝国	選　択
		〔4〕	古代ローマ	配列・選択・正誤
	AM・BM方式	〔1〕	中国の学問	選択・配列
		〔2〕	ティムール朝	選択・配列・正誤
		〔3〕	スターリン時代	選択・正誤
		〔4〕	イギリスの自由主義的改革	選　択

（注）　●印は全問，◐印は一部マークセンス方式採用であることを表す。

 傾　向　配列法・正誤法も
まずは基礎をしっかりと

01 出題形式は？

　各方式とも大問4題，解答個数は大問ごとに8個の計32個という構成である。試験時間は60分。全問マークセンス方式による出題である。空

所補充問題を中心に，正文・誤文選択問題もみられ，配列問題・正誤問題が出題されている。また，共通テストのように短文を示して空所にあてはまる語句の正しい組み合わせを選択する設問も数問みられる。史料や地図・視覚資料を用いた出題や，年表を用いてあてはまる時期を選ぶ問題もみられる。

　なお，2025 年度は出題科目が「歴史総合（世界史），世界史探究」となる予定である（本書編集時点）。

02 出題内容はどうか？

　地域別では，年度・方式によって変化があるため，幅広い学習が望まれる。

　〈**欧米地域**〉ヨーロッパ史からの出題が多く，ヨーロッパ全域が大問として出題されることもある。

　〈**アジア地域**〉例年，中国史 1 題が各方式で出題されている。また，2023 年度の AM・BM 方式〔2〕におけるティムール朝のようにイスラーム世界からの出題もみられるので注意したい。

　時代別では，年度・方式によって偏りはあるが，おおむね全時代から出題される。リード文は特定のテーマや時代であっても，設問では幅広い時代から出題されている。ただし，近現代史からの出題が多いので注意したい。

　分野別では，政治史・外交史が中心であるが，2024 年度 AM・BM 方式〔3〕のように文化史が大問で出題されることもあるので，注意を要する。

03 難易度は？

　空所補充問題は，ほとんどが基本〜標準レベルであるが，正誤の組み合わせを答える問題や正文・誤文選択問題の中には詳細な知識を問うものもみられる。しかし，試験時間は十分にあるので落ち着いて対応したい。

01 教科書中心の学習を

　出題される問題のほとんどは教科書の記述に基づいたものなので，まずは教科書を精読することから始めるとよい。その際，空所補充問題が出題されることを考慮して，重要語句とその前後の文章のつながりに注目しながら読む習慣をつけるようにしたい。また，正誤の判定では詳細な知識を補助的に要求されることもあるので，教科書の本文のみならず，脚注や本文周辺の図表・地図・写真の解説なども精読しておくと，解答のヒントになる知識を得られるだろう。

02 用語集の利用

　正文・誤文選択問題については，教科書の本文レベルで対応できる。ただ，歴史事項に付随する細かい知識を身につけた受験生が有利となるため，教科書学習をある程度終えたら，『世界史用語集』（山川出版社）などを利用して知識を補強したい。

03 近現代史の学習を

　近現代史は教科書どおりに勉強すると非常にまとめにくい分野であるが，地域史・テーマ史としてまとめ直すとわかりやすくなる。「アメリカ合衆国」「ソ連・ロシア」「中国」などの国家，「東西冷戦」などのテーマを自分でまとめてサブノートなどで整理したい。入試で出題される際には，地域史・テーマ史の形をとることが多いので，教科書どおりの時代別の学習ではなく，地域史・テーマ史として学習した方が効果的でもある。

04 文化史に注意

　文化史については，授業で使用される資料集や図説をフルに活用して，

表などにまとめられている思想家の事績や著作を効率的に学習しておこう。また，絵画や彫刻作品は視覚的に覚えた方が押さえやすい。

05　過去問の検討を

　本書を利用して過去問を研究すると，今後の学習の指針が得られ，何をどのように勉強すればよいかがわかるであろう。ぜひ熟読して対策を練ってほしい。

地　理

年度	区分	番号	内　　容	形　式
2024 ●	A・B方式	〔1〕	アメリカ合衆国の地誌　　　　　　⊘**グラフ・地図**	選　　択
		〔2〕	工業	選　　択
		〔3〕	地図・地域調査　　　　　　⊘**地形図・視覚資料**	選　　択
		〔4〕	大地形	選　　択
	AM・BM方式	〔1〕	都市問題	選　　択
		〔2〕	ケッペンの気候区分　　　　　　　　　　⊘**グラフ**	選　　択
		〔3〕	人口　　　　　　　　　　　　　　　　⊘**統計地図**	選　　択
		〔4〕	東南アジアの地誌　　　　　　　　　　　⊘**グラフ**	選　　択
2023 ●	A・B方式	〔1〕	グローバルな環境問題	選　　択
		〔2〕	地図・地域調査　　　　　　⊘**地形図・視覚資料**	選　　択
		〔3〕	生活文化　　　　　　　　　　　　　　　⊘**統計表**	選　　択
		〔4〕	インドとバングラデシュの地誌　　　　　　⊘**地図**	選　　択
	AM・BM方式	〔1〕	工業　　　　　　　　　　　　　　　　　⊘**統計表**	選　　択
		〔2〕	大地形	選　　択
		〔3〕	村落　　　　　　　　　　　　　　　　　⊘**地形図**	選　　択
		〔4〕	アフリカの地誌　　　　　　　　　　　　　⊘**地図**	選　　択

（注）　●印は全問，◖印は一部マークセンス方式採用であることを表す。

地形図読図・統計表に注意！
基本事項の徹底的理解を

01　出題形式は？

　各方式とも大問4題，解答個数35個である。全問マークセンス方式で，試験時間は60分。語句・地名・数値などを選ぶ選択法と，四択の正文・誤文選択問題が中心である。

　なお，2025年度は出題科目が「地理総合，地理探究」となる予定である（本書編集時点）。

02 出題内容はどうか？

　系統地理・地誌の両分野から幅広く問われている。大問4題のうち，おおむね系統地理的内容が2，3題，地誌的内容が1，2題の割合で出題され，系統地理では農業・工業・人口・都市・環境分野が頻出であり，地誌では世界の各地域から出題される。また地形図読図問題が頻繁に出題されている。新旧地形図比較のパターンもみられ，地形図問題への対策はしっかりしておく必要があるだろう。グラフや統計表を使った問題もみられる。

03 難易度は？

　統計問題や用語を問う問題では一部に詳細な知識が求められることもあるが，多くの設問は教科書レベルの知識で解答できる。基本事項を正確に習得し，ミスすることなく確実に得点することが重要である。見直しのための時間も確保しておきたい。

対 策

01 基本事項の徹底理解

　教科書を何度も徹底して読みこなし，高校地理の基本事項をしっかりと理解することが大切である。地理用語の定着には，『地理用語集』（山川出版社）などの用語集の活用も有効である。時事的または社会問題的な設問もあるので，可能であれば「政治・経済」や「公共」の資料集も必要に応じて参照したい。

02 統計資料や地図に親しむ

　統計判定問題は比較的よく出題されており，かなり詳細な知識を問われることもあるため，学習の際，統計集を用いて理解を深めておきたい。『データブック オブ・ザ・ワールド』（二宮書店）は各種統計がコンパク

トにまとめられており，利用しやすい。また，地名を問う問題もよく出題されるので，知らない地名を見たら位置を地図帳で確認する習慣をつけよう。

03　地形図読図練習

　地形図読図問題は頻出なので，等高線の読み方・地図記号・土地利用など，読図の際の基本的知識を整理し，距離・面積・標高差などを求める計算練習にも取り組んでおこう。

04　日本地誌

　これまで農業・工業・人口・都市，そして地形図読図などを中心に幅広く出題されており，今後も注意が必要である。

政治・経済

年度	区分	番号	内　　容		形　式
2024 ●	A・B方式	〔1〕	東西冷戦		選　択
		〔2〕	自由権的基本権		選　択
		〔3〕	南北問題	☑年表・グラフ	選　択
		〔4〕	日本の労働問題		選　択
	AM・BM方式	〔1〕	日本の安全保障		選　択
		〔2〕	日本の行政機関	☑図	選　択
		〔3〕	消費者問題		選　択
		〔4〕	経済学史		選択・配列
2023 ●	A・B方式	〔1〕	日本の政党政治		選　択
		〔2〕	国際安全保障		選　択
		〔3〕	財政		選　択
		〔4〕	経済協力	☑グラフ	選　択
	AM・BM方式	〔1〕	社会権		選　択
		〔2〕	日本の防衛政策		選　択
		〔3〕	日本の農業		選　択
		〔4〕	経済統合と地域主義		選　択

（注）　●印は全問，◐印は一部マークセンス方式採用であることを表す。

 **基本的事項を問う教科書レベルの問題が多い
文の正誤判定や時事問題を含み幅広い知識が必要**

01　出題形式は？

　全問マークセンス方式による選択式で，大問 4 題，解答個数 50 個。試験時間は 60 分。問題は，文中の空所を補充する問題と，下線箇所についてその関連事項を問う問題から構成されている。語句選択のほか，年度によって配列，正文・誤文選択，数値選択などの問題が出題されることもある。

02 出題内容はどうか？

　各方式とも「政治・経済」で学習する範囲から幅広く出題されている。なかでも基本的人権，日本国憲法，統治機構，市場経済，財政・金融，労働問題，社会保障，貿易，世界経済，環境問題などについての出題頻度は高い。核軍縮や人種差別に関係する国際的事件あるいは裁判員制度といったテーマに絞った出題も，教科書を脚注や図表解説の部分を含め，注意深く読んでおかないと対処しにくいであろう。また，2024 年度は A・B 方式〔3〕で発展途上国の主な輸出品目が問われており，地理など他の分野の内容に関連した問題も見られた。

03 難易度は？

　一部に時事問題が含まれているので，資料集などでその内容を押さえておく必要はあるが，全体的には教科書レベルの問題が多い。ところどころ詳細な知識を問う問題もあるので，迷った問題は後回しにするなど，ペース配分に注意したい。

対 策

01 教科書を利用して基礎的な知識を確実に

　ほとんどの問題は，教科書中心の学習で十分解答可能である。教科書を活用した学習で，基本的事項を確実に理解しておきたい。太字の重要語句を暗記するだけでなく，政治や経済の考え方を理解するように心がけよう。また，教科書の囲み記事やテーマ別のコラムなどをていねいに読んでおくことも大切である。『政治・経済用語集』（山川出版社）などの用語集が手元にあると便利であろう。

02 問題集で弱点の補強をしよう

　学習の整理のためにも問題集を大いに活用したい。問題集に採用されている問題は学習のポイントが集約されたものである。どこが理解できていて，どこが理解できていないのか，学習状況を自己評価することが重要である。語句選択問題への対策として一問一答形式の問題集の活用をすすめたい。『シグマ基本問題集　政治・経済』（文英堂）のような問題集が一冊手元にあれば便利だろう。また，解説の詳しい問題集なら，解説を読むだけでも弱点が補える。

03 時事問題に関心をもとう

　教科書に書かれている内容だけが「政治・経済」の出題範囲ではない。報道番組で取り上げられた内容がそのまま入試問題になる可能性もある。特に，国際政治については最近の動向が問われることが多い。テレビやインターネットなどで時事問題の動向を絶えずキャッチし，平易な解説記事なども大いに活用しながら，学習した知識を生かしていくことが大切である。2023 年度はロシアのウクライナ侵攻の関係で，国際安全保障・自衛隊の海外派遣に関する出題があった。戦後復興協力や経済支援の観点からの知識（情報）整理もしておくとよい。

数　学

年度	区分	番号	項　目	内　　容
2024	A・B方式 ◗	数学Ⅰ・Ⅱ・Ⅲ・A・B	〔1〕小問4問	(1)3乗根の分母の有理化　(2)2次方程式の実数解　(3)確率　(4)関数方程式・定積分
		〔2〕三角関数, 高次方程式	$\cos 72°$の値
		〔3〕積分法	指数関数とx軸, y軸とで囲まれた部分の面積
		〔4〕ベクトル	内積　　　　　　　　　　　⊘証明
		数学Ⅰ・Ⅱ・A ※1	〔1〕小問5問	(1)2次方程式の実数解　(2)無理数の整数・小数部分　(3)円の半径　(4)集合の要素の個数　(5)平均値, 中央値, 最頻値
		〔2〕2次関数	2次方程式が重解をもつ条件, 2次不等式が常に成り立つ条件, 2次方程式の解の配置
		〔3〕図形と計量	余弦定理
		数学Ⅰ・A ※2	〔1〕小問5問	(1)式の値　(2)2次方程式の解　(3)確率　(4)二等辺三角形の外接円の半径　(5)最頻値, 中央値, 第1四分位数
		〔2〕2次関数	最大値・最小値
		〔3〕場合の数, 確率	確率の最大
	AM・BM方式 ●	数学Ⅰ・Ⅱ・Ⅲ・A・B	〔1〕確率	コインを投げてもらえる得点の積が4になる確率
		〔2〕図形と方程式	2円の交点を通る直線
		〔3〕複素数	複素数の相等
		〔4〕積分法	区分求積法
		〔5〕三角関数, 微分法	3倍角の公式, 3次関数の最大値
		〔6〕ベクトル	内積
		〔7〕図形と計量	円に内接する四角形
		数学Ⅰ・A	〔1〕2次関数	2次関数の決定
		〔2〕2次関数	2次方程式の解の配置
		〔3〕場合の数	赤と白のタイルの並べ方
		〔4〕図形と計量, 図形の性質	三角形の面積比
		〔5〕データの分析	平均値, 分散
		〔6〕図形と計量	三角形の外接円・内接円の半径
		〔7〕データの分析	平均値, 分散
		〔8〕論理と集合	集合の要素の個数
		〔9〕図形と計量	三平方の定理

2023	A・B方式◐	数学I・II・III・A・B	〔1〕	小問4問	(1)定積分　(2)ベクトル　(3)接線・法線の方程式　(4)複素数平面
			〔2〕	微分法,極限	不等式の証明，関数の極限　　　　　⊘証明
			〔3〕	2次関数,集合と論理	2次不等式，必要条件・十分条件
			〔4〕	確率	n秒後の点の位置についての確率
		数学I・A※1	〔1〕	小問5問	(1)絶対値を含む式の計算　(2)集合の要素　(3)2次関数の決定　(4)三角形の内角の二等分線　(5)平均値，標準偏差
			〔2〕	2次関数	2次不等式，絶対値を含む2次関数のグラフ，方程式の実数解の個数　　⊘図示
			〔3〕	図形の性質	方べきの定理，三角形の面積　　　⊘図示
		数学I・A※2	〔1〕	小問5問	(1)式の値　(2)不等式をみたす整数の個数　(3)2次関数の決定，平行移動　(4)平均値，分散　(5)余弦定理
			〔2〕	確率	条件付き確率
			〔3〕	2次関数	絶対値を含む2次関数のグラフ，共有点の個数　⊘図示
	AM・BM方式●	数学I・II・III・A・B	〔1〕	高次方程式	剰余の定理
			〔2〕	確率	余事象の確率
			〔3〕	数列	数列の和
			〔4〕	図形と方程式	軌跡
			〔5〕	図形と計量	余弦定理，三角形の面積
			〔6〕	積分法	置換積分法
			〔7〕	ベクトル	空間ベクトル
		数学I・A	〔1〕	数と式	式の値
			〔2〕	2次関数	2次方程式の解の配置
			〔3〕	集合と論理	集合の要素
			〔4〕	図形の性質	三平方の定理
			〔5〕	図形と計量	三角比を用いた方程式
			〔6〕	図形と計量	正弦定理
			〔7〕	確率	球を取り出す試行に関する確率
			〔8〕	確率	カードを取り出す試行に関する確率
			〔9〕	データの分析	平均値，分散

(注)　●印は全問，◐印は一部マークセンス方式採用であることを表す。

　　※1：経営情報・国際関係・人文学部

　　※2：応用生物・生命健康科・現代教育（幼児教育・現代教育〈現代教育〉）学部

　　Ａ・Ｂ方式（数学Ⅰ・Ⅱ・Ⅲ・Ａ・Ｂ）：工・理工学部は〔1〕～〔4〕を，現代教育（現代教育〈中等教育国語数学専攻〉）学部は〔1〕～〔3〕を解答する。

出題範囲の変更

　2025 年度入試より，数学は新教育課程での実施となります。詳細については，大学から発表される募集要項等で必ずご確認ください（以下は本書編集時点の情報）。

2024 年度（旧教育課程）	2025 年度（新教育課程）
数学Ⅰ・Ⅱ・Ⅲ・A（場合の数と確率，図形の性質）・B（数列，ベクトル）	数学Ⅰ・Ⅱ・Ⅲ・A（場合の数と確率，図形の性質）・B（数列）・C（ベクトル，平面上の曲線と複素数平面）
数学Ⅰ・A（場合の数と確率，図形の性質）	数学Ⅰ・A（場合の数と確率，図形の性質）

 出題数の多さが特徴

01 出題形式は？

　A・B方式：「数学Ⅰ・Ⅱ・Ⅲ・A・B」が大問 4 題で試験時間 90 分，「数学Ⅰ・A」がそれぞれ大問 3 題で試験時間 60 分。なお，現代教育学部で「数学Ⅰ・Ⅱ・Ⅲ・A・B」を受験する場合は，大問 3 題で試験時間 60 分。各試験ともに〔1〕がマークセンス方式で，〔2〕〔3〕はすべて記述式である。

　AM・BM 方式：「数学Ⅰ・Ⅱ・Ⅲ・A・B」は大問 7 題，「数学Ⅰ・A」は大問 9 題の出題となっている。各々，試験時間 60 分で，全問マークセンス方式である。

02 出題内容はどうか？

　A・B方式：どの試験もマークセンス方式の小問集合では幅広い範囲から出題され，記述式の大問では，「数学Ⅰ・Ⅱ・Ⅲ・A・B」は微・積分法，「数学Ⅰ・A」は 2 次関数や場合の数と確率，図形と計量が頻出となっている。また，証明問題や図示問題も出題されている。

　AM・BM 方式：両試験とも出題範囲からバランスよく出題されている。

03 難易度は？

　マークセンス方式の問題はすべて教科書の例題程度である。記述式の問題は解答作成の時間配分に注意が必要であるが，標準的な問題である。「数学Ⅰ・Ⅱ・Ⅲ・Ａ・Ｂ」に関しては，Ａ・Ｂ方式の記述式問題がやや難のことが多い。

対 策

01 基本問題の繰り返し学習を

　ここ数年の傾向として，１つの分野・項目に絞った出題が多いので，教科書や標準的な参考書などの例題を繰り返し学習することが大切である。

02 計算力の強化を

　すべての形式でマークセンス方式の出題がある。答えだけが問われているので，最後まで計算をやりきる計算力が必要である。途中計算を丁寧に記し，検算や見直しを行う習慣をつけておきたい。

03 頻出分野の重点対策を

　「数学Ⅰ・Ⅱ・Ⅲ・Ａ・Ｂ」では主に微・積分法，ベクトル，複素数平面，数列の極限，「数学Ⅰ・Ａ」では主に２次関数，場合の数と確率，図形と計量，図形の性質に注意しよう。

物　理

年度	区　分		番号	項　目		内　容
2024 ●	A・B方式	物・理物理基礎	〔1〕	力	学	宇宙ステーション内の物体の運動
			〔2〕	電　磁　気		RC，RL 直列回路・RLC 交流回路
			〔3〕	総	合	基本単位と組立単位
	AM・BM方式	物・理物理基礎	〔1〕	力	学	鉛直面内の円運動，衝突と台車上の物体の運動
			〔2〕	電　磁　気		磁場内での導体棒の運動
			〔3〕	波	動	弦の振動
2023 ●	A・B方式	物・理物理基礎	〔1〕	力	学	質量が異なる 2 球の衝突
			〔2〕	電　磁　気		磁場と電場がある領域での荷電粒子の運動
			〔3〕	熱　力　学		水の状態変化
	AM・BM方式	物・理物理基礎	〔1〕	力	学	床と壁で囲まれた空間内での 2 つの小球の衝突
			〔2〕	電　磁　気		2 本の平行電流がつくる磁場中を移動する正方形回路
			〔3〕	波	動	閉管の固有振動

（注）　●印は全問，◖印は一部マークセンス方式採用であることを表す。

誘導形式問題で空所補充主体
十分な演習で確実さを身につけよう

01 出題形式は？

　各方式とも全問マークセンス方式で，大問 3 題，解答個数は 2023 年度は 35〜40 個，2024 年度は 30〜37 個であった。試験時間は 60 分。問題文の空所に当てはまる数値・語句や式を選択する形式である。すべて誘導形式で，前問の結果を使って次の問いを解くようになっている。最初に間違えると，それ以降芋づる式に間違ってしまうので注意が必要である。

02　出題内容はどうか？

　出題範囲は，2024 年度までは「物理基礎・物理」「物理基礎〈省略〉」であったが，2025 年度では「物理基礎」のみの試験が廃止され，「物理基礎・物理」として実施される予定である（本書編集時点）。

　各方式・学部とも，大問 3 題中，2 題が力学と電磁気，1 題が熱力学，波動，もしくは，総合問題からの出題であった。過去には総合問題で原子が出題されたことがある。

03　難易度は？

　全般的に標準的な内容である。問題文に従って順次空所を補充していけばよいが，発想の転換が必要であったり，計算に時間がかかったりする問題があるので，そういった問題は後回しにするなど，時間配分に注意したい。

対　策

01　基本事項の整理・理解を

　教科書を中心に基本事項を整理しておくこと。公式の丸暗記ではなく，どのようにして導かれるのか，公式・定理の導出過程をきちんと説明できるようにしておこう。『大学入試　ちゃんと身につく物理』（教学社）など，解説の詳しい参考書を用いて基本事項の理解を固めるとよいだろう。

02　出題形式に慣れておこう

　リード文を読んで設問を解く形式ではなく，全問が問題文の空所補充形式になっているので，題意を見失うことなく最後まで集中しつづけられるよう，普段から訓練しておこう。この種の問題は問題集ではあまり見かけないタイプなので，過去問で慣れておくことが必要である。

　全般的に基本〜標準レベルの問題が多いが，一部難問も出題されている。ただ，演習にあたっては数少ない難問に挑戦するのではなく，基本〜標準の問題を数多くこなしておくことが大切である。『大学入試 漆原晃の物理基礎・物理が面白いほどわかる本』シリーズ（KADOKAWA）などの基本〜標準問題を取り扱っている参考書で，解法を確認しながら演習することをおすすめする。

03　計算力を養うこと

　全問マークセンス方式が用いられているが，計算力を要するものもある。ルートの計算や三角比の公式は十分理解しているものとして出題されている。計算力がないと，解き方はわかっていてもみすみす得点を逃すことになるので，問題演習を通して十分な計算力を身につけよう。

04　解答群に注意

　式変形によって答え方がいくつかある問題では，計算で出した答えが選択肢に見当たらなくて慌てることがよくある。あらかじめ解答群に目を通してから解くと時間の節約になる。

化　学

年度	区　分		番号	項　目	内　容
2024 ●	A・B方式	化学基礎・化学	〔1〕	構　　造	原子の構造，電子配置，原子やイオンの電子数，同位体　　⊘計算
			〔2〕	構　　造	混合物の分離操作
			〔3〕	無機・変化	マンガンやクロムの単体や化合物の性質　⊘計算
			〔4〕	変化・無機	反応熱・熱化学方程式とヘスの法則，リンの化合物の性質　　⊘計算
			〔5〕	有機・高分子	$C_4H_8O_2$ の加水分解，デンプンの性質
	AM・BM方式	化学基礎・化学	〔1〕	構造・無機	混合物の分離操作
			〔2〕	構　　造	元素の周期律
			〔3〕	変化・無機	金属のイオン化傾向と水溶液の電気分解　⊘計算
			〔4〕	変　　化	酸化還元滴定　　⊘計算
			〔5〕	変　　化	反応速度と速度定数　　⊘計算
			〔6〕	有機・高分子	元素分析，ポリアミド　　⊘計算
2023 ●	A・B方式	化学基礎・化学	〔1〕	構造・変化	結晶の比較，電子式，酸化還元滴定　⊘計算
			〔2〕	変　　化	金属の反応性，化学反応の量的関係，実用電池　　⊘計算
			〔3〕	変化・無機	ハーバー・ボッシュ法，ルシャトリエの原理，化学平衡，反応熱　　⊘計算
			〔4〕	有機・高分子	脂肪族炭化水素，酸素を含む脂肪族化合物，芳香族化合物，生分解性高分子，タンパク質の呈色反応　　⊘計算
	AM・BM方式	化学基礎・化学	〔1〕	構造・無機	電子式，分子の形，アルカリ金属，炎色反応
			〔2〕	変　　化	金属の反応性，イオン化傾向
			〔3〕	変　　化	アンモニアの電離平衡　　⊘計算
			〔4〕	有　　機	芳香族化合物の反応

(注)　●印は全問，◗印は一部マークセンス方式採用であることを表す。

計算問題が多数出題
思考力が問われる問題もあり

01 出題形式は？

　大問 4 ～ 6 題，解答個数 30 ～ 35 個で，全問マークセンス方式。試験時間は 60 分。各方式とも計算問題が多数出題されている。

02 出題内容はどうか？

　出題範囲は，2024 年度までは「化学基礎・化学」「化学基礎〈省略〉」であったが，2025 年度では「化学基礎」のみの試験が廃止され，「化学基礎・化学」として実施される予定である（本書編集時点）。

　A・B 方式は理論と有機に重点がおかれている年度が多い。理論では原子の構造，化学反応の量的関係，中和滴定，酸化・還元，化学平衡の出題が多い。有機ではアセチレン・ベンゼン・フェノール・アニリンの誘導体，芳香族化合物の分離などがよく出題されている。

03 難易度は？

　各試験とも基本的な問題が中心となっているが，思考力が求められる応用問題も含まれている。取り組みやすい問題から先に解き進めるなど，時間配分に注意しよう。

対 策

01 理論分野

　理論では基本的な問題が中心となっているので，基礎～標準レベルの問題を数多く演習することが望ましい。理論の問題は全範囲にわたって出題されているが，特に，化学反応の量的関係，中和滴定，酸化還元滴定，化

学平衡の計算がよく出題されている。これらの内容に関しては，過去問で重点的に勉強してほしい。思考力を要する問題の対策として，応用問題にも取り組むことが必要である。また，混合気体と気体の状態方程式もよく出題されているので，『化学 基礎問題精講』（旺文社）などを利用して計算問題を中心にしっかり勉強しておくこと。

02　無機分野

　無機では，特に，水酸化ナトリウム・炭酸ナトリウム・アンモニア・硫酸・硝酸などの工業的製法に重点をおきたい。今後，元素別の各論にも注意したい。また，金属単体と酸に関する内容にも注意しよう。全体的には教科書レベルの問題演習を心がけたい。

03　有機分野

　有機化合物の合成経路についての出題が多い。特に，アセチレン・エチレンなどの炭化水素，ベンゼン，フェノール，アニリンがよく出題されているので，教科書にある系統図を使ってまとめておくこと。異性体については，構造異性体が何種類あるかを答えられるようにしておきたい。また，立体異性体にも注意すること。元素分析や有機化合物の燃焼反応，芳香族化合物の分離に関する計算がよく出題されているので，過去問を十分演習しておくこと。

生 物

年度	区分	番号	項 目	内 容
2024 ●	A・B方式	〔1〕	細 胞	細胞小器官, 酵素反応
		〔2〕	遺伝情報	体細胞分裂, ゲノム, DNA ✅計算
		〔3〕	体内環境	体液, 腎臓, 肝臓, ホルモン
		〔4〕	体内環境	自然免疫と適応免疫, エイズ, 自己免疫疾患, アレルギー
		〔5〕	生 態	窒素循環, 生態系のバランス, 赤潮とアオコ, 干潟
	AM・BM方式	〔1〕	細 胞	細胞小器官, 酵素
		〔2〕	遺伝情報	転写と翻訳, だ腺染色体
		〔3〕	体内環境	体液, 血糖濃度の調節, 糖尿病
		〔4〕	体内環境	自然免疫と適応免疫, 抗原提示
		〔5〕	生 態	生態系の保全, 外来生物
2023 ●	A・B方式	〔1〕	代 謝	酵素反応, 酵素の性質
		〔2〕	遺伝情報	DNA の構造, 転写, コドン表, タンパク質 ✅計算
		〔3〕	体内環境	肝臓の構造とはたらき, 血液凝固
		〔4〕	体内環境	食作用, T 細胞と B 細胞のはたらき, 免疫異常による疾患
		〔5〕	生 態	物質循環, 化石燃料, 窒素循環
	AM・BM方式	〔1〕	代 謝	呼吸のしくみ, ATP の構造
		〔2〕	遺伝情報	体細胞分裂, 細胞の分化 ✅計算
		〔3〕	体内環境	血液循環, 血液凝固
		〔4〕	体内環境	自然免疫と適応免疫, 造血幹細胞, 予防接種, 凝集反応
		〔5〕	生 態	バイオーム, 垂直分布と水平分布

(注) ●印は全問, ◖印は一部マークセンス方式採用であることを表す。

基礎事項を中心に出題
計算問題にも注意

01 **出題形式は？**

　例年，大問 5 題，解答個数 40 個で，全問マークセンス方式となってい

る。試験時間は 60 分。空所補充や正文（誤文）選択の問題が主だが，正文（誤文）の組み合わせを選択する問題や，該当するものをすべて選ぶ問題も多くみられる。年度によって量に差はあるが，計算問題の出題もある。

02 出題内容はどうか？

出題範囲は「生物基礎」である。

「生物基礎」の全範囲から広く出題されているが，体内環境の分野の出題が多い。発展の内容の出題（光合成や呼吸の反応経路，スプライシング，オーダーメイド医療，MHC，水質階級と指標生物など）がみられ，「生物基礎」の教科書によっては扱われていない内容の出題もある。

03 難易度は？

各分野からの問題は基本的な知識で対応できるものが多いが，細かい知識を必要とする問題もある。また，正誤の組み合わせを答える問題は正答が難しく，正答率は低いであろう。計算問題は複雑な思考を必要としないが，正確な計算力が問われる。試験時間は 60 分では不足気味であるため，全体の難度は，やや高いと言える。

対 策

01 教科書で基礎事項の確認を

教科書を読んで基礎事項を確認し，記憶の定着をはかるために基礎的な問題集やサブノート式の問題集を選び，解いておこう。

02 発展的内容の対策

「生物基礎」の中でもやや難しい内容の出題もある。『リード Light ノート生物基礎』（数研出版）や『生物 入門問題精講』（旺文社）などを用い

て，演習するとよい。また『スクエア最新図説生物』（第一学習社）などの図説を活用してやや細かい事柄を知り，考察力を高めるのもよい。

03　過去問で演習を

　出題形式は例年ほぼ同じなので，本書を利用して過去問を実際に解くことは，対策としてとても重要である。特に正誤の組み合わせを答える問題については慣れておこう。また，60分で多くのリード文や選択肢の文章を読まなければならないので，正確な読解力を身につけるよう常に努めること。適切な選択肢を選ぶための判断力も必要である。

国　語

年度	区分	番号	種　類	類別	内　容	出　典
2024	A・B方式 ◑	〔1〕	現代文	評論	書き取り，空所補充，文学史，内容説明，熟語，内容真偽	「詩人＝翻訳者としての堀口大學の実像に迫る」　西川正也
		〔2〕	現代文	評論	書き取り，語意，欠文挿入箇所，四字熟語，空所補充，内容説明，内容真偽	「対話する社会へ」　暉峻淑子
		〔3〕	国語常識	随筆	書き取り，文学史，古典常識，四字熟語，短歌の知識	「旅する文学 奈良編」 斎藤美奈子
	AM・BM方式 ●	〔1〕	現代文	小説	書き取り，読み，語意，空所補充，内容説明	「アカシヤの大連」　清岡卓行
		〔2〕	現代文	評論	書き取り，語意，空所補充，内容説明，内容真偽	「ドリフターズとその時代」 笹山敬輔
		〔3〕	国語常識	韻文	表現効果，内容説明，文法（口語），書き取り	「鹿」　村野四郎
2023	A・B方式 ◑	〔1〕	現代文	評論	書き取り，語意，四字熟語，空所補充，内容説明，文法（口語），熟語，内容真偽	「和室の起源と性格」藤田盟児
		〔2〕	現代文	評論	書き取り，語意，空所補充，内容説明，内容真偽	「インターネットのウェルビーイング」ドミニク・チェン
		〔3〕	国語常識	評論	文学史，文法（口語），書き取り	「メディアー近現代：「作家」という職業」山本芳明
	AM・BM方式 ●	〔1〕	現代文	評論	語意，書き取り，欠文挿入箇所，熟語，空所補充，慣用句，文法（口語），内容真偽	「レトリック感覚」　佐藤信夫
		〔2〕	現代文	評論	書き取り，慣用句，空所補充，内容説明，文学史	「『大人になるためのリベラルアーツ』とは」石井洋二郎
		〔3〕	国語常識		語意，慣用句，文学史	

（注）●印は全問，◑印は一部マークセンス方式採用であることを表す。

知識問題がカギを握る
幅広い国語の基礎力を養成しよう

01 出題形式は？

　いずれの方式も現代文２題，国語常識１題の３題構成である。試験時間は60分。Ａ・Ｂ方式ではマークセンス方式が大半を占めるが，国語常識では記述式問題も出題される。AM・BM方式はすべてマークセンス方式である。

02 出題内容はどうか？

　現代文では例年評論が出題されているが，2024年度はAM・BM方式で小説が１題出題された。社会論・文化論・文芸論・言語論が頻出で，大学入試で頻出の著者の文章も取り上げられている。比較的読みやすい文章が選ばれているが，文の前後との関係を意識しながら語句一つ一つの意味を丁寧に追っていく必要がある。設問は，読み，書き取り，文法（口語），四字熟語や慣用句を多く含む語意などの知識問題を中心とし，加えて空所補充，内容説明などが出題されている。

　国語常識は慣用表現，漢字の部首や成り立ち，文学史，熟語，文法（口語），韻文の知識など多様である。

03 難易度は？

　設問は素直であり，全体的に易しいレベルである。知識問題で取りこぼさないことが重要である。試験時間60分については，やや短く感じる受験生もいるだろう。国語常識の大問を素早く仕上げ，現代文の読解問題に時間を確保したい。

01　評　論

　文明・文化・文芸・言語を中心に，幅広い分野の論理的な文章を読み慣れておきたい。興味のある分野について書かれた新書（ちくま新書，岩波新書など）を何冊か読んでおくとよい。新聞や雑誌から出題されることもあるので，文化欄などには日頃から目を通し，慣れておくこと。段落ごとに論理の展開や主張を整理しながら，全体を把握しよう。

02　空所補充・内容説明

　選択肢の中には紛らわしいものもあるので，やや注意が必要。指示語，言い換えなどに注意して，問題文を丁寧に読むことが前提となる。

03　漢字・語意

　例年出題され，設問数も多いので，失点は避けたい。言葉の意味を問う設問では，豊富な語彙が要求される。日頃の現代文の授業を大切にし，新聞等も活用して，知らなかった語の意味は覚えよう。現代文単語のテキストなど，問題集による反復練習はもちろんのこと，辞書を使って語彙力の強化を図り，基礎力を養成したい。漢字については，読み書きの練習は当然のことながら，部首や画数，成り立ち，読み方といった，漢字そのものについての知識も必要である。

04　国語常識

　『大学入試 国語頻出問題 1200』（いいずな書店）など市販の問題集を活用し，熟語や慣用表現，ことわざ，故事成語など，幅広い語句の知識を身につけたい。また，韻文の修辞技巧や近現代文学史への対策も，忘れずにしておきたい。2023 年度 AM・BM 方式には有名な小説の書き出しから

作者を解答させる出題があった。難問ではなかったものの，国語便覧など
を利用して，主要な作家の作品名と内容の概要を把握しておきたい。

前期入試Ａ・Ｂ方式（２月１日実施分）

問　題　編

▶**試験科目・配点**

【Ａ方式】

学部	教　科	科　　　　　目	配　点
工・理工	外　国　語	コミュニケーション英語Ⅰ・Ⅱ，英語表現Ⅰ	100点
	数　　　学	数学Ⅰ・Ⅱ・Ⅲ・Ａ・Ｂ	100点
	理　　　科	「物理基礎・物理」「化学基礎・化学」から１科目選択	100点
経営情報・国際関係・人文	外　国　語	コミュニケーション英語Ⅰ・Ⅱ，英語表現Ⅰ	人文（英語英米文化）：150点 その他：100点
	地歴・公民・数学	「日本史Ｂ」「世界史Ｂ」「地理Ｂ」「政治・経済」「数学Ⅰ・Ａ」から１科目選択	100点
	国　　　語	国語総合（古文，漢文を除く）・現代文Ｂ	100点
応用生物	外　国　語	コミュニケーション英語Ⅰ・Ⅱ，英語表現Ⅰ	100点
	数学・国語	「数学Ⅰ・Ａ」「国語総合（古文，漢文を除く）・現代文Ｂ」から１科目選択	100点
	理　　　科	「化学基礎〈省略〉」「生物基礎」から１科目選択	100点
生命健康科	外　国　語	コミュニケーション英語Ⅰ・Ⅱ，英語表現Ⅰ	100点
	数学・国語	「数学Ⅰ・Ａ」「国語総合（古文，漢文を除く）・現代文Ｂ」から１科目選択	100点
	理　　　科	「物理基礎〈省略〉」「化学基礎〈省略〉」「生物基礎」から１科目選択	100点

	外　国　語	コミュニケーション英語Ⅰ・Ⅱ，英語表現Ⅰ	100点
現代教育	地歴・公民・理科	「日本史Ｂ」「世界史Ｂ」「地理Ｂ」「政治・経済」「物理基礎〈省略〉」「化学基礎〈省略〉」「生物基礎」から1科目選択	100点
	数学・国語	現代教育学科中等教育国語数学専攻：「数学Ⅰ・Ⅱ・Ⅲ・Ａ・Ｂ」「国語総合（古文，漢文を除く）・現代文Ｂ」から1科目選択 その他の学科・専攻：「数学Ⅰ・Ａ」「国語総合（古文，漢文を除く）・現代文Ｂ」から1科目選択	100点

【Ｂ方式】

学部等	教　　科		科　　　　　　目	配　点
工・理工	数　　学	必　　須	数学Ⅰ・Ⅱ・Ⅲ・Ａ・Ｂ	100点
	外　国　語	1教科選択（2教科受験も可）	コミュニケーション英語Ⅰ・Ⅱ，英語表現Ⅰ	100点
	理　　科		「物理基礎・物理」「化学基礎・化学」から1科目選択	100点
経営情報・人文（英語英米文化除く）	外　国　語	2教科選択（3教科受験も可）	コミュニケーション英語Ⅰ・Ⅱ，英語表現Ⅰ	100点
	地歴・公民・数学		「日本史Ｂ」「世界史Ｂ」「地理Ｂ」「政治・経済」「数学Ⅰ・Ａ」から1科目選択	100点
	国　　語		国語総合（古文，漢文を除く）・現代文Ｂ	100点
国際関係・人文（英語英米文化）	外　国　語	必　　須	コミュニケーション英語Ⅰ・Ⅱ，英語表現Ⅰ	人文（英語英米文化）：150点 国際関係：100点
	地歴・公民・数学	1教科選択（2教科受験も可）	「日本史Ｂ」「世界史Ｂ」「地理Ｂ」「政治・経済」「数学Ⅰ・Ａ」から1科目選択	100点
	国　　語		国語総合（古文，漢文を除く）・現代文Ｂ	100点

応用生物	外 国 語	2教科選択（3教科受験も可）	コミュニケーション英語Ⅰ・Ⅱ，英語表現Ⅰ	100点
	数学・国語		「数学Ⅰ・Ａ」「国語総合（古文，漢文を除く）・現代文Ｂ」から1科目選択	100点
	理 科		「化学基礎〈省略〉」「生物基礎」から1科目選択	100点
生命健康科	外 国 語	2教科選択（3教科受験も可）	コミュニケーション英語Ⅰ・Ⅱ，英語表現Ⅰ	100点
	数学・国語		「数学Ⅰ・Ａ」「国語総合（古文，漢文を除く）・現代文Ｂ」から1科目選択	100点
	理 科		「物理基礎〈省略〉」「化学基礎〈省略〉」「生物基礎」から1科目選択	100点
現代教育	外 国 語	2教科選択（3教科受験も可）	コミュニケーション英語Ⅰ・Ⅱ，英語表現Ⅰ	100点
	地歴・公民・理科		「日本史Ｂ」「世界史Ｂ」「地理Ｂ」「政治・経済」「物理基礎〈省略〉」「化学基礎〈省略〉」「生物基礎」から1科目選択	100点
	数学・国語		現代教育学科中等教育国語数学専攻：「数学Ⅰ・Ⅱ・Ⅲ・Ａ・Ｂ」「国語総合（古文，漢文を除く）・現代文Ｂ」から1科目選択　その他の学科・専攻：「数学Ⅰ・Ａ」「国語総合（古文，漢文を除く）・現代文Ｂ」から1科目選択	100点

▶備　考

- 解答方式は記述式とマークセンス方式。
- **【Ａ方式】**全学部とも3教科を受験する。
- **【Ｂ方式】**全学部とも必須科目を含む2教科以上を受験する。3教科を受験した場合は，必須科目を含む高得点の2教科で合否判定を行う。
- 共通テストプラス方式…大学入学共通テストで大学の指定した教科・科目を受験し，前期入試Ａ方式を受験する者は，共通テストプラス方式に

出願可能。前期入試Ａ方式の成績（高得点１教科，ただし人文学部英語英米文化学科は「英語」が必須）と大学入学共通テストの成績（高得点２教科・科目）で合否を判定する。

【出題範囲】

「数学Ａ」は「場合の数と確率，図形の性質」から出題する。

「数学Ｂ」は「数列，ベクトル」から出題する。

英 語

（60 分）

〔 1 〕次の文章を読み，下の設問に答えよ。

　　Perhaps the most famous film score composer of all time is an American man named John Towner Williams. On February 8, 1932, John Williams was born into a musical family. His father was a musician that played for an orchestra in New York. John began to learn piano as a child and was musically talented at a young age. His family eventually moved to Los Angeles in 1948. In Los Angeles, Williams briefly attended the University of California at Los Angeles and studied under famous Italian composer Mario Castelnuovo-Tedesco. However, his studies were interrupted when he was drafted and forced to join the United States Air Force.

　　After a few years of service with the Air Force, Williams returned to New York in order to begin studying piano at the Juilliard School of Music, where his father had once studied. However, after only a few years of playing jazz piano in New York, Williams decided that he might be more successful as a composer. For this reason, Williams once again returned to Los Angeles and took up work as a film musician.

　　While in Los Angeles, Williams got the chance to work on several popular television shows. One of his most famous was playing the piano on Henri Mancini's score for the *Peter Gunn* television program in 1958. He also played the piano for several popular movies of the time such as *West Side Story* and *To Kill a Mockingbird*. He was then given the opportunity to write music for several television shows such as *Gilligan's Island* and *Lost in Space*.

　　It wasn't until the 1970s, however, that John Williams began to gain fame as a composer. In 1972, he won his first Oscar for work on the musical *Fiddler on the Roof*. In the same year, he was nominated for another Oscar for the music he wrote for the film *The Poseidon Adventure*. In 1974, John Williams was approached by a young director named Steven Spielberg to compose music for his first feature film. The two worked closely together in the following decades to make some of the most famous movies and film scores in history. Their work together includes the movies *Jaws, E.T.: The Extra Terrestrial, Indiana Jones, Jurassic Park,* and *Saving Private Ryan* among many others. Apart from Spielberg, Williams also composed the music for *Star Wars, Superman,* and *Home Alone*. More recently, John Williams has composed the music for the movie adaptations of J.K. Rowling's *Harry Potter* book series as well.

　　John Williams has written the music for some of the most beloved movies of all time. Along the way, he has also won many awards. Williams has been nominated for more Oscars than any other person, more than 50, and has won five of them. In addition, he has been awarded the Emmy Award for television three times and has more than 20 Grammy Awards for music. In 2009, Williams was given the National Medal of Arts by President Barack Obama for

2
0
2
4
年
度

前
期
Ａ
・
Ｂ

英
語

his music. John Williams is perhaps the most awarded and famous American composer, but more importantly, his music has inspired generations of moviegoers.

〔設問〕本文の内容と一致するように，次の空欄（ 1 ～ 10 ）に入れるのに最も適当なものを，次のそれぞれの(ア)～(エ)のうちから一つずつ選べ。

John Williams was NOT 1 .

    (ア)　a piano player   (イ)　the son of a musician

    (ウ)　in the military   (エ)　born in Los Angeles

Young John Williams stopped studying in California to 2 .

    (ア)　study at the Juilliard School of Music

    (イ)　play jazz piano

    (ウ)　join the Air Force

    (エ)　study under a famous Italian composer

Williams returned to New York to 3 .

    (ア)　study under Castelnuovo-Tedesco

    (イ)　see his parents

    (ウ)　study at a music school

    (エ)　work as a film musician

John Williams played the piano for the popular movie 4 .

    (ア)　*West Side Story*   (イ)　*Peter Gunn*

    (ウ)　*Lost in Space*   (エ)　*Gilligan's Island*

Williams won his first Oscar for 5 .

    (ア)　*The Poseidon Adventure*

    (イ)　*Fiddler on the Roof*

    (ウ)　*E.T.: The Extra Terrestrial*

    (エ)　*To Kill a Mockingbird*

John Williams became famous as a composer in the 6 .

    (ア)　1930s   (イ)　1950s   (ウ)　1960s   (エ)　1970s

7 is NOT a movie that John Williams worked on with Steven Spielberg.

    (ア)　*Indiana Jones*   (イ)　*Saving Private Ryan*

    (ウ)　*Jurassic Park*   (エ)　*Star Wars*

John Williams has won 8 Oscars in his career.

(ア)　three　　　　(イ)　five　　　　(ウ)　twenty　　　　(エ)　fifty

President Barack Obama awarded John Williams 9 in 2009.

(ア)　a Grammy Award

(イ)　an Oscar

(ウ)　an Emmy Award

(エ)　the National Medal of Arts

The best title for this passage would be " 10 ."

(ア)　A Short Biography of John Williams

(イ)　The Best Composers in Hollywood

(ウ)　Williams and Spielberg: A Dynamic Duo

(エ)　The Many Awards of John Williams

〔2〕次の空欄（ 11 ～ 20 ）に入れるのに最も適当なものを，次のそれぞれの(ア)～(エ)のうちから
一つずつ選べ。

I am going to a new hair salon to get my hair 11 the day after tomorrow.

(ア)　done　　　　(イ)　doing　　　　(ウ)　to be done　　　　(エ)　to do

I hope my granddaughter will become independent 12 her parents soon.

(ア)　to　　　　(イ)　of　　　　(ウ)　on　　　　(エ)　with

Actually, I 13 live in Holland when I was younger, so I still remember the language.

(ア)　should　　　　(イ)　might　　　　(ウ)　ought to　　　　(エ)　used to

The climate of Thailand is hotter than 14 of Spain.

(ア)　that　　　　(イ)　it　　　　(ウ)　its　　　　(エ)　one

Some people are very particular 15 what they eat.

(ア)　in　　　　(イ)　to　　　　(ウ)　about　　　　(エ)　for

We should remember to write our agreement down, and 16 we should get it right.

(ア)　however　　　　(イ)　what is more　　　　(ウ)　on time　　　　(エ)　nevertheless

The plane which our president was 17 to take was not on time.

(ア)　supposing　　　　(イ)　to suppose　　　　(ウ)　suppose　　　　(エ)　supposed

The new position was filled by a man ☐18☐ I thought was thoroughly competent.

    (ア) who   (イ) whose   (ウ) in which   (エ) of which

My father is going to sell his car and get ☐19☐ one.

    (ア) new   (イ) different   (ウ) another   (エ) other

Sandra will soon get used ☐20☐ in this town.

    (ア) living   (イ) to living   (ウ) live   (エ) to live

〔3〕次の対話が成り立つように，空欄（ ☐21☐ ～ ☐30☐ ）に入れるのに最も適当なものを，次の
それぞれの(ア)～(コ)のうちから一つずつ選べ。（同じ選択肢を2回以上使うことはない。選択肢は
文頭にくる場合でも大文字で始まっているとは限らない。）

Taylor and Mikuri are planning a vacation together.

  Taylor: Hi, Mikuri! I've been thinking about our vacation. Have you made any plans?

  Mikuri: Hey, Taylor! I've been looking at some places, ☐21☐ .

  Taylor: Were there any places that caught your attention?

  Mikuri: Yes, I came across this ☐22☐ . It looks incredible.

  Taylor: Oh, I love beaches! But I'm also ☐23☐ .

  Mikuri: How about a place with both beaches and hikes to visit ancient ruins?

  Taylor: Absolutely! I've always been fascinated by history. We also ☐24☐ .

  Mikuri: I completely agree! Exploring different flavors is ☐25☐ .

    (ア) need to make sure they have great food

    (イ) but there are so many options

    (ウ) afraid that I can't swim at all

    (エ) great cabin that is in a forest on a mountain

    (オ) not something that I am really interested in doing

    (カ) interested in exploring historical sites

    (キ) one of the best parts of traveling

    (ク) should make sure that we visit at least one museum

    (ケ) and I think I've found the perfect place

    (コ) beautiful island with really nice beaches

Sarah and Lana are at a fast-food restaurant.

Sarah: So, what are you thinking of getting?

Lana: Hmm, I'm not sure yet. Everything looks so good. What about you?

Sarah: I'm in the mood for a bacon cheeseburger, but 26 .

Lana: I was thinking the same thing. Maybe we could order both and share?

Sarah: That's a great idea! Can I 27 ?

Lana: Definitely the onion rings. What 28 ?

Sarah: I think I'll get a strawberry shake. How about you?

Lana: I was thinking about getting a soda, but that sounds fantastic. 29 .

Sarah: Oh, that sounds good too. Maybe we should get the fries so 30 .

Lana: Really? I've never eaten them that way.

(ア) I think I'll get vanilla

(イ) do you like to put on them

(ウ) make you something you would like

(エ) let's eat outside since the weather is nice

(オ) the chicken nuggets look good too

(カ) we can dip them in our shakes

(キ) I'm really not that hungry

(ク) there is a place over there to sit

(ケ) interest you in some onion rings or fries as well

(コ) do you want to get to drink

2
0
2
4
年度

前期
A
・
B

英語

[4] 次の下線部(31 ～ 35)に最も近い意味を表すものを，次のそれぞれの(ア)～(エ)のうちから
　　一つずつ選べ。

Price increases are now a matter 31 of concern for all of us.

    (ア) surprising   (イ) disappointing   (ウ) worrying   (エ) irritating

Thanks to our long discussion, the plan is beginning to 32 take shape.

    (ア) find   (イ) develop   (ウ) fail   (エ) miscarry

When exiting the tunnel, we 33 caught sight of the sea on the left.

    (ア) left   (イ) crossed   (ウ) entered   (エ) noticed

The company's new policy will 34 have implications for its employees' lifestyles.

    (ア) ignore   (イ) improve   (ウ) spoil   (エ) influence

Yesterday, I saw my old friend 35 by chance at the store.

    (ア) accidentally   (イ) smilingly   (ウ) suddenly   (エ) oddly

〔5〕次の 36 ～ 40 について，正しい英文にするために枠内の語句を並べ替えるとき，空欄 A と空欄 B にくる語句の組み合わせとして正しいものを，次のそれぞれの(ア)～(オ)のうちから一つずつ選べ。（語句は文頭にくる場合でも大文字で始まっているとは限らない。）

36 ＿＿＿ A ＿＿＿ B ＿＿＿ a runny nose, watery eyes, and a headache.

| 1. symptoms | 2. are | 3. some |
| 4. of hay fever | 5. of the | |

(ア) A-1　B-4　　　　(イ) A-4　B-5　　　　(ウ) A-4　B-3
(エ) A-5　B-4　　　　(オ) A-1　B-2

37 You can choose ＿＿＿ A ＿＿＿ B ＿＿＿ hiking and swimming.

| 1. variety | 2. a wide | 3. from |
| 4. including | 5. of activities | |

(ア) A-2　B-1　　　　(イ) A-1　B-3　　　　(ウ) A-4　B-2
(エ) A-4　B-3　　　　(オ) A-2　B-5

38 All the ＿＿＿ A ＿＿＿ B ＿＿＿ were hospitalized.

| 1. involved | 2. people | 3. accident |
| 4. the | 5. in | |

(ア) A-1　B-4　　　　(イ) A-5　B-3　　　　(ウ) A-4　B-2
(エ) A-5　B-1　　　　(オ) A-4　B-1

39 The building ＿＿＿ A ＿＿＿ B ＿＿＿ .

| 1. is | 2. with | 3. roof |
| 4. our school | 5. the blue | |

(ア) A-2　B-4　　　　(イ) A-2　B-3　　　　(ウ) A-5　B-1
(エ) A-5　B-2　　　　(オ) A-4　B-1

40　The man ＿＿＿ A ＿＿＿ B ＿＿＿ waving a red flag.

1. by	2. the danger	3. warned
4. about	5. us	

(ア)　A-2　B-4　　　　　(イ)　A-5　B-2　　　　　(ウ)　A-4　B-2

(エ)　A-1　B-3　　　　　(オ)　A-1　B-4

日　本　史

（60分）

〔Ⅰ〕次の史料A・Bを読み，下の問い（問1～7）に答えよ。なお，史料は読みやすくするために文体・字体など一部変えている。

A　蓋し聞く，律は懲粛を以て宗と為し，令は勧誡を以て本となす。格は則ち時を量りて制を立て，式は則ち闕けたるを補ひ遺れるを拾ふ。・・・古は世質時素にして法令未だ彰ならず。無為にして治まり，粛せずして化す。　1　天皇十二年に曁び，上宮太子親ら憲法十七箇条を作り，国家の制法茲より始まる。降りて天智天皇元年に至り，令廿二条を制す。世人の所謂る(a)近江朝廷の令なり。爰に　2　天皇の大宝元年に逮びて，贈太政大臣正一位(b)藤原朝臣不比等，勅を奉りて律六巻，令十一巻を撰す。養老二年，復た同大臣不比等，勅を奉りて更に律令を撰し，各十巻と為す。今世に行ふ律令は是なり。・・・

　　「懲粛」・・・・・懲戒し自粛させること。
　　「勧誡」・・・・・善をすすめ悪を戒めること。
　　「時を量りて」・・・時勢に応じて。

（類聚三代格・弘仁格式序）

問1　文中の空欄　1　・　2　に入れるのに最も適当なものを，次のそれぞれの(ア)～(エ)のうちから一つずつ選べ。

　1　(ア)　欽明　　　(イ)　推古　　　(ウ)　崇峻　　　(エ)　孝徳

　2　(ア)　天武　　　(イ)　持統　　　(ウ)　文武　　　(エ)　聖武

問2　下線部(a)「近江朝廷」の所在地として最も適当なものを，次の(ア)～(エ)のうちから一つ選べ。

　3　(ア)　大津　　　(イ)　飛鳥　　　(ウ)　難波　　　(エ)　長岡

問3　下線部(b)「藤原朝臣不比等」の活動について説明した文として最も適当なものを，次の(ア)～(エ)のうちから一つ選べ。

　4　(ア)　不比等は娘を天皇に嫁がせて，天皇家と親密な関係を築いた。
　　　(イ)　不比等は大宝律令の編さんに従事したが，養老律令の編さんには関与しなかった。
　　　(ウ)　不比等およびその子である4兄弟は，策謀により橘諸兄を失脚させた。
　　　(エ)　不比等は格式の編さんにも従事し，弘仁格式を制定した。

B　（一一八三）閏　又語りて云く。・・・抑，東海・東山・北陸三道の庄園国領，本の如く領知すべきの由，宣下せらるべきの旨，(c)頼朝申し請ふ。仍て宣旨を下さるるの処，北陸道許りは(d)義仲を恐るるに依り，其の宣旨を成されず。頼朝これを聞かば，定めて鬱を結ぶか。・・・

　　　「庄園国領」・・・・・・・・荘園・国衙領。

　　　「本の如く領知すべき」・・・武士に奪われた土地を，元の領主や権利保持者に返し，その権益を保障すること。

　　　「鬱を結ぶ」・・・・・・・・不満をいだくこと。

（玉葉）

問4　下線部(c)「頼朝」の動向を説明した文として誤っているものを，次の(ア)～(エ)のうちから一つ選べ。

　5　(ア)　源頼朝は以仁王の平氏打倒の呼びかけに応じて挙兵した。

　　　(イ)　源頼朝は鎌倉に拠点をおいて東国の勢力を強めていった。

　　　(ウ)　源頼朝は侍所を設置して御家人の統率や軍事・警察の任務にあたらせた。

　　　(エ)　源頼朝は壇ノ浦まで出陣し，現地でみずから平氏の打倒を果たした。

問5　下線部(d)「義仲」の動向を説明した文として誤っているものを，次の(ア)～(エ)のうちから一つ選べ。

　6　(ア)　木曽義仲は平氏との戦いに勝利して北陸地方を平定した。

　　　(イ)　木曽義仲は平氏との戦いの際，源頼朝よりも早く入京した。

　　　(ウ)　木曽義仲は入京した際，自らの軍勢が町の人々に乱暴を働いて評判を落とした。

　　　(エ)　木曽義仲は源頼朝と敵対し，屋島の戦いで頼朝方の軍勢に敗れた。

問6　史料Bの内容から読み取れることを説明した文として最も適切なものを，次の(ア)～(エ)のうちから一つ選べ。

　7　(ア)　源頼朝は東海・東山・北陸道への命令権を認められた。

　　　(イ)　木曽義仲は東海・東山・北陸道への命令権を認められた。

　　　(ウ)　源頼朝は東海・東山道への命令権を認められた。

　　　(エ)　木曽義仲は東海・東山道への命令権を認められた。

問7　史料Bに記された内容よりも，以前に起こった出来事として最も適切なものを，次の(ア)～(エ)のうちから一つ選べ。

　8　(ア)　問注所の設置　　　　　　　　　(イ)　守護・地頭の設置

　　　(ウ)　平清盛の死去　　　　　　　　　(エ)　源頼朝の奥州平定

〔Ⅱ〕　次の文章を読み，下の問い（問1〜6）に答えよ。

　幕末・維新期にきわだった動きをみせた西南諸藩は，ペリー来航以前に藩政改革にとりかかり，政治的・経済的に強固な体制をつくりあげていた。薩摩藩は　9　の主導で，三都の商人からの借入れを事実上たなあげにしたほか，奄美三島の黒砂糖専売を強化し，(a)琉球経由での清国との密貿易をさかんにするなどして収益をあげた。長州藩は，海運の要港として栄えた(b)下関に　10　を設置して，諸国廻船がもたらす物産を保管したり，これを抵当に資金を貸しつけたり，または委託販売を行ったりした。また，佐賀藩では藩主鍋島直正が本百姓体制の再建をめざして　11　を実施し，(c)土佐では支出を切りつめて財政再建につとめた。さらに佐賀藩や薩摩藩には，(d)反射炉が築かれるなどして洋式工業が始まった。幕府によるほぼ同時期の(e)天保の改革が失敗するかたわら，これらの藩政改革はおおむね成功をおさめた。こうして力をつけた各藩は，やがて雄藩とよばれて幕末の政局を左右するようになった。

問1　文中の空欄　9　〜　11　に入れるのに最も適当なものを，次のそれぞれの(ア)〜(エ)のうちから一つずつ選べ。

9　(ア)　山県大弐　　　(イ)　本多利明　　　(ウ)　調所広郷　　　(エ)　村田清風

10　(ア)　問屋場　　　(イ)　人足寄場　　　(ウ)　越荷方　　　(エ)　本陣

11　(ア)　上知令　　　(イ)　均田制　　　(ウ)　報徳仕法　　　(エ)　旧里帰農令

問2　下線部(a)に関して，江戸時代における日本と琉球の関係について述べた文として最も適当なものを，次の(ア)〜(エ)のうちから一つ選べ。

12　(ア)　己酉約条によって対等の外交関係を結んだ。
　　(イ)　琉球は薩摩藩の支配下にあったが，独立王国として中国との朝貢貿易を続けた。
　　(ウ)　琉球藩がおかれ，尚氏が代々の藩主をつとめた。
　　(エ)　琉球国王の代がわりごとに幕府に慶賀使を派遣した。

問3　下線部(b)に関して，下関を経由する西廻り海運を整備した江戸の商人として最も適当なものを，次の(ア)〜(エ)のうちから一つ選べ。

13　(ア)　角倉了以　　　(イ)　支倉常長　　　(ウ)　三井高利　　　(エ)　河村瑞賢

問4　下線部(c)に関して，江戸時代初期に土佐藩政にたずさわった南学の学者として最も適当なものを，次の(ア)〜(エ)のうちから一つ選べ。

14　(ア)　野中兼山　　　(イ)　中江藤樹　　　(ウ)　伊藤仁斎　　　(エ)　林羅山

問5　下線部(d)に関して，伊豆韮山に反射炉を築いた幕府代官として最も適当なものを，次の(ア)

～㈜のうちから一つ選べ。

15　㋐　佐久間象山　　　　　　　　　㋑　江川太郎左衛門

　　㋒　高島秋帆　　　　　　　　　　㋓　勝海舟

問6　下線部(e)「天保の改革」について説明した文として最も適当なものを，次の㋐～㋓のうち
　　から一つ選べ。

16　㋐　大名に対して上げ米を実施するかわりに参勤交代をゆるめた。

　　㋑　株仲間を公認し，運上や冥加などの増収をめざした。

　　㋒　改革のさなかに天保の飢饉が生じて成果が出ないまま中止された。

　　㋓　人返しの法を発して江戸への出稼ぎを禁止した。

〔Ⅲ〕次の文章を読み，下の問い（問1～3）に答えよ。

　　条約改正とは，江戸幕府の結んだ(a)安政の五カ国条約などを改正して，欧米と対等条約を結ぶ
ことをめざしたもので，明治政府にとって最重要課題であった。

　　1871年に出発した　17　を大使とした使節団は，条約改正交渉についてほとんど成果が上がら
なかった。明治六年の政変後に就任した　18　は，税権回復を優先し　19　が条約改正に同意し
たものの他国が反対して失敗に終わった。この外務卿の時に，ロシアとの間に(b)条約が締結され
た。その後に就任した　20　は，税権と法権の部分的回復をめざし欧化政策をすすめたが，政府
内外の反対を受けて辞職した。その後に就任した外務大臣は，完全対等な条約改正を目指したが，
　21　事件が起きて，その影響は辞職につながった。条約改正は，日清戦争の直前に　22　との
間に条約が締結され法権の回復を果たすことになる。

問1　文中の空欄　17　～　22　に入れるのに最も適当なものを，次のそれぞれの㋐～㋓のうち
　　から一つずつ選べ。

17　㋐　岩倉具視　　㋑　三条実美　　㋒　木戸孝允　　㋓　大久保利通

18　㋐　井上馨　　　㋑　寺島宗則　　㋒　大隈重信　　㋓　青木周蔵

19　㋐　アメリカ　　㋑　イギリス　　㋒　フランス　　㋓　ドイツ

20　㋐　井上馨　　　㋑　寺島宗則　　㋒　大隈重信　　㋓　青木周蔵

21　㋐　ジーメンス　　　　　　　　　㋑　ノルマントン号

　　㋒　大津　　　　　　　　　　　　㋓　江華島

22　㋐　アメリカ　　㋑　イギリス　　㋒　フランス　　㋓　ドイツ

問2　下線部⒜を締結した国に含まれないものを，次の㋐〜㋓のうちから一つ選べ。

23　㋐　ロシア　　　　　㋑　オランダ　　　　　㋒　フランス　　　　　㋓　ドイツ

問3　下線部⒝の条約の名称として最も適当なものを，次の㋐〜㋓のうちから一つ選べ。

24　㋐　日露和親条約　　　　　　　　　　㋑　樺太・千島交換条約
　　㋒　下関条約　　　　　　　　　　　　㋓　ポーツマス条約

〔Ⅳ〕　次の文中の空欄　25　〜　32　に入れるのに最も適当なものを，下のそれぞれの㋐〜㋓のうちから一つずつ選べ。

　日本軍は，近代的兵器が続々と生まれたことで知られる　25　中から，列国の動向にあわせて毒ガス兵器の開発を進めようとした。日本がとくに毒ガス開発に力を入れたきっかけは，1917年11月の　26　であった。日本陸軍は，ロシア帝国の崩壊に乗じて領土の拡大を狙い，1918年8月，27　を開始して，そこで毒ガス兵器を使用しようとした。その後，1936年，陸軍の一部が蜂起した有名な　28　でも，反乱軍鎮圧のため嘔吐（おうと）性ガスの使用を検討したことがある。

　日本陸軍が催涙ガスを実戦で用いたのは，1931年，29　への侵略を開始して以降のことである。とくに1937年，30　をきっかけに日中全面戦争がはじまると，陸軍は直ちに戦場で催涙ガスを使用した。

　中国の日本陸軍は，1938年から嘔吐性ガスの使用を開始し，1939年からはこれを日常的に使用するようになり，同じ頃，毒性がいっそう強い糜爛（びらん）性ガスの使用をはじめた。

　中国での毒ガス使用の当初は，将来のソ連との本格的陸戦に備えた実験と訓練という目的があったが，やがて毒ガスが実戦で効果があることがわかると，中国での戦争に毒ガスは必要不可欠なものになっていった。

　どうして日本軍は　31　で禁じられている毒ガスに頼るようになったのだろうか。その一因は，日本軍の装備の改良が遅れていたことである。

　25　において，飛行機・戦車・機関銃・自動小銃などの近代兵器がヨーロッパで登場した。そこで，装備の近代化や食料・弾薬運搬力の強化など軍の機動化が必要であることは，日本軍も分かっていたが，財源不足，産業力の不足，科学技術力の低さなどから，十分には実現できなかった。

　そこで軍近代化の不足を補うために，かつて　32　の旅順攻防戦などで使われて，多数の犠牲を出しながらも「成功」したことがある，生身の歩兵が銃剣で突撃するという戦法が強調されるようになった。

　ところが，ソ連やアメリカの援助を受けて，中国軍の装備の現代化も進み，中国共産党の軍である八路軍の抗戦意欲も旺盛だったので，歩兵の突撃が中心では日本軍の犠牲も多くなり，戦況

を打開することが困難になった。そこで毒ガスに頼ることが多くなったのである。

25　(ア)　産業革命　　　　　　　　　　　(イ)　第一次世界大戦
　　　(ウ)　沖縄戦　　　　　　　　　　　　(エ)　薩英戦争

26　(ア)　サラエヴォ事件　　　　　　　　(イ)　ロシア革命
　　　(ウ)　サン・フェリペ号事件　　　　(エ)　大津事件

27　(ア)　江華島事件　　　　　　　　　　(イ)　シャクシャインの戦い
　　　(ウ)　シーメンス事件　　　　　　　(エ)　シベリア出兵

28　(ア)　五・一五事件　(イ)　群馬事件　(ウ)　関東大震災　　(エ)　二・二六事件

29　(ア)　北京　　　　　(イ)　山東省　　(ウ)　満州　　　　　(エ)　台湾

30　(ア)　盧溝橋事件　　(イ)　満州事変　(ウ)　五・四運動　　(エ)　金融恐慌

31　(ア)　国際法　　　　　　　　　　　　(イ)　大日本帝国憲法
　　　(ウ)　刑法　　　　　　　　　　　　(エ)　日米安保条約

32　(ア)　上海事変　　　(イ)　日露戦争　(ウ)　義和団事件　　(エ)　日清戦争

世　界　史

（60分）

〔Ⅰ〕次の文章を読み，下の問い（問1～5）に答えよ。

　　後漢が滅んだ後，中国は次の年表に示すように約360年に亘る長期分裂の局面に入った。その
間，中国では少なくとも大小35の政権が興亡した。

魏晋				南北朝（～589年）			
				北朝			
				北魏 386～	西魏 535	北周 556	2
後漢 ~220	三国 222	西晋 265	1		東魏 534	北斉 550	
		東晋 317		南朝			
				宋・斉・梁・陳 420～			

　　後漢末期，魏の　3　は王朝を建て直し，中華を統一する意思を持ってはいたが，華北で成功
するに止まった。　3　は，(a)208年に起こった戦いで中国南部への征服を企てたが失敗に終わ
り，彼の後継者も成功しなかったのである。それに対し，天険に守られた地域に地盤を固めたの
が蜀であった。また，呉は水資源を背景とする土地に根拠地を定めた。こうして中国は(b)三国鼎
立の時代に入ったのである。263年になると，魏の　4　が山を抜け，迂回して背後から蜀を攻
撃し，蜀を魏に併合した。そして　4　の子，司馬炎が(c)晋（西晋）の成立を宣言したのは265
年のことである。その際，三国の魏から晋への禅譲が行われたが，それはかつて後漢最後の皇帝
が政権を奪われたやり方の再演だった。すなわち，220年における後漢の滅亡とは，後漢の献帝
劉協から魏の文帝　5　への禅譲によって行なわれたものだったのである。

問1　年表中の空欄　1　・　2　に入れるものとして最も適当なものを，次のそれぞれの(ア)～
　　(エ)のうちから一つずつ選べ。

　1　(ア)　五胡十六国　　(イ)　太平天国　　(ウ)　五代十国　　(エ)　呉楚七国

　2　(ア)　隋　　　　　　(イ)　宋　　　　　(ウ)　明　　　　　(エ)　唐

問2　文中の空欄　3　～　5　に入れるものとして正しいものを，次のそれぞれの(ア)～(エ)のうちから一つずつ選べ。

　3　(ア) 孫堅　　　(イ) 孫権　　　(ウ) 曹丕　　　(エ) 曹操

　4　(ア) 司馬睿　　(イ) 司馬遷　　(ウ) 司馬昭　　(エ) 司馬光

　5　(ア) 孫堅　　　(イ) 孫権　　　(ウ) 曹丕　　　(エ) 曹操

問3　下線部(a)の名称として正しいものを，次の(ア)～(エ)のうちから一つ選べ。

　6　(ア) 垓下の戦い　(イ) 青島の戦い　(ウ) 赤壁の戦い　(エ) 馬陵の戦い

問4　下線部(b)に関連して，呉が支配した地域の名と，そのおおよその位置を示す現代の地図中のaまたはbの組合せとして正しいものを，下の(ア)～(エ)のうちから一つ選べ。

　7　(ア) 江南 – a
　　(イ) 江南 – b
　　(ウ) 四川 – a
　　(エ) 四川 – b

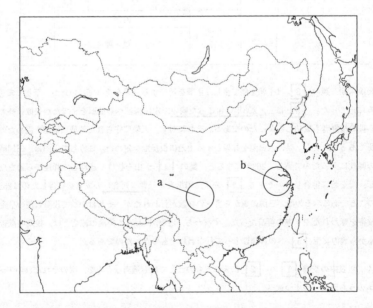

問5　下線部(c)の都が置かれた都市の名として正しいものを，次の(ア)～(エ)のうちから一つ選べ。

　8　(ア) 洛陽　　　(イ) 咸陽　　　(ウ) 鎬京　　　(エ) 臨安

〔Ⅱ〕次の文章を読み，下の問い（問1～3）に答えよ。

　　西ヨーロッパ世界は，フランク王国とローマ・カトリック教会それぞれの発展と，両者の結び
つきにより形成された。5世紀末以降，メロヴィング家の　9　は小国に分立していたフランク
人を統一し，領土を拡大した。また，正統教義とされた　10　のキリスト教に改宗し，ローマ人
貴族およびローマ・カトリック教会の支持を得た。8世紀にはメロヴィング家の宮宰カール・マ
ルテルが，フランク王国に侵入してきた　11　をトゥール・ポワティエ間の戦いで破った。カー
ル・マルテルの子ピピンは(a)カロリング朝を開き，以後，フランク王国とローマ・カトリック教
会の結びつきは強化されていく。ピピンはランゴバルド王国から奪った　12　を教皇に寄進し，
これによって教皇領が成立した。また，カールが教皇　13　からローマ皇帝の帝冠を受けたこと
は，東ヨーロッパ世界とは別の道を歩む西ヨーロッパ世界が成立したという点で重要である。そ
の後フランク王国は870年の　14　により東・西フランクと(b)イタリアに分裂したが，それぞれ
がのちのドイツ・フランス・イタリアに発展していくことから，フランク王国は現代のヨーロッ
パ諸国の源流といえるだろう。

問1　文中の空欄　9　～　14　に入れるものとして正しいものを，次のそれぞれの(ア)～(エ)のう
　　ちから一つずつ選べ。

　　9　　(ア)　クローヴィス　　　　(イ)　エグバート　　　　(ウ)　ウェルギリウス
　　　　(エ)　クヌート

　　10　　(ア)　アリウス派　　　　(イ)　単性論派　　　　(ウ)　ネストリウス派
　　　　(エ)　アタナシウス派

　　11　　(ア)　サイイド朝　　(イ)　ナスル朝　　(ウ)　ウマイヤ朝　　(エ)　ブワイフ朝

　　12　　(ア)　ラヴェンナ地方　　(イ)　シャンパーニュ地方　　(ウ)　フランドル地方
　　　　(エ)　ザール地方

　　13　　(ア)　グレゴリウス7世　　(イ)　レオ3世　　　(ウ)　インノケンティウス3世
　　　　(エ)　ボニファティウス8世

　　14　　(ア)　イリ条約　　　　(イ)　メルセン条約　　　(ウ)　ウェストファリア条約
　　　　(エ)　トルコマンチャーイ条約

問2　下線部(a)に関連して，カロリング朝の文化活動について述べた次の文aとbの正誤の組合
　　せとして正しいものを，下の(ア)～(エ)のうちから一つ選べ。

　　15

　　a　アルクインが，カール大帝の宮廷に招かれた。

　　　b　ラテン語による文芸復興が起った。

　　　　(ア)　a－正　　b－正
　　　　(イ)　a－正　　b－誤
　　　　(ウ)　a－誤　　b－正
　　　　(エ)　a－誤　　b－誤

問3　下線部(b)に関連して，イタリア半島の歴史について述べた文として誤っているものを，次の(ア)～(エ)のうちから一つ選べ。

16　(ア)　両シチリア王国が，シチリア王国とナポリ王国に分裂した。

　　(イ)　北部の諸都市の内部で，教皇党と皇帝党が争った。

　　(ウ)　イタリア戦争で，カール4世の軍隊がローマに侵攻した。

　　(エ)　ピサの大聖堂が，ロマネスク様式で建てられた。

〔Ⅲ〕次の文章を読み，下の問い（問1～6）に答えよ。

　　(a)第一次世界大戦が終結したヨーロッパでは，戦勝国が中心となって新しい国際秩序が形成された。1919年，パリ講和会議で調印された(b)ヴェルサイユ条約では，ドイツに厳しい制裁が加えられた。一方，(c)オーストリア，ブルガリア，ハンガリー，オスマン帝国は旧協商国とそれぞれ別個に条約を結んだ。また世界の恒久平和を目指す国際連盟の設立も決定された。東アジア・太平洋地域の国際秩序は，アメリカ大統領 17 の提唱で1921～22年に開かれたワシントン会議で討議された。この会議では， 18 の主権・独立の尊重などを約束した九カ国条約が結ばれた。また米・英・仏・日の四カ国条約が締結された結果，太平洋における平和維持，領土の現状維持が取り決められ， 19 の終了も(d)宣言された。1925年のロカルノ条約，1928年の不戦条約に続き，1930年には(e)イギリスのロンドンで軍縮会議が開かれ，国際協調が進められた。

問1　文中の空欄 17 ～ 19 に入れるものとして正しいものを，次のそれぞれの(ア)～(エ)のうちから一つずつ選べ。

17　(ア)　ウィルソン　　(イ)　ハーディング　　(ウ)　クーリッジ　　(エ)　フーヴァー

18　(ア)　ニュージーランド　　(イ)　中国　　(ウ)　ロシア　　(エ)　ハワイ

19　(ア)　日米修好通商条約　　(イ)　マーシャルプラン　　(ウ)　英仏協商

　　(エ)　日英同盟

問2　下線部(a)について述べた文として誤っているものを，次の(ア)～(エ)のうちから一つ選べ。

|20| (ア) ドイツ軍が，タンネンベルクの戦いでロシア軍を撃退した。

(イ) イギリスが，西部戦線にインド人兵士を動員した。

(ウ) フランスが，マルヌの戦いでドイツに降伏した。

(エ) イタリアが，「未回収のイタリア」の領土回復を目的として参戦した。

問3　下線部(b)について述べた文として誤っているものを，次の(ア)〜(エ)のうちから一つ選べ。

|21| (ア) ドイツが，アルザス・ロレーヌをフランスに返還した。

(イ) ドイツが，陸軍の保有を禁止された。

(ウ) ドイツが，ラインラントの非武装化を求められた。

(エ) ドイツが，潜水艦の保有を禁止された。

問4　下線部(c)の結果について述べた文として正しいものを，次の(ア)〜(エ)のうちから一つ選べ。

|22| (ア) オーストリアが，トリエステをイタリアに割譲した。

(イ) ハンガリーが，スウェーデンからの分離と完全な独立を果たした。

(ウ) パレスチナが，フランスの委任統治領となった。

(エ) シリアが，イギリスの委任統治領となった。

問5　下線部(d)に関連して，世界史における宣言について述べた文として正しいものを，次の(ア)〜(エ)のうちから一つ選べ。

|23| (ア) フランス人権宣言は，ジェファソンによって起草された。

(イ) モンロー教書（宣言）は，封建的特権の廃止を決めた。

(ウ) ポツダム宣言は，日本軍の無条件降伏を要求した。

(エ) 世界人権宣言は，キング牧師によって起草された。

問6　下線部(e)に関連して，次の年表に示したa〜dの時期のうち，イギリスで21歳以上の男女に選挙権が認められた時期として正しいものを，下の(ア)〜(エ)のうちから一つ選べ。

```
┌─────────────────────────────────────┐
│        ┌──────┐                      │
│        │  a   │                      │
│        └──────┘                      │
│  1918年　第4回選挙法改正が行なわれた。  │
│        ┌──────┐                      │
│        │  b   │                      │
│        └──────┘                      │
│  1922年　アイルランド自由国が成立した。  │
│        ┌──────┐                      │
│        │  c   │                      │
│        └──────┘                      │
│  1926年　イギリス帝国会議が開催された。  │
│        ┌──────┐                      │
│        │  d   │                      │
│        └──────┘                      │
└─────────────────────────────────────┘
```

|24| (ア) a　　　　　　(イ) b　　　　　　(ウ) c　　　　　　(エ) d

26 問題

〔Ⅳ〕 次の文章を読み，下の問い（問1～5）に答えよ。

　1954年4月，セイロン（現在のスリランカ）の首都 [25] で南アジア5カ国の首脳会議が開かれた。インドの(a)ネルー首相が呼びかけ，インドネシア，スリランカ，パキスタン，ビルマが参加したものである。ここでは，当時アメリカ合衆国が進めていた東南アジアの軍事同盟(b)結成の動きに反対する態度が示された。他方で，1954年6月，(c)中国の周恩来首相はインドのネルー首相と [26] で会談して(d)平和五原則を発表した。そして，翌55年，インドネシアの [27] でアジア・アフリカ29カ国の代表が参加したアジア・アフリカ会議が開かれ，十原則を採択した。1961年にはユーゴスラヴィアなどの呼びかけで，25カ国が参加して [28] で第1回非同盟諸国首脳会議が開かれ，非同盟国家として共同歩調をとることを誓った。

問1　文中の空欄 [25] ～ [28] に入れるものとして正しいものを，次のそれぞれの(ア)～(エ)のうちから一つずつ選べ。

[25]　(ア) バンドン　　(イ) コロンボ　　(ウ) ベオグラード　　(エ) ニューデリー

[26]　(ア) バンドン　　(イ) コロンボ　　(ウ) ベオグラード　　(エ) ニューデリー

[27]　(ア) バンドン　　(イ) コロンボ　　(ウ) ベオグラード　　(エ) ニューデリー

[28]　(ア) バンドン　　(イ) コロンボ　　(ウ) ベオグラード　　(エ) ニューデリー

問2　下線部(a)について述べた文として最も適当なものを，次の(ア)～(エ)のうちから一つ選べ。

[29]　(ア) シパーヒーの反乱に参加した。
　　　(イ) 全インド・ムスリム連盟を指導した。
　　　(ウ) インド人民党を結成した。
　　　(エ) ネルー政権下で，インド憲法が制定された。

問3　下線部(b)の名称として正しいものを，次の(ア)～(エ)のうちから一つ選べ。

[30]　(ア) SEATO　　(イ) OAS　　(ウ) CENTO　　(エ) METO

問4　下線部(c)に関連して，中華人民共和国について述べた次の文a～cが，年代の古いものから順に正しく配列されているものを，下の(ア)～(カ)のうちから一つ選べ。

a　WTOに加盟した。
b　天安門事件（第2次天安門事件）が起こった。
c　習近平が，中国共産党中央委員会総書記となった。

[31]　(ア) a → b → c
　　　(イ) a → c → b

(ウ)　b　→　a　→　c

(エ)　b　→　c　→　a

(オ)　c　→　a　→　b

(カ)　c　→　b　→　a

問5　下線部(d)について述べたものとして**誤っている**ものを，次の(ア)〜(エ)のうちから一つ選べ。

　(ア)　領土保全と主権の尊重

(イ)　平和的共存

(ウ)　核兵器の使用禁止

(エ)　平等と互恵

地　理

（60分）

〔Ⅰ〕次の文章を読み，下の問い（問１〜９）に答えよ。

　　北西ヨーロッパからの移民が，17世紀に北アメリカ大陸の大西洋岸に植民地を建設し，次第に(a)西方へと開拓地を拡大していった。(b)開拓民は土地を獲得し，家族ごとに農場を経営した。その一方で，先住民族である　１　は土地を奪われ，人口を減少させながら不毛の地へと追いやられた。その後，奴隷として連れて来られたアフリカ系アメリカ人（黒人），(c)ヨーロッパから移住してきた白人，アジアやラテンアメリカからの移民などにより，アメリカ合衆国の人種構成は多様である。(d)移民の出身地は時代によって大きく変化しており，近年ではスペイン語を話すラテンアメリカからの移民（ヒスパニック）が増加している。

　　人種・民族の分布をみると，ヨーロッパ系はアメリカ合衆国全土に広がり，　Ｘ　系は南部に集中，　Ｙ　系は南西部やフロリダ半島に集中，太平洋岸には　Ｚ　系が分布している。アメリカ合衆国は，さまざまな国から移民を受け入れてきた歴史をもち，住民の民族構成は複雑で，建国以来多くの移民が融合する「人種のるつぼ」を理想としてきた。しかし現在では，むしろ多様な文化や慣習をもつ人々がそれぞれの個性をいかしながら，全体として豊かで調和した社会をつくる「　２　」を理想としている。

　　アメリカ合衆国は世界３位の人口をもつ国であるが，人口の大部分は都市に集中している。とくに大西洋岸の(e)ボストンからワシントンD.C.にかけての地域のほか，五大湖沿岸，ミシシッピ川・オハイオ川に沿った地域や太平洋岸に集中している。人口増加率はサンベルトに位置する南部・西部の州で高く，アメリカ全人口の約４分の１が，カリフォルニア・　３　・フロリダの３州に集中している。一方，ミシシッピ川より西側のとくに(f)西経100度以西に人口希薄地域が広がっている。

　　アメリカ合衆国は住民の流動性が高い社会であり，進学・就職による移住と並んで，退職した人々が遠く離れた地域に移住して引退生活を過ごすことも多い。北東部や五大湖周辺のスノーベルトから(g)南部や西部のサンベルトへの人口移動も多い。

問１　文中の空欄　１　〜　３　に入れるのに最も適当なものを，次のそれぞれの(ア)〜(エ)のうちから一つずつ選べ。

　　　１　(ア)　マオリ　　　　　　(イ)　メスチソ　　　　　　(ウ)　ムラート

　　　　　(エ)　ネイティブアメリカン

2 　(ア)　ライスボウル　　　(イ)　サラダボウル　　　(ウ)　ワンプレート
　　(エ)　メルティングポット

3 　(ア)　モンタナ　　　(イ)　アイダホ　　　(ウ)　テキサス　　　(エ)　ミネソタ

問2 　下線部(a)に関して，開拓された地域と未開拓の地域との境界の呼称として最も適当なもの
を，次の(ア)～(エ)のうちから一つ選べ。

4 　(ア)　フロンティア　　　(イ)　エンクロージャー　　　(ウ)　コーンベルト
　　(エ)　シリコンヴァレー

問3 　下線部(b)に関して，土地を無償で開拓民に与えることを決めた1862年に成立したものとし
て最も適当なものを，次の(ア)～(エ)のうちから一つ選べ。

5 　(ア)　センターピボット方式　　　　　(イ)　プランテーション
　　(ウ)　タウンシップ制　　　　　　　　(エ)　ホームステッド法

問4 　下線部(c)に関して，ヨーロッパ系の人々の中でも，アメリカ合衆国の政治・経済・文化に
大きな役割を果たしている人々の呼称として最も適当なものを，次の(ア)～(エ)のうちから一つ選
べ。

6 　(ア)　イヌイット　　　(イ)　インディオ　　　(ウ)　マイノリティ
　　(エ)　WASP（ワスプ）

問5 　下線部(d)に関して，次のグラフはアメリカ合衆国の国際移住者の出身地別の割合（2020
年）を示したものである。グラフ中のXに当てはまる国として最も適当なものを，下の(ア)～(エ)
のうちから一つ選べ。

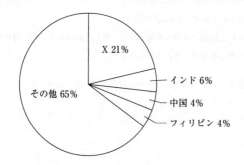

X 21%
インド 6%
中国 4%
フィリピン 4%
その他 65%

『世界国勢図会　2022/2023』矢野恒太記念会による。

7 　(ア)　キューバ　　　(イ)　メキシコ　　　(ウ)　ベネズエラ　　　(エ)　カナダ

問6　文中の空欄 X ・Y ・Z に入る用語の組み合わせとして最も適当なものを，次の(ア)～(エ)のうちから一つずつ選べ。

8

	X	Y	Z
(ア)	ヒスパニック	ア　ジ　ア	ア フ リ カ
(イ)	ヒスパニック	ア フ リ カ	ア　ジ　ア
(ウ)	ア フ リ カ	ヒスパニック	ア　ジ　ア
(エ)	ア フ リ カ	ア　ジ　ア	ヒスパニック

問7　下線部(e)に関して，この地域のように連続する複数の都市が高速交通網や通信網で強固に結合され，全体が密接な相互関係をもちながら活動している巨大な都市化地帯の呼称として最も適当なものを，次の(ア)～(エ)のうちから一つ選べ。

9　　(ア)　メトロポリス　　　　　　(イ)　メガロポリス　　　　　(ウ)　コナーベーション
　　　(エ)　グローバルシティ

問8　下線部(f)に関して，アメリカ合衆国における西経100度の経線の説明として最も適当なものを，次の(ア)～(エ)のうちから一つ選べ。

10　　(ア)　年降水量500mmの等降水量線とほぼ一致し，おおよそこの経線を境に東側の牧畜地
　　　　　　帯と西側の農業地帯とに分けられる。
　　　(イ)　年降水量1000mmの等降水量線とほぼ一致し，おおよそこの経線を境に東側の牧畜地
　　　　　　帯と西側の農業地帯とに分けられる。
　　　(ウ)　年降水量500mmの等降水量線とほぼ一致し，おおよそこの経線を境に東側の農業地
　　　　　　帯と西側の牧畜地帯とに分けられる。
　　　(エ)　年降水量1000mmの等降水量線とほぼ一致し，おおよそこの経線を境に東側の農業地
　　　　　　帯と西側の牧畜地帯とに分けられる。

問9　下線部(g)に関して，次の図中のA～Dに位置する都市の組み合わせとして最も適当なものを，下の(ア)～(エ)のうちから一つ選べ。

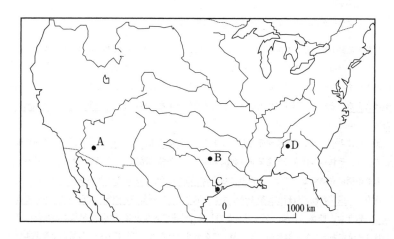

11

	A	B	C	D
(ア)	フェニックス	ヒューストン	ダ　ラ　ス	アトランタ
(イ)	アトランタ	ダ　ラ　ス	ヒューストン	フェニックス
(ウ)	フェニックス	ダ　ラ　ス	ヒューストン	アトランタ
(エ)	ダ　ラ　ス	アトランタ	ヒューストン	フェニックス

〔Ⅱ〕次の文章を読み，下の問い（問1〜8）に答えよ。

　　産業とは財やサービスを生み出す活動のことであり，その初期の段階では農業社会が形成され，多くの人々が農業に従事していた。農業の生産性が向上し一部の人々が生産する食料で社会全体の需要がまかなえるようになると，農産物などを加工して社会に有用なものを生産する(a)工業化がはじまる。そして，18世紀に入るとイギリスで産業革命が起こり，(b)工業生産は急速に拡大した。

　　20世紀に入ると重化学工業が発達し，近年では(c)先端技術産業（ハイテク産業）が急速に成長している。それらの日本での産業立地状況をみると，集積回路工場などは高度な技術に依存して三大都市圏に立地する一方で，(d)地方にも分散するため全国に広く分布する傾向がある。

　　他方，(e)伝統の技に最新の技術やデザインを取り入れて新製品の開発に結びつけるものもみられる。近年は，映像，音楽，ゲームなどの　A　産業の大都市圏への産業集積がみられ，また　B　産業においても，服飾品や靴，鞄，アクセサリーなどの製造において伝統的な産業集積を活かす試みがみられる。

　　自動車や電気機器のような組立型工業は，関連する多数の工場が一定の場所に集積し，工業地帯を形成する傾向がある。日本では，(f)総合的な工業地帯のほか，各地に散在する(g)企業城下町や地場産業地域などにその集積がみられる。

問1　下線部(a)に関して，工業化がはじまったころの工業形態についての説明として最も適当なものを，次の(ア)〜(エ)のうちから一つ選べ。

　[12]　(ア)　当初は工場制手工業として発達し，やがて販売を目的にして工場を営む問屋制家内工業へと発展した。

　　　(イ)　当初は自給のための手工業として発達し，やがて販売を目的にして工場を営む工場制手工業へと発展した。

　　　(ウ)　当初は自給のための手工業として発達し，やがて労働力を工場に集め分業によって加工生産を行う問屋制家内工業へと発展した。

　　　(エ)　問屋制家内工業から家内制手工業に発展し，さらに労働力を工場に集め分業によって加工生産を行う工場制手工業に移行した。

問2　下線部(b)に関して，当時のイギリスで生産工程が機械化され発展した工業として最も適当なものを，次の(ア)〜(エ)のうちから一つ選べ。

　[13]　(ア)　綿工業　　　　　(イ)　食品加工業　　　　(ウ)　化学工業　　　　(エ)　セメント工業

問3　下線部(c)に関して，このような最先端の技術を用いて工業製品を生産する産業の例として誤っているものを，次の(ア)〜(エ)のうちから一つ選べ。

　[14]　(ア)　セラミックスや光ファイバーなどの新素材産業

　　　　㈡　バイオテクノロジーを利用・応用した産業

　　　　㈦　半導体やコンピュータを生産するエレクトロニクス産業

　　　　㈢　クリエイターやデザイナーによる創造産業

問4　下線部(d)に関して，集積回路工場が地方に分散して立地する要因として最も適当なものを，次の㈠〜㈢のうちから一つ選べ。

15　　㈠　消費地指向　　　㈡　集積指向　　　㈦　労働力指向　　　㈢　原料地指向

問5　下線部(e)に関して，これに該当するスイスの手工業製品として最も適当なものを，次の㈠〜㈢のうちから一つ選べ。

16　　㈠　陶磁器　　　㈡　時計　　　㈦　皮革　　　㈢　玩具

問6　文中の空欄　A ・ B に入る産業の組み合わせとして最も適当なものを，次の㈠〜㈢のうちから一つ選べ。

17

	A	B
㈠	コンテンツ	クラフト
㈡	レジャー	ソフトウェア
㈦	レジャー	クラフト
㈢	コンテンツ	ソフトウェア

問7　下線部(f)に関して，鉄鋼・機械・化学などの重工業のほか出版・印刷・雑貨などの軽工業に特色がある工業地帯として最も適当なものを，次の㈠〜㈢のうちから一つ選べ。

18　　㈠　京浜工業地帯　　　㈡　北九州工業地帯　　　㈦　阪神工業地帯
　　　㈢　中京工業地帯

問8　下線部(g)に関して，日本を代表する企業城下町の組み合わせとして誤っているものを，次の㈠〜㈢のうちから一つ選べ。

19

㈠	苫小牧市	北九州市
㈡	函館市	鎌倉市
㈦	日立市	延岡市
㈢	豊田市	宇部市

〔Ⅲ〕次の文章を読み，地図を参照し，下の問い（問1～3）に答えよ。

　　地域について理解するうえで，地形図は基本的な情報源となる。日本の地形図は 20 図法に
より作図されており， 21 に属する国土地理院が発行している。

　　実際に地形図から情報を読み取ってみよう。例えば，図1の地形図をみると，北の方を 22
が通っていることや，赤坂山公園に 23 が立地していることなどがわかる。また，等高線から
はある程度この土地を三次元的に捉えることも可能であり，地図中の地点Eの標高は 24 mで
あることなども読み取れる。

　　こうした現状についての地理情報と，古い空中写真などを組み合わせるとその土地の持つリス
クを知ることもできる。例えば，図2の通り，現在の地形図と過去の空中写真を組み合わせて考
えると，地震の際に液状化が生じやすいのは，点線四角内（空中写真の範囲に対応）の 25 で
あることなどを予想することができる。このように，目的に応じて地形図をはじめとした地理空
間情報を組み合わせ，さまざまな地域の情報を読み取る手法は，地域調査を行ううえでも重要性
が高いものであるといえる。

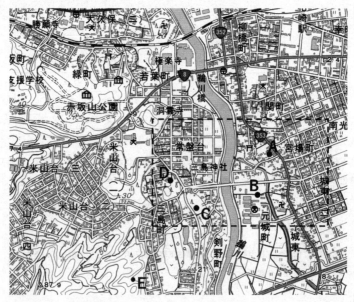

「地理院地図」の標準地図に加筆。

図1

空中写真の範囲は地形図中の点線四角に対応。
「地理院地図」「1950-1960年代空中写真」を切り抜き。

図2

問1 文中の空欄 20 ～ 25 に入れるのに最も適当なものを，次のそれぞれの(ア)～(エ)のうちから一つずつ選べ。

20 (ア) モルワイデ (イ) グード (ウ) サンソン (エ) UTM

21 (ア) 文部科学省 (イ) 環境省 (ウ) 国土交通省 (エ) 総務省

22 (ア) JR線以外単線 (イ) JR線以外複線 (ウ) JR線単線
(エ) JR線複線以上

23 (ア) 博物館 (イ) 老人ホーム (ウ) 保健所 (エ) 図書館

24 (ア) 15 (イ) 20 (ウ) 25 (エ) 30

25 (ア) A (イ) B (ウ) C (エ) D

問2 図1の地図中の「米山台」についての説明として最も適当なものを，次の(ア)～(エ)のうちから一つ選べ。

26 (ア) 水害を避けて丘陵地に立地する古くからの集落である。
(イ) 沖積地を盛り土して作られたベッドタウンである。
(ウ) 丘陵地を切り開いて作られた新興住宅地である。
(エ) 水田の管理が容易な沖積地上の微高地に作られた古くからの集落である。

問3 図2の空中写真中の地点Fの地形についての説明として最も適当なものを，次の(ア)～(エ)のうちから一つ選べ。

27 (ア) 三日月湖を埋め立て，盛り土した人工地形である。

(イ) 河川が丘陵地を侵食する作用で形成された三角州である。

(ウ) 河川の堆積作用により形成された扇状地である。

(エ) 洪水時などの堆積により形成された自然堤防である。

〔Ⅳ〕 次の文章を読み，下の問い（問1〜3）に答えよ。

　われわれの住む地球の地表面は，火山活動などに代表されるような内的営力と，河川や 28
の侵食作用に代表される外的営力のせめぎあいの結果形成されている。一般的に内的営力が大き
ければ地表面の起伏は大きくなり，外的営力が大きければ地表面は平坦になる。

　100年以上前にドイツ人の 29 は，地球表面の大陸が動きながら現在の状態になったとする
大陸移動説を唱えたが，その説はその後のプレートテクトニクスで科学的に説明できるように
なった。これによると，地球の表層部分はプレートというかたい岩盤で構成され，この動きで大
陸が移動し，その境界付近では地殻の変化が生じる。プレート境界はその動く向きによって(a)広
がる境界・せばまる境界・ずれる境界に分類される。

　例えば，われわれの住む(b)日本列島周辺は，隣接するプレートが近づきあい，押し合う，せば
まる境界の良い例であり， 30 では海洋プレートが他のプレートに沈み込んでいる。逆に大陸
プレート同士がぶつかるヒマラヤ山脈は，プレートの押す力で大規模な 31 が形成されている
例である。

　プレート境界付近は，人間にとっては危険な災害が生じる場所でもある。上記のような海洋プ
レートが沈み込む場所ではマグマが発生し，溶岩となってさまざまな被害をもたらす。マグマの
成分によっては高温のガスや土砂が山麓を高速で流れ下る 32 のような現象をもたらす。同様
の境界では地震も発生することがある。東日本大震災を引き起こした東北地方太平洋沖地震のよ
うな 33 地震がその例である。

問1　文中の空欄 28 〜 33 に入れるのに最も適当なものを，次のそれぞれの(ア)〜(エ)のうち
　　から一つずつ選べ。

28 (ア) マスムーブメント   (イ) 沈降   (ウ) 隆起
    (エ) 氷河

29 (ア) ウェゲナー   (イ) チューネン   (ウ) ウェーバー   (エ) ケッペン

30 (ア) 黄海   (イ) フォッサマグナ   (ウ) 中央構造線
    (エ) 日本海溝

31 (ア) 地塁   (イ) 褶曲山脈   (ウ) 準平原   (エ) 断層盆地

| 32 | (ア) 溶岩流 | (イ) 水蒸気爆発 | (ウ) 火砕流 | (エ) 土石流 |

| 33 | (ア) 低地型 | (イ) 断層型 | (ウ) 海溝型 | (エ) 直下型 |

問2 下線部(a)に関して，広がる境界に位置する島として最も適当なものを，次の(ア)〜(エ)のうちから一つ選べ。

| 34 | (ア) ハワイ島 | (イ) 沖縄本島 | (ウ) ジャワ島 | (エ) アイスランド島 |

問3 下線部(b)に関して，日本列島付近にある4つのプレートの名称として**誤っているもの**を，次の(ア)〜(エ)のうちから一つ選べ。

| 35 | (ア) 北アメリカプレート | (イ) フィリピン海プレート |
| | (ウ) 太平洋プレート | (エ) インド・オーストラリアプレート |

政治・経済

（60分）

〔Ⅰ〕　次の文章を読み，文中の空欄 $\boxed{1}$ 〜 $\boxed{12}$ に入れるのに最も適当なものを，下のそれぞれの(ア)〜(エ)のうちから一つずつ選べ。

　　武力衝突を意味する「熱い戦争（hot war）」に対し，直接武力衝突しない戦争を指す「冷戦」という言葉は，米国人ジャーナリストWalter Lippmanが1947年に刊行した著書 *The Cold War - A Study in U.S. Foreign Policy* の中で用いたことで知られるようになった。冷戦は，米国を頂点とする $\boxed{1}$ 陣営あるいは西側陣営と，ソ連を中心とする $\boxed{2}$ 陣営あるいは東側陣営の間の政治勢力の間で生じた。そのクライマックスは1962年の $\boxed{3}$ 危機である。米国大統領 $\boxed{4}$ は，ソ連が $\boxed{3}$ に建設中だったミサイル基地の撤去に応じなければ「核兵器の使用も辞さない」と発表したため，人類は核戦争の一歩手前に立たされた。ソ連首相 $\boxed{5}$ が譲歩することで危機は回避され，翌年米ソ首脳間に $\boxed{6}$ が開設されるなど，国際的な危機管理の体制作りが始まった。

　　$\boxed{3}$ 危機後，一時的に東西両陣営の対立が緩み友好的な関係が生じた。フランスのドゴール大統領がこれを $\boxed{7}$ と呼び，一般化したが，1979年にソ連が $\boxed{8}$ に侵攻したことで，「新冷戦」と呼ばれる状況が生まれた。その状況を，再び $\boxed{7}$ へと引き戻したのが，1985年にソ連共産党書記長に就任した $\boxed{9}$ の進めたソ連の民主化であった。

　　1989年12月，ソ連共産党書記長 $\boxed{9}$ と米国大統領 $\boxed{10}$ が地中海の小国 $\boxed{11}$ で会談し，冷戦の終結を宣言した。翌年８月，イラクが $\boxed{12}$ に侵攻し，国連の安全保障理事会が速やかに対応していった。その過程で，冷戦中に頻繁に見られた米ソによる拒否権の応酬は見られなかったことから，国際社会は冷戦終結を実感した。

$\boxed{1}$　(ア)　共産主義　　　(イ)　枢軸国　　　(ウ)　連合国　　　(エ)　資本主義

$\boxed{2}$　(ア)　共産主義　　　(イ)　枢軸国　　　(ウ)　連合国　　　(エ)　資本主義

$\boxed{3}$　(ア)　キューバ　　　　　(イ)　アフガニスタン　　　(ウ)　ヴェトナム
　　(エ)　ドイツ

$\boxed{4}$　(ア)　ブッシュ　　　(イ)　トルーマン　　　(ウ)　ニクソン　　　(エ)　ケネディ

$\boxed{5}$　(ア)　ブレジネフ　　　(イ)　ゴルバチョフ　　　(ウ)　フルシチョフ　　　(エ)　エリツィン

6 　(ア) ホットライン　　　(イ) シャトル外交　　　(ウ) シェルパ
　　(エ) サミット

7 　(ア) ラプローシュマン　　(イ) テタテ　　　　(ウ) デタント
　　(エ) アンタント

8 　(ア) キューバ　　　　　(イ) アフガニスタン　　(ウ) ヴェトナム
　　(エ) ドイツ

9 　(ア) ブレジネフ　(イ) ゴルバチョフ　(ウ) フルシチョフ　(エ) エリツィン

10 　(ア) ブッシュ　　(イ) トルーマン　　(ウ) ニクソン　　(エ) ケネディ

11 　(ア) クリミア　　(イ) ヤルタ　　　(ウ) マルタ　　　(エ) ニコシア

12 　(ア) イラン　　　(イ) シリア　　　(ウ) イスラエル　(エ) クウェート

〔Ⅱ〕 次の文章を読み，下の問い（問1～3）に答えよ。

　日本国憲法で保障されている(a)自由権的基本権の中の人身の自由は，正当な理由なしに，身体活動を拘束されないことを意味している。人身の自由に対する侵害を防ぐために，憲法では，身体の自由を拘束する場合は，法律で定められた手続きを必要とする 13 の原則が定められている。

　そのような手続きの中には，たとえば犯罪捜査のための強制処分を行う場合には，現行犯逮捕などの特別な場合を除き，裁判官が発行する 14 を必要とする 14 主義の原則も定められている。逮捕に引き続く比較的短期間の身柄の拘束を 15 ，比較的長い期間にわたる身体の自由の拘束を 16 という。なお，被疑者の段階であるにもかかわらず，警察署内の留置場である 17 に長時間留め置かれることもあり，これが(b)冤罪の温床になっているとの批判もある。

　15 または 16 された者及び刑事被告人には，弁護人依頼権が与えられ，経済的理由で弁護人を依頼できない場合は，国の費用により 18 がつけられる。また，自己に不利益な唯一の証拠が 19 のみである場合には有罪とされないと定められている。さらに，ある行為がなされた時点でそのことに関する法律がなかった場合，事後に制定した法律でその行為を罰してはならないとする 20 の禁止の原則や，同一の事件については，同じ罪状で再び裁判をしてはならないとする 21 の原則がある。

　なお，刑事手続きにおいて 15 ・ 16 または刑の執行を受けた後，裁判で無罪が確定した場合は，国家に対して金銭的な補償を求めることのできる権利を， 22 という。冤罪の可能性も考慮して，各国で死刑制度の存廃が議論されてきた。死刑廃止を目的として1989年，国際連合総会で 23 の選択議定書として，死刑廃止条約が採択された。

問1　文中の空欄 13 ～ 23 に入れるものとして正しいものを，次のそれぞれの(ア)～(エ)のうちから一つずつ選べ。

13 　(ア)　信義則　　　　　　　　(イ)　政教分離　　　　　　　(ウ)　法定手続きの保障
　　(エ)　公序良俗

14 　(ア)　許可　　　　　(イ)　裁量　　　　　(ウ)　任命　　　　　(エ)　令状

15 　(ア)　拘禁　　　　　(イ)　抑留　　　　　(ウ)　保釈　　　　　(エ)　押収

16 　(ア)　拘禁　　　　　(イ)　抑留　　　　　(ウ)　保釈　　　　　(エ)　押収

17 　(ア)　更生施設　　　(イ)　拘置所　　　　(ウ)　刑務所　　　　(エ)　代用刑事施設

18 　(ア)　指定弁護人　　(イ)　指名弁護人　　(ウ)　国選弁護人　　(エ)　地域弁護人

19 　(ア)　自白　　　　　(イ)　第三者の証言　(ウ)　物証　　　　　(エ)　映像

20 　(ア)　黙秘権　　　　(イ)　一事不再理　　(ウ)　良心の囚人　　(エ)　遡及処罰

21 　(ア)　黙秘権　　　　(イ)　一事不再理　　(ウ)　良心の囚人　　(エ)　遡及処罰

22 　(ア)　裁判を受ける権利　　(イ)　国家賠償請求権　　　(ウ)　刑事補償請求権
　　(エ)　請願権

23 　(ア)　市民的及び政治的権利に関する国際規約
　　(イ)　経済的，社会的及び文化的権利に関する国際規約
　　(ウ)　拷問等禁止条約
　　(エ)　強制失踪者保護条約

問2　下線部(a)「自由権的基本権」に含まれるものとして最も適当なものを，次の(ア)～(エ)のうちから一つ選べ。

24 　(ア)　生存権　　　　(イ)　選挙権　　　　(ウ)　財産権　　　　(エ)　勤労権

問3　下線部(b)「冤罪」に関連して，これまでに日本で起きた冤罪事件として，誤っているものを，次の(ア)～(エ)のうちから一つ選べ。

25 　(ア)　免田事件　　　(イ)　財田川事件　　(ウ)　足利事件　　　(エ)　三菱樹脂事件

〔Ⅲ〕次の文章を読み，下の問い（問1〜7）に答えよ。

　　南北問題に関心がある生徒Xは，この問題に関連する世界の動向と_(a)発展途上国の貿易の特徴
について，次のようにノートに整理した。

1960年代＝発展途上国の多くが政治的に独立する 貿易の特徴＝_(b)モノカルチャー経済に依存	
1961年 1964年	国連総会「国連開発の10年」を採択 　26　（国連貿易開発会議）が設立→_(c)プレビッシュ報告が提出
1970年代＝　27　（新興工業経済地域）が注目される 貿易の特徴＝_(d)輸出志向工業化（東アジア），_(e)輸入代替工業化（中南米）を目指す	
1973年 1974年	28　（石油輸出国機構）が原油価格を大幅に引き上げ 国連資源特別総会にてNIEO（新国際経済秩序）をめざす宣言
1980年代＝発展途上国の債務残高の累積が問題となる 貿易の特徴＝新自由主義的政策が求められる	
1982年 1980年代後半	メキシコが　29　（債務不履行）に陥る IMF（　30　）が　31　（債務繰り延べ）や債務軽減などを行う →発展途上国に対して_(f)構造調整を求める

問1　年表中の空欄　26　〜　31　に入れるのに最も適当なものを，次のそれぞれの㋐〜㋓のう
　　ちから一つずつ選べ。

26　㋐　UNCTAD
　　㋑　WTO
　　㋒　NAFTA
　　㋓　ASEM

27　㋐　NIEs
　　㋑　APEC
　　㋒　TPP
　　㋓　EU

28　㋐　BRICS
　　㋑　NGO
　　㋒　ECB
　　㋓　OPEC

29 　(ア) インフレーション

　　(イ) デフレーション

　　(ウ) デフォルト

　　(エ) オーバーローン

30 　(ア) 国際司法裁判所

　　(イ) 国際通貨基金

　　(ウ) 国連食糧農業機構

　　(エ) 国際労働機構

31 　(ア) スタグフレーション

　　(イ) リスケジューリング

　　(ウ) タックスヘイブン

　　(エ) ダンピング

問2 　下線部(a)「発展途上国」に関連する説明として誤っているものを，次の(ア)～(エ)のうちから一つ選べ。

32 　(ア) 先進国から発展途上国への支援のひとつにODA（政府開発援助）があるが，長期的な経済不況にある日本では，支援額が2000年代に入って激減した。

　　(イ) ODA（政府開発援助）の支援額でアメリカ合衆国に次いで多いのは，2022年時点ではドイツである。

　　(ウ) 発展途上国は，第二次世界大戦後に独立したアジア，アフリカ諸国，ラテンアメリカ地域に多かったが，その後の経済発展には大きく差異があった。

　　(エ) 発展途上国のなかでも，とくに経済発展が遅れている国のことを後発開発途上国（LDC）と呼び，2023年時点で46カ国が認定されている。

問3 　下線部(b)「モノカルチャー経済」について，下記の図は，アフリカにおける発展途上国の主な輸出品を示したものである。A～Cの輸出品の組み合わせとして最も適当なものを，次の(ア)～(エ)のうちから一つ選べ。

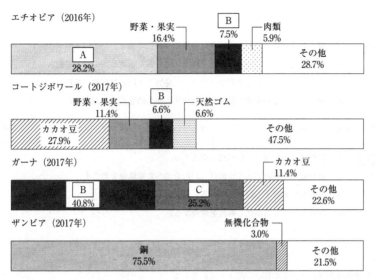

(『世界国勢図会』2019/20年版より作成)

33 ㈦ A＝大豆 B＝半導体 C＝米

   ㈦ A＝綿花 B＝小麦 C＝自動車の部品

   ㈦ A＝通信機械 B＝石炭 C＝錫

   ㈦ A＝コーヒー豆 B＝金 C＝原油

問4 下線部(c)「プレビッシュ報告」の内容として誤っているものを，次の㈦～㈦のうちから一つ選べ。

34 ㈦ 自由貿易における発展途上国の不利が指摘された。

   ㈦ 一次産品の価格安定が目指された。

   ㈦ 先進国に特恵関税制度の撤廃を求めた。

   ㈦ 先進国に援助額の増加を求めた。

問5 下線部(d)「輸出志向工業化」の説明として誤っているものを，次の㈦～㈦のうちから一つ選べ。

35 ㈦ 国内で製造された工業製品の輸出拡大を目指す政策である。

   ㈦ 外資系の製造業の誘致を積極的に行うため輸出加工区を設ける。

   ㈦ 輸入規制の緩和や関税の引き下げを通じて，競争的な市場への参入を行う。

   ㈦ 発展途上国の工業化は，輸出志向工業化から始まることが多い。

問6 下線部(e)「輸入代替工業化」の説明として誤っているものを，次の㈦～㈦のうちから一つ

選べ。

36　(ア)　輸入している工業製品の国産化を目指す施策である。

　　(イ)　輸入割当や関税の引き上げなど国家による産業保護政策のもとで拡大した。

　　(ウ)　リカードの比較優位の理論に基づき，発展途上国が積極的に採用した。

　　(エ)　個人や家庭で使用する耐久消費財の代替から始まることが多い。

問7　下線部(f)「構造調整」の説明として誤っているものを，次の(ア)～(エ)のうちから一つ選べ。

37　(ア)　関税を撤廃し貿易の自由化を拡大する。

　　(イ)　積極財政を行い工業化に向けて民間企業への補助金を増やす。

　　(ウ)　公共部門を縮小し政府系の企業を民営化する。

　　(エ)　為替レートを自由化し輸出を促進する。

〔Ⅳ〕　次の文章を読み，下の問い（問1～4）答えよ。

　日本の労働運動は，第二次世界大戦をはさんで大きく変化した。戦前において労働運動は公認されておらず，治安警察法（1900）や 38 （1925）により厳しい取り締まりを受けた。しかし第二次世界大戦後は日本国憲法により確立されたものとなり，憲法第27条で 39 が，第28条で(a)労働三権が保証された。1947年に制定された 40 では，労働条件についての最低基準が定められた。この法律を監督するために，41 が設置された。労働者が自主的に労働組合を組織し，(b)団体交渉を行い，賃金，労働時間，福利厚生などの労働条件を使用者側と話し合う権利が認められ，結ばれた 42 の目的を達成するためのストライキ（同盟罷業）などの 43 は，刑事上・民事上，責任を問われることはない。

　近年の労働環境をめぐる動きとして，44 や 45 などの伝統的な労働慣行が崩れはじめ，能力給や年俸制などの成果主義的な賃金制度や，(c)裁量労働制の導入が推進されるようになった。また1985年に成立した 46 や1991年には 47 が成立して，女性の社会進出や男女平等の促進が図られている。

問1　文中の空欄 38 ～ 47 に入れるのに最も適当なものを，次のそれぞれの(ア)～(エ)のうちから一つずつ選べ。

38　(ア)　国家維持法　　　　　　　　　　(イ)　国家安定法
　　(ウ)　治安維持法　　　　　　　　　　(エ)　治安安定法

39　(ア)　勤労権　　　(イ)　雇用権　　　(ウ)　生存権　　　(エ)　生活権

40　(ア)　労働基準法　　(イ)　労働基本法　　(ウ)　勤労基準法　　(エ)　勤労基本法

41　(ア) 労働基準局・労働保護監督署　　(イ) 労働保護局・労働基準監督署

　　(ウ) 労働者保護基準局・労働基準監督署　(エ) 労働基準局・労働基準監督署

42　(ア) 労働合意　　(イ) 労働協約　　(ウ) 勤労合意　　(エ) 勤労協約

43　(ア) 暴力事案　　(イ) 争議事案　　(ウ) 暴力行為　　(エ) 争議行為

44　(ア) 永続雇用制　(イ) 終身雇用制　(ウ) 永続契約制　(エ) 終身契約制

45　(ア) 平等型賃金　(イ) 均一型賃金　(ウ) 年長型賃金　(エ) 年功序列型賃金

46　(ア) 男女就業条件均等法　　　　　(イ) 男女雇用条件均等法

　　(ウ) 男女雇用機会均等法　　　　　(エ) 男女就業機会均等法

47　(ア) 育児・介護休業法　　　　　　(イ) 保育・介護休業法

　　(ウ) 育児・介護休職法　　　　　　(エ) 保育・介護休職法

問2　下線部(a)「労働三権」についての説明として最も適当なものを，次の(ア)～(エ)のうちから一つ選べ。

48　(ア) 労働三権とは団結権・生活保障権・抵抗権のことである。

　　(イ) 労働三権とは団結権・団体交渉権・抵抗権のことである。

　　(ウ) 労働三権とは団結権・団体交渉権・団体行動権のことである。

　　(エ) 労働三権とは団結権・生活保障権・団体行動権のことである。

問3　下線部(b)「団体交渉」についての説明として最も適当なものを，次の(ア)～(エ)のうちから一つ選べ。

49　(ア) 団体交渉を行うことで，労使間を規制する労働条約が結ばれる。

　　(イ) 団体交渉を行うことで，労使間を規制する労働条例が結ばれる。

　　(ウ) 団体交渉を行うことで，労使間を規制する労働規定が結ばれる。

　　(エ) 団体交渉を行うことで，労使間を規制する労働協約が結ばれる。

問4　下線部(c)「裁量労働制」についての説明として最も適当なものを，次の(ア)～(エ)のうちから一つ選べ。

50　(ア) 裁量労働制とは実際の労働時間とは無関係に，政府の定めた時間だけ働いたとみなし，賃金を支払う仕組みである。

　　(イ) 裁量労働制とは実際の労働時間とは無関係に，労使間の協定で定めた時間だけ働いたとみなし，賃金を支払う仕組みである。

　　(ウ) 裁量労働制とは実際の労働時間とは無関係に，有識者委員会の協定で定めた時間だ

け働いたとみなし，賃金を支払う仕組みである。

㈘　裁量労働制とは実際の労働時間とは無関係に，中立委員会の協定で定めた時間だけ働いたとみなし，賃金を支払う仕組みである。

数 学

◀数学Ⅰ・Ⅱ・Ⅲ・A・B▶

$\binom{\text{工・理工：90 分}}{\text{現代教育：60 分}}$

(注)　工学部・理工学部受験者はⅠからⅣの問題に解答すること。中等教育国語数学専攻受験者はⅠからⅢの問題に解答すること。

<注意>　　Ⅰの解答は，マークシート解答用紙の ア から チ にマークすること。
Ⅱ以降の解答は，記述式解答用紙に記入すること。
なお，結論だけでなく，結論に至る過程も書くこと。

Ⅰ　次の ア から チ にあてはまる数字または符号を，該当する解答欄にマークせよ。
ただし，分数は既約分数で表せ。

(1)　整数 a, b, c は $\dfrac{3}{1-\sqrt[3]{2}+\sqrt[3]{4}} = a + b\sqrt[3]{2} + c\sqrt[3]{4}$ をみたす。このとき，$a = \boxed{ア}$, $b = \boxed{イ}$, $c = \boxed{ウ}$ である。

(2)　k を実数とする。$2x^2 + 3xy + 2y^2 - 10x - 11y + 9 = 0$ と $x+y=k$ の両方を満たす実数の解が存在するような定数 k の値の範囲は $\boxed{エ} \leqq k \leqq \boxed{オ}$ である。

(3)　袋の中に白玉20個と赤玉5個が入っている。この袋から玉を同時に3個とり出すときに，赤玉がちょうど1個含まれている確率は $\dfrac{\boxed{カ}\boxed{キ}}{\boxed{ク}\boxed{ケ}}$ であり，赤玉がちょうど2個含まれている確率は $\dfrac{\boxed{コ}}{\boxed{サ}\boxed{シ}}$ である。

(4) 実数係数の整式 $f(x)$ はすべての実数 x に対し

$$f'(f(x)) + 4 = f(x)^2$$

をみたす。$f(x)$ が定数の場合は $f(x) = \boxed{ス}\boxed{セ}$ である。$f(x)$ が定数でない場合は $f(x)$ の次数は $\boxed{ソ}$ であり，$\displaystyle\int_0^2 t f'(t)\,dt = \boxed{タ}\boxed{チ}$ である。

II $\theta = 72°$ のとき，$\cos(3\theta) = \cos(2\theta)$ であることを用いて，$\cos 72°$ を求めよ。

III   曲線 $C_1 : y = e^x - 3$ と曲線 $C_2 : y = 1 - 4e^{-x}$ を考える。以下の問いに答えよ。

(1) 曲線 C_1 と曲線 C_2 の共有点の座標を求めよ。

(2) 曲線 C_1，曲線 C_2 および y 軸で囲まれる部分の面積を求めよ。

(3) 曲線 C_1，曲線 C_2 および x 軸で囲まれる部分の面積を求めよ。

< 注意 >   IV は工学部・理工学部受験者のみ解答し，
中等教育国語数学専攻受験者は解答しないこと。

IV xy 平面上に，異なる3点 O, A, B がある。$\overrightarrow{\mathrm{OA}} = \vec{a}$，$\overrightarrow{\mathrm{OB}} = \vec{b}$ とする。点 O を中心とした，線分 OA から線分 OB までの回転角 θ は $0 < \theta < \pi$ をみたすとする。点 O を中心として，回転角 $-\dfrac{\pi}{2}$ だけ点 B を回転した点を C として，回転角 $\dfrac{\pi}{2}$ だけ点 A を回転した点を D とする。$\overrightarrow{\mathrm{OC}} = \vec{c}$，$\overrightarrow{\mathrm{OD}} = \vec{d}$ とする。

(1) 2つのベクトル $\vec{a}$ と $\vec{b}$ からなる平行四辺形の面積 S を $|\vec{a}|$, $|\vec{b}|$，および θ の式で表せ。

(2) $\vec{a} \cdot \vec{d} = 0$, $\vec{b} \cdot \vec{c} = 0$ が成り立つことを示せ。

(3) $\vec{a} \cdot \vec{c} = S$, $\vec{b} \cdot \vec{d} = S$ が成り立つことを示せ。

(4)　すべての実数 $x,\ y,\ u,\ v$ に対して，$\left(x\overrightarrow{a}+y\overrightarrow{b}\right)\cdot\left(u\overrightarrow{c}+v\overrightarrow{d}\right)=(ux+vy)S$

　が成り立つことを示せ。

◀数学 I・A（経営情報・国際関係・人文学部）▶

（60 分）

< 注意 >　　　　I の解答は，マークシート解答用紙の $\boxed{ア}$ から $\boxed{ツ}$ にマークすること。

II と III の解答は，記述式解答用紙に記入すること。なお，結論だけでなく，結論に至る過程も書くこと。

I 次の $\boxed{ア}$ から $\boxed{ツ}$ にあてはまる数字または符号を，マークシート解答用紙の該当する解答欄にマークせよ。ただし，分数は既約分数で表せ。また，根号を含む形で解答する場合，根号の中に現れる自然数が最小となる形で答えよ。

(1)　実数 x, y が $x^2 + 4xy + 5y^2 - 6y + 9 = 0$ を満たすとき，$x = \boxed{ア}\boxed{イ}$, $y = \boxed{ウ}$ である。

(2)　$2\sqrt{6}$ の整数の部分を a，小数の部分を b とすると，$\dfrac{a^2 + b^2}{ab} = \dfrac{\boxed{エ} + \boxed{オ}\sqrt{\boxed{カ}}}{\boxed{キ}}$ である。

(3)　1 辺の長さが 1 の正方形 ABCD がある。点 A を中心とする半径 1 の円に外接し，辺 BC, CD の両方に接する円の半径は $\boxed{ク} - \boxed{ケ}\sqrt{\boxed{コ}}$ である。

(4)　1 から 100 までの自然数を全体集合とする。その部分集合で，3 の倍数の集合を A，4 の倍数の集合を B とする。このとき，$\overline{A} \cap \overline{B}$ の要素の個数は $\boxed{サ}\boxed{シ}$ であり，$\overline{A} \cap B$ の要素の個数は $\boxed{ス}\boxed{セ}$ である。

(5)　次のデータは，20 名が 10 点満点のテストをしたときの得点である。

6, 4, 9, 3, 2, 5, 6, 7, 3, 4, 8, 2, 6, 1, 5, 9, 1, 5, 4, 6　（点）

このとき，平均値は $\boxed{ソ}.\boxed{タ}$ （点），中央値は $\boxed{チ}$ （点），最頻値は $\boxed{ツ}$ （点）である。

II　2次関数 $f(x) = x^2 - 2ax - 4a + 21$ について，次の問いに答えよ。ただし a は定数とする。

(1)　方程式 $f(x) = 0$ が重解をもつような定数 a の値を求めよ。また，そのときの重解を求めよ。

(2)　不等式 $f(x) > 0$ がすべての実数 x に対して成り立つような定数 a の値の範囲を求めよ。

(3)　方程式 $f(x) = 0$ が異なる2つの正の解をもつような定数 a の値の範囲を求めよ。

III　まっすぐな川の川岸に 100 m ずつ離れた3地点 A，B，C がある。対岸の煙突を見上げたところ，煙突の頂点 P は，

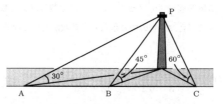

A からは仰角 30°，B からは仰角 45°，C からは仰角 60° の方向に見えた。

(1)　煙突の高さ h を用いて AP，BP，CP を表せ。

(2)　$\angle\text{PAB} = \theta$ とする。$\triangle\text{PAB}$ に余弦定理を用いて，h と θ の関係式を求めよ。

(3)　$\triangle\text{PAC}$ に余弦定理を用いて，h と θ の関係式を求めよ。

(4)　煙突の高さ h を求めよ。

◀数学Ⅰ・Ａ（応用生物・生命健康科・現代教育（幼児教育・現代教育〈現代教育専攻〉）学部）▶

（60分）

＜注意＞　　Ⅰの解答は，マークシート解答用紙の $\boxed{ア}$ から $\boxed{ヌ}$ にマークすること。

ⅡとⅢの解答は，記述式解答用紙に記入すること。なお，結論だけでなく，結論に至る過程も書くこと。

Ⅰ　次の $\boxed{ア}$ から $\boxed{ヌ}$ にあてはまる数字または符号を，マークシート解答用紙の該当する解答欄にマークせよ。ただし，分数は既約分数で表せ。また，根号を含む形で解答する場合，根号の中に現れる自然数が最小となる形で答えよ。

(1)　$x = \dfrac{1}{3 - \sqrt{3}}$, $y = \dfrac{1}{3 + \sqrt{3}}$ のとき，$x + y = \boxed{ア}$, $x^2 + y^2 = \dfrac{\boxed{イ}}{\boxed{ウ}}$,

$x^4 - y^4 = \dfrac{\boxed{エ}}{\boxed{オ}} \sqrt{\boxed{カ}}$ である。

(2)　a を定数とする。2次方程式 $8x^2 - 4x - a = 0$ の解が $\sin\theta$ と $\cos\theta$ $(0° \leqq \theta \leqq 180°)$ であるとすると，$a = \boxed{キ}$ であり，$\sin\theta = \dfrac{\boxed{ク} + \sqrt{\boxed{ケ}}}{\boxed{コ}}$ である。

(3)　白玉7個，赤玉3個が入っている袋から，玉を1個取り出し，それを袋に戻さずに，続いてもう1個取り出す。2番目に取り出した玉が赤玉であるとき，最初に取り出した玉も赤玉である確率は $\dfrac{\boxed{サ}}{\boxed{シ}}$ である。

(4)　AB = AC = 2 で ∠B = 15° となる二等辺三角形 ABC の外接円の中心を O としたとき，∠AOB = $\boxed{ス}\boxed{セ}$° であり，OA = $\sqrt{\boxed{ソ}}\left(\sqrt{\boxed{タ}} + \boxed{チ}\right)$ である。

(5) 9個の値からなるデータ

$$64, \ 64, \ 60, \ 61, \ 61, \ 62, \ 64, \ 58, \ 58$$

の最頻値は $\boxed{ツ}\boxed{テ}$ で，中央値は $\boxed{ト}\boxed{ナ}$，第1四分位数は $\boxed{ニ}\boxed{ヌ}$ である。

II　関数 $f(x) = 2x - x^2$, $g(t) = 4t - t^2$ について，次の問いに答えよ。

(1) $a > 0$ とする。$f(x) \ (0 \leqq x \leqq a)$ の最大値と最小値を求めよ。a の値によって場合分けすること。

(2) $f(g(t)) \ (0 \leqq t \leqq 3)$ の最大値と最小値，またそのときの t の値を求めよ。

III　n を自然数とする。赤玉 n 個と白玉 4 個が入った袋から 3 個の玉を同時に取り出す。このとき，赤玉が 1 個，白玉が 2 個取り出される確率を p_n とする。次の問いに答えよ。

(1) p_n を求めよ。

(2) $p_n = \dfrac{3}{n+4}$ を満たす n を求めよ。

(3) $\dfrac{p_{n+1}}{p_n} < 1$ を満たす最小の n を求めよ。

(4) p_n が最大となるような n の値を求めよ。

物　理

◆物理基礎・物理▶

（60分）

I　次の文の $\boxed{1}$ ～ $\boxed{12}$ に入れるのに最も適した答を，それぞれの解答群の中から一つずつ選べ。

　なめらかな机の上に水平に置かれた軽いばねを考える。このばねのばね定数を k，自然長を L_0 とし，一端を固定する。このばねの他端には，質量 m の小球を取り付けた。小球を長さ a だけ押してばねを縮め，静かに放したところ，小球は一定の周期 T をもつ周期運動をした。この周期 T は，$\boxed{1}$ と表せる。

　次に，固定してあったばねの端を持ち上げ，地面に対して垂直となるようにし，他端に取り付けた小球を静止させた。なお，地球の重力加速度の大きさを g とする。このとき，小球が重力によって受ける力は，鉛直下向きで大きさ $\boxed{2}$ である。ばねの自然長からの伸び L_1 は，$\boxed{3}$ と表せる。

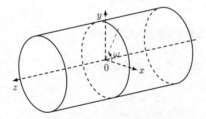

図1：コロニーの概念図

　1970年代に，宇宙空間の人工居住地を建設しようと盛んに議論された。そのひとつとして，円筒型の宇宙ステーション（以下，コロニーと呼ぶ）がある。これは，図1に示すように，コロニーの外側空間に静止している観測者 A から見て固定した座標軸 (x, y, z) を配置しており，コロニーは z 軸を回転軸として角速度 ω で等速回転している。つまり，この回転によって生じる「見かけの力」である遠心力が，コロニー内壁を地面のように感じながら住んでいる人たちにとって，あたかも重力と同じ効果を示している場合を考える。なお，コロニーの外側には，重力を及ぼす原因となるものは，何もない。また，コロニー自体が持つ質量による影響もない。

　xy 面内の運動について考える。コロニーは，半径 R の円筒型をしている。ただし，R の大

きさは，人の身長を無視してよいほど大きい。上述の問題で解いたばねをコロニー内壁に立っている観測者 B が持っている。このばねに質量 m のおもりを取り付け静止させた。すると，ばねは自然長より L だけ伸びた。ばね定数 k を L, m, R, ω をもちいて表すと $k=$ 4 となる。なお，$L = L_1$ となる場合のコロニーの角速度は 5 となる。

次に，観測者 B が内壁に対して角速度 ω と同じ向きに一定の速さ $v(>0)$ で動いているとき，ばねの自然長からの伸びを L'，おもりの角速度を ω' とすると，観測者 B から見た力のつり合いは，6 となる。一方，ω' は，$\omega' =$ 7 となる。したがって，L' は 8 となる。

次に，コロニー内に高さ $R/2$ のビルを建て，その屋上に観測者 B を移動させた。このときのばねの自然長からの伸びは，9 となる。

今度は，コロニー内壁に固定されコロニーの中心 O に向かって球を打ち上げる装置を考える。この球の大きさは無視できるものとする。時刻を t とする。ただし，打ち上げ位置の座標は $(R,0,0)$，打ち上げ時刻を $t = 0$ とおく。球の打ち上げ速度の大きさを u とおく。コロニーの外部に静止している観測者 A から観測すると，x 軸および y 軸方向の運動を t の関数として表すと，それぞれ $x(t) =$ 10 ，$y(t) =$ 11 となる。この球が打ち上げられてから再びコロニー内壁に衝突するまでの時間を t_1 とおくと $\{x(t_1)\}^2 + \{y(t_1)\}^2 = R^2$ であることに注意すれば，$t_1 =$ 12 となる。

1 の解答群

(ア) $2\pi\sqrt{\dfrac{k}{m}}$　　　(イ) $\dfrac{1}{2\pi}\sqrt{\dfrac{m}{k}}$　　　(ウ) $2\pi\sqrt{\dfrac{m}{k}}$　　　(エ) $2\pi\dfrac{m}{k}$　　　(オ) $2\pi\left(\dfrac{m}{k}\right)^2$

2 , 3 の解答群

(ア) mg　　　　　　　　(イ) mk　　　　　　　　(ウ) mgk

(エ) $\dfrac{m}{g}$　　　　　　　　(オ) $\dfrac{m}{k}$　　　　　　　　(カ) $\dfrac{mg}{k}$

4 の解答群

(ア) $\dfrac{mR\omega}{L}$　　　(イ) $\dfrac{mL\omega}{R}$　　　(ウ) $\dfrac{LR\omega}{m}$　　　(エ) $\dfrac{LR}{m\omega}$

(オ) $\dfrac{mR\omega^2}{L}$　　　(カ) $\dfrac{mL\omega^2}{R}$　　　(キ) $\dfrac{LR\omega^2}{m}$　　　(ク) $\dfrac{LR}{m\omega^2}$

5 の解答群

(ア) gR　　　　　　　　　(イ) $\dfrac{g}{R}$　　　　　　　　　(ウ) $\dfrac{R}{g}$

(エ)　$\sqrt{gR}$　　　　　　　　　(オ)　$\sqrt{\dfrac{g}{R}}$　　　　　　　　(カ)　$\sqrt{\dfrac{R}{g}}$

6 の解答群

(ア)　$kL' = \omega'$　　　(イ)　$kL' = R\omega'$　　　(ウ)　$kL' = mR\omega'$　　　(エ)　$kL' = \dfrac{m\omega'}{R}$

(オ)　$kL' = \omega'^2$　　　(カ)　$kL' = R\omega'^2$　　　(キ)　$kL' = mR\omega'^2$　　　(ク)　$kL' = \dfrac{m\omega'^2}{R}$

7 の解答群

(ア)　ω　　　　　　　　(イ)　$R\omega$　　　　　　　(ウ)　v　　　　　　　　(エ)　$\dfrac{v}{R}$

(オ)　$\dfrac{v\omega}{R}$　　　　　　(カ)　$\dfrac{\omega}{R}$　　　　　　(キ)　$\dfrac{\omega + v}{R}$　　　　　(ク)　$\dfrac{R\omega + v}{R}$

8 , 9 の解答群

(ア)　L　　　　　　　　(イ)　$2L$　　　　　　　(ウ)　$\dfrac{L}{2}$　　　　　　(エ)　$\dfrac{L}{4}$

(オ)　$L\left(1 + \dfrac{R\omega}{v}\right)^2$　　(カ)　$L\left(1 + \dfrac{v}{R\omega}\right)^2$　　(キ)　$L\left(1 + \dfrac{\omega}{v}\right)^2$　　(ク)　$\dfrac{Lv}{R}$

10 , 11 の解答群

(ア)　R　　　　　　　　(イ)　ut　　　　　　　(ウ)　$R - ut$　　　　　(エ)　$R + ut$

(オ)　Rt　　　　　　　(カ)　ωt　　　　　　(キ)　$R\omega t$　　　　　(ク)　$\dfrac{\omega t}{R}$

12 の解答群

(ア)　$\dfrac{u}{R\omega}$　　　　　　(イ)　$\dfrac{u}{R\omega + u}$　　　　(ウ)　$\dfrac{2u}{R\omega}$　　　　(エ)　$\dfrac{2u}{R\omega + u}$

(オ)　$\dfrac{u}{R\omega^2}$　　　　　(カ)　$\dfrac{Ru}{R^2\omega^2 + u^2}$　　(キ)　$\dfrac{2u}{\omega^2}$　　　　(ク)　$\dfrac{2Ru}{R^2\omega^2 + u^2}$

II　次の文の $\boxed{13}$ ～ $\boxed{25}$ に入れるのに最も適した答を，それぞれの解答群の中から一つずつ
　選べ。

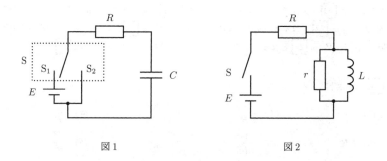

図1　　　　　　　　　　　　　　　　　　　図2

　図1のように，抵抗値 R の抵抗，電気容量 C のコンデンサー，内部抵抗の無視できる起電
力 E の電池，点線で囲まれたスイッチ S からなる回路がある。スイッチは S_1 側または S_2 側
に繋ぐことができる。はじめ，スイッチは S_2 に繋がれた状態で，コンデンサーに電荷は蓄え
られていないものとする。スイッチを S_1 に繋ぎかえた直後に抵抗を流れる電流 I_0 は $\boxed{13}$ で
あり，スイッチを S_1 に繋ぎかえてから十分に時間が経過するまでに抵抗を流れる電流 I の時
間変化をグラフで表すと $\boxed{14}$ のようになる。十分に時間が経過したのち，コンデンサーに蓄
えられる電荷は $\boxed{15}$ である。その後，スイッチを S_2 に繋ぎかえると，スイッチを繋ぎかえた
直後から十分に時間が経過するまでに抵抗で発生したジュール熱は $\boxed{16}$ であった。

　次に，図2のように抵抗値 R および r の抵抗，自己インダクタンス L のコイル，内部抵抗
の無視できる起電力 E の電池，スイッチ S からなる回路がある。はじめ，スイッチは開いた
状態で回路に電流は流れていないものとする。スイッチを閉じた直後に抵抗値 R の抵抗を流
れる電流 I_0 は $\boxed{17}$ であり，スイッチを閉じてから十分に時間が経過するまでに抵抗値 R の抵
抗を流れる電流 I の時間変化をグラフで表すと $\boxed{18}$ のようになる。スイッチを閉じてから十
分に時間が経過したのち，スイッチを開いた。ここで，スイッチを開く直前に抵抗値 R の抵
抗を流れていた電流を I' とする。スイッチを開いた直後から十分に時間が経過するまでに抵
抗値 r の抵抗で発生するジュール熱は $\boxed{19}$ であった。

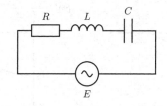

図3

最後に，図3のように電源を角周波数 ω の交流電源とし，抵抗値 R の抵抗，自己インダクタンス L のコイル，電気容量 C のコンデンサーからなる回路がある。この回路に流れる電流 I は $I = I_0 \sin \omega t$ であり，I_0 は電流の振幅，t は時刻である。この回路におけるコイルのリアクタンスは $\boxed{20}$，コンデンサーのリアクタンスは $\boxed{21}$ であるので，抵抗の両端での電圧降下 V_R は，$V_R = \boxed{22}$，コイルの両端の電圧降下 V_L は，$V_L = \boxed{23}$，コンデンサーの両端の電圧降下 V_C は，$V_C = \boxed{24}$ となる。したがって，回路全体のインピーダンスは $\boxed{25}$ となる。

$\boxed{13}$ の解答群

(ア) ER　　　　　(イ) $\dfrac{1}{ER}$　　　　　(ウ) $\dfrac{E}{R}$　　　　　(エ) $\dfrac{E^2}{R}$

(オ) ER^2　　　　(カ) $\dfrac{1}{ER^2}$　　　　(キ) $\dfrac{E}{R^2}$　　　　(ク) $\dfrac{E^2}{R^2}$

$\boxed{14}$，$\boxed{18}$ の解答群

(ア)
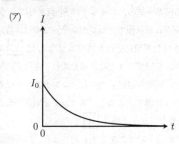

(イ)
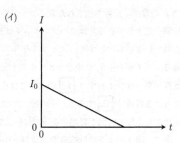

(ウ)
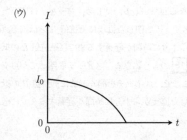

(エ)
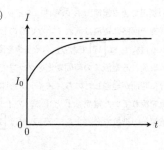

(オ)
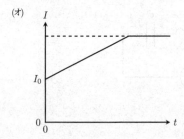

(カ)
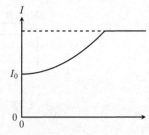

15 の解答群

(ア) $\dfrac{1}{2}CE$　　　(イ) CE　　　(ウ) $2CE$　　　(エ) CE^2

(オ) $\dfrac{E}{2C}$　　　(カ) $\dfrac{E}{C}$　　　(キ) $\dfrac{2E}{C}$　　　(ク) $\dfrac{E^2}{C}$

16 の解答群

(ア) CE　　　(イ) $\dfrac{1}{2}CE$　　　(ウ) CE^2　　　(エ) $\dfrac{1}{2}CE^2$

(オ) $\dfrac{E^2}{C}$　　　(カ) $\dfrac{E^2}{2C}$　　　(キ) $\dfrac{1}{2}RE^2$　　　(ク) 0

17 の解答群

(ア) $\dfrac{E}{R+r}$　　　(イ) $\dfrac{Er}{R+r}$　　　(ウ) $\dfrac{ER}{R+r}$　　　(エ) $\dfrac{E}{r}$

(オ) $\dfrac{E}{R-r}$　　　(カ) $\dfrac{Er}{R-r}$　　　(キ) $\dfrac{ER}{R-r}$　　　(ク) $\dfrac{E}{R}$

19 の解答群

(ア) $\dfrac{I'}{L}$　　　(イ) $L^2 I'$　　　(ウ) LI'　　　(エ) LI'^2

(オ) $\dfrac{I'}{2L}$　　　(カ) $\dfrac{1}{2}L^2 I'$　　　(キ) $\dfrac{1}{2}LI'$　　　(ク) $\dfrac{1}{2}LI'^2$

20 の解答群

(ア) $\dfrac{L}{\omega}$　　　(イ) $\dfrac{1}{\omega^2 L}$　　　(ウ) $\dfrac{1}{\omega L^2}$　　　(エ) $\dfrac{1}{\omega L}$

(オ) $\dfrac{\omega}{L}$　　　(カ) $\omega^2 L$　　　(キ) ωL^2　　　(ク) ωL

21 の解答群

(ア) $\dfrac{C}{\omega}$　　　(イ) $\dfrac{1}{\omega^2 C}$　　　(ウ) $\dfrac{1}{\omega C^2}$　　　(エ) $\dfrac{1}{\omega C}$

(オ) $\dfrac{\omega}{C}$　　　(カ) $\omega^2 C$　　　(キ) ωC^2　　　(ク) ωC

22 の解答群

(ア) $RI_0 \cos \omega t$　　　(イ) $RI_0 \cos^2 \omega t$　　　(ウ) $\dfrac{I_0 \cos \omega t}{R}$　　　(エ) $\dfrac{R}{I_0 \cos \omega t}$

(オ) $RI_0 \sin \omega t$　　　(カ) $RI_0 \sin^2 \omega t$　　　(キ) $\dfrac{I_0 \sin \omega t}{R}$　　　(ク) $\dfrac{R}{I_0 \sin \omega t}$

$\boxed{23}$ の解答群

(ア) $\dfrac{\omega L}{I_0 \cos \omega t}$　　(イ) $\dfrac{I_0 \cos \omega t}{\omega L}$　　(ウ) $\omega L I_0 \cos \omega t$　　(エ) $\omega L I_0 \cos^2 \omega t$

(オ) $\dfrac{\omega L}{I_0 \sin \omega t}$　　(カ) $\dfrac{I_0 \sin \omega t}{\omega L}$　　(キ) $\omega L I_0 \sin \omega t$　　(ク) $\omega L I_0 \sin^2 \omega t$

$\boxed{24}$ の解答群

(ア) $-\dfrac{\omega C}{I_0 \cos \omega t}$　　(イ) $-\dfrac{I_0 \cos \omega t}{\omega C}$　　(ウ) $-\omega C I_0 \cos \omega t$　　(エ) $-\omega C I_0 \cos^2 \omega t$

(オ) $-\dfrac{\omega C}{I_0 \sin \omega t}$　　(カ) $-\dfrac{I_0 \sin \omega t}{\omega C}$　　(キ) $-\omega C I_0 \sin \omega t$　　(ク) $-\omega C I_0 \sin^2 \omega t$

$\boxed{25}$ の解答群

(ア) $\sqrt{\dfrac{1}{R^2} + \left(\dfrac{1}{\omega L} - \dfrac{1}{\omega C}\right)^2}$　　(イ) $\sqrt{\dfrac{1}{R^2} + \left(\dfrac{1}{\omega L} - \omega C\right)^2}$　　(ウ) $\sqrt{\dfrac{1}{R^2} + \left(\omega L - \dfrac{1}{\omega C}\right)^2}$

(エ) $\sqrt{R^2 + \left(\dfrac{1}{\omega L} - \dfrac{1}{\omega C}\right)^2}$　　(オ) $\sqrt{R^2 + \left(\dfrac{1}{\omega L} - \omega C\right)^2}$　　(カ) $\sqrt{R^2 + \left(\omega L - \dfrac{1}{\omega C}\right)^2}$

III 次の文の $\boxed{26}$ ～ $\boxed{37}$ に入れるのに最も適した答を，それぞれの解答群の中から一つずつ選べ。

　物理で扱う量は，数値に長さを表す単位であるメートル（m）や質量を表す単位であるキログラム（kg）などの単位を組み合わせて表され，このような量を物理量という。物理量はその基準となる量（単位）をもとにその量の何倍であるかで示されており，例えば100 mは1 mの100倍の長さであることを示し，1.5 kgは1 kgの1.5倍の質量であることを示している。

　国際単位系（SI）は世界中で広く使用されている単位系であり，7つの基本単位（s, m, kg, A, K, mol, cd）と，これらの基本単位の乗除によって組み立てられた組立単位，およびキロ（k, 10^3）やマイクロ（μ, 10^{-6}）などの10の整数乗を示す接頭語等から構成されている。

　秒（s）は時間の基本単位であり，単位時間（例えば1 s）あたりの移動距離（例えば1 m）を速さといい，その単位は $\boxed{26}$ である。速さと運動の向きを合わせた量を速度といい，単位時間あたりの速度の変化を加速度という。加速度の単位は $\boxed{27}$ である。

　物体を変形させたり，物体の速度を変えたりするはたらきを力といい，力の単位はニュートン（N）である。1 Nは質量1 kgの物体に1 $\boxed{27}$ の加速度を生じさせる力である。このことから1 NをSIの基本単位である m, kg, sで示すと1 N = 1 $\boxed{28}$ となる。

　単位面積あたりの，面を垂直に押す力の大きさを圧力といい，圧力の単位はパスカル（Pa）である。1 Paは1 m^2 の面に1 Nの力が垂直にかかっているときの圧力である。このことから

1 Pa を SI の基本単位である m, kg, s で示すと 1 Pa = 1 $\boxed{29}$ である。

　物体に力を加えて，物体を動かしたときに，力は仕事をしたという。仕事の単位はジュール（J）である。1 J は 1 N の力を加えて，その力の向きに 1 m 動かしたときの仕事である。このことから 1 J を SI の基本単位である m, kg, s で示すと 1 J = 1 $\boxed{30}$ である。

　物体が他の物体に仕事をする能力を持っているとき，その物体はエネルギーを持っているという。物体が仕事をしたりされたりすると，その仕事の量だけ運動エネルギーや位置エネルギーなどが変化する。

　仕事とエネルギーの単位は同じジュール（J）で示される。単位時間当たりの仕事の量を仕事率といい，仕事率の単位はワット（W）である。1 W は 1 s の間に 1 J の仕事をした場合の仕事率である。このことから 1 W を SI の基本単位である m, kg, s で示すと 1 W = 1 $\boxed{31}$ である。

　ジュール（J）は，熱量（熱運動のエネルギー量）の単位にも用いられる。単位質量（例えば 1 kg）あたりの物質の温度を 1 ケルビン（K）だけ上昇させるときに必要な熱量を，その物質の比熱という。比熱の単位を SI の基本単位である m, s, K で示すと $\boxed{32}$ となる。

　アンペア（A）は電流の基本単位である。1 A の電流が流れている導体の断面を 1 s 間に通過する電気量の大きさを 1 クーロン（C）という。1 C を SI の基本単位である A, s で示すと 1 C = 1 $\boxed{33}$ となる。

　ボルト（V）は電圧の単位であり，オーム（Ω）は電気抵抗の単位である。抵抗値 $R\,[\Omega]$ の抵抗線に $V\,[\mathrm{V}]$ の電圧をかけて $I\,[\mathrm{A}]$ の電流を時間 $t\,[\mathrm{s}]$ の間だけ流したときに発生するジュール熱 $Q\,[\mathrm{J}]$ は $Q = VIt = RI^2 t$ である。このことから 1 V を SI の基本単位である m, kg, s, A で示すと 1 V = 1 $\boxed{34}$ であり，1 Ω を SI の基本単位である m, kg, s, A で示すと 1 Ω = 1 $\boxed{35}$ となる。

　ファラド（F）はコンデンサーの電気容量（静電容量）の単位である。コンデンサーの極板間に 1 V の電圧をかけたときに 1 C の電荷を蓄えることができるコンデンサーの電気容量が 1 F である。このことから 1 F を SI の基本単位である m, kg, s, A で示すと 1 F = 1 $\boxed{36}$ となる。コンデンサーの電気容量を $C\,[\mathrm{F}]$，極板間の電位差を $V\,[\mathrm{V}]$ とすると，コンデンサーに蓄えられるエネルギー $U\,[\mathrm{J}]$ は $U = \frac{1}{2}CV^2$ となる。このことからも 1 F = 1 $\boxed{36}$ となることがわかる。

　ヘンリー（H）はコイルの自己誘導の大きさである自己インダクタンスの単位である。自己インダクタンスが $L\,[\mathrm{H}]$ のコイルに，十分な時間をかけて $I\,[\mathrm{A}]$ の電流を流したときに，コイルに蓄えられるエネルギー $U\,[\mathrm{J}]$ は $U = \frac{1}{2}LI^2$ となる。このことから 1 H を SI の基本単位である m, kg, s, A で示すと 1 H = 1 $\boxed{37}$ となる。

$\boxed{26}$, $\boxed{27}$ の解答群

(ア) m・s　　　　(イ) m・s^2　　　　(ウ) m・s^{-1}　　　　(エ) m・s^{-2}

(オ)　$m^2 \cdot s^2$　　　　　(カ)　$m^2 \cdot s^{-2}$　　　　　(キ)　$m^{-1} \cdot s$　　　　　(ク)　$m^{-1} \cdot s^{-2}$

$\boxed{28}$, $\boxed{29}$, $\boxed{30}$, $\boxed{31}$ の解答群

(ア)　$kg \cdot m \cdot s^{-2}$　　　(イ)　$kg \cdot m \cdot s^{-3}$　　　(ウ)　$kg \cdot m^2 \cdot s^{-2}$　　　(エ)　$kg \cdot m^2 \cdot s^{-3}$

(オ)　$kg \cdot m^3 \cdot s^{-3}$　　　(カ)　$kg \cdot m^{-1} \cdot s^{-2}$　　　(キ)　$kg \cdot m^{-1} \cdot s^{-3}$　　　(ク)　$kg^{-1} \cdot m \cdot s^{-2}$

$\boxed{32}$ の解答群

(ア)　$m \cdot s^{-1} \cdot K^{-1}$　　　(イ)　$m \cdot s^{-2} \cdot K^{-1}$　　　(ウ)　$m^2 \cdot s^{-2} \cdot K$　　　(エ)　$m^2 \cdot s^{-2} \cdot K^{-1}$

$\boxed{33}$ の解答群

(ア)　$A \cdot s$　　　　　(イ)　$A \cdot s^{-1}$　　　　　(ウ)　$A^{-1} \cdot s$　　　　　(エ)　$A^{-1} \cdot s^{-1}$

$\boxed{34}$, $\boxed{35}$ の解答群

(ア)　$kg \cdot m \cdot s^{-2} \cdot A^{-2}$　　　　(イ)　$kg \cdot m \cdot s^{-3} \cdot A$　　　　(ウ)　$kg \cdot m^2 \cdot s^{-2} \cdot A$

(エ)　$kg \cdot m^2 \cdot s^{-2} \cdot A^{-1}$　　　　(オ)　$kg \cdot m^2 \cdot s^{-3} \cdot A$　　　　(カ)　$kg \cdot m^2 \cdot s^{-3} \cdot A^{-1}$

(キ)　$kg \cdot m^2 \cdot s^{-3} \cdot A^{-2}$　　　　(ク)　$kg \cdot m^{-2} \cdot s^{-1} \cdot A^{-1}$

$\boxed{36}$, $\boxed{37}$ の解答群

(ア)　$kg \cdot m \cdot s^{-2} \cdot A^{-2}$　　　　(イ)　$kg \cdot m \cdot s^{-3} \cdot A$　　　　(ウ)　$kg \cdot m^2 \cdot s^{-2} \cdot A$

(エ)　$kg \cdot m^2 \cdot s^{-2} \cdot A^{-1}$　　　　(オ)　$kg \cdot m^2 \cdot s^{-2} \cdot A^{-2}$　　　　(カ)　$kg \cdot m^2 \cdot s^{-3} \cdot A$

(キ)　$kg \cdot m^{-2} \cdot s^{-1} \cdot A^{-1}$　　　　(ク)　$kg^{-1} \cdot m^{-2} \cdot s^4 \cdot A^2$

化　学

◀化学基礎・化学▶

(60分)

Ⅰ　次の問い(問1〜5)に答えよ。

問1　原子の構造に関する記述として誤りを含むものを，次の解答群の(ア)〜(オ)のうちから一つ選べ。　[1]

[1] の解答群

(ア)　原子番号は陽子数と常に等しい。

(イ)　質量数は陽子数と中性子数の和である。

(ウ)　ナトリウム原子の陽子数と電子数は等しい。

(エ)　中性子の質量は電子と比べてきわめて小さい。

(オ)　陰イオンでは陽子数が電子数より小さい。

問2　天然に存在するホウ素原子には $^{10}_{5}B$ と $^{11}_{5}B$ の2つの同位体が存在し，それらの相対質量はそれぞれ 10.0 および 11.0 である。ホウ素の原子量が 10.8 であるとき，2つの同位体の存在比は [2] である。[2] に入れるのに最も適当な数値を，次の解答群の(ア)〜(キ)のうちから一つ選べ。

[2] の解答群

(ア)　$^{10}_{5}B : ^{11}_{5}B = 85 : 15$　　　(イ)　$^{10}_{5}B : ^{11}_{5}B = 80 : 20$　　　(ウ)　$^{10}_{5}B : ^{11}_{5}B = 75 : 25$

(エ)　$^{10}_{5}B : ^{11}_{5}B = 50 : 50$　　　(オ)　$^{10}_{5}B : ^{11}_{5}B = 25 : 75$　　　(カ)　$^{10}_{5}B : ^{11}_{5}B = 20 : 80$

(キ)　$^{10}_{5}B : ^{11}_{5}B = 15 : 85$

問3　次の12種の原子またはイオンのうち，電子数がNeと同じものは [3] 種類あり，電子数がArと同じものは [4] 種類あり，電子を持たないものは [5] 種類ある。[3] 〜 [5] に入れるのに最も適当な数値を，下の解答群の(ア)〜(オ)のうちから一つずつ選べ。ただし，同じものを繰り返し選んでもよい。

$$H, \quad H^+, \quad F, \quad F^-, \quad Na, \quad Na^+, \quad Mg, \quad Mg^{2+}, \quad Cl, \quad Cl^-, \quad K, \quad K^+$$

$\boxed{3}$，$\boxed{4}$，$\boxed{5}$ の解答群

(ア) 1　　　　(イ) 2　　　　(ウ) 3　　　　(エ) 4　　　　(オ) 5

問4　二つの原子が互いに同位体であることを示す記述として正しいものを，次の解答群の(ア)〜(オ)のうちから一つ選べ。　$\boxed{6}$

$\boxed{6}$ の解答群

(ア) 陽子数が異なるが，質量数は等しい。

(イ) 中性子数が異なるが，質量数は等しい。

(ウ) 陽子数が等しいが，質量数は異なる。

(エ) 陽子数と中性子数の和が等しい。

(オ) 中性子数が等しいが，質量数は異なる。

問5　窒素原子の電子配置として最も適当なものを，次の解答群の(ア)〜(ク)のうちから一つ選べ。　$\boxed{7}$

$\boxed{7}$ の解答群

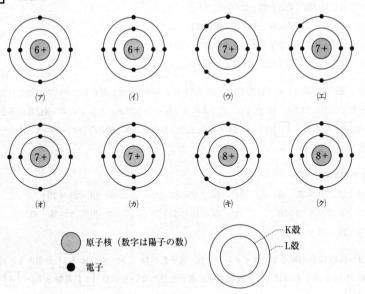

Ⅱ　次の問い(問1，2)に答えよ。

問1　次の(a)～(c)の操作を行うのに最も適当な方法の組み合わせを，下の解答群の(ア)～(カ)のうちから一つ選べ。　8

(a)　少量の硫酸銅を含む硝酸カリウムから，純粋な硝酸カリウムを取り出す。

(b)　ヨウ素と塩化ナトリウムの混合物から純粋なヨウ素を取り出す。

(c)　原油から，ガソリンと灯油を取り出す。

8 の解答群

	(a)	(b)	(c)
(ア)	抽出	蒸留	抽出
(イ)	再結晶	昇華法	分留
(ウ)	蒸留	抽出	抽出
(エ)	抽出	ろ過	分留
(オ)	再結晶	蒸留	ろ過
(カ)	蒸留	昇華法	分留

問2　ヨウ素とヨウ化カリウムが溶けた水溶液からヨウ素を分離する実験を行った。この水溶液を 9 に入れ，10 を加えてよくふり混ぜ，液体が上下二層に分離するまで静置した。この時，ヨウ素の大部分は 11 に移り分離することができた。9 ～ 11 に入れるのに最も適当なものを，次のそれぞれの解答群の(ア)～(ク)のうちから一つずつ選べ。

9 の解答群

(ア)　ブフナーろうと　　(イ)　分液ろうと　　(ウ)　滴下ろうと
(エ)　枝付きフラスコ　　(オ)　リービッヒ冷却管　(カ)　コニカルビーカー
(キ)　メスフラスコ　　　(ク)　メスシリンダー

10 の解答群

(ア)　メタノール　　(イ)　エタノール　　(ウ)　ヘキサン　　(エ)　希塩酸
(オ)　希硫酸　　　(カ)　食塩水　　(キ)　石灰水　　(ク)　硝酸銀水溶液

11 の解答群

(ア)　上層のメタノール層　(イ)　下層のメタノール層　(ウ)　上層のエタノール層
(エ)　下層のエタノール層　(オ)　上層のヘキサン層　　(カ)　下層のヘキサン層
(キ)　上層の水層　　　(ク)　下層の水層

Ⅲ 次の文章(1)〜(5)を読み，下の問い(問1〜5)に答えよ。ただし，原子量は H=1.00，O=16.0，
S=32.0，K=39.0，Cr=52.0，Mn=55.0 とする。

(1) マンガンとクロムはともに単体が銀白色の金属である。これらの金属は $\boxed{12}$ 元素で，いろ
いろな酸化数の化合物をつくる。

問1 文中の空欄 $\boxed{12}$ に入れるのに最も適当な語句を，次の解答群の(ア)〜(オ)のうちから一つ
選べ。

$\boxed{12}$ の解答群

  (ア) 両性   (イ) 典型   (ウ) 遷移   (エ) 同族   (オ) 18族

(2) 酸化マンガン(Ⅳ)(二酸化マンガン) MnO_2 は，黒褐色の粉末で水に溶けないが，濃塩酸を加
えて加熱すると，刺激臭のある黄緑色の気体Aが発生する。なお，気体Aは，空気より重く，
下方置換で捕集する気体である。

問2 気体Aの検出方法は $\boxed{13}$ であり，発生する気体の性質は $\boxed{14}$ である。$\boxed{13}$，$\boxed{14}$
に入れるのに最も適当なものを，次のそれぞれの解答群のうちから一つずつ選べ。

$\boxed{13}$ の解答群

  (ア) 空気にふれさせる。   (イ) 濃塩酸を近づける。   (ウ) 硫酸にふれさせる。

  (エ) 石灰水に通じる。   (オ) 濃アンモニア水を近づける。

  (カ) 湿ったヨウ化カリウムデンプン紙を近づける。

$\boxed{14}$ の解答群

  (ア) 酸素と反応して有色の気体を生成する。

  (イ) 無色で刺激臭があり，漂白剤として用いられる。

  (ウ) オストワルト法による硝酸の工業的製法の原料になる。

  (エ) 液体空気の分留によって得られる無色の気体で，オゾンの同素体である。

  (オ) 鍾乳洞ができるときに重要な役割をする。

  (カ) すべての気体の中で分子量が最も小さく，還元性がある。

  (キ) 強い酸化力があり，ヨウ化物イオンや臭化物イオンと反応してヨウ素や臭素を遊離する。

  (ク) 水によく溶け，強い酸性を示す。

(3) 過マンガン酸カリウム $KMnO_4$ の水溶液に，硫酸酸性にした過酸化水素水を加えて酸化還元
反応が過不足なく進行すると，過マンガン酸カリウム 1.0 mol あたり，$\boxed{15}$ mol の気体が発生す
る。

   0.10 mol/L の過マンガン酸カリウム水溶液をビュレットにいれ，0.15 mol/L の過酸化水素水
$\boxed{16}$ mL をコニカルビーカーにとり，硫酸酸性にした。過マンガン酸カリウム水溶液をコニカ

ルビーカーに 30 mL 滴下したところ，水溶液は淡赤色に変化したため，過マンガン酸カリウム水溶液の滴下を終了した。

問3　文中の空欄 15 , 16 に入れるのに最も適当な数値を，次のそれぞれの解答群の(ア)〜(コ)のうちから一つずつ選べ。

15 の解答群

(ア) 1.0　　(イ) 1.5　　(ウ) 2.0　　(エ) 2.5　　(オ) 3.0

(カ) 3.5　　(キ) 4.0　　(ク) 4.5　　(ケ) 5.0　　(コ) 5.5

16 の解答群

(ア) 10　　(イ) 20　　(ウ) 30　　(エ) 40　　(オ) 50

(カ) 60　　(キ) 70　　(ク) 80　　(ケ) 90　　(コ) 100

(4)　硫酸マンガン $MnSO_4$ の水溶液は淡赤色である。その溶液を濃縮すると，水和水を含む板状の結晶が析出する。この結晶を分析すると，結晶 50 g 中に金属イオンと水分子はそれぞれ 9.6 g と 22 g が含まれることがわかった。この結晶において，硫酸マンガンの金属イオン 1 個に水和している水分子の数は 17 である。

問4　文中の空欄 17 に入れるのに最も適当な数値を，次の解答群の(ア)〜(コ)のうちから一つ選べ。

17 の解答群

(ア) 1　　(イ) 2　　(ウ) 3　　(エ) 4　　(オ) 5

(カ) 6　　(キ) 7　　(ク) 8　　(ケ) 9　　(コ) 10

(5)　クロム酸カリウム K_2CrO_4 の水溶液は黄色であるが，硫酸を加えると 18 を生じて，赤橙色に変化する。0.200 mol/L のクロム酸カリウム水溶液 10.0 mL に濃硫酸を加えて水溶液を酸性にし，その後，0.100 mol/L のシュウ酸水溶液 40.0 mL を加えたところ，19 g の二酸化炭素が生成した。ただし，加えた濃硫酸は十分な量があり，この反応は完全に進行するものとする。

問5　文中の空欄 18 , 19 に入れるのに最も適当なものを，次のそれぞれの解答群のうちから一つずつ選べ。

18 の解答群

(ア) Cr^{2+}　　(イ) CrO　　(ウ) Cr^{3+}　　(エ) Cr_2O_3

(オ) $Cr_2O_7^{2-}$　　(カ) CrO_3

19 の解答群

(ア) 0.0440　　(イ) 0.0880　　(ウ) 0.132　　(エ) 0.264　　(オ) 0.528

IV　次の文章(1), (2)を読み, 下の問い(問1〜5)に答えよ。ただし, 原子量は H=1.00, C=12.0, O=16.0, P=31.0, S=32.0, Ca=40.0 とし, 標準状態における気体のモル体積は 22.4 L/mol とする。

(1)　C_2H_5OH(0 ℃での比重は 0.789)を空気中(O_2 のモル分率は 0.200 とする)で完全に燃焼させた。反応により生じる水が液体であるとき, この反応の反応熱は 1368 kJ/mol であった。一方, C(黒鉛)と H_2 の燃焼反応は, 次のように表すことができる。

$$C(黒鉛) + O_2(気) = CO_2(気) + 394 kJ$$

$$H_2(気) + \frac{1}{2}O_2(気) = H_2O(液) + 286 kJ$$

問1　反応熱に関する次の記述のうち誤っているものを, 次の解答群の(ア)〜(オ)のうちから一つ選べ。 20

20 の解答群

(ア)　燃焼熱は, 1 mol の物質が完全に燃焼するときに発生する熱量で, 正の値をもつ。

(イ)　生成熱は, 1 mol の物質がその成分元素の単体から生成するときに発生する熱量で, 正または負の値をもつ。

(ウ)　中和熱は, それぞれ 1 mol の酸と塩基が反応したときに出入りする熱量で, 正または負の値をもつ。

(エ)　溶解熱は, 1 mol の物質が多量の溶媒に溶けるときに出入りする熱量で, 正または負の値をもつ。

(オ)　反応熱には, 融解や蒸発のような, 物理変化にともない出入りする熱も含まれる。

問2　C_2H_5OH(液)の生成熱は 21 kJ/mol である。 21 に入れるのに最も適当な数値を, 次の解答群の(ア)〜(カ)のうちから一つ選べ。

21 の解答群

(ア) 93.0　　(イ) 139　　(ウ) 225　　(エ) 278　　(オ) 556　　(カ) 834

問3　0 ℃での体積が 11.7 mL の C_2H_5OH(液)を完全に燃焼するには, 標準状態の空気が最小限 22 L 必要である。この反応で発生する CO_2 の体積は, 27 ℃, $1.00×10^5$ Pa に換算すると 23 L となる。 22 , 23 に入れるのに最も適当な数値を, 次のそれぞれの解答群の(ア)〜(カ)のうちから一つずつ選べ。

22 の解答群

(ア) 4.50　　(イ) 13.5　　(ウ) 17.1　　(エ) 22.5　　(オ) 67.5　　(カ) 85.3

23 の解答群

(ア) 4.95　　(イ) 9.00　　(ウ) 9.90　　(エ) 18.0　　(オ) 19.8　　(カ) 29.7

(2) リンは生物に不可欠な元素である。リンの単体として黄リンと赤リンがあり，これらを空気中で燃やすと，いずれも白色粉末状の十酸化四リンを生じる。黄リンにあてはまる特徴は $\boxed{24}$ ，赤リンにあてはまる特徴は $\boxed{25}$ である。

リン酸塩は植物の生育にとって重要なものであるが，リン鉱石の主成分であるリン酸カルシウムは水に溶けにくい。そこで，リン鉱石を適量の硫酸で処理すると，水に溶けるリン酸二水素カルシウムと硫酸カルシウムの混合物が得られる。

$$Ca_3(PO_4)_2 + 2H_2SO_4 \longrightarrow Ca(H_2PO_4)_2 + 2CaSO_4$$

①この反応で得られるリン酸二水素カルシウムと硫酸カルシウムの混合物は，過リン酸石灰とよばれ，リン酸肥料に用いられる。

問4 文中の空欄 $\boxed{24}$ ，$\boxed{25}$ に入れるのに最も適当な組み合わせを，次の解答群の(ア)～(ク)のうちから一つずつ選べ。ただし，同じものを繰り返し選んでもよい。

$\boxed{24}$ ，$\boxed{25}$ の解答群

	性質	溶解性	安定性
(ア)	ろう状固体，猛毒	二硫化炭素に可溶	空気中で自然発火
(イ)	ろう状固体，猛毒	二硫化炭素に可溶	空気中で安定
(ウ)	ろう状固体，猛毒	二硫化炭素に不溶	空気中で自然発火
(エ)	ろう状固体，猛毒	二硫化炭素に不溶	空気中で安定
(オ)	粉末，微毒	二硫化炭素に可溶	空気中で自然発火
(カ)	粉末，微毒	二硫化炭素に可溶	空気中で安定
(キ)	粉末，微毒	二硫化炭素に不溶	空気中で自然発火
(ク)	粉末，微毒	二硫化炭素に不溶	空気中で安定

問5 文中の下線部①で，リン鉱石（リン酸カルシウムの純度100 %）155 g を硫酸と過不足なく反応させたところ，過リン酸石灰が $\boxed{26}$ g 得られた。$\boxed{26}$ に入れるのに最も適当な数値を，次の解答群の(ア)～(キ)のうちから一つ選べ。

$\boxed{26}$ の解答群

(ア) 98　　　　　(イ) 123　　　　　(ウ) 204　　　　　(エ) 253

(オ) 363　　　　(カ) 422　　　　　(キ) 481

Ⅴ　次の文章(1), (2)を読み，下の問い(問1〜6)に答えよ。

(1)　分子式 $C_4H_8O_2$ のエステル A を加水分解すると，カルボン酸 B とアルコール C が生じた。カルボン酸 B は脂肪酸の中で最も強い酸性を示す。試験管にアンモニア性硝酸銀水溶液を入れ，これにカルボン酸 B を加えて加熱すると ①銀鏡反応を示し，試験管の内壁に銀が析出した。アルコール C を酸化するとケトンが生成した。

問1　カルボン酸 B は構造式 27 ，アルコール C は構造式 28 で示される。 27 ， 28 に入れるのに最も適当な構造式を，次のそれぞれの解答群の(ア)〜(オ)のうちから一つずつ選べ。

27 の解答群

(ア)

H-C-OH
　‖
　O

(イ)

CH₃-C-OH
　　‖
　　O

(ウ)

CH₃-CH₂-C-OH
　　　　‖
　　　　O

(エ)

CH₃-CH₂-CH₂-C-OH
　　　　　　‖
　　　　　　O

(オ)

CH₃-CH-C-OH
　　|　‖
　　CH₃ O

28 の解答群

(ア)

CH₃-OH

(イ)

CH₃-CH₂-OH

(ウ)

CH₃-CH₂-CH₂-OH

(エ)

CH₃-CH-CH₃
　　|
　　OH

(オ)

CH₃-CH-CH₂-CH₃
　　|
　　OH

問2　下線部①の反応を示す有機化合物として最も適当なものを，次の解答群の(ア)〜(オ)のうちから一つ選べ。 29

29 の解答群

(ア)　アセトン　　　　　　(イ)　ホルムアルデヒド　　　(ウ)　アセチレン

(エ)　フマル酸　　　　　　(オ)　アクリロニトリル

問3　エステルに水酸化ナトリウムなどの強塩基を加えて加熱すると加水分解が起こる。この反応を 30 という。 30 に入れるのに最も適当なものを，次の解答群の(ア)〜(オ)のうちから一つ選べ。

30 の解答群

(ア)　脱水反応　　　(イ)　縮合反応　　　(ウ)　乾留　　　(エ)　乳化　　　(オ)　けん化

(2) デンプンは，多数のグルコースが 31 した高分子化合物である。その成分には，水(温水)に可溶な 32 と水(温水)に不溶な 33 の2種類が存在する。デンプン水溶液にヨウ素ヨウ化カリウム水溶液を加えると，ヨウ素デンプン反応が起こり，溶液は(a)を呈した。溶液を加熱すると(a)が消失し，冷却すると(b)呈色した。この反応はデンプンの検出に利用される。

問4 文中の空欄 31 に入れるのに最も適当な反応を，次の解答群の(ア)～(オ)のうちから一つ選べ。

31 の解答群

(ア) 開環重合　　(イ) 脱水縮合　　(ウ) 付加重合　　(エ) 付加縮合　　(オ) 共重合

問5 文中の空欄 32 ， 33 に入れるのに最も適当な化合物を，次の解答群の(ア)～(カ)のうちから一つずつ選べ。ただし，同じものを繰り返し選んでもよい。

32 ， 33 の解答群

(ア) マルトース　　(イ) アミロース　　(ウ) ビスコース　　(エ) アミロペクチン

(オ) フィブロイン　　(カ) カゼイン

問6 文中の空欄(a)，(b)に入れる色の組み合わせとして最も適当なものを，次の解答群の(ア)～(ケ)のうちから一つ選べ。 34

34 の解答群

	(a)	(b)
(ア)	茶褐色	茶褐色
(イ)	茶褐色	黄緑色
(ウ)	茶褐色	青紫色
(エ)	青紫色	茶褐色
(オ)	青紫色	黄緑色
(カ)	青紫色	青紫色
(キ)	黄緑色	茶褐色
(ク)	黄緑色	黄緑色
(ケ)	黄緑色	青紫色

$$\boxed{\text{生　物}}$$

（60 分）

Ⅰ　次の文章Ａ・Ｂを読み，下の問い（問 1 ～ 8）に答えよ。

Ａ　(1)すべての生物は細胞からなり，細胞の中には遺伝物質として DNA が含まれている。核を
もたず，DNA が細胞質基質中にある細胞を原核細胞，二重の膜に覆われている核をもち，その
中に DNA が含まれている細胞を真核細胞という。一般的に，(2)原核細胞はサイズが小さいものが
多い。これに対して真核細胞は，原核細胞よりも大きく，(3)細胞小器官などの構造物が多数存在
する。細胞小器官のうち，│ a │は酸素を用いて有機物を分解する生物が，│ b │は光合成を行う
生物が，別の細胞の内部に取り込まれて共生することで生じたと考えられている。この考え方を
(4)細胞内共生説（共生説）という。

問 1　下線部(1)に関して，すべての細胞に共通した特徴を，次の解答群の(ア)～(オ)のうちから**すべ
て選べ**。解答番号 │ 1 │ には正しいものを**すべて**マークすること。│ 1 │

│ 1 │ の解答群

(ア)　ATP のエネルギーを生命活動に利用している。

(イ)　細胞のもつ DNA の情報は，すべて RNA に写しとられる。

(ウ)　細胞壁をもつ。

(エ)　リボソームがタンパク質合成にかかわる。

(オ)　リン脂質とタンパク質からなる細胞膜で外界と隔てられている。

問 2　下線部(2)に関して原核細胞からなる生物を，次の解答群の(ア)～(ク)のうちから**すべて選べ**。
解答番号 │ 2 │ には正しいものを**すべて**マークすること。│ 2 │

│ 2 │ の解答群

(ア)　イシクラゲ　　　(イ)　オオカナダモ　　　(ウ)　酵母　　　　　(エ)　ゾウリムシ

(オ)　乳酸菌　　　　　(カ)　肺炎双球菌　　　　(キ)　ミカヅキモ　　(ク)　ミドリムシ

問 3　下線部(2)に関連して，原核生物である大腸菌のサイズとして最も適当なものを，次の解答
群の(ア)～(カ)のうちから一つ選べ。│ 3 │

│ 3 │ の解答群

(ア)　20 ～ 40 nm　　(イ)　200 ～ 400 nm　　(ウ)　2 ～ 4 μm　　(エ)　20 ～ 40 μm

(オ)　$200 \sim 400\,\mu\mathrm{m}$　　(カ)　$2 \sim 4\,\mathrm{mm}$

問4　文中の空欄　a ・ b に入る細胞小器官の組み合わせとして最も適当なものを，次の解答群の(ア)〜(カ)のうちから一つ選べ。　4

4 の解答群

	a	b
(ア)	核	ミトコンドリア
(イ)	核	葉緑体
(ウ)	ミトコンドリア	核
(エ)	ミトコンドリア	葉緑体
(オ)	葉緑体	核
(カ)	葉緑体	ミトコンドリア

問5　下線部(3)に関連した，次の①〜④の記述のうち，正しい記述を過不足なく含む組み合わせを，下の解答群の(ア)〜(コ)のうちから一つ選べ。　5

①　液胞は，すべての細胞に存在する。
②　粗面小胞体の表面にはリボソームが付着している。
③　ゴルジ体は，細胞内で合成された物質の分泌や輸送にかかわる。
④　すべての真核細胞は，中心体をもつ。

5 の解答群

(ア)　①，②　　　(イ)　①，③　　　(ウ)　①，④　　　(エ)　②，③
(オ)　②，④　　　(カ)　③，④　　　(キ)　①，②，③　　(ク)　①，②，④
(ケ)　①，③，④　　(コ)　②，③，④

問6　下線部(4)の説を支持する根拠として，次の①〜④の記述のうち，正しいものを過不足なく含む組み合わせを，下の解答群の(ア)〜(コ)のうちから一つ選べ。　6

①　共生により生じたと考えられる細胞小器官は，2重の膜からなり，外膜は原核細胞に似た性質の膜をもっている。
②　共生により生じたと考えられる細胞小器官は，エネルギー合成の際に酸素を生成する。
③　共生により生じたと考えられる細胞小器官は，独自に分裂して増える。
④　共生により生じたと考えられる細胞小器官は，独自のDNAをもっている。

6 の解答群

(ア)　①，②　　　(イ)　①，③　　　(ウ)　①，④　　　(エ)　②，③

　(オ)　②，④　　　　　(カ)　③，④　　　　　(キ)　①，②，③　　　　(ク)　①，②，④

　(ケ)　①，③，④　　　(コ)　②，③，④

Ｂ　細胞内ではさまざまな化学反応が行われており，これらの化学反応をまとめて代謝という。個々の代謝の過程は，いくつもの連続した反応から成り立っていることが多く，それらの一連の反応によって生命活動に必要な物質の合成や分解がおこる。これに関連して，次の文章に示す実験を行い，下の結果(1)～(3)が得られた。

実験

ある原核生物の細胞内では，図に示すように，物質Ｐから始まる反応系によって，最終的に自身の生育に必須の物質が合成される。この合成過程には，酵素Ｘ，ＹおよびＺが働いている。通常この原核生物は，培養液に物質Ｐを加えておくと生育できる。ところが，酵素Ｘ，ＹまたはＺのいずれかひとつが働かなくなった個体（以後変異体とよぶ）は，物質Ｐを加えても生育できない。これらの変異体を用いて　c ， d ， e の物質を加えたときに生育できるかどうかを調べた。ただし　c ～ e には物質Ｐから始まる反応系の中間物質または最終産物としてＱ，Ｒ，Ｓのいずれかが，　酵素① ～ 酵素③ には反応系の各段階を触媒する働きをもつ酵素Ｘ，Ｙ，Ｚのいずれかが入る。

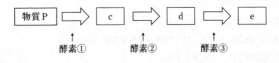

図　物質Ｐから始まる反応系

結果

(1)　酵素Ｘが働かなくなった変異体の場合，物質Ｑを加えたときのみ生育できた。

(2)　酵素Ｙが働かなくなった変異体の場合，物質Ｑ，ＲまたはＳのいずれか一つを加えると生育できた。

(3)　酵素Ｚが働かなくなった変異体の場合，物質ＱまたはＲを加えると生育できた。

問7　この実験結果をもとにして，図の　c ～ e に入る物質として最も適当なものの組み合わせを，次の解答群の(ア)～(カ)のうちから一つ選べ。　7

7 の解答群

	c	d	e
(ア)	Q	R	S
(イ)	Q	S	R
(ウ)	R	Q	S
(エ)	R	S	Q
(オ)	S	Q	R
(カ)	S	R	Q

問8 この実験結果をもとにして，図の酵素①〜③として最も適当なものの組み合わせを，次の解答群の(ア)〜(カ)のうちから一つ選べ。 8

8 の解答群

	酵素①	酵素②	酵素③
(ア)	X	Y	Z
(イ)	X	Z	Y
(ウ)	Y	X	Z
(エ)	Y	Z	X
(オ)	Z	X	Y
(カ)	Z	Y	X

Ⅱ　次の文章Ａ・Ｂを読み，下の問い（問1〜8）に答えよ。

　　Ａ　次の図は細胞周期のさまざまな時期にある動物細胞の模式図である。

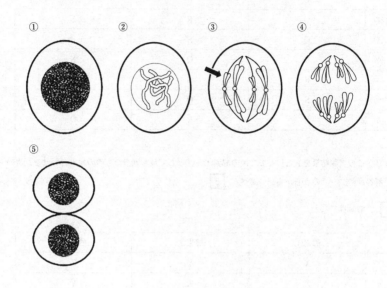

図　動物細胞の模式図

問1　細胞周期の前期，中期，後期，終期にある細胞の図として正しいものを，図中①〜⑤の中
　　から探し，その正しい組み合わせを，次の解答群の(ア)〜(ケ)のうちから一つ選べ。　9

9　の解答群

	前期	中期	後期	終期
(ア)	①	②	③	④
(イ)	①	③	④	⑤
(ウ)	①	③	④	適切な図はない
(エ)	①	適切な図はない	③	④
(オ)	②	③	④	⑤
(カ)	②	③	④	適切な図はない
(キ)	適切な図はない	②	③	④
(ク)	適切な図はない	③	④	⑤
(ケ)	適切な図はない	③	④	適切な図はない

問2 図③の矢印で示す構造の名称と主な構成要素の組み合わせとして最も適当なものを，次の解答群の(ア)～(カ)のうちから一つ選べ。 10

10 の解答群

	矢印で示す構造	主な構成要素
(ア)	核	DNAとタンパク質
(イ)	核	RNAとタンパク質
(ウ)	染色体	DNAとタンパク質
(エ)	染色体	RNAとタンパク質
(オ)	赤道面	DNAとタンパク質
(カ)	赤道面	RNAとタンパク質

問3 細胞周期に関する次の記述①～④のうち，正しいものを過不足なく含むものを，下の解答群の(ア)～(コ)のうちから一つ選べ。 11

① 細胞周期に入らず分裂しない細胞は図中①のように見える。

② 図中①から⑤に至るまでの時間は，どの組織の細胞でも同じである。

③ 中期から後期にかけて染色体が複製される。

④ 分裂期以外のすべての細胞には同じ量のDNAが含まれる。

11 の解答群

(ア) ①	(イ) ②	(ウ) ③	(エ) ④
(オ) ①，②	(カ) ①，③	(キ) ①，④	(ク) ②，③
(ケ) ②，④	(コ) ③，④		

問4 この動物のゲノムは何本の染色体からなるか。次の解答群の(ア)～(コ)のうちから一つ選べ。 12

12 の解答群

(ア) 1本	(イ) 2本	(ウ) 3本	(エ) 4本
(オ) 6本	(カ) 8本	(キ) 10本	(ク) 16本
(ケ) 23本	(コ) 46本		

B DNAはヌクレオチドが長くつながった構造をしている。その特徴はヌクレオチドがつながってできた鎖が互いに逆向きに二本平行に並んでいることと，全体がねじれてらせん構造をとっていることにある。DNAのヌクレオチドは a と b と塩基からできている。DNAのそれぞれの長い鎖は a と b が交互につながってできている。塩基は b に結合してい

て，塩基どうしの相補的な結合が二本鎖をつないでいる。

問5　文中の空欄　a　・　b　に入れる語句として正しいものの組み合わせを，次の解答群の
(ア)～(ク)のうちから一つ選べ。　13

13　の解答群

	a	b
(ア)	アミノ酸	デオキシリボース
(イ)	アミノ酸	リボース
(ウ)	デオキシリボース	アミノ酸
(エ)	デオキシリボース	リン酸
(オ)	リボース	アミノ酸
(カ)	リボース	リン酸
(キ)	リン酸	デオキシリボース
(ク)	リン酸	リボース

問6　下線部についての次の記述①～④のうち，正しいものを過不足なく含むものを，下の解答
群の(ア)～(コ)のうちから一つ選べ。　14

① DNA の塩基対はタンパク質が合成されるときに形成され，アミノ酸の並びを決めている。

② 細胞当たりのアデニン（A）とグアニン（G）の数の和はチミン（T）とシトシン（C）の
数の和にほぼ等しい。

③ 細胞分裂後期に DNA が分配されるのは，塩基どうしの結合が解かれるからである。

④ 細胞分裂前期に DNA が凝集して染色体になるのは，塩基どうしが結合するからである。

14　の解答群

(ア) ①	(イ) ②	(ウ) ③	(エ) ④
(オ) ①，②	(カ) ①，③	(キ) ①，④	(ク) ②，③
(ケ) ②，④	(コ) ③，④		

問7　DNA に含まれる四種類の塩基に関する次の記述①～④のうち，正しいものを過不足なく
含むものを，下の解答群の(ア)～(コ)のうちから一つ選べ。　15

① アデニンは，細胞内のエネルギーとして使われている ATP にも含まれている。

② グアニンは，細胞内のエネルギーとして使われているグルコースにも含まれている。

③ シトシンは，チミンと塩基対をつくる。

④ チミンは DNA には含まれているが，RNA には含まれていない。

15 の解答群

(ア) ①　　　　　(イ) ②　　　　　(ウ) ③　　　　　(エ) ④

(オ) ①, ②　　　(カ) ①, ③　　　(キ) ①, ④　　　(ク) ②, ③

(ケ) ②, ④　　　(コ) ③, ④

問8　DNA の二重らせんが 1 回転する間に，約10塩基対が存在し，その長さは約3.4 nm である。マウスのゲノムはおよそ25億塩基対からなる。マウスの体細胞 1 個の核内の DNA をつなげたときの全長として最も近いものを，次の解答群の(ア)〜(コ)のうちから一つ選べ。 16

16 の解答群

(ア) 1.7 cm　　　(イ) 3.4 cm　　　(ウ) 6.8 cm　　　(エ) 7.4 cm

(オ) 17 cm　　　(カ) 34 cm　　　(キ) 68 cm　　　(ク) 74 cm

(ケ) 1.7 m　　　(コ) 3.4 m

Ⅲ　ヒトの体内環境維持に関する次の文章A・Bを読み，下の問い（問 1 〜 8 ）に答えよ。

A　体内の細胞は，周囲を体液に囲まれており，体液が作る環境を体内環境という。ヒトの体には体内環境をできるだけ一定に保とうとする調節のしくみがある。このしくみを a という。体液は， b ， c ，リンパ液に分けられる。 b は，血液のうち，(1)有形成分である赤血球，血小板，白血球を除く液体成分のことであり，血液の重さの約55％を占める。心臓から送り出された血液は，動脈，毛細血管，静脈を経て，心臓へと戻る。 c は， b の一部が毛細血管の壁を通過して，細胞や組織の隙間に流れ込んだ液体である。また， c の一部がリンパ管に入ったものがリンパ液である。

　体液の状態を一定に保つうえで，(2)肝臓や腎臓は重要な器官である。腎臓は，腹部の背中側に左右一対ある器官であり，物質のろ過，再吸収，排出により，体内環境を一定に保つ働きをしている。腎臓の断面には，外側から，皮質，髄質， d がみられる。皮質から髄質にかけては， e とよばれる構造があり，尿を作るうえで重要な構造単位となっている。 e は f と細尿管からなり， f は毛細血管が絡み合った糸球体とそれを取り囲む g から構成されている。 f は細尿管につながっており， h につながる。腎臓では， b の成分のうち，タンパク質などを除く大半の成分が，糸球体から g へろ過されて原尿となる。原尿が細尿管を流れる際に，原尿中の水やグルコース，無機塩類などが周囲の毛細血管に再吸収され， h に流れ込んでからも，水が再吸収されて，尿となる。尿は， h から d ，輸尿管を経て i に貯められた後，排出される。

問1　文中の空欄 a 〜 c に入れる語句として最も適当なものの組み合わせを，次の解答群の(ア)〜(カ)のうちから一つ選べ。 17

17 の解答群

	a	b	c
(ア)	共通性	血しょう	組織液
(イ)	共通性	組織液	血しょう
(ウ)	恒常性	血しょう	組織液
(エ)	恒常性	組織液	血しょう
(オ)	生体防御	血しょう	組織液
(カ)	生体防御	恒常性	血しょう

問2 下線部(1)に関連して，血液中の有形成分に関する以下の記述のうち，正しいものを，次の解答群(ア)～(カ)のうちから三つ選べ。解答番号 18 には正しいものを**三つ**マークすること。 18

18 の解答群

(ア) 血小板は核をもたない細胞であり，血液凝固に関与する。血液中の有形成分の中で最も小さく，血液 1 mm³ あたりに含まれる個数も最も少ない。

(イ) 赤血球，血小板，白血球は，いずれも骨髄にある造血幹細胞からつくられる。

(ウ) 赤血球に含まれるヘモグロビンは，酸素濃度が高いところでは酸素と結合し，酸素濃度が低いところでは酸素を放出する。また，ヘモグロビンと酸素の結合は，酸素濃度だけでなく，二酸化炭素濃度によっても影響を受け，同じ酸素濃度下では，二酸化炭素濃度が高いほどヘモグロビンは酸素と結合しやすくなる。

(エ) 赤血球は核をもたない細胞であり，酸素を運搬する。赤血球の内部には，酸素の運搬に重要なヘモグロビンという鉄を含んだタンパク質が含まれる。

(オ) 白血球は核をもつ細胞であり，好中球などのリンパ球，マクロファージなどに分化する単球などが含まれ，いずれも生体防御の点で重要な役割を担っている。

(カ) 古くなった赤血球は，ひ臓や肝臓で破壊される。この時，ヘモグロビンが分解され，ビリルビンという物質ができる。ビリルビンは胆汁の中に含まれる。

問3 文中の空欄 d ～ f に入れる語句として最も適当なものの組み合わせを，次の解答群の(ア)～(カ)のうちから一つ選べ。 19

19 の解答群

	d	e	f
(ア)	腎う	腎小体	腎単位（ネフロン）
(イ)	腎う	腎単位（ネフロン）	腎小体
(ウ)	腎小体	腎う	腎単位（ネフロン）
(エ)	腎小体	腎単位（ネフロン）	腎う
(オ)	腎単位（ネフロン）	腎う	腎小体
(カ)	腎単位（ネフロン）	腎小体	腎う

問4　文中の空欄 g ～ i に入れる語句として最も適当なものの組み合わせを，次の解答群の(ア)～(カ)のうちから一つ選べ。 20

20 の解答群

	g	h	i
(ア)	集合管	ぼうこう	ボーマンのう
(イ)	集合管	ボーマンのう	ぼうこう
(ウ)	ぼうこう	集合管	ボーマンのう
(エ)	ぼうこう	ボーマンのう	集合管
(オ)	ボーマンのう	集合管	ぼうこう
(カ)	ボーマンのう	ぼうこう	集合管

問5　下線部(2)に関連して，肝臓の主要な働きを次の解答群の(ア)～(カ)のうちから四つ選べ。解答番号 21 には正しいものを**四つ**マークすること。 21

21 の解答群

(ア) アルコールやアンモニアなどの有害物質の解毒

(イ) 血圧の調節

(ウ) 血液中のグルコース濃度の調節

(エ) 血しょう中のタンパク質の合成

(オ) 盛んな代謝に伴い発生する熱による体温の保持

(カ) 胆汁の分解

B　肝臓や腎臓などの器官が正しく働くために，そのときどきの体内環境の状態をすばやく感知して調節するしくみが重要となる。この調節の役割をになうのが，自律神経系や内分泌系である。

(3)自律神経系は，交感神経と副交感神経からなる。交感神経は，│ j │から出ている末梢神経系で，運動時や緊張時に働く。一方，副交感神経系は，│ j │の末端，中脳，│ k │から出ており，休息時などに働く。交感神経と副交感神経が互いに拮抗して作用することで，体内環境が一定の状態に保たれる。そのような自律神経系の中枢として働くのが│ l │である。内分泌系は，ホルモンによって体内環境を調節するしくみである。ホルモンは，内分泌腺の細胞から血液中に直接分泌され，低濃度で特定の器官や細胞に作用する物質である。グルカゴン，チロキシンなどは，いずれもホルモンである。血糖値が低下すると，│ l │で感知された刺激が，交感神経を通じてすい臓のランゲルハンス島に伝わり，グルカゴンが分泌され，血糖値を上昇させる。逆に，血糖値が高い場合には，│ m │が分泌され，血糖値を低下させる。│ m │が正常に分泌された状態でも血糖値が低下しない場合は│ n │(4)糖尿病を疑う。

問6 文中の空欄│ j │～│ l │に入れる語句として最も適当なものの組み合わせを，次の解答群の(ア)～(カ)のうちから一つ選べ。│22│

│22│の解答群

	j	k	l
(ア)	延髄	視床下部	脊髄
(イ)	延髄	脊髄	視床下部
(ウ)	視床下部	延髄	脊髄
(エ)	視床下部	脊髄	延髄
(オ)	脊髄	延髄	視床下部
(カ)	脊髄	視床下部	延髄

問7 下線部(3)に関連して，交感神経，副交感神経の末端から分泌される物質の名称として最も適当なものの組み合わせを，次の解答群の(ア)～(カ)のうちから一つ選べ。│23│

│23│の解答群

	交感神経	副交感神経
(ア)	アセチルコリン	アドレナリン
(イ)	アセチルコリン	ノルアドレナリン
(ウ)	アドレナリン	アセチルコリン
(エ)	アドレナリン	ノルアドレナリン
(オ)	ノルアドレナリン	アセチルコリン
(カ)	ノルアドレナリン	アドレナリン

問8　下線部(4)に関連して，文中の空欄　m　に入れる物質名と，これを分泌する細胞の名称および　n　に入れる語句の正しい組み合わせを，次の解答群の(ア)～(ク)のうちから一つ選べ。
24

24　の解答群

	m	分泌する細胞名	n
(ア)	インスリン	ランゲルハンス島A細胞	Ⅰ型
(イ)	インスリン	ランゲルハンス島A細胞	Ⅱ型
(ウ)	インスリン	ランゲルハンス島B細胞	Ⅰ型
(エ)	インスリン	ランゲルハンス島B細胞	Ⅱ型
(オ)	バソプレシン	ランゲルハンス島A細胞	Ⅰ型
(カ)	バソプレシン	ランゲルハンス島A細胞	Ⅱ型
(キ)	バソプレシン	ランゲルハンス島B細胞	Ⅰ型
(ク)	バソプレシン	ランゲルハンス島B細胞	Ⅱ型

Ⅳ　次の文章A・Bを読み，下の問い（問1～8）に答えよ。

A　体内に侵入した異物や，体内で発生したがん細胞などを排除するしくみを免疫という。これらの異物やがん細胞は生まれつきそなわっている(1)自然免疫というしくみで排除され，自然免疫で排除できない異物に対しては，(2)適応免疫（獲得免疫）というしくみで対応する。適応免疫には，感染細胞などを直接攻撃する　a　と，別のリンパ球がタンパク質をつくって異物を攻撃する　b　がある。侵入した異物は，(3)樹状細胞によって消化・分解され，その抗原の情報を細胞表面に示す。適応免疫では，一度侵入したことのある抗原が再び体内に侵入したとき，すみやかに強い免疫反応が起こる。このような免疫反応を　c　という。

問1　文中の空欄　a　～　c　に入れる語句として正しいものの組み合わせを，次の解答群の(ア)～(ク)のうちから一つ選べ。25

25 の解答群

	a	b	c
(ア)	細胞性免疫	体液性免疫	食作用
(イ)	細胞性免疫	体液性免疫	増殖
(ウ)	細胞性免疫	体液性免疫	二次応答
(エ)	細胞性免疫	体液性免疫	免疫寛容
(オ)	体液性免疫	細胞性免疫	食作用
(カ)	体液性免疫	細胞性免疫	増殖
(キ)	体液性免疫	細胞性免疫	二次応答
(ク)	体液性免疫	細胞性免疫	免疫寛容

問2 下線部(1)に関する次の記述①〜④のうち，正しいものを過不足なく含む組み合わせを，下の解答群の(ア)〜(コ)のうちから一つ選べ。 26

① NK細胞は，免疫グロブリンの一種である。

② 炎症がおきる過程には，マクロファージが関係する。

③ 好中球は，毛細血管の壁を通り抜け，異物が侵入した組織で食作用を行う。

④ マクロファージによって毛細血管が収縮して，食細胞が組織に集まりやすくなる。

26 の解答群

(ア) ①, ②　　　(イ) ①, ③　　　(ウ) ①, ④　　　(エ) ②, ③

(オ) ②, ④　　　(カ) ③, ④　　　(キ) ①, ②, ③　　　(ク) ①, ②, ④

(ケ) ①, ③, ④　　　(コ) ②, ③, ④

問3 下線部(2)に関する次の記述①〜④のうち，正しいものを過不足なく含む組み合わせを，下の解答群の(ア)〜(コ)のうちから一つ選べ。 27

① 記憶細胞が関わる免疫反応である。

② 初めての病原体に感染した場合，適応免疫が働きだすのに1週間以上を要する。

③ 予防接種に用いられる抗体をワクチンという。

④ リンパ球の異物の認識のしかたは食細胞と同様である。

27 の解答群

(ア) ①, ②　　　(イ) ①, ③　　　(ウ) ①, ④　　　(エ) ②, ③

(オ) ②, ④　　　(カ) ③, ④　　　(キ) ①, ②, ③　　　(ク) ①, ②, ④

(ケ) ①, ③, ④　　　(コ) ②, ③, ④

問4　下線部(3)に関する次の記述①～④のうち，正しいものを過不足なく含む組み合わせを，下の解答群の(ア)～(コ)のうちから一つ選べ。　28

① B細胞を活性化する。
② 異物を食作用で取りこみ，リンパ節に移動する。
③ 抗原を提示し，それに適合した細胞を活性化・増殖させる。
④ 適応免疫を開始させる役割をもつ。

28 の解答群

(ア) ①, ②　　　(イ) ①, ③　　　(ウ) ①, ④　　　(エ) ②, ③
(オ) ②, ④　　　(カ) ③, ④　　　(キ) ①, ②, ③　　(ク) ①, ②, ④
(ケ) ①, ③, ④　　(コ) ②, ③, ④

B　病気や疲労，ストレスなどによって免疫の働きが低下すると，健康な状態では通常発病しない病原性の低い病原体に感染し，発病することがある。これを d という。(4)エイズ（AIDS，後天性免疫不全症候群）は，世界中に急速に広まった病気である。また，抗体や e が自己の物質を抗原と認識して攻撃し，組織の障害を起こす病気は，(5)自己免疫疾患とよばれる。人によっては，特定の食物を食べると，生体にとって不都合な免疫反応が現れることがある。これらは，食物に含まれる物質が， f として認識されてしまうことによって起こる。このように，外界からの異物に対する免疫反応が過敏になり，その結果，生体に不利益をもたらすことを(6)アレルギーという。

問5　文中の空欄 d ～ f に入れる語句として正しいものの組み合わせを，次の解答群の(ア)～(ク)のうちから一つ選べ。　29

29 の解答群

	d	e	f
(ア)	拒絶反応	B細胞	抗原
(イ)	拒絶反応	B細胞	抗体
(ウ)	拒絶反応	T細胞	抗原
(エ)	拒絶反応	T細胞	抗体
(オ)	日和見感染	B細胞	抗原
(カ)	日和見感染	B細胞	抗体
(キ)	日和見感染	T細胞	抗原
(ク)	日和見感染	T細胞	抗体

問6　下線部(4)に関する次の記述①～④のうち，正しいものを過不足なく含む組み合わせを，下の解答群の(ア)～(コ)のうちから一つ選べ。　30

① 19世紀後半より人の感染者が確認された。

② HIV に感染した直後に症状が出現する。

③ カンジダ菌により内臓機能が低下する場合がある。

④ 性的接触や輸血などによって感染する。

30 の解答群

(ア) ①，②	(イ) ①，③	(ウ) ①，④	(エ) ②，③
(オ) ②，④	(カ) ③，④	(キ) ①，②，③	(ク) ①，②，④
(ケ) ①，③，④	(コ) ②，③，④		

問7　下線部(5)に関する次の記述①～④のうち，正しいものを過不足なく含む組み合わせを，下の解答群の(ア)～(コ)のうちから一つ選べ。　31

① 関節リウマチでは，関節が炎症を起こし変形したりする。

② 関節リウマチでは，自分自身の関節の組織が抗体となる。

③ 関節リウマチでは，特定の臓器だけが攻撃をうける。

④ 重症筋無力症では，筋力が低下する。

31 の解答群

(ア) ①，②	(イ) ①，③	(ウ) ①，④	(エ) ②，③
(オ) ②，④	(カ) ③，④	(キ) ①，②，③	(ク) ①，②，④
(ケ) ①，③，④	(コ) ②，③，④		

問8　下線部(6)に関する次の記述①～④のうち，正しいものを過不足なく含む組み合わせを，下の解答群の(ア)～(コ)のうちから一つ選べ。　32

① 花粉症では，花粉の成分がアレルゲンとなる。

② じんましんなどの症状が出る。

③ 死に至ることはない。

④ ハチ毒や薬なども原因となることがある。

32 の解答群

(ア) ①，②	(イ) ①，③	(ウ) ①，④	(エ) ②，③
(オ) ②，④	(カ) ③，④	(キ) ①，②，③	(ク) ①，②，④
(ケ) ①，③，④	(コ) ②，③，④		

V　次の文章を読み，下の問い（問1～8）に答えよ。

　　窒素（N）は，生物のからだを構成している ┃ a ┃ や核酸，ATPなどに含まれている重要な
元素であり，(1)炭素などの他の元素と同様に，窒素も生態系のなかを循環している（図）。大気
中には大量の分子状窒素（N₂）が存在しているが，生産者である植物は分子状窒素を直接利用
できないため，土壌中にある硝酸イオンやアンモニウムイオンなどの ┃ b ┃ を根から吸収し，
┃ c ┃ の合成に利用している。また，生物の遺体や排泄物に含まれる ┃ c ┃ は，分解者の働きで
アンモニウムイオンまで分解され，さらに硝化細菌の働きにより硝酸イオンに変換され，再び植
物に利用される。
　　20世紀に入ると，大気中の分子状窒素を工業的にアンモニアに変換できるようになり，農業用
の化学肥料として使われるようになった。しかし，農地から河川などに流出した大量の化学肥料
が，河川や海洋の富栄養化を引きおこすなど，(2)生態系のバランスを崩していることが指摘され
ている。海洋では，化学肥料などの流入により(3)特定のプランクトンが大量発生し，水環境の悪
化や魚の斃死などを引きおこしている。また(4)自然浄化の重要な場であった干潟も減少しており，
水環境の悪化が進行している。

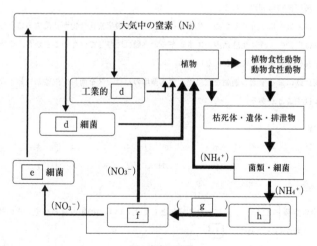

図　窒素の循環

問1　文中の空欄 ┃ a ┃ ～ ┃ c ┃ に入れる語句として正しいものの組み合わせを，次の解答群の
　　(ア)～(カ)のうちから一つ選べ。 ┃33┃

33 の解答群

	a	b	c
(ア)	脂質	無機窒素化合物	有機窒素化合物
(イ)	脂質	有機窒素化合物	無機窒素化合物
(ウ)	タンパク質	無機窒素化合物	有機窒素化合物
(エ)	タンパク質	有機窒素化合物	無機窒素化合物
(オ)	糖質	無機窒素化合物	有機窒素化合物
(カ)	糖質	有機窒素化合物	無機窒素化合物

問2　下線部(1)に関する次の記述①〜④のうち，正しいものを過不足なく含む組み合わせを，下の解答群の(ア)〜(コ)のうちから一つ選べ。 34

① 生物の遺体や排泄物に含まれる有機物が分解されるとき，炭素は二酸化炭素として大気中に放出されるが，ほとんどの窒素は植物が利用可能な窒素化合物として土壌中に排出され，再び植物に利用される。

② 窒素は大気中に十分あるため，生物が利用可能な無機窒素化合物が枯渇することはない。

③ 窒素は炭素のように生態系内のエネルギーの移動に関与していないことから，生物の生産や成長に影響を与えることはない。

④ 人間活動による窒素の過剰な放出が，窒素循環のバランスを崩し，生態系に様々な影響をおよぼすことがある。

34 の解答群

(ア) ①，②	(イ) ①，③	(ウ) ①，④	(エ) ②，③
(オ) ②，④	(カ) ③，④	(キ) ①，②，③	(ク) ①，②，④
(ケ) ①，③，④	(コ) ②，③，④		

問3　図中の空欄 d ・ e に入れる語句として正しいものの組み合わせを，次の解答群の(ア)〜(カ)のうちから一つ選べ。 35

35 の解答群

	d	e
(ア)	脱窒素	窒素固定
(イ)	脱窒素	窒素同化
(ウ)	窒素固定	脱窒素
(エ)	窒素固定	窒素同化
(オ)	窒素同化	窒素固定
(カ)	窒素同化	脱窒素

問4　図中の空欄 f ～ h に入れる語句として正しいものの組み合わせを，次の解答群の(ア)～(ク)のうちから一つ選べ。 36

36 の解答群

	f	g	h
(ア)	亜硝酸菌	NH_3	硝酸菌
(イ)	亜硝酸菌	NH_3	乳酸菌
(ウ)	亜硝酸菌	NO_2^-	硝酸菌
(エ)	亜硝酸菌	NO_2^-	乳酸菌
(オ)	硝酸菌	NH_3	亜硝酸菌
(カ)	硝酸菌	NH_3	乳酸菌
(キ)	硝酸菌	NO_2^-	亜硝酸菌
(ク)	硝酸菌	NO_2^-	乳酸菌

問5　図中の空欄 d を行うことができる生物として正しいものの組み合わせを，次の解答群の(ア)～(ク)のうちから一つ選べ。 37

37 の解答群

(ア)	アゾトバクター	クロストリジウム	根粒菌
(イ)	アゾトバクター	クロストリジウム	ミドリムシ
(ウ)	アゾトバクター	ダイズ	根粒菌
(エ)	アゾトバクター	ダイズ	ミドリムシ
(オ)	大腸菌	クロストリジウム	根粒菌
(カ)	大腸菌	クロストリジウム	ミドリムシ
(キ)	大腸菌	ダイズ	根粒菌
(ク)	大腸菌	ダイズ	ミドリムシ

問6　下線部(2)に関する次の記述①～④のうち，正しいものを過不足なく含む組み合わせを，下の解答群の(ア)～(コ)のうちから一つ選べ。　38

① キーストーン種の個体数が減少すると，生態系のバランスが大きく崩れる。
② 生態系のバランスが保たれている状態では，個々の生物の個体数は一定の範囲に保たれる。
③ 構成する生物の種類が少なく単純な食物網をもつ生態系ほど，生態系のバランスが保たれやすい。
④ バランスの取れた生態系は，ある程度の環境変化や攪乱があったとしても，もとの状態に戻ろうとする復元力をもっている。

38 の解答群

(ア) ①, ②	(イ) ①, ③	(ウ) ①, ④	(エ) ②, ③
(オ) ②, ④	(カ) ③, ④	(キ) ①, ②, ③	(ク) ①, ②, ④
(ケ) ①, ③, ④	(コ) ②, ③, ④		

問7　下線部(3)が起きる理由を説明した次の記述①～④のうち，正しいものを過不足なく含む組み合わせを，下の解答群の(ア)～(コ)のうちから一つ選べ。　39

① 海でのプランクトンの大量発生の頻度は，赤潮よりもアオコの方が高い。
② これらのプランクトンの一部の種は，毒を生産するから。
③ 大量発生したプランクトンが，魚の餌となる生物を食べつくしてしまうから。
④ 大量に発生したプランクトンが，呼吸で水のなかの酸素を消費したり，えらに付着したりして，他の水生生物を窒息死させるから。

39 の解答群

(ア) ①, ②	(イ) ①, ③	(ウ) ①, ④	(エ) ②, ③

(オ) ②，④　　　　(カ) ③，④　　　　(キ) ①，②，③　　　(ク) ①，②，④

(ケ) ①，③，④　　　(コ) ②，③，④

問8　下線部(4)に関する次の記述①〜④のうち，正しいものを過不足なく含む組み合わせを，下の解答群の(ア)〜(コ)のうちから一つ選べ。　40

① 干潟が消失してきた主な原因は，海洋の水質汚染である。

② 干潟とは潮が引いたときに現れる海岸の浅瀬のことで，酸素（空気）が供給されることにより有機物の分解が促進される。

③ 干潟にすむアサリやハマグリは，水のなかの懸濁物や有機物を摂食するので，水質浄化に貢献している。

④ 水鳥は干潟の生物を摂食するため，干潟に流入した栄養塩や有機物の一部を干潟の外に持ち出す役割がある。

40　の解答群

(ア) ①，②　　　　(イ) ①，③　　　　(ウ) ①，④　　　　(エ) ②，③

(オ) ②，④　　　　(カ) ③，④　　　　(キ) ①，②，③　　　(ク) ①，②，④

(ケ) ①，③，④　　　(コ) ②，③，④

国　語

（六〇分）

第一問　次の文章は、大村梓『異国情緒としての堀口大學』の書評である。これを読み、後の問い（問1〜11）に答えよ。

　中原中也のように反発するにせよ、三島由紀夫のごとく@ランスイするにせよ、かつてフランス文学の世界に足を踏み入れようとする者の多くは「堀口大學」という(1)門をくぐらないわけにはいかなかった。本書は自らが詩人であるとともに、近代詩を中心とするフランス文学の紹介者として多くの翻訳や評論を残した堀口大學の実像を、読む者に的確に伝えるものとなっている。

　この本の中心をなす第一部では、両大戦の「戦間期」に活躍したフランスのモダニスム作家ポール・モランの著作と、堀口によるその翻訳が一体どのような特質を持ち、またそれらが日本の文学者達によってどのように受容されたのかという問題に関する分析が展開されている。それを挟む形で、第一部は翻訳者としての堀口の歩みが、第三部では詩人としての堀口の変遷が「異国情緒」をキーワードに考察され、それらの章を通読することによって、我々は堀口大學という詩人＝翻訳者がどのようにして形作られていったのかを知ることになる。

　本書には日仏を問わず多くの作家や詩人が登場するが、それぞれに丁寧な説明が付されるとともに、各章の冒頭ではその章で述べられる内容が簡潔に提示されることにより、読者の理解を助けるための配慮がなされている。

　「このくらいの知識は持っていて当然だろう」という専門書や学術書にありがちな独善性とは無縁の一冊であり、モランについては　Ａ　に近い私のような読者であっても最後まで興味を持って読み通すことができるだろう。

　それでは、この本の分析を通して浮き彫りにされる堀口大學とは、一体どのような人物であったのだろうか。著名な外交官を父に、ベルギー女性を義母に持ち、父とともに世界各国で暮らしながら、マリー・ローランサンをはじめとする彼の地の芸術家達と親密な交流を重ねた詩人。そうした「コスモポリタン」としての堀口大學の華やかなイメージは、同時代の読者が抱き、そしておそらく堀口自身も利用したものであるが、実はそれは彼の一面を表したものに過ぎなかった。堀口の訳業を代表する訳詩集『月下の一群』を出すまでの彼の⑥ヘンレキをたどった本書の第一部を読むと、そのことがありありと伝わってくる。幼くして生母と死別し、任地を転々とする父とも離れて相母の手により育てられた、むしろ純朴ともいうべき長岡の一青年。それが十代までの堀口の姿であった。国際人としての煌びやかな経歴は決して生得のものではなく、大学を中退して日本を離れた二十代以降に彼が意識して選び取ったものだったのである。

そして堀口の持つそうした二つの顔は、折りに触れて発表された彼の詩歌をそれぞれの形で移ることになる。母や祖母への追慕や愛憎は初期の短歌から晩年の詩作品に至るまで、堀口の創作の重要なモチーフの一つであったが、その一方で同時代の読者が堀口、ことに彼の翻訳に求めたのはむしろ最新の海外文学の動向であり、そこに描き出される鮮やかな「異国」の姿であった。このことは本書で述べられているとおりである。

このように海外文学の紹介者としての役割を期待されながら、堀口はあくまでも詩人であることをやめなかった。彼自身の詩作に着目し、その作品の変遷について「異国性」という視点から、発表の場となった雑誌ごとに提示してみせたのが本書の第三部である。十代の頃はほとんど作品に現れることのなかった「異国」が、海外での生活を送ることにより堀口自身の青春と結びつついて身近なものとなる一方で、日本その文壇はむしろ彼にとって遠い場所となっていく。三十代になって帰国し、日本に定住して以降の堀口の作品からは次第に「西欧の香り」が消えていく一方で、「異国」と結びついた彼自身の青年期を懐かしむような表現が増えることになる。著者はその過程を「異国性の解体と転換」と呼んでいるが、堀口自身の来歴を考えれば、「異国性」という観点から彼の作品を読み解くことは極めて有効な方法であったと言えるだろう。

そして、こうした「詩人」としての堀口のあり方が、彼の翻訳の仕事とも密接に関わっていることは言うまでもない。この本の第一部では明治以降の訳詩集の歴史と、それらが日本近代詩の成立に果たした役割が堀口の『月下の一群』と対比する形で紹介されている。「明治期の翻訳家たちには近代の言葉を作り出すという文学的課題が常につきまとっていた。彼らの活動は個人の趣味や関心を超えたところに位置付けられていた」とあるとおり、森鷗外らの『於母影』や上田敏の『海潮音』等は、新しい文学を B する日本の若者達に欧米詩のお手本を示す「啓蒙書」のような役目を果たすものであった。それに対して「西欧文学受容が常につきまとっていた近代の文体を作り上げるという命題から自由だった堀口は、西欧詩・散文を純粋に読書して楽しむという貴重な体験のあり方を日本語読者に提示した」という著者の指摘も、極めて重要である。『月下の一群』に収録された訳詩群をはじめとして海外滞在時に堀口が訳出したほとんどの作品が、読者を教え導くためのものではなく、堀口個人の好みに従って自由に選び取られたものだったことは、彼の翻訳の特質を考える上で記憶しておくべき第一の点だろう。

堀口の翻訳について考えるときに挙げるべき第二の特徴は、彼が精力的に訳出した者の多くがほぼ同時代の詩人や文学者達であったという点である。詩の分野において特にそれが顕著であるが、堀口以前に出版された訳詩集に収められていた詩篇は、何世代か前の詩人による、すでに評価の定まった作品であることがほとんどであった。それに対して堀口が訳詩集に収め、あるいは翻訳して発表した作品は彼と同時代に生き、これから新作が発表されるような詩人・作家達にまるものであることが多かったのである。そのうち何人かと堀口は直接交流を結び、例えば小説『夜ひらく』の訳書が日本で出版された際には著者のモランが堀口宛に「序文」を書き送るほどであった。

翻訳者としての堀口のもう一つの特性は、訳出の際に彼が用いた文体が独特のものだった点に

ある。堀口の友人であった日夏耿之介が、彼の訳文について「口語体を用いた軽い調子の文体」と形容しているが、それはまた堀口自身の詩作品を特徴づけるものでもあった。若き日の堀口は「文語訳」など、さまざまな文体による翻訳を試みているが、次第にその訳文は彼自身の詩作品と同じく、やさしく軽やかな口語体へと収斂していくことになる。そして堀口が翻訳に用いたそうした柔らかな口語体が、機知⒞セイチなラディルを憂鬱に満ちたボードレールの作品より、新しい言葉の配列に挑んだポォルや酒脱な比喩に満ちたラフォーの訳詩において、より多くの魅力を発揮することになったのである。

詩人＝翻訳者としての堀口のこれらの特性を念頭に置きながら本書の第Ⅱ部を読むとき、堀口がなぜモランの翻訳を行なったのか、その翻訳にはどのような特徴があり、それらが日本の文学者にどのような影響を与えたのかという問題を自ずと理解されることになるだろう。本国のフランスでそれなりに評価されてはいたもの、海外滞在中の堀口が初めてその作品に出会ったとき、日本ではモランはまったく知られていない作家だった。当時のフランスでのモラン評価について著者は「新しい文体で書かれた新しい時代の新しい風俗小説」という渡邊一民の言葉を紹介しているが、世評など気にせず、自らの好みに合った同時代の文学者を好んで訳していた堀口にとって、モランの翻訳に取り組むことはまったく自然な流れであった。「深く心にふれる作にぶつかると、これを自分の日本語に移しかえることにより、これに参加し、自分のものにしたい欲望にからられるという性癖、自分にあることは否めない」というのは詩翻訳に関する　Ｃ　の言葉であるが、これはそのままモラン翻訳の動機としても成り立つものであろう。

著者の大村はさらに、外交官であったモランと公使の息子・堀口とは、ともに「長い海外滞在から、る祖国への違和感」や「孤独感」を共通の文学的背景として抱えていた、とも記している。また堀口が訳したモランの作品はフランス以外のヨーロッパの国を舞台としてフランス人ではない登場人物が描かれることが多かったが、そうした「コスモポリタニズム」に加えて、比喩を多用した実験的なモランの文体、まさに詩人としての堀口が最も好むところのものであった。

そうして世に出された初めてのモランの訳書『夜ひらく』（一九二四・大正十三年）、日本の文壇でも大きな注目を集めることになった。たみがるように斬新な比喩を重ねてゆくモランの文章は若い作家達に多大な影響を与え、横光利一や　Ｄ　らの「新感覚派」を生み出す契機にもなったという、しかしながら日本におけるそうしたモラン受容が実は一面的なものであったことは著者が強調するとおりである。「フランスでは文体の奇抜さとともにモランの外交官としての経歴から国際的な視点で世界を見る目が評価されていたが（中略）日本では新感覚派に関連して文体ばかりに注目があつまり、モランの人物像と当時の社会背景を理解している欧米の読者と同じような受容がされることはなかった」と著者が記すように、第一次大戦によって⑶荒廃したヨーロッパの社会が戦後のどのように変わっていくのかを描こうとしたモランの意図が注目されることは、日本でほとんどなかったのである。

最初の訳本『夜ひらく』以降も堀口によるモランの翻訳は続いたが、それらは一九五八年の一冊をのぞいては、二〇年代後半の数年間に集中している。しかも堀口が選んだのは若い時期にモ

ランが書いた詩篇やヨーロッパを舞台とする初期の小説ばかりであり、アメリカを舞台とした政治的・社会的要素の強い作品等は翻訳の対象にならなかったという。堀口は自らの嗜好に合った作品を好んで翻訳したと何度か書いたが、(4)モランの作風の変化とともにその作品に対する堀口の熱中はおそらく冷めていったのだろう。

　この本ではまたモランのフランス語原文と堀口の日本語訳とを比較する形で、堀口の訳文について(5)詳細な分析が行なわれている。しかしながら、それについては本書を直接手に取って確認していただきたい。そのページを読めば、日本の文学者達が大きな影響を受けたというモランの『夜ひらく』の文体が、実は堀口独特の翻訳の賜物であったことが理解されるはずである。

（西川正也「詩人＝翻訳者としての堀口大學の実像に迫る」による）

問１　傍線部ⓐ〜ⓒに使用する漢字として最も適当なものを、次の各群の⑦〜㋔のうちから、それぞれ一つずつ選べ。解答番号は、ⓐは　1　・ⓑは　2　・ⓒは　3　。

ⓐ　シンスイ　　⑦　心　　　④　神　　　㋒　浸　　　㋓　深　　　㋔　進

ⓑ　ソクセキ　　⑦　即　　　④　足　　　㋒　側　　　㋓　束　　　㋔　息

ⓒ　セイチ　　　⑦　地　　　④　知　　　㋒　致　　　㋓　遅　　　㋔　緻

問２　空欄　A　に入る語句として最も適当なものを、次の⑦〜㋔のうちから一つ選べ。解答番号は　4　。

⑦　門外漢　　④　玄人　　㋒　専門家　　㋓　好事家　　㋔　信者

問３　空欄　B　に入る語句として最も適当なものを、次の⑦〜㋔のうちから一つ選べ。解答番号は　5　。

⑦　体現　　④　象徴　　㋒　模索　　㋓　美化　　㋔　散逸

問４　空欄　C　に入る語句として最も適当なものを、次の⑦〜㋔のうちから一つ選べ。解答番号は　6　。

⑦　モラン　　④　大村　　㋒　堀口　　㋓　日夏　　㋔　渡邊

問５　空欄　D　に入る作家名として最も適当なものを、次の⑦〜㋔のうちから一つ選べ。解答番号は　7　。

⑦　川端康成　　④　芥川龍之介　　㋒　森鷗外　　㋓　上田敏　　㋔　太宰治

問６　傍線部(1)「門をくぐらなかったわけにはいかなかった」とあるが、どういうことか。その説明として最も適当なものを、次の⑦〜㋔のうちから一つ選べ。解答番号は　8　。

　㋐　堀口大學に服従しなければならなかったろうこと。

　㋑　堀口大學に弟子入りしなければならなかったろうこと。

　㋒　堀口大學とともに学ばなければならなかったろうこと。

　㋓　堀口大學の作品を読まなければならなかったろうこと。

　㋔　堀口大學の自宅を訪問しなければならなかったろうこと。

問7　傍線部(2)「二つの顔」とあるが、どういうことか。その説明として最も適当なものを、次の㋐～㋔のうちから一つ選べ。解答番号は　9　。

　㋐　純朴な青年のような発想と海外留学で得た新しい発想。

　㋑　純朴な青年の側面と華やかな国際人の側面。

　㋒　純朴で親しみやすい性格とグローバルで楽観的な性格。

　㋓　純朴で若々しい思考と国際派として成熟した思考。

　㋔　田舎育ちで純朴なことと国際人としては地味な経歴。

問8　傍線部(3)「モランの意図」とあるが、どういうことか。その説明として最も適当なものを、次の㋐～㋔のうちから一つ選べ。解答番号は　10　。

　㋐　本国フランスのように日本でも高く評価されること。

　㋑　新しい文体で書かれた新しい風俗小説を描くこと。

　㋒　直接交流のあった堀口に翻訳をしてもらうこと。

　㋓　比喩を多用した実験的な文体をつくりあげること。

　㋔　戦争で荒廃したヨーロッパ社会の変遷を描くこと。

問9　傍線部(4)「モランの作風の変化」とあるが、どのように変化したか。その説明として最も適当なものを、次の㋐～㋔のうちから一つ選べ。解答番号は　11　。

　㋐　比喩を多用した実験的な文体を用いた作品から、アメリカを舞台とした政治的・社会的要素の強い作品に変化した。

　㋑　伝統的な比喩を多用した文体を用いた作品から、日本を意識した政治的・社会的要素の強い作品に変化した。

　㋒　アメリカを舞台とした詩的な世界を描いた作品から、ヨーロッパを舞台とした政治的・社会的要素の強い作品に変化した。

　㋓　口語体を用いた軽い調子の文体を用いた作品から、堀口が好むような斬新な比喩の多い詩的な作品に変化した。

　㋔　欧米の読者が好む政治的・社会的要素の強い作品から、日本で大きな注目を集める斬新な比喩を用いた作品に変化した。

問10　傍線部(5)「詳細」と構成の異なる熟語として最も適当なものを、次の㋐～㋔のうちから一

つ選べ。解答番号は 12 。

　㋐　切断　　㋑　示唆　　㋒　委託　　㋓　養成　　㋔　固辞　　㋕　鋭利

問11　本文の内容と合致しないものを、次の㋐〜㋕のうちから一つ選べ。解答番号は 13 。

　㋐　堀口大學は自らが詩人であるとともに、近代詩を中心とするフランス文学の紹介者として多くの翻訳や評論を残した。

　㋑　堀口大學は外交官である父とベルギー人の母のもとで育ち、幼少期からフランスの芸術家達と交流を重ねた詩人である。

　㋒　異国で過ごしたことのある堀口大學の来歴を考えれば、「異国性」という観点から彼の作品を読み解くことは極めて有効な方法である。

　㋓　堀口大學は西欧詩・散文を純粋に読書して楽しむという貴重な体験のあり方を日本語読者に提示した。

　㋔　海外滞在時に訳出したほとんどの作品が堀口自身の好みに従って自由に選び取られ、その多くが同時代の詩人や文学者のものであった。

　㋕　堀口大學が訳出の際に用いた文体は独特で、やさしく柔らかな口語体であった。

第二問　次の文章を読み、後の問い（問1〜13）に答えよ。

　「対話」とは、どういう話し合うことなのか。私は次のように考えています。

　「人間は言葉を持つ動物である」という有名なアリストテレスの言葉があるように、人はさまざまな話し方をする能力を持っています。対話分析学によると、 A とした説得力のある話し方もできるし、複雑で、繊細な感情を伝える話し方も、深い含蓄のある表現もできます。

　人間は何かを伝えるときに、そのことをすでに知っているそうな人に対する伝え方、ある程度知っている人への伝え方、まったく知らない人への伝え方、というように、さまざまな伝え方を知っている生き物で、その文化の伝承は、おそらく独特のものではないかと思います。

　千差万別、多様な話し方を厳密に定義し、区別することは難しいし、人によっては、生きた言葉が多義にわたっていることもあるため、ここでは私の考えている区別を記しておきます。

《㋐》

［会話］

　とくに話題や目的があるわけではないが、好意的な雰囲気づくりを示す「おはようございます」「いいお天気ですね」というような挨拶、あるいは、雰囲気を和やかにする雑談です。無意味なようでいて、それでも人間社会の潤滑油として必要なものです。

　はじめてイギリスに行ったとき、私は顔を合わせる人がすべて微笑んでみせてくれるのを経験

しました。ドイツに行ったときには、それはありませんでした。

　好意とまではいかなくても、緊張を解く雰囲気づくりは、「あなたを無視しているわけでもなく、敵視しているのでもありませんよ」という気持ちを伝えようとしているのだと思いました。

（⑤）

［対話］

　基本的には一対一の対等な人間関係の中で、相互性がある（一方的に上の人が下の人に向かって語るのではなく、双方から話を往復させる）個人的な語し合いです。

　この後に述べる、ディスカッションやディベートと違い、特定の人とある目的をもって話し合われる対話に特徴的なのは、個人の感情や主観を排除せず、もちろんその人の個性とか人格を背景に、自己を　B　した話し方が行われている点です。自己防衛意識が強い人との対話は成り立たないと言われているのはその言い換えでしょう。

　対話は、もともと議論して勝ち負けを決めるとか、意図的にある結論にもっていくとか、異論を許さないとか、そういうことはありません。ある論点が何度も発展的に往復するうちに、お互いにとって自然な発見があり、大きな視野が開けるところに特徴があります。結論を得られなくても、対話後にも長く続く問いかけがあり、何年もたってから、その対話の大きな解が得られる場合もあります。

　「対話の意味はそのプロセスにある」というのは、<u>以上のような意味だと思います。</u>(1)

　このような話し方は、不特定多数の相手に対して、壇上から一方的な話をする講演や講義とは違いますし、もちろん、命令とか、通達とはまったく異質のものです。

　考えが違っても、私たちは対話の相手に、自分の体験と思考と感情に由来する自分の言葉を語り、相手に対して、ぴったり当てはまる言葉を選んで語ろうとします。言葉は解釈の仕方によって多様な意味を持ちますが、対話の中では、言葉をやり取りすることによってその意味が確定されるので、言葉を通して考える内容は奥深いものになります。対話の持つ魅力に圧倒され、人生観を揺さぶられるような経験を持つ人は、対話が個人的で多様であると同時に、人間に共通する大切なものを語っていることに気がついているでしょう。

（中略）

　自分を知るためには他者の存在が必要であることを自覚させてくれるのも、対話の持つ特典かもしれません。私はよく思い出すのですが、学校教育の中で、これまでまったく知らなかった知識と出会うことがたくさんありました。それは新鮮な他者との出会いであったはずです。

　しかし、それが大勢の生徒を前にしての一方的な説明であったため、暗記すべき知識と受け取っていたためか、対話の中で他者と出会ったときのような喜びを感じることは、あまりありませんでした。もっと対話的であれば、学校で学んだ知識は　C　私の中に生き続けたかもしれません。

　人間として対等で、個人の尊重を土台とした話し合いは、「対話が続いている間は段々合いは起こらない」とか「相互性が続いている間は人間はおかしな方向にはいかない」という言葉が

示すように、暴力的解決に対する人間的な対処法であり、人間が獲得してきた特権の一つが対話ではないかとも思われるのです。

　それは個性と個人の尊厳を基本にした民主主義の根幹になる話し方であるからかもしれません。言い換えれば、(2)対話が成立している社会であるかどうかで、自立した市民社会の度合いが量れるのかもしれません。

　ある中学の先生は言っています。「生徒は友人との小さなコミュニティの経験を持ち、その心地よさを経験して、それを外側に広げていく。対話による経験が、話し合い、討論するときの信頼の培養土となる」。まったく同感です。

　とすれば、対話は　　　　Ｄ　　　　のではないでしょうか。

　私たちは対話によって、理解されているという安心感を得ているし、考えが異なっていても人間としての⒜つくり的な共通する土台があることを理解してもらえます。対話によって得たその経験は、その後の、なかなか話が通じない他者との出会いにおいても、共存できるという肯定感と、討論をプラスに生かそうとする意志につながるのだと思います。

〈㋔〉

［ディスカッション（討論）］

　対話のような個人的な話し合いではなく、討論の目的が明示され、まとまり解決のための結論が求められます。

　会社や公的な組織や研究的な学会などで、問題解決のために複数の人びとが討論をして、まとまりい解決のための提案や結論を出そうとします。

　結論が得られない場合でも、情報の交換によって、多様な人びとの考えを知ることができるので、ディスカッションの目的はそれで達成されたと考える人もいます。しかし、組織内で早急にある結論を出さなければならない場合もあり、熟議が終わらないうちに、多数決や、議長一任とかる現実にぶつかることも多いでしょう。稟議書を回して、議論抜きに決定されてしまうということもあります。審議会など、Ｅ　　　ありきという、形だけの討論に終ることもしばしばです。

　また議論をしても、自説をくり返すだけで、はじめと考え方がまったく変わらないで平行線のままに弁証法的な展開なしの結果に終る討論もあります。

　その⒝端的なあり方は、たとえば、議会で与野党が、ある政策をめぐって討論するとき、結局は多数決で決まるという前提があるため、お互いが何の影響も受け合わないというものです。

　(3)対話とディスカッションは、取り上げるテーマも話し合いの仕方も異なっているけれど、人間は、ディスカッション以前に親子や親しい人との対話、生徒と教師の間の個人的な対話の経験を持っており、それによって「理解する、共感を持つ、他者の異なる意見によって啓発される」という、プラス志向の経験を積んでいます。

〈㋺〉

[ディベート]

(4)ディベートとディスカッションは、同義と解している人も多く、その境界線は曖昧です。しかし、もともとディベートは、テーマの肯定側と否定側にはっきりと分かれ、相対して賛成、反対を一定のルールに基づいて闘わせ、勝ち負けを決めるものなのです。ゲームや競技に似たところがあります。

ディスカッションでは論点が動くことがあるのに対して、ディベートでは最初に提示された論点が動くことはありません。そしてその論点に対する賛否の主張が論のはじめに明らかにされます。

知識や資料を⒞クシして、論理的で科学的な論拠に基づく主張が行われ、反論や質問もおなじように論理的な理解の上に立った、説得・攻撃の方法が取られます。

ディベートは、相手に感情としての共感を求めることはありません。ディベートの目的は、自分の考えを客観的な視点で相手に伝え、相手の主張を論理的に理解し、お互いの対立する意見を合理的に判断する能力を養うことにあります。

そのため、討論するテーマは、日常的で具体的な問題をどう解決するかという、自分に直接に関係するテーマではなく、抽象的で一般的な、他者との意見が明白に分かれる事柄が選ばれるのが普通です。

《ホ》

（暉峻淑子『対話する社会へ』による）

問1　傍線部ⓐ・ⓒに使用する漢字として最も適当なものを、次の各群の㋐〜㋔のうちから、それぞれ一つずつ選べ。解答番号は、ⓐは│14│・ⓒは│15│。

ⓐ　フくン　　　㋐　符　　　㋑　歩　　　㋒　普　　　㋓　不　　　㋔　赴

ⓒ　クシ　　　㋐　使　　　㋑　資　　　㋒　士　　　㋓　指　　　㋔　始

問2　傍線部ⓑの語句の意味として最も適当なものを、次の㋐〜㋔のうちから一つ選べ。解答番号は│16│。

ⓑ　端的な
　　㋐　詳しく徹底的に示すさま
　　㋑　例を引きながら丁寧に示すさま
　　㋒　簡略化して適当に示すさま
　　㋓　漠然とおおつかに示すさま
　　㋔　手短に要点をしぼって核心を示すさま

問3　本文には、次の一文が欠けている。この文が入る箇所として最も適当なところを、本文中の《㋐》〜《㋔》のうちから一つ選べ。解答番号は│17│。

テロの問題が世界を緊張させている今も、そのような人間的な雰囲気づくりがあってほしいと思います。

問4 空欄 A に入る語句として最も適当なものを、次の⑦〜⑰のうちから１つ選べ。解答番号は 18 。

⑦ 百家争鳴　　　　　④ 精神一到　　　　　⑰ 理路整然

④ 現状打破　　　　　⑤ 言語道断　　　　　⑰ 一意専心

問5 空欄 B に入る語句として最も適当なものを、次の⑦〜⑰のうちから１つ選べ。解答番号は 19 。

⑦ 否定　　　④ 開放　　　⑰ 想像　　　④ 管理　　　⑰ 超越

問6 空欄 C に入る表現として最も適当なものを、次の⑦〜⑰のうちから１つ選べ。解答番号は 20 。

⑦ 立板に水で　　　　　④ 腹を割って　　　　　⑰ 背に腹はかえられず

④ 石の上にも三年で　　⑤ 血肉となって

問7 空欄 D に入る表現として最も適当なものを、次の⑦〜⑰のうちから１つ選べ。解答番号は 21 。

⑦ 何かの始まりではあるが、基礎にはならない

④ すべての終わりであり、結果になっている

⑰ 何かの過程であり、通過点になっている

④ すべての始まりであり、基礎になっている

⑤ 何かの結果ではあるが、それだけではない

問8 空欄 E に入る表現として最も適当なものを、次の⑦〜⑰のうちから１つ選べ。解答番号は 22 。

⑦ つねに対立　　　　　④ もとより提案　　　　⑰ はじめに結論

④ あらかじめ否定　　　⑤ つねに沈黙

問9 傍線部(1)「以上のような意味」とあるが、どういうことか。その説明として適当でないものを、次の⑦〜⑰のうちから１つ選べ。解答番号は 23 。

⑦ 対話の間に、論点が何度も発展的に往復すること。

④ 対話の間に、視野が開けてくること。

⑰ 対話の後に、長く続く問いかけがあること。

2024年度　前期Ａ・Ｂ

国語

㋓　対話の後に、結論を得たり勝者を決めたりすること。

㋔　対話の後に、何年もたってから解が得られたりすること。

㋕　対話の間に、お互いに自然な発見をすること。

問10　傍線部(2)「対話が成立している社会であるかどうかで、自立した市民社会の度合いが量れる」とあるが、なぜか。その理由として最も適当なものを、次の㋐〜㋔のうちから一つ選べ。解答番号は 24 。

㋐　対話が成立していても、殴り合いが起きることもあり、それが市民社会の特徴だから。

㋑　自立した市民社会の度合いを量る時、対話が成立しているかどうかは問われないから。

㋒　対話が成立している社会というのは、暴力的解決を許す社会だから。

㋓　人間が獲得してきた特権としての対話が成立していれば、市民社会は必要ないから。

㋔　対話が成立している社会には、民主主義の根幹となる話し方がすでにあると言えるから。

問11　傍線部(3)「対話とディスカッション」とあるが、筆者の考えとして、適当でないものを、次の㋐〜㋕のうちから一つ選べ。解答番号は 25 。

㋐　対話はディスカッションと異なり、個人的な感情や主観を排除しない。

㋑　対話もディスカッションも、テーマを話し合うの仕方は似ている。

㋒　対話は一対一の人間同士による、個人的かつ相互的な話し合いである。

㋓　ディスカッションは、目的解決のための結論が求められる。

㋔　ディスカッション以前に、個人的対話の経験を持っている人は多い。

㋕　会社や学会などで、問題解決のために行われるのは、ディスカッションである。

問12　傍線部(4)「ディベートとディスカッション」とあるが、筆者の考えとして最も適当なものを、次の㋐〜㋕のうちから一つ選べ。解答番号は 26 。

㋐　ディベートとディスカッションは、根本的には同義である。

㋑　ディベートは、ゲームや競技と異なり、勝ち負けを決めない。

㋒　ディベートの目的は、対立する意見を合理的に判断する力を養うことである。

㋓　ディスカッションもディベートも、論点は動かない。

㋔　ディベートのテーマは、意見が容易に一致しそうな事柄が選ばれる。

㋕　ディスカッションには難しいテーマで、ディベートには容易なテーマが選ばれる。

問13　本文の内容と合致しないものを、次の㋐〜㋕のうちから一つ選べ。解答番号は 27 。

㋐　人は対話を通じて、自分を知るためには他者が必要であることを自覚する。

㋑　学校では、知識を一方的に与えるのではなく、もっと対話的な教育を行う方が良い。

㋒　人は会話によって、緊張を解く雰囲気作りをする。

㋓　人はディベートで、論理的な主張・反論を行い、相手を説得したり攻撃したりする。

㋔　人はさまざまな話し方、伝え方をすることができ、それは文化として伝承されていく。

㋕　ディスカッションでは、お互いが影響を与え合わないよう注意する。

第三問　次の文章を読み、後の問い（問1〜6）に答えよ。漢字で答える解答は、楷書で丁寧に記入せよ。

　関西の人は定型句のように「奈良には何もないよ」というけど、全国的に見れば、そこはやっぱり古代ロマンに彩られた(1)アコガれの地だ。

　大正7（1918）年、若き日の和辻哲郎も友人数人と連だって奈良の寺々をめぐる旅に出た。その印象をまとめた本が『古寺巡礼』である（『初版 古寺巡礼』1919年）。書名の印象と内容がさほどマッチしない本も多いが、自由奔放、あるいは(2)ノホウズ。脱線も妄想も放言もあり。著者も認める通り、これはまだ20代だった和辻の若さと情熱がとばしる、かなり言うたら放題の旅行記なのだ。

　シルクロードを通じて大陸とつながり、考古学や神話を介して時間も超える奈良には、人の心も自由にする力があるのかもしれない。ゆえに奈良には奇譚が似合う。

〈中略〉

　現代の奈良はどうだろう。

　万城目学『鹿男あをによし』（2007年）は、(3)『坊っちゃん』の現代版みたいな小説だ。教師経験のない「おれ」が期間限定で奈良の女子高に赴任する。

　とはいえここは奈良である。「おれ」はある日、大仏殿の裏で人の言葉を話す鹿に話しかけられるのだ。《さあ、(4)神無月だ──出番だよ、先生》。1800年前から人を守ってきたという鹿に目をつけられた「おれ」に課せられた、日本を(5)天変□□□から救うための任務とは!?

（斎藤美奈子「旅する文学 奈良編」による）

問1　傍線部(1)「アコガ（れ）」を漢字に直したとき、その漢字の部首名を平仮名で書け。解答は記述式解答欄　a　。

問2　傍線部(2)「ノホウズ」を漢字で書け。解答は記述式解答欄　b　。

問3　傍線部(3)『坊っちゃん』の作者名（姓名）を漢字で書け。解答は記述式解答欄　c　。

問4　傍線部(4)「神無月」は陰暦で何月の異名か答えよ。解答は記述式解答欄　d　。

問5　傍線部(5)「天変□□□」は四字熟語である。空欄に入る漢字三字を書け。解答は記述式解答欄　e　。

問6　北原白秋の短歌「□□□奈良の都の藤若葉けふ新たなり我は空行く」の空欄に入る語句を本文中から抜き出して書け。解答は記述式解答欄 f 。

解 答 編

英 語

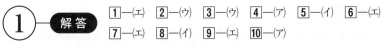

① **解答** 　1—(エ)　2—(ウ)　3—(ウ)　4—(ア)　5—(イ)　6—(エ)
　　　　　7—(エ)　8—(イ)　9—(エ)　10—(ア)

=========== 解 説 ===========

《ジョン=ウィリアムズの短編伝記》

1 　第1段第2文（On February 8 …）と第5文（His family eventually …）に，ジョン=ウィリアムズが生まれたのは1932年で，1948年に家族でロサンゼルスに引っ越したとあることから，ジョン=ウィリアムズはロサンゼルス生まれではないことがわかるので，(エ)がふさわしいと判断できる。

2 　第1段第6・7文（In Los Angeles, … Air Force.）から，ロサンゼルスのカルフォルニア大学で音楽を学んだものの，空軍に入るために学業が中断されたのだとわかるので，(ウ)がふさわしいと判断できる。

3 　第2段第1文（After a few …）から，ウィリアムズは音楽学校で学ぶためにニューヨークに戻ったことがわかるので，(ウ)がふさわしいと判断できる。

4 　第3段第3文（He also played …）から，*West Side Story*『ウエストサイドストーリー』や *To Kill a Mockingbird*『アラバマ物語』などの人気映画のためにピアノを演奏したことがわかるので，(ア)がふさわしいと判断できる。他の選択肢に関しては，(イ)は映画ではなくテレビ番組のため，(ウ)と(エ)はテレビ番組であるうえにピアノを弾いていないため，それぞれ不適。

5 　第4段第2文（In 1972, he …）から，*Fiddler on the Roof*『屋根の上のバイオリン弾き』というミュージカルで初めてのオスカーを受賞した

ことがわかるので，(イ)がふさわしいと判断できる。

6　第4段第1文（It wasn't until …）から，1970年代に作曲者として名声を得たことがわかるので，(エ)がふさわしいと判断できる。

7　第4段第7文（Apart from Spielberg, …）から，*Star Wars*『スターウォーズ』という映画はスピルバーグ監督以外の作品であることがわかるので，(エ)がふさわしいと判断できる。第6文（Their work together …）にあるように，他の選択肢は全てスピルバーグ監督作品なので，不適。

8　第5段第3文（Williams has been …）の後半部分から，ウィリアムズは生涯で5回のオスカーを獲得したことがわかるので，(イ)がふさわしいと判断できる。

9　第5段第5文（In 2009, Williams …）から，ウィリアムズはオバマ大統領から the National Medal of Arts「国民芸術勲章」を授与されたことがわかるので，(エ)がふさわしいと判断できる。

10　本文は，ジョン=ウィリアムズの誕生時から書き起こし，音楽をカリフォルニアやニューヨークで学んだこと，空軍に一時従軍したこと，映画音楽家として活躍したこと，数々の賞を受賞したことを記している。ジョン=ウィリアムズの人生全般の短い伝記となっているので，(ア)が表題にふさわしいと判断できる。他の選択肢は全て，本文の全体ではなく一部を表したものなので，不適。

② 解答

11—(ア)　12—(イ)　13—(エ)　14—(ア)　15—(ウ)　16—(イ)
17—(エ)　18—(ア)　19—(ウ)　20—(イ)

―――――――――――――― 解説 ――――――――――――――

11　「新しい美容院に明後日行って，髪を切ってもらうつもりだ」

get *A* done で「*A*（物）を~してもらう」という意味を表すことができるので，(ア)がふさわしいと判断できる。

12　「孫がそのうち両親から自立することを願っている」

become independent of ~ で「~から独立する」という意味を表すことができるので，(イ)がふさわしいと判断できる。

13　「実は，子どものころオランダに住んでいました。それで今でもオランダ語を覚えています」

used to *do* で「かつては~していた」という過去の習慣や過去の状態

を表すことができるので，㈢がふさわしいと判断できる。

14 「タイの気候はスペインのそれよりも暑い」

that は直前の〈the＋単数形の名詞〉の代用をすることができるので，㈠がふさわしいと判断できる。本問では，that＝the climate。名詞が複数形の場合は，that ではなく those を用いる。この用法は比較とセットで使われることが多い。

15 「何を食べるかにうるさい人はいる」

be particular about 〜 で「〜について特にこだわっている，〜についてうるさい」という意味を表すことができるので，㈦がふさわしいと判断できる。

16 「忘れずに取り決めを書き記すべきだし，そのうえ，きちんと理解すべきだ」

what is more で「そのうえ，おまけに」という意味を表すことができる。前の内容に付け加えることがあるときに使われる表現なので，㈤がふさわしいと判断できる。remember to *do*「忘れずに〜する」

17 「わが社の社長が乗ることになっている飛行機は，時間どおりではなかった」

be supposed to *do* で「〜することになっている」という意味を表すことができるので，㈢がふさわしいと判断できる。on time「時間どおりに」

18 「その新しい職は，私がきわめて有能だと思う人によって占められた」

関係代名詞の問題。関係代名詞の直後には I think などの別の節が挿入されることがある。先行詞は a man であり，挿入された I thought を除くと動詞 was が続くので，主格の関係代名詞を選ぶ必要がある。したがって，㈠がふさわしいと判断できる。

19 「父は自分の車を売って，別の車を買うつもりだ」

直後の one は，名詞の繰り返しを避けるために用いられており，ここでは car の代用。another one で「別の車」という意味を表すことができるので，㈦がふさわしいと判断できる。なお，new や different を用いる場合は，不定冠詞が必要で，a new one, a different one としなければならないので，不適。

20 「サンドラはじきにこの町で暮らすのに慣れるだろう」

get used to *doing* で「〜するのに慣れる」という意味を表すことがで

きるので，(イ)がふさわしいと判断できる。

③ 解答 21—(イ) 22—(コ) 23—(カ) 24—(ア) 25—(キ) 26—(オ)
27—(ケ) 28—(コ) 29—(ア) 30—(カ)

━━━━ 解説 ━━━━

21 テイラーとミクリは，長期休暇の計画を立てている。テイラーが第1発言で「何か計画を立てた？」と尋ね，ミクリが「いくつかの場所をずっと見ている」と答えた直後の言葉を選ぶ問題。文法の観点から答えを探ると，空欄の前の I've been looking at some places が完全文で，コンマが付いているため，空欄に入るのは，〈接続詞＋完全文〉の形である(イ)あるいは(ケ)であることがわかる。次に文脈の観点からは，ミクリの発言の直後にテイラーが「気になる場所はあった？」と聞いていることから，(イ)「でも，あまりにもたくさんの選択肢があるの」がふさわしいと判断できる。

22 テイラーの第2発言「気になる場所はあった？」に対する返答となり，I came across this に続くものを考える。came across の目的語になり，かつ this に修飾されるもので始まっている(エ)と(コ)のうち，文脈に合うものは，直後のテイラーの「砂浜は大好きよ！」につながる(コ)「すごくすてきな砂浜がある美しい島」である。

23 直後のミクリの発言が「古代遺跡を訪れるハイキングと砂浜の2つを満たす場所」を提案する内容であることから，テイラーは古代遺跡か何かの訪問について触れたのだと判断できるので，(カ)「史跡探索に興味がある」がふさわしい。interested で始まっているので，直前の I'm also と文法的にも正しくつながる。

24 直後に「いろいろな風味」について言及していることから，空欄は食事に関する内容だと判断できるので，(ア)「すばらしい食事ができるよう手配する必要がある」がふさわしい。主語 We に対応した述語動詞から始まっている点で，文法的にも正しい。

25 Exploring different flavors is に続くものを選ぶので，名詞，形容詞，分詞などで始まるものが候補となる。「いろいろな風味を探検することは…」という内容から，(キ)「旅の醍醐味のひとつ」がふさわしい。

26 サラとラナはファストフード店にいる。直前に「ベーコンチーズバーガーが食べたい気分だけど…」とあること，直後にラナが「両方頼んでシ

ェアしようよ」と提案していることから，空欄でベーコンチーズバーガー以外の食べ物について触れているのだと推測できるので，(オ)「チキンナゲットもおいしそう」がふさわしい。

27　Can I に続くものを選ぶので，動詞の原形で始まっているものを探す。(ウ)と(ケ)が候補だが，直後にラナが「絶対にオニオンリングよ」と答えていることから，文脈的に，オニオンリングとフライドポテトについて触れている(ケ)がふさわしい。

28　直後のサラの「ストロベリーシェイクにする」という発言以降，飲み物の注文に話題が移っている。What に後続できて，かつ飲み物に関する内容のものとしては，(コ)がふさわしい。

29　直前に「ソーダにしようと思っていたけど，それ（ストロベリーシェイク）良さそうだな」とあることから，ラナもシェイクが飲みたいのだと判断できるので，(ア)「バニラにするわ」がふさわしい。

30　「フライドポテトを買って…」に続くものを選ぶ。直後に「そんな風にして食べたことがない」とあることから，空欄ではフライドポテトの変わった食べ方を提案しているのだと推測できるので，(カ)「フライドポテトをシェイクにちょっと浸すことができる」がふさわしい。

④　解答　31—(ウ)　32—(イ)　33—(エ)　34—(エ)　35—(ア)

解説

31　「価格の上昇は，今，私たちみんなの関心事だ」
concern は「関心事，心配，懸念」という意味なので，(ウ)「気がかりな」がふさわしい。

32　「長時間の議論のおかげで，その計画は具体化し始めている」
take shape で「具体化する，はっきりとした形をとる」という意味なので，(イ)「進展する」がふさわしい。

33　「トンネルを抜けると，左手に海が見えた」
catch sight of ～ で「～を見つける」という意味なので，(エ)「～に気付く，～に目が留まる」がふさわしい。

34　「会社の新方針は，従業員のライフスタイルに影響を与えるだろう」
have implications for ～ で「～に影響を与える」という意味なので，

(エ)「～に影響を与える」がふさわしい。

35 「昨日その店で，偶然旧友に会った」

by chance で「偶然に」という意味なので，(ア)「偶然に」がふさわしい。

5 解答 36―(エ) 37―(オ) 38―(ア) 39―(ウ) 40―(イ)

解説

並べ替えた文は次のようになる。

36 Some of the symptoms of hay fever are (a runny nose, watery eyes, and a headache.)「花粉症の症状には，鼻水，涙目，頭痛などがある」

37 (You can choose) from a wide variety of activities including (hiking and swimming.)「あなたはハイキングと水泳を含む幅広い活動から選ぶことができる」

a wide variety of ～「多種多様な～，広範囲にわたる～」 including ～「～を含めて，～をはじめ」

38 (All the) people involved in the accident (were hospitalized.)「その事故に巻き込まれた全員が入院した」 involved in ～「～に巻き込まれて，～に関与して」

39 (The building) with the blue roof is our school(.)「青い屋根をしたその建物は私たちの学校です」

40 (The man) warned us about the danger by (waving a red flag.)「赤い旗を振ってその男性は私たちに危険を警告した」 warn *A* about[of / against] ～「*A*（人）に～について警告する」 by *doing*「～することで」

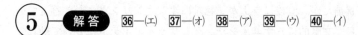

日　本　史

Ⅰ　**解答**　《古代・中世の政治》

1—(イ)　2—(ウ)　3—(ア)　4—(ア)　5—(エ)　6—(エ)　7—(ウ)　8—(ウ)

Ⅱ　**解答**　《雄藩の台頭》

9—(ウ)　10—(ウ)　11—(イ)　12—(イ)　13—(エ)　14—(ア)　15—(イ)　16—(エ)

Ⅲ　**解答**　《条約改正》

17—(ア)　18—(イ)　19—(ア)　20—(ア)　21—(ウ)　22—(イ)　23—(エ)　24—(イ)

Ⅳ　**解答**　《毒ガス開発と日本の戦争》

25—(イ)　26—(イ)　27—(エ)　28—(エ)　29—(ウ)　30—(ア)　31—(ア)　32—(イ)

世界史

Ⅰ　解答　《魏晋南北朝時代》

1―(ア)　2―(ア)　3―(エ)　4―(ウ)　5―(ウ)　6―(ウ)　7―(イ)　8―(ア)

Ⅱ　解答　《フランク王国》

9―(ア)　10―(エ)　11―(ウ)　12―(ア)　13―(イ)　14―(イ)　15―(ア)　16―(ウ)

Ⅲ　解答　《第一次世界大戦後の国際協調》

17―(イ)　18―(イ)　19―(エ)　20―(ウ)　21―(イ)　22―(ア)　23―(ウ)　24―(エ)

Ⅳ　解答　《第三世界の連携》

25―(イ)　26―(エ)　27―(ア)　28―(ウ)　29―(エ)　30―(ア)　31―(ウ)　32―(ウ)

地　理

Ⅰ　解　答　《アメリカ合衆国の地誌》

1—(エ)　2—(イ)　3—(ウ)　4—(ア)　5—(エ)　6—(エ)　7—(イ)　8—(ウ)
9—(イ)　10—(ウ)　11—(ウ)

Ⅱ　解　答　《工　業》

12—(イ)　13—(ア)　14—(エ)　15—(ウ)　16—(イ)　17—(ア)　18—(ア)　19—(イ)

Ⅲ　解　答　《地図・地域調査》

20—(エ)　21—(ウ)　22—(エ)　23—(ア)　24—(イ)　25—(イ)　26—(ウ)　27—(エ)

Ⅳ　解　答　《大地形》

28—(エ)　29—(ア)　30—(エ)　31—(イ)　32—(ウ)　33—(ウ)　34—(エ)　35—(エ)

政治・経済

Ⅰ　解答　《東西冷戦》

1—(エ)　2—(ア)　3—(ア)　4—(エ)　5—(ウ)　6—(ア)　7—(ウ)　8—(イ)
9—(イ)　10—(ア)　11—(ウ)　12—(エ)

Ⅱ　解答　《自由権的基本権》

13—(ウ)　14—(エ)　15—(イ)　16—(ア)　17—(エ)　18—(ウ)　19—(ア)　20—(エ)
21—(イ)　22—(ウ)　23—(ア)　24—(ウ)　25—(エ)

Ⅲ　解答　《南北問題》

26—(ア)　27—(ア)　28—(エ)　29—(ウ)　30—(イ)　31—(イ)　32—(ア)　33—(エ)
34—(ウ)　35—(エ)　36—(ウ)　37—(イ)

Ⅳ　解答　《日本の労働問題》

38—(ウ)　39—(ア)　40—(ア)　41—(エ)　42—(イ)　43—(エ)　44—(イ)　45—(エ)
46—(ウ)　47—(ア)　48—(ウ)　49—(エ)　50—(イ)

数　学

◀数学 I ・ II ・ III ・ A ・ B▶

Ⓘ **解答**　(1)|ア|1　|イ|1　|ウ|0　(2)|エ|1　|オ|5

(3)|カキ|19　|クケ|46　|コ|2　|サシ|23

(4)|スセ|± 2　|ソ|3　|タチ|−4

━━━━━━━ 解 説 ━━━━━━━

《小問4問》

(1) $\sqrt[3]{2}=t$ とおくと，$\sqrt[3]{4}=2^{\frac{2}{3}}=t^2$ と表せて，$t^3=2$ である。

(分母)$=1-t+t^2$ より，$(1+t)(1-t+t^2)=1+t^3=3$ であることを用いて

$$\frac{3}{1-\sqrt[3]{2}+\sqrt[3]{4}}=\frac{3}{1-t+t^2}$$

$$=\frac{3(1+t)}{(1+t)(1-t+t^2)}$$

$$=\frac{3(1+t)}{1+t^3}=1+t$$

$$=1+\sqrt[3]{2}$$

よって　$a=1,\ b=1,\ c=0$　→|ア|〜|ウ|

(2) k は実数であるから，x が実数のとき，y も実数となる。

$2x^2+3xy+2y^2-10x-11y+9=0$ と $x+y=k$ の2式から，y を消去して，x について整理すると

$$x^2+(-k+1)x+2k^2-11k+9=0　\cdots\cdots①$$

x についての2次方程式①が実数解をもつ条件は，判別式を D とすると，$D\geqq0$ である。

$$D=(-k+1)^2-4(2k^2-11k+9)$$

$$=-7k^2+42k-35$$

$$=-7(k-5)(k-1)\geqq0$$

$$(k-1)(k-5)\leqq0$$

∴　$1\leqq k\leqq5$　→|エ|・|オ|

(3) 玉の取り出し方の総数は，$_{25}C_3$ 通りである。

　赤玉をちょうど1個取り出す，つまり，赤玉1個と白玉2個を取り出す場合の数は，$_5C_1 \cdot _{20}C_2$ 通りあるから，求める確率は

$$\frac{_5C_1 \cdot _{20}C_2}{_{25}C_3} = \frac{19}{46} \quad →\boxed{カ}\sim\boxed{ケ}$$

　また，赤玉をちょうど2個取り出す，つまり，赤玉2個と白玉1個を取り出す場合の数は，$_5C_2 \cdot _{20}C_1$ 通りあるから，求める確率は

$$\frac{_5C_2 \cdot _{20}C_1}{_{25}C_3} = \frac{2}{23} \quad →\boxed{コ}\sim\boxed{シ}$$

(4) $f(x)$ が定数のとき，$f(x) = k$（定数）とおくと

$f'(x) = 0$ より　　$f'(f(x)) = f'(k) = 0$

$f'(f(x)) + 4 = \{f(x)\}^2$ より

$$0 + 4 = k^2$$

$$k = \pm 2 \quad →\boxed{ス}\boxed{セ}$$

　次に，$f(x)$ が定数ではないとき，$f(x)$ が n 次式（$n \neq 0$）とすると，$f'(x)$ は $(n-1)$ 次式になるので，$f'(f(x))$ は (n^2-n) 次式になる。$\{f(x)\}^2$ は $2n$ 次式であるから

$$n^2 - n = 2n$$

$$n(n-3) = 0$$

$$n = 0, \ 3$$

　$n \neq 0$ より　　$n = 3$　　$→\boxed{ソ}$

　$f(x) = t$ のとき，与式を用いると

$f'(t) + 4 = t^2$ より　　$f'(t) = t^2 - 4$

　よって，求める定積分の値は

$$\int_0^2 tf'(t)\,dt = \int_0^2 t(t^2 - 4)\,dt$$

$$= \int_0^2 (t^3 - 4t)\,dt$$

$$= \left[\frac{1}{4}t^4 - 2t^2\right]_0^2$$

$$= -4 \quad →\boxed{タ}\boxed{チ}$$

Ⅱ 　**解　答** 　2倍角の公式と3倍角の公式を用いて

$$-3\cos\theta + 4\cos^3\theta = 2\cos^2\theta - 1$$

$$4\cos^3\theta - 2\cos^2\theta - 3\cos\theta + 1 = 0$$

$$(\cos\theta - 1)(4\cos^2\theta + 2\cos\theta - 1) = 0$$

$$\cos\theta = 1, \quad \frac{-1 \pm \sqrt{5}}{4}$$

$\theta = 72°$ より，$0 < \cos\theta < 1$ であるから

$$\cos\theta = \cos 72° = \frac{-1 + \sqrt{5}}{4} \quad \cdots\cdots(答)$$

━━━━━━━━━━ **解 説** ━━━━━━━━━━

《cos 72° の値》

　$\theta = 72°$ のとき，$5\theta = 360°$ であるから，$3\theta + 2\theta = 360°$ となり，$\cos 3\theta = \cos(360° - 2\theta) = \cos 2\theta$ が成り立つ。3倍角の公式は，加法定理から導く練習をしておきたい。$\cos\theta$ についての3次方程式は，因数定理を用いる。

Ⅲ 　**解　答** 　(1)　C_1, C_2 の2式を連立して

$$e^x - 3 = 1 - 4e^{-x}$$

$$e^x - 4 + 4e^{-x} = 0$$

両辺に e^x をかけると

$$(e^x)^2 - 4e^x + 4 = 0$$

$$(e^x - 2)^2 = 0$$

$$e^x = 2$$

$$x = \log 2$$

　よって，求める共有点の座標は

$$(\log 2, \ -1) \quad \cdots\cdots(答)$$

(2)　求める面積を S_1 とすると，S_1 は，右図の網かけ部分 D_1 の面積であるから

$$S_1 = \int_0^{\log 2} \{e^x - 3 - (1 - 4e^{-x})\} dx$$

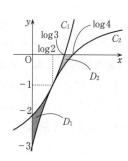

$$= \int_0^{\log 2} (e^x + 4e^{-x} - 4)\, dx$$

$$= \Big[e^x - 4e^{-x} - 4x\Big]_0^{\log 2}$$

$$= 2 - 4 \cdot \frac{1}{2} - 4\log 2 - (1 - 4)$$

$$= 3 - 4\log 2 \quad \cdots\cdots (答)$$

(3)　曲線 C_1 と x 軸との共有点の x 座標を求めると

$$e^x - 3 = 0$$

$$e^x = 3$$

$$x = \log 3$$

曲線 C_2 と x 軸との共有点の x 座標を求めると

$$1 - 4e^{-x} = 0$$

$$e^{-x} = \frac{1}{4}$$

$$-x = \log \frac{1}{4}$$

$$x = \log 4$$

求める面積を S_2 とすると，S_2 は前ページの図の網かけ部分 D_2 の面積であるから

$$S_2 = \int_{\log 2}^{\log 3} \{e^x - 3 - (1 - 4e^{-x})\}\, dx + \int_{\log 3}^{\log 4} \{-(1 - 4e^{-x})\}\, dx$$

$$= \int_{\log 2}^{\log 3} (e^x - 3)\, dx - \int_{\log 2}^{\log 4} (1 - 4e^{-x})\, dx$$

$$= \Big[e^x - 3x\Big]_{\log 2}^{\log 3} - \Big[x + 4e^{-x}\Big]_{\log 2}^{\log 4}$$

$$= 3 - 3\log 3 - (2 - 3\log 2) - \Big\{\log 4 + 4 \cdot \frac{1}{4} - \Big(\log 2 + 4 \cdot \frac{1}{2}\Big)\Big\}$$

$$= 2 + 2\log 2 - 3\log 3 \quad \cdots\cdots (答)$$

━━━━━━━━━━━━　解　説　━━━━━━━━━━━━

《指数関数と x 軸，y 軸とで囲まれた部分の面積》

(2)　(1)により，2 曲線 C_1 と C_2 が接することが示されるので，どの領域の面積を求めるかがわかる。

(3)　まず，2 曲線 C_1，C_2 と x 軸との共有点の x 座標を求める。積分の計

算は工夫したい。

(1) 2つのベクトル $\vec{a}$, $\vec{b}$ からなる平行四辺形の面積 S は，△OAB の面積の2倍であるから

$$S = 2\triangle\text{OAB}$$

$$= 2\cdot\frac{1}{2}\text{OA}\cdot\text{OB}\cdot\sin\angle\text{AOB}$$

$$= |\vec{a}||\vec{b}|\sin\theta \quad\cdots\cdots(\text{答})$$

(2) 条件より，$\angle\text{AOD} = \angle\text{BOC} = \dfrac{\pi}{2}$ だから，内積の定義を用いて

$$\vec{a}\cdot\vec{d} = |\vec{a}||\vec{d}|\cos\frac{\pi}{2} = 0$$

$$\vec{b}\cdot\vec{c} = |\vec{b}||\vec{c}|\cos\frac{\pi}{2} = 0$$

よって，$\vec{a}\cdot\vec{d} = \vec{b}\cdot\vec{c} = 0$ が成り立つ。 (証明終)

(3) まず，$\vec{a}\cdot\vec{c} = S$ が成り立つことを示す。

$|\vec{b}| = |\vec{c}|$，$\angle\text{AOC} = \theta - \dfrac{\pi}{2}$ であるから

$$\vec{a}\cdot\vec{c} = |\vec{a}||\vec{c}|\cos\left(\theta - \frac{\pi}{2}\right)$$

$$= |\vec{a}||\vec{b}|\sin\theta$$

$$= S$$

次に，$\vec{b}\cdot\vec{d} = S$ が成り立つことを示す。

上と同様にして，$|\vec{a}| = |\vec{d}|$，$\angle\text{BOD} = \theta - \dfrac{\pi}{2}$ であるから

$$\vec{b}\cdot\vec{d} = |\vec{b}||\vec{d}|\cos\left(\theta - \frac{\pi}{2}\right)$$

$$= |\vec{b}||\vec{a}|\sin\theta$$

$$= S$$

以上より，$\vec{a}\cdot\vec{c} = \vec{b}\cdot\vec{d} = S$ が成り立つ。 (証明終)

(4) (2)，(3)より

$$(\text{左辺}) = ux\vec{a}\cdot\vec{c} + vx\vec{a}\cdot\vec{d} + uy\vec{b}\cdot\vec{c} + vy\vec{b}\cdot\vec{d}$$

$$= uxS + 0 + 0 + vyS$$

$= (ux + vy) S = (右辺)$

　よって，すべての実数 x, y, u, v に対して，$(x\vec{a} + y\vec{b}) \cdot (u\vec{c} + v\vec{d})$
$= (ux + vy) S$ は成り立つ。　　　　　　　　　　　　　　（証明終）

=== 解説 ===

《内積》

(1)　△OAB の面積は，$\dfrac{1}{2}\mathrm{OA} \cdot \mathrm{OB} \cdot \sin\angle\mathrm{AOB}$ で求められる。平行四辺形は，対角線により合同な三角形に 2 等分される。

(2)・(3)　内積の定義を用いる。2 つのベクトルのなす角に注意する。

(4)　(2), (3)の結果を利用する。

◀数学Ⅰ・Ａ（経営情報・国際関係・人文学部）▶

Ⅰ　解　答　(1)アイ −6　ウ3　(2)エ2　オ3　カ6　キ2
(3)ク3　ケ2　コ2　(4)サシ50　スセ17
(5)ソ4　タ8　チ5　ツ6

解　説

《小問5問》

(1)与式を x について整理すると

$$(左辺) = x^2 + 4yx + 5y^2 - 6y + 9$$
$$= (x+2y)^2 + y^2 - 6y + 9$$
$$= (x+2y)^2 + (y-3)^2$$

よって，与式は　　$(x+2y)^2 + (y-3)^2 = 0$

$x+2y$，$y-3$ は実数より

$$x+2y = 0, \quad y-3 = 0$$
$$x = -6, \quad y = 3 \quad →ア〜ウ$$

(2)　$2\sqrt{6} = \sqrt{24}$ であるから，$4 = \sqrt{16} < \sqrt{24} < \sqrt{25} = 5$ より，$2\sqrt{6}$ の整数部分 a は，$a = 4$，小数部分 b は，$b = 2\sqrt{6} - 4$ となる。

$a + b = 2\sqrt{6}$，$ab = 4(2\sqrt{6} - 4) = 8(\sqrt{6} - 2)$ より

$$a^2 + b^2 = (a+b)^2 - 2ab$$
$$= (2\sqrt{6})^2 - 2 \cdot 8(\sqrt{6} - 2)$$
$$= 8(7 - 2\sqrt{6})$$

よって，求める値は

$$\frac{a^2 + b^2}{ab} = \frac{7 - 2\sqrt{6}}{\sqrt{6} - 2} = \frac{(7 - 2\sqrt{6})(\sqrt{6} + 2)}{(\sqrt{6} - 2)(\sqrt{6} + 2)}$$
$$= \frac{2 + 3\sqrt{6}}{2} \quad →エ〜キ$$

(3)　求める円の半径を r，その円の中心を O，2つの円の接点を P とすると，AP = 1，OP = r，OC = $\sqrt{2}r$，AC = $\sqrt{2}$ より，AP + PO + OC = AC だから

$$1 + r + \sqrt{2}r = \sqrt{2}$$

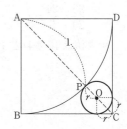

$$(\sqrt{2}+1)\,r=\sqrt{2}-1$$

$$r=\frac{\sqrt{2}-1}{\sqrt{2}+1}=\frac{(\sqrt{2}-1)^2}{(\sqrt{2}+1)(\sqrt{2}-1)}$$

$$=3-2\sqrt{2}\quad\rightarrow\boxed{ク}\sim\boxed{コ}$$

(4)　全体集合を U とすると，$n(U)=100$ である。

　集合 A，B はそれぞれ

$$A=\{3\cdot1,\ 3\cdot2,\ 3\cdot3,\ \cdots,\ 3\cdot33\}$$

$$B=\{4\cdot1,\ 4\cdot2,\ 4\cdot3,\ \cdots,\ 4\cdot25\}$$

と表されるから，$n(A)=33$，$n(B)=25$ である。

　また，集合 $A\cap B$ は，3 と 4 の公倍数すなわち 12 の倍数の集合なので

$$A\cap B=\{12\cdot1,\ 12\cdot2,\ 12\cdot3,\ \cdots,\ 12\cdot8\}$$

と表されるから，$n(A\cap B)=8$ である。

　よって，ド・モルガンの法則 $\overline{A}\cap\overline{B}=\overline{A\cup B}$ より

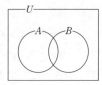

$$n(\overline{A}\cap\overline{B})=n(\overline{A\cup B})$$

$$=n(U)-n(A\cup B)$$

$$=n(U)-\{n(A)+n(B)-n(A\cap B)\}$$

$$=100-(33+25-8)$$

$$=50\quad\rightarrow\boxed{サ}\boxed{シ}$$

　また

$$n(\overline{A}\cap B)=n(B)-n(A\cap B)=25-8=17\quad\rightarrow\boxed{ス}\boxed{セ}$$

(5)　与えられたデータを小さい順に整理すると

　　1，1，2，2，3，3，4，4，4，5，5，5，6，6，6，

　　6，7，8，9，9

　よって，平均値は

$$\frac{1}{20}(1\cdot2+2\cdot2+3\cdot2+4\cdot3+5\cdot3+6\cdot4+7+8+9\cdot2)$$

$$=\frac{96}{20}=\frac{24}{5}=4.8\quad\rightarrow\boxed{ソ}\cdot\boxed{タ}$$

中央値は 10 番目と 11 番目の値の平均値より 5，最頻値は 6 である。

$$\rightarrow\boxed{チ}\cdot\boxed{ツ}$$

解答

(1) x の 2 次方程式 $x^2-2ax-4a+21=0$ ……① の判別式を D とする。①が重解をもつとき，$D=0$ である。

$$\frac{D}{4}=(-a)^2-(-4a+21)$$

$$=a^2+4a-21$$

$$=(a+7)(a-3)=0$$

よって　　$a=-7,\ 3$ ……(答)

①の重解は $x=a$ より

$a=-7$ のとき　　$x=-7$ ……(答)

$a=3$ のとき　　$x=3$ ……(答)

(2)　$y=f(x)$ のグラフは下に凸の放物線であるから，2 次不等式 $f(x)>0$ がすべての実数 x に対して成り立つとき，$D<0$ である。

よって

$$(a+7)(a-3)<0$$

$$-7<a<3$$ ……(答)

(3)　$f(x)=(x-a)^2-a^2-4a+21$ より，$y=f(x)$ のグラフは，軸 $x=a$，下に凸の放物線である。

2 次方程式①が異なる 2 つの正の解をもつ条件は，$y=f(x)$ のグラフが x 軸の正の部分の異なる 2 点で交わることより

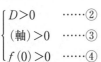

$$\begin{cases} D>0 & \cdots\cdots② \\ (軸)>0 & \cdots\cdots③ \\ f(0)>0 & \cdots\cdots④ \end{cases}$$

②より，$(a+7)(a-3)>0$ だから

$$a<-7,\ 3<a \quad\cdots\cdots②'$$

③より　　$a>0$ ……③′

④より

$$f(0)=-4a+21>0$$

$$a<\frac{21}{4} \quad\cdots\cdots④'$$

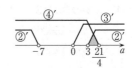

②′～④′ より，求める a の値の範囲は

$$3<a<\frac{21}{4} \quad \cdots\cdots (答)$$

========= 解　説 =========

《2次方程式が重解をもつ条件，2次不等式が常に成り立つ条件，2次方程式の解の配置》

(1)　2次方程式が重解をもつ条件は，判別式 $D=0$ である。

(2)　下に凸の放物線 $y=f(x)$ と x 軸が共有点をもたないことが条件である。

(3)　解の配置に関する問題。異なる2つの正の解をもつとき，$y=f(x)$ のグラフに対して，判別式，軸，$f(0)$ の3つの条件を考える。

Ⅲ　解答　(1)　P から地面に下ろした垂線の足を H とすると，PH $=h$ より，△AHP，△BHP，△CHP に対して，直角三角形の辺の比を用いると

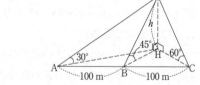

$$\left.\begin{array}{l} AP = 2h \\ BP = \sqrt{2}\,h \\ CP = \dfrac{2\sqrt{3}}{3}\,h \end{array}\right\} \quad \cdots\cdots (答)$$

(2)　△PAB で余弦定理を用いると

$$PB^2 = AP^2 + AB^2 - 2\cdot AP\cdot AB\cdot\cos\theta$$

$$(\sqrt{2}\,h)^2 = (2h)^2 + 100^2 - 2\cdot 2h\cdot 100\cdot\cos\theta$$

$$h^2 - 200h\cos\theta + 5000 = 0 \quad \cdots\cdots (答)$$

(3)　△PAC で余弦定理を用いると，∠PAC $=\theta$ より

$$PC^2 = AP^2 + AC^2 - 2\cdot AP\cdot AC\cdot\cos\theta$$

$$\left(\frac{2\sqrt{3}}{3}\,h\right)^2 = (2h)^2 + 200^2 - 2\cdot 2h\cdot 200\cdot\cos\theta$$

$$h^2 - 300h\cos\theta + 15000 = 0 \quad \cdots\cdots (答)$$

(4)　((2)の式)×3 − ((3)の式)×2 より

$$h^2 - 15000 = 0$$

$$h^2 = 15000$$

$h>0$ より　　$h = 50\sqrt{6}$

　よって，煙突の高さ h は　　$h = 50\sqrt{6}$ 〔m〕　……(答)

=============== 解 説 ===============

《余弦定理》

⑴　直角三角形の辺の比を用いて，辺の長さを h を用いて表す。

⑵・⑶　余弦定理を用いる。

⑷　⑵，⑶の式を連立させて，$\cos\theta$ を消去する。

◀数学 I・A（応用生物・生命健康科・
　現代教育（幼児教育・現代教育〈現代教育専攻〉）学部）▶

Ⅰ 解答　(1)ア 1　イ 2　ウ 3　エ 2　オ 9　カ 3
　　　　(2)キ 3　ク 1　ケ 7　コ 4　(3)サ 2　シ 9
(4)スセ 30　ソ 2　タ 3　チ 1　(5)ツテ 64　トナ 61　ニヌ 59

═══════ 解　説 ═══════

《小問 5 問》

(1)　$x = \dfrac{3+\sqrt{3}}{(3-\sqrt{3})(3+\sqrt{3})} = \dfrac{3+\sqrt{3}}{6}$

　　　$y = \dfrac{3-\sqrt{3}}{(3+\sqrt{3})(3-\sqrt{3})} = \dfrac{3-\sqrt{3}}{6}$

x と y の和と積を求めると

　　　$x + y = \dfrac{3+\sqrt{3}}{6} + \dfrac{3-\sqrt{3}}{6} = 1$　→ア

　　　$xy = \dfrac{1}{3-\sqrt{3}} \times \dfrac{1}{3+\sqrt{3}} = \dfrac{1}{6}$

よって

　　　$x^2 + y^2 = (x+y)^2 - 2xy$

　　　　　　　$= 1^2 - 2 \cdot \dfrac{1}{6} = \dfrac{2}{3}$　→イ・ウ

また，$x^2 - y^2 = (x+y)(x-y) = 1 \cdot \dfrac{\sqrt{3}}{3} = \dfrac{\sqrt{3}}{3}$ より

　　　$x^4 - y^4 = (x^2 + y^2)(x^2 - y^2)$

　　　　　　　$= \dfrac{2}{3} \times \dfrac{\sqrt{3}}{3} = \dfrac{2\sqrt{3}}{9}$　→エ～カ

(2)　2 次方程式の解と係数の関係を用いると

　　　$\sin\theta + \cos\theta = -\dfrac{-4}{8} = \dfrac{1}{2}$　……①

　　　$\sin\theta \cos\theta = \dfrac{-a}{8}$　……②

①の両辺を 2 乗して

$$(\sin\theta + \cos\theta)^2 = \left(\frac{1}{2}\right)^2$$

$$\sin^2\theta + 2\sin\theta\cos\theta + \cos^2\theta = \frac{1}{4}$$

$$1 + 2\sin\theta\cos\theta = \frac{1}{4}$$

$$\sin\theta\cos\theta = -\frac{3}{8}$$

これを②に代入して

$$-\frac{3}{8} = \frac{-a}{8} \qquad a = 3 \quad \rightarrow \boxed{キ}$$

このとき，2次方程式 $8x^2 - 4x - 3 = 0$ の解は

$$x = \frac{2 \pm \sqrt{2^2 - 8\cdot(-3)}}{8} = \frac{1 \pm \sqrt{7}}{4}$$

$0° \leqq \theta \leqq 180°$ より，$0 \leqq \sin\theta \leqq 1$ であるから

$$\sin\theta = \frac{1 + \sqrt{7}}{4} \quad \rightarrow \boxed{ク} \sim \boxed{コ}$$

(3)　2番目に取り出した玉が赤玉，最初に取り出した玉が赤玉であるという事象をそれぞれ A, B とする。

$$P(A) = P(A \cap B) + P(A \cap \overline{B}) = \frac{3}{10}\cdot\frac{2}{9} + \frac{7}{10}\cdot\frac{3}{9}$$

$$= \frac{6}{90} + \frac{21}{90} = \frac{27}{90}$$

よって，求める確率 $P_A(B)$ は

$$P_A(B) = \frac{P(A \cap B)}{P(A)} = \frac{\dfrac{6}{90}}{\dfrac{27}{90}} = \frac{2}{9} \quad \rightarrow \boxed{サ} \cdot \boxed{シ}$$

(4)　△ABC は，AB = AC の二等辺三角形なので，∠ACB = ∠B = 15° である。

　　∠AOB は，$\overset{\frown}{AB}$ に対する中心角なので，円周角の定理により

$$\angle AOB = 2\angle ACB = 30° \quad \rightarrow \boxed{ス} \boxed{セ}$$

△OAB に対して，OA = OB = r とおくと

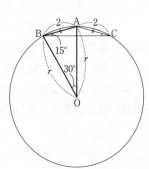

余弦定理より

$$2^2 = r^2 + r^2 - 2r \cdot r \cos 30°$$
$$4 = (2 - \sqrt{3}) r^2$$
$$r^2 = \frac{4}{2 - \sqrt{3}} = \frac{4(2 + \sqrt{3})}{(2 - \sqrt{3})(2 + \sqrt{3})}$$
$$= 4(2 + \sqrt{3})$$

$r > 0$ より

$$r = 2\sqrt{2 + \sqrt{3}} = \sqrt{2}\sqrt{4 + 2\sqrt{3}}$$
$$OA = r = \sqrt{2}(\sqrt{3} + 1) \quad → \boxed{ソ} ～ \boxed{チ}$$

別解 線分 OA と BC の交点を H とすると，
$\angle OHB = 90°$ であり，$OA = OB = 2x$ とおくと，直
角三角形 OHB の辺の比を用いて，$OH = \sqrt{3}x$ と表
せる。

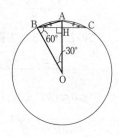

　　直角三角形 ABH で三平方の定理を用いて

$$AH^2 + BH^2 = AB^2$$
$$(2x - \sqrt{3}x)^2 + x^2 = 2^2$$
$$(8 - 4\sqrt{3})x^2 = 4$$
$$x^2 = \frac{4}{8 - 4\sqrt{3}} = \frac{1}{2 - \sqrt{3}} = 2 + \sqrt{3}$$

$x > 0$ より

$$x = \sqrt{2 + \sqrt{3}} = \sqrt{\frac{4 + 2\sqrt{3}}{2}} = \frac{\sqrt{3} + 1}{\sqrt{2}}$$
$$= \frac{\sqrt{2}(\sqrt{3} + 1)}{2}$$

　　よって，求める OA の長さは

$$OA = 2x = \sqrt{2}(\sqrt{3} + 1)$$

(5)　9 個のデータを小さい順に並べると

　　58，58，60，61，61，62，64，64，64

　　よって，最頻値は 64，中央値は 5 番目の値より 61，第 1 四分位数は 2
番目の値と 3 番目の値の平均値より 59 である。　→ $\boxed{ツ} ～ \boxed{ヌ}$

Ⅱ　解答

(1)　$f(x) = -x^2 + 2x$　$(0 \leqq x \leqq a)$
　　　　　$= -(x-1)^2 + 1$

$y = f(x)$ のグラフは，軸 $x = 1$，上に凸の放物線である。

まず，最大値を求める。

(ⅰ)　$0 < a < 1$ のとき

グラフより，最大値は
$$f(a) = -a^2 + 2a$$

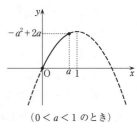
（$0 < a < 1$ のとき）

(ⅱ)　$1 \leqq a$ のとき

グラフより，最大値は
$$f(1) = 1$$

　(ⅰ)，(ⅱ)より，求める最大値は
$$\begin{cases} -a^2 + 2a & (0 < a < 1) \\ 1 & (1 \leqq a) \end{cases} \quad \cdots\cdots（答）$$

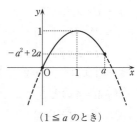
（$1 \leqq a$ のとき）

次に，最小値を求める。

(ⅲ)　$0 < a \leqq 2$ のとき

グラフより，最小値は
$$f(0) = 0$$

（$0 < a \leqq 2$ のとき）

(ⅳ)　$2 < a$ のとき

グラフより，最小値は
$$f(a) = -a^2 + 2a$$

　(ⅲ)，(ⅳ)より，求める最小値は
$$\begin{cases} 0 & (0 < a \leqq 2) \\ -a^2 + 2a & (2 < a) \end{cases} \quad \cdots\cdots（答）$$

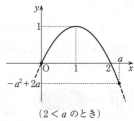
（$2 < a$ のとき）

(2)　　$g(t) = -(t-2)^2 + 4$

$0 \leqq t \leqq 3$ であるから，右上図の $y = g(t)$ のグラフより

　　　$0 \leqq g(t) \leqq 4$

　　　$f(g(t)) = -\{g(t) - 1\}^2 + 1$

$0 \leqq g(t) \leqq 4$ であるから，右下図の $y = f(g(t))$ のグラフより

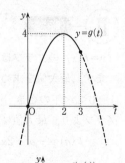

　　　最大値 1　　$(g(t) = 1)$

　　　最小値 -8　$(g(t) = 4)$

　それぞれの t の値を求めると

$-t^2 + 4t = 1$ のとき

　　　$t^2 - 4t - 1 = 0$

　　　$t = 2 \pm \sqrt{3}$

$0 \leqq t \leqq 3$ より　　$t = 2 - \sqrt{3}$

$-t^2 + 4t = 4$ のとき

　　　$t^2 - 4t + 4 = 0$

　　　$(t-2)^2 = 0$

　　　$t = 2$　（$0 \leqq t \leqq 3$ をみたす）

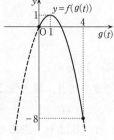

　よって，$t = 2 - \sqrt{3}$ のとき，最大値 1，$t = 2$ のとき，最小値 -8 である。

　　　　　　　　　　　　　　　　　　　　　　　　　　　……(答)

=========================== 解　説 ===========================

《最大値・最小値》

(1)　$y = f(x)$　$(0 \leqq x \leqq a)$ のグラフに着目して，a の値によって場合分けをする。

(2)　まず，t の範囲から $g(t)$ の範囲を求める。$g(t)$ の範囲が，$f(g(t))$ の定義域になることに注意する。

(1)　玉の取り出し方の総数は ${}_{n+4}\mathrm{C}_3$ 通りある。

　　　よって，求める確率 p_n は

$$p_n = \frac{{}_n\mathrm{C}_1 \cdot {}_4\mathrm{C}_2}{{}_{n+4}\mathrm{C}_3} = \frac{6n}{\dfrac{(n+4)(n+3)(n+2)}{6}}$$

$$= \frac{36n}{(n+4)(n+3)(n+2)} \quad \cdots\cdots (\text{答})$$

(2) (1)の p_n を用いて

$$\frac{36n}{(n+4)(n+3)(n+2)} = \frac{3}{n+4}$$

両辺に $\dfrac{(n+4)(n+3)(n+2)}{3}$ をかけて，$12n = (n+3)(n+2)$ を整理すると

$$n^2 - 7n + 6 = 0$$
$$(n-6)(n-1) = 0$$
$$n = 1,\ 6 \quad \cdots\cdots (\text{答})$$

(3) $\dfrac{p_{n+1}}{p_n} < 1$ に対して，$p_{n+1} = \dfrac{36(n+1)}{(n+5)(n+4)(n+3)}$ より

$$\frac{p_{n+1}}{p_n} = \frac{\dfrac{n+1}{n+5}}{\dfrac{n}{n+2}} = \frac{(n+1)(n+2)}{n(n+5)} \quad \cdots\cdots ①$$

$\dfrac{(n+1)(n+2)}{n(n+5)} < 1$，$n(n+5) > 0$ より

$$(n+1)(n+2) < n(n+5)$$
$$n > 1$$

これを満たす最小の自然数は $n = 2$ である。 $\cdots\cdots (\text{答})$

(4) (3)より，$n > 1$ のとき

$$\frac{p_{n+1}}{p_n} < 1 \Longleftrightarrow p_{n+1} < p_n$$

また，(3)の①より

$$\frac{p_2}{p_1} = \frac{6}{6} = 1 \Longleftrightarrow p_2 = p_1$$

ゆえに，確率 p_n について，次の関係式が成り立つ。

$$p_1 = p_2 > p_3 > p_4 > \cdots\cdots$$

よって，p_n が最大となるような n の値は

$$n = 1,\ 2 \quad \cdots\cdots (\text{答})$$

━━━━━━━━━━ **解　説** ━━━━━━━━━━

《確率の最大》

⑴　場合の総数と，赤玉 n 個から 1 個取り出し，かつ，白玉 4 個から 2 個取り出す場合の数を求めるとよい。

⑶　p_{n+1} を n の式で表してから，$\dfrac{p_{n+1}}{p_n}$ を計算する。

⑷　⑶より $n>1$ のとき $p_{n+1}>p_n$ だから，$\dfrac{p_2}{p_1}$ $(n=1)$ の値から p_1, p_2 の大小を調べればよい。

物 理

$\boxed{\text{I}}$ 解 答

$\boxed{1}$—(ウ) $\boxed{2}$—(ア) $\boxed{3}$—(カ) $\boxed{4}$—(オ) $\boxed{5}$—(オ) $\boxed{6}$—(キ)

$\boxed{7}$—(ク) $\boxed{8}$—(カ) $\boxed{9}$—(ウ) $\boxed{10}$—(ウ) $\boxed{11}$—(キ) $\boxed{12}$—(ク)

= 解説 =

《宇宙ステーション内の物体の運動》

$\boxed{3}$ 力のつり合いより

$$kL_1 = mg \qquad L_1 = \frac{mg}{k}$$

$\boxed{4}$ 観測者Bから見るとおもりは静止しているので，ばねの弾性力と遠心力の力のつり合いより

$$kL = mR\omega^2 \qquad k = \frac{mR\omega^2}{L}$$

$\boxed{5}$ $L = L_1$ のときの角速度を ω_1 とすると，$\boxed{4}$と同様の力のつり合いより

$$kL_1 = mR\omega_1{}^2$$

$\boxed{3}$の式を用いて

$$\omega_1 = \sqrt{\frac{g}{R}}$$

$\boxed{6}$ おもりにはたらく遠心力は $mR\omega'^2$ であるので，力のつり合いの式は

$$kL' = mR\omega'^2$$

$\boxed{7}$ 観測者Aからみたおもりの内壁に沿った方向の速さ v' は

$$v' = R\omega + v$$

角速度の式より

$$\omega' = \frac{v'}{R} = \frac{R\omega + v}{R}$$

$\boxed{8}$ $\boxed{6}$の式に$\boxed{4}$と$\boxed{7}$の式を用いると

$$L' = L\left(1 + \frac{v}{R\omega}\right)^2$$

$\boxed{9}$ おもりにはたらく遠心力は $m \cdot \frac{1}{2}R\omega^2$ であるので，ばねの自然長からの伸びを L'' とすると，力のつり合いより

$$kL'' = m \cdot \frac{1}{2} R\omega^2$$

④の式を用いると

$$L'' = \frac{L}{2}$$

⑩・⑪　コロニーが角速度 ω で等速円運動している。観測者Aから見ると，球の打ち上げた直後の x 軸，y 軸方向の速度成分は，右図のようになることがわかる。慣性の法則より，打ち上げ直後の速度成分は変化しないので

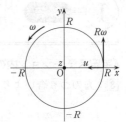

$$x(t) = R - ut, \quad y(t) = R\omega t$$

⑫　⑩・⑪の式を問題文の式に代入して

$$(R - ut_1)^2 + (R\omega t_1)^2 = R^2$$

$$t_1 = \frac{2Ru}{R^2\omega^2 + u^2}$$

⑬—(ウ)　⑭—(ア)　⑮—(イ)　⑯—(エ)　⑰—(ア)　⑱—(エ)

⑲—(ク)　⑳—(ク)　㉑—(エ)　㉒—(オ)　㉓—(ウ)　㉔—(イ)

㉕—(カ)

━━━━━━━━━━━━━ 解説 ━━━━━━━━━━━━━

《RC，RL 直列回路・RLC 交流回路》

⑬　はじめコンデンサーに電荷は蓄えられていないので，スイッチを S_1 につなぎかえた直後，電池の起電力はすべて抵抗にかかる。オームの法則より

$$I_0 = \frac{E}{R}$$

⑭　電流は，指数関数的に減少し，十分に時間が経過すると 0 となる。この過程でコンデンサーは充電され，電荷が蓄えられる。適切なグラフは(ア)。

⑯　コンデンサーに蓄えられているエネルギー U は

$$U = \frac{1}{2} CE^2$$

スイッチを S_2 につなぐとコンデンサーは放電を始め，蓄えていたエネルギーはすべて抵抗でのジュール熱となる。

17　スイッチを閉じた直後は、コイルに電流の
増加を妨げようとする向きに起電力が生じ、コ
イルの電流は0となる。したがって、電流は右
図の矢印のように流れるので、回路は抵抗値
R, r の抵抗の直列回路と等価になる。キルヒ
ホッフの第二法則より

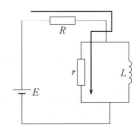

$$I_0 = \frac{E}{R+r}$$

18　十分に時間が経過すると、コイルに生じる起電力は0となる。並列に
つながれている抵抗値 r の抵抗の電圧も0となり、抵抗値 r の抵抗には電
流が流れなくなる。したがって、電流は右図の
矢印のように流れるので、回路は抵抗値 R の
抵抗とコイルの直列回路と等価になる。このと
きの電流値 I_f は、キルヒホッフの第二法則より

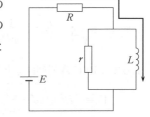

$$I_f = \frac{E}{R} \quad \left(> I_0 = \frac{E}{R+r} \right)$$

この過程で、電流は I_0 から I_f に指数関数的に
増加するため、適切なグラフは(エ)。

19　スイッチを開くとコイルは電流の流れを維持しようとして、電流の減
少を妨げようとする向きに起電力を生じる。し
たがって、右図の矢印のように抵抗値 r の抵抗
に電流が流れる。その後、コイルに蓄えられた
エネルギーは、全て抵抗でジュール熱に変換さ
れるので、発生するジュール熱を Q' とすると
コイルに蓄えられるエネルギーの式を用いて

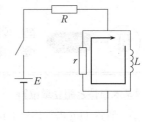

$$Q' = \frac{1}{2}LI'^2$$

22　抵抗に生じる最大電圧は RI_0 である。また、抵抗の電圧位相と電流
位相は一致しているため

$$V_R = RI_0 \sin \omega t$$

23　コイルに生じる最大電圧は $\omega L I_0$ である。また、コイルの電圧位相は
電流位相より $\frac{1}{2}\pi$ だけ進んでいるため

$$V_\mathrm{L} = \omega L I_0 \sin\left(\omega t + \frac{\pi}{2}\right) = \omega L I_0 \cos \omega t$$

24　コンデンサーに生じる最大電圧は $\dfrac{1}{\omega C} I_0$ である。また，コンデンサーの電圧位相は電流位相より $\dfrac{1}{2}\pi$ だけ遅れているため

$$V_\mathrm{C} = \frac{I_0}{\omega C} \sin\left(\omega t - \frac{\pi}{2}\right) = -\frac{I_0 \cos \omega t}{\omega C}$$

25　RLC 直列回路全体の電圧 V は

$$V = V_\mathrm{R} + V_\mathrm{L} + V_\mathrm{C} = R I_0 \sin \omega t + \left(\omega L - \frac{1}{\omega C}\right) I_0 \cos \omega t$$

$$= \sqrt{R^2 + \left(\omega L - \frac{1}{\omega C}\right)^2}\, I_0 \sin(\omega t + \alpha) \quad \left(\tan \alpha = \frac{\omega L - \dfrac{1}{\omega C}}{R}\right)$$

よって，RLC 直列回路全体の最大電圧 V_0 は

$$V_0 = \sqrt{R^2 + \left(\omega L - \frac{1}{\omega C}\right)^2}\, I_0$$

インピーダンス Z は，定義より

$$Z = \frac{V_0}{I_0} = \sqrt{R^2 + \left(\omega L - \frac{1}{\omega C}\right)^2}$$

 **解　答**

| 26—(ウ) | 27—(エ) | 28—(ア) | 29—(カ) | 30—(ウ) | 31—(エ) |
| 32—(エ) | 33—(ア) | 34—(カ) | 35—(キ) | 36—(ク) | 37—(オ) |

=== 解　説 ===

《基本単位と組立単位》

28　質量 1 kg の物体に 1 m/s^2 の加速度を生じさせる力が 1 N であるので
　　$\mathrm{N = kg \cdot m \cdot s^{-2}}$

29　圧力は面を垂直に押す単位面積当たりの力であるので，28を用いて
　　$\mathrm{N/m^2 = kg \cdot m^{-1} \cdot s^{-2}}$

30　1 N の力をその向きに 1 m だけ物体に加えたときの仕事が 1 J であるので，28を用いて
　　$\mathrm{J = N \cdot m = kg \cdot m^2 \cdot s^{-2}}$

31　仕事率は単位時間当たりの仕事の量であるので，30を用いて

$$J/s = kg \cdot m^2 \cdot s^{-3}$$

32　比熱は1kgの物質の温度を1Kだけ上昇させるのに必要な熱量であるので，30を用いて

$$J/(kg \cdot K) = m^2 \cdot s^{-2} \cdot K^{-1}$$

33　1Aの電流が1s間に運ぶ電気量の大きさが1Cであるので

$$C = A \cdot s$$

34　問題文の式から，電圧 V は

$$V = \frac{Q}{It}$$

30を用いて

$$V = J/(A \cdot s) = kg \cdot m^2 \cdot s^{-3} \cdot A^{-1}$$

35　34と同様に問題文の式から，抵抗 R は

$$R = \frac{Q}{I^2 t}$$

30を用いて

$$\Omega = J/(A^2 \cdot s) = kg \cdot m^2 \cdot s^{-3} \cdot A^{-2}$$

36　電圧1Vで1Cの電荷を蓄えるコンデンサーの電気容量が1Fであるので，33・34を用いて

$$C/V = kg^{-1} \cdot m^{-2} \cdot s^4 \cdot A^2$$

37　自己インダクタンス L は

$$L = \frac{2U}{I^2}$$

30を用いて

$$H = J/A^2 = kg \cdot m^2 \cdot s^{-2} \cdot A^{-2}$$

化　学

Ⅰ　**解答**　$\boxed{1}$―(エ)　$\boxed{2}$―(カ)　$\boxed{3}$―(ウ)　$\boxed{4}$―(イ)　$\boxed{5}$―(ア)　$\boxed{6}$―(ウ)
$\boxed{7}$―(エ)

━━━━━━ 解説 ━━━━━━

《原子の構造，電子配置，原子やイオンの電子数，同位体》

$\boxed{1}$　(エ)誤文。1個の中性子の質量を1とすると，1個の電子の質量は約 $\dfrac{1}{1840}$ である。

$\boxed{2}$　^{10}B と ^{11}B の存在比を，$^{10}B:^{11}B = x:(1-x)$ とすると，ホウ素の原子量について

$$10.8 = 10.0x + 11.0(1-x)$$
$$x = 0.20$$

　よって　　$^{10}B:^{11}B = 20:80$

$\boxed{3}$～$\boxed{5}$　12種の原子やイオンの電子数は，次のようになる。

　　H：1，H^+：0，F：9，F^-：10，Na：11，Na^+：10，Mg：12，

　　Mg^{2+}：10，Cl：17，Cl^-：18，K：19，K^+：18

$\boxed{6}$　(ウ)正しい。同位体は，陽子の数が等しく，質量数が異なる原子どうしの関係を示したものである。

$\boxed{7}$　窒素原子は，陽子の数が7個であり，電子の数も7個である。7個の電子はK殻に2個，L殻に5個に分かれて分布している。

Ⅱ　**解答**　$\boxed{8}$―(イ)　$\boxed{9}$―(イ)　$\boxed{10}$―(ウ)　$\boxed{11}$―(オ)

━━━━━━ 解説 ━━━━━━

《混合物の分離操作》

$\boxed{8}$　硝酸カリウムの水に対する溶解度は，温度によって大きく異なるため，再結晶による分離が適している。ヨウ素の固体は昇華性があるため，昇華法による分離が適している。原油は，液体のアルカンの混合物であり，分留（分別蒸留）による分離が適している。

9 〜 11　ヨウ素が溶けたヨウ化カリウム水溶液からヨウ素を取り出すには，抽出が適している。抽出には分液ろうとが用いられる。ヨウ素をヨウ化カリウム水溶液から取り出すためには，無極性溶媒であるヘキサンが用いられる。液体が上下二層に分離した場合，ヘキサンは水より密度が小さいため，ヨウ素の大部分が含まれるヘキサン層が上層になる。

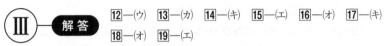

Ⅲ　　解 答　　　12—(ウ)　13—(カ)　14—(キ)　15—(エ)　16—(オ)　17—(キ)
18—(オ)　19—(エ)

━━━━━━━━━━━━━━ 解説 ━━━━━━━━━━━━━━

《マンガンやクロムの単体や化合物の性質》

12　マンガンは 7 族元素，クロムは 6 族元素であり，遷移元素に分類される。

13・14　酸化マンガン(Ⅳ)に濃塩酸を加えて発生する気体 **A** は塩素 Cl_2 である。

$$MnO_2 + 4HCl \longrightarrow MnCl_2 + 2H_2O + Cl_2$$

　塩素 Cl_2 は強い酸化力があり，ヨウ化物イオンや臭化物イオンと反応してヨウ素や臭素を遊離させる。そのため，塩素は湿ったヨウ化カリウムデンプン紙を青変させることで検出できる。

15・16　$KMnO_4$ 水溶液と過酸化水素水を硫酸酸性条件で反応させると，次の反応が起こる。

$$2KMnO_4 + 5H_2O_2 + 3H_2SO_4 \longrightarrow K_2SO_4 + 2MnSO_4 + 5O_2 + 8H_2O$$

　反応式の係数比より，1.0 mol の $KMnO_4$ が完全に反応すると，2.5 mol の O_2 が発生する。また，過マンガン酸カリウムと完全に反応する過酸化水素水の体積を x〔mL〕とすると，反応式の係数比より

$$0.10 \times \frac{30}{1000} \times 5 = 0.15 \times \frac{x}{1000} \times 2$$

$$x = 50 〔mL〕$$

17　$MnSO_4$ の金属イオン 1 個に水和している水分子を n とすると，水和物の組成式は，$MnSO_4 \cdot nH_2O$ と表される。Mn^{2+} と H_2O 分子の物質量の比は

$$Mn^{2+} : H_2O = \frac{9.6}{55} : \frac{22}{18}$$

$$= 1 : \frac{22}{18} \times \frac{55}{9.6}$$

$$= 1 : 7.0$$

$$\fallingdotseq 1 : 7$$

18・19　K_2CrO_4 水溶液に硫酸を加えると，水溶液中の $Cr_2O_7{}^{2-}$ の割合が多くなり，溶液が黄色から赤橙色に変化する。

$$2CrO_4{}^{2-} + 2H^+ \longrightarrow Cr_2O_7{}^{2-} + H_2O$$

　0.200 mol/L の K_2CrO_4 水溶液 10.0 mL に濃硫酸を加えて水溶液を酸性にすると，溶液中に存在する $Cr_2O_7{}^{2-}$ の物質量は

$$0.200 \times \frac{10.0}{1000} \times \frac{1}{2} = 1.00 \times 10^{-3} \,(\text{mol})$$

　また，$Cr_2O_7{}^{2-}$ と $H_2C_2O_4$ を硫酸酸性条件で反応させると

$$Cr_2O_7{}^{2-} + 3H_2C_2O_4 + 8H^+ \longrightarrow 2Cr^{3+} + 6CO_2 + 7H_2O$$

のイオンを含む反応式により，二酸化炭素が発生する。$H_2C_2O_4$ の物質量は

$$0.100 \times \frac{40.0}{1000} = 4.00 \times 10^{-3} \,(\text{mol})$$

となり，$Cr_2O_7{}^{2-}$ が反応により完全に消費されてしまう。そのため，反応により発生する二酸化炭素の質量は

$$1.00 \times 10^{-3} \times 6 \times 44 = 0.264 \,(\text{g})$$

IV　解答　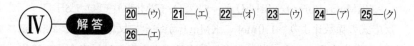
20—(ウ)　21—(エ)　22—(オ)　23—(ウ)　24—(ア)　25—(ク)
26—(エ)

══════════════ 解説 ══════════════

《反応熱・熱化学方程式とヘスの法則，リンの化合物の性質》

20　(ウ)誤文。中和熱は，酸と塩基が反応して 1 mol の水が生成するときに発生する熱量である。中和反応は，発熱反応であり，その中和熱は正の値となる。

21　C_2H_5OH（液）の完全燃焼に関する熱化学方程式は

$$C_2H_5OH\,(液) + 3O_2\,(気)$$

$$= 2CO_2\,(気) + 3H_2O\,(液) + 1368\,kJ　……①$$

　また，問題文にある C（黒鉛）と H_2 の完全燃焼に関する熱化学方程式

について

$$C \,(黒鉛) + O_2 \,(気) = CO_2 \,(気) + 394 \,kJ \quad \cdots\cdots②$$

$$H_2 \,(気) + \frac{1}{2}O_2 \,(気) = H_2O \,(液) + 286 \,kJ \quad \cdots\cdots③$$

②×2＋③×3－① より

$$2C \,(黒鉛) + 3H_2 \,(気) + \frac{1}{2}O_2 \,(気) = C_2H_5OH \,(液) + 278 \,kJ$$

22・23 C_2H_5OH (液) の完全燃焼に関する反応式は

$$C_2H_5OH + 3O_2 \longrightarrow 2CO_2 + 3H_2O$$

完全燃焼した C_2H_5OH の物質量は

$$\frac{11.7 \times 0.789}{46.0} = 0.2006 \,[mol]$$

C_2H_5OH の完全燃焼には標準状態の空気が

$$0.2006 \times 3 \times 5 \times 22.4 = 67.40 \fallingdotseq 67.4 \,[L]$$

以上必要となる。したがって，最も近い値は(オ)。

また，発生する二酸化炭素の標準状態における体積は

$$0.2006 \times 2 \times 22.4 = 8.986 \,[L]$$

標準状態を 0℃，$1.01 \times 10^5 \,Pa$ として，27℃，$1.00 \times 10^5 \,Pa$ における体積に換算すると

$$8.986 \times \frac{300}{273} \times \frac{1.01}{1.00} = 9.973 \fallingdotseq 9.97 \,[L]$$

したがって，最も近い値は(ウ)。

24・25 黄リンは，毒性が強い黄色のろう状固体で，二硫化炭素に可溶の物質であり，空気中で自然発火する。また，赤リンは，毒性が小さい赤色粉末で，二硫化炭素に不溶の物質であり，空気中で自然発火せず安定である。

26 155 g のリン鉱石に含まれるリン酸カルシウムと過不足なく反応する硫酸の質量は

$$\frac{155}{310} \times 2 \times 98.0 = 98.0 \,[g]$$

反応によって生じる過リン酸石灰の質量は，質量保存の法則より

$$155 + 98.0 = 253 \,[g]$$

Ⓥ **解答** ▸ 27—(ア)　28—(エ)　29—(イ)　30—(オ)　31—(イ)　32—(イ)
33—(エ)　34—(カ)

──────────── **解説** ════════

《C₄H₈O₂ の加水分解，デンプンの性質》

27・28　C₄H₈O₂ のエステルAを加水分解して生じるカルボン酸Bは脂肪酸の中で最も強い酸性を示し，銀鏡反応を示すため，炭素数が1のギ酸であると考えられる。また，炭素数が3のアルコールCは酸化するとケトンが生成するため，第二級アルコールであり，2-プロパノールであると考えられる。

29　ホルミル基（アルデヒド基）を有する物質は銀鏡反応を示す。

30　強塩基を用いてエステルを加水分解する反応は，けん化反応という。

31〜33　デンプンは，多数の α-グルコースが脱水縮合で重合した構造を有する高分子化合物である。多数の α-グルコースが 1,4 結合のみで連なった構造を有するアミロースは温水に可溶であり，多数の α-グルコースが 1,4 結合以外に 1,6 結合で連なった構造を有するアミロペクチンは温水に不溶である。

34　ヨウ素ヨウ化カリウム水溶液（ヨウ素溶液）をデンプンに作用させると青紫色に呈色する。溶液を加熱すると無色となるが，冷却すると再び青紫色に呈色する。

生 物

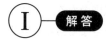 **解答** 1 —(ア)・(エ)・(オ) 2 —(ア)・(オ)・(カ) 3 —(ウ) 4 —(エ)
5 —(エ) 6 —(カ) 7 —(カ) 8 —(エ)

===== 解 説 =====

《細胞小器官，酵素反応》

1 (イ)誤文。DNA の塩基配列を RNA に写し取ることを転写というが，DNA には転写されない領域もある。

(ウ)誤文。動物細胞など細胞壁をもたない細胞もある。

5 ①誤文。原核細胞は核をもたないだけでなく，ミトコンドリアや小胞体，ゴルジ体など生体膜でできている細胞小器官ももたない。

④誤文。被子植物の細胞は中心体をもたない。

6 細胞内共生説を支持する根拠として，「内外異質二重膜をもつ」「独自の DNA をもつ」「独自に分裂する」の３つを覚えること。

①誤文。原核細胞を真核細胞の細胞膜で包み込むようにして細胞内に取り込むので，外膜は真核細胞の細胞膜に，内膜は原核細胞に似た性質の脂質膜をもっている。

②誤文。シアノバクテリアなどの細菌は原核生物だが，光合成によって酸素を発生させることができる。よって細胞内共生と酸素の生成の間には，特別な因果関係はなく根拠とはならないといえる。

7・8 酵素③がはたらかなくなった場合，ｃとｄを加えても生育することはできないが，ｅを加えたときは生育することができる。これと合致するのは結果(1)であるから，酵素③が酵素Ｘ，ｅが物質Ｑであることがわかる。同様に考えて，酵素①が酵素Ｙ，酵素②が酵素Ｚ，ｃが物質Ｓ，ｄが物質Ｒである。

Ⅱ 解答　⑨—(カ)　⑩—(ウ)　⑪—(ア)　⑫—(イ)　⑬—(キ)　⑭—(イ)
⑮—(キ)　⑯—(ケ)

═══════════ 解説 ═══════════

《体細胞分裂，ゲノム，DNA》

⑨　①と⑤は，細胞周期のうちの間期の状態を示す模式図である。

⑪　②誤文。細胞周期の長さは細胞の種類によってさまざまである。活発に分裂をくり返す細胞は，細胞周期が短く，分裂が活発でない細胞は細胞周期が長い。

③誤文。染色体（DNA）の複製は間期に行われる。

④誤文。間期は G1 期，S 期，G2 期からなり，G1 期の DNA 量を 1 とすると，S 期は 1-2，G2 期は 2 となる。

⑫　ゲノムとは，生命活動を営むのに必要な最低限の遺伝情報，1 セット分のことで，精子や卵に含まれる遺伝情報に相当する。精子と卵が受精することで，体細胞にはゲノム 2 セット分が含まれる。図を見るとこの動物の染色体数は 4 本であるから，ゲノムは 2 本の染色体となる。

⑯　ゲノムが 25 億塩基対からなるということから，体細胞 1 個には 50 億塩基対が含まれている。10 塩基対で 3.4 nm（＝3.4×10⁻⁹ m）であることから，DNA の全長〔m〕を求めると

$$\frac{2.5\times10^9\times2}{10}\times3.4\times10^{-9}=1.7\,[\text{m}]$$

Ⅲ 解答　⑰—(ウ)　⑱—(イ)・(エ)・(カ)　⑲—(イ)　⑳—(オ)
㉑—(ア)・(ウ)・(エ)・(オ)　㉒—(オ)　㉓—(オ)　㉔—(エ)

═══════════ 解説 ═══════════

《体液，腎臓，肝臓，ホルモン》

⑱　(ア)誤文。血液 1 mm³ あたりに含まれる個数は，赤血球が一番多く，血小板，白血球の順に少なくなる。

(ウ)誤文。ヘモグロビンは二酸化炭素濃度が高いほど酸素と結合しにくくなり，これにより活発に代謝を行っている組織に酸素を供給しやすくなる。

(オ)誤文。白血球は免疫に関与する細胞で，顆粒球，単球，リンパ球に分けられる。顆粒球には好中球や好酸球などがある。単球は血管から組織に出るとマクロファージに分化する。リンパ球には T 細胞や B 細胞などがある。

25—(ウ)　26—(エ)　27—(ア)　28—(コ)　29—(キ)　30—(カ)
31—(ウ)　32—(ク)

2
0
2
4
年
度

前
期
A
・
B

生
物

══════════ 解　説 ══════════

《自然免疫と適応免疫，エイズ，自己免疫疾患，アレルギー》

27　③誤文。予防接種で用いるワクチンは抗体ではなく，病原体や毒素などの抗原を注射している。

④誤文。リンパ球であるT細胞はT細胞受容体（TCR）を用いて抗原情報を受け取るが，食細胞はパターン認識受容体（トル様受容体など）を用いて抗原を認識している。

30　①誤文。ヒトでの最初の感染者が確認されたのは1981年である。

②誤文。ヒト免疫不全ウイルス（HIV）はヘルパーT細胞に感染し，適応免疫の機能を低下させる。エイズはHIVに感染してから数年から10年ほどの無症状の期間を経て発症する。

③正文。日和見感染症にはカポジ肉腫やカンジダ症がある。カポジ肉腫はウイルスが感染することで発症するウイルス性のがんである。また，カンジダ症はカンジダ菌と呼ばれるカビの一種で，内臓に侵入して機能低下を引き起こす。

31　①正文。②・③誤文。関節リウマチは関節の炎症と変形が主な症状であるが，発熱などの全身性の症状を伴うことがある。自己免疫疾患の一つで，自身を抗原として攻撃することによって起こる。

④正文。重症筋無力症は，神経から筋肉への情報の伝達にかかわるしくみを免疫系が攻撃することによって起こる疾患で，全身の筋力低下が起こったり，筋肉が疲労しやすくなったりする。

33—(ウ)　34—(ウ)　35—(ウ)　36—(キ)　37—(ア)　38—(ク)
39—(オ)　40—(コ)

══════════ 解　説 ══════════

《窒素循環，生態系のバランス，赤潮とアオコ，干潟》

34　②誤文。大気中の窒素を生物が直接利用することは難しい。大気中の窒素の利用は，根粒菌などによる窒素固定やハーバー・ボッシュ法による工業的窒素固定などに限られている。

③誤文。窒素はタンパク質や核酸などの有機窒素化合物として生物の細胞

を構成する重要な物質であり，食物連鎖などを通して生態系内を移動する。

37　ダイズなどのマメ科植物は根に根粒菌を共生することで，根粒菌が窒素固定したアンモニアを得ているが，ダイズそのものが窒素固定をするわけではない。

39　①誤文。一般的にアオコは湖沼などの淡水域，赤潮は海水域で発生する。

②・④正文。③誤文。赤潮もアオコも，富栄養化が進んだ水域で特定のプランクトンが増殖することによって引き起こされる。プランクトンが毒素を出したり，魚介類のえらに付着したりすることにより魚介類を死滅させる。これらの遺骸を細菌類が分解する過程で酸素が消費されるため，水中が低酸素状態になり，さらに被害が大きくなる。

40　干潟には河川から有機物や栄養塩類が運び込まれるが，これらは食物連鎖により最終的には水鳥によって干潟の外に運び出される。このため干潟は富栄養化が進むことはなく，自然浄化作用の強い生態系である。海岸線の利用による埋め立てや干拓などによって干潟が減少していく中，ラムサール条約などの干潟を保護する運動が進められている。

【一】

出典 西川正也「詩人＝翻訳者としての堀口大學の実像に迫る」

問1 ⓐ─㋐ ⓑ─㋑ ⓒ─㋙

問2 ㋐

問3 ㋙

問4 ㋙

問5 ㋐

問6 ㋩

問7 ㋑

問8 ㋛

問9 ㋐

問10 ㋛

問11 ㋑

【二】

出典 暉峻淑子『対話する社会へ』〈第二章 対話に飢えた人びと──対話的研究会のはじまり〉（岩波新書）

問1 ⓐ─㋙ ⓒ─㋐

問2 ㋛

問3 ㋑

問4 ㋙

問5 ㋑

問6 ㋛

問7 ㋩

問8 ㋙

問9 ㋩

問10 ㋛

問11 ㋑

問12 ㋙

問13　⑰

（三）　出典　斎藤美奈子「旅する文学　奈良編」（『朝日新聞』二〇二二年五月七日朝刊）

解答

問1　りっしんべん

問2　野放図

問3　夏目漱石

問4　十月

問5　地異

問6　あをによし

前期入試 AM・BM 方式（2 月 4 日実施分）

問 題 編

▶試験科目・配点

【AM 方式】

学部等	教　科		科　　目	配　点
工・理工	数　学	必　須	数学Ⅰ・Ⅱ・Ⅲ・A・B	100 点
	外 国 語	2 教科選択（3 教科受験も可）	コミュニケーション英語Ⅰ・Ⅱ，英語表現Ⅰ	各 100 点
	理　科		「物理基礎・物理」「化学基礎・化学」から 1 科目選択	
	国　語		国語総合（古文，漢文を除く）・現代文 B	
人文・経営情報・（英語英米文化除く）	外 国 語	3 教科選択（4 教科受験も可）	コミュニケーション英語Ⅰ・Ⅱ，英語表現Ⅰ	各 100 点
	地歴・公民		「日本史 B」「世界史 B」「地理 B」「政治・経済」から 1 科目選択	
	数　学		「数学Ⅰ・A」「数学Ⅰ・Ⅱ・Ⅲ・A・B」から 1 科目選択	
	国　語		国語総合（古文，漢文を除く）・現代文 B	

				人文(英語英米文化) ：150点 国際関係：100点
国際関係・人文（英語英米文化）	外　国　語	必　　須	コミュニケーション英語Ⅰ・Ⅱ，英語表現Ⅰ	
	地歴・公民	2教科選択 （3教科受験も可）	「日本史B」「世界史B」「地理B」「政治・経済」から1科目選択	各100点
	数　　学		「数学Ⅰ・A」「数学Ⅰ・Ⅱ・Ⅲ・A・B」から1科目選択	
	国　　語		国語総合（古文，漢文を除く）・現代文B	
応用生物	外　国　語	3教科選択 （4教科受験も可）	コミュニケーション英語Ⅰ・Ⅱ，英語表現Ⅰ	各100点
	数　　学		「数学Ⅰ・A」「数学Ⅰ・Ⅱ・Ⅲ・A・B」から1科目選択	
	理　　科		「物理基礎・物理」「化学基礎〈省略〉」「化学基礎・化学」「生物基礎」から1科目選択	
	国　　語		国語総合（古文，漢文を除く）・現代文B	
生命健康科	外　国　語	3教科選択 （4教科受験も可）	コミュニケーション英語Ⅰ・Ⅱ，英語表現Ⅰ	各100点
	数　　学		「数学Ⅰ・A」「数学Ⅰ・Ⅱ・Ⅲ・A・B」から1科目選択	
	理　　科		「物理基礎〈省略〉」「物理基礎・物理」「化学基礎〈省略〉」「化学基礎・化学」「生物基礎」から1科目選択	
	国　　語		国語総合（古文，漢文を除く）・現代文B	

現代教育	外　国　語	3教科選択 (4教科受験も可)	コミュニケーション英語Ⅰ・Ⅱ, 英語表現Ⅰ	各100点
	地歴・公民・理科		「日本史B」「世界史B」「地理B」「政治・経済」「物理基礎〈省略〉」「物理基礎・物理」「化学基礎〈省略〉」「化学基礎・化学」「生物基礎」から1科目選択	
	数　　学		「数学Ⅰ・A」「数学Ⅰ・Ⅱ・Ⅲ・A・B」から1科目選択	
	国　　語		国語総合（古文，漢文を除く）・現代文B	

【BM 方式】

学部等	教　科		科　　　　目	配　点
工・理工	数　　学	必　　須	数学 I・II・III・A・B	100 点
	外　国　語	1教科選択（2，3教科受験も可）	コミュニケーション英語 I・II，英語表現 I	100 点
	理　　科		「物理基礎・物理」「化学基礎・化学」から1科目選択	
	国　　語		国語総合（古文，漢文を除く）・現代文 B	
人文（英語英米文化除く）・経営情報	外　国　語	2教科選択（3，4教科受験も可）	コミュニケーション英語 I・II，英語表現 I	各 100 点
	地歴・公民		「日本史 B」「世界史 B」「地理 B」「政治・経済」から1科目選択	
	数　　学		「数学 I・A」「数学 I・II・III・A・B」から1科目選択	
	国　　語		国語総合（古文，漢文を除く）・現代文 B	
国際関係・人文（英語英米文化）	外　国　語	必　　須	コミュニケーション英語 I・II，英語表現 I	人文（英語英米文化）：150 点　国際関係：100 点
	地歴・公民	1教科選択（2，3教科受験も可）	「日本史 B」「世界史 B」「地理 B」「政治・経済」から1科目選択	100 点
	数　　学		「数学 I・A」「数学 I・II・III・A・B」から1科目選択	
	国　　語		国語総合（古文，漢文を除く）・現代文 B	

応用生物	外　国　語	2教科選択（3，4教科受験も可）	コミュニケーション英語Ⅰ・Ⅱ，英語表現Ⅰ	各100点
	数　　　学		「数学Ⅰ・A」「数学Ⅰ・Ⅱ・Ⅲ・A・B」から1科目選択	
	理　　　科		「物理基礎・物理」「化学基礎〈省略〉」「化学基礎・化学」「生物基礎」から1科目選択	
	国　　　語		国語総合（古文，漢文を除く）・現代文B	
生命健康科	外　国　語	2教科選択（3，4教科受験も可）	コミュニケーション英語Ⅰ・Ⅱ，英語表現Ⅰ	各100点
	数　　　学		「数学Ⅰ・A」「数学Ⅰ・Ⅱ・Ⅲ・A・B」から1科目選択	
	理　　　科		「物理基礎〈省略〉」「物理基礎・物理」「化学基礎〈省略〉」「化学基礎・化学」「生物基礎」から1科目選択	
	国　　　語		国語総合（古文，漢文を除く）・現代文B	
現代教育	外　国　語	2教科選択（3，4教科受験も可）	コミュニケーション英語Ⅰ・Ⅱ，英語表現Ⅰ	各100点
	地歴・公民・理科		「日本史B」「世界史B」「地理B」「政治・経済」「物理基礎〈省略〉」「物理基礎・物理」「化学基礎〈省略〉」「化学基礎・化学」「生物基礎」から1科目選択	
	数　　　学		「数学Ⅰ・A」「数学Ⅰ・Ⅱ・Ⅲ・A・B」から1科目選択	
	国　　　語		国語総合（古文，漢文を除く）・現代文B	

▶備　考

- 解答方式は全問マークセンス方式。
- 【AM方式】全学部とも必須科目を含む3教科以上を受験する。4教科とも受験した場合は，必須科目を含む高得点の3教科で合否判定を行う。

• 【BM 方式】全学部とも必須科目を含む2教科以上を受験する。3教科
　以上受験した場合は，必須科目を含む高得点の2教科で合否判定を行う。

【出題範囲】
　「数学A」は「場合の数と確率，図形の性質」から出題する。
　「数学B」は「数列，ベクトル」から出題する。

英　語

(60 分)

〔1〕次の文章を読み，下の設問に答えよ。

You may have heard that many people in the United States are very passionate about the subject of pizza. Major American cities have their own particular styles of pizza, with long-standing rivalries between them. The most famous such disagreement is probably between New York City and Chicago. New York style pizza usually features a very thin crust and only a light layer of tomato sauce, while Chicago style pizza is almost its opposite, with thick, chewy crust and deep layers of sauce, cheese, and sausage. But it may surprise you to learn that the most *polarizing* style of pizza was not invented in the United States at all, despite its name.

So-called Hawaiian pizza is distinguished by its choice of toppings, namely chunks of pineapple and ham. While it was inspired by traditional Hawaiian cuisine, or at least foreign impressions of it, Hawaiian pizza was actually most likely invented in Ontario, Canada, by a Greek immigrant named Sam Panopoulos. Working with the Chinese-American chef at his restaurant, in the 1960s he experimented with toppings on pizza that were considered unusual at the time, one of which was the now-famous Hawaiian pizza.

The topic of Hawaiian pizza can lead to heated arguments in North America, where people are traditionally more conservative about what they put on their pizza than here in Japan. Panopoulos said once in an interview that at the time, while pizza was quite popular in Canada, the only available pizza toppings at most restaurants there were pepperoni, bacon, and green peppers. The addition of pineapple was probably quite shocking for his customers when the pizza was first created.

However, over the past sixty years, Hawaiian pizza has grown in popularity, not only in America and Canada but around the world. Hawaiian pizza is extremely popular in Australia, not surprising as it is a country famous for combining different kinds of food together in new and interesting ways. In fact, as long ago as 1999, Hawaiian pizza was the most popular single pizza in that country, accounting for 15% of all pizza sales all on its own. It is additionally the most widely-available pizza topping in Britain, being served at most pizza restaurants there: a 2015 survey found that 3,891 pizza restaurants there served Hawaiian pizza, compared to 3,887 serving the next most popular pizza, the Margherita. And in 2021, Hawaiian pizza actually became the most popular pizza even in the United States. Ironically, however, it is not the most popular pizza in Hawaii! While Hawaiians do enjoy pizza with ham and pineapple, the most popular kind of pizza there is Kahlua pork pizza, featuring a barbecued pork topping. While Hawaiian pizza seems to be popular in English-speaking countries, it is still catching on in Japan. A recent survey found that only about one in three Japanese people had ever had pineapple on pizza—but of those who had it, most said that they enjoyed it.

All the same, while about one in six Americans who eat pizza say pineapple is among their favorite toppings, nearly one in four say it is one of their least favorite, so at least in the United States the controversy remains. However, pineapple was not the most disliked topping there: the much-hated anchovy still wins that competition.

〔設問〕本文の内容と一致するように，次の空欄（ 1 ～ 10 ）に入れるのに最も適当なものを，次のそれぞれの(ア)～(エ)のうちから一つずつ選べ。

New York style pizza 1 .

    (ア) is not well-known outside New York

    (イ) features thick, chewy crust

    (ウ) only uses a small amount of tomato sauce

    (エ) is quite similar to Chicago style pizza

The word *polarizing* in paragraph 1 is closest in meaning to 2 .

    (ア) causing disagreement   (イ) getting popular

    (ウ) bringing peace   (エ) combining

The most important characteristic of Hawaiian pizza is 3 .

    (ア) the thickness of its crust   (イ) the amount of sauce it uses

    (ウ) where it is made   (エ) its toppings

The inventor of Hawaiian pizza was born in 4 .

    (ア) Hawaii   (イ) Greece   (ウ) Canada   (エ) Chicago

At the time that Hawaiian pizza was invented, 5 in Canada.

    (ア) pineapple was quite popular as a pizza topping

    (イ) only a few pizza toppings were widely available

    (ウ) people often experimented with what they put on pizza

    (エ) hardly anybody ever ate pizza

We can infer from the passage that Hawaiian pizza is popular in Australia because 6 .

    (ア) Australian culture is open to mixing different kinds of cooking together

    (イ) pineapples are a very popular food there

    (ウ) Hawaii is near Australia

    (エ) most Australians have never eaten other kinds of pizza

In the state of Hawaii, 7 .

    (ア) pizza with ham and pineapple is not eaten

(イ)　people like barbecued pork on their pizza best

(ウ)　Hawaiian pizza is the most popular

(エ)　the Margherita is the most-eaten pizza

Now, Hawaiian pizza is ⌈8⌉ in many English-speaking countries around the world.

(ア)　popular　　　　　　　　　　　(イ)　not well-known

(ウ)　only rarely eaten　　　　　　　(エ)　very difficult to find

More than half of the people surveyed in Japan ⌈9⌉ .

(ア)　did not like pineapple on pizza if they tried it

(イ)　do not like pineapples at all

(ウ)　like Hawaiian pizza very much

(エ)　have not tried Hawaiian pizza

The pizza topping that Americans like least is ⌈10⌉ .

(ア)　pineapple　　　　　　　　　　(イ)　ham

(ウ)　anchovies　　　　　　　　　　(エ)　barbecued pork

〔2〕次の空欄（ ⌈11⌉ ～ ⌈20⌉ ）に入れるのに最も適当なものを，次のそれぞれの(ア)～(エ)のうちから
　一つずつ選べ。

If the team ⌈11⌉ harder, the project might have been completed successfully.

(ア)　works　　　(イ)　is working　　　(ウ)　have worked　　　(エ)　had worked

Do you happen to know ⌈12⌉ bike was stolen last night?

(ア)　who　　　(イ)　whom　　　(ウ)　whose　　　(エ)　where

The fact ⌈13⌉ all of us understand the situation is very important.

(ア)　that　　　(イ)　when　　　(ウ)　where　　　(エ)　which

While ⌈14⌉ in the park, Meg often listens to her favorite music.

(ア)　jog　　　(イ)　to jog　　　(ウ)　jogs　　　(エ)　jogging

By tomorrow, Ken ⌈15⌉ writing his research paper.

(ア)　finishes　　　　　　　　　　(イ)　has finished

(ウ)　finished　　　　　　　　　　(エ)　will have finished

That restaurant is the second ⌈16⌉ popular dining spot in this town.

(ア) more 　　　　 (イ) most 　　　　 (ウ) well 　　　　 (エ) better

I decided to cut 　17 　 on sugary drinks to improve my health.

(ア) up 　　　　 (イ) in 　　　　 (ウ) down 　　　　 (エ) along

One of my best friends 　18 　 studying at this university now.

(ア) is 　　　　 (イ) are 　　　　 (ウ) who is 　　　　 (エ) who are

If you happen 　19 　 John, please ask him to call me as soon as possible.

(ア) see 　　　　 (イ) to see 　　　　 (ウ) seeing 　　　　 (エ) to seeing

The success of the project resulted 　20 　 the team's collaborative efforts.

(ア) from 　　　　 (イ) of 　　　　 (ウ) along 　　　　 (エ) as

〔3〕 次の対話が成り立つように，空欄（ 　21 　 ～ 　30 　 ）に入れるのに最も適当なものを，次の
それぞれの(ア)～(コ)のうちから一つずつ選べ。（同じ選択肢を 2 回以上使うことはない。）

Mark and Larry are talking about going to a movie.

Mark: 　When would you like to go see that movie?

Larry: 　Tomorrow is no good because 　21 　.

Mark: 　Is that for your biology class?

Larry: 　Yes. It's 　22 　.

Mark: 　How about we go see it after your exam?

Larry: 　That's fine, but 　23 　?

Mark: 　Not on Thursday. I have to go in on Friday though.

Larry: 　Okay, then we should 　24 　. What time?

Mark: 　It's showing at eight at CineVerse.

Larry: 　That's the one 　25 　, right?

Mark: 　Yes, that's the one. They're really comfortable.

Larry: 　Let's go there. I hope I won't fall asleep though!

(ア) 　about the French Revolution

(イ) 　next to the station

(ウ) 　with the really nice seats

(エ) 　I haven't gotten paid yet

(オ)　don't you have to work

(カ)　study together

(キ)　going to be a tough one

(ク)　go on Thursday

(ケ)　I have to study for an exam

(コ)　we should ask Shuta to go with us, right

Hina is talking with her friend Carrie after class.

Hina:　Wow, today's lecture was really hard to understand.

Carrie:　I thought so too! And we have ⑳ in a couple of weeks, too.

Hina:　Maybe we should get ㉗ and have a study session.

Carrie:　That's a great idea. I think I know a few more people who ㉘ .

Hina:　Hmm, the test is the week after next. How about this weekend?

Carrie:　That works for me. Let's see if Stuart and Ayane want to come too.

Hina:　Good idea. Ayane said ㉙ .

Carrie:　Great. Let's say Sunday afternoon in the learning commons.

Hina:　OK, I'll ㉚ and let them know.

(ア)　would want to join us

(イ)　don't want to come

(ウ)　nothing important to do

(エ)　some people together

(オ)　they aren't going to study

(カ)　she was worried about the test

(キ)　to take a vacation

(ク)　a really big test

(ケ)　he wasn't going to study

(コ)　send a text to Stuart and Ayane

〔4〕次の下線部(31 ～ 35)に最も近い意味を表すものを，次のそれぞれの(ア)～(エ)のうちから一つずつ選べ。

The story is told in the first person <u>apart from</u> the final chapter.

31

  (ア) except   (イ) through   (ウ) including   (エ) after

I can't help thinking that the door was made that way <u>by design</u>.

32

  (ア) accidentally   (イ) intentionally   (ウ) beautifully   (エ) elegantly

The reporter was looking for the officer <u>in charge of</u> the investigation.

33

  (ア) wanting to stop   (イ) familiar with

  (ウ) knowing a lot about   (エ) responsible for

We like this area very much and would like to move here <u>for good</u>.

34

  (ア) happily   (イ) permanently   (ウ) independently   (エ) healthily

I was born in Canada but <u>brought up</u> in Japan.

35

  (ア) adopted   (イ) spoiled   (ウ) raised   (エ) released

〔5〕次の 36 ～ 40 について，正しい英文にするために枠内の語句を並べ替えるとき，空欄
　　 A と空欄 B にくる語句の組み合わせとして正しいものを，次のそれぞれの(ア)～(オ)の
　　うちから一つずつ選べ。（語句は文頭にくる場合でも大文字で始まっているとは限らない。）

36 The company would ＿＿＿ A ＿＿＿ B ＿＿＿ proficient in Spanish.

| 1. the applicant | 2. hire | 3. were |
| 4. she | 5. if | |

(ア)　A-5　B-4　　　　　　(イ)　A-2　B-3　　　　　　(ウ)　A-4　B-5

(エ)　A-1　B-4　　　　　　(オ)　A-5　B-3

37 It ＿＿＿ A ＿＿＿ B ＿＿＿ hard work pays off.

| 1. before | 2. long | 3. be |
| 4. your | 5. won't | |

(ア)　A-3　B-1　　　　　　(イ)　A-5　B-2　　　　　　(ウ)　A-2　B-1

(エ)　A-3　B-5　　　　　　(オ)　A-1　B-4

38 I'm proud to work ＿＿＿ A ＿＿＿ B ＿＿＿ to help kids in trouble.

| 1. mission | 2. for | 3. is |
| 4. whose | 5. an organization | |

(ア)　A-5　B-2　　　　　　(イ)　A-5　B-1　　　　　　(ウ)　A-3　B-4

(エ)　A-4　B-1　　　　　　(オ)　A-1　B-2

39 ＿＿＿ A ＿＿＿ B ＿＿＿ think you are closest to?

| 1. of your family | 2. you | 3. do |
| 4. side | 5. which | |

(ア)　A-2　B-4　　　　　　(イ)　A-5　B-2　　　　　　(ウ)　A-1　B-2

(エ)　A-3　B-5　　　　　　(オ)　A-4　B-3

40 It's quite ＿＿＿ A ＿＿＿ B ＿＿＿ are.

1. how	2. some	3. talented
4. people	5. amazing	

(ア)　A-2　B-5　　　　　(イ)　A-1　B-5　　　　　(ウ)　A-1　B-2

(エ)　A-3　B-5　　　　　(オ)　A-4　B-1

日 本 史

（60分）

〔Ⅰ〕 次の文章Ａ・Ｂを読み，下の問い（問1〜6）に答えよ。

Ａ　奈良時代の仏教は，高度な(a)建築・(b)彫刻・絵画・工芸などの技術を背景とし，政争に明け暮れる貴族たちの呪術的願望を満たすためのものであったと言うこともできる。ただし，僧侶たちの教義理解も次第に進み，(c)南都六宗というインドや中国に由来する仏教理論の研究も盛んになった。

　平安時代には，藤原道長が権力を強めて，阿弥陀堂（のちの法成寺）を建立した。ここには康尚・ 1 父子の作という九体の阿弥陀仏をはじめ，多くの仏像が安置されていたが，法成寺は火災で焼失したため，今日に伝わっていない。現存する 1 作として著名な仏像は，道長の子頼通が建立した宇治の平等院鳳凰堂の阿弥陀如来像であり，寄木造の最高傑作の一つとされている。

問1　文中の空欄 1 に入れるのに最も適当なものを，次の(ア)〜(エ)のうちから一つ選べ。

| 1 | (ア)　定朝 | (イ)　運慶 | (ウ)　康勝 | (エ)　康弁 |

問2　下線部(a)「建築」のうち，本来は平城宮の宮殿の一部であり移築した建造物として最も適当なものを，次の(ア)〜(エ)のうちから一つ選べ。

| 2 | (ア)　法隆寺夢殿 | (イ)　東大寺法華堂 |
| | (ウ)　唐招提寺講堂 | (エ)　興福寺金堂 |

問3　下線部(b)「彫刻」について，奈良時代には，木や土の原型の上に麻布を漆で固めながら整形し，あとで原型を抜き取った乾漆像が多くつくられた。乾漆像の作品として最も適当なものを，次の(ア)〜(エ)のうちから一つ選べ。

| 3 | (ア)　東大寺法華堂日光・月光菩薩像 | (イ)　唐招提寺鑑真像 |
| | (ウ)　東大寺法華堂執金剛神像 | (エ)　新薬師寺十二神将像 |

問4　下線部(c)「南都六宗」に該当しないものを，次の(ア)〜(エ)のうちから一つ選べ。

| 4 | (ア)　浄土宗 | (イ)　成実宗 | (ウ)　律宗 | (エ)　華厳宗 |

B　室町時代の仏教界では，　5　が後醍醐天皇や足利尊氏の帰依をうけて，　6　が盛んとなった。そして，三代将軍足利義満の帰依を受け初代の僧録となった　7　は禅宗寺院の行政にあたり，相国寺の建立に参画した。また，義満は南宋の制度にならって　6　の寺院に対して，(d)五山・十刹の格付を定め，制度を整えた。

問5　文中の空欄　5　～　7　に入れるのに最も適当なものを，次のそれぞれの(ア)～(エ)のうちから一つずつ選べ。

5　(ア)　夢窓疎石　　(イ)　桂庵玄樹　　(ウ)　雪村友梅　　(エ)　蘭渓道隆

6　(ア)　浄土真宗　　(イ)　臨済宗　　(ウ)　曹洞宗　　(エ)　時宗

7　(ア)　義堂周信　　(イ)　絶海中津　　(ウ)　春屋妙葩　　(エ)　南村梅軒

問6　下線部(d)「五山」に関して，京都五山として誤っているものを，次の(ア)～(エ)のうちから一つ選べ。

8　(ア)　東慶寺　　(イ)　万寿寺　　(ウ)　東福寺　　(エ)　建仁寺

〔Ⅱ〕次の文章を読み，下の問い（問1～3）に答えよ。

　徳川吉宗は，将軍となる前に11年にわたって　9　藩主として藩政改革につとめていた。綱紀粛正と財政健全化をめざす彼の改革は，領内で一定の成果をあげていた。1716年，7代将軍　10　が8歳で死去し，家康以来の宗家が途絶えると，老中ら幕府中枢の中には次の将軍に吉宗を推す声が多かった。吉宗は初めから改革者として期待されて将軍となり，その期待に応えた。

　吉宗が将軍在職時に進めた政策は　11　の改革と呼ばれる。　12　による側近政治は廃止され，将軍自身の意志が幕政に反映されるようになった。禄高によらず有能な人材を登用するために，(a)在職期間中に不足の石高を追加することが制度化された。奉行所が本来の職務に専念することができるように　13　についてのもめごとは幕府に訴え出るのではなく，当事者どうしで解決するよう申し渡された。倹約奨励と不正摘発に力を入れる一方，　14　を奨励し，定免法を採用するなど年貢の増徴につとめた。商品作物の生産にも積極的で，甘藷・さとうきび・朝鮮人参などの栽培も試みさせた。

　1722年に出された(b)上げ米の令では，幕府財政の困窮を率直に認めて，大名から幕府への米の上納を命じている。これは将軍の威信に関わり，制度的に見ても，幕藩体制の根幹を揺るがしかねない重大な措置であった。吉宗が前例にとらわれることなく改革を推し進めたことを示すといえよう。

問1　文中の空欄 9 ～ 14 に入れるのに最も適当なものを，次のそれぞれの(ア)～(エ)のうち
から一つずつ選べ。

9　(ア)　水戸　　　　(イ)　加賀　　　　(ウ)　尾張　　　　(エ)　紀伊

10　(ア)　徳川綱吉　　(イ)　徳川家宣　　(ウ)　徳川家継　　(エ)　徳川家重

11　(ア)　正徳　　　　(イ)　享保　　　　(ウ)　寛政　　　　(エ)　天保

12　(ア)　側用人　　　(イ)　旗本　　　　(ウ)　御家人　　　(エ)　老中

13　(ア)　金公事　　　(イ)　町法　　　　(ウ)　末期養子　　(エ)　宗門改め

14　(ア)　株仲間　　　(イ)　七分積金　　(ウ)　新田開発　　(エ)　寄場組合

問2　下線部(a)の名称として最も適当なものを，次の(ア)～(エ)のうちから一つ選べ。

15　(ア)　俸禄制度　　(イ)　足高の制　　(ウ)　相対済し令　　(エ)　棄捐令

問3　下線部(b)「上げ米」について述べた文として最も適当なものを，次の(ア)～(エ)のうちから一
つ選べ。

16　(ア)　大名は石高にかかわりなく毎年一定量の米を幕府に上納した。

　　　(イ)　上げ米の総量は年187万石に及び，幕府直轄地からの年貢収入を超過した。

　　　(ウ)　代替措置として参勤交代が中止された。

　　　(エ)　財政再建の見通しがつくと，吉宗の将軍在職中に廃止された。

〔Ⅲ〕 次の史料を読み，下の問い（問1～8）に答えよ。なお，史料は読みやすくするために，文
　体・字体など一部を変えてある。

　　　(a)臣等伏して方今政権の帰する所を察するに，上帝室に在らず，下人民に在らず，而して独
　　(b)有司に帰す。（中略）而して政令百端，朝出暮改，政刑情実に成り，賞罰愛憎に出ず。言路壅
　蔽困苦るなし。（中略）臣等愛国の情自ら已む能はず。乃ち之を振救するの道を講求するに，
　唯天下の(c)公議を張るに在るのみ。天下の公議を張るは 17 を立るに在るのみ。則有司の権
　限る所あって，而して上下其安全幸福を受くる者あらん。請う，遂に之を陳ぜん。

　　　注：方今…現在
　　　　　有司…上級の役人
　　　　　言路壅蔽…言論発表の道がふさがれている。

問1　文中の空欄 17 に入れるのに最も適当なものを，次の(ア)～(エ)のうちから一つ選べ。

　　17　　(ア) 帝国議会　　　(イ) 大審院　　　　(ウ) 民撰議院　　　(エ) 元老院

問2　下線部(a)「臣等」に示されるこの史料の作成者として誤っているものを，次の(ア)～(エ)のう
　　ちから一つ選べ。

　　18　　(ア) 西郷隆盛　　　(イ) 板垣退助　　　(ウ) 後藤象二郎　　　(エ) 江藤新平

問3　下線部(b)「有司」は一般名詞であるが，この史料の作成者たちが「有司」として批判した
　　人物として最も適当なものを，次の(ア)～(エ)のうちから一つ選べ。

　　19　　(ア) 西郷隆盛　　　(イ) 明治天皇　　　(ウ) 大久保利通　　　(エ) 江藤新平

問4　下線部(c)「公議」とは幕末期に発達した政治思想であるが，この公議世論の尊重を明治政
　　府は基本方針として位置付けていた。このような政府の基本方針を示したものとして最も適当
　　なものを，次の(ア)～(エ)のうちから一つ選べ。

　　20　　(ア) 王政復古の大号令　　　　　　　　(イ) 政体書
　　　　　(ウ) 五箇条の御誓文　　　　　　　　　(エ) 五榜の掲示

問5　この史料は当時の新聞に掲載されたが，その新聞として最も適当なものを，次の(ア)～(エ)の
　　うちから一つ選べ。

　　21　　(ア) 官報　　　　　　　　　　　　　　(イ) 横浜毎日新聞
　　　　　(ウ) 朝野新聞　　　　　　　　　　　　(エ) 日新真事誌

問6　この史料の提出後まもなく，作成者の一人は故郷の不平士族に迎えられて反乱を起こした。
　　この故郷の現在の県名として最も適当なものを，次の(ア)～(エ)のうちから一つ選べ。

| 22 | ㋐ 佐賀 | ㋑ 山口 | ㋒ 高知 | ㋓ 鹿児島 |

問7　この史料の提出後まもなく，明治政府は初めての対外出兵をおこなった。この対外出兵先として最も適当なものを，次の㋐～㋓のうちから一つ選べ。

| 23 | ㋐ 樺太 | ㋑ 中国 | ㋒ 朝鮮 | ㋓ 台湾 |

問8　この史料の提出された年として最も適当なものを，次の㋐～㋓のうちから一つ選べ。

| 24 | ㋐ 1868 | ㋑ 1874 | ㋒ 1877 | ㋓ 1881 |

〔Ⅳ〕次の文中の空欄 25 ～ 32 に入れるのに最も適当なものを，下のそれぞれの㋐～㋓のうちから一つずつ選べ。

　　1920年代の日本は，つぎのような国際貿易の仕組みによって国内経済を維持し，海外進出を実現していた。

　　まず，日本の農民が，現金収入を得るため副業として生産した 25 をアメリカに輸出して外貨（ドル）を稼ぐ。次に，その外貨をつかって，ヨーロッパ圏から機械・金属製品と 26 を輸入する。ここでいうヨーロッパ圏には， 27 など大英帝国圏の植民地もふくまれる。こうして輸入した機械・金属製品を使って，製鉄など日本の重化学工業化を図る。この工業力を基礎にして 28 を強化し，アジアの植民地を拡大しつつ，輸入した 26 を原料にした繊維製品を植民地などアジアに輸出する。

　　つまり，日本の 29 を， 25 ，鉄，繊維の生産と 28 の強化に利用しつつ，アメリカ，ヨーロッパ，アジアという三つの地域との貿易を巧みに組み合わせて，経済発展と対外進出を実現していたのである。

　　こうした日本の貿易構造が，1930年代に崩壊する。まず，アメリカへの 25 輸出は， 30 と人絹製品の発展によって激減し，対米貿易は巨額の赤字となってしまった。他方で，対アジア輸出の中心であった繊維製品や雑貨は，為替下落，賃金下落，労働生産性の上昇によって好調に拡大した。ところがこれは，各国の民族資本の反発を招き，中国では 31 の一因となった。 27 など大英帝国圏からは日本の繊維製品が締め出される事態となった。

　　そのため，朝鮮半島や 32 のような植民地市場は，日本の繊維製品の輸出先として，また日本の重化学工業製品の輸出先として，ますます重要性を増した。日本の重化学工業製品輸出全体に占める 32 ・朝鮮・台湾の比重は，1939年には80％足らずにまで高まった。こうして日本と植民地の重化学工業化が進んだが，石油など重化学工業・軍事力のための原燃料や工作機械は，豊富な資源と高度な技術をもつアメリカやヨーロッパ支配圏から輸入するほかなかった。そのため，外貨不足はますます深刻となった。

25	(ア) 米	(イ) 綿	(ウ) 生糸	(エ) 牛肉		
26	(ア) 石油	(イ) 銅	(ウ) 綿花	(エ) 鉄鉱石		
27	(ア) インド	(イ) フィリピン	(ウ) 朝鮮半島	(エ) メキシコ		
28	(ア) 教育	(イ) 文学	(ウ) 芸術	(エ) 軍事力		
29	(ア) 石灰石	(イ) 米	(ウ) 水力	(エ) 低賃金労働力		

30　(ア) 金解禁　(イ) 世界恐慌　(ウ) ABCD包囲陣　(エ) 第一次世界大戦

31　(ア) 日貨排斥運動　(イ) 盧溝橋事件　(ウ) 三・一独立運動　(エ) 東方会議

32　(ア) 満州　(イ) カナダ　(ウ) ロシア　(エ) ハワイ

世界史

（60分）

〔Ⅰ〕 次の文章を読み，下の問い（**問1〜3**）に答えよ。

　　第二次世界大戦後，朝鮮半島では北緯38度線を境界に北をソ連邦が，南をアメリカ合衆国が占領下においた。当初は南北統一の方法が模索されたが，<u>米ソ対立</u>が激しくなるにつれて，協議(a)は決裂した。そして1948年に　1　を大統領とする大韓民国が南部に成立し，　2　を首相とする朝鮮民主主義人民共和国が北部に成立した。その後勃発した朝鮮戦争は53年に休戦が成立し，南北朝鮮の分断が確定した。大韓民国では，　3　大統領が日本と1965年に日韓基本条約を結んで国交を回復させると，強権体制をとりながらも経済発展に力を入れた。第三世界では，1960年代頃からこうした開発独裁と呼ばれる体制が見られるようになっていた。　3　が暗殺された後，<u>1980年に発生した民主化運動</u>は軍部によって弾圧され，以後も軍人出身の全斗煥や盧泰愚が大(b)統領となったものの，民主化は徐々に進展した。1991年に南北朝鮮が国連に同時加盟した後，1992年末の選挙では32年ぶりに文民出身の　4　が当選し，文民政治の定着につとめた。1998年に民主化運動の指導者　5　が大統領となり，2000年には朝鮮民主主義人民共和国の　6　との間で南北首脳会談が実現した。

問1　文中の空欄　1　〜　6　に入れるものとして正しいものを，次のそれぞれの(ア)〜(エ)のうちから一つずつ選べ。

| 1 | (ア) 朴正煕 | (イ) 金大中 | (ウ) 李承晩 | (エ) 金泳三 |

| 2 | (ア) 金正日 | (イ) 金正哲 | (ウ) 金正恩 | (エ) 金日成 |

| 3 | (ア) 朴正煕 | (イ) 金大中 | (ウ) 李承晩 | (エ) 金泳三 |

| 4 | (ア) 朴正煕 | (イ) 金大中 | (ウ) 李承晩 | (エ) 金泳三 |

| 5 | (ア) 朴正煕 | (イ) 金大中 | (ウ) 李承晩 | (エ) 金泳三 |

| 6 | (ア) 金正日 | (イ) 金正哲 | (ウ) 金正恩 | (エ) 金日成 |

問2　下線部(a)に関連して，東西対立について述べた次の文a〜cが，年代の古いものから順に正しく配列されているものを，下の(ア)〜(カ)のうちから一つ選べ。

　a　コミンフォルムが結成された。

b 北大西洋条約機構（NATO）が結成された。

c チャーチルが，「バルト海のシュテッティンからアドリア海のトリエステまで，ヨーロッパ大陸を横切る鉄のカーテンが降ろされた」と演説した。

7　(ア) a → b → c

　　(イ) a → c → b

　　(ウ) b → a → c

　　(エ) b → c → a

　　(オ) c → a → b

　　(カ) c → b → a

問3 下線部(b)の名称として正しいものを，次の(ア)〜(エ)のうちから一つ選べ。

8　(ア) 義兵闘争　　　(イ) 三・一五事件　　　(ウ) 光州事件　　　(エ) 九・三〇事件

〔Ⅱ〕次の文章を読み，下の問い（問1〜7）に答えよ。

　15世紀後半のイギリスでは，バラ戦争と呼ばれる(a)内乱が起こった。内乱を終結させた **9** はテューダー朝を開き，王権強化への道を開いた。国内の統治においては，地主階級を構成し議会で地域社会を代表した **10** が存在感を増すようになり，王は彼らの意向を無視できなくなった。外交面では，(b)領土と王位継承権をめぐるフランスとの対立が一応の決着を見たテューダー朝期には，フランスだけでなく大陸の強国(c)スペインや神聖ローマ帝国との関係も重要になった。(d)宗教改革が大陸とは異なる様相を呈したことも，この時期のイギリスの特徴である。さらに，テューダー朝末期には(e)アメリカ大陸への進出も試みた。テューダー朝期とは，(f)17世紀以降のイギリスの基盤が整いつつあった時期ととらえることができる。

問1 文中の空欄 **9** ・ **10** に入れるものとして正しいものを，次のそれぞれの(ア)〜(エ)のうちから一つずつ選べ。

9　(ア) チャールズ2世　　　(イ) ヘンリ7世　　　(ウ) ジョージ1世

　　(エ) ジョン

10　(ア) プロレタリアート　　　(イ) ユンカー　　　(ウ) ヘイロータイ

　　(エ) ジェントリ

問2 下線部(a)に関連して，次の年表に示したa〜dの時期のうち，ルワンダ内戦が起こった時期として正しいものを，下の(ア)〜(エ)のうちから一つ選べ。

11

a
1963年　アフリカ統一機構が結成された。
b
1982年　イスラエルが，シナイ半島をエジプトに返還した。
c
2011年　南スーダンが独立した。
d

(ア) a 　　　(イ) b 　　　(ウ) c 　　　(エ) d

問3　下線部(b)に関連して，百年戦争について述べた次の文aとbの正誤の組合せとして正しいものを，下の(ア)～(エ)のうちから一つ選べ。

12

a　イギリス王ウィリアム1世が，フランスの王位継承権を主張してフランスに侵攻した。

b　ジャンヌ・ダルク率いる軍が，オルレアンを解放してイギリス軍を大敗させた。

(ア)　a－正　b－正

(イ)　a－正　b－誤

(ウ)　a－誤　b－正

(エ)　a－誤　b－誤

問4　下線部(c)の歴史について述べた文として正しいものを，次の(ア)～(エ)のうちから一つ選べ。

13　(ア)　スペイン内戦で，フランコ側が勝利した。

(イ)　アメリカ・スペイン戦争の結果，スペインがフィリピンの領有権を得た。

(ウ)　フェリペ2世が，レパント沖の海戦で，フランスの海軍を破った。

(エ)　スペインの植民地で，ライヤットワーリー制が拡大した。

問5　下線部(d)に関連して，イギリスの宗教改革について述べた次の文中の空欄aとbに入れる語の組合せとして正しいものを，下の(ア)～(エ)のうちから一つ選べ。

　ヘンリ8世は，離婚問題をめぐって教皇と対立し，　a　を定めてイギリス国教会を成立させた。その後，　b　がカトリックを復活しようと企てたが，エリザベス1世が統一法によりプロテスタントの国教会を確立させた。

14　(ア)　a－国王至上法（首長法），b－チャールズ1世

(イ)　a－国王至上法（首長法），b－メアリ1世

　　　(ウ)　a－審査法，b－チャールズ1世
　　　(エ)　a－審査法，b－メアリ1世

問6　下線部(e)に関連して，ヨーロッパ諸国によるアメリカ大陸への進出について述べた文として誤っているものを，次の(ア)～(エ)のうちから一つ選べ。

15　(ア)　オランダが，北アメリカ東岸にニューアムステルダムを建設した。
　　(イ)　フランスが，ケベックを中心にカナダへ進出した。
　　(ウ)　イギリスが，北アメリカに13の植民地を築いた。
　　(エ)　スペインが，ブラジルを領有した。

問7　下線部(f)について述べた次の文a～cが，年代の古いものから順に正しく配列されているものを，下の(ア)～(カ)のうちから一つ選べ。

a　チャーティスト運動が，起こった。
b　権利の章典が，制定された。
c　ウォルポールが，首相となった。

16　(ア)　a　→　b　→　c
　　(イ)　a　→　c　→　b
　　(ウ)　b　→　a　→　c
　　(エ)　b　→　c　→　a
　　(オ)　c　→　a　→　b
　　(カ)　c　→　b　→　a

〔Ⅲ〕　次の文章を読み，下の問い（問1〜6）に答えよ。

　　(a)科学革命を経験したヨーロッパでは，18世紀に(b)啓蒙思想が盛んになった。フランスでは 17 が『法の精神』でイギリスの憲政をたたえ，ヴォルテールは『哲学書簡』でフランス社会の後進性を批判した。一方，18 は『人間不平等起源論』や『社会契約論』において平等と人民主権論を主張し，(c)フランス革命に影響を及ぼした。またディドロとダランベールが編纂した『百科全書』はフランス啓蒙思想の集大成として内外に大きな社会的反響を呼んだ。

　　啓蒙思想は経済の領域にも適用された。フランスでは，『経済表』を出版した 19 とその弟子のテュルゴーらが富の源泉を土地に求めた重農主義理論を生み出した。一方，スコットランドの(d)大学の道徳哲学教授のアダム・スミスが，自由放任主義的な古典派経済学を確立した。生活様式の面でも，啓蒙思想の普及によって，(e)17世紀から18世紀のヨーロッパに新しい文化がみられた。

問1　文中の空欄 17 〜 19 に入れるものとして正しいものを，次のそれぞれの(ア)〜(エ)のうちから一つずつ選べ。

17 　(ア)　デカルト　　　　　(イ)　ボシュエ　　　　　(ウ)　モンテスキュー
　　　(エ)　コルベール

18 　(ア)　コント　　　(イ)　ボーダン　　　(ウ)　トクヴィル　　　(エ)　ルソー

19 　(ア)　パスカル　　　(イ)　ケネー　　　(ウ)　サン・シモン　　　(エ)　フーリエ

問2　下線部(a)について述べた文として正しいものを，次の(ア)〜(エ)のうちから一つ選べ。

20 　(ア)　ラヴォワジェが，万有引力の法則を発見した。
　　　(イ)　ライプニッツが，惑星運行の法則を確認した。
　　　(ウ)　フランシス・ベーコンが，演繹法を唱えた。
　　　(エ)　リンネが，植物分類学の基礎を築いた。

問3　下線部(b)に関連して，啓蒙専制君主について述べた文として誤っているものを，次の(ア)〜(エ)のうちから一つ選べ。

21 　(ア)　マリア・テレジアが，スペイン継承戦争に参加した。
　　　(イ)　フリードリヒ2世が，ヴォルテールと親交をもった。
　　　(ウ)　ヨーゼフ2世が，第1回ポーランド分割に参加した。
　　　(エ)　エカチェリーナ2世が，農奴制を強化した。

問4　下線部(c)について，フランス革命期の議会や政府について述べた文として正しいものを，次の(ア)〜(エ)のうちから一つ選べ。

22　(ア)　ジャコバン派政権の内閣が，オーストリアに宣戦した。

　　(イ)　ナポレオンが，テルミドール９日のクーデタで総裁政府を倒した。

　　(ウ)　ジロンド派政権が，革命暦を制定した。

　　(エ)　国民公会で共和政の樹立が宣言された後，ルイ16世が処刑された。

問5　下線部(d)について，大学や教育機関について述べた文として正しいものを，次の(ア)～(エ)の
　　うちから一つ選べ。

23　(ア)　ボローニャ大学が，18世紀に創設された。

　　(イ)　ニザーミーヤ学院が，ムラービト朝の領内の主要都市に建設された。

　　(ウ)　アズハル学院が，ファーティマ朝時代のカイロに創設された。

　　(エ)　トンブクトゥの大学が，大乗仏教の学問を興した。

問6　下線部(e)について述べた文として誤っているものを，次の(ア)～(エ)のうちから一つ選べ。

24　(ア)　ロンドンにコーヒーハウスが登場した。

　　(イ)　シノワズリ（中国趣味）がヨーロッパの陶磁器に取り入れられた。

　　(ウ)　ベルが，電話機を発明した。

　　(エ)　パリに，既存の学術研究団体を統合・再編したフランス学士院が創設された。

〔Ⅳ〕次の文章を読み，下の問い（問1～7）に答えよ。

　　10世紀初頭，(a)朱全忠が汴州（開封）を都として国を建てたことを先駆けに，半世紀の間に華
北では５つの王朝が交替した。このうち後晋は，建国の援助を受けた見返りとして燕雲十六州を
25 に割譲した。そして騒乱の中で皇帝に擁立された 26 は宋を建てた。 26 は分裂した
国土の統一を見据え，(b)文治主義に則る政治を進めた。天下統一後も(c)北方民族の脅威にさらさ
れた宋は，周辺国家と様々な関係を結び，平和を維持した。例えば， 25 と結んだ澶淵の盟で
は，宋は毎年多額の銀や絹を 25 へ贈ることになった。その後，宋では防衛費の増加から深刻
な財政難に見舞われたため，政治の根本的改革を図るべく(d)新法が実施された。(e)12世紀に宋は
周辺国家の攻撃を受けて南宋へと変わるが，宋代を通じて(f)中国の経済は大きく発展した。

問1　文中の空欄 25 ・ 26 に入れるものとして正しいものを，次のそれぞれの(ア)～(エ)のう
　　ちから一つずつ選べ。

25　(ア)　匈奴　　　　(イ)　西夏　　　　(ウ)　契丹　　　　(エ)　後金

26　(ア)　李自成　　　(イ)　趙匡胤　　　(ウ)　李淵　　　　(エ)　劉秀

問2　下線部(a)の朱全忠が建てた国の名と，その都汴州（開封）の位置を示す現代の地図中の a
　　または b の組合せとして正しいものを，下の(ア)〜(エ)のうちから一つ選べ。

27　　(ア)　後梁 – a

　　　　(イ)　後梁 – b

　　　　(ウ)　後唐 – a

　　　　(エ)　後唐 – b

問3　下線部(b)に関連して，宋の統治について述べた文として正しいものを，次の(ア)〜(エ)のうち
　　から一つ選べ。

28　　(ア)　民衆を教化するために，六論を定めた。

　　　　(イ)　科挙の最終試験として，殿試を創設した。

　　　　(ウ)　藩部を理藩院に統轄させた。

　　　　(エ)　六部を皇帝に直属させた。

問4　下線部(c)に関連して，北方民族の歴史について述べた次の文 a と b の正誤の組合せとして
　　正しいものを，下の(ア)〜(エ)のうちから一つ選べ。

29

　a　金統治下の華北で，全真教が興った。

b　耶律大石が，西遼を建てた。

(ア)　a－正　　b－正

(イ)　a－正　　b－誤

(ウ)　a－誤　　b－正

(エ)　a－誤　　b－誤

問5　下線部(d)について述べた文として誤っているものを，次の(ア)～(エ)のうちから一つ選べ。

30　(ア)　均輸法が定められた。

(イ)　占田・課田法が定められた。

(ウ)　市易法が定められた。

(エ)　青苗法が定められた。

問6　下線部(e)の時代に起こった出来事について述べた文として正しいものを，次の(ア)～(エ)のうちから一つ選べ。

31　(ア)　源頼朝が，征夷大将軍になった。

(イ)　李氏が，大越国を建てた。

(ウ)　アナーニ事件が起こった。

(エ)　ジャワ島に，ボロブドゥールが創建された。

問7　下線部(f)に関連して，中国における貨幣の歴史について述べた次の文a～cが，年代の古いものから順に正しく配列されているものを，下の(ア)～(カ)のうちから一つ選べ。

a　交子が発行された。

b　メキシコ銀が流通した。

c　半両銭が鋳造された。

32　(ア)　a　→　b　→　c

(イ)　a　→　c　→　b

(ウ)　b　→　a　→　c

(エ)　b　→　c　→　a

(オ)　c　→　a　→　b

(カ)　c　→　b　→　a

地　理

（60分）

〔Ⅰ〕次の文章を読み，下の問い（**問1～4**）に答えよ。

　　全世界で(a)都市に居住する人口が増大の一途をたどっており，多くの都市で急激な人口増加に伴う問題が発生している。急成長する大都市の周辺部では，農地のなかに工場や住宅が無秩序に拡大する　1　がみられる。こうした地域では道路が十分に整備されておらず，建物の密度が高い傾向にあることから，地震や火災時の危険を増大させている。

　　また，欧米などの大都市のなかには，都心やその周辺部で　2　問題が発生しているところもある。そうした地域では，建物の老朽化が進んだ古くからの市街地に高齢者や低所得者などが取り残され，生活環境が悪化している地区がみられる。なかには(b)スラムが形成されている場合もある。一方，こうした地域において再開発が行われることで，若年層や高所得者層が流入する　3　という現象も起きている。しかし，再開発により地価が上昇するため，これまでの居住者が立ち退きを迫られるという問題を引き起こすこともある。

　　日本では，高度経済成長期に農村から都市への急激な人口移動が起こり，住宅不足や交通ラッシュなどの都市問題が発生した。現在は高度経済成長期に大都市のベッドタウンとして開発された　4　で高齢化が進み，空き家や高齢者の孤立が増加している。また，(c)東京一極集中も問題視されている。

　　発展途上国の都市問題は貧困に関連するものが多い。　5　で働く労働者や親族によって保護されず路上で集団生活を送る　6　の増加，資金不足による社会基盤（インフラストラクチャー）の未整備，環境汚染などが課題として挙げられる。

　　このような顕在化する都市問題に対し，世界各地でさまざまな対策も検討されている。先進国における自動車の交通量を低減し，公共交通機関の強化をめざす　7　や，都心地域の極度の機能集中を防ぐための再開発などはその一環である。しかし，発展途上国には経済の停滞や　8　の蓄積により，都市問題への対策に着手できない国も多い。このため，先進国による助力が必要となるケースもある。

問1　文中の空欄　1　～　8　に入れるのに最も適当なものを，次のそれぞれの(ア)～(エ)のうちから一つずつ選べ。

　1　(ア)　ドーナツ化現象　　　(イ)　低炭素社会化　　　(ウ)　スプロール現象
　　(エ)　都心回帰

$\boxed{2}$　(ア)　インナーシティ　　　(イ)　CBD　　　　　(ウ)　エッジシティ
　　　(エ)　コンパクトシティ

$\boxed{3}$　(ア)　Iターン　　　　　　(イ)　郊外化　　　　(ウ)　ヒートアイランド
　　　(エ)　ジェントリフィケーション

$\boxed{4}$　(ア)　副都心　　　　　　　(イ)　ニュータウン　(ウ)　グリーンベルト
　　　(エ)　衛星都市

$\boxed{5}$　(ア)　政府機関　　　　　　(イ)　教育機関　　　(ウ)　NGO
　　　(エ)　インフォーマルセクター

$\boxed{6}$　(ア)　露天商　　　　　　　(イ)　環境難民　　　(ウ)　ストリートチルドレン
　　　(エ)　ヤングケアラー

$\boxed{7}$　(ア)　パークアンドライド　　　　　　(イ)　ウォーターフロント開発
　　　(ウ)　モータリゼーション　　　　　　　(エ)　緑の革命

$\boxed{8}$　(ア)　ODA　　　(イ)　累積対外債務　　(ウ)　国際通貨基金　(エ)　NPO

問2　下線部(a)に関して，都市に居住する人口についての説明として誤っているものを，次の(ア)〜(エ)のうちから一つ選べ。

$\boxed{9}$　(ア)　先進国の都市における人口増大は，発展途上国の都市における人口増大と比べて急速に進行した。
　　　(イ)　都市人口が急速に増大するなか，社会基盤の整備が追いつかないと居住環境が悪化することが多い。
　　　(ウ)　発展途上国の農村では，農業生産性の上昇によって労働力に余剰が発生し，雇用機会を求めて労働者の都市への移動が進んだ。
　　　(エ)　首位都市（プライメートシティ）とは，農村から短期間に多くの人々が移住し，人口第2位の都市を大きく引き離して人口規模が拡大した都市のことをさす。

問3　下線部(b)「スラム」についての説明として誤っているものを，次の(ア)〜(エ)のうちから一つ選べ。

$\boxed{10}$　(ア)　スラムが形成される要因の一つは，都市の過剰な人口拡大にある。
　　　(イ)　スラムの形成は発展途上国だけではなく，先進国でもみられる現象である。
　　　(ウ)　スラムは一般に劣悪な居住環境となっており，治安や衛生状態に問題を抱えている。
　　　(エ)　スラムは政府が指定した地域に低所得の人々が集住することで形成される。

問4 下線部(c)に関して，東京一極集中についての説明として**誤っている**ものを，次の(ア)～(エ)のうちから一つ選べ。

11　(ア) 東京一極集中は，地方の中小都市の人口増加に貢献するというメリットもある。

　　(イ) 東京は，他の地域と比べて中枢管理機能や資本集積がとくに高いため，一極集中が進んだ。

　　(ウ) 東京一極集中により，東京の人口過密や地価高騰などの問題を引き起こし，生活環境の悪化を招いた。

　　(エ) 海外には，複数の都市に経済や政治の機能を分散させている国もある。

〔Ⅱ〕次の文章を読み，下の問い（問1～3）に答えよ。

　現在，世界の気候区を取り上げる際によく用いられる気候区分は， 12 の気候学者ケッペンによって提案されたものである。大きくは5つの気候帯に区分されており，例えば熱帯であれば 13 が該当する。熱帯，温帯，亜寒帯は季節的な降水パターンによって細分され，日本の本州の多くは 14 に該当する。地球の公転と 15 によって生じる季節性は，気温と降水量の組み合わせで表現する，(a)雨温図や(b)ハイサーグラフによってその特徴をよくつかむことができる。

　気候の違いは，生態環境にも大きく影響を与えるが，ケッペンの気候区分もまた植生の分布の違いに着目した気候区分であることはよく知られている。したがって，気候区分Dでは， 16 が多くみられるなど，気候区分から，ある程度その地域の代表的な植生を類推することも可能である。また，気候と植生はその土地の土壌にも影響を与えることが知られており，例えば熱帯雨林気候では 17 などの土壌がみられる。

問1 文中の空欄 12 ～ 17 に入れるのに最も適当なものを，次のそれぞれの(ア)～(エ)のうちから一つずつ選べ。

12　(ア) イギリス　　　(イ) ドイツ　　　(ウ) フランス　　　(エ) イタリア

13　(ア) A　　　　　　(イ) B　　　　　　(ウ) C　　　　　　(エ) D

14　(ア) Cs　　　　　(イ) Cf　　　　　(ウ) Df　　　　　(エ) Dw

15　(ア) 地球の自転　　(イ) 太陽の自転　　(ウ) 地軸の傾き　　(エ) 回帰線の移動

16　(ア) 針葉樹林　　　(イ) 常緑広葉樹林　(ウ) 落葉広葉樹林　(エ) 熱帯雨林

17　(ア) ツンドラ土　　　　(イ) チェルノーゼム　　(ウ) プレーリー土
　　(エ) ラトソル

問2　下線部(a)に関して，次の図A～Dはオスロ，ダマスカス，バンコク，ホノルルの雨温図である。これらの図から読み取れる気候的特徴からみて，「バンコク」に該当するものとして最も適当なものを，下の(ア)～(エ)のうちから一つ選べ。

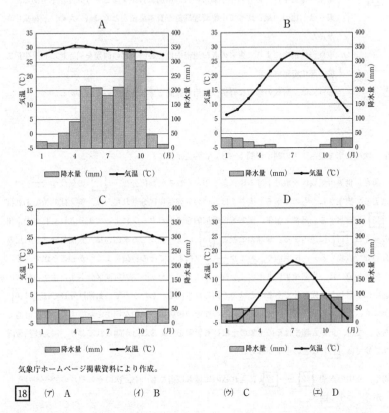

気象庁ホームページ掲載資料により作成。

18　(ア) A　　　　　　　(イ) B　　　　　　　(ウ) C　　　　　　　(エ) D

問3　下線部(b)に関して，次の図A～Dはレイキャビク，リスボン，クアラルンプール，リマのハイサーグラフである。これらの図から読み取れる気候的特徴からみて，「リスボン」に該当するものとして最も適当なものを，下の(ア)～(エ)のうちから一つ選べ。なお，図A～Dの縦軸・横軸の原点と目盛間隔は，図によって異なるので注意すること。

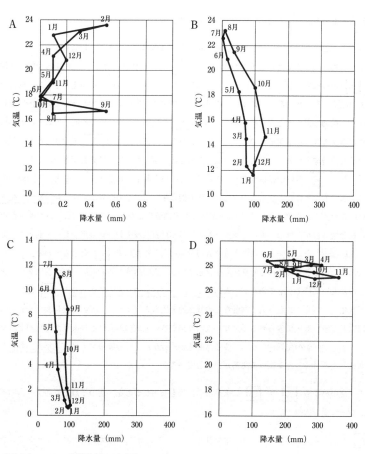

気象庁ホームページ掲載資料により作成。

19 (ア) A (イ) B (ウ) C (エ) D

〔III〕 次の文章を読み，下の問い（問1〜5）に答えよ。

　　国連によると，2021年7月1日現在の世界の人口は約80億人である。地域別にみると，アジアが全体の約6割を占めているが，増加率では $\boxed{20}$ の人口増加が著しく，2020-2021年の増加率は $\boxed{20}$ が最も高くなっている。そして，2040年には世界人口は90億を超えると予想されている。

　　人口は出生数と死亡数の差によって増減する。出生率・死亡率は時代とともに段階的に変化していく。最初は出生率と死亡率がともに高い $\boxed{X}$ の段階で，次に医療や衛生面などの改善により死亡率が大きく低下するものの，出生率は依然として高いままの $\boxed{Y}$ の段階となる。この段階では人口増加率は著しく高まり，$\boxed{21}$ を引き起こす。さらに経済発展が進むにつれて出生率も低下し，$\boxed{Z}$ の段階に移行する。そして，出生率が低下し死亡率を下回ると，人口減少の段階に突入することになる。一人の女性が一生の間に生む子どもの数の平均を(a)合計特殊出生率といい，これが人口置換水準である2.1を下回ると自然減少となる。ただし，この自然減少数を上回る社会増加数があれば，人口は維持される。日本は自然減少数が社会増加数を上回っているため，人口減少となっている。このような人口動態の大きな変化を $\boxed{22}$ とよんでいる。

　　人口の増減とともにその年齢構成も変化している。人口構成を年齢階層・男女別にグラフ化したものが人口ピラミッドである。(b)人口ピラミッドにはいくつかの型があり，$\boxed{22}$ に伴いその形が変化していく。また，人口移動などの社会的要因も人口ピラミッドの形態に変化をもたらす。人口流入が多い地域にみられる星型や，人口流出が多い地域にみられるひょうたん型がそれである。日本ではほかの先進国と比べて少子高齢化の進行が早く，過疎地域では(c)老年人口の割合が50％をこえる $\boxed{23}$ とよばれる集落が出現している。

問1　文中の空欄 $\boxed{20}$ 〜 $\boxed{23}$ に入れるのに最も適当なものを，次のそれぞれの(ア)〜(エ)のうちから一つずつ選べ。

$\boxed{20}$　(ア) オセアニア　　(イ) アフリカ　　(ウ) 北アメリカ　　(エ) ラテンアメリカ

$\boxed{21}$　(ア) 人口抑制　　(イ) 人口減少　　(ウ) 人口爆発　　(エ) 人口転換

$\boxed{22}$　(ア) 人口抑制　　(イ) 人口減少　　(ウ) 人口爆発　　(エ) 人口転換

$\boxed{23}$　(ア) 限界集落　　(イ) 散村　　(ウ) スラム　　(エ) 丘上集落

問2　文中の空欄 $\boxed{X}$・$\boxed{Y}$・$\boxed{Z}$ に入る用語の組み合わせとして最も適当なものを，次の(ア)〜(エ)のうちから一つずつ選べ。

$\boxed{24}$

	X	Y	Z
(ア)	多産少死	多産多死	少産多死
(イ)	少産多死	多産多死	少産少死
(ウ)	多産多死	少産多死	少産少死
(エ)	多産多死	多産少死	少産少死

問3　下線部(a)に関して,世界各国の合計特殊出生率の状況として誤っているものを，次の(ア)〜(エ)のうちから一つ選べ。

25 　(ア)　多くの先進国では，合計特殊出生率が人口置換水準を下回り，人口減少が心配されている。

　(イ)　2020年の日本の合計特殊出生率は1.34であり，人口置換水準を大きく下回っている。

　(ウ)　発展途上国では，この50年あまりほとんど変わらず，合計特殊出生率は4.0前後を維持している。

　(エ)　近年，韓国は日本以上に合計特殊出生率が低下しており，少子化の進行が著しい。

問4　下線部(b)に関して，人口ピラミッドの型についての説明として最も適当なものを，次の(ア)〜(エ)のうちから一つ選べ。

26 　(ア)　ピラミッド型はすそが広いが，年齢が上がると急激に狭くなっていく。

　(イ)　富士山型は多産多死の傾向にあるものの，衛生・医療水準の向上により死亡率が低下し，グラフの狭まりは小さくなり三角形状になる。

　(ウ)　釣鐘型は死亡率が低くなり，年齢が上がっても人口の減少は少なく，すそ野と同じぐらいの幅を保ったまま年齢があがる。

　(エ)　つぼ型は出生率が低下し，年少人口よりも生産年齢人口が少なくなる。

問5　下線部(c)に関して，次の図は都道府県別の老年人口の割合（2020年）を示したものである。この図から読み取れることとして誤っているものを，下の(ア)〜(エ)のうちから一つ選べ。

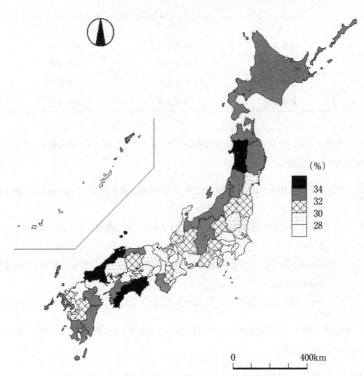

『日本国勢図会　2022/2023』矢野恒太記念会より作成。

27　(ア)　東京をはじめとする大都市圏の老年人口の割合は比較的低い。

　　(イ)　東北，山陰，四国などに老年人口の割合が高い県がみられる。

　　(ウ)　沖縄県は高齢化の進行が著しく，老年人口の割合は最も高いランクに区分されている。

　　(エ)　同じ地方でも太平洋，日本海，瀬戸内海のいずれに面しているかによって老年人口の割合に違いがみられる。

〔Ⅳ〕次の文章を読み，下の問い（問1〜4）に答えよ。

　東南アジア地域の特性としては，高温多湿な熱帯の気候や，植民地支配に起因する[28]農業，あるいは(a)1967年に結成され，この地域の各種協力の基盤となったASEANなどが想起される。しかしそればかりではなく，東南アジアは急速な工業化を遂げた地域の一つでもある。

　植民地時代には，原油やすずなどに代表される，この地域の豊かな鉱産資源は宗主国のために用いられ，また単一の資源の生産と輸出に依存する[29]は，長らくこの地域の課題となった。そして独立後，東南アジア各国は一様に工業化をはじめ，とくに外国企業を積極的に誘致する輸出加工区を設置するなどして，[30]の工業化を推進した。例えば，これら諸国のなかでシンガポールは最も早い時期に工業化を進め，[31]の一員に成長した国家であり，タイや(b)マレーシアも工業化が進展した地域である。

　このような工業化は，諸国民の生活を豊かにする一方，地域内の格差ももたらしている。このような際に，経済発展が遅れた国にその周囲の国々が生産拠点をつくることで工業化が進む例もみられる。例えば，1980年代に[32]と呼ばれる市場開放政策を行ったベトナムがそのよい例である。

問1　文中の空欄[28]〜[32]に入れるのに最も適当なものを，次のそれぞれの(ア)〜(エ)のうちから一つずつ選べ。

[28]　(ア)　プランテーション　　(イ)　混合　　　　　　　(ウ)　オアシス
　　　(エ)　園芸

[29]　(ア)　セーフガード　　　　(イ)　フェアトレード　　(ウ)　社会主義市場経済
　　　(エ)　モノカルチャー経済

[30]　(ア)　輸入代替型　　(イ)　輸出指向型　　(ウ)　労働集約型　　(エ)　知識集約型

[31]　(ア)　アジアNIEs　　(イ)　BRICS　　(ウ)　ASEM　　(エ)　APEC

[32]　(ア)　西部大開発　　　　(イ)　マキラドーラ　　(ウ)　ドイモイ
　　　(エ)　アパルトヘイト

問2　下線部(a)に関して，ASEAN結成時から加盟していた国として最も適当なものを，次の(ア)〜(エ)のうちから一つ選べ。

[33]　(ア)　ミャンマー　　(イ)　フィリピン　　(ウ)　カンボジア　　(エ)　ラオス

問3　下線部(b)に関して，マレーシアの民族や工業化についての説明として最も適当なものを，次の(ア)〜(エ)のうちから一つ選べ。

[34]　(ア)　マレーシアは，マレー系・中国系・アラブ系の大きく3つの民族が複合する多民族

国家である。

(イ)　1970年代には，中国系住民との経済格差を是正するため，マレー系住民を優遇する
ブミプトラ政策をとった。

(ウ)　新経済政策のもとで輸出促進政策が導入され，バリ島に自由貿易地域が設けられ
た。

(エ)　1980年代には，中国・インドの経済発展をモデルに工業化をめざすルックイースト
政策を打ち出した。

問4　下線部(b)に関して，次のグラフはマレーシアの輸出品割合の変化（1970年〜2020年）につ
いて示したものである。このグラフから読み取れる内容として誤っているものを，下の(ア)〜(エ)
のうちから一つ選べ。

1970年 13.7億ドル	天然ゴム 39.7%	すず 24.0	木材 6.2	5.9	パーム油／鉄鉱石 2.6	その他 21.6
1980年 129.4億ドル	原油 23.8%	木材 14.1	機械類 11.5	8.9（パーム油）	すず 8.9	その他 32.8
1990年 294.2億ドル	機械類 33.3%	原油 13.4	木材 9.6	4.7（パーム油） 4.5（衣類）		その他 34.5
2020年 2,339.3億ドル	機械類 43.4%	6.1（石油製品）	4.2（パーム油） 4.2（衣類） 4.2（精密機械）			その他 37.9

0%　10%　20%　30%　40%　50%　60%　70%　80%　90%　100%

『世界国勢図会　2022/2023』矢野恒太記念会ほかにより作成。

35　(ア)　1970年には，一次産品に依存する経済であり，天然ゴムが約4割を占める主要輸出
品であった。

(イ)　1980年には，原油が輸出品のなかで最も大きな割合を占めていたが，機械類も1割
程度を占めている。

(ウ)　1990年になると，工業化が進み，機械類が総輸出額の約3分の1を占めるように
なった。

(エ)　2020年になると，機械類のほか石油製品や精密機械なども輸出されるようになった
が，工業製品が総輸出額の半数以上を占めるまでには至っていない。

政治・経済

（60分）

〔Ⅰ〕 次の文章を読み，下の問い（問1〜4）に答えよ。

　日本国憲法の　1　では，国権の発動たる戦争と，武力による威嚇または武力の行使を永久に放棄し，戦力の不保持と交戦権の否認を宣言している。憲法にうたわれた平和主義は，日本国民の平和への決意の表明であると同時に，日本の非軍事化と民主化を進めようとしたGHQの初期対日占領政策のあらわれであった。しかしながら，冷戦の中で共産主義の脅威が大きくなると，その政策は大きく方向転換した。

　1950年に始まった　2　にともない，出撃した在日米軍の留守を補うため，　3　が創設された。さらに，1951年のサンフランシスコ平和条約の調印と同時に　4　が締結され，占領終了後も米軍が日本に駐留することになった。これを受けて1952年，　3　は　5　として改組され，増強されたのである。

　　4　は，1960年に大規模な反対運動が起こる中で改定された。新たな条約では米軍の日本防衛義務が明記され，米軍の行動に関して日米両政府間の(a)事前協議制が設けられるなど，より双務性を持つものとなった。また，新条約と同時に，　6　も締結された。これは，在日米軍の日本での地位や基地の使用について規定したものである。しかし在日米軍基地がある地域では，米軍人による犯罪や騒音による被害も起こっている。在日米軍基地（専用施設）の総面積の約　7　％が集中している(b)沖縄県では，　6　の見直しや在日米軍基地の県外移設を求める声が高まっている。

　冷戦終結とともに共産主義の脅威はなくなり，国際情勢は大きく変化した。日本政府は武力行使を目的として(c)自衛隊を海外派兵することは憲法に違反するとしてきたが，湾岸戦争を機に国連の平和維持活動への参加が議論され，1992年に　8　が制定された。その結果，自衛隊が　9　などに派遣されてきた。

問1　文中の空欄　1　〜　9　に入れるのに最も適当なものを，次のそれぞれの(ア)〜(エ)のうちから一つずつ選べ。

　1　(ア) 前文　　　　　　(イ) 第9条　　　　　(ウ) 第21条　　　　　(エ) 第25条

　2　(ア) インドシナ戦争　　　(イ) 朝鮮戦争　　　　(ウ) ベトナム戦争

　　　(エ) イラク戦争

|3| (ア) 防衛隊　　(イ) 保安隊　　(ウ) 警察予備隊　　(エ) 海兵隊

|4| (ア) 日米和親条約　　(イ) 日米修好通商条約　　(ウ) 日米通商航海条約
(エ) 日米安全保障条約

|5| (ア) 防衛隊　　(イ) 保安隊　　(ウ) 警察予備隊　　(エ) 海兵隊

|6| (ア) 日米相互防衛援助協定　　(イ) MSA協定
(ウ) 日米防衛協力のための指針　　(エ) 日米地位協定

|7| (ア) 30　　(イ) 50　　(ウ) 70　　(エ) 90

|8| (ア) PKO協力法　　(イ) 周辺事態法　　(ウ) 有事法制　　(エ) 国際平和支援法

|9| (ア) カンボジア　　(イ) タイ　　(ウ) ラオス　　(エ) ベトナム

問2　下線部(a)「事前協議制」についての説明として最も適当なものを，次の(ア)～(エ)のうちから
一つ選べ。

|10| (ア) 日本からも申し入れができ，これまで複数回実施されてきた。
(イ) 米軍の配置や装備の重要な変更がある際に行われる。
(ウ) 法的拘束力があり，違反した際には罰則がある。
(エ) 1972年に核兵器搭載の米艦船が寄港した際に実施された。

問3　下線部(b)「沖縄県」の米軍基地についての説明として最も適当なものを，次の(ア)～(エ)のう
ちから一つ選べ。

|11| (ア) 陸軍司令部がキャンプ座間にある。
(イ) 海軍司令部が横須賀基地にある。
(ウ) 空軍司令部が横田基地にある。
(エ) 海兵隊の飛行場として普天間基地がある。

問4　下線部(c)「自衛隊」についての説明として最も適当なものを，次の(ア)～(エ)のうちから一つ
選べ。

|12| (ア) 陸上・海上・航空・海兵隊の4隊からなる。
(イ) 防衛大臣が最高指揮監督権を持つ。
(ウ) 日本の防衛のほか，治安維持・災害派遣・海上警備を行う。
(エ) 1954年に制定された自衛隊法は一度も改正されていない。

〔Ⅱ〕 次の文章を読み，下の問い（問1～4）に答えよ。

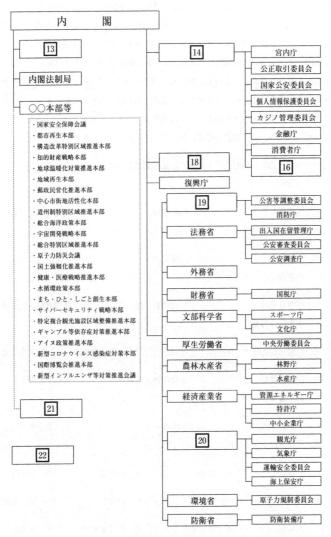

国の行政機関の組織図（内閣官房ホームページ資料より一部改編）

　(a)戦前の内閣制度は憲法に規定がなかったが，日本国憲法では内閣を憲法上の制度とした。(b)内閣の権限は国会の制定した法律を執行することなどであり，実際には上図に示される行政各部が担当する。行政分野によっては，内閣から独立した権限をもつ(c)行政委員会によって行われる。

上図に示されるように，内閣を補佐する機関が 13 である。 14 は，2001年の 15 を機に創設された行政機関で，内閣総理大臣を補佐・支援し，国政上の重要政策について企画，調整を行う。 14 の外局として，2023年4月に設置されたのが 16 である。復興庁は， 17 を受けて設立された。2021年3月末で廃止予定であったが2031年3月末まで延期された。 18 は2021年に設置された。発足時の職員の約3分の1が民間企業から採用されている。 19 は， 15 を機に総務庁，郵政省，自治省を統合して設置された。 20 もまた， 15 を機に建設省，運輸省，北海道開発庁，国土庁を統合して設置された巨大な行政組織である。 21 は内閣に属するが，その権限は内閣から独立する行政委員会である。 22 は唯一，内閣から完全に独立する行政機関である。その設置が憲法に規定されているため，改廃には憲法改正を必要とする。

問1　文中の空欄 13 ～ 22 に入れるのに最も適当なものを，下のそれぞれの(ア)～(エ)のうちから一つずつ選べ。

13　(ア) 内閣府　　　　　　(イ) 内閣官房　　　　　(ウ) 内閣府大臣官房
　　(エ) 総理府

14　(ア) 内閣府　　　　　　(イ) 内閣官房　　　　　(ウ) 内閣府大臣官房
　　(エ) 総理府

15　(ア) 事業仕分け　　　　(イ) 行政刷新会議　　　(ウ) 経済財政諮問会議
　　(エ) 中央省庁再編

16　(ア) 高齢化対策庁　(イ) 少子化対策庁　(ウ) こども家庭庁　(エ) 家庭こども庁

17　(ア) 阪神・淡路大震災　(イ) 鳥取県西部地震　(ウ) 東日本大震災
　　(エ) 熊本地震

18　(ア) デジタル庁　　　　(イ) サイバー庁　　　　(ウ) インターネット庁
　　(エ) ブロックチェーン庁

19　(ア) 内務省　　(イ) 総務省　　(ウ) 国務省　　(エ) 総理府

20　(ア) 国土庁　　(イ) 総務省　　(ウ) 開発庁　　(エ) 国土交通省

21　(ア) 人事院　　(イ) 憲法審査会　　(ウ) 会計検査院　　(エ) 日本銀行

22　(ア) 人事院　　(イ) 憲法審査会　　(ウ) 会計検査院　　(エ) 日本銀行

問2　下線部(a)「戦前の内閣制度は憲法に規定がなかった」についての説明として最も適当なものを，次の(ア)～(エ)のうちから一つ選べ。

23　(ア) 行政権は，国務各大臣の輔弼により，天皇自らが行う大権とされた。

(イ) 明治憲法に内閣の規定はなかったが，総理大臣の規定は存在した。

(ウ) 明治憲法では国務各大臣は天皇から独立して職務を行うこととされた。

(エ) 行政権は，天皇自らの輔弼により，国務各大臣が行う大権とされた。

問3 下線部(b)「内閣の権限」についての説明として適当ではないものを，次の(ア)～(エ)のうちから一つ選べ。

24 (ア) 予算の作成　　　　　　　　　　　(イ) 条約の締結

(ウ) 最高裁判所長官の指名　　　　　　(エ) 内閣総理大臣の指名

問4 下線部(c)「行政委員会」についての説明として最も適当なものを，次の(ア)～(エ)のうちから一つ選べ。

25 (ア) 行政機関なので，規則の制定を行う立法的権限は有さない。

(イ) 内閣だけでなく，都道府県などでも配置されている。

(ウ) 行政機関なので，予算の作成を行う権限を有する。

(エ) 行政機関なので，裁決を下す司法的権限は有さない。

〔Ⅲ〕 次の文章を読み，下の問い（問1～5）に答えよ。

(a)高齢化の進行や成年年齢の低下に伴い脆弱な消費者が増加し，社会情勢の変化とも相まって，ますます消費者問題は多様化している。私たちは自分の選好に基づいて所得を様々な商品に振り分ける。しかし，私たちの購買意欲が企業の広告活動によるものであるという 26 効果や，周囲の人が持っているからという理由で購入したりする 27 効果が知られている。また，消費者と生産者の間では商品に対して持ちうる情報に格差があることも原因の一つである。

消費者問題の多様化のなかで，消費者の権利を保護・確立することが先進国では課題となった。アメリカでは，1962年に 28 大統領が，(b)消費者の4つの権利を明確にした。日本では，1968年に消費者保護基本法が制定され，基本的な枠組みが整備された。これに伴い，地方自治体は消費者行政の窓口として 29 を設置し，国は苦情相談に対応する 30 を設置した。消費者保護基本法は，2004年に消費者基本法に改正され， 31 年には消費者庁が設置されるに至った。

商品の安全性に関する日本の取組では，(c)無過失責任を定めた法律によって，企業に過失がない場合でも商品の欠陥だけで賠償責任を負うことになった。契約に関する取組では，特定商取引法によって一定期間であれば契約を解除できる 32 制度を定めている。また，消費者契約法によって事業者側に不当な行為があった場合に契約の取り消しができることを定めている。

金融機関からの借り入れをめぐる問題では，弱い立場である消費者が被害を被っており，多重債務や自己破産も相次いでいる。貸金業法によって，出資法の上限金利と利息制限法の上限金利との間の 33 金利が撤廃された。また，貸金業者からの総額を(d)年収の一定割合に制限する総

<u>量規制</u>も導入された。

問1　文中の空欄　26　～　33　に入れるのに最も適当なものを，次のそれぞれ(ア)～(エ)のうちから一つずつ選べ。

26　(ア)　コージェネレーション
　　(イ)　デモンストレーション
　　(ウ)　隣人
　　(エ)　依存

27　(ア)　コージェネレーション
　　(イ)　デモンストレーション
　　(ウ)　隣人
　　(エ)　依存

28　(ア)　ローズヴェルト
　　(イ)　ケネディ
　　(ウ)　ニクソン
　　(エ)　ブッシュ

29　(ア)　消費生活センター
　　(イ)　国民生活センター
　　(ウ)　行政サービスセンター
　　(エ)　行政相談センター

30　(ア)　消費生活センター
　　(イ)　国民生活センター
　　(ウ)　行政サービスセンター
　　(エ)　行政相談センター

31　(ア)　2005
　　(イ)　2007
　　(ウ)　2009
　　(エ)　2011

32　(ア)　リコール
　　(イ)　エグゼンプション
　　(ウ)　トレード・オフ
　　(エ)　クーリング・オフ

33　(ア)　スタグフレーション
　　(イ)　オーバーナイト
　　(ウ)　コールレート
　　(エ)　グレーゾーン

問2　下線部(a)「高齢化の進行」について，2022年時点の高齢化率（総人口に占める65歳以上の割合）として最も適当なものを，次の(ア)～(エ)のうちから一つ選べ。

34　(ア)　約20%
　　(イ)　約30%
　　(ウ)　約40%
　　(エ)　約50%

問3　下線部(b)「消費者の4つの権利」について，4つの権利に含まれるものとして最も適当なものを，次の(ア)～(エ)のうちから一つ選べ。

35　(ア)　消費者教育を受ける権利
　　(イ)　返品できる権利
　　(ウ)　意見を聞いてもらう権利
　　(エ)　補償を受ける権利

問4　下線部(c)「無過失責任を定めた法律」について，この法律の英語略語2文字として最も適当なものを，次の(ア)～(エ)のうちから一つ選べ。

36　(ア)　PL法
　　(イ)　MD法
　　(ウ)　DI法
　　(エ)　EC法

問5　下線部(d)「年収の一定割合に制限する総量規制」について，その割合として最も適当なものを，次の(ア)～(エ)のうちから一つ選べ。

37　(ア)　3分の1
　　(イ)　4分の1
　　(ウ)　5分の1
　　(エ)　6分の1

〔Ⅳ〕 次の文章を読み，下の問い（問1～6）に答えよ。

　　生徒Xと生徒Yは，大学のオープンキャンパスにて，経済思想に関する講義に参加した。この講義では，歴史上の著名な経済学者に関するA～Dのカードが配布され，彼らの思想的特徴について説明があった。

カードA：アダム・スミス
【主要著作】『国富論』，『道徳感情論』など
【思想的特徴】自由競争の利点を説く。<u>重商主義</u>(a)を批判し，各人が自由な経済活動を行うことで社会は調和が取れると主張した。また国家の活動は，国防・司法・公共事業などの範囲に限るべきであるとした。「小さな政府」が民間の経済活動に干渉しない自由放任政策（ 38 ）を理想とする考えは，のちに 39 と批判された。

カードB：ミルトン・フリードマン
【主要著作】『資本主義と自由』，『選択の自由』など
【思想的特徴】市場経済における自由な経済活動の重要性を説く。とくに政策当局の役割は，安定的に貨幣を供給することにあるという 40 の考えを主張し，貨幣供給量に一定のルールを作ることを主眼に置いた。市場を重視し，政府による裁量的な介入を否定する考え方は， 41 を代表していると言える。

カードC：カール・マルクス
【主要著作】『 42 』，『共産党宣言』など
【思想的特徴】<u>資本主義</u>(b)を体系的に分析し，社会主義への必然的移行を説いた。資本主義が蓄積と集中を通じて剰余を増大させる一方，搾取によって労働者が貧困化する問題などを理論的に説明した。マルクスの思想は，その後 43 や毛沢東などに影響を与え，彼らの指導のもと，国家による土地や重要産業の国有化や，計画経済が行われた。

カードD：(c)<u>ジョン・メイナード・ケインズ</u>
【主要著作】『雇用・利子及び貨幣の一般理論』，『貨幣改革論』など
【思想的特徴】自由放任政策の欠陥を指摘し，修正資本主義の道を説いた。特に失業の原因を 44 の不足にあると考え，(d)<u>完全失業者</u>を減らすためには，政府が積極的に公共投資を行うべきだと主張した。ケインズの思想は，アメリカの 45 政策などに影響を与え，「大きな政府」を支持する議論の先駆けとなった。

問1　文中の空欄 38 ～ 45 に入れるのに最も適当なものを，次のそれぞれの(ア)～(エ)のうちから一つずつ選べ。

38 　(ア) グローバリズム

(イ) レッセ・フェール

(ウ) アナーキズム

(エ) ディレギュレーション

39 (ア) 都市国家

(イ) 専制国家

(ウ) 夜警国家

(エ) 軍事国家

40 (ア) マネタリズム

(イ) フォーディズム

(ウ) プラグマティズム

(エ) パトリオティズム

41 (ア) 原理主義

(イ) 新自由主義

(ウ) 功利主義

(エ) 共産主義

42 (ア) 資本論

(イ) 自由論

(ウ) 帝国主義論

(エ) 資本主義・社会主義・民主主義

43 (ア) ムッソリーニ

(イ) ヒトラー

(ウ) トルーマン

(エ) レーニン

44 (ア) 信用乗数

(イ) 有効需要

(ウ) ナッシュ均衡

(エ) パレート最適

45 (ア) 量的金融緩和

(イ) 封じ込め

(ウ) ストップアンドゴー

(エ) ニューディール

問2 カードA〜Dの経済思想家が活躍した時代を，年代の古い順に正しく配列しているものを，次の(ア)〜(エ)のうちから一つ選べ。

46
- (ア) A→B→C→D
- (イ) A→C→D→B
- (ウ) C→A→D→B
- (エ) C→D→A→B

問3 下線部(a)「重商主義」の説明として最も適当なものを，次の(ア)〜(エ)のうちから一つ選べ。

47
- (ア) 輸入を最大化して国内の商工業の促進を目指す考え方である。
- (イ) ケネーが主著『経済表』で積極的に提唱したことで知られている。
- (ウ) フランスのルイ14世など絶対王政のもとで発展した。
- (エ) 国家の富の源泉は貨幣の量にあるという考え方を否定した。

問4 下線部(b)「資本主義」について，その弊害として指摘される傾向のうち誤っているものを，次の(ア)〜(エ)のうちから一つ選べ。

48
- (ア) インフレーションが抑制されることによる通貨価値の上昇
- (イ) 自由競争を阻害する複数企業による市場の独占化
- (ウ) 供給が需要を上回る過剰生産による不況の発生
- (エ) 生産物の販路を求めて植民地の獲得を行う帝国主義への移行

問5 下線部(c)「ジョン・メイナード・ケインズ」に関連する金融危機として最も適当なものを，次の(ア)〜(エ)のうちから一つ選べ。

49
- (ア) 南海泡沫事件
- (イ) バブル崩壊
- (ウ) リーマン・ショック
- (エ) 世界恐慌

問6 下線部(d)「完全失業者」の説明として最も適当なものを，次の(ア)〜(エ)のうちから一つ選べ。

50
- (ア) 働く意志を持たない人，賃金水準に不満を持ち働かない人，転職などで一時的に働いていない人も含まれる。
- (イ) 日本の労働力人口に占める完全失業者の率は，現在30%を超えている。
- (ウ) 統計上，完全失業者の数は，実態より低くなる傾向がある。
- (エ) G7のうち完全失業者の率が最も高い国はアメリカである。

数　学

◀数学 I・II・III・A・B▶

（60分）

<注意>　　次の $\boxed{ア}$ から $\boxed{ヨ}$ にあてはまる数字または符号を，マークシート解答用紙の該当する解答欄にマークせよ。ただし，分数は既約分数で表せ。また，根号を含む形で解答する場合，根号の中に現れる自然数が最小となる形で答えよ。

1　コインを 10 回投げ，表が出ると数字の 2 をもらい，裏が出ると数字の 1 をもらう試行を考える。もらった 10 個の数字の積が 4 となる確率は $\dfrac{\boxed{ア}\boxed{イ}}{\boxed{ウ}\boxed{エ}\boxed{オ}\boxed{カ}}$ である。

2　2 つの円 $x^2+y^2=4$ と $x^2+y^2-3x+2y=0$ の交点を通る直線は $y=\dfrac{\boxed{キ}}{\boxed{ク}}x-\boxed{ケ}$ であり，交点は $\left(\boxed{コ},\ \boxed{サ}\boxed{シ}\right)$，$\left(\dfrac{\boxed{ス}\boxed{セ}}{\boxed{ソ}\boxed{タ}},\ \dfrac{\boxed{チ}\boxed{ツ}}{\boxed{ソ}\boxed{タ}}\right)$ である。

3　2 乗すると $3+4i$ になる複素数は $\boxed{テ}+i$，$\boxed{ト}\boxed{ナ}-i$ である。ただし，i は虚数単位である。

4 $\displaystyle\lim_{n\to\infty}\frac{1}{\sqrt{n}}\sum_{k=1}^{n}\frac{1}{\sqrt{n+k}}=2\left(\sqrt{\boxed{ニ}}-\boxed{ヌ}\right)$

5 $\cos(3x)=\boxed{ネ}\sin x\sin\left(\boxed{ノ}x\right)+\cos x\cos\left(\boxed{ノ}x\right)=\boxed{ハ}\boxed{ヒ}\cos x+\boxed{フ}\cos^3 x$

なので，$t=\cos x$ とおいて考えることにより，$f(x)=\cos(3x)-\cos x$ の最大値は

$\dfrac{\boxed{ヘ}\sqrt{\boxed{ホ}}}{\boxed{マ}}$ であることがわかる。

6   空間内の原点 O と 3 点 A$(\vec{a})$，B$(\vec{b})$，C$(\vec{c})$ が

$$\frac{\vec{a}\cdot\vec{b}}{|\vec{c}|^2}=4,\quad \frac{\vec{b}\cdot\vec{c}}{|\vec{a}|^2}=\frac{1}{2},\quad \frac{\vec{c}\cdot\vec{a}}{|\vec{b}|^2}=\frac{1}{16},\quad \theta=\angle\mathrm{AOB}=\angle\mathrm{BOC}=\angle\mathrm{COA}$$

をみたすとき，以下の関係が成立する。

$$\sin^2\theta=\frac{\boxed{ミ}}{\boxed{ム}},\quad |\vec{a}|:|\vec{b}|:|\vec{c}|=2:\boxed{メ}:\boxed{モ}$$

7   四角形 ABCD は円に内接し，

$$\mathrm{AB}=8,\quad \mathrm{BC}=4,\quad \mathrm{DA}=1,\quad \tan\angle\mathrm{ABC}=\frac{12}{5}$$

をみたす。このとき CD $=\boxed{ヤ}$ であり，$\angle\mathrm{BCD}=\boxed{ユ}\boxed{ヨ}$° である。

◀数学Ⅰ・A▶

(60分)

< **注意** > 　次の $\boxed{ア}$ から $\boxed{ロ}$ にあてはまる数字または符号を，マークシート解答用紙の該当する解答欄にマークせよ。ただし，分数は既約分数で表せ。また，根号を含む形で解答する場合，根号の中に現れる自然数が最小となる形で答えよ。

1 　放物線 $y = x^2 - 4x + 3$ を平行移動したもので，点 $(2,4)$ を通り，その頂点が直線 $y = 2x + 1$ の上にあるのは，放物線 $y = x^2 - \boxed{ア}\,x + \boxed{イ}$ である。

2 　2次方程式 $x^2 + (2-p)x + p - 2 = 0$ が異なる2つの実数解をもち，それらがともに 3 より小さくなるような定数 p の条件は，$p < \boxed{ウ}$ または $\boxed{エ} < p < \dfrac{\boxed{オ}\boxed{カ}}{\boxed{キ}}$ である。

3 　赤のタイルが6枚と白のタイルが6枚が入っている箱からタイルを1枚ずつ取り出し，横一列に並べる。7枚のタイルを取り出すとき，タイルの並べ方は $\boxed{ク}\boxed{ケ}\boxed{コ}$ 通りある。11枚のタイルを取り出すとき，タイルの並べ方は $\boxed{サ}\boxed{シ}\boxed{ス}$ 通りある。

4 　$\triangle$ABC の辺 AB を $4:5$，辺 BC を $4:5$，辺 CA を $4:5$ に内分する点をそれぞれ D，E，F とするとき，$\dfrac{\triangle \text{ADF}}{\triangle \text{ABC}} = \dfrac{\boxed{セ}\boxed{ソ}}{\boxed{タ}\boxed{チ}}$ であり，$\dfrac{\triangle \text{DEF}}{\triangle \text{ABC}} = \dfrac{\boxed{ツ}}{\boxed{テ}\boxed{ト}}$ である。

5 　ジャガイモの株 A と B に，それぞれ5個のジャガイモができた。ジャガイモの重さは

　　　A：200, 210, 220, 230, 240 (g)　　　B：200, 200, 220, 230, 250 (g)

であった。どちらの株もジャガイモの重さの平均値は $\boxed{ナ}\boxed{ニ}\boxed{ヌ}$ (g) であったが，分散は株 A では $\boxed{ネ}\boxed{ノ}\boxed{ハ}$ であり，株 B では $\boxed{ヒ}\boxed{フ}\boxed{ヘ}$ であった。

6　3 辺の長さが 5，6，7 である三角形の外接円の半径は $\dfrac{\boxed{ホ}\boxed{マ}\sqrt{\boxed{ミ}}}{24}$ であり，

内接円の半径は $\dfrac{\boxed{ム}\sqrt{\boxed{メ}}}{\boxed{モ}}$ である。

7　5 つのデータを小さいほうから順に並べると次のようになった。

$$-4,\ a,\ 0,\ b,\ c$$

データの範囲が 8，平均値が 0，分散が 7 であるとき，$a = -\dfrac{\sqrt{\boxed{ヤ}}}{\boxed{ユ}}$，$b = \dfrac{\sqrt{\boxed{ヨ}}}{\boxed{ラ}}$，

$c = \boxed{リ}$ である。

8　40 人の生徒に，3 つの提案 A，B，C について尋ねた。A，B，C に賛成した生徒は
それぞれ 25 人，32 人，27 人であり，これらのうち，A，B 両方に賛成した生徒は
18 人，A，C 両方に賛成した生徒は 20 人，B，C 両方に賛成した生徒は 22 人だった。
また，A，B，C のいずれにも賛成しなかった生徒は 3 人だった。このとき，A，B，C
すべてに賛成した生徒は $\boxed{ル}\boxed{レ}$ 人である。

9　長方形の折り紙の頂点を A，B，C，D とし，$AB = \sqrt{2}$，$BC = \sqrt{6}$ とする。
対角線 AC を折り目として，折り紙を折り曲げる。折り曲げたあとの △ABC を含む
平面と △ADC を含む平面が垂直となるようにしたとき，点 B と点 D の距離は
$\sqrt{\boxed{ロ}}$ となる。

物　理

◀物理基礎・物理▶

（60分）

Ⅰ　次の文の $\boxed{1}$ ～ $\boxed{12}$ に入れるのに最も適した答を，それぞれの解答群の中から一つずつ選べ。

　この問では，全ての運動は鉛直面内に限定され，空気抵抗は無視できるものとする。また，重力加速度の大きさを g とする。

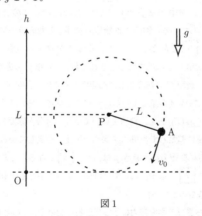

図 1

　図 1 のように O を原点とする鉛直上向きの h 軸をとる。長さ L の伸縮しない軽い糸の一端を $h = L$ 上の点 P に固定し，他端に質量 m で大きさの無視できる物体 A を取り付けた。次に，糸を張った状態で，$h = h_0$ の位置で物体 A に糸と垂直な向きに大きさが v_0 の初速度を与えた。このとき，物体 A の力学的エネルギー E_A は，$E_A = \boxed{1}$ と表せる。ただし，重力による位置エネルギーの基準は $h = 0$ とする。また，糸が張ったまま物体 A が最下点に到達したとき，物体 A の速度の大きさ v_1 は，$v_1 = \boxed{2}$ となる。このとき，糸が物体 A におよぼす張力の大きさを T とすると，$T = \boxed{3}$ と書ける。

　v_1 がある条件を満たすとき，物体 A は糸がまっすぐに伸びたまま点 P の周りを円運動する。この条件は v_1 を用いて，$\boxed{4}$ と表せる。

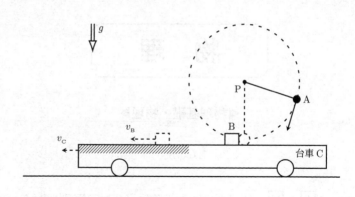

図 2

続けて，床の上をなめらかに移動する質量 M の台車 C と大きさの無視できる質量 m の物体 B を用意した。図 2 のように先ほどの $\boxed{4}$ の条件を満たす物体 A が，円運動の最下点で物体 B に衝突する位置に，物体 B と台車 C を静かに設置した。このとき物体 B は台車 C の上のなめらかな面に静止している。物体 A が物体 B に衝突した直後の物体 B の速度の大きさ v_2 は，v_1 を用いて $v_2 = \boxed{5}$ と表せる。ただし，物体 A と物体 B の衝突は弾性衝突であったとする。また，点 P は台車 C とは独立に固定されており，台車 C の運動には追従しない。

これ以降，物体 B と台車 C の速度および加速度の向きは，左向きを正の方向とする。

図 2 に示すように，物体 B が乗っている台車 C の上面のうち，斜線部分が物体 B と台車 C の間の動摩擦係数 μ のあらい面を，斜線を書いていない部分が摩擦のないなめらかな面を示している。物体 B が左に移動して台車 C のあらい面上を移動しているとき，物体 B が台車 C のあらい面から受ける動摩擦力の大きさ f は，$f = \boxed{6}$ となる。このときの物体 B の加速度を a_{B} とすると，$a_{\mathrm{B}} = \boxed{7}$ となる。ここで，摩擦によって生じる仕事は全て台車 C の運動エネルギーに変換されるものとする。

台車 C は物体 B から受ける動摩擦力によって運動を始める。このときの台車 C の加速度 a_{C} は，$a_{\mathrm{C}} = \boxed{8}$ と表せる。台車 C が物体 B からの摩擦によって動き始めた瞬間を時刻 $t = 0$ として，台車 C の速度 v_{C} を時刻 t の関数として表すと $v_{\mathrm{C}} = \boxed{9}$ と書ける。さらに，物体 B の速度 v_{B} を時刻 t の関数として表すと $v_{\mathrm{B}} = \boxed{10}$ となる。

台車 C の上面は左方向に十分に長く物体 B が台車 C から落ちることはないとすると，十分に時間が経過したのちには，物体 B の台車 C に対する相対速度は 0 になる。このときの物体 B と台車 C の速度 V は，$V = \boxed{11}$ と表せ，物体 B と台車 C が速度 V になる時刻は $t = \boxed{12}$ である。

$\boxed{1}$ の解答群

  (ア) $gh_0 + v_0^2$ (イ) $gh_0 + mv_0^2$ (ウ) $mgh_0 + v_0^2$ (エ) $mgh_0 + mv_0^2$

(オ) $gh_0 + \dfrac{1}{2}v_0^2$　　(カ) $gh_0 + \dfrac{1}{2}mv_0^2$　　(キ) $mgh_0 + \dfrac{1}{2}v_0^2$　　(ク) $mgh_0 + \dfrac{1}{2}mv_0^2$

$\boxed{2}$ の解答群

(ア) $\sqrt{v_0^2 - gh_0}$　　(イ) $\sqrt{v_0^2 - 2gh_0}$　　(ウ) $\sqrt{v_0^2 - 4gh_0}$　　(エ) $\sqrt{2(v_0^2 - gh_0)}$

(オ) $\sqrt{v_0^2 + gh_0}$　　(カ) $\sqrt{v_0^2 + 2gh_0}$　　(キ) $\sqrt{v_0^2 + 4gh_0}$　　(ク) $\sqrt{2(v_0^2 + gh_0)}$

$\boxed{3}$ の解答群

(ア) mg　　(イ) $\dfrac{mg^2}{L}$　　(ウ) $\dfrac{mv_1}{L} + mg$　　(エ) $\dfrac{mv_1}{L} - mg$

(オ) $\dfrac{mg}{L}$　　(カ) $\dfrac{mv_1^2}{L}$　　(キ) $\dfrac{mv_1^2}{L} + mg$　　(ク) $\dfrac{mv_1^2}{L} - mg$

$\boxed{4}$ の解答群

(ア) $v_1 \geqq \sqrt{gL}$　　(イ) $v_1 \geqq \sqrt{3gL}$　　(ウ) $v_1 \geqq \sqrt{5gL}$　　(エ) $v_1 \geqq \sqrt{7gL}$

(オ) $v_1 \leqq \sqrt{gL}$　　(カ) $v_1 \leqq \sqrt{3gL}$　　(キ) $v_1 \leqq \sqrt{5gL}$　　(ク) $v_1 \leqq \sqrt{7gL}$

$\boxed{5}$ の解答群

(ア) mv_1　　(イ) mv_1^2　　(ウ) $2v_1$　　(エ) $2v_1^2$

(オ) $\dfrac{1}{2}mv_1$　　(カ) $\dfrac{1}{2}mv_1^2$　　(キ) v_1　　(ク) v_1^2

$\boxed{6}$ の解答群

(ア) μ　　(イ) μm　　(ウ) mg　　(エ) μmg

(オ) $\dfrac{mg}{\mu}$　　(カ) $\dfrac{\mu}{mg}$　　(キ) $\mu - mg$　　(ク) $\mu + mg$

$\boxed{7}$ の解答群

(ア) $-\mu g$　　(イ) $-\mu mg$　　(ウ) $-g$　　(エ) $-\dfrac{g}{\mu}$

(オ) μg　　(カ) μmg　　(キ) g　　(ク) $\dfrac{g}{\mu}$

$\boxed{8}$ の解答群

(ア) μmg　　(イ) $\dfrac{\mu mg}{M}$　　(ウ) $\dfrac{mg}{\mu}$　　(エ) μg

(オ)　$-\mu mg$　　　(カ)　$-\dfrac{\mu mg}{M}$　　　(キ)　$-\dfrac{mg}{\mu}$　　　(ク)　$-\mu g$

$\boxed{9}$　の解答群

(ア)　μmgt　　　(イ)　$\dfrac{\mu mg}{M}t$　　　(ウ)　$\dfrac{mg}{\mu}t$　　　(エ)　μgt

(オ)　$-\mu mgt$　　　(カ)　$-\dfrac{\mu mg}{M}t$　　　(キ)　$-\dfrac{mg}{\mu}t$　　　(ク)　$-\mu gt$

$\boxed{10}$　の解答群

(ア)　$-\mu gt$　　　(イ)　$v_2 - gt$　　　(ウ)　$v_2 - \mu gt$　　　(エ)　$v_2 - \dfrac{gt}{\mu}$

(オ)　μgt　　　(カ)　$v_2 + gt$　　　(キ)　$v_2 + \mu gt$　　　(ク)　$v_2 + \dfrac{gt}{\mu}$

$\boxed{11}$　の解答群

(ア)　$\dfrac{m}{M}v_2$　　　(イ)　$\dfrac{M}{m}v_2$　　　(ウ)　$\dfrac{M}{m+M}v_2$　　　(エ)　$\dfrac{m}{m+M}v_2$

(オ)　$-\dfrac{m}{M}v_2$　　　(カ)　$-\dfrac{M}{m}v_2$　　　(キ)　$\dfrac{M}{m-M}v_2$　　　(ク)　$\dfrac{m}{m-M}v_2$

$\boxed{12}$　の解答群

(ア)　$\dfrac{mv_2}{\mu g\left(1-\frac{m}{M}\right)}$　　　(イ)　$\dfrac{Mv_2}{\mu g\left(1-\frac{m}{M}\right)}$　　　(ウ)　$\dfrac{v_2}{\mu g\left(1-\frac{m}{M}\right)}$　　　(エ)　$\dfrac{v_2}{\mu mg\left(1-\frac{m}{M}\right)}$

(オ)　$\dfrac{mv_2}{\mu g\left(1+\frac{m}{M}\right)}$　　　(カ)　$\dfrac{Mv_2}{\mu g\left(1+\frac{m}{M}\right)}$　　　(キ)　$\dfrac{v_2}{\mu g\left(1+\frac{m}{M}\right)}$　　　(ク)　$\dfrac{v_2}{\mu mg\left(1+\frac{m}{M}\right)}$

II　次の文の $\boxed{13}$ ～ $\boxed{19}$ に入れるのに最も適した答を，それぞれの解答群の中から一つずつ選べ。

　　磁束密度の大きさが $B\,[\mathrm{Wb/m^2}]$ で鉛直下向きの一様な磁界中に，電気抵抗の無視できる x 軸に平行に置かれた 2 本の金属棒が，距離 $d\,[\mathrm{m}]$ を隔てて平行に置かれている。図のように単位長さあたりの抵抗 $r\,[\Omega/\mathrm{m}]$ の細い金属棒（以下 C と表す）が，2 本の金属棒の上に，金属棒との角度を θ に保ったまま x 方向にのみ動くように作られている。また，2 本の金属棒の一方の端には内部抵抗の無視できる起電力 $E\,[\mathrm{V}]$ の電池がスイッチ S を介して接続され，スイッチ S が開かれている状態では C は静止しているものとする。

　　スイッチ S を閉じ，C が動き出す瞬間に C を流れる電流は $\boxed{13}$ [A]，C が磁界から受ける力の大きさは $\boxed{14}$ [N]，C の速さは 0 m/s である。その後，C が x 軸方向に速さ $v\,[\mathrm{m/s}]$ で動いているときに C を流れる電流は $\boxed{15}$ [A]，C が磁界から受ける力の大きさは $\boxed{16}$ [N] である。C はやがて一定の速さ $v_0\,[\mathrm{m/s}]$ になった。このとき，C が磁界から受ける力の大きさは $\boxed{17}$ [N] であるので，C を流れる電流は $\boxed{18}$ [A]，$v_0 = \boxed{19}$ [m/s] であることがわかる。

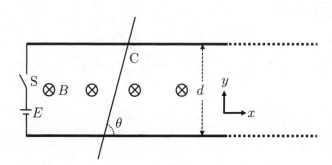

図　回路を上方から鉛直下方に向かって見た図

$\boxed{13}$ の解答群

(ア) $\dfrac{rE}{d}$　　　　(イ) $\dfrac{E\cos\theta}{rd}$　　　　(ウ) $\dfrac{E}{rd}$　　　　(エ) $\dfrac{E\sin\theta}{rd}$　　　　(オ) 0

$\boxed{14}$ の解答群

(ア) EB　　　　(イ) $\dfrac{EB}{r}$　　　　(ウ) $\dfrac{EB\sin\theta}{r}$　　　　(エ) $\dfrac{EB\cos\theta}{r}$　　　　(オ) 0

$\boxed{15}$ の解答群

(ア) $\dfrac{E-vBd}{rd}$　　　　　　(イ) $\dfrac{E+vBd}{rd}$　　　　　　(ウ) $\dfrac{(E-vBd)\sin\theta}{rd}$

(エ)　$\dfrac{(E + vBd)\cos\theta}{rd}$　　　　　(オ)　0

16 の解答群

(ア)　$\dfrac{(E - vBd)B}{r}$　　　　(イ)　$\dfrac{(E - vBd)B}{d}$　　　　(ウ)　$\dfrac{(E - vBd)B\sin\theta}{rd}$

(エ)　$\dfrac{(E + vBd)B\cos\theta}{rd}$　　　　(オ)　0

17 の解答群

(ア)　$\dfrac{B}{E}$　　　(イ)　$\dfrac{dB}{E}$　　　(ウ)　$\dfrac{B}{dE}$　　　(エ)　$\dfrac{E}{B}$　　　(オ)　$\dfrac{dE}{B}$

(カ)　$\dfrac{E}{dB}$　　　(キ)　$\dfrac{rB}{E}$　　　(ク)　$\dfrac{rB\sin\theta}{E}$　　　(ケ)　$\dfrac{E\sin\theta}{dB}$　　　(コ)　0

18 ， 19 の解答群

(ア)　$\dfrac{B}{E}$　　　(イ)　$\dfrac{dB}{E}$　　　(ウ)　$\dfrac{B}{dE}$　　　(エ)　$\dfrac{E}{B}$　　　(オ)　$\dfrac{dE}{B}$

(カ)　$\dfrac{E}{dB}$　　　(キ)　$\dfrac{rB}{E}$　　　(ク)　$\dfrac{rB\sin\theta}{E}$　　　(ケ)　$\dfrac{E\sin\theta}{dB}$　　　(コ)　0

III　次の文の $\boxed{20}$ ～ $\boxed{30}$ に入れるのに最も適した答を，それぞれの解答群の中から一つずつ選べ。

　　ギターの弦に発生する波について考えてみる。ギターの弦は，両端を固定した状態で振動させることで音が出る。ギターの弦に加えられた振動で生じた波は，弦を両端に向かって伝わり，固定された両端で反射する。何度も反射波と入射波が重なり合った結果，ギターの弦には両端が $\boxed{20}$ になる定常波ができる。弦に定常波が生じるときの振動を固有振動といい，そのときの振動数を固有振動数という。図1に，長さが L の弦に生じた固有振動の例を示す。基本振動の場合の波長 λ_1 は，弦の長さ L を用いて，$\lambda_1 = \boxed{21}$ と表すことができる。同様に2倍振動の場合は，$\lambda_2 = \boxed{22}$ となり，3倍振動の場合は，$\lambda_3 = \boxed{23}$ となる。これらの事実から，弦の長さと固有振動の波長の関係は，自然数 $m = 1, 2, \cdots$ を用いると，$\lambda_m = \boxed{24}$ と書き表すことができる。また，弦を伝わる波の速さを v とすると，基本振動の振動数は $f_1 = v/\lambda_1$ と書ける。同様に，2倍振動の振動数は $f_2 = v/\lambda_2$ となる。このことから，弦に生じる基本振動以外の固有振動を，m を用いて表すと基本振動の $\boxed{25}$ 倍の振動数を持つことがわかる。

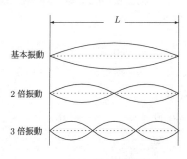

図1. 弦の固有振動

　　図2のように，おんさに繋がれた弦が，滑車を介しておもりで引っ張られている。弦はおんさと共振し，おんさの振動数で振動する。おんさの振動数は変化しないとする。長さ 0.400 m の弦を弾いて，2倍振動をつくったところ 880 Hz の振動数の音が出た。このことから，弦に生じた波の速さは，$\boxed{26}$ m/s とわかる。ここで，おんさだけ取り替えて振動させたところ，弦に基本振動が現れた。このことから，おんさの振動数は $\boxed{27}$ Hz とわかる。

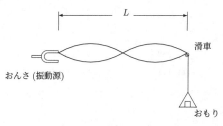

図2. 弦の振動の実験 (2倍振動の場合)

　弦を伝わる波の速さ v は，弦を引っ張る力の大きさを S，弦の線密度 (単位長さあたりの質量) を ρ とすると，$v = \sqrt{S/\rho}$ で表すことができる。今，図 3 のように，おんさに繋がれている弦に 3 つの腹を持つ定常波をつくった。おんさの振動数は 880 Hz とする。この振動から，腹の数が 4 つの定常波をつくるためには何倍の力が必要になるかを考えてみる。$\boxed{24}$ を用いると，弦の振動数 f と弦を引く力 S の間には，$\boxed{28}$ の関係がある。この関係から，弦を引く力 S は，$S = \boxed{29}$ と書くことができる。このことから，4 つの腹を持つ定常波にするためには，$\boxed{30}$ 倍の力で引くとよいことがわかる。

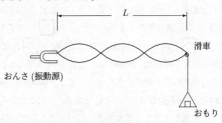

図 3. 弦の振動の実験 (3 倍振動の場合)

$\boxed{20}$ の解答群

(ア) 腹　　　　　　　　　　　　(イ) 節

$\boxed{21}$，$\boxed{22}$，$\boxed{23}$ の解答群

(ア) L　　　　　　(イ) $2L$　　　　　　(ウ) $3L$　　　　　　(エ) $4L$

(オ) $\dfrac{L}{2}$　　　　　(カ) $\dfrac{2L}{3}$　　　　　(キ) $\dfrac{3L}{4}$　　　　　(ク) $\dfrac{4L}{3}$

$\boxed{24}$ の解答群

(ア) $\dfrac{L}{m}$　　　　　(イ) $\dfrac{L}{2m}$　　　　　(ウ) $\dfrac{2L}{m}$　　　　　(エ) $\dfrac{3L}{m}$

$\boxed{25}$ の解答群

(ア) $2m$　　　　　(イ) $\dfrac{m}{2}$　　　　　(ウ) $\dfrac{m}{3}$　　　　　(エ) m

$\boxed{26}$ の解答群

(ア) 704　　　　　(イ) 282　　　　　(ウ) 176　　　　　(エ) 44.0

(オ) 352　　　　　(カ) 141　　　　　(キ) 88.0　　　　　(ク) 22.0

$\boxed{27}$ の解答群

(ア) 352×10　　(イ) 176×10　　(ウ) 880　　(エ) 440

$\boxed{28}$ の解答群

(ア) $\dfrac{m}{3L}\sqrt{\dfrac{S}{\rho}} = f$　　(イ) $\dfrac{m}{L}\sqrt{\dfrac{S}{\rho}} = f$　　(ウ) $\dfrac{2m}{L}\sqrt{\dfrac{S}{\rho}} = f$　　(エ) $\dfrac{m}{2L}\sqrt{\dfrac{S}{\rho}} = f$

$\boxed{29}$ の解答群

(ア) $\rho\left(\dfrac{3L}{m}f\right)^2$　　(イ) $\rho\left(\dfrac{L}{m}f\right)^2$　　(ウ) $\rho\left(\dfrac{2L}{m}f\right)^2$　　(エ) $\rho\left(\dfrac{L}{2m}f\right)^2$

$\boxed{30}$ の解答群

(ア) $\dfrac{4}{9}$　　(イ) $\dfrac{2}{3}$　　(ウ) $\dfrac{4}{3}$　　(エ) $\dfrac{16}{9}$

(オ) $\dfrac{9}{4}$　　(カ) $\dfrac{3}{2}$　　(キ) $\dfrac{3}{4}$　　(ク) $\dfrac{9}{16}$

化　学

◀化学基礎・化学▶

（60分）

Ⅰ　次の文章を読み，下の問い（問1～4）に答えよ。

　　複数の物質が混じりあったものを①混合物という。混合物から目的の物質を取り出す操作を分離といい，さらに，そこから不純物を取り除いて純度の高い物質を取り出す操作を精製という。元素が持っている特有の性質を利用して，物質に含まれる成分元素を調べることができる。例えば，②炎色反応では，よく洗浄した白金線の先に溶液をつけて外炎の中に入れ，炎色より溶液中の成分元素を検出することができる。③沈殿反応では，溶液中の沈殿によって成分元素を確認することができる。

問1　下線部①に該当する物質として誤っているものを，次の解答群の(ア)～(オ)のうちから一つ選べ。 1

1 の解答群

　(ア) 空気　　　　(イ) 海水　　　　(ウ) 黒鉛　　　　(エ) 牛乳　　　　(オ) 塩酸

問2　次の記述(a)～(d)の分離・精製の方法として最も適当なものを，下の解答群の(ア)～(カ)のうちから一つずつ選べ。ただし，同じものを繰り返し選んでもよい。

　(a) 砂が混じった塩化ナトリウム水溶液から塩化ナトリウム水溶液のみを取り出す。 2

　(b) 塩化ナトリウム水溶液から水のみを取り出す。 3

　(c) ヨウ素と塩化ナトリウムとの混合物からヨウ素だけを取り出す。 4

　(d) 硝酸カリウムと少量の硫酸銅(Ⅱ)五水和物との混合物から硝酸カリウムだけを取り出す。 5

2 , 3 , 4 , 5 の解答群

　(ア) 蒸留　　　　　　　(イ) クロマトグラフィー　　　　(ウ) 再結晶

　(エ) 昇華法　　　　　　(オ) 抽出　　　　　　　　　　　(カ) ろ過

問3　下線部②の反応について，次の表中の(a)～(f)のうち成分元素と炎色の組み合わせとして正しいものは 6 個ある。 6 に入れるのに最も適当な数字を，下の解答群の(ア)～(キ)のうちから一つ選べ。

	成分元素	炎色
(a)	リチウム	赤色
(b)	バリウム	黄緑色
(c)	ナトリウム	赤色
(d)	カリウム	赤紫色
(e)	銅	黄緑色
(f)	カルシウム	赤紫色

6 の解答群

(ア) 0   (イ) 1   (ウ) 2   (エ) 3   (オ) 4

(カ) 5   (キ) 6

問4 下線部③の反応を用いて溶液中に含まれる元素の確認を行った。水溶液 A に硝酸銀水溶液を加えると，白色沈殿が生じた。次に，水溶液 B に酢酸鉛(Ⅱ)水溶液を加えると黒色沈殿が生じた。これより，水溶液 A には 7 が含まれており，水溶液 B には 8 が含まれていることを確認した。 7 ， 8 に入れるのに最も適当な元素記号を，次の解答群の(ア)〜(カ)のうちから一つずつ選べ。ただし，同じものを繰り返し選んでもよい。

7 ， 8 の解答群

(ア) Na   (イ) S   (ウ) Cl   (エ) Ca   (オ) P

(カ) Mg

Ⅱ　次の文章を読み，下の問い(問1，2)に答えよ。

　　原子の最外殻から電子を1個取り去って，1価の陽イオンにするために必要なエネルギーを①イオン化エネルギーという。例えば，ナトリウム原子が外部から与えられたエネルギーによって電子を1個放出したときに生じたナトリウムイオンは，　9　原子と同じ電子配置となる。

問1　文中の空欄　9　に入れるのに最も適当なものを，次の解答群の(ア)～(オ)のうちから一つ選べ。

　9　の解答群

　(ア)　ヘリウム　　　　　(イ)　ネオン　　　　　(ウ)　マグネシウム　　　(エ)　アルゴン
　(オ)　カリウム

問2　下線部①の大きさを各元素で比べたとき，大小の順番として最も適当なものを，次の解答群の(ア)～(オ)のうちから一つ選べ。　10

　10　の解答群

　(ア)　Li＜O＜He　　　　　(イ)　He＜Na＜P　　　　　(ウ)　C＜Ar＜Mg
　(エ)　Li＜P＜Na　　　　　(オ)　F＜Na＜C

Ⅲ　次の文章を読み，下の問い(問1～3)に答えよ。ただし，原子量 Mg＝24.3, Ni＝58.7, Zn＝65.4, Ag＝108, Pt＝195, Pb＝207, ファラデー定数を F＝9.65×10⁴ C/mol, 標準状態の気体のモル体積を 22.4 L/mol とする。

　　金属A～Dは，Mg, Ni, Zn, Ag, Pt, Pbのいずれかである。次の実験1～4を行った。

実験1：1.00 mol/Lの硫酸銅(Ⅱ)水溶液にA，B，C，Dの金属片をそれぞれ浸したところ，AとCの表面には銅が析出したが，BとDは何も起こらなかった。

実験2：希塩酸にA，B，C，Dの金属片をそれぞれ浸したところ，Cのみが溶けた。

実験3：濃硝酸にA，B，C，Dの金属片をそれぞれ浸したところ，AとBだけが溶けた。

実験4：電気分解槽に1.00 mol/LのBの硝酸塩水溶液を1.00 L入れた。外部電源に接続した電極は両極(XとY)ともに白金電極を用いて，この水溶液の電気分解を2.00 Aの電流で1930秒間行ったところ，XにBが析出し，Yから気体が発生した。

問1　A～Dのイオン化傾向を大きいものから並べたものは　11　である。　11　に入れるのに最も適当なものを，次の解答群の(ア)～(オ)のうちから一つ選べ。

　11　の解答群

　(ア)　C＞A＞B＞D　　　　(イ)　C＞A＞D＞B　　　　(ウ)　A＞C＞B＞D
　(エ)　A＞C＞D＞B　　　　(オ)　A＞B＞C＞D

問2 実験4で発生した気体，X，Yの組み合わせとして正しいものは $\boxed{12}$ である。$\boxed{12}$ に入れるのに最も適当なものを，次の解答群の(ア)〜(ク)のうちから一つ選べ。

$\boxed{12}$ の解答群

	気体	X	Y
(ア)	水素	陰極	陽極
(イ)	水素	負極	正極
(ウ)	水素	陽極	陰極
(エ)	水素	正極	負極
(オ)	酸素	陰極	陽極
(カ)	酸素	負極	正極
(キ)	酸素	陽極	陰極
(ク)	酸素	正極	負極

問3 実験4で電気分解によってXに析出したBの質量は $\boxed{13}$ g，Yから発生した気体の体積は 0 ℃，1.01×10^5 Pa で $\boxed{14}$ L になる。$\boxed{13}$ ，$\boxed{14}$ に入れるのに最も適当な数値を，次のそれぞれの解答群の(ア)〜(オ)のうちから一つずつ選べ。

$\boxed{13}$ の解答群

(ア) 4.14   (イ) 4.32   (ウ) 4.68   (エ) 8.28   (オ) 8.64

$\boxed{14}$ の解答群

(ア) 0.112   (イ) 0.224   (ウ) 0.448   (エ) 0.896   (オ) 1.12

Ⅳ　次の文章を読み，下の問い（問1～4）に答えよ。ただし，原子量 H=1.00，C=12.0，O=16.0 とする。

実験1，2を行った。

実験1：0.630 g のシュウ酸二水和物(COOH)₂・2H₂O を水に溶かして，①正確に 100 mL のシュウ酸水溶液を調製した。②正確に 10.0 mL のこのシュウ酸水溶液をコニカルビーカーに入れ，さらに 5.00 mol/L の硫酸 10.0 mL を加えたものを，60℃に温めてから，③濃度未知の過マンガン酸カリウム水溶液で滴定したところ，反応の終点までに 16.0 mL を要した。

実験2：正確に 15.0 mL の濃度未知の過酸化水素水をコニカルビーカーに入れて，さらに 5.00 mol/L の硫酸 15.0 mL を加えたものを，60℃に温めてから，実験1と同じ過マンガン酸カリウム水溶液で滴定したところ，反応の終点までに 30.0 mL を要した。

問1　下線部①～③の操作で用いるガラス器具の組み合わせとして最も適当なものを，次の解答群の(ア)～(オ)のうちから一つ選べ。　15

15　の解答群

	操作①	操作②	操作③
(ア)	メスフラスコ	メスシリンダー	ビュレット
(イ)	メスフラスコ	ホールピペット	ビュレット
(ウ)	メスフラスコ	ビュレット	ホールピペット
(エ)	メスシリンダー	ホールピペット	ビュレット
(オ)	メスシリンダー	ビュレット	ホールピペット

問2　下線部③の操作で，反応の終点前と終点後でコニカルビーカー内の溶液の色は　16　へと変化した。　16　に入れるのに最も適当なものを，次の解答群の(ア)～(オ)のうちから一つ選べ。

16　の解答群

(ア) 赤紫色から無色透明　　(イ) 無色透明から赤紫色　　(ウ) 橙色から無色透明

(エ) 無色透明から橙色　　(オ) 赤紫色から黄褐色

問3　実験1ではシュウ酸と過マンガン酸イオンが反応するが，この反応でマンガンの酸化数は　17　へと変化する。　17　に入れるのに最も適当なものを，次の解答群の(ア)～(オ)のうちから一つ選べ。

17　の解答群

(ア) ＋7から＋2　　(イ) ＋6から＋3　　(ウ) ＋5から＋0　　(エ) ＋4から＋2

(オ) ＋4から－1

問4　実験1と実験2で使用したシュウ酸水溶液のモル濃度は $\boxed{18}$ mol/L，過マンガン酸カリ

ウム水溶液のモル濃度は $\boxed{19}$ mol/L，過酸化水素水のモル濃度は $\boxed{20}$ mol/L である。

$\boxed{18}$ ～ $\boxed{20}$ に入れるのに最も適当なものを，次の解答群の(ア)～(コ)のうちから一つずつ選べ。

ただし，同じものを繰り返し選んでもよい。

$\boxed{18}$ ， $\boxed{19}$ ， $\boxed{20}$ の解答群

(ア) 3.13×10^{-4} 　　(イ) 1.25×10^{-3} 　　(ウ) 5.00×10^{-3} 　　(エ) 6.25×10^{-3}

(オ) 1.25×10^{-2} 　　(カ) 2.50×10^{-2} 　　(キ) 3.39×10^{-2} 　　(ク) 5.00×10^{-2}

(ケ) 6.25×10^{-2} 　　(コ) 7.78×10^{-2}

Ⅴ　次の文章を読み，下の問い（問1～3）に答えよ。

化合物Aと化合物Bが反応して，化合物Cが生成する。はじめに化合物Aと化合物Bだけ
を容器に入れ，反応を開始させた後の化合物A，化合物B，化合物Cのモル濃度の変化の様子
を図1に示す。また反応開始時の化合物Aと化合物Bのモル濃度を変えて，反応直後の化合物
Cの生成速度を求めたものを表1に示す。

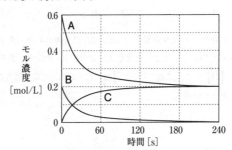

図1　化合物A～Cのモル濃度の経時変化

表1　化合物A，Bのモル濃度およびCの生成速度

	化合物Aの濃度 [mol/L]	化合物Bの濃度 [mol/L]	化合物Cの生成速度 v_c [mol/(L·s)]
1	0.40	0.20	8.0×10^{-3}
2	0.80	0.20	1.6×10^{-2}
3	1.2	0.20	2.4×10^{-2}
4	0.80	0.10	8.0×10^{-3}
5	0.80	0.30	2.4×10^{-2}

問1　図1から，この反応の化学反応式は $\boxed{21}$ のように表される。 $\boxed{21}$ に入れるのに最も適当なものを，次の解答群の(ア)〜(オ)のうちから一つ選べ。

$\boxed{21}$ の解答群

(ア)　A＋B ⟶ C　　　　　(イ)　2A＋B ⟶ C　　　　　(ウ)　3A＋B ⟶ C

(エ)　A＋2B ⟶ C　　　　　(オ)　A＋3B ⟶ C

問2　表1から，この反応の化合物Cの生成速度 v_C は反応速度定数 k，化合物Aと化合物Bのモル濃度 [A] と [B] を用いて $\boxed{22}$ のように表される。また反応速度定数 k の値は $\boxed{23}$ である。 $\boxed{22}$ と $\boxed{23}$ に入れるのに最も適当なものを，次のそれぞれの解答群の(ア)〜(オ)のうちから一つずつ選べ。

$\boxed{22}$ の解答群

(ア)　$v_C=k\,[\text{A}]\,[\text{B}]$　　　(イ)　$v_C=k\,[\text{A}]^2[\text{B}]$　　　(ウ)　$v_C=k\,[\text{A}]^3[\text{B}]$　　　(エ)　$v_C=k\,[\text{A}]\,[\text{B}]^2$

(オ)　$v_C=k\,[\text{A}]\,[\text{B}]^3$

$\boxed{23}$ の解答群

(ア)　0.10 [L/(mol·s)]　　　　(イ)　0.25 [L²/(mol²·s)]　　　(ウ)　0.50 [L³/(mol³·s)]

(エ)　0.63 [L²/(mol²·s)]　　　　(オ)　2.5 [L³/(mol³·s)]

問3　反応開始時の化合物Aのモル濃度を 0.60 mol/L，化合物Bのモル濃度を 0.20 mol/L にして触媒を加えて反応を開始したときの化合物A，化合物B，化合物Cのモル濃度の変化の様子を示したものは $\boxed{24}$ のように表される。 $\boxed{24}$ に入れるのに最も適当なものを，次の解答群の(ア)〜(オ)のうちから一つ選べ。

$\boxed{24}$ の解答群

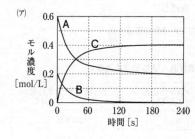

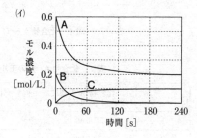

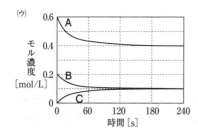
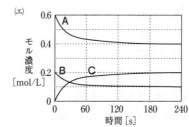
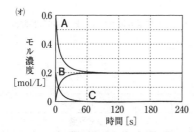

Ⅵ 次の文章(1), (2)を読み，下の問い(問1〜5)に答えよ。ただし，原子量は H=1.00, C=12.0,
O=16.0 とする。

(1) ある有機化合物の元素分析を行った。はじめに試料の質量を測定したところ，13.2 mg で
あった。燃焼管中で乾燥した酸素を通しながら試料を加熱した。このとき，試料を完全燃焼させ
るための酸化剤として 25 も燃焼管に入れ，加熱した。燃焼により，試料中の成分元素である
水素は水となって 26 に吸収され，炭素は二酸化炭素となって 27 に吸収された。試料が完
全燃焼した後，26 管と 27 管の質量を測定したところ，得られた水の質量が 10.8 mg，二
酸化炭素の質量が 26.4 mg であった。したがって，この有機化合物の組成式は 28 である。

問1　文中の空欄 25 〜 27 に入れるのに最も適当なものを，次の解答群の(ア)〜(キ)のうちか
ら一つずつ選べ。ただし，同じものを繰り返し選んでもよい。

25 , 26 , 27 の解答群

(ア) 酸化銅(Ⅱ)　　　　　(イ) 炭酸カルシウム　　　　(ウ) ソーダ石灰

(エ) 硫化水素　　　　　　(オ) 塩化カルシウム　　　　(カ) 酸化鉄(Ⅱ)

(キ) 塩化ナトリウム

問2　文中の空欄 28 に入れるのに最も適当な組成式を，次の解答群の(ア)〜(オ)のうちから一つ
選べ。

28 の解答群

(ア) CH_2O　　　　(イ) C_2H_4O　　　　(ウ) $C_3H_6O_2$　　　　(エ) $C_4H_{12}O_3$

(オ) $C_8H_{10}O$

(2) 二価アミンと二価カルボン酸の重合では，水分子がとれると同時にアミド結合が形成され，鎖状の重合体であるポリアミドが生成する。ポリアミドのうち，(a)と(b)の重合によって生成する重合体はナイロン66であり，繊維としてよく用いられる高分子化合物である。一方，ナイロン6は，(c)に少量の水を加えて加熱することで生成する。

問3　文中の空欄(a)，(b)に入れる化合物の組み合わせとして最も適当なものを，次の解答群の(ア)〜(カ)のうちから一つ選べ。 29

29 の解答群

	(a)	(b)
(ア)	ヘキサメチレンジアミン	アジピン酸
(イ)	ヘキサメチレンジアミン	マレイン酸
(ウ)	ヘキサメチレンジアミン	フマル酸
(エ)	アニリン	アジピン酸
(オ)	アニリン	マレイン酸
(カ)	アニリン	フマル酸

問4　文中の(c)に入れるのに最も適当な化合物を，次の解答群の(ア)〜(オ)のうちから一つ選べ。 30

30 の解答群

(ア) グリセリン　　　(イ) ε-カプロラクタム　　　(ウ) アセトアニリド

(エ) シクロヘキサン　　　(オ) セルロース

問5　文中のナイロン66が生成する重合法は 31 であり，ナイロン6が生成する重合法は 32 である。 31 ， 32 に入れるのに最も適当な重合法を，次の解答群の(ア)〜(オ)のうちから一つずつ選べ。ただし，同じものを繰り返し選んでもよい。

31 ， 32 の解答群

(ア) 縮合重合　　　(イ) 付加重合　　　(ウ) 開環重合　　　(エ) 共重合

(オ) 付加縮合

生　物

（60分）

Ⅰ 次の文章を読み，下の問い（問1〜7）に答えよ。

(1)真核細胞の構造は植物細胞でも動物細胞でも基本的には同じであり，(2)核，ミトコンドリア，ゴルジ体などはどちらの細胞にも存在する。成長した植物細胞の特徴的な構造として，細胞壁，葉緑体， a がある。細胞壁の主成分は b やペクチンであり，細胞の保護や形の保持に役立っている。葉緑体には c という色素が含まれており，水と d からデンプンなどの有機物を作り出している。この反応を(3)光合成という。葉緑体で行われているような生体内の化学反応の多くは e の触媒反応によって行われている。 e が作用する相手を基質という。例えば，食べ物の消化についても同様の反応が行われており，胃では f という e がタンパク質を基質として働き触媒反応を行うが，デンプンには作用しない。このような性質を(4)基質特異性という。

問1　下線部(1)の真核細胞からなる生物を真核生物という。次の解答群の(ア)〜(ケ)のうちから真核生物を**すべて**選べ。解答番号 1 には正しいものを**すべて**マークすること。 1

1 の解答群

　(ア) ゾウリムシ　　(イ) 大腸菌　　(ウ) 乳酸菌　　(エ) ネンジュモ

　(オ) パン酵母　　(カ) ヒト　　(キ) ヒマワリ　　(ク) ブドウ球菌

　(ケ) ムラサキツユクサ

問2　下線部(2)の核，ミトコンドリア，ゴルジ体に関する記述として正しいものを，次の解答群の(ア)〜(キ)のうちから二つ選べ。解答番号 2 には正しいものを二つマークすること。 2

2 の解答群

　(ア) 核，ミトコンドリア，ゴルジ体はいずれも真核細胞内に存在するが，原核細胞にはない。

　(イ) 核とミトコンドリアは外膜と内膜で二重に包まれている。

　(ウ) 核は細胞内共生によって獲得された構造であると言われている。

　(エ) 核膜には孔があり，ゴルジ体とつながっている。

　(オ) ゴルジ体では酸素を使った呼吸が行われている。

　(カ) ゴルジ体はタンパク質を貯蔵する場所である。

　(キ) ミトコンドリアには1から数個の核小体が見られる。

問3　文中の空欄　a　・　b　に入れる語句として正しいものの組み合わせを，次の解答群の
(ア)～(ケ)のうちから一つ選べ。　3

3　の解答群

	a	b
(ア)	液胞	グルコース
(イ)	液胞	セルロース
(ウ)	液胞	マルトース
(エ)	中心体	グルコース
(オ)	中心体	セルロース
(カ)	中心体	マルトース
(キ)	べん毛	グルコース
(ク)	べん毛	セルロース
(ケ)	べん毛	マルトース

問4　文中の空欄　c　・　d　に入れる語句として正しいものの組み合わせを，次の解答群の
(ア)～(ケ)のうちから一つ選べ。　4

4　の解答群

	c	d
(ア)	アントシアニン	酸素
(イ)	アントシアニン	窒素
(ウ)	アントシアニン	二酸化炭素
(エ)	クロロフィル	酸素
(オ)	クロロフィル	窒素
(カ)	クロロフィル	二酸化炭素
(キ)	ヘモグロビン	酸素
(ク)	ヘモグロビン	窒素
(ケ)	ヘモグロビン	二酸化炭素

問5　下線部(3)の光合成は，葉緑体の中の2つの区域で起こる。次の①と②に当てはまる記述と
して最も適当なものを，下の解答群の(ア)～(ク)からそれぞれ**すべて**選べ。ただし①が　5　，②
が　6　とする。解答番号　5　，　6　には正しいものをそれぞれ**すべて**マークすること。
5　，　6

葉緑体の中の2つの区域

① チラコイド膜

② ストロマ

5 , 6 の解答群

(ア) ATP が合成される。

(イ) NADPH が合成される。

(ウ) グルコースが分解される。

(エ) 酸素が発生する。

(オ) デンプンが合成される。

(カ) 二酸化炭素が分解される。

(キ) 水が生じる。

(ク) 葉緑体の主要な光合成色素が含まれている。

問6 文中の空欄 e ・ f に入れる語句として正しいものの組み合わせを，次の解答群の(ア)～(ケ)のうちから一つ選べ。 7

7 の解答群

	e	f
(ア)	核酸	アミラーゼ
(イ)	核酸	セルラーゼ
(ウ)	核酸	ペプシン
(エ)	酵素	アミラーゼ
(オ)	酵素	セルラーゼ
(カ)	酵素	ペプシン
(キ)	酸素	アミラーゼ
(ク)	酸素	セルラーゼ
(ケ)	酸素	ペプシン

問7 下線部(4)の基質特異性は e の特性の一つである。 e の特性に関する次の記述①～⑤のうち，正しい記述を過不足なく含むものを，下の解答群の(ア)～(コ)のうちから一つ選べ。 8

① 基質が e に結合する部位を活性部位という。

② 無機触媒と同じように，温度の上昇に伴って反応速度が増加し続ける。

③ 胃の中で働く e は腸の中でも働くことができる。

④　　e　　はおもに DNA である。

8　の解答群

(ア) ①　　　　(イ) ②　　　　(ウ) ③　　　　(エ) ④　　　　(オ) ①，②

(カ) ①，③　　(キ) ①，④　　(ク) ②，③　　(ケ) ②，④　　(コ) ③，④

Ⅱ　次の文章A・Bを読み，下の問い（問1〜8）に答えよ。

A　動物のからだには，さまざまな細胞がある。これらの細胞は，1個の　a　が分裂を繰り返した結果，生じたものである。ある細胞が，特定の形や機能をもった細胞に変化することを　b　という。遺伝情報にもとづいてタンパク質が合成されることを，遺伝子の　c　というが，　b　した細胞では，特定の遺伝子が　c　しており，異なる種類の細胞では，つくられるタンパク質の種類も異なる。タンパク質の材料となるアミノ酸は　d　種類であり，アミノ酸の配列と数が異なれば，タンパク質の性質や機能も大幅に変わる。タンパク質以外の細胞の成分としては，核酸，炭水化物，脂質などがあるが，これらは(1)単純な物質をもとにして，さまざまな酵素が働いてつくられる。

　ヒトのゲノムには，約　e　個の遺伝子が含まれており，それぞれの遺伝子の塩基配列には，タンパク質のアミノ酸配列の情報が含まれている。遺伝子の　c　においては，遺伝子の領域にある DNA の塩基配列が，まず　f　へ写し取られる。この過程を　g　という。次に，　f　に写し取られた塩基配列に含まれているアミノ酸配列の情報にもとづいて，　h　によりアミノ酸が順に結合され，遺伝子ごとに決まったアミノ酸配列をもったタンパク質が合成される。この過程を　i　という。このように，(2)遺伝情報は DNA→RNA→タンパク質の順に流れる。

問1　文中の空欄　a　〜　c　に入れる語句として最も適当なものの組み合わせを，次の解答群の(ア)〜(ク)のうちから一つ選べ。　9

9　の解答群

	a	b	c
(ア)	受精卵	異化	発動
(イ)	受精卵	異化	発現
(ウ)	受精卵	分化	発動
(エ)	受精卵	分化	発現
(オ)	胚性幹細胞	異化	発動
(カ)	胚性幹細胞	異化	発現
(キ)	胚性幹細胞	分化	発動
(ク)	胚性幹細胞	分化	発現

問2　文中の空欄　d　・　e　に入れる数値として最も適当なものの組み合わせを，次の解答群の(ア)〜(ケ)のうちから一つ選べ。　⑩

⑩　の解答群

	d	e
(ア)	20	10000 〜 11000
(イ)	20	20000 〜 22000
(ウ)	20	40000 〜 44000
(エ)	30	10000 〜 11000
(オ)	30	20000 〜 22000
(カ)	30	40000 〜 44000
(キ)	40	10000 〜 11000
(ク)	40	20000 〜 22000
(ケ)	40	40000 〜 44000

問3　文中の空欄　f　・　g　に入れる語句として正しいものの組み合わせを，次の解答群の(ア)〜(ケ)のうちから一つ選べ。　⑪

⑪　の解答群

	f	g
(ア)	mRNA	変換
(イ)	mRNA	転写
(ウ)	mRNA	翻訳
(エ)	rRNA	変換
(オ)	rRNA	転写
(カ)	rRNA	翻訳
(キ)	tRNA	変換
(ク)	tRNA	転写
(ケ)	tRNA	翻訳

問4　文中の空欄　h　・　i　に入れる語句として正しいものの組み合わせを，次の解答群の(ア)〜(ケ)のうちから一つ選べ。　⑫

12 の解答群

	h	i
(ア)	高エネルギーリン酸結合	変換
(イ)	高エネルギーリン酸結合	転写
(ウ)	高エネルギーリン酸結合	翻訳
(エ)	水素結合	変換
(オ)	水素結合	転写
(カ)	水素結合	翻訳
(キ)	ペプチド結合	変換
(ク)	ペプチド結合	転写
(ケ)	ペプチド結合	翻訳

問5 下線部(1)に関する次の記述①～④のうち，正しいものを過不足なく含む組み合わせを，下の解答群の(ア)～(コ)のうちから一つ選べ。 13

① DNA を合成する酵素は，おもに核で働いている。
② RNA を合成する酵素は，おもに細胞質基質で働いている。
③ 核酸の構成単位は，ヌクレオチドとよばれる。
④ 酵素は，おもにタンパク質でできている。

13 の解答群

(ア) ①，② 　　(イ) ①，③ 　　(ウ) ①，④ 　　(エ) ②，③
(オ) ②，④ 　　(カ) ③，④ 　　(キ) ①，②，③ 　(ク) ①，②，④
(ケ) ①，③，④ 　(コ) ②，③，④

問6 下線部(2)のような原則の名称として正しいものを，下の解答群の(ア)～(ケ)のうちから一つ選べ。 14

14 の解答群

(ア) アナフィラキシー 　(イ) シャルガフの規則 　(ウ) スプライシング
(エ) セントラルドグマ 　(オ) 相補的結合 　　　(カ) 二重らせん構造
(キ) 半保存的複製 　　　(ク) フィードバック 　　(ケ) メンデルの法則

B　ハエなどの幼虫の j の細胞を観察すると，巨大な染色体が観察できる。この染色体には，ところどころにパフとよばれる膨らみが観察できる。パフは染色体が部分的にほどけた領域であり，その位置と大きさは，幼虫がさなぎになるにつれて，さまざまに変化する。このことは，ハ

エの発生が進むにつれて，働く　k　の種類が変化していることを示している。

問7　文中の空欄　j　・　k　に入れる語句として正しいものの組み合わせを，次の解答群の
(ア)～(ケ)のうちから一つ選べ。　15

15　の解答群

	j	k
(ア)	胸腺	遺伝子
(イ)	胸腺	中心体
(ウ)	胸腺	配偶子
(エ)	甲状腺	遺伝子
(オ)	甲状腺	中心体
(カ)	甲状腺	配偶子
(キ)	だ腺	遺伝子
(ク)	だ腺	中心体
(ケ)	だ腺	配偶子

問8　パフでおこっていることに関する次の記述①～④のうち，正しいものを過不足なく含む組
み合わせを，下の解答群の(ア)～(コ)のうちから一つ選べ。　16

① DNAが，複製されている。
② DNAの一部が，1本鎖になっている。
③ RNAが，合成されている。
④ タンパク質が，合成されている。

16　の解答群

(ア) ①，②　　　(イ) ①，③　　　(ウ) ①，④　　　(エ) ②，③

(オ) ②，④　　　(カ) ③，④　　　(キ) ①，②，③　　(ク) ①，②，④

(ケ) ①，③，④　　(コ) ②，③，④

Ⅲ 次の文章A・Bを読み，下の問い（問1～8）に答えよ。

A 脊椎動物の体液には，細胞を取り巻く(1)組織液，血管内を流れる(2)血液，リンパ管内を流れるリンパ液が含まれる。体液は(3)循環系によって循環し，(4)体内環境を一定の状態に維持する。

問1 下線部(1)に関して，次の液体①～④のうち，組織液と組成（含んでいる物質とその濃度）が近いものを過不足なく含む組み合せを，下の解答群の(ア)～(コ)のうちから一つ選べ。 17

① 海水　　　② 血しょう　　　③ 細胞質基質　　　④ リンパ液

17 の解答群

(ア) ①，②　　　(イ) ①，③　　　(ウ) ①，④　　　(エ) ②，③

(オ) ②，④　　　(カ) ③，④　　　(キ) ①，②，③　　　(ク) ①，②，④

(ケ) ①，③，④　　　(コ) ②，③，④

問2 下線部(2)に関する記述として正しいものを，次の解答群の(ア)～(カ)のうちから**すべて選べ**。解答番号 18 には正しいものを**すべて**マークすること。 18

18 の解答群

(ア) 血しょうは，グルコースや無機塩類を含むが，タンパク質は含まない。

(イ) 血小板は，二酸化炭素を運搬する。

(ウ) 血ぺいは，フィブリンが分解されてできる。

(エ) 酸素は，大部分が血しょうに溶解して運搬される。

(オ) 白血球は，ヘモグロビンを多量に含む。

(カ) ヘモグロビンは，酸素濃度が上昇するとより多くの酸素と結合する。

問3 下線部(3)に関連して，ヒトにおける血液の循環に関する記述として正しいものを，次の解答群の(ア)～(カ)のうちから**すべて選べ**。解答番号 19 には正しいものを**すべて**マークすること。 19

19 の解答群

(ア) 運動すると，心臓の拍動数が低下する。

(イ) 肝臓から肝門脈を通って，小腸などの消化管に血液が流入する。

(ウ) 交感神経の興奮により，心拍数は減少する。

(エ) 静脈からリンパ管にリンパ液が流入する。

(オ) 肺動脈を流れる血液は，肺静脈を流れる血液よりも酸素を多く含む。

(カ) 毛細血管では，血しょうの一部がしみ出し，組織液に加わる。

問4 下線部(4)に関連して，体液の水分量は内分泌腺から分泌されるホルモンによって調節されることが知られている。その内分泌腺とホルモンとの組合せとして最も適当なものを，次の解

答群の(ア)～(カ)のうちから一つ選べ。 20

20 の解答群

	内分泌腺	ホルモン
(ア)	甲状腺	鉱質コルチコイド
(イ)	甲状腺	チロキシン
(ウ)	脳下垂体後葉	鉱質コルチコイド
(エ)	脳下垂体後葉	バソプレシン
(オ)	脳下垂体前葉	チロキシン
(カ)	脳下垂体前葉	バソプレシン

B　ヒトは食事をすると， a が血液中に取り込まれ，血糖濃度が上昇する。間脳の b などが，血糖濃度の上昇を感知すると， c のランゲルハンス島に指令を出し，インスリンの分泌を促進する。インスリンやさまざまな(5)ホルモンなどによって，(6)血糖濃度は調節される。血糖濃度を下げるしくみが働かないと，常に高い血糖濃度となる。この状態を糖尿病という。糖尿病は大きく次の二つに分けられる。一つは，Ⅰ型糖尿病とよばれ，インスリンを分泌する細胞が破壊されて，インスリンがほとんど分泌されない。もう一つは，Ⅱ型糖尿病とよばれ，インスリンの分泌量が減少したり，標的細胞へのインスリンの作用が低下したりする場合で，生活習慣病の一つである。

問5　文中の空欄 a ～ c に入る語の組合せとして最も適当なものを，次の解答群の(ア)～(ク)のうちから一つ選べ。 21

21 の解答群

	a	b	c
(ア)	グリコーゲン	延髄	肝臓
(イ)	グリコーゲン	延髄	すい臓
(ウ)	グリコーゲン	視床下部	肝臓
(エ)	グリコーゲン	視床下部	すい臓
(オ)	グルコース	延髄	肝臓
(カ)	グルコース	延髄	すい臓
(キ)	グルコース	視床下部	肝臓
(ク)	グルコース	視床下部	すい臓

問6 下線部(5)の発見につながった研究に関する次の記述中の d ～ f に入る語や人名の組合せとして最も適当なものを，下の解答群の(ア)～(ク)のうちから一つ選べ。 22

下線部(5)の発見につながった研究に関する記述

　胃の内容物が，胃液中の塩酸とともに十二指腸に入ることで，ある物質が分泌され， d を介してすい臓に作用し，すい液が分泌される。このことを発見した e は，ある物質を f と名付けた。

22 の解答群

	d	e	f
(ア)	血液	ベイリスとスターリング	インスリン
(イ)	血液	ベイリスとスターリング	セクレチン
(ウ)	血液	レーウィとランゲルハンス	インスリン
(エ)	血液	レーウィとランゲルハンス	セクレチン
(オ)	神経	ベイリスとスターリング	インスリン
(カ)	神経	ベイリスとスターリング	セクレチン
(キ)	神経	レーウィとランゲルハンス	インスリン
(ク)	神経	レーウィとランゲルハンス	セクレチン

問7 下線部(6)に関する記述として正しいものを，次の解答群の(ア)～(オ)のうちから**すべて**選べ。解答番号 23 には正しいものを**すべて**マークすること。 23

23 の解答群

(ア) アドレナリンは，グルコースの分解を促進し，その結果，血糖濃度を上昇させる。

(イ) インスリンは，細胞へのグルコースの取り込みを促進する。

(ウ) グルカゴンは，肝臓の細胞に作用して，血糖濃度を上昇させる。

(エ) 糖質コルチコイドは，タンパク質からグルコースの合成を促進し，血糖濃度を上昇させる。

(オ) 副腎皮質刺激ホルモンは，糖質コルチコイドの分泌を促進する。

問8 以下のグラフgとhは血糖濃度の相対値と血中インスリン濃度の相対値をそれぞれ示している。また，線①～③は，健康なヒト，Ⅰ型糖尿病患者およびⅡ型糖尿病患者の食事前後の反応を示している。線①～③の組合せとして最も適当なものを，次の解答群の(ア)～(カ)のうちから一つ選べ。 24

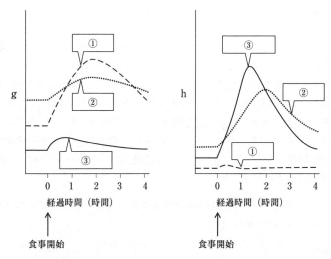

図　血糖濃度の相対値（g）と血中インスリン濃度の相対値（h）

24 の解答群

	①	②	③
(ア)	Ⅰ型糖尿病患者	Ⅱ型糖尿病患者	健康なヒト
(イ)	Ⅰ型糖尿病患者	健康なヒト	Ⅱ型糖尿病患者
(ウ)	Ⅱ型糖尿病患者	Ⅰ型糖尿病患者	健康なヒト
(エ)	Ⅱ型糖尿病患者	健康なヒト	Ⅰ型糖尿病患者
(オ)	健康なヒト	Ⅰ型糖尿病患者	Ⅱ型糖尿病患者
(カ)	健康なヒト	Ⅱ型糖尿病患者	Ⅰ型糖尿病患者

Ⅳ　次の文章A・Bを読み，下の問い（問1〜8）に答えよ。

A　病原体に対応するヒトの免疫細胞には種々の(1)食細胞やリンパ球があり，これらの免疫細胞は，　a　にある　b　からつくられる。ヒトの体内への病原体の侵入を防ぐために，第一の防御として物理的防御と(2)化学的防御がある。次に自然免疫として，食細胞による食作用および　c　による感染細胞やがん細胞などの排除がある。さらに，獲得免疫（適応免疫）では，T細胞とB細胞が働く。T細胞には(3)キラーT細胞とヘルパーT細胞があり，リンパ節で抗原の提示を受けて，活性化して増殖する。また，増殖したヘルパーT細胞は，　d　やB細胞を活性化する。活性化したB細胞は増殖して　e　へと分化し，(4)抗体を産生して体液中に放出する。抗体は，免疫　f　というタンパク質である。

問1　文中の空欄　a　〜　c　に入れる語句として正しいものの組み合わせを，次の解答群の(ア)〜(ク)のうちから一つ選べ。　25

25　の解答群

	a	b	c
(ア)	胸腺	造血幹細胞	NK細胞
(イ)	胸腺	造血幹細胞	マスト細胞（肥満細胞）
(ウ)	胸腺	胚性幹細胞	NK細胞
(エ)	胸腺	胚性幹細胞	マスト細胞（肥満細胞）
(オ)	骨髄	造血幹細胞	NK細胞
(カ)	骨髄	造血幹細胞	マスト細胞（肥満細胞）
(キ)	骨髄	胚性幹細胞	NK細胞
(ク)	骨髄	胚性幹細胞	マスト細胞（肥満細胞）

問2　文中の空欄　d　〜　f　に入れる語句として正しいものの組み合わせを，次の解答群の(ア)〜(ク)のうちから一つ選べ。　26

26　の解答群

	d	e	f
(ア)	樹状細胞	記憶細胞	アルブミン
(イ)	樹状細胞	記憶細胞	グロブリン
(ウ)	樹状細胞	形質細胞（抗体産生細胞）	アルブミン
(エ)	樹状細胞	形質細胞（抗体産生細胞）	グロブリン
(オ)	マクロファージ	記憶細胞	アルブミン
(カ)	マクロファージ	記憶細胞	グロブリン
(キ)	マクロファージ	形質細胞（抗体産生細胞）	アルブミン
(ク)	マクロファージ	形質細胞（抗体産生細胞）	グロブリン

問3　下線部(1)に分類される細胞として，次の細胞①～⑤のうち，正しいものの組み合わせを，下の解答群の(ア)～(コ)のうちから一つ選べ。　27

① NK細胞
② 好中球
③ 血小板
④ 赤血球
⑤ マクロファージ

27 の解答群

(ア) ①，②	(イ) ①，③	(ウ) ①，④	(エ) ①，⑤
(オ) ②，③	(カ) ②，④	(キ) ②，⑤	(ク) ③，④
(ケ) ③，⑤	(コ) ④，⑤		

問4　下線部(2)において，細菌に対して抗菌作用を示す物質として，次の物質①～⑤のうち，最も適当なものの組み合わせを，下の解答群の(ア)～(コ)のうちから一つ選べ。　28

① チロキシン
② ディフェンシン
③ バソプレシン
④ ビリルビン
⑤ リゾチーム

28 の解答群

(ア) ①，②	(イ) ①，③	(ウ) ①，④	(エ) ①，⑤
(オ) ②，③	(カ) ②，④	(キ) ②，⑤	(ク) ③，④
(ケ) ③，⑤	(コ) ④，⑤		

問5　下線部(3)に関する次の記述①～⑤のうち，正しいものの組み合わせを，下の解答群の(ア)～(コ)のうちから一つ選べ。　29

①　1つのキラーT細胞は，多種類の抗原を認識できる。

②　キラーT細胞による免疫反応を，体液性免疫という。

③　樹状細胞の抗原提示により活性化する。

④　マクロファージを活性化させる。

⑤　リンパ節を出て感染した組織に移動する。

29　の解答群

(ア) ①，②　　　　(イ) ①，③　　　　(ウ) ①，④　　　　(エ) ①，⑤

(オ) ②，③　　　　(カ) ②，④　　　　(キ) ②，⑤　　　　(ク) ③，④

(ケ) ③，⑤　　　　(コ) ④，⑤

問6　下線部(4)に関する次の記述①～⑤のうち，正しいものの組み合わせを，下の解答群の(ア)～(コ)のうちから一つ選べ。　30

①　エイズでは，ヘルパーT細胞の機能は低下するが，抗体の産生は低下しない。

②　抗原と結合する部位は可変部とよばれ，特定の異物と特異的に結合する。

③　抗体は，H鎖とL鎖を1本ずつ，計2本のポリペプチドからできている。

④　毒ヘビにかまれたときに，その毒素に対する抗体を含む血清を注射する治療法は，血清療法といわれる。

⑤　ヒトのABO式血液型で，O型の赤血球には，抗A抗体と抗B抗体がある。

30　の解答群

(ア) ①，②　　　　(イ) ①，③　　　　(ウ) ①，④　　　　(エ) ①，⑤

(オ) ②，③　　　　(カ) ②，④　　　　(キ) ②，⑤　　　　(ク) ③，④

(ケ) ③，⑤　　　　(コ) ④，⑤

B　抗原提示には，(5)MHC抗原というタンパク質がかかわっている。ヒトのMHC抗原は，多くの種類があり，ヒトの臓器移植で　g　がおこるのは，主に　h　がMHC抗原の違いを見分けるからである。

問7　文中の空欄　g　・　h　に入れる語句として正しいものの組み合わせを，次の解答群の(ア)～(ケ)のうちから一つ選べ。　31

31　の解答群

	g	h
(ア)	アナフィラキシーショック	T細胞
(イ)	アナフィラキシーショック	好中球
(ウ)	アナフィラキシーショック	樹状細胞
(エ)	拒絶反応	T細胞
(オ)	拒絶反応	好中球
(カ)	拒絶反応	樹状細胞
(キ)	免疫寛容	T細胞
(ク)	免疫寛容	好中球
(ケ)	免疫寛容	樹状細胞

問8 下線部(5)に関する次の記述①～④のうち，正しいものを過不足なく含む組み合わせを，下の解答群の(ア)～(コ)のうちから一つ選べ。 32

① T細胞は，MHC抗原の違いを認識することはできない。

② 細胞の表面に存在している。

③ 自分自身の MHC抗原をもった細胞は攻撃される。

④ 他人と完全に一致することはほとんどない。

32 の解答群

(ア) ①，②	(イ) ①，③	(ウ) ①，④	(エ) ②，③
(オ) ②，④	(カ) ③，④	(キ) ①，②，③	(ク) ①，②，④
(ケ) ①，③，④	(コ) ②，③，④		

V　生物の多様性と生態系に関する次の文章を読み，下の問い（問1〜8）に答えよ。

　東京港竹芝客船ターミナルより船に乗り，太平洋を南南東に向けておよそ1,000キロメートル，約24時間の航海で小笠原諸島の中心である父島に到着する。父島や母島の有人島に加え，兄島や姉島などの無人島を含めた計30の島々からなる小笠原諸島は，島々が形成してから大陸と陸続きになったことが一度もない(1)亜熱帯気候の海洋島である。何百万年という長い年月を経て独自の生態系が育まれ，小笠原諸島にしか生息していない貴重な生物種，つまり　a　が数多くみられることから，(2)国際自然保護連合（IUCN）によって「特徴的な生態系」であることが評価され，2011年に国際連合教育科学文化機関（ユネスコ）世界自然遺産に登録された。小笠原諸島の特筆すべき生物としてカタツムリが挙げられ，生息場所，餌とする植物，大きさや色などが異なる実に多様な種がみられる。島におよそ100種類以上のカタツムリが生息し，そのうちの約90%がその場所にしか生息していない　a　である。一方で，　a　の爬虫類は2種類のみの存在が確認されているだけで，両生類はいないと考えられている。種構成の偏りがあり，生物全体の種多様性が低いといえる。一般的に生物全体の種が多くなると，(3)食う－食われるの関係に関わる生物種が増えることとなり，(4)より複雑な食物網が形成され，より生態系が安定すると考えられている。

　一方で，オオヒキガエルやグリーンアノールといった，もともと小笠原諸島に生息していなかった外来生物が侵入・定着して問題となっている。オオヒキガエルはサトウキビ畑の害虫を食べてくれると期待して人為的に島に導入され，グリーンアノールはペットとして持ち込まれたものが脱走したか，あるいは物資の輸送に紛れて島に持ち込まれたと言われている。今ではオオヒキガエルはカタツムリを食べつくし，グリーンアノールは蝶やトンボを食べつくし，(5)大量に増殖して生態系を破壊してしまっている。その他，もともとは小笠原諸島に生息していなかったヤギやネコも，家畜として持ち込まれたものが島内に定着して増殖している。

　生態系や人体，農林水産業などに大きな影響を及ぼすかあるいは及ぼす可能性のある生物を，日本では(6)特定外来生物として指定し，無許可での輸入や販売・飼育・移動を法律で禁じている。グリーンアノールやオオヒキガエルは特定外来生物であり，小笠原諸島では島外からの持ち込みを特に厳しく管理しているため，これ以上の移入はないものと思われる。しかし，既に増殖してしまった個体の駆除や他の島への拡散防止対策が講じられようとしているものの，十分な効果が得られていない。

問1　生態系に関する次の記述①〜⑤のうち，正しいものを過不足なく含む組み合わせを，下の解答群の(ア)〜(コ)のうちから一つ選べ。　33

①　生物と非生物的環境の間で，炭素や窒素などの物質が循環する。

②　地球上には，陸上の生態系や水界の生態系など，さまざまな生態系がみられる。

③　都市部に生態系は存在しない。

④　光の届かない深海に生態系は存在しない。

⑤　非生物的環境の要素として，温度，大気，土壌，光，水がある。

33 の解答群

(ア) ①, ②, ③　　　(イ) ①, ②, ④　　　(ウ) ①, ②, ⑤　　　(エ) ①, ③, ④

(オ) ①, ③, ⑤　　　(カ) ①, ④, ⑤　　　(キ) ②, ③, ④　　　(ク) ②, ③, ⑤

(ケ) ②, ④, ⑤　　　(コ) ③, ④, ⑤

問2　下線部(1)に関する次の記述①〜⑥のうち，正しいものを過不足なく含む組み合わせを，下の解答群の(ア)〜(ケ)のうちから一つ選べ。　**34**

①　ガジュマルやビロウ，木生シダなどが生育する。

②　トウヒ，モミ，カラマツなどが生育する。

③　ブナ，ミズナラ，カエデなどが生育する。

④　年平均気温が26℃，年間を通じて高温多雨である。

⑤　年平均気温が23℃，年間の温度差が小さく湿度が高い。

⑥　年平均気温が17℃，夏と冬の温度差が比較的大きい。

34 の解答群

(ア) ①, ④　　　(イ) ①, ⑤　　　(ウ) ①, ⑥　　　(エ) ②, ④　　　(オ) ②, ⑤

(カ) ②, ⑥　　　(キ) ③, ④　　　(ク) ③, ⑤　　　(ケ) ③, ⑥

問3　文中の空欄　a　に入る正しいものを，次の解答群の(ア)〜(キ)のうちから一つ選べ。　**35**

35 の解答群

(ア)　外来種　　　　　　　(イ)　キーストーン種　　　　(ウ)　固有種

(エ)　在来種　　　　　　　(オ)　絶滅危惧種　　　　　　(カ)　先駆種

(キ)　優占種

問4　下線部(2)の取り組みを紹介する次の記述①〜④のうち，正しいものを過不足なく含むものを，下の解答群の(ア)〜(コ)のうちから一つ選べ。　**36**

①　気候区分ごとに生息する野生生物リストをまとめたレッドデータブックを発行している。

②　国際的な希少種の取引を禁止するラムサール条約をとりまとめ厳しく管理している。

③　国際的に絶滅の恐れのある生物種をリスクレベルごとにまとめたレッドリストを作成している。

④　特に生態系や人間の経済活動に影響が大きい世界の侵略的外来種ワースト100をまとめたミシュランガイドブックを発行している。

36 の解答群

(ア) ①　　　　(イ) ②　　　　(ウ) ③　　　　(エ) ④　　　　(オ) ①, ②

(カ) ①, ③　　　　(キ) ①, ④　　　　(ク) ②, ③　　　　(ケ) ②, ④　　　　(コ) ③, ④

問5　下線部(3)について，生産者，一次消費者，二次消費者の生物量の一般的な関係を表したものとして正しいものを，次の解答群の(ア)〜(カ)のうちから一つ選べ。　37

37 の解答群

(ア) 生産者＜一次消費者＜二次消費者　　　(イ) 生産者＜二次消費者＜一次消費者

(ウ) 一次消費者＜生産者＜二次消費者　　　(エ) 一次消費者＜二次消費者＜生産者

(オ) 二次消費者＜生産者＜一次消費者　　　(カ) 二次消費者＜一次消費者＜生産者

問6　下線部(4)に関する次の記述①〜④のうち，正しいものを過不足なく含む組み合わせを，下の解答群の(ア)〜(コ)のうちから一つ選べ。　38

① 生態系の中で動物や植物の遺骸（いがい）を分解する菌類・細菌を分解者とよぶ。

② 生態系の中でミミズは豊かな土壌を育むことから生産者とよばれる。

③ 蝶やトンボはトカゲ等の消費者に食べられるため生産者とよび，個体数は消費者よりも多い。

④ 捕食者は1種類の生物だけでなく，何種類もの生物を捕食していることが多い。

38 の解答群

(ア) ①, ②　　　　(イ) ①, ③　　　　(ウ) ①, ④　　　　(エ) ②, ③

(オ) ②, ④　　　　(カ) ③, ④　　　　(キ) ①, ②, ③　　　(ク) ①, ②, ④

(ケ) ①, ③, ④　　(コ) ②, ③, ④

問7　下線部(5)のように，グリーンアノールやオオヒキガエルが異常に増殖してしまう原因を説明する次の記述①〜④のうち，正しいものを過不足なく含む組み合わせを，下の解答群の(ア)〜(コ)のうちから一つ選べ。　39

① グリーンアノールやオオヒキガエルが頻繁に海を渡って島内に侵入しているから。

② 島にはオオヒキガエル，グリーンアノール，ヤギやネコなどに対する天敵がいないから。

③ 島にもともと住んでいた生物は，オオヒキガエルやグリーンアノールの捕食などに対して防衛機構をもたないから。

④ もともと住んでいた生物と外来種とが交配して遺伝子汚染が進み，環境適応性の高い子孫が産まれたから。

39 の解答群

(ア) ①, ②　　　　(イ) ①, ③　　　　(ウ) ①, ④　　　　(エ) ②, ③

(オ) ②, ④　　　　(カ) ③, ④　　　　(キ) ①, ②, ③　　　(ク) ①, ②, ④

(ケ) ①, ③, ④　　(コ) ②, ③, ④

問8 下線部(6)の対象生物を紹介する次の記述①～④のうち，正しいものを過不足なく含む組み合わせを，下の解答群の(ア)～(コ)のうちから一つ選べ。 40

① 園芸用に輸入した植物のオオハンゴンソウは，全国に広がってしまい駆除が困難である。

② 沖縄本島のハブを駆除するために哺乳類のマングースを持ち込んだが，マングース自体が農作物や家畜に被害を及ぼすようになった。

③ 食用に輸入して養殖していた爬虫類のウシガエルおよび甲殻類のザリガニが逃げ出し，各地で大繁殖している。

④ 絶滅しそうになっていた鳥類のヤンバルクイナの人工繁殖が成功し，今では増えすぎて貴重な他の生物をも食い荒らしてしまっている。

40 の解答群

(ア) ①，②   (イ) ①，③   (ウ) ①，④   (エ) ②，③

(オ) ②，④   (カ) ③，④   (キ) ①，②，③   (ク) ①，②，④

(ケ) ①，③，④   (コ) ②，③，④

国　語

（六〇分）

第一問　次の文章は、清岡卓行の小説『アカシヤの大連』（一九七〇年）の一節である。これを読み、後の問い（問1〜13）に答えよ。

大連（注1）の五月は、彼にとって五年ぶりのものであったが、こんなに素晴らしいものであったかと、幼年時代や少年時代には意識しなかったその美しさに、彼はほとんど驚いていた。とりわけ、南山麓と呼ばれている住宅街一帯の雰囲気は、彼にとって、そのままで夢想に満ちているような現実であった。

その住宅街は、名前の通り、市の南部にある山々に沿った一部分で、山の A にある弥生ケ池と町の中にある鏡ケ池にさまれて B 状をなしていた。小学校や幼稚園や教会も含まれていたが、幅の広いアスファルトの車道を、乗合バスが静かにうねって行くだけの閑かな町であった。

彼の家は、ほぼその東のはずれに位置していた。緑の屋根、白い壁、赤い塀。彼がいつも東京で脳裏に描いていた、いかにも第一次大戦後に建てられたといった感じの、日本的な洋風の煉瓦（注2）瓦（注3）づくりの二階建てである。

彼はいつもくれるまに、自分の家を出てから、西の方に大きな楕円（注4）を描こうとして散歩した。そうすると、二つの池のそばを通ることができたし、並木の沢山ある歩道を楽しむこともできた。

整然として横に走っている車道。その両側には、ゆったりとした歩道があり、敷石（a）で舗装されているものと、土のままのものがあったが、どちらにも柳、ポプラ、アカシヤなどの並木が、ほぼ五、六メートルの間隔で横えられていた。車道も歩道も大体清潔で、紙屑などはあまり見当たらなかったが、車道は、馬車が走って行くため、ときどき馬糞（注5）が落ちていた。そのため、か、小学生がフンコロガシと呼んでいる、黄金虫のような昆虫が多く、カミキリムシやコオロギなどとともに、よく見かけた。

町の名前には、どういうわけか、樹の名前が多かった。楠町、榊町、桂町、桜町、樫町、柳町……。

家並は、ヨーロッパふうを感じるものであると言えばまよかっただろうか。住宅としては大型なそれぞれの石造建築は、たいてい一軒ごとに高い煉瓦瓦の塀をめぐらしていた。地震はほとんどなかったから、それでよかったのだろう。煉瓦瓦の積みかたにはイギリス式とフランス式とオランダ式があると、彼は父からおそわっていたが、彼の眼にしたかぎりでは、それらの全部が簡単に組めて実用

的なギリシャ式であった。このような建物の様子が、もともと人通りの少ない町を、さらにのんびりと、ほとんど優雅にもさせていた。

しかし、近くの山に登って、南山麓の住宅街を眺め渡してみると、赤、茶、緑、灰など色とりどりの屋根から、一本ずつ細長い四角張りの煙突がにょきにょきと出ていて、明るく鮮やかであるとともに、なんとなく賑やかを感じであった。

彼は幼い頃、そんなふうにして山の頂上から、初めて自分の住んでいる家とその周辺に接したとき、色紙をばら撒いたようなその花やかさに心するとともに、空を飛ぶ鳥たちは、いつもこんなふうに自分たちの町を眺めているのだろうかと、面白い発見をしたように思ったことがあった。

〈中略〉

一箇月前の四月は、天候がなんとなくちぐはぐであった。並木の柳の綿がふわふわと、静かに軽く道に漂って通って行く人間の肩にかかったりする、とか春の日があるかと思うと、薬売古風と呼ばれている凄まじい風が、空いっぱいを黄色くして吹き過ぎる、荒々しい春の日があり、温かさと寒さにも、冬期における、いわゆる三寒 C 温の惰性が、まだいくらか続いているようであった。

しかし、五月にはいると、一、二回の雨のあとで、空は眼を洗いたくなるほど濃い青に澄み渡り、（そのように鮮やかなラシャン・ブルーを、彼は日本の空に見たことがなかった）風は爽やかで、気温は肌に快い暖かさになったのであった。特に、彼の心を激しく打ったのは、久しく忘れていたアカシヤの花の甘く⑥芳しい薫りである。

五月の半ばを過ぎた頃、南山麓の歩道のあちこちに沢山植えられている並木のアカシヤは、一斉に花を開いた。すると、町全体に、(1)あの樹まじく甘美な匂い、あの、純粋のうちに激しく欲望のような、あるいは逸楽のように回想される青らかな夢のような、どこか寂しげな匂いが、いっぱいに溢れたのであった。

そんなとき、彼はいつものように独りで町を散歩しながら、その匂いを、ほとんど全身で吸った。時には、一握りのその花房を取って、一つ一つの小さな花を嚙みしめながら、淡い蜜の喜びを味わった。その仄かに甘い味は、たとえば、小学生の頃かれんば、高い赤煉瓦の塀に登って、そこに延びきているアカシヤの枝の豊かな緑に身を隠し、その棘に刺さらないように用心しながら、その花の蜜を舐めた、長く明るい午後などを思い出させた。そして彼は、この町こそやはり自分の本当のふるさとなのだと、思考を通じてではなく、 D を通じてしみじみと感じたのであった。

彼の父も母も、高知県の出身であったから、彼の戸籍上のふるさとは、彼が敬兵検査と召集のために二度ほど出かけて行ったその南国の土地のほかはなかった。実際に父祖の土地を見たとき、彼は自分が予期していた以上の好意を、その素朴でおおらかな田園に覚えた。父の生まれた田野町や、その母の生まれた奈半利町には、戦争をしている国の一部とは思えないような静けさがあった。そして、そこで、伯母や従兄たちがあたたかく迎えてくれた。鮎の塩焼、鰹のたたき、

あるいは、生きているようなりめくとりの酢のものなどは、彼の肌えていた胃袋を強く魅惑した。しかし、りれが自分のふるさとだという実感は、どうしても湧いてはこないのであった。

彼は、自分が日本の植民地である大連の一角にふるさとを感じているということに、なぜか引け目を覚えていた。もし、りのことを他人に聞かせたら、恥ずかしく思われするにことになるのではないかと不安であった。というのは、りの部会とその周辺には、土着人の墓場かあるということを、彼はすでにしてよく知っていたからである。つまり、大連に住んでいる彼の前世代の日本人たちは、心の中で、日本の内地のどりかにある自分のふるさとを大切にし、骨になったらそりに埋めてもらいたいと思っているようであった。また、彼のような植民地三世、年齢のせいか、まるで根なし草のように、ふるさとについての問題意識をりは持っていなかったようであった。

彼ふと、自分が大連の町に切なく感じているものは　Ｅ　的にはとんな〈真実のふるさと〉であるとしても、　Ｆ　的には〈にせのふるさと〉ということになるのかもしれないと思った。なぜなら、彼の気持ち、大連のほとんどの日本人たちから見れば、愛国心が欠乏しているということになるだろうし、土着の気骨ある中国人たちから見れば、根なし草のためだということになるだろうと想像されたからである。このことが、(2)彼の内部のどういうような矛盾に対応しているにしても彼は気づかないわけはゆかなかった。それは、自分が大連の町にしか〈風土のふるさと〉を感じないのに、もう一方において、日本語にしか〈言語のふるさと〉を感じないというりとであった。

それにしても、偶然に似てしまった言葉による連想は、実に微妙なものである。彼は、自分に(3)意地悪く提出した〈にせのふるさと〉という言い廻しによって、このしか中学生のときのある経験を思い出していたのだ。もっとも、それは、言葉の相似ということだけが原因というわけでもない、生々しい記憶の蘇えりであるように思われたのであるが──。

中学校の三年生のときであったが彼は学校の博物の授業で先生からアカシヤについて教わった。それによると、大連のアカシヤは、俗称でそう呼ばれているので、正確には、にせアカシヤいぬアカシヤ、あるいはハリエンジュと呼ばれなければならないということでであった。そして、大連に本当のアカシヤは日本などあり、それらは中央公園の東の方の入口に近いというりに生えていて、りりいうう形をしているということであった。

彼はその日、学校を出てから、電車に乗らずに歩いて帰った。一番の近道を歩いて帰ると、途中で、もうそのだっ広い中央公園を通るりことになるのであった。

彼は、しかし、本物の二本のアカシヤを眺めたとき、安心した。なぜなら、にせアカシヤの方がずっと美しいと思ったからである。にせアカシヤは、樹皮の襞が深くて、それが少し陰気であるが幹は真直ぐするりと伸び、そのかなり上方ではじめて多くの枝が、素直に横にひろがって、全体として実にすっきりした形をしているが、本物のアカシヤは、幹が少し曲がっており、本数の少ない枝もなんとなくねじけた感じにねじっており、とうも格好が好く

悪いように見えたのである。本物のアカシヤの花は咲いていなかったが、もし咲いていたら、先生が黒板に色チョークを使って描いたあんなふうな花房の実物よりは、にせアカシヤの見なれた花房の方がずっと綺麗だろうと思った。

　彼はそのような遠い日のささやかなエピソードを、「にせ」という言葉が不当にも、ある生命の自然を美しさに冠せられているということに対する、一種の義憤を通じて思い起こしていたのである。どこの愚かな博物学者がつけた名前か知らないが、にせアカシヤから「にせ」という　Ｇ　印を剥ぎとって、(4)今まで町のひとびとが呼んできた通り、彼はそこに咲き乱れている懐かしくも美しい植物を、単にアカシヤと呼ぼうと思った。

(注１)大連──中国の遼東半島にある都市。
(注２)博物──明治から昭和初期にかけて存在した教科名。動物や鉱物・地質を扱った。

問１　傍線部ⓐ・ⓓに使用する漢字と同じ漢字を含むものとして最も適当なものを、次の各群の⑦〜㋩のうちから、それぞれ一つずつ選べ。解答番号は、ⓐは　１　・ⓓは　２　。

ⓐ　ホ装
　⑦　罪人をホ縛する
　①　店のホ改装
　⑦　安全ホ障
　㋑　欠員をホ充
　㋺　万ホ計

ⓓ　分キ
　⑦　職場復キ
　①　歌舞キ
　⑦　人のケ配
　㋑　半キ県
　㋺　キ承転結

問２　傍線部ⓑの漢字の読みとして最も適当なものを、次の⑦〜㋥のうちから一つ選べ。解答番号は　３　。

ⓑ　芳(しい)
　⑦　うるわ　　①　こいし　　⑦　かんば　　㋑　つつま
　㋺　いさめ　　㋬　におわ　　㋷　いとお

問３　傍線部ⓒの語句の意味として最も適当なものを、次の⑦〜㋺のうちから一つ選べ。解答番号は　４　。

ⓒ　気骨ある
　⑦　独特の雰囲気をまとっている
　①　筋骨が隆々としている
　⑦　気力体力が充実している
　㋑　しなやかな気質と体を持った
　㋺　不屈の気概を持っている

問４　空欄　Ａ　に入る漢字として最も適当なものを、次の⑦〜㋺のうちから一つ選べ。解答番号は　５　。

　⑦　繊　　　　①　房　　　　⑦　頂　　　　㋑　肌　　　　㋺　岸

2024年度　前期AM・BM　国語

問5　空欄 B に入る漢字として最も適当なものを、次の㋐～㋔のうちから一つ選べ。解答番号は 6 。

㋐　環　　　　　㋑　帯　　　　　㋒　箱　　　　　㋓　点　　　　　㋔　層

問6　空欄 C に入る漢字として最も適当なものを、次の㋐～㋖のうちから一つ選べ。解答番号は 7 。

㋐　一　　　　　㋑　二　　　　　㋒　三　　　　　㋓　四　　　　　㋔　五　　　　　㋕　六

㋖　七

問7　空欄 D に入る語句として最も適当なものを、次の㋐～㋔のうちから一つ選べ。解答番号は 8 。

㋐　記憶　　　　㋑　理性　　　　㋒　肉体　　　　㋓　観念　　　　㋔　戸籍

問8　空欄 E ・ F に入る語句の組み合わせとして最も適当なものを、次の㋐～㋕のうちから一つ選べ。解答番号は 9 。

㋐　質・量　　　　　　㋑　量・質　　　　　　㋒　部分・全体

㋓　全体・部分　　　　㋔　主観・客観　　　　㋕　客観・主観

問9　空欄 G に入る漢字として最も適当なものを、次の㋐～㋔のうちから一つ選べ。解答番号は 10 。

㋐　黒　　　　　㋑　刻　　　　　㋒　酷　　　　　㋓　克　　　　　㋔　告

問10　傍線部(1)「あの悩ましく甘美な匂い、あの、純潔のうちに疼く欲望のような、あるいは逸楽のうちに回想される清らかな夢のような、とりわけ寂しげな匂い」とあるが、「彼」はアカシヤの匂いをどのようなものと感じているか。その説明として最も適当な語句を、次の㋐～㋔のうちから一つ選べ。解答番号は 11 。

㋐　虚無的　　　　㋑　家庭的　　　　㋒　悲劇的　　　　㋓　楽天的　　　　㋔　官能的

問11　傍線部(2)「彼の内部のどうしてもうまらない矛盾」とあるが、どういうことか。その説明として最も適当なものを、次の㋐～㋔のうちから一つ選べ。解答番号は 12 。

㋐　日本人であるのに植民地大連にふるさとを感じること。

㋑　日本人ではあるが戦争をしている日本に愛国心を感じないこと。

㋒　南山麓のヨーロッパ風の家並は現実なのに夢想に満ちているように感じられること。

㋓　高知の風土や食物には魅力を感じたがその土地をふるさとには感じられないこと。

㋔　大連に〈風土のふるさと〉を感じているが日本語に〈言語のふるさと〉を感じていること。

問12　傍線部(3)「意地悪く提出した」とあるが、どういうことか。その説明として最も適当なものを、次の⑦〜㋔のうちから一つ選べ。解答番号は 13 。

⑦　自分が根無し草であることを悲観して思うことだということ。

④　ふるさとに対する問題意識が希薄な自分に皮肉を込めたということ。

㋒　自分が抱えている問題に直面せざるを得ないようあえて表現したということ。

㋓　五年も大連に帰っていなかったことを半ばからかう気持ちを込めたということ。

㋔　大連にふるさとを感じている割に大連で人間関係が築けない自分を戒めたということ。

問13　傍線部(4)「今まで町のひとびとが呼んできた通り、彼はそこで咲き乱れている懐かしくも美しい植物を、単にアカシヤと呼ぼうと思った」とあるが、「彼」のどのような心情が表現されているか。その説明として最も適当なものを、次の⑦〜㋔のうちから一つ選べ。解答番号は 14 。

⑦　アカシヤをどのように呼ぶかは博物学者にも町の人にも影響されず自分の気持ちに素直であればよいことを確信している。

④　学者の命名よりも土着の人たちの俗称こそが生物学的に正しいことを中学三年生の時に発見していた自分に驚いている。

㋒　生命の自然な姿に〈にせ〉という呼び名を付けた愚かな博物学者に対して義憤を抑えられずにいる。

㋓　〈にせ〉と他者から言われたとしても自分は大連のアカシヤを美しいと感じ大連にふるさとを感じているということを改めて確認している。

㋔　大連の人が呼んできた通りにアカシヤを呼ぶことで植民地である大連の人たちと対等に付き合っていこうと決めた。

第二問　次の文章を読み、後の問い（問1〜12）に答えよ。

　日本演劇史において（注）ドリフはどんな存在だと考えられるだろうか。最高視聴率が五〇％を超えた『全員集合』は、同時代のあらゆる地域・年齢・階層を超えて、数千万人の日本人が視聴していたことになる。また、週休二日制になる前の土曜人時に、多くの家庭にとって一週間の労働を終えた後の ⓐカ のはじまりの時間だ。一九七〇年代において、多くの国民が毎週同じ時間に同じ娯楽を共有していた。それは、演劇の近代化が夢見た理想、その一部が実現したというころではないか。

　近代演劇の理想の一つは、あらゆる階層の人々を同時に楽しませ、国民を統合することだった。その最初期の提唱者が坪内逍遙であり、彼の構想した「国劇」は、国民に健全な「娯楽」を提供し、同時に「教化」する演劇を目指していた。また、大正時代に入ると、大正デモクラシーを背景として、「民衆芸術」や「民衆娯楽」が盛んに議論された。直接的にせよ間接的にせよ逍遙の国劇論を引き継ぎ、民衆芸術／民衆娯楽を実現したのが、芸術座をつくった島村抱月であり、新国劇をつくった澤田正二郎であり、宝塚歌劇および東宝をつくった小林一三である。

　小林は阪急グループを創始した近代日本を代表する経営者であると同時に、興行師でもあった。興行師としての小林は「国民劇」 A を標榜し、そのために「大劇場主義」を実践した。大劇場主義は、上流階級のための劇場を広く国民のためにひらくという理念に基づき、客席数を増やして観劇料を値下げするなど、興行法の改革を行う。実際に小林は、一九二四年に四千人を収容できる宝塚大劇場をオープンし、一九三三年に株式会社東京宝塚劇場（現・東宝）を設立してからは、有楽町・日比谷エリアに大劇場を次々と建設していく。ドリフが毎年出演した日劇や国際劇場は、小林の手によるものではないが、同じ時代に誕生した大劇場だ。日本に大衆社会が進展し、大衆に必要な娯楽が求められていたからこそ起きた、大劇場の建設ラッシュである。

　小林は、日本国に根差し、国民全体が共有できる理想の「国民劇」を目指して、新しい劇団を何度も立ち上げた。だが、結果的にその試みは失敗に終わった。そして、テレビの登場によって、大衆娯楽の勢力図は大きく塗り替わる。大衆にとっての娯楽はテレビが中心になり、 B 、国民が共有する演劇という発想そのものが成り立たなくなった。

　そのような状況のなか、テレビ番組でありながら舞台の生中継だった『全員集合』は、一面において「国民劇」の理想を実現していたのではないか。もちろん、「娯楽」と「教化」を基本理念とした逍遙の「国劇」から「教化」が抜け落ちており、「国民劇」が目指した(1)「健全な」娯楽とは言えないかもしれない。だが、その一方で、「国劇」と「国民劇」が歌舞伎の改良を共通の C にしていたように、『全員集合』も歌舞伎と無関係ではなかった。屋台崩しや回り舞台などの舞台美術に歌舞伎の技術が使われており、ドリフのメンバーもアイデアを探しに歌舞伎を観に行き、積極的に取り入れている。

　逍遙や小林の理想とは違っていたかもしれないが、それはこれまでに多くの国民が共有した演劇は、歴史上ほかにないだろう。もう議論を先取りして言えば、一九八〇年代以降に笑いが細分化していくなかでも、ドリフだけは広く国民に笑いを提供するという意志を失わなかった。そし

で、その意志を最期まで貫き通したのが、志村けんなのである。

世にいう「土8戦争」の第1ラウンドであるドリフVSコント55号[注2]は、ドリフが勝利した。『世界は笑う』の視聴率は一〇%台で低迷し、一九七〇年三月に終了、リニューアルした後継番組の『コント55号のなんでそろえてくれ!』は、一桁台の視聴率に落ち込み、わずか二ケ月で打ち切りになった。そのままコント55号も、フジテレビの同枠から撤退する。第一ラウンドは、『全員集合』がスタートしてからわずか八ケ月で決着がついた。

『世界は笑う』はコント55号の人気を決定的にし、土曜八時にバラエティを根づかせるきっかけをつくった番組である。その番組がライバルに敗れるかたちで終了したことによって、□D□。新聞は「笑いの王座」から転落したとまで書かれている。年内はコント55号のレギュラー番組も継続するが、翌一九七一年に番組が次々と終了していった。絶頂期は約一年、以降はコントなどの活動を減らし、それぞれ単独で活動していく。

萩本によれば、両者はライバル視されながらも、プライベートは仲が良かったという。とくに萩本と加藤、仲本と交流があり、いかりやの家に遊びに行ったこともある。だが、コメディアン同士として互いに[c]プライドを払う一方で、真剣勝負をしていたにも間違いない。年齢を重ねてからの回想はどうしても丸くなりがちだが、当時はやはりギラギラしていたのではないか。例えば、『世界は笑う』と対決している最中になされた次のいかりやの発言は、あきらかにコント55号を意識しているだろう。

〈ボクはテクニックがきらいなんですよ。メンバーにもテクニックの芝居はやらせないようにしているんです。失敗してもテクニック、成功してもテクニック、こんなおもしろさでお客さんから[注3]戸銭もらうのは、お客さんに対して失礼だと思うんです〉(『週刊平凡』一九七〇年三月二十六日号)

別の見方をすれば、ドリフはコント55号がいたからこそ、自分たちの長所を伸ばすことができたのだ。ドリフは初めからテクニックを排除していたわけではない。『全員集合』と同時に、日本テレビで『ドリフターズ大作戦』(月曜夜七時～七時三十分)がスタートした。この番組は視聴者参加型のかくし芸大会で、四組の出場者にメンバーが一人ずつ付き、優勝を目指して競い合う。ディレクターの白井は番組のねらいを次のように語る。

〈"大作戦"では脚本にない人間ドリフの味をじわっと出してもらうつもりです。たとえば、いつもおどけているわりに、いかりや長介、彼は本当にとても暖かい人間なんです。…(中略)…"大作戦"では、ヘエーとこれがドリフか、というような面を出したら、だから脚本はありません。ドリフのメンバー一人一人の個性がつくる番組になるはずです。いってみれば、彼らは番組と自分自身の演出家になるんですよ〉(『週刊TVガイド』一九六九年十月三十一日号)

だが、『ドリフターズ大作戦』は視聴率が伸びずに半年で終わった。メンバーの素の個性(2)はつくり込んだキャラクターにかなわない。彼らの方向性がそれではっきりした。

次に日本テレビではじまった『ドリフのドッと笑う!学園』(金曜夜七時三十分～八時)は、一転して公開コント番組になった。学園を舞台にして、いかりやが教師役、加藤以下が生徒役という

おなじみのスタイルだ。案の定、番組は当たった。だが『全員集合』では稽古を本番に週三日を費やしており、そのようなやり方では週一本のコント番組を維持できない。その結果、番組は好調のまま半年後に終了した。ドリフは『ホイホイ』以来、常に白井が制作する日本テレビの番組にレギュラー出演してきたが、ここで一度途切れた。

この決断がのちに大きな ⑧ 禍根 を残すことになる。

二〇二二年、劇団ひとりやサンドウィッチマンがドリフのコントに挑戦する番組『ドリフに大挑戦スペシャル』が放送された。リメイクした「もしも…威勢のいい風呂屋があったら」は、銭湯を舞台に普段痛そうにしているいかりや四人から徹底的に仕返しをされるコントで、カンニング竹山がいかりや役を演じていた。興味深かったのは、本編の前に竹山が道端で子どもとカッケルを怒鳴りつける場面を追加していたことだ。あらかじめ竹山を嫌な奴に見せておかなければ、仕返ししても笑いにならないのだろう。オリジナルにその場面が不要なのは、視聴者がドリフの ⑶関係性 を知っているからである。

いかりやの自己分析によれば、ドリフの成功はギャグの独自性ではなく、メンバーの位置関係をつくったことにある。圧倒的な権力者であるいかりやの下に、不満を抱えた四人の弱者がいるという構図だ。いつも虐げられている弱者が権力者に仕返しすることで、笑いが生まれる。この関係性の笑いは、先生と生徒、上司と部下、大家と店子など、あらゆるバリエーションで成立した。視聴者が関係性を理解してくれれば、どんなシチュエーションであっても事前の説明は一切必要ない。

番組を通して、ドリフの関係性は日本人に刷り込まれた。本来なら舞台上の出来事、演技はずだが、普段から同じ関係性だと思い込んでしまっている。その記憶は根強く、『全員集合』終了後にいかりやが俳優として評価されても、権力者のイメージは覆らなかった。だからこそ、コント番組でメンバーがいかりやの悪口を言うと、必ずウケるのだ。メンバーの人間味を見せる ⑷ドリフターズ大作戦 は、失敗してもむしろ良かったのだろう。

権力者と弱者の関係は、そのギャップが大きいほど、笑いも大きくなる。その点、小柄で童顔の加藤は、いじめられ役に適任だった。ドリフの映画を見ると、加藤がいかりやから ［E］ こき使われるシーンは本当に可哀想で、見る者の同情を誘う。視点を変えれば、加藤が過度におびえる姿を見せるからこそ、いかりやの横暴さが際立つとも言える。ドリフの笑いはその蓄積の結果として、爆発力をもっていった。

（笹山敬輔『ドリフターズとその時代』による）

（注1）ドリフ──ザ・ドリフターズの略称。一九六四年に結成された日本の音楽バンドおよびコントグループ。メンバーには入れ替わりがあるが、いかりや長介をリーダーとし、高木ブー・加藤茶・仲本工事・志村けんなどがいる。

（注2）コント55号──萩本欽一と坂上二郎のお笑いコンビ。

（注3）木戸銭──興行物の入場料。

（注4）店子―――借家人。

問1 傍線部ⓐ〜ⓒに使用する漢字として最も適当なものを、次の各群の㋐〜㋛のうちから、それぞれ一つずつ選べ。解答番号は、ⓐは 15 ・ⓑは 16 ・ⓒは 17 。

ⓐ ヨカ　　　　㋐ 価　　㋑ 科　　㋒ 花　　㋓ 暇　　㋔ 家

ⓑ カイホウ　　㋐ 介　　㋑ 回　　㋒ 解　　㋓ 開　　㋔ 快

ⓒ ケイイ　　　㋐ 緯　　㋑ 畏　　㋒ 意　　㋓ 衣　　㋔ 易

問2 傍線部ⓓの語句の意味として最も適当なものを、次の㋐〜㋔のうちから一つ選べ。解答番号は 18 。

ⓓ 禍根
　㋐ わざわいの起こるもと
　㋑ 不吉なことがおこる予感
　㋒ うらみの原因となるもの
　㋓ 不運をまねきよせるもの
　㋔ 不祥事がばれるきっかけ

問3 空欄 A に入る語句として最も適当なものを、次の㋐〜㋔のうちから一つ選べ。解答番号は 19 。

㋐ 創成　　㋑ 早生　　㋒ 奏請　　㋓ 相制　　㋔ 壮盛

問4 空欄 B に入る語句として最も適当なものを、次の㋐〜㋔のうちから一つ選べ。解答番号は 20 。

㋐ よほど　　㋑ さらに　　㋒ あたかも　　㋓ まして　　㋔ もはや

問5 空欄 C に入る語句として最も適当なものを、次の㋐〜㋔のうちから一つ選べ。解答番号は 21 。

㋐ コンスタント　　　㋑ コンセプト　　　㋒ コンクール
㋓ コンプライアンス　㋔ コンテスト

問6 空欄 D に入る慣用表現として最も適当なものを、次の㋐〜㋔のうちから一つ選べ。解答番号は 22 。

㋐ 気炎を上げた　　㋑ 機先を制した　　㋒ 枯れ木に花が咲いた
㋓ 肝が据わった　　㋔ 潮目が変わった

問7　空欄　E　に入る語句として最も適当なものを、次の㋐〜㋔のうちから一つ選べ。解答番号は　23　。

㋐　素頓狂　　　㋑　頓珍漢　　　㋒　理不尽　　　㋓　有頂天　　　㋔　脳天気

問8　傍線部(1)「『健全な』娯楽とは言えないかもしれない」とあるが、なぜか。その理由として最も適当なものを、次の㋐〜㋔のうちから一つ選べ。解答番号は　24　。

㋐　生中継で何が起きるか分からなかったから。

㋑　「教化」の部分が抜け落ちているから。

㋒　夜遅くから始まるテレビ番組だったから。

㋓　国民全体が楽しめるものではなかったから。

㋔　歌舞伎の技術が生かされていなかったから。

問9　傍線部(2)「素の個性」とあるが、どういうことか。その説明として最も適当なものを、次の㋐〜㋔のうちから一つ選べ。解答番号は　25　。

㋐　飾り気のない自然な姿。

㋑　専門家でない未熟な姿。

㋒　演劇の基本を大切にした姿。

㋓　特別な能力がにじみ出た姿。

㋔　酒に酔っているような姿。

問10　傍線部(3)「関係性」とあるが、どのような関係性か。その説明として最も適当なものを、次の㋐〜㋔のうちから一つ選べ。解答番号は　26　。

㋐　メンバーがかわりばんこに悪口を言うという関係性。

㋑　威張ったりからかったりがメンバーを怒るという関係性。

㋒　普段からメンバーは権力者と弱者であるという関係性。

㋓　メンバーにいじめられ加藤がおびえるという関係性。

㋔　志村けんがメンバーに笑いを提供するという関係性。

問11　傍線部(4)「失敗してむしろ良かっただろう」とあるが、なぜか。その理由として最も適当なものを、次の㋐〜㋔のうちから一つ選べ。解答番号は　27　。

㋐　メンバーの中に暖かくない人がいることがばれずに済んだから。

㋑　視聴率が伸びないまま番組を続けることが難しかったから。

㋒　好調のまま番組を終了する方が視聴者の記憶に残りやすいから。

㋓　つくり込んだキャラクターが定着することにつながったから。

㋔　後世の人に番組をバイメイクしてもらえる可能性が高くなるから。

問12　本文の内容と合致しないものを、次の⑦〜㊐のうちから一つ選べ。解答番号は 28 。

⑦　一九七〇年代には多くの国民が毎週同じ時間に同じ娯楽を共有していた。

⑦　島村抱月と坪内逍遥の二つの国劇論を引き継ぎ、民衆芸術／民衆娯楽を実現した。

⑦　小林一三は劇場の客席数増加や観劇料値下げなど興行法の改革を行うった。

㊀　一九三〇年代以降には大劇場の建設ラッシュが起きた。

㊍　小林が新しい劇団を何度も立ち上げ目指していた「国民劇」は失敗に終わった。

㊎　逍遥や小林の理想と異なるものの、ドリフほど多くの国民が共有した演劇はない。

㊑　ドリフとコント55号はライバルとしてお互いを侮辱しあっていた。

第三問　次の問い（問1〜3）に答えよ。

問1　次の詩を読み、（1）・（2）の問いに答えよ。解答番号は、（1）は 29 ・（2）は 30 。

鹿　　　　村野四郎

　　鹿は　森のはずれの
　　夕日の中に　じっと立っていた
　　彼は知っていた
　　小さい額が狙われているのを
　　けれども　彼に
　　どうすることが出来ただろう
　　彼は　すんなり立って
　　村の方を見ていた
　　生きる時間が黄金のように光る
　　彼の棲家である
　　大きい森の夜を背景にして

（1）　この詩に使用されていない表現技法を、次の⑦〜㊍のうちから一つ選べ。

⑦　倒置法　　　⑦　反語法　　　⑦　直喩法　　　㊀　擬人法　　　㊍　擬声語

（2）　「鹿」はどこにいるか。その説明として最も適当なものを、次の⑦〜㊍のうちから一つ選べ。

⑦　森と野原との境目のあたり。

⑦　姿を隠すものがない野原の真ん中。

⑦　かろうじて夕日が射し込んでくる森の内側。

㋬　森からかなり外れた村の近くの野原。

㋭　普段は夕日が届くことのない森の奥。

問2　次の(1)・(2)の問いに答えよ。解答番号は、(1)は[31]・(2)は[32]。

(1)　傍線部の言葉遣いが誤っているものを、次の㋐〜㋔のうちから一つ選べ。

㋐　一生懸命努力すれば成績を伸ばせるだろう。

㋑　数学であればあなたの質問に答えられると思います。

㋒　予定していたうちの一人が来られなくなりました。

㋓　あなたの書類を読ませていただきました。

㋔　あなたにふさわしい役割を探られればと考えています。

(2)　助動詞「そうだ」の直前の語の説明が誤っているものを、次の㋐〜㋔のうちから一つ選べ。

㋐　雨は夕方頃には止むそうだ。　　　　　　―五段活用動詞「止む」終止形

㋑　雨はもうすぐ止みそうだ。　　　　　　　―五段活用動詞「止む」連用形

㋒　今日は昨日よりも暑いそうだ。　　　　　―形容詞「暑い」語幹

㋓　叔父はとても元気だそうだ。　　　　　　―助動詞「だ」終止形

㋔　家に着くまでに雨に降られそうだ。　　　―助動詞「れる」連用形

問3　次の(1)・(2)の傍線部の使い方が正しくないものを、各群の㋐〜㋔のうちから、それぞれ一つずつ選べ。解答番号は、(1)は[33]・(2)は[34]。

(1)㋐　企業にとって利潤の追求は至上命題である。

㋑　政府に対して事態の混乱の責任を追及する。

㋒　罪を認めた者に余罪の有無を追求する。

㋓　俳優が舞台で演技の理想を追求する。

㋔　学問の追究には学問の自由の保証が必須である。

(2)㋐　法を冒すことは厳に慎むべきことである。

㋑　過ちを犯した人間の再挑戦の場が必要だ。

㋒　残業の強制は労働者の権利を侵している。

㋓　何があっても学問の自由を侵してはならない。

㋔　激しい雷雨を冒して駅まで家族を迎えに行った。

解 答 編

英　語

1　1—(ウ)　2—(ア)　3—(エ)　4—(イ)　5—(イ)　6—(ア)
　7—(イ)　8—(ア)　9—(エ)　10—(ウ)

━━━━━━━━━ 解　説 ━━━━━━━━━

《ハワイアンピザの起源》

1　第1段第4文 (New York style …) から, ニューヨークスタイルの
ピザは少量のトマトソースしか使わないことがわかるので, (ウ)がふさわし
いと判断できる。

2　第1段第3文 (The most famous …) から, ニューヨークスタイル
のピザとシカゴスタイルのピザが議論の対象になっていることがわかり,
また, 同段最終文 (But it may …) で the most *polarizing* style of pizza
と形容され, 第2段以降で説明されるハワイアンピザも, 最終段第1文
(All the same, …) の内容から, 好き嫌いが分かれて「議論を呼ぶ」スタ
イルのピザだということがわかるので, (ア)がふさわしいと判断できる。

3　第2段第1文 (So-called Hawaiian pizza …) から, ハワイアンピザ
の最も重要な特徴は, パイナップルとハムのトッピングにあるとわかるの
で, (エ)がふわさしいと判断できる。

4　第2段第2文 (While it was …) から, ハワイアンピザの発明者は
ギリシャからの移民だとわかるので, (イ)がふさわしいと判断できる。

5　第3段第2文 (Panopoulos said once …) から, 当時のカナダで幅広
く取り入れられていたトッピングはペパローニ, ベーコン, ピーマンの3
つだったことがわかるので, (イ)がふさわしいと判断できる。

6　第4段第2文 (Hawaiian pizza is …) から, ハワイアンピザがオー
ストラリアで人気なのは, オーストラリアではいろいろな種類の食べもの

を新しく組み合わせることに抵抗がないからだとわかるので，⒜がふさわ
しいと判断できる。

7　第4段第7文（While Hawaiians do …）から，ハワイではバーベキ
ューポークをトッピングしたピザが一番人気であることがわかるので，⒤
がふさわしいと判断できる。

8　第4段第8文（While Hawaiian pizza …）から，ハワイアンピザは
英語を話す国で人気であることがわかるので，⒜がふさわしいと判断でき
る。

9　第4段最終文（A recent survey …）から，日本人の約3人に1人し
かパイナップルをトッピングしたピザを食べたことがないことがわかるの
で，⒠がふさわしいと判断できる。

10　最終段最終文（However, pineapple was …）から，アメリカで最も
人気のないトッピングはアンチョビであることがわかるので，⒢がふさわ
しいと判断できる。

② 解答

11―⒠　12―⒢　13―⒜　14―⒠　15―⒠　16―⒤
17―⒢　18―⒜　19―⒤　20―⒜

=== 解説 ===

11　「チームがもっと懸命に働いていたなら，そのプロジェクトは首尾よ
くやり遂げられたかもしれないのに」

　Ifの帰結節に might have been があることから，仮定法過去完了の文
だと判断できるので，⒠がふさわしい。If S had *done*, S would〔could／
might〕have *done* で「あの時～していたら，…だっただろう」の意。過
去の事実とは異なる想像を述べる。

12　「昨晩だれの自転車が盗まれたのか，ひょっとしてご存じでしょうか」

　直後に冠詞などが何も付いていない bike があることから，⒢がふさわ
しいと判断できる。Do you happen to know ～? は，Do you know ～?
よりも丁寧で控えめな言い方。

13　「我々全員が状況を理解しているという事実が非常に重要だ」

　同格の that 節。空欄のあとに完全文が続き，直前の fact を説明する内
容になっているので，⒜がふさわしいと判断できる。

14　「メグは，公園でジョギングしている間，お気に入りの音楽を聴くこ

とが多い」

　While *doing* で「〜している間」という意味を表すことができるので，㈔がふさわしいと判断できる。

15 「明日までにケンは論文を書き終えるだろう」

　by tomorrow「明日までに」があることと，選択肢の動詞が finish であることから，「明日までに〜し終えるだろう」という未来完了（will have *done*）の文だと判断できるので，㈔がふさわしい。

16 「あのレストランは，この町で二番目に人気がある食事スポットだ」

　〈the ＋序数詞（second, third …）＋最上級〉で「○番目に〜な」という意味を表すことができるので，㈸がふさわしいと判断できる。

17 「健康増進のため，甘い飲み物を控えようと決心した」

　cut down on 〜 で「〜を減らす，控える」という意味を表すことができるので，㈺がふさわしいと判断できる。

18 「私の親友の一人が今この大学で学んでいる」

　主語は one of my best friends「私の親友の一人」であり，単数なので，㈱がふさわしいと判断できる。

19 「もしたまたまジョンに会ったら，できるだけ早く私に電話してほしいと言ってください」

　happen to *do* で「偶然〜する」という意味を表すことができるので，㈸がふさわしいと判断できる。

20 「プロジェクトの成功は，チームが力を合わせて努力したおかげだ」

　result from 〜 で「〜に起因する，〜から生じる」という意味を表すことができるので，㈱がふさわしいと判断できる。

3 解答　21—㈻　22—㈼　23—㈾　24—㈷　25—㈺　26—㈷
　　　　 27—㈔　28—㈱　29—㈶　30—㈿

══════════════ 解説 ══════════════

21 マークとラリーは，映画を見に行く日を決めようとしている。Tomorrow is no good という完全文のあとに接続詞 because があり，その後にある空欄のため，ここには完全文が入ることがわかる。文末がピリオドなので，候補は㈔と㈻に絞られる。文脈をみると，ラリーの「〜なので明日は都合が悪い」という発言に対して，マークが第2発言で「それは

生物の授業のための？」と尋ねていることから，空欄に入るのは(ケ)「試験勉強しなくちゃいけない」がふさわしい。

22　It's に続くものを選ぶ。候補は(ア)，(イ)，(ウ)，(キ)。直前で生物の試験の話をしているため，文脈に合わない(ア)，(イ)，(ウ)は不適。(キ)「難しい試験になるだろう」がふさわしい。

23　空欄の後に疑問符があることに注意する。文脈的には，マークが直前で「試験後に映画を見に行くのはどうか」と尋ね，ラリーの応答の直後で「木曜日はないよ。金曜日に行く必要があるけどね」と答えていることから，空欄でラリーは，明日（木曜日）のマークの予定に関する質問をしたのだと推測できる。したがって，(オ)「仕事しなくちゃいけないんじゃないの」がふさわしい。

24　助動詞の直後なので，動詞の原形で始まる選択肢を選ぶ。候補は(カ)と(ク)だが，映画を見に行く日を決めるという文脈に沿った(ク)「木曜日に行く」がふさわしい。

25　直前の the one は Cine Verse という映画館を指している。それを受けてマークの発言でも Yes, that's the one. と同じものについて言及されており，さらに They're really comfortable. と続けられている。they は複数名詞を指すことから，空欄では，何か快適なもの（←複数名詞）について話されていると推測できる。したがって，(ウ)「とてもすばらしい座席のある」がふさわしい。

26　授業後のヒナとキャリーの会話。we have に続くものを選ぶ。空欄直後に「2〜3週間後に」とあること，二人の話題は最後まで勉強や試験に関するものであることから，空欄に入るのは，have に後続できて，かつ，勉強関連で2〜3週間後にあるものだと判断する。したがって，(ク)「本当に重要な試験」がふさわしい。

27　キャリーの第1発言「本当に重要な試験が2〜3週間後にある」を受けて，ヒナが「〜して勉強会をすべきかもね」と言う。get に続くもので，この文脈に合うものは，(エ)「何人か集めて」である。get A together「A を集める」

28　a few more people who … の who は主格の関係代名詞だと考えられるので，動詞あるいは助動詞＋動詞で始まるものが候補になる。直前の内容から勉強会の仲間集めをすることがわかるので，(ア)「私たち（の勉強

会）に参加したいと思う」がふさわしいと判断できる。

29　キャリーが直前の発言でアヤネを勉強会に誘ってみると言ったことに対し，ヒナは「いい考えね。アヤネは…と言っていた」と答え，それに対してキャリーが「すばらしい」と言っている。この会話の流れから，アヤネが勉強会の誘いに応じるだろうことと，二人がそのように思う根拠はアヤネの発言内容にあることがわかる。したがって，(カ)「彼女は試験について心配していた」がふさわしい。

30　I'll の直後なので，動詞の原形で始まる選択肢を選ぶ。直後に「彼らに知らせよう」とあることから，(コ)「スチュアートとアヤネにメッセージを送る」がふさわしい。

④　**解答**　　**31**—(ア)　**32**—(イ)　**33**—(エ)　**34**—(イ)　**35**—(ウ)

━━━━━━━━━━━━　**解説**　━━━━━━━━━━━━

31　「最終章を除き，この物語は一人称で語られている」

apart from ～ は「～は別として，～を除いて」という意味を表すので，(ア)「～を除いて」がふさわしい。

32　「そのドアは故意にそのように作られたと考えざるを得ない」

by design は「故意に，計画的に」という意味を表すので，(イ)「意図的に」がふさわしい。can't help *doing*＝can't help but *do*「～せずにはいられない，～するのはどうしようもない」

33　「その記者は，その取り調べの担当官を探していた」

in charge of ～ は「～を担当して」という意味を表すので，(エ)「～の責任がある」がふさわしい。

34　「私たちはこの地域が大好きなので，ずっとここに移り住んでいたい」

for good は「永久に，これからずっと」という意味を表すので，(イ)「永久に」がふさわしい。

35　「カナダで生まれたが，日本で育てられた」

bring up ～ は「～を育てる」という意味を表すので，(ウ)「～を育てる」がふさわしい。

⑤　解答　36—(エ)　37—(ア)　38—(イ)　39—(オ)　40—(ウ)

解説

並べ替えた文は次のようになる。

36　(The company would) hire the applicant if she were (proficient in Spanish.)「その会社は，その応募者がスペイン語に堪能であれば雇うだろうに」

現在の事実とは異なる想像について述べる仮定法過去の文。

37　(It) won't be long before your (hard work pays off.)「あなたの努力が報われるまで時間はかからないでしょう」

It will not be long before ～ .「まもなく～するだろう」

38　(I'm proud to work) for an organization whose mission is (to help kids in trouble.)「私は，困っている子どもたちを助けることを使命としている組織で働くことを誇りに思います」

39　Which side of your family do you (think you are closest to?)「あなたは，父方と母方のどちらの親族と最も親しいと思いますか」

〈疑問詞＋do you think ～?〉型の間接疑問の文。「どちらの〔いつ／何が／なぜ／どこで〕～だと思いますか」を表す。

40　(It's quite) amazing how talented some people (are.)「なんて才能豊かな人達がいるのかということには本当に驚かされる」

How＋形容詞〔副詞〕＋S V!「なんて～だろう」という感嘆文が組み込まれた文。感嘆文の元になっている some people are talented は，「一部の人たちは才能豊かだ」「才能豊かな人もいる」という意味。

日 本 史

Ⅰ　解答　《古代・中世の仏教文化》

1—(ア)　2—(ウ)　3—(イ)　4—(ア)　5—(ア)　6—(イ)　7—(ウ)　8—(ア)

Ⅱ　解答　《享保の改革》

9—(エ)　10—(ウ)　11—(イ)　12—(ア)　13—(ア)　14—(ウ)　15—(イ)　16—(エ)

Ⅲ　解答　《自由民権運動》

17—(ウ)　18—(ア)　19—(ウ)　20—(ウ)　21—(エ)　22—(ア)　23—(エ)　24—(イ)

Ⅳ　解答　《近代日本の貿易構造》

25—(ウ)　26—(ウ)　27—(ア)　28—(エ)　29—(エ)　30—(イ)　31—(ア)　32—(ア)

世　界　史

Ⅰ　解答　《第二次世界大戦後の朝鮮半島》

1 —(ウ)　2 —(エ)　3 —(ア)　4 —(エ)　5 —(イ)　6 —(ア)　7 —(オ)　8 —(ウ)

Ⅱ　解答　《テューダー朝》

9 —(イ)　10 —(エ)　11 —(ウ)　12 —(ウ)　13 —(ア)　14 —(イ)　15 —(エ)　16 —(エ)

Ⅲ　解答　《啓蒙思想》

17 —(ウ)　18 —(エ)　19 —(イ)　20 —(エ)　21 —(ア)　22 —(エ)　23 —(ウ)　24 —(ウ)

Ⅳ　解答　《北　宋》

25 —(ウ)　26 —(イ)　27 —(ア)　28 —(イ)　29 —(ア)　30 —(イ)　31 —(ア)　32 —(オ)

地　理

2024年度 前期AM・BM

地理

Ⅰ 解答 《都市問題》

|1|—(ウ) |2|—(ア) |3|—(エ) |4|—(イ) |5|—(エ) |6|—(ウ) |7|—(ア) |8|—(イ)
|9|—(ア) |10|—(エ) |11|—(ア)

Ⅱ 解答 《ケッペンの気候区分》

|12|—(イ) |13|—(ア) |14|—(イ) |15|—(ウ) |16|—(ア) |17|—(エ) |18|—(ア) |19|—(イ)

Ⅲ 解答 《人　口》

|20|—(イ) |21|—(ウ) |22|—(エ) |23|—(ア) |24|—(エ) |25|—(ウ) |26|—(ウ) |27|—(ウ)

Ⅳ 解答 《東南アジアの地誌》

|28|—(ア) |29|—(エ) |30|—(イ) |31|—(ア) |32|—(ウ) |33|—(イ) |34|—(イ) |35|—(エ)

政治・経済

Ⅰ　解答　《日本の安全保障》

1 —(イ)　2 —(イ)　3 —(ウ)　4 —(エ)　5 —(イ)　6 —(エ)　7 —(ウ)　8 —(ア)
9 —(ア)　10 —(イ)　11 —(エ)　12 —(ウ)

Ⅱ　解答　《日本の行政機関》

13 —(イ)　14 —(ア)　15 —(エ)　16 —(ウ)　17 —(ウ)　18 —(ア)　19 —(イ)　20 —(エ)
21 —(ア)　22 —(ウ)　23 —(ア)　24 —(エ)　25 —(イ)

Ⅲ　解答　《消費者問題》

26 —(エ)　27 —(イ)　28 —(イ)　29 —(ア)　30 —(イ)　31 —(ウ)　32 —(エ)　33 —(エ)
34 —(イ)　35 —(ウ)　36 —(ア)　37 —(ア)

Ⅳ　解答　《経済学史》

38 —(イ)　39 —(ウ)　40 —(ア)　41 —(イ)　42 —(ア)　43 —(エ)　44 —(イ)　45 —(エ)
46 —(イ)　47 —(ウ)　48 —(ア)　49 —(エ)　50 —(ウ)

数 学

◀数学 I・II・III・A・B▶

① 解答 アイ 45 ウエオカ 1024

――― 解 説 ―――

《コインを投げてもらえる得点の積が 4 になる確率》

10 個の数字の積が 4 となるのは，コインを 10 回投げて，表が 2 回，裏が 8 回出るときであるから，求める確率は

$$_{10}C_2\left(\frac{1}{2}\right)^2\left(\frac{1}{2}\right)^8=\frac{45}{2^{10}}=\frac{45}{1024} \quad \rightarrow \boxed{ア}\sim\boxed{カ}$$

② 解答 キ 3 ク 2 ケ 2 コ 0 サシ −2 スセ 24 ソタ 13 チツ 10

――― 解 説 ―――

《2 円の交点を通る直線》

2 つの円 $x^2+y^2-4=0$, $x^2+y^2-3x+2y=0$ の交点を通る図形の方程式は

$$(x^2+y^2-3x+2y)+k(x^2+y^2-4)=0 \quad (k は定数)$$

これが直線となるのは，$k=-1$ のときであるから，求める直線の方程式は

$$(x^2+y^2-3x+2y)-(x^2+y^2-4)=0$$
$$-3x+2y+4=0$$
$$y=\frac{3}{2}x-2 \quad \rightarrow \boxed{キ}\sim\boxed{ケ}$$

次に，交点の座標を求める。

$x^2+y^2=4$ と $y=\frac{3}{2}x-2$ を連立させて

$$x^2+\left(\frac{3}{2}x-2\right)^2=4$$

$$x(13x-24)=0$$

$$x=0,\ \frac{24}{13}$$

よって，求める交点の座標は

$$(0,\ -2),\ \left(\frac{24}{13},\ \frac{10}{13}\right) \ \rightarrow \boxed{\text{コ}}\sim\boxed{\text{ツ}}$$

③　解答　　$\boxed{\text{テ}}\,2$　$\boxed{\text{ト}\text{ナ}}\,{-}2$

━━━━━━━━━ 解説 ━━━━━━━━━

《複素数の相等》

求める複素数を $x+yi$（$x,\ y$ は実数）とおくと

$$(x+yi)^2=3+4i$$

$$x^2-y^2+2xyi=3+4i$$

$x^2-y^2,\ 2xy$ は実数であるから

$$\begin{cases} x^2-y^2=3 & \cdots\cdots ① \\ 2xy=4 & \cdots\cdots ② \end{cases}$$

②より，$x=0$ のとき，この等式は成り立たないから

$$x\neq 0$$

よって　　$y=\dfrac{2}{x}$　$\cdots\cdots ②'$

②′を①に代入して

$$x^2-\left(\frac{2}{x}\right)^2=3$$

$$x^4-3x^2-4=0$$

$$(x^2-4)(x^2+1)=0$$

$$x^2=4,\ -1$$

x は実数であるから，$x^2>0$ より

$$x^2=4 \quad つまり \quad x=\pm 2$$

このとき，②′より　　$y=\pm 1$　（複号同順）

よって，求める複素数は

$$2+i,\ -2-i \ \rightarrow \boxed{\text{テ}}\sim\boxed{\text{ナ}}$$

④　解答　　匚2　ヌ1

解　説

《区分求積法》

$$
(与式) = \lim_{n \to \infty} \frac{1}{\sqrt{n}} \sum_{k=1}^{n} \frac{1}{\sqrt{n}\sqrt{1+\dfrac{k}{n}}}
$$

$$
= \lim_{n \to \infty} \frac{1}{n} \sum_{k=1}^{n} \frac{1}{\sqrt{1+\dfrac{k}{n}}}
$$

$$
= \int_0^1 \frac{1}{\sqrt{1+x}}\,dx
$$

$$
= \left[2\,(1+x)^{\frac{1}{2}} \right]_0^1
$$

$$
= 2\,(\sqrt{2}-1) \quad \rightarrow 匚 \cdot ヌ
$$

⑤　解答　　ネ－　ノ2　ハヒ－3　フ4　ヘ8　ホ3　マ9

解　説

《3倍角の公式，3次関数の最大値》

　まず，3倍角の公式を導く。

　三角関数の加法定理を用いて

$$
\cos 3x = \cos(2x+x)
$$

$$
= \cos 2x \cos x - \sin 2x \sin x \quad \rightarrow ネ \cdot ノ
$$

$$
= (2\cos^2 x - 1)\cos x - 2\sin^2 x \cos x
$$

$$
= (2\cos^2 x - 1)\cos x - 2(1 - \cos^2 x)\cos x
$$

$$
= -3\cos x + 4\cos^3 x \quad \rightarrow ハ \sim フ
$$

　次に，関数 $f(x) = \cos 3x - \cos x$ の最大値を求める。

$$
f(x) = \cos 3x - \cos x
$$

$$
= -3\cos x + 4\cos^3 x - \cos x
$$

$$
= 4\,(\cos^3 x - \cos x)
$$

$\cos x = t$ とおくと，t の値の範囲は，$-1 \leq t \leq 1$ で，関数 $f(x)$ は $f(x) = 4\,(t^3 - t)$ と表せる。

$g(t) = 4(t^3 - t)$ $(-1 \leq t \leq 1)$ とおくと

$\qquad g'(t) = 4(3t^2 - 1)$

$g'(t) = 0$ をみたす t の値は　　$t = \pm\dfrac{\sqrt{3}}{3}$

$-1 \leq t \leq 1$ の範囲で $g(t)$ の増減表をかくと

t	-1	$\cdots$	$-\dfrac{\sqrt{3}}{3}$	$\cdots$	$\dfrac{\sqrt{3}}{3}$	$\cdots$	1
$g'(t)$		$+$	0	$-$	0	$+$	
$g(t)$	0	$\nearrow$	$g\left(-\dfrac{\sqrt{3}}{3}\right)$	$\searrow$	$g\left(\dfrac{\sqrt{3}}{3}\right)$	$\nearrow$	0

したがって，$t = -\dfrac{\sqrt{3}}{3}$ のとき，極大かつ最大となる。

よって，求める最大値は

$$g\left(-\dfrac{\sqrt{3}}{3}\right) = 4\left\{\left(-\dfrac{\sqrt{3}}{3}\right)^3 - \left(-\dfrac{\sqrt{3}}{3}\right)\right\} = \dfrac{8\sqrt{3}}{9} \quad \to \boxed{へ} \sim \boxed{マ}$$

⑥　解答　　ミ 3　ム 4　メ 4　モ 1

――――――――――――――― 解説 ―――――――――――――――

《内　積》

$\angle \mathrm{AOB} = \angle \mathrm{BOC} = \angle \mathrm{COA} = \theta$ であるから，内積の定義より

$$\cos\theta = \dfrac{\vec{a}\cdot\vec{b}}{|\vec{a}||\vec{b}|} = \dfrac{\vec{b}\cdot\vec{c}}{|\vec{b}||\vec{c}|} = \dfrac{\vec{c}\cdot\vec{a}}{|\vec{c}||\vec{a}|}$$

$\dfrac{\vec{a}\cdot\vec{b}}{|\vec{a}||\vec{b}|} = \dfrac{\vec{b}\cdot\vec{c}}{|\vec{b}||\vec{c}|}$ より

$$\dfrac{4|\vec{c}|^2}{|\vec{a}||\vec{b}|} = \dfrac{\dfrac{1}{2}|\vec{a}|^2}{|\vec{b}||\vec{c}|} \quad \left(\because \ \dfrac{\vec{a}\cdot\vec{b}}{|\vec{c}|^2} = 4, \ \dfrac{\vec{b}\cdot\vec{c}}{|\vec{a}|^2} = \dfrac{1}{2}\right)$$

$\qquad\quad 8|\vec{c}|^3 = |\vec{a}|^3$

$|\vec{a}|$, $|\vec{c}|$ は実数であるから

$\qquad |\vec{a}| = 2|\vec{c}|$

同様にして，$\dfrac{\vec{b}\cdot\vec{c}}{|\vec{b}||\vec{c}|}=\dfrac{\vec{c}\cdot\vec{a}}{|\vec{c}||\vec{a}|}$　より

$$\dfrac{\dfrac{1}{2}|\vec{a}|^2}{|\vec{b}||\vec{c}|}=\dfrac{\dfrac{1}{16}|\vec{b}|^2}{|\vec{c}||\vec{a}|}$$

だから　　$|\vec{b}|^3=8|\vec{a}|^3$

$|\vec{a}|$，$|\vec{b}|$ は実数であるから

$$|\vec{b}|=2|\vec{a}|=4|\vec{c}|$$

よって，求める $|\vec{a}|$，$|\vec{b}|$，$|\vec{c}|$ の比は

$$|\vec{a}|:|\vec{b}|:|\vec{c}|=2|\vec{c}|:4|\vec{c}|:|\vec{c}|=2:4:1 \quad \rightarrow \boxed{ヌ}\cdot\boxed{モ}$$

k を正の定数として，$|\vec{a}|=2k$，$|\vec{b}|=4k$，$|\vec{c}|=k$ とおく。

$$\cos\theta=\dfrac{\vec{a}\cdot\vec{b}}{|\vec{a}||\vec{b}|}=\dfrac{4|\vec{c}|^2}{|\vec{a}||\vec{b}|}$$

$$=\dfrac{4k^2}{2k\cdot4k}=\dfrac{1}{2}$$

よって，求める $\sin^2\theta$ の値は

$$\sin^2\theta=1-\cos^2\theta$$

$$=1-\left(\dfrac{1}{2}\right)^2$$

$$=\dfrac{3}{4} \quad \rightarrow \boxed{ミ}\cdot\boxed{ム}$$

⑦ ― 解答 　$\boxed{ヤ}$ 7　$\boxed{ユ}\boxed{ヨ}$ 90

═════════════ 解　説 ═════════════

《円に内接する四角形》

まず，CD の長さを求める。

$\tan\angle ABC>0$ より，$0°<\angle ABC<90°$ である。

$1+\tan^2\angle ABC=\dfrac{1}{\cos^2\angle ABC}$ より

$$\cos^2\angle ABC=\dfrac{1}{1+\left(\dfrac{12}{5}\right)^2}$$

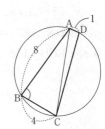

$$= \frac{25}{169}$$

$0° < \angle ABC < 90°$ より，$\cos\angle ABC > 0$ であるから

$$\cos\angle ABC = \frac{5}{13}$$

△ABC において，余弦定理を用いて

$$AC^2 = 8^2 + 4^2 - 2 \cdot 8 \cdot 4 \cdot \frac{5}{13} = \frac{720}{13}$$

また，四角形 ABCD は円に内接するから

$$\angle ADC = 180° - \angle ABC$$

$$\cos\angle ADC = \cos(180° - \angle ABC) = -\cos\angle ABC = -\frac{5}{13}$$

△ADC において，余弦定理を用いて

$$\frac{720}{13} = 1^2 + CD^2 - 2 \cdot 1 \cdot CD \cdot \left(-\frac{5}{13}\right)$$

$$13CD^2 + 10CD - 707 = 0$$

$$(13CD + 101)(CD - 7) = 0$$

$$CD = -\frac{101}{13}, \ 7$$

$CD > 0$ より　　$CD = 7$　→ヤ

次に，∠BCD を求める。

四角形 ABCD は円に内接するから

$$\angle DAB = 180° - \angle BCD$$

△BCD，△DAB で余弦定理より

$$BD^2 = 4^2 + 7^2 - 2 \cdot 4 \cdot 7 \cos\angle BCD$$

$$= 8^2 + 1^2 - 2 \cdot 8 \cdot 1 \cos(180° - \angle BCD)$$

$$65 - 56\cos\angle BCD = 65 + 16\cos\angle BCD$$

$$\cos\angle BCD = 0$$

$0° < \angle BCD < 180°$ より　　$\angle BCD = 90°$　→ユ，ヨ

◀数学Ⅰ・A▶

① **解答** ㋐2 ㋑4

━━━━━━━━━━━━━━ **解　説** ━━━━━━━━━━━━━━

《2次関数の決定》

　放物線の頂点が直線 $y=2x+1$ 上にあるから，頂点の座標を $(t,\ 2t+1)$ とすると，求める放物線の方程式は
$$y=(x-t)^2+2t+1$$
これが，点 $(2,\ 4)$ を通るから
$$4=(2-t)^2+2t+1$$
$$t^2-2t+1=0$$
$$(t-1)^2=0$$
$$t=1$$
よって，求める放物線の方程式は
$$y=(x-1)^2+3=x^2-2x+4 \quad →㋐・㋑$$

② **解答** ㋒2 ㋓6 ㋔㋕13 ㋖2

━━━━━━━━━━━━━━ **解　説** ━━━━━━━━━━━━━━

《2次方程式の解の配置》

　$f(x)=x^2+(2-p)x+p-2$ とおくと
$$f(x)=\left(x+\frac{2-p}{2}\right)^2-\frac{(2-p)^2}{4}+p-2$$

　$y=f(x)$ のグラフは，軸 $x=\dfrac{p-2}{2}$，下に凸の放物線である。

　2次方程式 $f(x)=0$ の判別式を D とする。

　2次方程式 $f(x)=0$ が3より小さい異なる2つの解をもつ条件は，$y=f(x)$ のグラフが x 軸の $x<3$ の部分と異なる2点で交わることより

$$\begin{cases} D>0 & \cdots\cdots① \\ (軸)<3 & \cdots\cdots② \\ f(3)>0 & \cdots\cdots③ \end{cases}$$

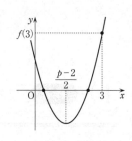

①より

$$D=(2-p)^2-4(p-2)$$
$$=p^2-8p+12$$
$$=(p-2)(p-6)>0$$

$$p<2,\ 6<p\quad\cdots\cdots①'$$

②より

$$\frac{p-2}{2}<3$$

$$p<8\quad\cdots\cdots②'$$

③より

$$f(3)=3^2+(2-p)\cdot3+p-2$$
$$=-2p+13>0$$

$$p<\frac{13}{2}\quad\cdots\cdots③'$$

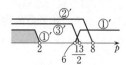

①'〜③' より，求める p の値の範囲は

$$p<2,\ 6<p<\frac{13}{2}\quad→ウ〜キ$$

③ 解答　クケコ 126　サシス 924

=== 解説 ===

《赤と白のタイルの並べ方》

赤，白のタイルをそれぞれ $\boxed{R}$，$\boxed{W}$ と表すことにする。

まず，7枚のタイルの並べ方を求める。

(i)　$\boxed{R}$ 1枚，$\boxed{W}$ 6枚のとき

並べ方は　　$\dfrac{7!}{1!6!}=7$ 通り

(ii)　$\boxed{R}$ 2枚，$\boxed{W}$ 5枚のとき

並べ方は　　$\dfrac{7!}{2!5!}=21$ 通り

(iii) $\boxed{\text{R}}$ 3 枚，$\boxed{\text{W}}$ 4 枚のとき

並べ方は $\dfrac{7!}{3!4!} = 35$ 通り

以下，$\boxed{\text{R}}$ が 4 枚，5 枚，6 枚のとき，それぞれ(iii)，(ii)，(i)と同様なので，7 枚のタイルの並べ方は

$(7 + 21 + 35) \times 2 = 126$ 通り　→$\boxed{\text{ク}}$～$\boxed{\text{コ}}$

次に，11 枚のタイルの並べ方を求める。

$\boxed{\text{R}}$ 5 枚，$\boxed{\text{W}}$ 6 枚のとき

並べ方は $\dfrac{11!}{5!6!} = 462$ 通り

$\boxed{\text{R}}$ が 6 枚のときも同様なので，11 枚のタイルの並べ方は

$462 \times 2 = 924$ 通り　→$\boxed{\text{サ}}$～$\boxed{\text{ス}}$

④ — 解答　$\boxed{\text{セソ}}$ 20　$\boxed{\text{タチ}}$ 81　$\boxed{\text{ツ}}$ 7　$\boxed{\text{テト}}$ 27

===== 解　説 =====

《三角形の面積比》

△ABC，△ADF の面積はそれぞれ

$$\triangle\text{ABC} = \frac{1}{2} \cdot \text{AB} \cdot \text{AC} \cdot \sin\angle\text{A}$$

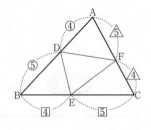

$$\triangle\text{ADF} = \frac{1}{2} \cdot \text{AD} \cdot \text{AF} \sin\angle\text{A}$$

$$= \frac{1}{2} \cdot \frac{4}{9}\text{AB} \cdot \frac{5}{9}\text{AC} \cdot \sin\angle\text{A}$$

$$= \frac{20}{81} \cdot \frac{1}{2} \cdot \text{AB} \cdot \text{AC} \cdot \sin\angle\text{A}$$

$$= \frac{20}{81}\triangle\text{ABC}$$

と表されるから

$$\frac{\triangle\text{ADF}}{\triangle\text{ABC}} = \frac{20}{81}　→\boxed{\text{セ}}～\boxed{\text{チ}}$$

△BED，△CFE も同様に，$\triangle\text{BED} = \triangle\text{CFE} = \dfrac{20}{81}\triangle\text{ABC}$ であるから

$$\triangle DEF = \triangle ABC - (\triangle ADF + \triangle BED + \triangle CFE)$$

$$= \triangle ABC - 3 \times \frac{20}{81} \triangle ABC$$

$$= \frac{21}{81} \triangle ABC$$

よって　　$\dfrac{\triangle DEF}{\triangle ABC} = \dfrac{21}{81} = \dfrac{7}{27}$　→ツ～ト

別解　△ADF と △ADC は線分 AF，AC を底辺とすると高さが等しいから，その面積比は

$$\frac{\triangle ADF}{\triangle ADC} = \frac{AF}{AC} \quad \cdots\cdots ①$$

また，△ADC と △ABC は線分 AD，AB を底辺とすると高さが等しいから，その面積比は

$$\frac{\triangle ADC}{\triangle ABC} = \frac{AD}{AB} \quad \cdots\cdots ②$$

①，②より

$$\frac{\triangle ADF}{\triangle ABC} = \frac{\triangle ADF}{\triangle ADC} \cdot \frac{\triangle ADC}{\triangle ABC} = \frac{AF}{AC} \cdot \frac{AD}{AB}$$

$$= \frac{5}{9} \cdot \frac{4}{9} = \frac{20}{81}$$

⑤　**解答**　ナニヌ 220　ネノハ 200　ヒフヘ 360

═══════════════ 解　説 ═══════════════

《平均値，分散》

ジャガイモの株A，Bの変量をそれぞれ x，y とする。

それぞれの平均値 $\bar{x}$，$\bar{y}$ は

$$\bar{x} = \frac{1}{5}(200 + 210 + 220 + 230 + 240) = 220 〔g〕$$

$$\bar{y} = \frac{1}{5}(200 + 200 + 220 + 230 + 250) = 220 〔g〕$$

よって，どちらの株も平均値は，220g である。　→ナ～ヌ

次に，それぞれの分散 $s_x{}^2$，$s_y{}^2$ を求める。

$$s_x{}^2 = \frac{1}{5}\{(200-220)^2 + (210-220)^2 + (220-220)^2 + (230-220)^2$$
$$+ (240-220)^2\}$$

$$= 200$$

$$s_y{}^2 = \frac{1}{5}\{(200-220)^2 + (200-220)^2 + (220-220)^2 + (230-220)^2$$
$$+ (250-220)^2\}$$

$$= 360$$

よって，分散は株Aでは 200 であり，株Bでは 360 である。 →ネ～ヘ

⑥ 解答 ホマ35 ミ6 ム2 メ6 モ3

━━━━━ 解 説 ━━━━━

《三角形の外接円・内接円の半径》

右図のように三角形の頂点をそれぞれA，B，
Cとする。

余弦定理を用いて

$$\cos A = \frac{6^2 + 5^2 - 7^2}{2 \cdot 6 \cdot 5} = \frac{1}{5}$$

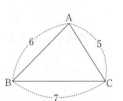

$0° < A < 180°$ より，$\sin A > 0$ であるから

$$\sin A = \sqrt{1 - \cos^2 A}$$
$$= \sqrt{1 - \left(\frac{1}{5}\right)^2}$$
$$= \frac{2\sqrt{6}}{5}$$

外接円の半径を R とすると，正弦定理を用いて

$$\frac{BC}{\sin A} = 2R$$

$$2R = \frac{7}{\frac{2\sqrt{6}}{5}}$$

$$R = \frac{35\sqrt{6}}{24} \quad →ホ～ミ$$

また，△ABC の面積は

$$\triangle\mathrm{ABC} = \frac{1}{2}\cdot 6\cdot 5\cdot \frac{2\sqrt{6}}{5} = 6\sqrt{6}$$

内接円の半径を r とすると

$$\frac{1}{2}(5+6+7)\,r = 6\sqrt{6}$$

$$r = \frac{2\sqrt{6}}{3} \quad \rightarrow \boxed{\text{ム}} \sim \boxed{\text{モ}}$$

⑦ 解答　 $\boxed{\text{ヤ}}6$ 　 $\boxed{\text{ユ}}2$ 　 $\boxed{\text{ヨ}}6$ 　 $\boxed{\text{ラ}}2$ 　 $\boxed{\text{リ}}4$

━━━━━━━━━━━━━━ 解説 ━━━━━━━━━━━━━━

《平均値，分散》

データの範囲が 8 であるから

$$c-(-4)=8 \qquad c=4 \quad \rightarrow\boxed{\text{リ}}$$

平均値が 0 であるから

$$\frac{1}{5}(-4+a+0+b+4)=0$$

$$b=-a \quad \cdots\cdots ①$$

また，分散が 7 であるから

$$\frac{1}{5}\{(-4-0)^2+(a-0)^2+(0-0)^2+(-a-0)^2+(4-0)^2\}=7$$

$$2a^2=3$$

$a\leqq 0$ より　　$a=-\dfrac{\sqrt{6}}{2}$ 　 $\rightarrow\boxed{\text{ヤ}}\cdot\boxed{\text{ユ}}$

①より　　$b=\dfrac{\sqrt{6}}{2}$ 　 $\rightarrow\boxed{\text{ヨ}}\cdot\boxed{\text{ラ}}$

⑧ 解答 ル レ 13

=== 解 説 ===

《集合の要素の個数》

生徒全体の集合を U, 提案A，B，Cのそれ
ぞれに賛成した生徒の集合をそれぞれ A, B, C
とすると，条件より

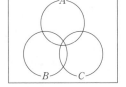

$$n(U)=40, \qquad n(A)=25, \qquad n(B)=32,$$
$$n(C)=27, \quad n(A \cap B)=18,$$
$$n(B \cap C)=22, \quad n(C \cap A)=20, \quad n(\overline{A} \cap \overline{B} \cap \overline{C})=3$$

と表せる。

また，ド・モルガンの法則 $\overline{A \cup B \cup C}=\overline{A} \cap \overline{B} \cap \overline{C}$ より

$$n(A \cup B \cup C)=n(U)-n(\overline{A \cup B \cup C})$$
$$=n(U)-n(\overline{A} \cap \overline{B} \cap \overline{C})$$
$$=40-3=37$$

よって，求める集合の要素の個数 $n(A \cap B \cap C)$ は

$$n(A \cup B \cup C)=n(A)+n(B)+n(C)-n(A \cap B)-n(B \cap C)$$
$$-n(C \cap A)+n(A \cap B \cap C)$$

これより

$$37=25+32+27-18-22-20+n(A \cap B \cap C)$$
$$n(A \cap B \cap C)=13 \quad \rightarrow \boxed{ル}\boxed{レ}$$

⑨ 解答 ロ 5

=== 解 説 ===

《三平方の定理》

点Dから線分 AC に垂線 DH を下ろすと，AC を
折り目に曲げて，DH⊥平面 ABC となるようにす
るので，DH⊥BH となる。

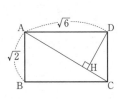

直角三角形 ACD に対して，$CD:DA=\sqrt{2}:\sqrt{6}$
$=1:\sqrt{3}$ より

$$\angle ACD=60°$$

直角三角形 DHC に対して，∠HCD＝60°より

$$DH = \frac{\sqrt{3}}{2}CD = \frac{\sqrt{6}}{2}$$

$$CH = \frac{1}{2}CD = \frac{\sqrt{2}}{2}$$

△BCH に対して，∠BCH＝30°より余弦定理から

$$BH^2 = BC^2 + CH^2 - 2BC \cdot CH \cos 30°$$

$$= (\sqrt{6})^2 + \left(\frac{\sqrt{2}}{2}\right)^2 - 2 \cdot \sqrt{6} \cdot \frac{\sqrt{2}}{2} \cdot \frac{\sqrt{3}}{2}$$

$$= 6 + \frac{1}{2} - 3 = \frac{7}{2}$$

よって，直角三角形 BDH で三平方の定理より

$$BD = \sqrt{BH^2 + DH^2}$$

$$= \sqrt{\frac{7}{2} + \left(\frac{\sqrt{6}}{2}\right)^2}$$

$$= \sqrt{5} \quad \rightarrow \boxed{ロ}$$

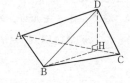

物　理

Ⅰ 　**解答**　
1 —(ク)　2 —(カ)　3 —(キ)　4 —(ウ)　5 —(キ)　6 —(エ)
7 —(ア)　8 —(イ)　9 —(イ)　10 —(ウ)　11 —(エ)　12 —(キ)

===== 解　説 =====

《鉛直面内の円運動，衝突と台車上の物体の運動》

1 　基準の高さより h_0 だけ高いため，重力による位置エネルギーは $U=mgh_0$ である。力学的エネルギー E_A は

$$E_A = mgh_0 + \frac{1}{2}mv_0{}^2$$

2 　力学的エネルギー保存則より

$$mgh_0 + \frac{1}{2}mv_0{}^2 = \frac{1}{2}mv_1{}^2 \qquad v_1 = \sqrt{v_0{}^2 + 2gh_0}$$

3 　最下点に到達したときの物体Aの運動方程式より

$$\frac{mv_1{}^2}{L} = T - mg \qquad T = \frac{mv_1{}^2}{L} + mg$$

4 　糸がまっすぐ伸びたまま円運動する条件は，物体Aが最高点を通過したときの張力が 0 以上であるので，物体Aが最高点を通過したときの速さを v とすると，最高点での張力 T' は運動方程式より

$$\frac{mv^2}{L} = T' + mg$$

$$T' = \frac{mv^2}{L} - mg \geqq 0$$

また，力学的エネルギー保存則より

$$\frac{1}{2}mv_1{}^2 = \frac{1}{2}mv^2 + mg \cdot 2L$$

2式より v を消去して

$$v_1 \geqq \sqrt{5gL}$$

5 　衝突した直後の物体Aの速度を v_A とおくと，運動量保存則より

$$mv_1 = mv_A + mv_2$$

弾性衝突であるため，はね返り係数の式は

$$1 = -\frac{v_\mathrm{A} - v_2}{v_1 - 0}$$

2式より v_A を消去して

$$v_2 = v_1$$

7　左向きが正であることに注意すると，物体Bの運動方程式は

$$ma_\mathrm{B} = -\mu mg \qquad a_\mathrm{B} = -\mu g$$

8　作用・反作用の法則より，台車Cに加わる動摩擦力は左向きであるので，台車Cの運動方程式は

$$Ma_\mathrm{C} = \mu mg \qquad a_\mathrm{C} = \frac{\mu mg}{M}$$

9　台車Cは等加速度運動をするので，8の式を用いて

$$v_\mathrm{C} = \frac{\mu mg}{M} t$$

10　物体Bは等加速度運動をするので，7の式を用いて

$$v_\mathrm{B} = v_2 - \mu g t$$

11　物体Bの台車Cに対する相対速度が0のとき，それぞれの速度は等しくなる。運動量保存則より

$$mv_2 = mV + MV \qquad V = \frac{m}{m + M} v_2$$

12　9・11の式を用いて $v_\mathrm{C} = V$ となる時刻を求めると

$$\frac{\mu mg}{M} t = \frac{m}{m + M} v_2 \qquad t = \frac{v_2}{\mu g \left(1 + \dfrac{m}{M}\right)}$$

 Ⅱ 解答　13—(エ)　14—(イ)　15—(ウ)　16—(ア)　17—(コ)　18—(コ)

19—(カ)

━━━━━━━━━━━━ 解説 ━━━━━━━━━━━━

《磁場内での導体棒の運動》

13　平行に置かれた金属棒の間の細い金属棒Cの長さ l は

$$l = \frac{d}{\sin \theta}$$

であるため，スイッチSを閉じたときの回路全体の抵抗値 R は

$$R = lr = \frac{d}{\sin\theta}r$$

Cが動きだす瞬間の電流 I は，キルヒホッフの第二法則より

$$I = \frac{E}{R} = \frac{E\sin\theta}{rd} \quad\cdots\cdots\text{①}$$

⑭　Cが磁界から受ける力 F は，電流が磁界から受ける力の式に①を代入して

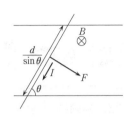

$$F = BI\frac{d}{\sin\theta} = \frac{EB}{r}$$

⑮　Δt〔s〕間にCが掃く平行に置かれた金属棒の間の面積 ΔS は

$$\Delta S = v\Delta td$$

回路を貫く磁束の変化量 $\Delta\Phi$ は

$$\Delta\Phi = B\Delta S = Bv\Delta td$$

誘導起電力の大きさ V は，ファラデーの電磁誘導の法則より

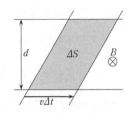

$$V = \left|-\frac{\Delta\Phi}{\Delta t}\right| = vBd$$

また，レンツの法則から回路全体に生じる誘導起電力の向きは反時計回りになるので，電流を I' とおくとキルヒホッフの第二法則より

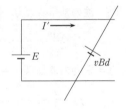

$$E - vBd = \frac{d}{\sin\theta}rI'$$

$$I' = \frac{(E-vBd)\sin\theta}{rd} \quad\cdots\cdots\text{②}$$

⑯　Cが磁界から受ける力 F' は，⑭と同様に

$$F' = BI'\frac{d}{\sin\theta} \quad\cdots\cdots\text{③}$$

②を代入して

$$F' = \frac{(E-vBd)B}{r} \quad\cdots\cdots\text{④}$$

⑰　Cが一定の速さになったことより，Cにはたらく力の合力は0。Cにはたらく x 軸方向の力は電流が磁界から受ける力のみであるので，その力

の大きさは0。

18 17と③より, Cを流れる電流は0。

19 ④から

$$0 = \frac{(E - v_0 Bd)\,B}{r} \qquad v_0 = \frac{E}{Bd}$$

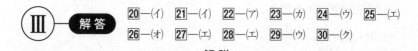

III 解答 20—(イ) 21—(イ) 22—(ア) 23—(カ) 24—(ウ) 25—(エ)
26—(オ) 27—(エ) 28—(エ) 29—(ウ) 30—(ク)

=== 解 説 ===

《弦の振動》

24 弦の長さと固有振動の波長の関係は

基本振動：$L = \frac{1}{2}\lambda_1 \times 1$, 2倍振動：$L = \frac{1}{2}\lambda_2 \times 2$,

3倍振動：$L = \frac{1}{2}\lambda_3 \times 3$, …

であるので, m 倍振動は

$$L = \frac{1}{2}\lambda_m \times m \qquad \lambda_m = \frac{2L}{m}$$

25 波の基本式より

$$f_m = \frac{v}{\lambda_m} = \frac{v}{2L}m$$

基本振動の波長は $\lambda_1 = 2L$ であるため

$$f_m = \frac{v}{\lambda_1}m = f_1 \times m$$

26 2倍振動より, 固有振動の波長 $\lambda_2 = 0.400$ m。弦を伝わる波の速さ v は, 波の基本式を用いると

$$v = 880 \times 0.400 = 352\,[\mathrm{m/s}]$$

27 2倍振動の振動数が880Hzであるので, 25の式を用いて

$$f_1 = 440\,[\mathrm{Hz}]$$

28 24の式と問題文の v の式から

$$f = \frac{v}{\lambda_m} = \frac{m}{2L}\sqrt{\frac{S}{\rho}}$$

29 28の式から

$$S = \rho \left(\frac{2L}{m} f \right)^2$$

30　3つの腹が生じているときの張力を S_3，4つの腹が生じているときの張力を S_4 とすると，**29**の式を用いて

$$S_3 = \rho \left(\frac{2L}{3} f \right)^2$$

$$S_4 = \rho \left(\frac{2L}{4} f \right)^2$$

2式より　　$\dfrac{S_4}{S_3} = \dfrac{9}{16}$

化　学

Ⅰ **解答** ①—(ウ)　②—(カ)　③—(ア)　④—(エ)　⑤—(ウ)　⑥—(エ)　⑦—(ウ)　⑧—(イ)

━━━━ 解説 ━━━━

《混合物の分離操作》

① (ウ)黒鉛は，炭素原子のみからなる単体である。

② 水に溶けない砂を，ろ過で分離する。

③ 塩化ナトリウム水溶液から蒸留により水を分離する。

④ ヨウ素の固体は昇華性があるため，昇華法による分離が適している。

⑤ 硝酸カリウムの水に対する溶解度は，温度によって大きく異なるため，再結晶による分離が適している。

⑥ それぞれの成分元素の炎色は次のようになる。

リチウム：赤色，バリウム：黄緑色，ナトリウム：黄色

カリウム：赤紫色，銅：青緑色，カルシウム：橙赤色

⑦ 硝酸銀水溶液で白色沈殿が生じると，成分元素としてClが含まれていることが確認できる。

⑧ 酢酸鉛(Ⅱ)水溶液で黒色沈殿が生じると，成分元素としてSが含まれていることが確認できる。

Ⅱ **解答** ⑨—(イ)　⑩—(ア)

━━━━ 解説 ━━━━

《元素の周期律》

⑨ ナトリウム原子の電子配置は K2L8M1 であり，最外殻電子を1個放出して生じるナトリウムイオンの電子配置は K2L8 となり，ネオン原子と同じ電子配置になる。

⑩ イオン化エネルギーが最大の元素は He である。また，同一周期の元素であれば原子番号が大きい元素ほど，イオン化エネルギーは大きくなる傾向がある。さらに，同族元素では原子番号が小さい元素ほど，イオン化

エネルギーは大きくなる。

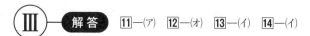

Ⅲ ── 解答   11 ─(ア)   12 ─(オ)   13 ─(イ)   14 ─(イ)

━━━━━━━━ 解　説 ━━━━━━━━

《金属のイオン化傾向と水溶液の電気分解》

11 実験1より，**A**と**C**は銅よりもイオン化傾向が大きく，**B**と**D**は銅よりもイオン化傾向が小さい。

実験2より，**C**のイオン化傾向が最も大きい。

実験3より，**B**と**D**のうち濃硝酸に溶けない**D**のイオン化傾向が最も小さい。なお，**C**が濃硝酸に溶けないのは，金属表面にち密な酸化被膜を形成するからである。

　A〜**D**に該当する金属は，次のようになる。

　　　A：Pb，**B**：Ag，**C**：Ni，**D**：Pt

12 実験4では，白金電極を用いた硝酸銀水溶液の電気分解を行っている。

　両極で起こる反応は

　　　陽極：$2H_2O \longrightarrow O_2 + 4H^+ + 4e^-$

　　　陰極：$Ag^+ + e^- \longrightarrow Ag$

となる。そのため，発生する気体は酸素であり，銀が析出する**X**が陰極，酸素が発生する**Y**が陽極となる。

13・14 回路を流れた電子の物質量は

$$\frac{2.00 \times 1930}{9.65 \times 10^4} = 0.04000 〔mol〕$$

　これより，陰極（**X**）に析出する Ag（**B**）の質量は

　　　$0.04000 \times 108 = 4.32 〔g〕$

　陽極（**Y**）で発生する O_2 の 0℃，$1.01 \times 10^5 Pa$ における体積は

　　　$0.04000 \times \dfrac{1}{4} \times 22.4 = 0.224 〔L〕$

Ⅳ　解答　　15—(イ)　16—(イ)　17—(ア)　18—(ク)　19—(オ)　20—(ケ)

===== 解説 =====

《酸化還元滴定》

15　正確な体積の溶液を調製する器具はメスフラスコ，正確な体積の溶液を測り取る器具はホールピペット，滴下した溶液の正確な体積を測定する器具はビュレットである。

16　この酸化還元滴定では，過マンガン酸カリウム水溶液の赤紫色が消えなくなるところを滴定の終点とする。

17　MnO_4^- は酸性条件で酸化剤としてはたらくと，Mn^{2+} へと変化する。

$$MnO_4^- + 8H^+ + 5e^- \longrightarrow Mn^{2+} + 4H_2O$$

そのため，マンガンの酸化数は，$+7 \rightarrow +2$ となる。

18　シュウ酸水溶液のモル濃度は

$$\frac{0.63}{126} \times \frac{1000}{100} = 5.00 \times 10^{-2} \, [\text{mol/L}]$$

19　シュウ酸の還元剤としてのはたらきは，次のようになる。

$$H_2C_2O_4 \longrightarrow 2CO_2 + 2H^+ + 2e^-$$

過マンガン酸カリウム水溶液のモル濃度を $x\,[\text{mol/L}]$ とすると

$$x \times \frac{16.0}{1000} \times 5 = 5.00 \times 10^{-2} \times \frac{10.0}{1000} \times 2$$

$$x = 1.25 \times 10^{-2} \, [\text{mol/L}]$$

20　過酸化水素の還元剤としてのはたらきは，次のようになる。

$$H_2O_2 \longrightarrow O_2 + 2H^+ + 2e^-$$

過酸化水素水のモル濃度を $y\,[\text{mol/L}]$ とすると

$$1.25 \times 10^{-2} \times \frac{30.0}{1000} \times 5 = y \times \frac{15.0}{1000} \times 2$$

$$y = 6.25 \times 10^{-2} \, [\text{mol/L}]$$

解　答　　21—(イ)　22—(ア)　23—(ア)　24—(オ)

＝＝＝＝＝＝ 解　説 ＝＝＝＝＝＝

《反応速度と速度定数》

21　図1より，Aが0.2mol/L減少すると，Bは0.1mol/L減少する。そのとき，Cは0.1mol/L増加する。

22　表1の1～3のデータより，Aの初濃度を2倍，3倍として実験を行うと，Cの生成速度が2倍，3倍となるため，Cの生成速度はAの初濃度に比例する。また，表1の2，4，5のデータより，Bの初濃度を2倍，3倍として実験を行うと，Cの生成速度が2倍，3倍となるため，Cの生成速度はBの初濃度に比例する。

23　この反応の反応速度定数 k は

$$k = \frac{v_C}{[A] \times [B]} = \frac{8.0 \times 10^{-3}}{0.80 \times 0.10} = 0.10 \, [\text{L/(mol·s)}]$$

24　図1のときとA，Bの初濃度は同じであり，反応後のA，B，Cの濃度も図1と同じになる。触媒を加えて反応を開始したため，Cの生成速度が大きくなる。

解　答　　25—(ア)　26—(オ)　27—(ウ)　28—(イ)　29—(ア)　30—(イ)
31—(ア)　32—(ウ)

＝＝＝＝＝＝ 解　説 ＝＝＝＝＝＝

《元素分析，ポリアミド》

25～27　元素分析を行う場合に用いる酸化剤は，酸化銅(Ⅱ)である。有機化合物に含まれる水素は水となり，塩化カルシウムに吸収される。また，有機化合物に含まれる炭素は二酸化炭素となり，ソーダ石灰に吸収される。

28　有機化合物に含まれる炭素原子，水素原子，酸素原子の質量は

炭素原子：$26.4 \times \dfrac{12.0}{44.0} = 7.20 \, [\text{mg}]$

水素原子：$10.8 \times \dfrac{2.00}{18.0} = 1.20 \, [\text{mg}]$

酸素原子：$13.2 - (7.20 + 1.20) = 4.80 \, [\text{mg}]$

有機化合物の組成式を $C_xH_yO_z$ とすると

$$x : y : z = \frac{7.20}{12.0} : \frac{1.20}{1.00} : \frac{4.80}{16.0}$$

$$= 0.60 : 1.20 : 0.30$$

$$= 2 : 4 : 1$$

よって，組成式は C_2H_4O となる。

29～32 ナイロン 66 は，二価アミンのヘキサメチレンジアミンと二価カルボン酸のアジピン酸との縮合重合で合成される。また，ナイロン 6 は，ε-カプロラクタムの開環重合によって合成される。

Ⅰ　解答　　①—(ア)・(オ)・(カ)・(キ)・(ケ)　②—(ア)・(イ)　③—(イ)
④—(カ)　⑤—(ア)・(イ)・(エ)・(ク)　⑥—(オ)・(キ)　⑦—(カ)
⑧—(ア)

===== 解説 =====

《細胞小器官，酵素》

② (ウ)誤文。細胞内共生によって獲得されたのは，三つの中ではミトコンドリアのみである。

(エ)誤文。核膜はゴルジ体ではなく，小胞体とつながっている。

(オ)誤文。酸素を使った呼吸を行うのはミトコンドリアである。

(カ)誤文。ゴルジ体は粗面小胞体に取り込まれたタンパク質や滑面小胞体で合成された脂質を受け取って糖を付加するなどの修飾を行い，細胞外へ分泌するはたらきをもつ。

(キ)誤文。核小体が見られるのは核である。

⑤ チラコイド膜には光合成色素が存在し，吸収された光エネルギーによって水が分解されて酸素が発生する。取り出された電子は $NADP^+$ に渡されて NADPH が生成するとともに，ATP が生成される。

⑥ ストロマでは，カルビン回路（カルビン・ベンソン回路）で，二酸化炭素とチラコイド膜で生成された NADPH と ATP を用いてグルコースが生成されるが，この反応の際に水が生成する。グルコースは多数結合してデンプン（同化デンプン）となる。

⑧ 酵素の特徴として，基質特異性をもつ，最適温度と最適 pH があるという点があげられる。

②・④誤文。酵素はタンパク質でできているため高温下では変性し，反応速度は急激に低下する。

③誤文。胃の中のような低 pH 下でよくはたらくのはペプシンである。

Ⅱ　解答　　⑨—(エ)　⑩—(イ)　⑪—(イ)　⑫—(ケ)　⑬—(ケ)　⑭—(エ)
　　　　　　⑮—(キ)　⑯—(エ)

===== 解　説 =====

《転写と翻訳，だ腺染色体》

⑬　②誤文。転写も核で行われるので，RNA を合成する酵素も核ではたらく。

⑯　パフでは mRNA はさかんに合成されている。mRNA が合成される際には，合成が進行している部分の DNA の 2 本鎖がほどけて 1 本鎖になる。

Ⅲ　解答　　⑰—(オ)　⑱—(カ)　⑲—(カ)　⑳—(エ)　㉑—(ク)　㉒—(イ)
　　　　　　㉓—(イ)・(ウ)・(エ)・(オ)　㉔—(ア)

===== 解　説 =====

《体液，血糖濃度の調節，糖尿病》

⑰　血管から血しょうがしみ出して組織液となり，組織液がリンパ管に入るとリンパ液となる。したがって，これらの液体の組成は近いが，細胞外液である組織液と細胞内液である細胞質基質では，Na^+ 濃度や K^+ 濃度などの組成が大きく異なる。

⑱　(ア)誤文。血しょうには肝臓でつくられたタンパク質が多量に含まれる。
(イ)誤文。二酸化炭素は炭酸水素イオンとなり，血しょうに溶けて肺まで運ばれる。
(ウ)誤文。血ぺいはフィブリンが血球を絡めて固めることで形成される。
(エ)誤文。酸素は赤血球によって運搬される。
(オ)誤文。ヘモグロビンを含むのは赤血球である。

㉒　ベイリスとスターリングは十二指腸から分泌され，すい臓に作用して消化酵素の分泌を促進するセクレチンと呼ばれるホルモンを発見した。レーウィは神経繊維の末端から神経伝達物質が分泌されることを，ランゲルハンスはすい臓において島状に分布する内分泌器官（ランゲルハンス島）を発見した。

㉓　(ア)誤文。アドレナリンはグルコースを分解するのではなく，グリコーゲンを分解することで血糖濃度を上昇させる。

㉔　食事後の血中インスリン濃度の変化をみると，①はインスリンをほと

んど分泌していないのでⅠ型糖尿病患者である。次に，血糖濃度の変化を
みると，②は③に比べて常に血糖濃度が高いのでⅡ型糖尿病患者であるこ
とがわかる。

25—(オ)　26—(ク)　27—(キ)　28—(キ)　29—(ケ)　30—(カ)

31—(エ)　32—(オ)

= 解説 =

《自然免疫と適応免疫，抗原提示》

29　①誤文。1つのキラーT細胞は1種類のTCRをもち，TCRの可変
部と結合する抗原のみ認識するため，多種類の抗原を認識することはでき
ない。

②誤文。キラーT細胞による免疫反応は体液性免疫ではなく，細胞性免疫
である。

④誤文。キラーT細胞のはたらきは感染細胞の破壊であり，マクロファー
ジを活性化させるのはヘルパーT細胞である。

30　①誤文。HIVがヘルパーT細胞に感染して破壊するとB細胞を活性
化することができなくなるので，抗体の産生量は低下する。

③誤文。抗体はH鎖2本とL鎖2本，合計4本のポリペプチドからできて
いる。

⑤誤文。O型の人は，赤血球ではなく血しょう中に抗A抗体と抗B抗体が
存在する。

32　①誤文。T細胞ごとにTCRの可変部の構造が異なっており，MHC
抗原とTCRの可変部が結合できるかどうかでMHC抗原の違いを認識し
ている。

③誤文。自分自身のMHC抗原に対しては免疫反応を行わないという免疫
寛容のしくみがある。

33—(ウ)　34—(イ)　35—(ウ)　36—(ウ)　37—(カ)　38—(ウ)

39—(エ)　40—(ア)

= 解説 =

《生態系の保全，外来生物》

36　③正文。①誤文。「野生生物リスト」ではなく，絶滅のおそれのある

生物種について危険度の高さを判定して分類したレッドリストを元に，生息場所や絶滅の危険度などを記載したものがレッドデータブックと呼ばれる。

②誤文。希少種の取引を禁止しているのはワシントン条約である。なお，ラムサール条約は干潟を含む湿地の保護を目的としている。

④誤文。「世界の侵略的外来種ワースト100」は，国際自然保護連合（IUCN）により定められているが，それをまとめた本などの正式名称はない。

40　③誤文。ウシガエルは両生類である。

④誤文。ヤンバルクイナは絶滅危惧種である。

国　語

出典 清岡卓行『アカシヤの大連』（講談社文芸文庫）

解答

問1 ⓐ—㋑　ⓓ—㋓

問2 ㋒

問3 ㋔

問4 ㋐

問5 ㋑

問6 ㋓

問7 ㋒

問8 ㋔

問9 ㋑

問10 ㋔

問11 ㋔

問12 ㋒

問13 ㋓

出典 笹山敬輔『ドリフターズとその時代』〈第三章『全員集合』スタートと志村けん〉（文春新書）

解答

問1 ⓐ—㋓　ⓑ—㋓　ⓒ—㋒

問2 ㋐

問3 ㋐

問4 ㋔

問5 ㋑

問6 ㋔

問7 ㋒

問8 ㋑

問9 ㋐

問10 ㋑

問11　㋩

問12　㋖

三　出典　村野四郎「鹿」（『亡羊記─詩集』政治公論社『無限』編集部）

解答

問1　(1)─㋔　(2)─㋐

問2　(1)─㋔　(2)─㋺

問3　(1)─㋑　(2)─㋐

//////////////// · memo · ////////////////

//////////////// · memo · ////////////////

//////////////// · memo · ////////////////

//////////////// · memo · ////////////////

2023 年度

問題と解答

■前期入試Ａ・Ｂ方式（２月１日実施分）

問題編

▶試験科目・配点

【Ａ方式】

学部	教　科	科　　　　　　目	配　点
工・理工	外　国　語	コミュニケーション英語Ⅰ・Ⅱ，英語表現Ⅰ	100 点
	数　　学	数学Ⅰ・Ⅱ・Ⅲ・Ａ・Ｂ	100 点
	理　　科	「物理基礎・物理」「化学基礎・化学」から１科目選択	100 点
経営情報・国際関係・人文	外　国　語	コミュニケーション英語Ⅰ・Ⅱ，英語表現Ⅰ	人文 (英語英米文化)：150 点 その他：100 点
	地歴・公民・数学	「日本史Ｂ」「世界史Ｂ」「地理Ｂ」「政治・経済」「数学Ⅰ・Ａ」から１科目選択	100 点
	国　　語	国語総合（古文・漢文を除く）・現代文Ｂ	100 点
応用生物	外　国　語	コミュニケーション英語Ⅰ・Ⅱ，英語表現Ⅰ	100 点
	数学・国語	「数学Ⅰ・Ａ」「国語総合（古文・漢文を除く）・現代文Ｂ」から１科目選択	100 点
	理　　科	「化学基礎〈省略〉」「生物基礎」から１科目選択	100 点
生命健康科	外　国　語	コミュニケーション英語Ⅰ・Ⅱ，英語表現Ⅰ	100 点
	数学・国語	「数学Ⅰ・Ａ」「国語総合（古文・漢文を除く）・現代文Ｂ」から１科目選択	100 点
	理　　科	「物理基礎〈省略〉」「化学基礎〈省略〉」「生物基礎」から１科目選択	100 点

現代教育	外 国 語	コミュニケーション英語Ⅰ・Ⅱ，英語表現Ⅰ	100 点
	地歴・公民・理科	「日本史 B」「世界史 B」「地理 B」「政治・経済」「物理基礎〈省略〉」「化学基礎〈省略〉」「生物基礎」から 1 科目選択	100 点
	数学・国語	現代教育学科中等教育国語数学専攻：「数学Ⅰ・Ⅱ・Ⅲ・A・B」「国語総合（古文・漢文を除く）・現代文 B」から 1 科目選択 その他の学科・専攻：「数学Ⅰ・A」「国語総合（古文・漢文を除く）・現代文 B」から 1 科目選択	100 点

【B方式】

学部等	教 科		科 目	配 点
工・理工	数 学	必 須	数学Ⅰ・Ⅱ・Ⅲ・A・B	100 点
	外 国 語	1 教科選択（2 教科受験も可）	コミュニケーション英語Ⅰ・Ⅱ，英語表現Ⅰ	100 点
	理 科		「物理基礎・物理」「化学基礎・化学」から 1 科目選択	100 点
経営情報・人文（英語英米文化除く）・	外 国 語	2 教科選択（3 教科受験も可）	コミュニケーション英語Ⅰ・Ⅱ，英語表現Ⅰ	100 点
	地歴・公民・数学		「日本史 B」「世界史 B」「地理 B」「政治・経済」「数学Ⅰ・A」から 1 科目選択	100 点
	国 語		国語総合（古文，漢文を除く）・現代文 B	100 点
国際関係・人文（英語英米文化）	外 国 語	必 須	コミュニケーション英語Ⅰ・Ⅱ，英語表現Ⅰ	人文（英語英米文化）：150 点　国際関係：100 点
	地歴・公民・数学	1 教科選択（2 教科受験も可）	「日本史 B」「世界史 B」「地理 B」「政治・経済」「数学Ⅰ・A」から 1 科目選択	100 点
	国 語		国語総合（古文，漢文を除く）・現代文 B	100 点

応用生物	外　国　語	2教科選択 （3教科受験も可）	コミュニケーション英語Ⅰ・Ⅱ，英語表現Ⅰ	100点
	数学・国語		「数学Ⅰ・A」「国語総合（古文，漢文を除く）・現代文B」から1科目選択	100点
	理　　科		「化学基礎〈省略〉」「生物基礎」から1科目選択	100点
生命健康科	外　国　語	2教科選択 （3教科受験も可）	コミュニケーション英語Ⅰ・Ⅱ，英語表現Ⅰ	100点
	数学・国語		「数学Ⅰ・A」「国語総合（古文，漢文を除く）・現代文B」から1科目選択	100点
	理　　科		「物理基礎〈省略〉」「化学基礎〈省略〉」「生物基礎」から1科目選択	100点
現代教育	外　国　語	2教科選択 （3教科受験も可）	コミュニケーション英語Ⅰ・Ⅱ，英語表現Ⅰ	100点
	地歴・公民・理科		「日本史B」「世界史B」「地理B」「政治・経済」「物理基礎〈省略〉」「化学基礎〈省略〉」「生物基礎」から1科目選択	100点
	数学・国語		現代教育学科中等教育国語数学専攻：「数学Ⅰ・Ⅱ・Ⅲ・A・B」「国語総合（古文・漢文を除く）・現代文B」から1科目選択 その他の学科・専攻：「数学Ⅰ・A」「国語総合（古文，漢文を除く）・現代文B」から1科目選択	100点

▶備　考
- 解答方式は記述式とマークセンス方式。
- 【A方式】全学部とも3教科を受験する。
- 【B方式】全学部とも必須科目を含む2教科以上を受験する。3教科を受験した場合は，必須科目を含む高得点の2教科で合否判定を行う。なお，現代教育学部幼児教育学科のみ，高得点1教科型入試も実施。
- 共通テストプラス方式…大学入学共通テストで大学の指定した教科・

　科目を受験し，前期入試Ａ方式またはＢ方式を受験する者は，共通テストプラス方式に出願可能。前期入試Ａ方式またはＢ方式の成績（高得点1教科）と大学入学共通テストの成績（高得点2教科・科目）で合否を判定する。ただし，人文学部英語英米文化学科の前期入試Ａ方式・Ｂ方式は「英語」が必須。

【出題範囲】

　「数学Ａ」は「場合の数と確率，図形の性質」から出題する。

　「数学Ｂ」は「数列，ベクトル」から出題する。

■英語■

（60 分）

〔 1 〕次の文章を読み，下の設問に答えよ。

　　Japan has a worldwide reputation of being a nation that loves vending machines. At latest count, there were roughly 2,400,000 vending machines in use here, which means there is roughly one vending machine for every 50 people in the country! It is easy to see why vending machines are so popular. They are a very convenient invention, making it possible to buy not only hot or cold drinks, but snacks, ice cream, or hot food. It is even possible to find specialized vending machines selling anything from electronics to umbrellas to bottles of fish broth. But what do we know about the history of these machines?

　　It may surprise you to learn that the earliest recorded vending machine was designed nearly two thousand years ago by an Egyptian mathematician and engineer called Hero of Alexandria. The machine which he designed used the weight of a coin put into the machine to give out a small amount of holy water. But this may have been the limit of what the technology of the ancient world could produce, and as far as we know, this is the only such machine made for hundreds of years.

　　In more modern times, there were machines that sold tobacco in use in England in the 1600s, but vending machines did not become really widespread until advances in technology and production starting in the mid-1800s. The first machines that we would recognize as vending machines—coin-operated machines that did not need a human being to help operate them—were machines selling stamps and postcards, patented in the 1880s in Britain. Other nations like Germany and the United States quickly adopted the technology. In Japan, too, these machines were developed around this time, and the first inventor of vending machines here was a furniture designer from what is now Shimonoseki called Tawaraya Koshichi. His machine also sold stamps and postcards, and additionally served as a mailbox.

　　The machines first began to become very popular in this country after World War II. However, the single thing that helped make them as popular as they are today may have been a government decision unrelated to technology. In 1967, 100-yen coins, which had until then been made of silver, were changed to be made from the much less expensive nickel, and the number of coins in circulation *skyrocketed*. In 1967, there were about 800 million 100-yen coins in use in Japan, but two years later the number had jumped to 1.6 billion. In short, people in Japan were using many more coins than they had before, which made vending machines even more convenient and profitable.

　　Now, vending machines can be found all across Japan, on almost every street corner. Although more and more people are using "electronic money" instead of coins, the machines remain popular. Still, vending machines have been criticized in recent years. It is still possible for minors to buy alcohol or cigarettes relatively easily from machines on the street, and the environmental impact caused by the amount of electricity these machines consume is a real concern in the modern world. However, if these problems can be solved, we can be sure that these wonderful machines will remain popular, not only in Japan but around the world.

〔設問〕本文の内容と一致するように，次の空欄（ 1 ～ 10 ）に入れるのに最も適当なものを，それぞれ下の(ア)～(エ)のうちから一つずつ選べ。

1 are listed as one of the specialized items people can buy from vending machines in Japan.

(ア)　Cold drinks　　　　　　　　　　(イ)　Snacks

(ウ)　Bottles of fish broth　　　　　　(エ)　Hot food items

The first known vending machine was designed 2 .

(ア)　in Japan　　　　　　　　　　　(イ)　about 400 years ago

(ウ)　by a hero　　　　　　　　　　　(エ)　by a mathematician

The vending machine designed in Egypt sold 3 .

(ア)　holy water　　　(イ)　hot drinks　　　(ウ)　stamps　　　(エ)　tobacco

Vending machines first came into widespread use 4 .

(ア)　to meet the demand for them

(イ)　because of advances in technology

(ウ)　about two thousand years ago

(エ)　during the 20th century

5 created the first Japanese vending machine.

(ア)　A British inventor　　　　　　　(イ)　The Japanese post office

(ウ)　A furniture designer　　　　　　(エ)　The city of Shimonoseki

The first Japanese vending machine sold 6 .

(ア)　drinks and snacks　　　　　　　(イ)　cigarettes and tobacco

(ウ)　pieces of furniture　　　　　　　(エ)　items used for mailing letters

The rise of the popularity of vending machines in Japan happened 7 .

(ア)　2000 years ago　　　　　　　　(イ)　in the 1600s

(ウ)　in the late 1800s　　　　　　　(エ)　after the Second World War

The word *skyrocketed* in paragraph 4 is closest in meaning to 8 .

(ア)　changed only a small amount　　(イ)　increased rapidly

　(ウ)　was launched into space　　　　　(エ)　dropped sharply

The reason vending machines became so popular in Japan in the late 1960s is 9 .

　(ア)　the sudden increase in the number of coins in the country

　(イ)　advances in technology

　(ウ)　the first sales of both hot and cold drinks from vending machines

　(エ)　a government decision to build more vending machines

One of the criticisms against vending machines is 10 .

　(ア)　that they are too expensive

　(イ)　that they are not good for the environment

　(ウ)　how difficult it is to buy cigarettes from them

　(エ)　their reliance on "electronic money"

〔2〕次の空欄(11 ～ 20)に入れるのに最も適当なものを，それぞれ下の(ア)～(エ)のうちから一つずつ選べ。

You may 11 well prepare for your final exams now.

　(ア)　be　　　　　(イ)　of　　　　　(ウ)　as　　　　　(エ)　at

12 of my classmates were girls last year.

　(ア)　Three-fours　(イ)　Four-threes　(ウ)　Four-thirds　(エ)　Three-fourths

Please be sure to put 13 the fire before you leave your campsite.

　(ア)　out　　　　　(イ)　off　　　　　(ウ)　of　　　　　(エ)　from

My husband stopped 14 alcohol because of his poor health in his middle thirties.

　(ア)　drink　　　　(イ)　to drinking　(ウ)　drinking　　(エ)　for drinking

We would like to have our motorcycle 15 by this Sunday.

　(ア)　repairing　　(イ)　repaired　　(ウ)　be repairing　(エ)　to repair

It is difficult to distinguish sugar 16 salt without tasting it.

　(ア)　with　　　　(イ)　by　　　　　(ウ)　off　　　　　(エ)　from

If my sister 17 busy, she would have gone shopping for a new car last Sunday.

　(ア)　was not　　　(イ)　had not been　(ウ)　has not been　(エ)　have not been

My best friend and I often have a chat 18 a cup of tea.

　　(ア) over　　　　(イ) out　　　　(ウ) through　　　(エ) to

19 was worse, it began to rain during our hike.

　　(ア) When　　　(イ) While　　　(ウ) Which　　　(エ) What

This is the train station 20 I first met my girlfriend three years ago.

　　(ア) who　　　　(イ) where　　　(ウ) whose　　　(エ) which

〔3〕次の対話が成り立つように，空欄(21 ～ 30)に入れるのに最も適当なものを，それぞれ
　　下の(ア)～(コ)のうちから一つずつ選べ。(同じ選択肢を2回以上使うことはない。選択肢は文頭
　　にくる場合でも大文字で始まっているとは限らない。)

Honoka is walking down the street when she is approached by Nick.

　　Nick:　　Excuse me. Do you speak English?

　Honoka:　Yes, I do. Do you need some help?

　　Nick:　　I sure do. I'm trying to 21 . Do you know where that is?

　Honoka:　Yes. It's not too far, but it is a bit complicated.

　　Nick:　　That's fine. Thank you very much.

　Honoka:　Do you 22 ?

　　Nick:　　Yes, the one with the green sign, right?

　Honoka:　That's right. Turn right there. Then walk for two blocks. You'll see 23 .

　　Nick:　　Okay. Two blocks.

　Honoka:　Go in there and get a ticket for Hiro Station. To get there 24 .

　　Nick:　　Okay. Is that changing from the blue line to the red line?

　Honoka:　It sure is! I think you'll be fine.

　　Nick:　　Thank you so much for your help. 25 .

　Honoka:　It's my pleasure. Make sure you check out the sharks there.

　　Nick:　　I will! I hear it's a great exhibit. Goodbye and thanks again for your help.

　　(ア)　you will need to change trains at Nakayama Station

　　(イ)　you should come with me

　　(ウ)　get to the aquarium

(エ)　ask the man at the counter for a shinkansen ticket

(オ)　an entrance for a subway station

(カ)　find the art museum

(キ)　my sister waiting for you there

(ク)　see that convenience store on the corner over there

(ケ)　want me to go with you

(コ)　I really appreciate it

Mirei is checking in for her flight to Japan after studying abroad in Orlando. Anne works for the airline.

Anne:　Hello. Where are you traveling to today?

Mirei:　I'm going to Nagoya in Japan.

Anne:　I've always wanted to visit Japan. May I 26 ?

Mirei:　Sure. Here you go. And you should definitely visit Japan someday.

Anne:　I see you will be changing planes in Detroit. We will 27 Nagoya.

Mirei:　Thank you. Will I need to pick them up in Detroit?

Anne:　No. You won't get them until you arrive in Nagoya.

Mirei:　Great. I don't want to deal with them any more than I have to.

Anne:　Do 28 ?

Mirei:　Yes, I do. I have the paper version and the app.

Anne:　Great. I just need to see the paper version.

Mirei:　Do you think I will have enough time to make my connection?

Anne:　Yes, 29 . You have a fifty-minute layover and the gates are nearby.

Mirei:　Thank you. I'm always so nervous when I fly.

Anne:　No problem at all. Please go through security over there, and 30 .

Mirei:　Thank you again!

(ア)　see your passport, please

(イ)　you want an upgrade to a better seat

(ウ)　have a flight attendant with your children until

(エ)　you should have plenty of time

(オ)　pick up your bags before boarding the plane

(カ)　you'll be departing from gate C11

(キ)　you can meet them in the connection lobby

(ク)　go with you to Japan

(ケ)　you have your vaccination certificate

(コ)　check your bags all the way to

[4] 次の下線部（ 31 ～ 35 ）に最も近い意味を表すものを，それぞれ下の(ア)～(エ)のうちから
　　一つずつ選べ。

I don't like eating out with my mother because she always [31] finds fault with my manners.

　　(ア)　forgives　　　　(イ)　criticizes　　　　(ウ)　consults　　　　(エ)　mistakes

The boss asked us to submit detailed proposals [32] no later than noon.

　　(ア)　after　　　　(イ)　since　　　　(ウ)　before　　　　(エ)　on

The principal made the decision to [33] do away with the school rule about hair color.

　　(ア)　abolish　　　　(イ)　acquire　　　　(ウ)　accept　　　　(エ)　accompany

You can come in now, since I've [34] more or less finished my homework.

　　(ア)　almost　　　　(イ)　already　　　　(ウ)　soon　　　　(エ)　just

The residents are glad to hear that the construction will end [35] before long.

　　(ア)　immediately　　　　(イ)　suddenly　　　　(ウ)　slowly　　　　(エ)　shortly

〔5〕 次の 36 ～ 40 について，正しい英文にするために枠内の語句を並べ替えるとき，空欄 A と空欄 B にくる語句の組み合わせとして正しいものをそれぞれ下の(ア)～(オ) のうちから一つずつ選べ。(語句は文頭にくる場合でも大文字で始まっているとは限らない。)

36 ____ A ____ B ____ enjoy a special holiday.

1. has	2. many families	3. of strangers
4. the kindness	5. helped	

(ア)　A-1　B-2   (イ)　A-4　B-5   (ウ)　A-3　B-5

(エ)　A-5　B-3   (オ)　A-3　B-1

37 The safety of human ____ A ____ B ____ main concern.

1. always be	2. will	3. our
4. and	5. beings is	

(ア)　A-2　B-4   (イ)　A-5　B-3   (ウ)　A-4　B-2

(エ)　A-5　B-1   (オ)　A-4　B-1

38 Our club welcomes ____ A ____ B ____ life science.

1. anyone	2. in	3. interested
4. is	5. who	

(ア)　A-5　B-3   (イ)　A-5　B-2   (ウ)　A-1　B-2

(エ)　A-3　B-1   (オ)　A-4　B-2

39 Western culture as a whole ____ A ____ B ____ its Greek-Latin heritage.

1. with	2. contact	3. has
4. maintained	5. close	

(ア)　A-5　B-2   (イ)　A-4　B-2   (ウ)　A-3　B-4

(エ)　A-4　B-1   (オ)　A-1　B-4

40 This system can ＿＿＿ A ＿＿＿ B ＿＿＿ on our everyday lives.

| 1. will | 2. the influence | 3. the weather |
| 4. predict | 5. have | |

(ア)　A-5　B-4　　　　　(イ)　A-3　B-2　　　　　(ウ)　A-3　B-4

(エ)　A-2　B-1　　　　　(オ)　A-1　B-3

日本史

（60 分）

〔Ⅰ〕 次の文章Ａ・Ｂを読み，下の問い（問１〜５）に答えよ。

A　(a)高句麗好太王碑文によると，４世紀末ころ，西暦391年にあたる　1　の年，倭は海を渡り，百残（百済）や新羅を支配し，さらに北方の高句麗とも激しい戦闘を交えたという。高句麗は，その後長く，中国東北地方の一部と朝鮮半島北部を支配したが，　2　に，(b)唐・新羅のために滅ぼされた。

問１　文中の空欄　1　・　2　に入れるのに最も適当なものを，次のそれぞれの(ア)〜(エ)のうちから一つずつ選べ。

1　(ア)　甲子　　　　　(イ)　戊午　　　　　(ウ)　辛卯　　　　　(エ)　辛酉

2　(ア)　６世紀前半　　(イ)　６世紀後半　　(ウ)　７世紀前半　　(エ)　７世紀後半

問２　下線部(a)「高句麗好太王碑文」について記した文として誤っているものを，次の(ア)〜(エ)のうちから一つ選べ。

3　(ア)　石碑を建てたのは，好太王の子の長寿王である。
　　(イ)　石碑は，現在の中国吉林省にある。
　　(ウ)　石碑は，長い年月の間に風化したり，剥落したりして読めない部分があり，高句麗と倭国の関係の解釈をめぐって議論されている。
　　(エ)　高句麗は倭国と戦う以前に百済・新羅を支配したことがないと伝えている。

問３　下線部(b)「唐」に派遣された人物として誤っているものを，次の(ア)〜(エ)のうちから一つ選べ

4　(ア)　犬上御田鍬　　(イ)　長屋王　　　　(ウ)　玄昉　　　　　(エ)　阿倍仲麻呂

B　室町時代の朝鮮半島では高麗にかわって朝鮮が建国された。朝鮮は幕府に通交の開始と　5　の禁圧をもとめ，幕府もこれに応じたことから両国間の国交が開かれた。朝鮮は　6　の宗氏を通じて，貿易を統制した。14世紀中頃の琉球では，地方豪族である北山・中山・南山の３つの勢力による覇権争いがおこっていたが，1429年に中山王の　7　が統一をはたし，琉球王国を建国した。琉球は日本と国交を結んでいたが，(c)明の朝貢国のなかで特に優遇される

存在でもあった。明では入手しづらい産物を明に送り込む役割を琉球が担っていたからである。

問4　文中の空欄　5　～　7　に入れるのに最も適当なものを，次のそれぞれの(ア)～(エ)のうち
から一つずつ選べ。

　5　(ア)　一揆　　　　(イ)　倭寇　　　　(ウ)　馬借　　　　(エ)　悪党

　6　(ア)　壱岐　　　　(イ)　肥前　　　　(ウ)　対馬　　　　(エ)　隠岐

　7　(ア)　王直　　　　(イ)　李舜臣　　　(ウ)　陶晴賢　　　(エ)　尚巴志

問5　下線部(c)「明」に対して，1411年に国交を中断した室町幕府の将軍として最も適当なもの
を，次の(ア)～(エ)のうちから一つ選べ

　8　(ア)　足利義持　　(イ)　足利義政　　(ウ)　足利義教　　(エ)　足利義満

〔II〕次のＡ～Ｆは安土・桃山時代から江戸時代初期までに出された諸法令の抜粋である。これ
を読み，下の問い（問1～6）に答えよ。

Ａ　紫衣の寺，住持職，先規希有の事也。近年猥りに勅許の事，且は臈次を乱し，且は官寺を汚
　し，甚だ然るべからず。

Ｂ　大名小名，在江戸交替，相定ル所也。毎歳夏四月中　9　致スベシ。

Ｃ　諸国百姓，刀，脇指，弓，やり，てつはう，其外，武具のたぐひ所持候事，堅く御停止候。

Ｄ　身上能き百姓は田地を買取り，弥宜く成り，身体成らざる者は田畠を沽却せしめ，猶々身
　上成るべからざるの間，向後田畠売買停止たるべき事。

Ｅ　当所中　10　として仰せ付けらるるの上は，諸座・諸役・諸公事等，ことごとく免許の事。

Ｆ　11　の儀，日本の地ニハおかせられ間敷候間，今日より廿日の間ニ用意仕り帰国すべく候。

問1　文中の空欄　9　～　11　に入れるのに最も適当なものを，次のそれぞれの(ア)～(エ)のうち
から一つずつ選べ。

　9　(ア)　参勤　　　　(イ)　軍役　　　　(ウ)　知行　　　　(エ)　苗字帯刀

　10　(ア)　惣無事　　(イ)　楽市　　　　(ウ)　藩　　　　　(エ)　鎖国

　11　(ア)　かれうた　　　　　　　　　　(イ)　伴天連（バテレン）

　　　　(ウ)　倭寇　　　　　　　　　　　　　　(エ)　商人

問2　Aの規定をめぐる事件で処罰された僧として最も適当なものを，次の(ア)～(エ)のうちから一つ選べ。

　12　(ア)　日親　　　　　　(イ)　崇伝　　　　　　(ウ)　沢庵　　　　　　(エ)　顕如

問3　Bの規定を初めて発した将軍として最も適当なものを，次の(ア)～(エ)のうちから一つ選べ。

　13　(ア)　徳川秀忠　　　　(イ)　徳川家光　　　　(ウ)　徳川家綱　　　　(エ)　徳川綱吉

問4　Cを定めた時期の豊臣秀吉の状況として最も適当なものを，次の(ア)～(エ)のうちから一つ選べ。

　14　(ア)　明智光秀を討ち，さらに柴田勝家を破った直後であった。

　　　(イ)　四国，九州を相ついで平定し，朝廷から関白および太政大臣に任じられていた。

　　　(ウ)　北条氏政をほろぼし，伊達政宗らをおさえて全国統一を完成した。

　　　(エ)　名護屋に本陣を築き，朝鮮半島に兵を送っていた。

問5　Dの下線部の意味として最も適当なものを，次の(ア)～(エ)のうちから一つ選べ。

　15　(ア)　身体が頑強でよく働く百姓　　　　　(イ)　正直で他人から好まれる百姓

　　　(ウ)　経験豊富で工夫にとむ百姓　　　　　(エ)　財力があり生活の豊かな百姓

問6　Eを含む法令の別の条項として最も適当なものを，次の(ア)～(エ)のうちから一つ選べ。

　16　(ア)　分国中徳政これを行うといえども，当所中免除の事。

　　　(イ)　黒船の儀ハ商売の事に候間，別に候の条，年月を経，諸事売買いたすべき事。

　　　(ウ)　祭礼・仏事など結構に仕るまじき事。

　　　(エ)　日本は神国たる処，きりしたん国より邪法を授け候儀，太 以て然るべからず候事。

〔Ⅲ〕 次の文章を読み，下の問い（問 1 ～ 3）に答えよ。

　　第一次世界大戦がはじまると，第 2 次大隈重信内閣は，国内の政治や経済の局面を打開するた
めにさっそく参戦した。日本は，　17　を口実にドイツに宣戦し，中国にあるドイツの拠点を占
領した。1915 年，日本は袁世凱政府に二十一カ条の要求をつきつけ，その大部分を承認させた。
また日本は，中国における日本の権益を認めさせるために，1916 年にロシアと第 4 次日露協約を
結び，1917 年にはアメリカと　18　を結んだ。

　　戦争が長びくなかで，1917 年，ロシアでは革命がおこり，世界ではじめて社会主義国家が生ま
れた。ヨーロッパ東部戦線の崩壊と社会主義が自国や植民地に影響することを恐れたイギリス・
フランスなど連合国は，内戦状態にあるロシアに軍隊を派遣した。日本は，アメリカがシベリア
のチェコスロバキア軍救援を名目とする共同出兵を提唱したことを受けて，1918 年 8 月，シベリ
ア・北満州方面への派兵を決定した。大戦終了後，列国が撤兵した後も日本の軍隊は 1922 年まで
シベリアに駐屯した。

　　このように日本の対外膨張がすすむ一方で，国内では政治的な民主化や生活の権利を求めるデ
モクラシーの風潮が高まった。1918 年 7 月，富山県の漁村の女性たちの行動をきっかけにして，
全国各地で　19　がおこった。1920 年 5 月 2 日には日本ではじめてのメーデーが開催，東京上野
公園では 1 万人余りが参加したとされ，失業の防止，最低賃金制の確定などを決議している。ま
た，1921 年には組合員 2 万人ともいわれる　20　が結成され，労働争議を行うなど社会運動がさ
かんになった。

　　こうした社会運動では，選挙権に納税資格を設けないいわゆる普通選挙の実施が要求されるこ
とも多く，都市部を中心に民衆の政治参加への意欲が高まった。1925 年 3 月，　21　内閣のもと
で普通選挙法が成立し，満　22　歳以上の男性が衆議院議員の選挙権をもつこととなり，有権者
はそれまでの 4 倍に急増した。ただし，女性の参政権は認められず，女性参政権を認めた普通選
挙法が成立するのは 1945 年 12 月であった。

問 1　文中の空欄　17　～　22　に入れるのに最も適当なものを，次のそれぞれの(ア)～(エ)のうち
　　　から一つずつ選べ。

　17　(ア)　日英同盟　　　　　　　　　　　　(イ)　三国干渉

　　　(ウ)　ポーツマス条約　　　　　　　　　(エ)　下関条約

　18　(ア)　日米安全保障条約　　　　　　　　(イ)　日米行政協定

　　　(ウ)　桂・タフト協定　　　　　　　　　(エ)　石井・ランシング協定

　19　(ア)　婦人参政権運動　　　　　　　　　(イ)　世直し一揆

　　　(ウ)　米騒動　　　　　　　　　　　　　(エ)　自由民権運動

　20　(ア)　日本社会主義同盟　　　　　　　　(イ)　日本労働総同盟

　　(ウ)　友愛会　　　　　　　　　　　　(エ)　労働農民党

21　(ア)　原敬　　　　(イ)　高橋是清　　　(ウ)　加藤友三郎　　　(エ)　加藤高明

22　(ア)　18　　　　(イ)　20　　　　(ウ)　25　　　　(エ)　30

問2　第一次大戦中の中国における日本の勢力拡張に関する記述として最も適当なものを，次の(ア)～(エ)のうちから一つ選べ。

23　(ア)　日本は満州におけるドイツ権益を接収した。

　　(イ)　中国国民による排日運動が高まった。

　　(ウ)　統監府を漢城に設置した。

　　(エ)　日本は袁世凱のあとを継いだ蔣介石に借款を与えた。

問3　第一次大戦中の日本の経済状態に関する記述として最も適当なものを，次の(ア)～(エ)のうちから一つ選べ。

24　(ア)　工業が発展し，工場労働者が大幅に増加した。

　　(イ)　貿易が輸入超過となった。

　　(ウ)　株式市場が暴落し，恐慌が発生した。

　　(エ)　綿織物や生糸の生産が停滞した。

〔Ⅳ〕 次の文章は，1938（昭和13）年12月22日，内閣総理大臣談として発表された「日支国交調整方針に関する声明」である（原文を一部削除した部分があり，旧漢字は現代的な表記に直した）。これを読んで，下の問い（問1～3）に答えよ。

　　政府は本年再度の声明に於て明かにしたる如く，終始一貫，抗日 25 の徹底的武力掃蕩を期すると共に，支那に於ける同憂具眼の士と相携へて 26 の建設に向つて邁進せんとするものである。…

　　日満支三国は 26 の建設を共同の目的として結合し，相互に善隣友好，共同 27 ，経済提携の実を挙げんとするものである。

　　之が為には支那は先づ何よりも旧来の偏狭なる観念を清算して抗日の愚と 28 に対する拘泥の情とを一擲することが必要である。即ち日本は支那が進んで 28 と完全なる国交を修めんことを率直に要望するものである。

　　次に東亜の天地には 29 勢力の存在を許すべからざるが故に，日本は日独伊 27 協定の精神に則り，日支 27 協定の締結を以て日支国交調整上喫緊の要件とするものである。

　　而して支那に現存する実情に鑑み，… 同協定継続期間中，特定地点に日本軍の 27 駐屯を認むること及び 30 地方を特殊 27 地域とすべきことを要求するものである。

　　日支経済関係に就いては，… 特に北支及 30 地域に於てはその資源の開発利用上，日本に対し積極的に便宜を与ふることを要求するものである。

　　日本の支那に求むるものが区々たる領土に非ず，又戦費の賠償に非ざることは自ら明かである。… 日本は支那の主権を尊重するは固より，進んで支那の独立完成の為に必要とする治外法権を撤廃し且つ租界の返還に対して積極的なる考慮を払ふに吝ならざるものである。

問1　文中の空欄 25 ～ 30 に入れるのに最も適当なものを，次のそれぞれの(ア)～(エ)のうちから一つずつ選べ。

25　(ア) 武漢政府　　(イ) 北京政府　　(ウ) 国民政府　　(エ) 延安政権

26　(ア) 円ブロック　　　　　　　　　(イ) 冀東防共自治政府
　　(ウ) 東亜新秩序　　　　　　　　　(エ) 東亜連盟

27　(ア) 条約　　(イ) 防共　　(ウ) 経営　　(エ) 融資

28　(ア) 満州国　　　　　　　　　　　(イ) 泰国
　　(ウ) モンゴル共和国　　　　　　　(エ) ソビエト連邦

29　(ア) コミンテルン　　(イ) ドイツ　　(ウ) ファシズム　　(エ) フランス

30　(ア) 台湾　　(イ) 仏印　　(ウ) 雲南　　(エ) 内蒙

問2　下線部「租界」に関連して，ヴェルサイユ条約で日本が得た旧ドイツ権益の場所として最も適当なものを，次の(ア)～(エ)のうちから一つ選べ。

31　(ア)　ハノイ　　　　　　(イ)　香港　　　　　　(ウ)　遼東半島　　　　　(エ)　山東省

問3　この声明を発表した総理大臣の名前として最も適当なものを，次の(ア)～(エ)のうちから一つ選べ。

32　(ア)　広田弘毅　　　　(イ)　近衛文麿　　　　(ウ)　東条英機　　　　(エ)　鈴木貫太郎

世界史

（60分）

〔Ⅰ〕次の文章を読み，下の問い（問1～5）に答えよ。

　(a)日清戦争での清の敗北をきっかけに，ロシアは　1　と，清の対日賠償金支払いに必要な4億フランの借款供与を決定した。その後，ロシアは清から次々と好条件を引き出し，北東アジアでの南下を果たしていく。例えば，露清間で結ばれた防敵相互援助条約では，ロシアは　2　の敷設権を得た。また，　3　が宣教師殺害事件を口実に膠州湾を租借したのと同じ年に，(b)ロシアも清から租借地を獲得した。このようなロシアの一連の動きに対して，イギリスは　4　の他国への不割譲を清に提示するなど，従来の門戸開放原則から，(c)勢力範囲の排他的な確保へ中国政策を変更した。義和団事件後もロシアは南下政策を継続させ，中国東北から撤兵せず，さらに(d)朝鮮への圧力を強めたため，ロシアと同様に朝鮮の支配を目論む日本との間で深刻な対立が生じることになった。

問1　文中の空欄　1　～　4　に入れるものとして正しいものを，次のそれぞれの(ア)～(エ)のうちから一つずつ選べ。

　1　(ア) ベルギー　　(イ) ドイツ　　(ウ) ポルトガル　　(エ) フランス

　2　(ア) 京漢鉄道　　(イ) 泰緬鉄道　　(ウ) 滇越鉄道　　(エ) 東清鉄道

　3　(ア) ベルギー　　(イ) ドイツ　　(ウ) ポルトガル　　(エ) フランス

　4　(ア) 広西地方　　(イ) 長江流域　　(ウ) 広州湾　　(エ) 福建地方

問2　下線部(a)に関連して，下関条約（日清講和条約）の一部を抜粋した次の史料を読み，当条約の内容について述べた文ａとｂの正誤の組合せとして正しいものを，下の(ア)～(エ)のうちから一つ選べ。

【史料】
　　第一條　清國ハ朝鮮國ノ完全無欠ナル獨立自主ノ國タルコトヲ確認ス因テ右獨立自主ヲ損害スヘキ朝鮮國ヨリ清國ニ對スル貢獻典禮等ハ將來全ク之ヲ廢止スヘシ
　　第二條　清國ハ左記ノ土地ノ主權竝ニ該地方ニ在ル城壘，兵器製造所及官有物ヲ永遠日本國ニ割與ス　（一）左ノ經界内ニ在ル奉天省南部ノ地鴨緑江口ヨリ該江ヲ溯リ安平河口

ニ至リ該河口ヨリ鳳凰城，海城，營口ニ亙リ遼河口ニ至ル折線以南ノ地併セテ前記
ノ各城市ヲ包含ス而シテ遼河ヲ以テ界トスル處ハ該河ノ中央ヲ以テ經界トスルコト
ト知ルヘシ　遼東灣東岸及黄海北岸ニ在テ奉天省ニ屬スル諸島嶼（二）臺灣全島及
其ノ附屬諸島嶼（三）澎湖列島即英國「グリーンウィチ」東經百十九度乃至百二十
度及北緯二十三度乃至二十四度ノ間ニ在ル諸島嶼

【当条約の内容について述べた文】

   a　清は，朝鮮への宗主権を失うことになった。

   b　清は，台湾への統治権を失うことになった。

5

   (ア)　a－正　　b－正

   (イ)　a－正　　b－誤

   (ウ)　a－誤　　b－正

   (エ)　a－誤　　b－誤

問3　下線部(b)に関連して，ロシアが清から得た租借地の名と，その位置を示す地図中のa また
はb の組合せとして正しいものを，下の(ア)～(エ)のうちから一つ選べ。

6　　(ア)　旅順，大連－a

   (イ)　旅順，大連－b

   (ウ)　威海衛－a

   (エ)　威海衛－b

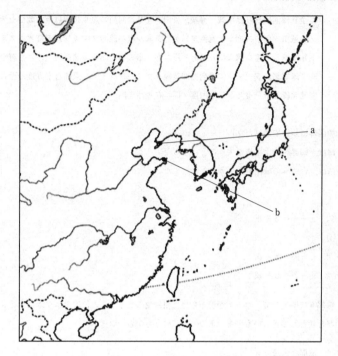

問4　下線部(c)に関連して，アメリカ合衆国がとった行動について述べた次の文中の空欄 a と b に入れる語の組合せとして正しいものを，下の(ア)〜(エ)のうちから一つ選べ。

　　　 a 　との戦争でフィリピンを獲得したアメリカ合衆国は，広大な中国市場への関心を高めていた。そこでアメリカは，進出の遅れを取り戻そうとして，国務長官 b 　の名で中国の門戸開放と機会均等，領土保全を提唱した。

　 7 　　(ア)　a−オランダ，b−ケロッグ

　　　　(イ)　a−オランダ，b−ジョン・ヘイ

　　　　(ウ)　a−スペイン，b−ケロッグ

　　　　(エ)　a−スペイン，b−ジョン・ヘイ

問5　下線部(d)で起こった出来事について述べた次の文 a 〜 c が，年代の古いものから順に正しく配列されているものを，下の(ア)〜(カ)のうちから一つ選べ。

　a　攘夷派の兵士らによる壬午軍乱が起こった。

　b　日朝修好条規が結ばれた。

　c　国号を大韓帝国とし，皇帝の称号を用いた。

8 (ア)　a　→　b　→　c

　　(イ)　a　→　c　→　b

　　(ウ)　b　→　a　→　c

　　(エ)　b　→　c　→　a

　　(オ)　c　→　a　→　b

　　(カ)　c　→　b　→　a

〔Ⅱ〕次の文章を読み，下の問い（問1～5）に答えよ。

　農民生活の安定と税収の確保は，統治者にとって重要な課題である。中国では，国家が土地所有に介入して農民に土地を与えようとする政策が採られてきた。魏の 9 や晋の 10 などがこれにあたる。(a)北魏や唐でも，農民への土地の支給に関する制度が整えられた。五代十国の時代には，貴族にかわって新興の地主層が力を持つようになった。宋で 11 と呼ばれたこれら新興の地主層は，没落した小農民を小作人とする荘園の経営に力を注いだ。また，宋の宰相 12 による改革では農民生活の安定が目標の一つとされた。宋では江南の(b)開発が進み，長江下流域で稲田の面積が急速に増大した。(c)ヨーロッパや(d)アメリカ大陸でも，農民の処遇や土地の管理について時代や地域の特性に合わせて様々な政策が採られており，統治の基盤には土地制度があることが見て取れる。

問1　文中の空欄 9 ～ 12 に入れるものとして正しいものを，次のそれぞれの(ア)～(エ)のうちから一つずつ選べ。

9 　(ア)　班田収授法　　(イ)　占田・課田法　　(ウ)　天朝田畝制度　　(エ)　屯田制

10 　(ア)　班田収授法　　(イ)　占田・課田法　　(ウ)　天朝田畝制度　　(エ)　屯田制

11 　(ア)　形勢戸　　　　(イ)　節度使　　　　　(ウ)　両班　　　　　　(エ)　里老人

12 　(ア)　王羲之　　　　(イ)　王重陽　　　　　(ウ)　王建　　　　　　(エ)　王安石

問2　下線部(a)に関連して，北魏の孝文帝の事績について述べた文として正しいものを，次の(ア)～(エ)のうちから一つ選べ。

13 　(ア)　建康に都を移した。

　　(イ)　三長制を敷いた。

　　(ウ)　両税法を採用した。

　　(エ)　魚鱗図冊を整備した。

問3 下線部(b)に関連して，開発や開墾について述べた次の文aとbの正誤の組合せとして正しいものを，下の(ア)～(エ)のうちから一つ選べ。

14

a　ストックホルムで，「環境と開発に関する国連会議」（地球サミット）が開催された。

b　12・13世紀の西ヨーロッパで，修道院を中心に森や荒れ地の開墾が進んだ。

　　(ア)　a－正　　b－正

　　(イ)　a－正　　b－誤

　　(ウ)　a－誤　　b－正

　　(エ)　a－誤　　b－誤

問4 下線部(c)の農民と領主の関係について述べた次の文中の空欄aとbに入れる語の組合せとして正しいものを，下の(ア)～(エ)のうちから一つ選べ。

　中世末期のヨーロッパでは，飢饉，戦乱，疫病流行による農業人口の減少のために領主が農民側に譲歩せざるを得ず，農民の待遇が向上した。イギリスでは，かつての農奴が　a　と呼ばれる独立自営農民になる例が目立った。一方で，領主権力復活の動きも起こったが，農民側はフランスの　b　に代表されるような大規模な農民一揆を起こして抵抗した。

15　　(ア)　a－ヨーマン，b－ジャックリーの乱

　　　(イ)　a－ヨーマン，b－フロンドの乱

　　　(ウ)　a－ヘレネス，b－ジャックリーの乱

　　　(エ)　a－ヘレネス，b－フロンドの乱

問5 下線部(d)の農業や土地制度について述べた文として**誤っている**ものを，次の(ア)～(エ)のうちから一つ選べ。

16　(ア)　アメリカ大陸のスペイン植民地で，ライヤットワーリー制と呼ばれる大土地所有に基づく農園経営が広がった。

　　(イ)　アメリカ大陸のポルトガル植民地で，プランテーションによるサトウキビの栽培が行なわれた。

　　(ウ)　南北戦争中にホームステッド法が成立し，西部の開拓が進んだ。

　　(エ)　南北戦争後，黒人の多くはシェアクロッパーとして貧しい生活を送った。

〔Ⅲ〕 次の文章を読み，下の問い（問 1 〜 6）に答えよ。

　プロイセン・フランス戦争で勝利したドイツでは，1871 年 1 月，(a)ヴェルサイユ宮殿でヴィルヘルム 1 世が(b)皇帝の位につき，ドイツ帝国が成立した。敗北したフランスは，ドイツに 17 を割譲し，多額の賠償金を課された。帝国首相となったビスマルクは， 18 勢力を攻撃する文化闘争を開始したのみならず，国内少数派のポーランド人を差別・攻撃して多数派をまとめ，(c)国民意識の育成を図った。ドイツは 1879 年に保護関税法を定め，産業資本家とユンカーを結束させてこれを帝国の支柱とし，社会保険制度や(d)教育にも力を入れた。他方で，社会主義運動が勢力を伸ばすと，ビスマルクは(e)社会主義者鎮圧法を制定し，社会主義政党を弾圧した。対外的にはフランスの孤立を図るため，ドイツはオーストリア・ロシアと三帝同盟を結んだ。ビスマルクはまた，フランスによる 19 の保護国化に不満を持つイタリアを誘い，1882 年にイタリア・オーストリアと三国同盟を結んだ。また 1887 年にはロシアと再保障条約を結ぶなど，同盟網によってビスマルク体制といわれる安全保障体制をとった。

問 1　文中の空欄 17 〜 19 に入れるものとして正しいものを，次のそれぞれの(ア)〜(エ)のうちから一つずつ選べ。

17 　(ア) ロンバルディア 　　　(イ) フランドル 　　　(ウ) ニース

　　 (エ) アルザス・ロレーヌ

18 　(ア) ユダヤ 　　　(イ) カトリック 　　　(ウ) スンニ派 　　　(エ) シーア派

19 　(ア) モロッコ 　　　(イ) コンゴ 　　　(ウ) チュニジア 　　　(エ) 南アフリカ

問 2　下線部(a)について述べた次の文中の空欄 a と b に入れる語の組合せとして正しいものを，下の(ア)〜(エ)のうちから一つ選べ。

　パリ西南に位置するヴェルサイユ宮殿は，フランスにおける a の豪華な建築と室内装飾，広大な庭園で知られている。他方， b がベルリン郊外のポツダムに建てたサンスーシ宮殿は，繊細・優雅な装飾性を特色としている。

20 　(ア) 　a－バロック式，b－フリードリヒ 2 世

　　 (イ) 　a－バロック式，b－ヨーゼフ 2 世

　　 (ウ) 　a－ロココ式，b－フリードリヒ 2 世

　　 (エ) 　a－ロココ式，b－ヨーゼフ 2 世

問 3　下線部(b)に関連して，世界史上の皇帝について述べた文として**誤っているもの**を，次の(ア)〜(エ)のうちから一つ選べ。

21 　(ア) アレクサンドル 1 世が，神聖同盟を提唱した。

　　(イ)　ニコライ 1 世が，クリミア戦争を開始した。

　　(ウ)　秦の始皇帝が，焚書・坑儒による思想統制を行なった。

　　(エ)　ムガル帝国のアクバルが，人頭税を復活させた。

問4　下線部(c)に関連して，ナショナリズムについて述べた文として正しいものを，次の(ア)〜(エ)
のうちから一つ選べ。

　[22]　(ア)　ファン・ボイ・チャウが，維新会を組織した。

　　　　(イ)　全インド・ムスリム連盟が，プールナ・スワラージを決議した。

　　　　(ウ)　ムッソリーニの率いる「青年イタリア」が，イタリア統一運動を進めた。

　　　　(エ)　コシュートが，ギリシアの独立を目指す運動を指導した。

問5　下線部(d)に関連して，世界史上の教育・教育機関について述べた文として正しいものを，
次の(ア)〜(エ)のうちから一つ選べ。

　[23]　(ア)　ファーティマ朝が，カイロにニザーミーヤ学院を創設した。

　　　　(イ)　ピタゴラスが，アテネ郊外にアカデメイアを開いた。

　　　　(ウ)　ソンガイ王国のトンブクトゥに，大学がつくられた。

　　　　(エ)　アレクサンドロス大王が，マドラサを設立した。

問6　下線部(e)について述べた文として正しいものを，次の(ア)〜(エ)のうちから一つ選べ。

　[24]　(ア)　陳独秀が，平民社を開業した。

　　　　(イ)　レーニンが，『共産党宣言』を著わした。

　　　　(ウ)　マルクスが，第 1 インターナショナルの指導者となった。

　　　　(エ)　フーリエが，『人口論』を著わした。

〔Ⅳ〕 次の文章を読み，下の問い（問1～8）に答えよ。

　古代のローマは，王政，(a)共和政を経て帝政となり，帝政期には(b)地中海を取り囲む広大な領土を支配した。ヨーロッパ各地に残る(c)ローマの共和政・帝政時代の建築物や遺物が，長期間にわたる繁栄を伝えている。(d)ハドリアヌスの長城が造られた北辺の属州ブリタニアにも，ローマ軍の(e)要塞や民間人の定住地が築かれた。なかでもヴィンドランダでは，(f)3世紀に造られた要塞や司令部，司令官の宿舎，兵士用の浴場の遺構を目にすることができる。400年以降に建てられた小さな建物は，(g)キリスト教の教会とされている。さらに，ヴィンドランダ文書と呼ばれる，薄い木の板に書かれた文書が大量に発見された。文書の内容は戦力の報告から買い物の指示，誕生日パーティーの招待状まで多岐にわたっており，辺境の防備にあたったローマ軍兵士の暮らしぶりや(h)文化を知る上での貴重な史料となっている。

問1　下線部(a)に関連して，共和政期のローマについて述べた次の文a～cが，年代の古いものから順に正しく配列されているものを，下の(ア)～(カ)のうちから一つ選べ。

　　a　平民派のマリウスと閥族派のスラが争った。

　　b　カルタゴとの間で，3回にわたるポエニ戦争が起こった。

　　c　慣習法を成文化した十二表法が公開された。

　　25　(ア)　a　→　b　→　c

　　　　(イ)　a　→　c　→　b

　　　　(ウ)　b　→　a　→　c

　　　　(エ)　b　→　c　→　a

　　　　(オ)　c　→　a　→　b

　　　　(カ)　c　→　b　→　a

問2　下線部(b)に関連して，地中海沿岸部を支配した国や王朝として正しいものを，次の(ア)～(エ)のうちから一つ選べ。

　　26　(ア)　チャガタイ・ハン国　　　(イ)　ファーティマ朝　　　　(ウ)　クシャーナ朝

　　　　(エ)　リトアニア大公国

問3　下線部(c)について述べた文として誤っているものを，次の(ア)～(エ)のうちから一つ選べ。

　　27　(ア)　ジッグラトで，都市の神がまつられた。

　　　　(イ)　アッピア街道により，ローマとブルンディシウムが結ばれた。

　　　　(ウ)　コロッセウムで，剣闘士の戦いなどの見世物が行なわれた。

　　　　(エ)　フォロ・ロマーノと呼ばれた広場に，元老院が置かれた。

問４　下線部(d)に関連して，ローマ皇帝について述べた文として正しいものを，次の(ア)〜(エ)のうちから一つ選べ。

28　(ア)　トラヤヌス帝が，ソリドゥス金貨を創設した。

　　(イ)　マルクス・アウレリウス・アントニヌス帝が，『自省録』を著わした。

　　(ウ)　ネロ帝が，帝国を東西に分割した。

　　(エ)　ネルウァ帝が，帝国の全自由人にローマ市民権を与えた。

問５　下線部(e)に関連して，要塞をめぐる戦いについて述べた次の文ａとｂの正誤の組合せとして正しいものを，下の(ア)〜(エ)のうちから一つ選べ。

29

ａ　ロシア・トルコ戦争で，セヴァストーポリ要塞をめぐる攻防の末，ロシアが敗れた。

ｂ　第一次世界大戦で，ヴェルダン要塞攻防戦により，多くの死者が出た。

　　(ア)　ａ−正　　ｂ−正

　　(イ)　ａ−正　　ｂ−誤

　　(ウ)　ａ−誤　　ｂ−正

　　(エ)　ａ−誤　　ｂ−誤

問６　下線部(f)の時期に起こった出来事について述べた文として正しいものを，次の(ア)〜(エ)のうちから一つ選べ。

30　(ア)　アルダシール１世が，ササン朝を建てた。

　　(イ)　ムアーウィヤが，ウマイヤ朝を開いた。

　　(ウ)　チャンドラグプタ２世が，北インド全域を統治した。

　　(エ)　司馬遷が，『史記』をまとめた。

問７　下線部(g)について述べた次の文中の空欄ａとｂに入れる語の組合せとして正しいものを，下の(ア)〜(エ)のうちから一つ選べ。

　キリスト教は，ローマ支配下の　ａ　で生まれた。当初は奴隷・女性・下層市民などの社会的弱者を主な信徒として帝国全土に広まったが，やがて社会階層や民族を超えて信仰が拡大した。信仰の拡大に伴って教義をめぐる対立が起こったため，ニケーア公会議が開催され，　ｂ　が正統教義とされた。

31　(ア)　ａ−ゲルマニア，ｂ−アタナシウス派

　　(イ)　ａ−ゲルマニア，ｂ−アリウス派

　　(ウ)　ａ−パレスチナ，ｂ−アタナシウス派

　　㈎　　a－パレスチナ，b－アリウス派

問8　下線部(h)に関連して，古代ローマの文化について述べた文として正しいものを，次の㈎〜
　　㈎のうちから一つ選べ。

| 32 |　㈎　プリニウスが，政体循環史観の立場をとった。

　　㈎　カエサルが，『対比列伝』を著わした。

　　㈎　タキトゥスが，天動説を唱えた。

　　㈎　ウェルギリウスが，『アエネイス』を著わした。

地理

（60 分）

〔Ⅰ〕 次の文章を読み，下の問い（問1～6）に答えよ。

　グローバルな環境問題の進行が国際的な問題となっており，その代表例として地球温暖化がある。(a)世界の平均気温の変動を見ると，過去から現在にかけて上昇しており，地球全体の温暖化が懸念されている。

　地球温暖化の原因は，人間の経済活動などによって排出される(b)温室効果ガスの増加にあるとされている。地球温暖化の影響は多岐にわたり，氷河の後退や海面上昇，異常気象の増加が観測されてきた。国土の平均標高が約1mであるインド洋の 　1　 では海岸線の侵食や，地下水層への海水流入によって生活用水が使えなくなるなど，地球温暖化の影響が深刻化している。

　地球温暖化を防止するため，1997年に温室効果ガスの削減を先進国に義務づける(c)京都議定書が採択された。2015年には 　2　 が採択され，この国際的枠組みにより先進国のみならず途上国も削減義務を負うことになった。

　そのほかのグローバルな環境問題として，各地で進行している砂漠化が挙げられる。砂漠化は乾燥地域の砂漠周辺で植生が減り，裸地化によって土壌が劣化する現象をさす。砂漠地域や，砂漠化が進行している地域は地球上の陸地の約 　3　 ％と言われている。

　砂漠化の原因は，気温の上昇や降水量の減少，および過伐採・過放牧・過耕作などが指摘されている。例として 　4　 南縁の(d)サヘルでは，人口増加による過放牧や過耕作によって砂漠化が進行し，環境難民や餓死者が発生した。各地の砂漠化に対処するため，国連や先進国は国際協力や資金援助，および固砂林の造成などの技術開発に従事してきた。同時に各国の非政府組織によって，砂漠化が進む地域における植林活動が進められている。

　また，地球上の陸地の約 　5　 ％が森林と言われるが，世界各地で(e)森林破壊が拡大していることも懸念されている。森林破壊を防止するため，1992年にリオデジャネイロで開催された 　6　 を契機に，森林保全の国際的な議論が行われるようになった。しかし，自国の森林利用が制限されることを懸念する発展途上国側の事情と，価格が安い木材の輸入に頼る先進国側の事情から，現在も森林保全に向けた国際的な条約締結はなされていない。

問1　文中の空欄 　1　 ～ 　6　 に入れるのに最も適当なものを，次のそれぞれの(ア)～(エ)のうちから一つずつ選べ。

1　(ア)　バハマ　　　　　　　　(イ)　モルディブ　　　　　(ウ)　フィジー　　(エ)　パプ
　　　アニューギニア

2　(ア)　モントリオール議定書　　　　　　(イ)　気候変動枠組条約
　　(ウ)　パリ協定　　　　　　　　　　　　(エ)　国連環境計画

3　(ア)　10　　　　　　(イ)　20　　　　　(ウ)　30　　　　　(エ)　40

4　(ア)　サハラ砂漠　　　　(イ)　ナミブ砂漠　　　　(ウ)　タクラマカン砂漠
　　(エ)　グレートサンディー砂漠

5　(ア)　10　　　　　(イ)　20　　　　　(ウ)　30　　　　　(エ)　40

6　(ア)　国連環境開発会議　　(イ)　国連安全保障理事会　　(ウ)　国連貿易開発会議
　　(エ)　国連人間環境会議

問2　下線部(a)に関して，この現象の具体的な内容として最も適当なものを，次の(ア)～(エ)のうち
から一つ選べ。

7　(ア)　この10年間で約0.7℃上昇
　　(イ)　この50年間で約0.7℃上昇
　　(ウ)　この100年間で約0.7℃上昇
　　(エ)　この100年間で約3℃上昇

問3　下線部(b)に関して，温室効果ガスに含まれないものとして最も適当なものを，次の(ア)～(エ)
のうちから一つ選べ。

8　(ア)　メタンガス　　(イ)　代替フロン　　(ウ)　二酸化炭素　　(エ)　窒素

問4　下線部(c)「京都議定書」についての説明として誤っているものを，次の(ア)～(エ)のうちから
一つ選べ。

9　(ア)　当時有数の二酸化炭素排出国であったアメリカ合衆国は途中で京都議定書から離脱
　　　　した。
　　(イ)　中国を含む当時の発展途上国は削減目標を課されなかった。
　　(ウ)　京都議定書は，地球温暖化防止のための国際会議で取り決められた初めての国際協
　　　　定であった。
　　(エ)　日本は議長国であったが，最終的に削減目標を達成することができなかった。

問5　下線部(d)に関して，サヘル以外で砂漠化が進んでいる代表的な地域として誤っているものを，次の(ア)～(エ)のうちから一つ選べ。

10　　(ア)　中央アジアのアラル海周辺　　　(イ)　中国内陸部の雲南省周辺

　　　　(ウ)　オーストラリア内陸部　　　　(エ)　北アメリカのグレートプレーンズ

問6　下線部(e)「森林破壊」についての説明として誤っているものを，次の(ア)～(エ)のうちから一つ選べ。

11　　(ア)　森林破壊は土壌の保水力を弱めるため，土石流や鉄砲水の発生リスクを高めることになる。

　　　　(イ)　ロシアや北米に分布する針葉樹林（タイガ）は，木材利用として適している樹種が少ないため森林破壊をまぬがれている。

　　　　(ウ)　熱帯地域では，木材利用やプランテーションによる伐採により，熱帯林が減少している。

　　　　(エ)　森林破壊は二酸化炭素の吸収源が減少することで，地球温暖化の要因の一つとなる。

〔Ⅱ〕次の文章を読み，地図を参照し，後の問い（問1～6）に答えよ。

　　地域調査を行うにあたり，地図は基本的な情報の一つとなる。そのなかでも基本となる地図が地形図であり，現在では，　A　や　B　などの縮尺がある。地形図は古くは明治時代から作成されており，時系列で比較することも可能である。もっとも，土地利用の変化に応じて(a)地図記号も変化しており，使用にあたってはそうした表現や情報の違いも理解しておく必要がある。最近では，地図の電子化も進み，デジタルの地図を表示・分析する　12　なども用いられるようになってきた。　12　では，(b)衛星画像などを重ねることもできるため，より多角的に地表面を考察することが可能である。図1は，国土地理院のウェブサイト，「地理院地図」を使用して地域を観察した例である。図1からは，図中の地域の地形が，いわゆる　13　であることが読み取れる。

　　また，地図は調査前に訪れる場所や経路を確認することにも用いられる。例えば，「　14　から東に歩くと，すぐに十字路にたどり着く。十字路を北に曲がると，両側に家が並ぶ道を進むことになる。この道は，おおむね等高線に沿っており，ずっと先に進むと右手に交番が現れる」など，行く前に現地の状況を確認すれば，調査もスムーズに行うことができる。

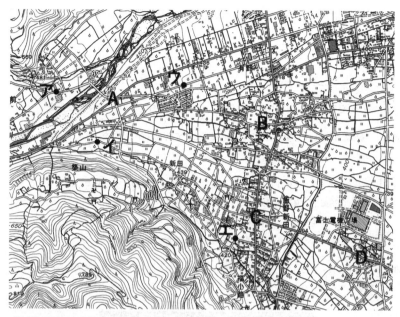

「地理院地図」に記号等を加筆。

図1

問1　文中の空欄 12 ～ 14 に入れるのに最も適当なものを，次のそれぞれの(ア)～(エ)のうちから一つずつ選べ。

12 　(ア)　ICT　　　　　　(イ)　POS　　　　　　(ウ)　GPS　　　　　　(エ)　GIS

13 　(ア)　微高地　　　　　(イ)　デルタ　　　　　(ウ)　扇状地　　　　　(エ)　谷底平野

14 　(ア)　ア　　　　　　　(イ)　イ　　　　　　　(ウ)　ウ　　　　　　　(エ)　エ

問2　文中の空欄 A と B に入れる数字の組み合わせとして最も適当なものを，次の(ア)～(エ)のうちから一つ選べ。

15

	A	B
(ア)	2500分の1	5000分の1
(イ)	8000分の1	15000分の1
(ウ)	25000分の1	50000分の1
(エ)	50000分の1	200000分の1

問3　下線部(a)に関して，次の地図記号が表すものとして最も適当なものを，下の(ア)～(エ)のうちから一つ選べ。

地図記号	◎

16　(ア) 発電所　　　　　(イ) 市役所　　　　　(ウ) 県庁　　　　　(エ) 警察署

問4　下線部(b)に関して，衛星と衛星画像の説明として最も適当なものを，次の(ア)～(エ)のうちから一つ選べ。

17　(ア) ランドサット衛星は資源観測衛星で，地表の画像を撮影している。
　　(イ) GPS衛星は海洋観測衛星で，海洋の画像を撮影している。
　　(ウ) インマルサット衛星は資源観測衛星で，地表の画像を撮影している。
　　(エ) GMS（ひまわり）は海洋観測衛星で，海洋の画像を撮影している。

問5　図1中のA～Dのうち，次の空中写真が示すおよその場所として最も適当なものを，下の(ア)～(エ)のうちから一つ選べ。

「地理院地図」の「1950-1960年代空中写真」を切り抜き。

18　(ア) A　　　　　(イ) B　　　　　(ウ) C　　　　　(エ) D

問6　図1中の「イ」の標高として最も適当なものを，次の(ア)～(エ)のうちから一つ選べ。

19　(ア) 445m　　　(イ) 450m　　　(ウ) 465m　　　(エ) 490m

〔Ⅲ〕　次の文章を読み，下の問い（問１〜４）に答えよ。

　　衣食住など，われわれの身近にある生活文化は，現代の世界においては，人・物・情報などが
国境を越えて移動する 20 が進むことで画一化される方向に向かっている。しかし，このよう
な各地の生活文化は，その地域の自然環境を反映している側面がある。そのため，生活文化は人
間の自然環境への適応の一例であるとも言えるだろう。

　　衣食住などの人々の生活に近い文化も，自然環境の影響を受けて形成されてきた。例えば，南
アジアの高温多湿な気候の地域には，暑さや湿気をしのぐ工夫がなされた衣文化がみられる。イ
ンドなどでみられる一枚の布を巻きつける民族衣装 21 はその一例である。他方，(a)各地の伝
統的な住文化にもその地域の自然環境が反映される。例えば，韓国などの伝統的な家屋にはオン
ドルとよばれる 22 用装置が設置され，現代の集合住宅にも改良されて取り入れられている。

　　食文化も，本来各地の自然環境を反映しており，また各地の生業とも関係している。例えば，
伝統的な主食は，その地域で栽培できる作物とかかわり，(b)米，(c)小麦は，代表的な主食となっ
ている。このほかにも 23 やイモ類も世界各地で主食となることが多い。また，寒冷地域や乾
燥地域など，作物の栽培が行いにくい環境下では， 24 などの生業が行われ，家畜の乳や肉を
食べ物としてきた。

問１　文中の空欄 20 〜 24 に入れるのに最も適当なものを，次のそれぞれの㋐〜㋓のうち
　　から一つずつ選べ

20 　㋐　デジタルデバイド　　　㋑　情報技術革命　　　　　㋒　グローバル化
　　　㋓　貿易の自由化

21 　㋐　ヒジャブ　　　㋑　ポンチョ　　　㋒　背広　　　　㋓　サリー

22 　㋐　冷房　　　　　㋑　暖房　　　　　㋒　通気　　　　㋓　加湿

23 　㋐　トウモロコシ　　㋑　コウリャン　　㋒　ナツメヤシ　　㋓　テンサイ

24 　㋐　企業的穀物・畑作農業　　　　　　　㋑　混合農業
　　　㋒　遊牧　　　　　　　　　　　　　　㋓　園芸農業

問２　下線部(a)に関して，自然環境と関連する住文化についての説明として最も適当なものを，
　　次の㋐〜㋓のうちから一つ選べ。

25 　㋐　西アジアでみられる日干しレンガの住居は，乾燥地で樹木の少ない環境に適応した
　　　　ものである。

　　　㋑　東南アジアにみられる高床式住居は，冬季の冷涼で乾燥した気候に適応したもので
　　　　ある。

　　　㋒　北アメリカにみられるイヌイットの住居，イグルーは乾燥して樹木のない環境に適

応したものである。

　　㈢　中国北部やモンゴルにみられるゲルは，多湿で樹木の多い気候に備えたものである。

問3　下線部⒝に関して，次の表は米の生産量（2019年，もみ量）の上位5か国を示したものである。表中のAに当てはまる国として最も適当なものを，下の㈦～㈢のうちから一つ選べ。

国　　　名	生産量（万 t ）
中　　　国	20,961
イ　ン　ド	17,765
A	5,460
バングラデシュ	5,459
ベ　ト　ナ　ム	4,345

『世界国勢図会2021/2022』矢野恒太記念会による。

26　㈦　日本　　　　　　　　㈠　アメリカ合衆国　　　　　㈡　イタリア
　　㈢　インドネシア

問4　下線部⒞に関して，次の表は小麦の生産量（2019年）の上位5か国を示したものである。表中のBに当てはまる国として最も適当なものを，下の㈦～㈢のうちから一つ選べ。

国　　　名	生産量（万 t ）
中　　　国	13,360
イ　ン　ド	10,360
B	7,445
アメリカ合衆国	5,226
フ　ラ　ン　ス	4,061

『世界国勢図会2021/2022』矢野恒太記念会による。

27　㈦　フィリピン　　　　㈠　エジプト　　　　㈡　ロシア　　　　㈢　タイ

〔Ⅳ〕 次の文章を読み，下の問い（問 1 ～ 5 ）に答えよ。

　　インドでは，植民地時代から綿工業や(a)製鉄業などの工業が行われてきた。独立後は 28 体制を採用し，外国からの輸入を制限して 29 の工業化を進めた。これにより，あらゆる製品を国内で生産する体制を整え，外国資本を排除したため，技術革新が進まず国際競争力は立ち遅れ，経済的には停滞した。そのため， 30 年に新経済政策に移行し，外国の資本や技術を導入して経済の自由化を進めた。その結果，工業生産が急速な成長をみせ，なかでも(b)情報通信技術(ICT) 産業の成長が著しく，大幅なGDPの上昇がみられた。

　　こうした経済成長に伴い，新たに 31 とよばれる人々が出現した。そうした人々の中には欧米風の生活様式を取り入れている者もおり，彼らにより新たな市場が形成され，(c)自動車工業や電気機器工業などの発達にもつながっている。

　　インド以外の南アジアの国々では工業化は遅れているが，(d)バングラデシュでは縫製業を中心とした繊維工業が急成長している。

問 1　文中の空欄 28 ～ 31 に入れるのに最も適当なものを，次のそれぞれの(ア)～(エ)のうちから一つずつ選べ。

28　(ア) 計画経済　　　(イ) 市場経済　　　(ウ) 混合経済　　　(エ) 資本主義経済

29　(ア) 輸入代替型　　(イ) 輸出指向型　　(ウ) 輸出加工型　　(エ) 知識集約型

30　(ア) 1951　　　　　(イ) 1971　　　　　(ウ) 1991　　　　　(エ) 2011

31　(ア) 印僑　　　　　(イ) 新中間層　　　(ウ) ホームレス　　(エ) ハリジャン

問 2　下線部(a)に関して，次の図中のＡ～Ｄのうち，1907年にタタ財閥によりインド最初の製鉄所が建設された都市の位置と名称の組み合わせとして最も適当なものを，下の(ア)～(エ)のうちから一つ選べ。

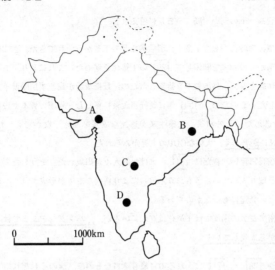

32

	都 市 名	位 置
(ア)	アーメダバード	A
(イ)	ジャムシェドプル	B
(ウ)	アーメダバード	C
(エ)	ジャムシェドプル	D

問3 下線部(b)に関して，インドで情報通信技術（ICT）産業が急速に成長した理由として誤っているものを，次の(ア)～(エ)のうちから一つ選べ。

33 　(ア)　アメリカ合衆国との間では，時差を利用すれば，24時間体制でソフトウェアの開発が可能である。

　(イ)　ICT産業はインターネットで受注や製品の輸出ができる。

　(ウ)　イギリスの植民地であったことから，英語が堪能な人材が多い。

　(エ)　欧米よりも大学進学率が高く，数学やコンピュータ技術の教育に力を入れている。

問4 下線部(c)に関して，インドの工業都市についての説明として誤っているものを，次の(ア)～(エ)のうちから一つ選べ。

34 　(ア)　デリー近郊，ムンバイ，チェンナイでは，日本企業による大型貨物車を中心とした自動車生産が行われている。

　(イ)　チェンナイでは，自動車産業のほか，電気機器の生産も盛んである。

　　　㈦　デリー，ムンバイ，バンガロールなどを中心にソフトウェア産業が成長している。

　　　㈢　ハイデラバードでも，1990年代に入ってハイテク工業団地が建設され，IT産業が

　　　　集積している。

問5　下線部⒟に関して，バングラデシュで繊維工業が急成長している理由として最も適当なも

　のを，次の㈠～㈢のうちから一つ選べ。

　[35]　㈠　ガンジスデルタで栽培されている原料となる綿花

　　　㈡　広大な国土と人口密度の高さ

　　　㈦　豊富な労働力と人件費の安さ

　　　㈢　外国資本による大規模工場の建設ラッシュ

政治・経済

（60 分）

〔Ⅰ〕次の文章を読み，文中の空欄 1 ～ 12 に入れるのに最も適当なものを，下のそれぞれ
の(ア)～(エ)のうちから一つずつ選べ。

　一定の政策を要約した 1 を掲げ，その実現を国民に訴えて支持を得て政治権力の獲得を目
指す政治集団を，政党という。政党が選挙の際に国民に提示する公約の中でも，実施時期や数値
目標などを具体的に盛り込んだものを，とくに 2 と呼ぶ。政党は，党の決定に即して議場で
投票する 3 を党所属議員に求めることがある。

　議会で各政党が，その主張をもとに対立して議席を争い，多数派が政権を掌握し，国政を運営
する政治のあり方を， 4 と呼ぶ。初期の政党は，教養や財産などを持つ少数の有力者からな
る 5 が中心であったが，普通選挙制度の導入によって選挙権が拡大すると，広く一般の人々
の支持を基盤とする 6 となった。 4 の形態には，二つの有力な政党が交互に政権を担う
7 や，多数の政党が主導権をめぐって争う 8 などがある。

　戦後の日本では，自由民主党と 9 が対立する構図は55年体制と表現された。しかし，現実
には政権交代が可能な勢力関係をもつ 7 ではなく，実質的には自由民主党の一党優位が続い
た。自由民主党は，従来のイデオロギー思考の強い政党とは異なり，国民の幅広い層から支持を
受ける 10 となったが，他方で，官庁と利益集団の間に立って調整を行う 11 によって利益
誘導政治が行われた。 11 は，政界・官界・財界を結ぶ 12 の一端を担う。

| 1 | (ア) 条約 | (イ) 綱領 | (ウ) 政令 | (エ) 省令 |

| 2 | (ア) イニシアティヴ | | (イ) レファレンダム |
| | (ウ) マニフェスト | | (エ) アファーマティヴ・アクション |

| 3 | (ア) 党議拘束 | (イ) 不逮捕特権 | (ウ) 法の下の平等 | (エ) 免責特権 |

| 4 | (ア) 一院制 | (イ) 直接民主制 | (ウ) 二元代表制 | (エ) 政党政治 |

| 5 | (ア) 1と2分の1政党制 | | (イ) 大衆政党 |
| | (ウ) 名望家政党 | | (エ) 保守合同 |

| 6 | (ア) 1と2分の1政党制 | | (イ) 大衆政党 |
| | (ウ) 名望家政党 | | (エ) 保守合同 |

7　(ア)　二大政党制　　(イ)　単独政権　　(ウ)　一党制　　(エ)　多党制

8　(ア)　二大政党制　　(イ)　単独政権　　(ウ)　一党制　　(エ)　多党制

9　(ア)　立憲民主党　　(イ)　日本社会党　　(ウ)　公明党　　(エ)　新進党

10　(ア)　野党　　(イ)　緑の党　　(ウ)　包括政党　　(エ)　地域政党

11　(ア)　族議員　　(イ)　貴族院　　(ウ)　人事院　　(エ)　法曹

12　(ア)　三審制　　　　(イ)　三位一体の改革　　(ウ)　常任委員会
　　(エ)　鉄の三角形

〔Ⅱ〕次の文章を読み，文中の空欄 13 ～ 25 に入れるのに最も適当なものを，下のそれぞれの(ア)～(エ)のうちから一つずつ選べ。

　国際安全保障の形態には， 13 の方式と 14 の方式がある。 13 は，国家間の力関係のバランスを維持することで，お互いに相手を攻撃できない状況をつくろうとするものである。しかし実際には，お互いが相手よりも少しでも強力になろうとするので，軍備拡張競争が起こりやすい。このことを 15 という。 14 は，この体制に参加したすべての国が，相互に武力によって攻撃しないことを約束するものである。もし軍事的侵略を行う参加国が現れた場合には，他のすべての参加国は協力し，違反国に制裁を与える。国際連盟と国際連合はこの方式に基づいている。

　国際平和機構の設立によって世界平和を構築しようという思想は，18世紀ドイツの哲学者 16 の『永遠平和のために』などにあらわれており，こうした構想が第一次世界大戦後の国際連盟の創設によって具体化していくことになる。

　国際連盟は，アメリカの 17 大統領が発表した 18 に基づいて1919年の 19 で設立が決定された。しかし国際紛争の解決においては十分な機能を果たせず，第二次世界大戦の勃発を防ぐことができなかった。

　そうして，国際機構による平和という考えは第二次大戦後の国際連合へと受け継がれていく。国際連合はアメリカとイギリスによる 20 を原型とし，1944年の 21 以降に実現へ向けた動きが本格化した。その後，1945年の 22 で国際連合憲章が採択され，発足したのである。

　国連の 23 は，総会と並ぶ最も重要な機関である。5大国からなる常任理事国（ 24 ）と，総会で選ばれる 25 か国の非常任理事国とで構成される。平和と安全の維持については，総会よりも優越的な権限を持っている。

13　(ア)　コンセンサス　　　　　(イ)　ネガティヴ・コンセンサス　　　(ウ)　勢力均衡
　　(エ)　集団安全保障

14　(ア)　コンセンサス　　　　　(イ)　ネガティヴ・コンセンサス　　　(ウ)　勢力均衡
　　(エ)　集団安全保障

15　(ア)　グローバル・コンパクト　　　　　　　　(イ)　ノン・ルフールマンの原則
　　(ウ)　安全保障のジレンマ　　　　　　　　　　(エ)　ジェノサイド

16　(ア)　カント　　　　　　(イ)　ラッサール　　　　　(ウ)　モンテスキュー
　　(エ)　ボーダン

17　(ア)　モンロー　　　　　(イ)　ウィルソン　　　　　(ウ)　ルーズヴェルト
　　(エ)　トルーマン

18　(ア)　平和14か条　　　　(イ)　不戦宣言　　　　　(ウ)　ジュネーヴ議定書
　　(エ)　米州人権宣言

19　(ア)　ハーグ平和会議　　　　　　　　　　　(イ)　サンフランシスコ会議
　　(ウ)　パリ講和会議　　　　　　　　　　　　(エ)　ダンバートン・オークス会議

20　(ア)　大西洋憲章　　　　(イ)　人間の安全保障　　　(ウ)　ハーグ条約
　　(エ)　ユネスコ憲章

21　(ア)　ハーグ平和会議　　　　　　　　　　　(イ)　サンフランシスコ会議
　　(ウ)　パリ講和会議　　　　　　　　　　　　(エ)　ダンバートン・オークス会議

22　(ア)　ハーグ平和会議　　　　　　　　　　　(イ)　サンフランシスコ会議
　　(ウ)　パリ講和会議　　　　　　　　　　　　(エ)　ダンバートン・オークス会議

23　(ア)　人権理事会　　　　　　　　　　　　　(イ)　難民高等弁務官事務所
　　(ウ)　社会開発委員会　　　　　　　　　　　(エ)　安全保障理事会

24　(ア)　アメリカ・イギリス・ドイツ・ロシア・中国
　　(イ)　アメリカ・イギリス・フランス・ドイツ・中国
　　(ウ)　アメリカ・イギリス・フランス・ドイツ・ロシア
　　(エ)　アメリカ・イギリス・フランス・ロシア・中国

25　(ア)　5　　　　　　　　(イ)　7　　　　　　　(ウ)　10　　　　　　　(エ)　15

〔Ⅲ〕次の文章を読み，下の問い（問1〜6）に答えよ。

　財政は主に3つの機能を果たしている。一つ目は資源配分の調整であり，政府は 26 を供給している。 26 とは，(a)国民生活や経済活動に不可欠であるが，市場に任せていては供給されない，あるいは十分に供給されない財・サービスのことである。二つ目は，(b)所得の再分配であり，三つ目は(c)経済の安定化である。

　政府部門の財政は，税金などによる歳入と様々な政府活動を行う歳出からなっている。税収だけでは，歳出が賄えない時には，(d)公債が発行されることがある。我が国では，第二次世界大戦後に制定された 27 のもとで公債発行が厳しく制限されている。2022年度予算によると，国税収入のうち最大のものは 28 であり，歳入全体に占める公債金の割合は約 29 ％である。一方で歳出に目を向けると歳出のうち最大のものは 30 であり，少子高齢化の進行に伴い 30 の増大は深刻な課題となっている。

　我が国の税制改革を紐解くと， 31 年にシャウプ勧告に基づいて(e)税制改革が行われ，直接税の比率が高まった。1988年に行われた大幅な税制改革により消費税法が施行され，翌1989年には 32 ％の消費税が導入された。その後，2014年には 33 ％にまで引き上げられた。

問1　文中の空欄 26 〜 33 に入れるのに最も適当なものを，次のそれぞれ(ア)〜(エ)のうちから一つずつ選べ。

26　(ア)　消費財
　　(イ)　公共財
　　(ウ)　価値財
　　(エ)　基準財

27　(ア)　民法
　　(イ)　商法
　　(ウ)　日本銀行法
　　(エ)　財政法

28　(ア)　所得税
　　(イ)　法人税
　　(ウ)　消費税
　　(エ)　相続税

29　(ア)　15
　　(イ)　20
　　(ウ)　35
　　(エ)　50

30	(ア)	国債費
	(イ)	地方交付税交付金
	(ウ)	公共事業費
	(エ)	社会保障費

31	(ア)	1949
	(イ)	1954
	(ウ)	1959
	(エ)	1961

32	(ア)	3
	(イ)	5
	(ウ)	7
	(エ)	9

33	(ア)	4
	(イ)	6
	(ウ)	8
	(エ)	10

問2　下線部(a)「国民生活や経済活動に不可欠であるが，市場に任せていては供給されない，あるいは十分に供給されない財・サービスのことである」について，ここでの財・サービスとして最も適当なものを，次の(ア)〜(エ)のうちから一つ選べ。

34	(ア)	新聞
	(イ)	灯台
	(ウ)	穀物
	(エ)	医療

問3　下線部(b)「所得の再分配」について誤っているものを，次の(ア)〜(エ)のうちから一つ選べ。

35	(ア)	所得税の累進課税制度
	(イ)	消費税
	(ウ)	生活保護給付
	(エ)	義務教育制度

問4　下線部(c)「経済の安定化」について，不況期に行われる政策として最も適当なものを，次の(ア)〜(エ)のうちから一つ選べ。

36 　(ア)　公共事業の削減

　　　(イ)　法人税率の引き上げ

　　　(ウ)　公共支出の削減

　　　(エ)　消費税の減税

問5　下線部(d)「公債が発行される」についての説明として誤っているものを，次の(ア)〜(エ)のうちから一つ選べ。

37 　(ア)　公債費負担を将来世代に残すことで，世代間の平等性を阻害することが指摘されている。

　　　(イ)　行政改革などにより，公債発行残高は1980年代に減少した。

　　　(ウ)　増税による歳入額の増大に比べ公債発行は有権者の反対を受けにくいことが指摘されている。

　　　(エ)　第一次石油危機後の公債の大量発行は，財政硬直化を招いた。

問6　下線部(e)「税制」について，我が国の税制に関する記述として誤っているものを，次の(ア)〜(エ)のうちから一つ選べ。

38 　(ア)　格差是正の観点から，垂直的公平の基準がある。

　　　(イ)　所得税や法人税は直接税である。

　　　(ウ)　課税原則の公平とは，税制ができるだけ民間の経済活動を妨げないようにすることである。

　　　(エ)　相続税や贈与税は国税である。

〔Ⅳ〕次の会話文を読み，下の問い（問1〜6）に答えよ。

生徒A：新型コロナウィルス感染症やロシアの 39 侵攻の影響によって，今後世界中で貧困層が
　　　　増えると予測されているね。

生徒B：そうだね。日本政府も，世界情勢を鑑みて，(a)政府開発援助（ODA）の基本理念について
　　　　まとめた 40 の改定を検討しているね。

生徒A：日本の役割としてよく聞くODAって具体的にはどんな援助のことなの？

生徒B：ODAには，二国間援助と国際機関を通じた援助の二種類があると言われているよ。大き
　　　　な違いは，二国間援助が，先進国から途上国への無償の資金・技術提供であるのに対して，
　　　　(b)世界銀行などの国際機関を通じて行う多国間援助は，有償の場合が多いよ。

生徒A：国家間などの貸付を意味する 41 のことだね。世界で取り決めた具体的な目標値などは
　　　　あるのかな？

生徒B：国連は，2000年に国連ミレニアム開発目標（ 42 ）を決定し，極度の貧困飢餓の撲滅な
　　　　ど8つのゴールを設定したよ。しかし，未達成の課題も多かったため，その克服に向けて
　　　　(c)持続可能な開発目標（SDGs）が新たに策定されたんだ。

生徒A：国連開発計画（UNDP）が，当該国の寿命，知識，生活水準の平均達成度をもとに算出す
　　　　る 43 （HDI）も大事な指標だね。

生徒B：その他，JICAが実施する 44 など，技術・技能を持ったボランティアを途上国に派遣
　　　　する「顔の見える援助」もよく知られているね。

生徒A：一方的な援助に終らず，発展途上国の自立に繋がることが重要だね。

生徒B： 45 （非政府組織）が行う(d)フェアトレードや，バングラデッシュのグラミン銀行が
　　　　行った(e)マイクロクレジットなどは，ソーシャル・ビジネスとして展開されている事例だ
　　　　ね。

生徒A：世界市民の一員として，私たち一人ひとりにも解決に向けた取り組みが求められているね。

　問1　文中の空欄 39 〜 45 に入れるのに最も適当なものを，次のそれぞれの(ア)〜(エ)のうち
　　　から一つずつ選べ。

　　39　(ア)　ベラルーシ
　　　　(イ)　ウクライナ
　　　　(ウ)　リトアニア
　　　　(エ)　ルーマニア

　　40　(ア)　相互援助条約
　　　　(イ)　PKO協力法
　　　　(ウ)　国際協力大綱
　　　　(エ)　安全保障関連法

41　(ア)　借款

　　(イ)　負債

　　(ウ)　関税

　　(エ)　投資信託

42　(ア)　COP

　　(イ)　ESD

　　(ウ)　MDGs

　　(エ)　NIEs

43　(ア)　人間開発指数

　　(イ)　生産者物価指数

　　(ウ)　コア指数

　　(エ)　ジェンダーギャップ指数

44　(ア)　国連平和維持活動

　　(イ)　国際緊急援助隊

　　(ウ)　地域おこし協力隊

　　(エ)　海外青年協力隊

45　(ア)　NGO

　　(イ)　PKO

　　(ウ)　GDP

　　(エ)　ILO

問2　下線部(a)「政府開発援助（ODA）」について，下記の「主要国のODAの実績額推移」を
　　表したグラフから日本に当てはまるものを，次の(ア)〜(エ)のうちから一つ選べ。

46　(ア)　A

　　(イ)　B

　　(ウ)　C

　　(エ)　D

主要国のODAの実績額推移

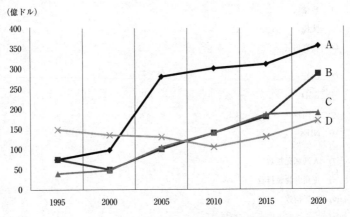

(出所) 外務省「政府開発援助（ODA）白書」，「開発協力白書」等より作成

問3 下線部(b)「世界銀行」についての説明として誤っているものを，次の(ア)〜(エ)のうちから一つ選べ。

47 (ア) ブレトン・ウッズ会議にて設立された。

(イ) 加盟国が資本金の一部を払い込む。

(ウ) 途上国に，高金利で貸付を行う。

(エ) 国際復興開発銀行（IBRD）など5つのグループ機関から構成されている。

問4 下線部(c)「持続可能な開発目標（SDGs）」についての説明として誤っているものを，次の(ア)〜(エ)のうちから一つ選べ。

48 (ア) 「貧困をなくそう」など17の目標が定められている。

(イ) 化石燃料の積極的な利用を主張している。

(ウ) 国連サミットで採択された。

(エ) 2030年を達成期限としている。

問5 下線部(d)「フェアトレード」の説明として最も適当なものを，次の(ア)〜(エ)のうちから一つ選べ。

49 (ア) 先進国の優良企業を途上国に設立し，現地の雇用を促進する。

(イ) 途上国の国際収支を均衡させるため，原料や製品を高価格で購入する。

(ウ) 途上国の原料や製品を，適正な価格で継続的に購入する。

(エ) 途上国からの移民を，先進国が積極的に引き受ける。

問6　下線部(e)「マイクロクレジット」の説明として**誤っている**ものを，次の(ア)～(エ)のうちから
　　一つ選べ。

50　(ア)　提唱者であるムハマド・ユヌスは，ノーベル平和賞を受賞した。

　　(イ)　無担保である代わりに，返済は連帯責任制を取っている。

　　(ウ)　途上国での起業や雇用の拡大に貢献している。

　　(エ)　一般の銀行から資金を借りられない人を対象に，多額の資金を貸し付ける。

数学

◆数学 Ⅰ・Ⅱ・Ⅲ・A・B▶

$\begin{pmatrix}\text{工・理工：90 分}\\\text{現代教育：60 分}\end{pmatrix}$

（注）　工学部・理工学部受験者はⅠからⅣの問題に解答すること。中等教育国語数学専攻
　　受験者はⅠからⅢの問題に解答すること。

<注意>　　　Ⅰの解答は，マークシート解答用紙の ア から ス にマークすること。
　　　　　　Ⅱ以降の解答は，記述式解答用紙に記入すること。
　　　　　　なお，結論だけでなく，結論に至る過程も書くこと。

Ⅰ　次の ア から ス にあてはまる数字または符号を，該当する解答欄にマークせよ。
　ただし，分数は既約分数で表せ。

(1)　$\displaystyle\int_{-1}^{1} x^{2023}\,dx = \boxed{ア}$,　　$\displaystyle\int_{1}^{2}(2024x-1)(x-1)^{2022}\,dx = \boxed{イ}$

(2)　△ABC の内部に点 D があり，$3\overrightarrow{DA}+4\overrightarrow{DB}+5\overrightarrow{DC}=\vec{0}$ をみたしているとする。
　このとき △ABC の面積は △BCD の面積の $\boxed{ウ}$ 倍である。

(3)　曲線 $xy=12$ 上の点 $(2,6)$ における接線の方程式は $y=\boxed{エ}\boxed{オ}x+\boxed{カ}\boxed{キ}$
　であり，法線の方程式は $y=\dfrac{x}{\boxed{ク}}+\dfrac{\boxed{ケ}\boxed{コ}}{\boxed{サ}}$ である。

(4) 複素数 z とその共役複素数 $\bar{z}$ が $z\bar{z} + 2i(z - \bar{z}) = 1$ を満たすとき，点 z は複素数平面上で中心 $\boxed{シ}\, i$，半径 $\sqrt{\boxed{ス}}$ の円を表す。ただし，i は虚数単位とする。

II $x > 0$ として，以下の問いに答えよ。

(1) $1 + x + \dfrac{x^2}{2} < e^x$ を示せ。

(2) $\displaystyle \lim_{x \to \infty} \dfrac{x}{e^x}$ を求めよ。

III p を実数の定数とする。2 つの関数

$$f(x) = x^2 - 3x + 2, \qquad g(x) = -x^2 + (p+1)x - p$$

について，以下の問いに答えよ。

(1) $f(x) \leqq 0$ となる実数 x の範囲を求めよ。

(2) $g(x) \geqq 0$ となる実数 x の範囲を p の値により場合分けして求めよ。

(3) $f(x) \leqq 0$ であることが $g(x) \geqq 0$ であるための必要条件となる p の範囲，十分条件となる p の範囲をそれぞれ求めよ。

     <注意>   IV は工学部・理工学部受験者のみ解答し，
                     中等教育国語数学専攻受験者は解答しないこと。

IV   ABCD を 1 辺の長さが 1 の正四面体とする。P 君は時刻 0 秒において頂点 A に滞在し，その後秒速 1 の速さで辺上を進み，1 秒ごとに現在いる頂点と異なる頂点に等確率で移動する。n を正の整数とする。以下の確率を求めよ。

(1)   P 君が時刻 n 秒に頂点 A に滞在している確率。

(2)　P 君が時刻 0 秒から n 秒までの間 △BCD のいずれの辺も通過しなかった確率。

(3)　P 君が時刻 0 秒から n 秒までの間一度も滞在しなかった頂点がある確率。

◀数学 I・A（経営情報・国際関係・人文学部）▶

（60 分）

I　次の $\boxed{ア}$ から $\boxed{チ}$ にあてはまる数字または符号を，マークシート解答用紙の該当する解答欄にマークせよ。ただし，分数は既約分数で表せ。また，根号を含む形で解答する場合，根号の中に現れる自然数が最小となる形で答えよ。

(1)　$\left| \sqrt{8} - \dfrac{5}{2} \right| + \left| \sqrt{18} - \dfrac{9}{2} \right| = \boxed{ア} - \sqrt{\boxed{イ}}$

(2)　1 から 12 までの自然数を全体集合とし，その部分集合

$$A = \{\, x \mid x \text{ は 6 の正の約数} \,\}, \qquad B = \{\, x \mid x \text{ は 9 の正の約数} \,\},$$

$$C = \{\, 3m \mid 2 \leqq m \leqq 4 \,\}$$

について，要素を小さい順に並べると，

$$A \cap B = \{\boxed{ウ}, \boxed{エ}\}, \qquad (A \cup B) \cap C = \{\boxed{オ}, \boxed{カ}\}$$

である。

(3)　3 点 $(-1, 12)$, $(1, 0)$, $(2, 15)$ を通る放物線をグラフとする 2 次関数は

$y = \boxed{キ} x^2 - \boxed{ク} x - \boxed{ケ}$ である。

(4)　△ABC において，$\angle A = 90°$，AB = AC とする。$\angle B$ の 2 等分線が AC と交わる点を D とするとき，$AD : DC = 1 : \sqrt{\boxed{コ}}$ であり，$\tan \angle ABD = \sqrt{\boxed{サ}} - 1$ である。

(5)　ある街で，コンビニ A，B，C，D，E の最寄り駅からの距離と，一日の売り上げを調べたら，次の表のようになった。

コンビニ	A	B	C	D	E
駅からの距離 (m)	10	30	50	90	120
一日の売り上げ (万円)	90	70	60	50	x

駅からの距離の平均は $\boxed{シ}\boxed{ス}$ (m),標準偏差は $\boxed{セ}\boxed{ソ}$ (m) である。

一日の売り上げの平均が 60 万円ならば,$x = \boxed{タ}\boxed{チ}$ である。

II 関数 $f(x) = |x^2 - x - 2| - x$ について,次の問いに答えよ。

(1) 不等式 $x^2 - x - 2 < 0$ を解け。

(2) 曲線 $y = f(x)$ $(-3 \leqq x \leqq 5)$ のグラフをかけ。

(3) 方程式 $f(x) = k$ の実数解の個数が 2 個となるような定数 k の範囲を求めよ。

III 原点 O を中心とする半径 5 の円 C がある。原点 O と点 P との距離は OP = 7 で,点 P を通る直線は円 C と点 A および点 B で交わっている。PA > PB,AB = 4 であるとき,以下の問いに答えよ。

(1) 円 C と点 P,点 A,点 B,および,直線 PA を図示せよ。

(2) 線分 PA の長さを求めよ。

(3) △PAO の面積を求めよ。

◀数学Ⅰ・A（応用生物・生命健康科・
現代教育（幼児教育・現代教育〈現代教育専攻〉）学部）▶

（60 分）

< **注意** >   Ⅰの解答は，マークシート解答用紙の ア から タ にマークすること。

            ⅡとⅢの解答は，記述式解答用紙に記入すること。なお，結論だけでなく，結論に至る過程も書くこと。

Ⅰ 次の ア から タ にあてはまる数字または符号を，マークシート解答用紙の該当する解答欄にマークせよ。ただし，分数は既約分数で表せ。また，根号を含む形で解答する場合，根号の中に現れる自然数が最小となる形で答えよ。

(1) 正の数 x, y が $x - y = 2$, $xy = 4$ を満たすとき，$\dfrac{\sqrt{x} - \sqrt{y}}{\sqrt{x} + \sqrt{y}} = \sqrt{\boxed{\text{ア}}} - \boxed{\text{イ}}$ である。

(2) $3 \leqq \sqrt{{}_nC_2 + 4} < 7$ を満たす自然数 n の個数は $\boxed{\text{ウ}}$ である。

(3) 点 $(2, 4)$ を通り，頂点が $y = 4x - 2$ 上にあるように，放物線 $y = 2x^2 - 3x + 4$ を平行移動した。移動後の放物線は $y = \boxed{\text{エ}}\,x^2 - \boxed{\text{オ}}\,x + \boxed{\text{カ}}$ であり，もとの放物線から x 軸方向に $\dfrac{1}{\boxed{\text{キ}}}$，$y$ 軸方向に $-\dfrac{\boxed{\text{ク}}}{8}$ だけ平行移動している。

(4) キュウリの株 A と B に，それぞれ 5 本のキュウリができた。キュウリの長さは

         A：28, 24, 25, 22, 26 (cm)   B：26, 24, 23, 29, 23 (cm)

であった。どちらの株もキュウリの長さの平均値は $\boxed{\text{ケ}}\boxed{\text{コ}}$ (cm) であったが，分散は株 A では $\boxed{\text{サ}}$ であり，株 B では $\boxed{\text{シ}}.\boxed{\text{ス}}$ であった。

(5)　空に浮いている気球 P を地上の

3 地点 A，B，C から観測した。

気球 P は A からは仰角 45°，B か

らは仰角 60°，C からは仰角 30° の

方向に見えた。

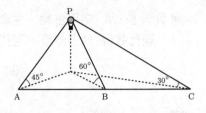

A，B，C は 1 直線上にあり，A と B の距離，B と C の距離はどちらも 1 キロ

メートルであるとき，P は地上 $\dfrac{\sqrt{\boxed{セ}\boxed{ソ}}}{\boxed{タ}}$ キロメートルの上空にある。

II　ある大学の学生数の男女比は男子：女子 = 3 : 1 である。また，男子学生の 80%，

女子学生の 50% が「ひつまぶし」を好きと答えた。このとき，次の問いに答えよ。

(1)　学生全体から 1 人を選び出すとき，「ひつまぶし」が好きと答える確率を求めよ。

(2)　学生全体から 1 人を選び出し「ひつまぶし」が好きか聞いたところ，好きと答え

た。この学生が男子である確率を求めよ。

III　関数 $f(x) = x + 3|x| - 2x^2$ について，次の問いに答えよ。

(1)　$y = f(x)$ $(-2 \leqq x \leqq 3)$ のグラフをかけ。

(2)　$y = f(x)$ のグラフと直線 $y = a$ が異なる 2 点で交わるような a の範囲を求めよ。

■ 物理 ■

◀物理基礎・物理▶

（60 分）

I　次の文の $\boxed{1}$ ～ $\boxed{11}$ に入れるのに最も適した答を，それぞれの解答群の中から一つずつ選べ。

なめらかな水平面上にある小球が衝突する様子を考える。この衝突を上からみた図が図1である。静止している質量 M の小球 A に，速さ v_1 で動いている質量 m の小球 B が衝突し，小球 B は上から見て反時計回りに 90 度進行方向が変わった（$M > m$）。この衝突は完全弾性衝突であった。小球 B の衝突直後の速さを v_2 として，小球 A の衝突直後の速さを V_2 とする。図1のように，小球 A が飛び出していった方向が y 軸の負の向きになるように x 軸と y 軸をとり，y 軸と小球 B の衝突直前の速度との角度を θ とする。

衝突により小球 B が受ける力積 $\vec{P}$ の向きと大きさ $|\vec{P}| = P$ を考える。小球 B の衝突直前の運動量 $\vec{P_1}$，衝突後の運動量 $\vec{P_2}$，と B が受ける力積の関係を図で表すと $\boxed{1}$ となる。この図より，$\tan\theta = \boxed{2}$ となり，$P = \boxed{3}$ となる。小球 A の衝突直後の速さ V_2 は，P を用いて，$V_2 = \boxed{4}$ となる。完全弾性衝突では，その衝突の前後で $\boxed{5}$ が保存されるので，$v_2 = \boxed{6}$ と求まり，力積の大きさは $P = \boxed{7}$ と求まる。

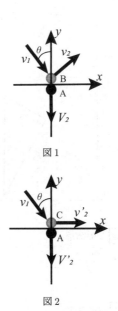

図1

図2

小球 B のかわりに，同じ質量 m の小球 C を用意し，速さ v_1 で小球 A に衝突させる。この衝突は完全弾性衝突ではなく，先ほどと同じように座標をとると，衝突後，小球 C は x 軸正の向きに平行に動いていった（図2）。y 軸と小球 C の衝突直前の速度との角度は，図1中の θ と同じであり，衝突後の小球 A と小球 C の速さを，それぞれ，V_2' と v_2' とする。

衝突により小球Cが受ける力積 $\vec{P'}$ の向きは y 軸正の向きであり，図2中の θ と図1中の θ は同じであるので，小球Cの衝突前後の運動量と小球Cが受ける力積の関係から， $|\vec{P'}| = \boxed{8}$ とわかる。さらに， $v_2' = \boxed{9}$ となり， $V_2' = \boxed{10}$ である。小球Aと小球Cの運動エネルギーの和は，衝突前後で $\boxed{11}$ だけ減ることがわかる。

$\boxed{1}$ の解答群

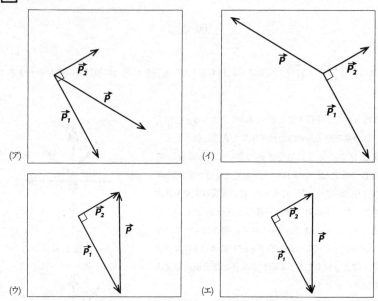

$\boxed{2}$ の解答群

(ア) $\dfrac{v_1}{v_2}$ (イ) $\dfrac{v_2}{v_1}$ (ウ) $\dfrac{v_1}{\sqrt{v_1^2 + v_2^2}}$ (エ) $\dfrac{v_2}{\sqrt{v_1^2 + v_2^2}}$

$\boxed{3}$ の解答群

(ア) mv_1 (イ) mv_2 (ウ) $m\sqrt{v_1^2 + v_2^2}$ (エ) $m\sqrt{v_1^2 - v_2^2}$

$\boxed{4}$ の解答群

(ア) $\dfrac{P}{m}$ (イ) $\dfrac{P}{M}$ (ウ) $\dfrac{P}{M+m}$ (エ) $\dfrac{P}{M-m}$

5 の解答群

(ア) 小球 A の運動エネルギー

(イ) 小球 B の運動エネルギー

(ウ) 小球 A と小球 B の運動エネルギーの和

6 の解答群

(ア) $\dfrac{M+m}{M-m}v_1$　　　(イ) $\dfrac{M-m}{M+m}v_1$　　　(ウ) $\sqrt{\dfrac{M+m}{M-m}}v_1$　　　(エ) $\sqrt{\dfrac{M-m}{M+m}}v_1$

7 の解答群

(ア) $\sqrt{\dfrac{2m}{M+m}}mv_1$　　　(イ) $\sqrt{\dfrac{2M}{M+m}}mv_1$　　　(ウ) $\sqrt{\dfrac{M-m}{M+m}}mv_1$　　　(エ) mv_1

8 の解答群

(ア) mv_1　　　(イ) mv_2'　　　(ウ) $m\sqrt{v_1^2+v_2'^2}$　　　(エ) $m\sqrt{v_1^2-v_2'^2}$

9 の解答群

(ア) $\sqrt{\dfrac{M-m}{M+m}}v_1$　　　(イ) $\sqrt{\dfrac{M-m}{2M}}v_1$　　　(ウ) $\sqrt{\dfrac{M+m}{2M}}v_1$　　　(エ) $\dfrac{m}{M}v_1$

10 の解答群

(ア) $\sqrt{\dfrac{M-m}{M+m}}\dfrac{m}{M}v_1$　　　(イ) $\sqrt{\dfrac{M-m}{2M}}\dfrac{m}{M}v_1$　　　(ウ) $\sqrt{\dfrac{M+m}{2M}}\dfrac{m}{M}v_1$　　　(エ) $\dfrac{m}{M}v_1$

11 の解答群

(ア) $\dfrac{m(M^2-m^2)}{4M^2}v_1^2$　　(イ) $\dfrac{m(M^2+m^2)}{4M^2}v_1^2$　　(ウ) $\dfrac{M^2-m^2}{2}v_1^2$　　(エ) $\dfrac{m^2}{2(M+m)}v_1^2$

II 次の文の 12 〜 24 に入れるのに最も適した答を，それぞれの解答群の中から一つずつ選べ。

真空中の荷電粒子の運動を考える。質量が m，電気量が $q\,(>0)$，速さが v の荷電粒子を，磁束密度 B の時間変化しない一様な磁場のある領域に入射した。

図1に示すように，磁場の方向を z 軸の正の向きとし，荷電粒子の入射方向を y 軸の正の向きにとる。一様な磁場は $y>0$ の領域にかかっているものとする。荷電粒子は y 軸に沿って入射し，入射方向に対して垂直な平面（$y=0$ の xz 平面）を入射面とよぶ。磁場のある領域に入射された荷電粒子は図1のように半径 r の円軌道を半周まわった後に戻ってきた。磁場の中を運動する荷電粒子の運動方程式は $m\dfrac{v^2}{r}=$ 12 となるので，$r=$ 13 と表すことができる。

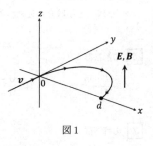

図1

速さが v で半径が r の等速円運動する荷電粒子の周期は 14 と表すことができるので，荷電粒子が磁場のある領域に入射してから再び入射面に戻ってくるまでの時間 t は 15 と表すことができる。荷電粒子が戻ってくる入射面の x 軸上の位置を d とすると，$d=2r$ である。

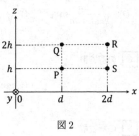

図2

次に，B と同じ向きに大きさ E の時間的に変化しない一様な電場を，B が存在する領域と同じ領域に加えた。質量が m，電気量が $q\,(>0)$，速さが v の荷電粒子を y 軸に沿ってこの領域に入射したところ，粒子が入射面に戻ってくる位置が電場の方向（z 方向）に移動した。この移動量を h とする。入射したときの荷電粒子の運動エネルギーを K とすると，$K=$ 16 となる。電場のかかった領域に入射した荷電粒子は，電場から大きさ 17 の力を受ける。この力によって荷電粒子に生じる加速度 a は 18 である。荷電粒子が半周するとき，粒子は電場から力を受けて電場の方向に移動する。h を a と t で表すと 19 となる。h はまた，m，q，E，B を用いて 20 と表すことができる。

最後に，電気量が $q\,(>0)$ で質量が m と $2m$，運動エネルギーがわからない混合荷電粒子ビームを，y 軸に沿って入射したところ，図2のように，荷電粒子が入射面の4点に戻ってきた。xz 平面におけるこれら4点とそれらの座標を P(d,h)，Q($d,2h$)，R($2d,2h$)，S($2d,h$) とする。点 P に戻ってくる荷電粒子の質量が m，入射時の運動エネルギーが K であるので，点 Q に戻ってくる荷電粒子の質量は 21 ，入射時の運動エネルギーは 22 である。また，到達点が R，S となる粒子の質量と入射時の運動エネルギーに関する記述で正しいものは，それぞれ，23 と 24 である。

12 の解答群

(ア) $-qvB$　　　(イ) $-qv^2B$　　　(ウ) qvB　　　(エ) qv^2B

13 の解答群

(ア) $\dfrac{mv}{qB}$　　　(イ) $\dfrac{mv}{2qB}$　　　(ウ) $\dfrac{mv^2}{qB}$　　　(エ) $\dfrac{mv^2}{2qB}$

14 の解答群

(ア) $\dfrac{v}{2\pi r}$　　　(イ) $\dfrac{v}{\pi r}$　　　(ウ) $\dfrac{\pi r}{v}$　　　(エ) $\dfrac{2\pi r}{v}$

15 の解答群

(ア) $\dfrac{\pi m}{qB}$　　　(イ) $\dfrac{\pi m}{2qB}$　　　(ウ) $\dfrac{\pi^2 m}{qB}$　　　(エ) $\dfrac{\pi^2 m}{2qB}$

16 の解答群

(ア) $\dfrac{mv^2}{4}$　　　(イ) $\dfrac{mv^2}{2}$　　　(ウ) mv^2　　　(エ) $m\dfrac{v^2}{r}$

17 の解答群

(ア) qB　　　(イ) qE　　　(ウ) $2qB$　　　(エ) $2qE$

18 の解答群

(ア) $\dfrac{qB}{m}$　　　(イ) $\dfrac{qE}{m}$　　　(ウ) $\dfrac{2qB}{m}$　　　(エ) $\dfrac{2qE}{m}$

19 の解答群

(ア) $\dfrac{1}{2}at$　　　(イ) at　　　(ウ) $\dfrac{1}{2}at^2$　　　(エ) at^2

20 の解答群

(ア) $\dfrac{\pi^2 mE}{2qB^2}$　　　(イ) $\dfrac{\pi^2 mE}{2qB}$　　　(ウ) $\dfrac{\pi^2 mE}{qB^2}$　　　(エ) $\dfrac{\pi^2 mE}{qB}$

21 の解答群

(ア) $\dfrac{m}{2}$　　　　　　　(イ) m　　　　　　　(ウ) $2m$　　　　　　　(エ) $4m$

22 の解答群

(ア) $\dfrac{K}{2}$　　　　　　　(イ) K　　　　　　　(ウ) $2K$　　　　　　　(エ) $4K$

23 の解答群

(ア) 質量は m で運動エネルギーが $2K$　　(イ) 質量は m で運動エネルギーが $4K$
(ウ) 質量は $2m$ で運動エネルギーが $2K$　(エ) 質量は $2m$ で運動エネルギーが $4K$

24 の解答群

(ア) 質量は m で運動エネルギーが $2K$　　(イ) 質量は m で運動エネルギーが $4K$
(ウ) 質量は $2m$ で運動エネルギーが $2K$　(エ) 質量は $2m$ で運動エネルギーが $4K$

III 次の文の 25 ～ 35 に入れるのに最も適した答を，それぞれの解答群の中から一つずつ選べ。

　　熱の出入りがない容器 (断熱容器) の中に $-20°C$ の氷が 100g 入っている。この断熱容器には，温度計と観測窓がついており，内部の状態を知ることができる。また，断熱容器には，出力 100W のヒーターが組み込まれており内部を加熱することができる。ヒーターからの熱は全て断熱容器内部の物体に与えられ断熱容器の内部は常に一様の温度であると考えてよい。また，断熱容器内部の圧力は，1 気圧に保たれていると考えてよい。

　　ヒーターのスイッチを入れて加熱を始めた時刻を $t = 0$ 秒として，断熱容器内部の温度の変化をあらわしたものが図 1 である。図 1 から，断熱容器内部の温度は，一定の割合で上昇したり，ある時間のあいだ一定になっていたことがわかる。加熱を始めた後，時刻 $t_1 = 42$ 秒に温度が $0°C$ になった。氷の比熱が温度によらないとすると，その値は 25 J/gK である。その後，時刻 $t_2 = 376$ 秒まで温度は $0°C$ のままであった。この間，観測窓からは，氷と水が混在した状態が観測された。この温度を水の 26 とよぶ。時刻 t_2 に，氷がすべて解けて水になったことが観測された。このことから，時刻 t_1 から時刻 t_2 の間に断熱容器に加えられた熱は，氷を水へと状態変化させるのに使われたと考えられる。氷のような固体の状態から水のような液体の状態へと変化させる熱は 27 とよばれる。より一般に，物質の状態を

変化させるのに使われる熱を 28 とよぶ。氷の 27 の大きさは，29 J/g であることがわかる。

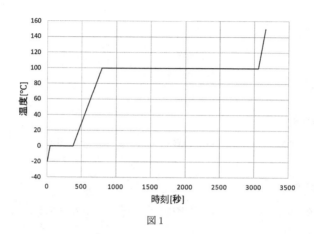

図 1

この後，再び断熱容器内部の温度は時刻 $t_3 = 796$ 秒まで一定の割合で上昇して温度 100°C に達したのち，時刻 t_3 から時刻 $t_4 = 3053$ 秒まで 100°C のままだった。時刻 t_3 から時刻 t_4 まで，水の内部から水蒸気が激しく発生していることが観測された。この間の温度を水の 30 と呼び，時刻 t_2 から時刻 t_3 までの温度変化から水の比熱は 31 J/gK であると計算される。時刻 t_4 ですべての水が水蒸気に変わったことが観測された。水のような液体の状態から水蒸気のような気体の状態へと変化させる 28 を 32 とよび，水の 32 の大きさは，33 J/g であることがわかる。

図 2 のように，断熱された容器の中に 50°C の水 1000g が入っている。この水に 20°C の水 100g を注いだ。熱平衡に達した後の，容器の中の水の温度は 34 °C になる。

図 3 のように，断熱された容器の中に 50°C の水 1000g が入っている。この水に，−20°C の氷 100g を入れた。氷が解け，熱平衡状態に達した後の，容器の中の水の温度は 35 °C になる。

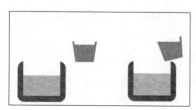

図 2

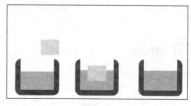

図 3

25 の解答群

(ア) 2.0　　　　　　　　(イ) 2.1　　　　　　　　(ウ) 2.2

26 の解答群

(ア) 融点　　　　　　　(イ) 沸点　　　　　　　(ウ) 焦点
(エ) 液化　　　　　　　(オ) 過冷却

27 の解答群

(ア) ジュール熱　　　　(イ) 融解熱　　　　　　(ウ) 蒸発熱

28 の解答群

(ア) 潜熱　　　　　　　(イ) 融解熱　　　　　　(ウ) 蒸発熱

29 の解答群

(ア) 3.34　　　　　　　(イ) 33.4　　　　　　　(ウ) 334

30 の解答群

(ア) 融点　　　　　　　(イ) 沸点　　　　　　　(ウ) 焦点
(エ) 液化　　　　　　　(オ) 過冷却

31 の解答群

(ア) 0.42　　　　　　　(イ) 4.2　　　　　　　　(ウ) 42

32 の解答群

(ア) 比熱　　　　(イ) 融解熱　　　　(ウ) 蒸発熱　　　　(エ) ジュール熱

33 の解答群

(ア) 2.26×10^2　　　　(イ) 2.26×10^3　　　　(ウ) 2.26×10^4

34 の解答群

 (ア) 35   (イ) 43   (ウ) 47   (エ) 49

35 の解答群

 (ア) 37   (イ) 43   (ウ) 50

化学

◀化学基礎・化学▶

（60 分）

Ⅰ　次の問い（問 1～3）に答えよ。

問1　次の表は，単体あるいは化合物の固体状態における性質を表したものである。表中の空欄 $\boxed{1}$ ～ $\boxed{4}$ に入れるのに最も適当な単体あるいは化合物を，下の解答群の(ア)～(ク)のうちから一つずつ選べ。

固体の単体・化合物	$\boxed{1}$	$\boxed{2}$	$\boxed{3}$	$\boxed{4}$
融点	低い	高い	高い	高い
水への溶解性	溶けない	溶ける	溶けない	溶けない
電気伝導性	無	無	無	良導体
結晶の種類	分子結晶	イオン結晶	共有結合結晶	金属結晶

$\boxed{1}$，$\boxed{2}$，$\boxed{3}$，$\boxed{4}$ の解答群

(ア) 塩化カルシウム　　(イ) 黒鉛　　　　　(ウ) 硫酸バリウム
(エ) ショ糖　　　　　　(オ) ダイヤモンド　(カ) 銅
(キ) ナトリウム　　　　(ク) ナフタレン

問2　NH_3，HCl の分子について，下線部の原子まわりの共有電子対および非共有電子対の数の組み合わせとして最も適当なものを，下の解答群の(ア)～(コ)のうちから一つずつ選べ。ただし，同じものを繰り返し選んでもよい。

（a）$\underline{N}H_3$ の組み合わせ　$\boxed{5}$
（b）$H\underline{Cl}$ の組み合わせ　$\boxed{6}$

5 , 6 の解答群

	共有電子対の数	非共有電子対の数
(ア)	0	3
(イ)	0	4
(ウ)	1	2
(エ)	1	3
(オ)	2	0
(カ)	2	1
(キ)	2	2
(ク)	3	0
(ケ)	3	1
(コ)	4	0

問3　二酸化硫黄は，銅片に熱濃硫酸を作用させて得られる。この反応では銅片は溶解し，反応後に水を加えると，水溶液は青色を呈する。つぎに 0.100 mol/L のヨウ素溶液 100 mL に二酸化硫黄をゆっくりと通気し，完全に吸収させ，水を加えて全量を 1.00 L とした。この溶液 50.0 mL を正確にはかりとりコニカルビーカーに入れ，デンプン溶液を指示薬として 0.0200 mol/L のチオ硫酸ナトリウム水溶液で滴定したところ，青紫色が消えるまでに 30.0 mL を要した。ヨウ素溶液 100 mL に残っているヨウ素の物質量は 7 mol である。また，吸収された二酸化硫黄の物質量は 8 mol である。なお，チオ硫酸ナトリウムとヨウ素の反応は，次式のとおりである。

$$I_2 + 2Na_2S_2O_3 \longrightarrow 2NaI + Na_2S_4O_6$$

7 および 8 に入れるのに最も適当な数値を，次の解答群の(ア)〜(オ)からそれぞれ一つずつ選べ。ただし，同じものを繰り返し選んでもよい。

7 , 8 の解答群

(ア) 2.00×10^{-3}　　(イ) 3.00×10^{-3}　　(ウ) 4.00×10^{-3}　　(エ) 5.00×10^{-3}　　(オ) 6.00×10^{-3}

Ⅱ 次の文章(1), (2)を読み，下の問い(問1〜5)に答えよ。

(1)　6種類の金属 A〜F は，亜鉛，アルミニウム，銀，銅，ナトリウム，白金のいずれかである。これらの金属について，次の実験1，2を室温で行った。ただし，H=1.00, O=16.0, Na=23.0, Al=27.0, Cu=63.5, Zn=65.4, Ag=108, Pt=195 とする。また，標準状態における気体のモル体積は 22.4 L/mol とする。

実験1

①　AとDを電極として希硫酸に入れて電池をつくると，Aが負極となった。

②　Bは常温の水と反応して水素を発生したが，他の金属では発生しなかった。

③　CとDは，いずれも希塩酸に溶解しなかったが，希硝酸には溶解した。

④　Cのイオンを含む水溶液にDを入れたところ，Cが析出した。

⑤　Eは希塩酸および希硝酸に溶解しなかったが，王水には溶解した。

⑥　Fは濃硝酸には溶解しなかったが，希硫酸には溶解した。

実験2

　金属B 4.60 g に水 75.4 g を加えたとき，Bはすべて反応し，Bの化合物の水溶液が得られた。ただし，反応後，気体発生による質量の減少は無視できるものとする。

問1　実験1の結果から，金属 A〜D のイオン化傾向が大きいものから順に正しく並べられているものは 9 である。 9 に入れるのに最も適当なものを，次の解答群の(ア)〜(コ)のうちから一つ選べ。

9 の解答群

(ア) A > B > C > D　　　(イ) A > B > D > C　　　(ウ) A > D > B > C

(エ) B > A > C > D　　　(オ) B > A > D > C　　　(カ) B > D > A > C

(キ) C > A > B > D　　　(ク) C > A > D > B　　　(ケ) D > B > A > C

(コ) D > B > C > A

問2　実験1から金属Aは 10 ，金属Eは 11 ，金属Fは 12 である。 10 ， 11 ， 12 に入れるのに最も適当な金属を，次の解答群の(ア)〜(カ)のうちからそれぞれ一つずつ選べ。

10 ， 11 ， 12 の解答群

(ア) Al　　(イ) Ag　　(ウ) Cu　　(エ) Na　　(オ) Pt　　(カ) Zn

問3　実験2で得られたBの化合物の水溶液の質量パーセント濃度は 13 ％であり，発生した水素の標準状態における体積は 14 L である。 13 ， 14 に入れるのに最も適当な数値を，次の解答群の(ア)〜(オ)のうちから一つずつ選べ。

13 の解答群

(ｱ) 5.75　　　(ｲ) 7.88　　　(ｳ) 9.59　　　(ｴ) 10.0　　　(ｵ) 10.6

14 の解答群

(ｱ) 1.12　　　(ｲ) 2.24　　　(ｳ) 3.36　　　(ｴ) 4.48　　　(ｵ) 5.60

(2) 酸化還元反応にともなって放出されるエネルギーを，電気エネルギーとして取り出す装置を電池(化学電池)という。異なる２種類の金属を導線で結んで電解質の水溶液に浸すと，イオン化傾向が大きい金属から小さい金属へ導線を伝わって電子の移動がおこり，電池ができる。電池の両極を導線でつないで電流を流す操作を電池の放電といい，放電により，起電力はしだいに低下する。一方，電池の中には，しばらく放電したものを外部電源につなぎ放電とは逆向きに電流を流すと，放電のときとは逆向きの反応が起こり，電池の起電力がもとにもどるものがある。この操作を電池の充電といい，①充電によってくり返し使うことができる電池を二次電池または蓄電池という。また，充電による再利用ができない電池を一次電池という。

問4　電池に関する次の記述(a)〜(d)のうち，**誤りを含む**ものは 15 である。 15 に入れるのに最も適当なものを，次の解答群の(ｱ)〜(ｶ)のうちから一つ選べ。

(a) 電池の放電のときは，正極で酸化反応が起こり，負極で還元反応が起こる。

(b) アルカリマンガン乾電池は，正極に MnO_2，負極に Zn を用いた電池であり，日常的に広く使用されている。

(c) 酸化銀電池(銀電池)は，正極に Zn，負極に Ag_2O を用いた電池であり，一定の電圧が長く持続するので，腕時計などに使用されている。

(d) 鉛蓄電池は，電解液に希硫酸を用いた電池であり，自動車のバッテリーに使用されている。

15 の解答群

(ｱ) aとb　　(ｲ) aとc　　(ｳ) aとd　　(ｴ) bとc　　(ｵ) bとd　　(ｶ) cとd

問5　下線部①について，下記の(e)〜(i)の電池のうち，二次電池として使用されるのは 16 である。 16 に入れるのに最も適当な二次電池の組み合わせを，次の解答群の(ｱ)〜(ｺ)のうちから一つ選べ。

(e) 空気電池

(f) 酸化銀電池

(g) ニッケル水素電池

(h) リチウム電池

(i) リチウムイオン電池

16 の解答群

(ア) e と f　　　(イ) e と g　　　(ウ) e と h　　　(エ) e と i　　　(オ) f と g

(カ) f と h　　　(キ) f と i　　　(ク) g と h　　　(ケ) g と i　　　(コ) h と i

Ⅲ　次の文章を読み，空欄 17 ～ 24 に入れるのに最も適当な数値や語句を，下のそれぞれの
　解答群のうちから一つずつ選べ。ただし，空欄 20 ～ 23 の解答では，解答群から同じもの
　を繰り返し選んでもよい。

　　窒素と水素を混合した気体を，酸化鉄を主成分とする触媒を含む反応容器中で高温高圧の条件
で反応させると，アンモニアが生成して平衡状態に達する。この合成法を 17 という。この反
応は可逆反応であり，窒素と水素からアンモニアが生成する正反応は発熱反応である。したがっ
て，18 により 19 した方がアンモニアの生成に有利である。

　　いま，反応容器の容積と温度を一定に保ちながら，窒素 2.0 mol と水素 5.0 mol を反応させた。
平衡状態に達した後の水素とアンモニアの分圧が等しくなった。このときの窒素の分圧は水素の
分圧の 20 倍になり，生成したアンモニアは 21 mol になる。

　　次いで，アンモニアだけを別の容器に移して回収した。反応容器の中には未反応の窒素と水素
が残っている。次に窒素を新たに反応容器に加えて上記と同じ条件で反応させたところ，平衡状
態に達した後の水素とアンモニアの分圧が等しくなった。このときに生成するアンモニアの物質
量は 22 mol であり，加えた窒素の物質量は 23 mol である。

　　アンモニアは燃やしても二酸化炭素を排出しないことから，現在，火力発電所の燃料として使
われている石炭などの化石燃料と置き換えることで，大幅な二酸化炭素の排出削減が期待されて
いる。2050 年を目標に，太陽光発電などの再生可能エネルギーから得た電気を使用し，水の電
気分解から得られた水素と空気中の窒素から 17 などで合成したアンモニアを燃料とした火力
発電方式が，わが国をはじめ世界各国で開発されている。

　　アンモニアは酸素の気流中で淡黄色の炎を上げて燃える。2.0 mol のアンモニア（気体）が完全
に燃焼して窒素と水（気体）になるとき，発生する熱量は 24 kJ となる。ただし，アンモニア（気
体）および水（気体）の生成熱は，それぞれ 46 kJ/mol および 242 kJ/mol とする。

17 の解答群

(ア) オストワルト法　　　(イ) クメン法　　　(ウ) ソルベー法

(エ) ハーバー・ボッシュ法

18 の解答群

(ア) アボガドロの法則　　　(イ) ヘンリーの法則　　　(ウ) ボイル・シャルルの法則

(エ) ラウールの法則　　　(オ) ルシャトリエの原理

19　の解答群

(ア)　圧力を低くし，温度を低く

(イ)　圧力を低くし，温度を高く

(ウ)　圧力を高くし，温度を低く

(エ)　圧力を高くし，温度を高く

20 ，21 ，22 ，23 の解答群

(ア)　0.40	(イ)　0.50	(ウ)　0.60	(エ)　0.80	(オ)　1.0
(カ)　1.5	(キ)　1.9	(ク)　2.0	(ケ)　2.5	(コ)　3.8

24　の解答群

(ア)　160	(イ)　205	(ウ)　317	(エ)　410	(オ)　634	(カ)　1268

Ⅳ　次の問い（問１〜８）に答えよ。ただし，原子量は H=1.00，C=12.0，O=16.0 とし，標準状態における気体のモル体積は 22.4 L/mol とする。

問１　アセチレンに関する次の記述（a）〜（e）のうち，誤っているものの組み合わせを，下の解答群の(ア)〜(コ)のうちから一つ選べ。　25

（a）　アセチレンは炭化カルシウムに水を作用させることで得られる。

（b）　アセチレンはすべての原子が一直線上に位置した直線構造を持つ分子である。

（c）　アセチレンをアンモニア性硝酸銀水溶液に通じると黄色沈殿を生じる。

（d）　アセチレンに硫酸水銀を触媒として水を付加させると，アセトアルデヒドが生成する。

（e）　アセチレンの炭素原子間の距離は，エタンの炭素原子間の距離より長い。

25　の解答群

(ア)　aとb	(イ)　aとc	(ウ)　aとd	(エ)　aとe	(オ)　bとc
(カ)　bとd	(キ)　bとe	(ク)　cとd	(ケ)　cとe	(コ)　dとe

問２　分子式 C_6H_{10} のシクロアルケンがある。このシクロアルケン 246 mg に，白金を触媒として水素を付加させたところ，シクロヘキサンが生成した。このとき，標準状態で 26 mL の水素が付加した。26 に入れるのに最も適当な数値を，次の解答群の(ア)〜(カ)のうちから一つ選べ。

26　の解答群

(ア)　22.4	(イ)　44.8	(ウ)　67.2	(エ)　224	(オ)　367	(カ)　448

問3　次の記述（a）〜（c）に当てはまる化合物 A 〜 C の組み合わせとして最も適当なものを，下の解答群の(ア)〜(コ)のうちから一つ選べ。　$\boxed{27}$

（a）　化合物 A 〜 C はいずれも分子式 $C_4H_{10}O$ で表されるアルコールである。

（b）　化合物 A は不斉炭素原子を持ち 1 組の鏡像異性体が存在するが，化合物 B および C には鏡像異性体は存在しない。

（c）　化合物 A および B はいずれも酸化されカルボニル化合物を与えるが，化合物 C は酸化されない。

$\boxed{27}$ の解答群

	A	B	C
(ア)	1-ブタノール	2-ブタノール	2-メチル-1-プロパノール
(イ)	1-ブタノール	2-ブタノール	2-メチル-2-プロパノール
(ウ)	1-ブタノール	2-メチル-2-プロパノール	2-メチル-1-プロパノール
(エ)	2-ブタノール	2-メチル-1-プロパノール	1-ブタノール
(オ)	2-ブタノール	2-メチル-1-プロパノール	2-メチル-2-プロパノール
(カ)	2-ブタノール	2-メチル-2-プロパノール	1-ブタノール
(キ)	2-メチル-1-プロパノール	1-ブタノール	2-ブタノール
(ク)	2-メチル-1-プロパノール	1-ブタノール	2-メチル-2-プロパノール
(ケ)	2-メチル-2-プロパノール	1-ブタノール	2-ブタノール
(コ)	2-メチル-2-プロパノール	1-ブタノール	2-メチル-1-プロパノール

問4　次の記述（a）〜（e）に当てはまる化合物 A 〜 D の組み合わせとして最も適当なものを，下の解答群の(ア)〜(コ)のうちから一つ選べ。　$\boxed{28}$

（ａ）　化合物 A 〜 D はいずれも異性体の関係にあるエステルで，分子式は $C_4H_8O_2$ である。

（ｂ）　化合物 A を加水分解すると炭素数が等しいカルボン酸とアルコールを与える。

（ｃ）　化合物 B を加水分解して生じるカルボン酸は，化合物 C を加水分解して生じるカルボン酸と同じである。

（ｄ）　化合物 C を加水分解して生じるアルコールはヨードホルム反応を示す。

（ｅ）　化合物 D を加水分解して生じるアルコールはヨードホルム反応を示さない。

28 の解答群

	A	B	C	D
(ア)	$CH_3-\underset{O}{\underset{\|}{C}}-O-CH_2CH_3$	$H-\underset{O}{\underset{\|}{C}}-O-CH_2CH_3$	$H-\underset{O}{\underset{\|}{C}}-O-\underset{CH_3}{CH}CH_3$	$CH_3CH_2-\underset{O}{\underset{\|}{C}}-O-CH_3$
(イ)	$CH_3-\underset{O}{\underset{\|}{C}}-O-CH_2CH_3$	$H-\underset{O}{\underset{\|}{C}}-O-\underset{CH_3}{CH}CH_3$	$H-\underset{O}{\underset{\|}{C}}-O-CH_2CH_3$	$CH_3CH_2-\underset{O}{\underset{\|}{C}}-O-CH_3$
(ウ)	$CH_3-\underset{O}{\underset{\|}{C}}-O-CH_2CH_3$	$H-\underset{O}{\underset{\|}{C}}-O-\underset{CH_3}{CH}CH_3$	$H-\underset{O}{\underset{\|}{C}}-O-CH_2CH_2CH_3$	$CH_3CH_2-\underset{O}{\underset{\|}{C}}-O-CH_3$
(エ)	$CH_3-\underset{O}{\underset{\|}{C}}-O-CH_2CH_3$	$CH_3CH_2-\underset{O}{\underset{\|}{C}}-O-CH_3$	$H-\underset{O}{\underset{\|}{C}}-O-\underset{CH_3}{CH}CH_3$	$H-\underset{O}{\underset{\|}{C}}-O-CH_2CH_2CH_3$
(オ)	$CH_3-\underset{O}{\underset{\|}{C}}-O-CH_2CH_3$	$H-\underset{O}{\underset{\|}{C}}-O-CH_2CH_2CH_3$	$H-\underset{O}{\underset{\|}{C}}-O-\underset{CH_3}{CH}CH_3$	$CH_3CH_2-\underset{O}{\underset{\|}{C}}-O-CH_3$
(カ)	$CH_3-\underset{O}{\underset{\|}{C}}-O-CH_2CH_3$	$H-\underset{O}{\underset{\|}{C}}-O-CH_2CH_2CH_3$	$CH_3CH_2-\underset{O}{\underset{\|}{C}}-O-CH_3$	$H-\underset{O}{\underset{\|}{C}}-O-\underset{CH_3}{CH}CH_3$
(キ)	$CH_3CH_2-\underset{O}{\underset{\|}{C}}-O-CH_3$	$CH_3-\underset{O}{\underset{\|}{C}}-O-CH_2CH_3$	$CH_3-\underset{O}{\underset{\|}{C}}-O-\underset{CH_3}{CH}CH_3$	$H-\underset{O}{\underset{\|}{C}}-O-CH_2CH_2CH_3$
(ク)	$CH_3CH_2-\underset{O}{\underset{\|}{C}}-O-CH_3$	$H-\underset{O}{\underset{\|}{C}}-O-CH_2CH_2CH_3$	$H-\underset{O}{\underset{\|}{C}}-O-\underset{CH_3}{CH}CH_3$	$CH_3-\underset{O}{\underset{\|}{C}}-O-CH_2CH_3$
(ケ)	$CH_3CH_2-\underset{O}{\underset{\|}{C}}-O-CH_3$	$H-\underset{O}{\underset{\|}{C}}-O-CH_2CH_2CH_3$	$CH_3-\underset{O}{\underset{\|}{C}}-O-CH_2CH_3$	$H-\underset{O}{\underset{\|}{C}}-O-\underset{CH_3}{CH}CH_3$
(コ)	$CH_3CH_2-\underset{O}{\underset{\|}{C}}-O-CH_3$	$H-\underset{O}{\underset{\|}{C}}-O-\underset{CH_3}{CH}CH_3$	$H-\underset{O}{\underset{\|}{C}}-O-CH_2CH_2CH_3$	$CH_3-\underset{O}{\underset{\|}{C}}-O-CH_2CH_3$

問 5　ベンゼンに関する次の記述（ａ）〜（ｄ）の正誤の組み合わせとして最も適当なものを，下の解答群の(ア)〜(コ)のうちから一つ選べ。　29

（ａ）　ベンゼン分子では，全ての原子が同一平面上にあり，6 個の炭素原子が正六角形の頂点に位置している。

（ｂ）　ベンゼン分子の炭素原子間の結合の長さは，エチレンの炭素原子間の結合の長さと同じである。

（ｃ）　ベンゼンは，置換反応より付加反応を起こしやすい。

（ｄ）　ベンゼンは，無色の液体で水にほとんど溶けない。

29 の解答群

	a	b	c	d
(ア)	正	正	正	誤
(イ)	正	正	誤	正
(ウ)	正	誤	誤	誤
(エ)	誤	正	正	正
(オ)	正	正	誤	誤
(カ)	正	誤	正	誤
(キ)	正	誤	誤	正
(ク)	誤	正	正	誤
(ケ)	誤	正	誤	正
(コ)	誤	誤	正	正

問6　次の反応（ａ）～（ｃ）の生成物の組み合わせとして最も適当なものを，下の解答群の(ア)～(コ)
のうちから一つ選べ。　30

反応（ａ）：　フェノールに無水酢酸を反応させる。

反応（ｂ）：　トルエンを過マンガン酸カリウムで酸化する。

反応（ｃ）：　サリチル酸にメタノールと濃硫酸を反応させる。

30 の解答群

	反応（ａ）	反応（ｂ）	反応（ｃ）
(ア)	安息香酸	フェノール	アセチルサリチル酸
(イ)	安息香酸	無水フタル酸	アセチルサリチル酸
(ウ)	クメンヒドロペルオキシド	安息香酸	サリチル酸メチル
(エ)	クメンヒドロペルオキシド	フェノール	無水フタル酸
(オ)	クメンヒドロペルオキシド	無水フタル酸	アセチルサリチル酸
(カ)	酢酸フェニル	安息香酸	アセチルサリチル酸
(キ)	酢酸フェニル	安息香酸	サリチル酸メチル
(ク)	酢酸フェニル	安息香酸	無水フタル酸
(ケ)	酢酸フェニル	フェノール	サリチル酸メチル
(コ)	酢酸フェニル	無水フタル酸	サリチル酸メチル

問7　次の図に示したポリグリコール酸は生分解性高分子の１種として知られ，微生物によって

最終的に水と二酸化炭素に分解される。ポリグリコール酸 232 g が完全に分解したとき，発生する二酸化炭素は標準状態で $\boxed{31}$ L である。　$\boxed{31}$　に入れるのに最も適当な数値を，下の解答群の(ア)～(オ)のうちから一つ選べ。

$$\left[-O-CH_2-\underset{\underset{O}{\|}}{C}-\right]_n$$

図. ポリグリコール酸の構造

$\boxed{31}$　の解答群

(ア) 22.4　　　　(イ) 89.6　　　　(ウ) 179　　　　(エ) 269　　　　(オ) 716

問8　タンパク質の呈色反応に関する次の文中の空欄（a）～（d）に入れるものの組み合わせとして最も適当なものを，下の解答群の(ア)～(ク)のうちから一つ選べ。　$\boxed{32}$

【ビウレット反応】タンパク質の水溶液に（　a　）を加え，硫酸銅（Ⅱ）水溶液を少量加えると（　b　）を呈する。

【キサントプロテイン反応】タンパク質の水溶液に（　c　）を加えて加熱すると（　d　）を呈する。

$\boxed{32}$　の解答群

	a	b	c	d
(ア)	濃塩酸	黄色	濃硝酸	赤紫色
(イ)	濃塩酸	赤紫色	濃硝酸	黄色
(ウ)	濃硝酸	黄色	濃塩酸	赤紫色
(エ)	濃硝酸	赤紫色	濃塩酸	黄色
(オ)	水酸化ナトリウム水溶液	黄色	濃塩酸	赤紫色
(カ)	水酸化ナトリウム水溶液	赤紫色	濃塩酸	黄色
(キ)	水酸化ナトリウム水溶液	黄色	濃硝酸	赤紫色
(ク)	水酸化ナトリウム水溶液	赤紫色	濃硝酸	黄色

生物

（60 分）

Ⅰ　次の文章を読み，下の問い（問 1 〜 8）に答えよ。

　　過酸化水素水に酸化マンガン（Ⅳ）を加えると，過酸化水素が急激に分解されて，　a　が発生する。このとき，酸化マンガン（Ⅳ）自身は反応の前後で変化しない。このように，自身は変化せず，ある特定の化学反応を促進する物質を触媒という。

　　(1)酵素は，生体内でつくられる触媒で，主に　b　からできている。過酸化水素水にニワトリの肝臓片を加えると，酸化マンガン（Ⅳ）のときと同様に　a　が発生する。これは，(2)肝臓片に含まれる酵素が，過酸化水素の分解を促進する触媒として働くからである。酵素には，デンプンや，(3)脂肪，(4)タンパク質を分解する酵素や，(5)細菌の細胞壁を分解する酵素など，さまざまな種類があるが，それぞれの　c　に適合する物質だけに作用する。また，酵素の反応速度は，温度の上昇とともに増加するが，(6)ある温度を超えると急激に減少する。

問 1　文中の空欄　a　・　b　に入れる語句として最も適当なものの組み合わせを，次の解答群の(ア)〜(ケ)のうちから一つ選べ。　1

　1　の解答群

	a	b
(ア)	酸素	核酸
(イ)	酸素	炭水化物
(ウ)	酸素	タンパク質
(エ)	水素	核酸
(オ)	水素	炭水化物
(カ)	水素	タンパク質
(キ)	二酸化炭素	核酸
(ク)	二酸化炭素	炭水化物
(ケ)	二酸化炭素	タンパク質

問 2　文中の空欄　c　に入れる語句として最も適当なものを，次の解答群の(ア)〜(コ)のうちから

一つ選べ。　2

2　の解答群

(ｱ)　階層構造　　　　　　(ｲ)　活性部位　　　　　　(ｳ)　環境要因

(ｴ)　キサントフィル　　　(ｵ)　吸収スペクトル　　　(ｶ)　形質

(ｷ)　作用スペクトル　　　(ｸ)　受容体　　　　　　　(ｹ)　選択的透過性

(ｺ)　復元力

問3　下線部(1)に関する記述として正しいものを，次の解答群の(ｱ)～(ｴ)のうちから**すべて**選べ。解答番号　3　には正しいものを**すべて**マークすること。　3

3　の解答群

(ｱ)　DNA の遺伝情報にもとづいて，細胞内でつくられる。

(ｲ)　細胞内で働くものと，細胞外で働くものがある。

(ｳ)　反応速度は，pH の影響を受ける。

(ｴ)　反応によって生じる物質を，基質とよぶ。

問4　下線部(2)の酵素名として最も適当なものを，下の解答群の(ｱ)～(ｹ)のうちから一つ選べ。　4

問5　下線部(3)を分解する酵素として最も適当なものを，下の解答群の(ｱ)～(ｹ)のうちから一つ選べ。　5

問6　下線部(4)を分解する酵素として適当なものを，下の解答群の(ｱ)～(ｹ)のうちから**すべて**選べ。解答番号　6　には正しいものを**すべて**マークすること。　6

問7　下線部(5)を分解する酵素として最も適当なものを，次の解答群の(ｱ)～(ｹ)のうちから一つ選べ。　7

4，5，6，7　の解答群

(ｱ)　アミラーゼ　　　(ｲ)　カタラーゼ　　　(ｳ)　セルラーゼ　　　(ｴ)　テロメラーゼ

(ｵ)　トリプシン　　　(ｶ)　ペプシン　　　(ｷ)　マルターゼ　　　(ｸ)　リゾチーム

(ｹ)　リパーゼ

問8　下線部(6)の理由を示す語句として最も適当なものを，次の解答群の(ｱ)～(ｺ)のうちから一つ選べ。　8

8　の解答群

(ｱ)　異化　　　　(ｲ)　解離　　　　(ｳ)　浸透　　　　(ｴ)　スプライシング

(ｵ)　遷移　　　　(ｶ)　線溶　　　　(ｷ)　転流　　　　(ｸ)　発酵

(ｹ)　分化　　　　(ｺ)　変性

Ⅱ　次の文章Ａ・Ｂを読み，下の問い（問1〜8）に答えよ。

A　生命活動に必須の遺伝情報は DNA に含まれる。その情報をもとに，タンパク質がつくられる。DNA の情報をもとにしてタンパク質が合成されることを遺伝子の発現という。遺伝子の発現では，まず，DNA から RNA という分子がつくられ，その RNA をもとにタンパク質が合成される。このうち，(1)DNA の塩基配列を写し取りながら RNA がつくられる過程を　a　，(2)RNA の塩基配列がアミノ酸配列に読みかえられ，タンパク質が合成される過程を　b　という。このような，DNA から RNA を経てタンパク質へと遺伝情報が一方向に流れるという考え方を，　c　という。

　RNA はヌクレオチドが多数連結した鎖状の分子であり，通常は 1 本鎖として存在する。RNAのヌクレオチドの糖は　d　である。RNA の塩基は，アデニン，グアニン，シトシン，　e　が含まれる。DNA の塩基配列を写し取ったものを mRNA という。　b　では，mRNA の塩基　f　個の配列に対応してアミノ酸が並び，隣り合うアミノ酸がつながることで DNA の遺伝情報をもとにしたタンパク質が合成される。

問1　文中の空欄　a　〜　c　に入れる語句として最も適当なものの組み合わせを，次の解答群の(ア)〜(ク)のうちから一つ選べ。　9

9　の解答群

	a	b	c
(ア)	転写	翻訳	シャルガフの法則
(イ)	転写	翻訳	セントラルドグマ
(ウ)	転写	翻訳	フックの法則
(エ)	転写	翻訳	ベルクマンの規則
(オ)	翻訳	転写	シャルガフの法則
(カ)	翻訳	転写	セントラルドグマ
(キ)	翻訳	転写	フックの法則
(ク)	翻訳	転写	ベルクマンの規則

問2　文中の空欄　d　〜　f　に入れる語句と数値として最も適当なものの組み合わせを，次の解答群の(ア)〜(ク)のうちから一つ選べ。　10

10 の解答群

	d	e	f
(ア)	デオキシリボース	ウラシル	3
(イ)	デオキシリボース	ウラシル	20
(ウ)	デオキシリボース	チミン	3
(エ)	デオキシリボース	チミン	20
(オ)	リボース	ウラシル	3
(カ)	リボース	ウラシル	20
(キ)	リボース	チミン	3
(ク)	リボース	チミン	20

問3　下線部(1)に関して，次に示す DNA の 2 本鎖のうち，②の鎖を鋳型として合成したときにできる mRNA の塩基配列として最も適当なものを，下の解答群の(ア)〜(カ)のうちから一つ選べ。 11

① 　TACATGCCGCGCGCTCCTCCGACATC
　　 ||||||||||||||||||||||||||
② 　ATGTACGGCGCGCGAGGAGGCTGTAG

11 の解答群

(ア)　ATGTACGGCGCGCGAGGAGGCTGTAG

(イ)　AUGUACGGCGCGCGAGGAGGCUGUAG

(ウ)　GATGTCGGAGGAGCGCGCGGCATGTA

(エ)　GAUGUCGGAGGAGCGCGCGGCAUGUA

(オ)　TACATGCCGCGCGCTCCTCCGACATC

(カ)　UACAUGCCGCGCGCUCCUCCGACAUC

問4　下線部(2)に関して，問 3 でできる mRNA の開始コドン（1 番目とする）からタンパク質が合成される場合，次に示した遺伝暗号表を参考にして，7 番目のアミノ酸として最も適当なものを，下の解答群の(ア)〜(コ)のうちから一つ選べ。 12

UUU	フェニルアラニン	UCU	セリン	UAU	チロシン	UGU	システイン
UUC		UCC		UAC		UGC	
UUA	ロイシン	UCA		UAA	終止コドン	UGA	終止コドン
UUG		UCG		UAG		UGG	トリプトファン
CUU	ロイシン	CCU	プロリン	CAU	ヒスチジン	CGU	アルギニン
CUC		CCC		CAC		CGC	
CUA		CCA		CAA	グルタミン	CGA	
CUG		CCG		CAG		CGG	
AUU	イソロイシン	ACU	トレオニン	AAU	アスパラギン	AGU	セリン
AUC		ACC		AAC		AGC	
AUA		ACA		AAA	リシン	AGA	アルギニン
AUG	メチオニン	ACG		AAG		AGG	
GUU	バリン	GCU	アラニン	GAU	アスパラギン酸	GGU	グリシン
GUC		GCC		GAC		GGC	
GUA		GCA		GAA	グルタミン酸	GGA	
GUG		GCG		GAG		GGG	

表　遺伝暗号表

12 の解答群

(ア) アスパラギン酸   (イ) アルギニン   (ウ) システイン

(エ) セリン   (オ) チロシン   (カ) トレオニン

(キ) ヒスチジン   (ク) プロリン   (ケ) メチオニン

(コ) ロイシン

B　アミノ酸は，炭素原子に，アミノ基，カルボキシ基，[g]原子，[h]が結合してできている。タンパク質中では，隣り合うアミノ酸どうしが，一方のアミノ酸のカルボキシ基と，もう一方のアミノ酸のアミノ基の部分で結合している。この結合を[i]といい，1つの[i]が形成される過程で，水分子が[j]つ取れる。多様なアミノ酸が[i]により多数結合することで，細胞内でさまざまな(3)タンパク質が合成される。タンパク質の種類は，アミノ酸の数と配列で決まる。例えば，5つのアミノ酸からなる配列は，[k]種類存在する。

問5　文中の空欄[g]・[h]に入れる語句として最も適当なものの組み合わせを，次の解答群の(ア)～(ケ)のうちから一つ選べ。 13

13 の解答群

	g	h
(ア)	酸素	塩基
(イ)	酸素	脂質
(ウ)	酸素	側鎖
(エ)	水素	塩基
(オ)	水素	脂質
(カ)	水素	側鎖
(キ)	窒素	塩基
(ク)	窒素	脂質
(ケ)	窒素	側鎖

問6 文中の空欄 i ・ j に入れる語句と数値として最も適当なものの組み合わせを，次の解答群の(ア)～(ケ)のうちから一つ選べ。 14

14 の解答群

	i	j
(ア)	高エネルギーリン酸結合	1
(イ)	高エネルギーリン酸結合	2
(ウ)	高エネルギーリン酸結合	3
(エ)	水素結合	1
(オ)	水素結合	2
(カ)	水素結合	3
(キ)	ペプチド結合	1
(ク)	ペプチド結合	2
(ケ)	ペプチド結合	3

問7 文中の空欄 k に入れる数値として最も適当なものを，次の解答群の(ア)～(コ)のうちから一つ選べ。 15

15 の解答群

(ア) 100　　　　　(イ) 320　　　　　(ウ) 1,000　　　　　(エ) 3,200

(オ) 10,000 (カ) 32,000 (キ) 100,000 (ク) 320,000

(ケ) 1,000,000 (コ) 3,200,000

問8 下線部(3)に関する記述として正しいものを，次の解答群の(ア)～(エ)のうちから**すべて選べ**。解答番号 [16] には正しいものを**すべて**マークすること。 [16]

[16] の解答群

(ア) 構成するアミノ酸の種類は，種に関わらず共通である。

(イ) ヒトの細胞1個あたり，平均 0.1 mg 含まれている。

(ウ) ヒトの細胞では，重量比で水の次に多い物質である。

(エ) リボソームで合成される。

Ⅲ　次の文章Ａ・Ｂを読み，下の問い（**問1～8**）に答えよ。

A　ヒトの肝臓には，肝動脈と肝静脈の他，消化管やひ臓からの血液が [a] である肝門脈を通って流れこむ。肝臓は，直径 [b] mm ほどの肝小葉とよばれる基本単位からなり，肝臓全体で約 [c] 個存在している。肝小葉の角柱の角の部分に沿って肝動脈と肝門脈と胆管が走っている。肝小葉でつくられた胆汁は，胆管を通って胆のうへ運ばれ，貯蔵・濃縮された後，[d] に放出される。肝臓では，(1)血糖濃度の調節を行っている。また，タンパク質やアミノ酸が分解されてできる [e] を毒性の低い [f] につくりかえる。[f] は，腎臓に運ばれ，体外に排出される。古くなった(2)赤血球は，[g] や肝臓で破壊される。このとき，赤血球の主成分である [h] が分解され，[i] とよばれる物質ができる。[i] は肝臓で処理されて，胆汁中に排出される。

問1　文中の空欄 [a] ～ [c] に入れる語句と数値として最も適当なものの組み合わせを，次の解答群の(ア)～(ク)のうちから一つ選べ。 [17]

17 の解答群

	a	b	c
(ア)	静脈	0.1 ～ 0.2	10万
(イ)	静脈	0.1 ～ 0.2	50万
(ウ)	静脈	1 ～ 2	10万
(エ)	静脈	1 ～ 2	50万
(オ)	動脈	0.1 ～ 0.2	10万
(カ)	動脈	0.1 ～ 0.2	50万
(キ)	動脈	1 ～ 2	10万
(ク)	動脈	1 ～ 2	50万

問2　文中の空欄 d に入れる語句として最も適当なものを，次の解答群の(ア)～(キ)のうちから一つ選べ。 18

18 の解答群

(ア) 胃　　　　(イ) 小腸　　　　(ウ) 十二指腸　　　(エ) 腎臓

(オ) すい臓　　(カ) 大腸　　　　(キ) ひ臓

問3　文中の空欄 e ・ f に入れる語句として最も適当なものの組み合わせを，次の解答群の(ア)～(ケ)のうちから一つ選べ。 19

19 の解答群

	e	f
(ア)	アンモニア	アルブミン
(イ)	アンモニア	尿酸
(ウ)	アンモニア	尿素
(エ)	尿酸	アルブミン
(オ)	尿酸	アンモニア
(カ)	尿酸	尿素
(キ)	尿素	アルブミン
(ク)	尿素	アンモニア
(ケ)	尿素	尿酸

問4 文中の空欄 g ～ i に入れる語句として最も適当なものの組み合わせを，次の解答群の(ア)～(ク)のうちから一つ選べ。 20

20 の解答群

	g	h	i
(ア)	すい臓	ヘモグロビン	ビリルビン
(イ)	すい臓	ヘモグロビン	ピルビン酸
(ウ)	すい臓	ミオグロビン	ビリルビン
(エ)	すい臓	ミオグロビン	ピルビン酸
(オ)	ひ臓	ヘモグロビン	ビリルビン
(カ)	ひ臓	ヘモグロビン	ピルビン酸
(キ)	ひ臓	ミオグロビン	ビリルビン
(ク)	ひ臓	ミオグロビン	ピルビン酸

問5 下線部(1)に関する次の記述①～④のうち，正しいものを過不足なく含む組み合わせを，下の解答群の(ア)～(コ)のうちから一つ選べ。 21

① 血糖濃度が上昇したときには，グリコーゲンはグルコースに分解されて血液中に放出される。

② 血糖濃度が低いときには，すい臓のランゲルハンス島からインスリンの分泌が促進される。

③ 小腸で吸収されたグルコースは，肝門脈から肝臓に入り，その一部はグリコーゲンとなり，肝臓に貯蔵される。

④ タンパク質からもグルコースをつくることができ，グルコースが不足した際にも，血液中の血糖濃度を一定に保とうとする。

21 の解答群

(ア) ①，②	(イ) ①，③	(ウ) ①，④	(エ) ②，③
(オ) ②，④	(カ) ③，④	(キ) ①，②，③	(ク) ①，②，④
(ケ) ①，③，④	(コ) ②，③，④		

問6 下線部(2)に関する次の記述①～④のうち，正しいものを過不足なく含む組み合わせを，下の解答群の(ア)～(コ)のうちから一つ選べ。 22

① 血しょうの塩分濃度が，赤血球の塩分濃度より高くなると，赤血球は縮む。

② 健康なヒトの赤血球の細胞膜は，半透膜である。

③ 健康なヒトの赤血球を0.4 %の食塩水に入れても，赤血球の大きさは変わらない。

④　健康なヒトの赤血球は，核をもたない。

22 の解答群

(ア)　①，②　　　　　(イ)　①，③　　　　　(ウ)　①，④　　　　　(エ)　②，③

(オ)　②，④　　　　　(カ)　③，④　　　　　(キ)　①，②，③　　　(ク)　①，②，④

(ケ)　①，③，④　　　(コ)　②，③，④

B　健康なヒトのからだは，損傷を受けて出血した場合でも，傷が小さければ自然に止血する。
これは，血液が凝固して傷口をふさぐからである。まず，血管が破れたところに血小板が集まっ
てかたまりをつくる。次に，(3)血液凝固因子の働きによって，血液凝固反応が活性化され，血しょ
う中の j というタンパク質が k となる。 k は，血しょう中の l というタンパク
質を繊維状の m に変化させ，これが繊維状になって血球をからめとり，血ぺいとなる。

問7　文中の空欄 j ～ m に入れる語句として最も適当なものの組み合わせを，次の解答
　　群の(ア)～(ク)のうちから一つ選べ。 23

23 の解答群

	j	k	l	m
(ア)	トロンビン	プロトロンビン	フィブリノーゲン	フィブリン
(イ)	トロンビン	プロトロンビン	フィブリン	フィブリノーゲン
(ウ)	フィブリノーゲン	フィブリン	トロンビン	プロトロンビン
(エ)	フィブリノーゲン	フィブリン	プロトロンビン	トロンビン
(オ)	フィブリン	フィブリノーゲン	トロンビン	プロトロンビン
(カ)	フィブリン	フィブリノーゲン	プロトロンビン	トロンビン
(キ)	プロトロンビン	トロンビン	フィブリノーゲン	フィブリン
(ク)	プロトロンビン	トロンビン	フィブリン	フィブリノーゲン

問8　下線部(3)に関して，血液凝固反応を活性化させるものとして最も適当なものを，次の解答
　　群の(ア)～(ク)のうちから一つ選べ。 24

24 の解答群

(ア)　アルブミン　　　　　(イ)　塩化物イオン　　　　(ウ)　カルシウムイオン

(エ)　カリウムイオン　　　(オ)　硝酸イオン　　　　　(カ)　水素イオン

(キ)　炭酸水素イオン　　　(ク)　ヘモグロビン

Ⅳ　免疫に関する次の文章Ａ・Ｂを読み，下の問い（問１～８）に答えよ。

　Ａ　免疫には，病原体や有害物質などの異物（非自己物質）が体内に侵入することを阻止し，侵入した異物を排除する働きがある。病原体などの異物が体内に侵入すると，(1)食細胞が行う食作用によって排除され，排除しきれなかった異物に対しては，適応免疫（獲得免疫）が働く。適応免疫では，(2)T細胞と(3)B細胞というリンパ球が働く。

　リンパ球の特異的な攻撃の対象となる異物を抗原という。　a　やマクロファージ，B細胞は，異物を認識するとその異物を取りこんで分解し，一部を細胞の表面に表す。このような働きを　b　という。　a　の　b　によってT細胞は　c　する。

問１　文中の空欄　a　～　c　に入れる語句として最も適当なものの組み合わせを，次の解答群の(ア)～(ク)のうちから一つ選べ。　25

　25　の解答群

	a	b	c
(ア)	NK細胞	抗原提示	活性化
(イ)	NK細胞	抗原提示	初期化
(ウ)	NK細胞	自然免疫	活性化
(エ)	NK細胞	自然免疫	初期化
(オ)	樹状細胞	抗原提示	活性化
(カ)	樹状細胞	抗原提示	初期化
(キ)	樹状細胞	自然免疫	活性化
(ク)	樹状細胞	自然免疫	初期化

問２　下線部(1)に関する次の記述①～④のうち，正しいものを過不足なく含む組み合わせを，下の解答群の(ア)～(コ)のうちから一つ選べ。　26

　①　好中球は，通常は血管内に存在し，食細胞の中では最も数が多い。

　②　好中球は，毛細血管の壁を通り抜け，異物が侵入した組織で食作用を行う。

　③　マクロファージによって毛細血管が収縮して，食細胞が組織に集まりやすくなる。

　④　マクロファージは，大形の食細胞で，血液中ではマスト細胞として存在する。

　26　の解答群

(ア) ①，②	(イ) ①，③	(ウ) ①，④	(エ) ②，③
(オ) ②，④	(カ) ③，④	(キ) ①，②，③	(ク) ①，②，④
(ケ) ①，③，④	(コ) ②，③，④		

問3　下線部(2)に関する次の記述①～④のうち，正しいものを過不足なく含む組み合わせを，下の解答群の(ア)～(コ)のうちから一つ選べ。　27

① T細胞は最終的に骨髄で分化する。

② キラーT細胞やヘルパーT細胞の一部は，記憶細胞として体内に残る。

③ 他人の臓器を移植すると，キラーT細胞は移植された臓器の細胞を攻撃する。

④ ヘルパーT細胞は，リンパ節内でB細胞にも作用する。

27 の解答群

(ア) ①，②	(イ) ①，③	(ウ) ①，④	(エ) ②，③
(オ) ②，④	(カ) ③，④	(キ) ①，②，③	(ク) ①，②，④
(ケ) ①，③，④	(コ) ②，③，④		

問4　下線部(3)に関する次の記述①～④のうち，正しいものを過不足なく含む組み合わせを，下の解答群の(ア)～(コ)のうちから一つ選べ。　28

① B細胞がつくる抗体は，レプチンというタンパク質である。

② B細胞は，骨髄で分化する。

③ B細胞は，増殖して抗体をつくる形質細胞になる。

④ 個々のB細胞は，複数の種類の抗体を産生する。

28 の解答群

(ア) ①，②	(イ) ①，③	(ウ) ①，④	(エ) ②，③
(オ) ②，④	(カ) ③，④	(キ) ①，②，③	(ク) ①，②，④
(ケ) ①，③，④	(コ) ②，③，④		

B　細胞性免疫や体液性免疫では，　d　によって自分のからだの物質には通常反応しない。しかし，何らかの原因で排除されなかった自己反応性のB細胞やT細胞が自分のからだの物質を抗原と認識して，免疫反応を引きおこすことがある。これを(4)自己免疫疾患という。

(5)ヒト免疫不全ウイルス（HIV）は，後天性免疫不全症候群（AIDS）を引き起こす。HIVに感染すると，免疫の機能が低下することにより，通常では感染しないような弱い病原体で発病してしまうようになる。これを　e　という。

特定の食物を食べると，じんましんやぜんそくなどの症状が現れることがある。外界の異物に対する免疫反応が過敏になり，その結果，生体に不利益をもたらすことを　f　という。また，　f　はくしゃみ，下痢，おう吐，発疹や(6)重篤な症状（アナフィラキシーショック）を引き起こす場合もある。

問5　文中の空欄　d　～　f　に入れる語句として最も適当なものの組み合わせを，次の解答群の(ア)～(ク)のうちから一つ選べ。　29

29 の解答群

	d	e	f
(ア)	免疫寛容	二次応答	アレルギー
(イ)	免疫寛容	二次応答	食中毒
(ウ)	免疫寛容	日和見感染	アレルギー
(エ)	免疫寛容	日和見感染	食中毒
(オ)	免疫抑制	二次応答	アレルギー
(カ)	免疫抑制	二次応答	食中毒
(キ)	免疫抑制	日和見感染	アレルギー
(ク)	免疫抑制	日和見感染	食中毒

問6　下線部(4)に関する次の記述①～④のうち，正しいものを過不足なく含む組み合わせを，下の解答群の(ア)～(コ)のうちから一つ選べ。 30

① Ⅰ型糖尿病では，すい臓のランゲルハンス島の B 細胞が抗原となる。

② 関節リウマチでは，自分自身の関節の組織が抗原となる。

③ 重症筋無力症では，運動神経が接する筋肉の表面上のタンパク質が抗原となる。

④ 多発性硬化症では，ひ臓の組織が抗原となる。

30 の解答群

(ア) ①，②　　　　　(イ) ①，③　　　　　(ウ) ①，④　　　　　(エ) ②，③

(オ) ②，④　　　　　(カ) ③，④　　　　　(キ) ①，②，③　　　　(ク) ①，②，④

(ケ) ①，③，④　　　(コ) ②，③，④

問7　下線部(5)に関する次の記述①～④のうち，正しいものを過不足なく含む組み合わせを，下の解答群の(ア)～(コ)のうちから一つ選べ。 31

① 19世紀に初めてヒトでの感染者が確認された。

② 性的接触や輸血などによって感染する。

③ 潜伏期間の後に増殖を始め，B 細胞が破壊される。

④ ヘルパー T 細胞に感染する。

31 の解答群

(ア) ①，②　　　　　(イ) ①，③　　　　　(ウ) ①，④　　　　　(エ) ②，③

(オ) ②，④　　　　　(カ) ③，④　　　　　(キ) ①，②，③　　　　(ク) ①，②，④

(ケ) ①，③，④　　　(コ) ②，③，④

問8 下線部(6)に関する次の記述①〜④のうち，正しいものを過不足なく含む組み合わせを，下の解答群の(ア)〜(コ)のうちから一つ選べ。 32

① 急激な血圧低下や呼吸困難が生じる。

② 死に至ることはない。

③ 食物でおこることはない。

④ ハチ毒や薬なども原因となることがある。

32 の解答群

(ア) ①，② (イ) ①，③ (ウ) ①，④ (エ) ②，③

(オ) ②，④ (カ) ③，④ (キ) ①，②，③ (ク) ①，②，④

(ケ) ①，③，④ (コ) ②，③，④

Ⅴ 物質循環に関する次の文章Ａ・Ｂを読み，下の問い（問1〜8）に答えよ。

Ａ 生物体に含まれる炭素は，タンパク質，炭水化物，脂質，核酸などを構成する重要な元素である。生物体に含まれる炭素は，もとをたどれば大気中や水中に含まれていた a に由来する。植物や藻類などは a を吸収して光合成を行い， b などの有機物を合成している。植物によって合成された b などの有機物の一部は，食物連鎖の過程を経て，さまざまな(1)栄養段階の生物に取り込まれる。(2)呼吸に用いられなかった有機物の一部は，それぞれの生物のからだの一部となる。さらに，生物の遺骸や排出物にも有機物が含まれており，それらは菌類や細菌などに利用される。また大気中の a は，海水中に溶け込んだり，海水中から大気中に放出されたりする。 a は，(3)化石燃料の燃焼や火山活動によっても放出される。これによって多量の a が大気中に放出されると，生態系の炭素循環や地球環境に影響が及ぶ可能性がある。

問1 文中の空欄 a ・ b に入れる語句として最も適当なものの組み合わせを，次の解答群の(ア)〜(ク)のうちから一つ選べ。 33

33 の解答群

	a	b
(ア)	酸素	エタノール
(イ)	酸素	デンプン
(ウ)	酸素	乳酸
(エ)	酸素	バソプレシン
(オ)	二酸化炭素	エタノール
(カ)	二酸化炭素	デンプン
(キ)	二酸化炭素	乳酸
(ク)	二酸化炭素	バソプレシン

問2　下線部(1)に関する次の記述①～④のうち，正しいものを過不足なく含む組み合わせを，下の解答群の(ア)～(コ)のうちから一つ選べ。　34

① 栄養段階ごとに，生物の個体数を栄養段階の下位のものから積み上げた図を生物量ピラミッドとよぶ。

② 光合成を行う植物や微生物は，一次消費者とよばれる。

③ 生産速度で表現した生態ピラミッドを，生産速度（生産力）ピラミッドとよぶ。

④ 生物の遺骸や排出物をエネルギー源として利用する生物は，分解者とよばれる。

34 の解答群

(ア) ①，②	(イ) ①，③	(ウ) ①，④	(エ) ②，③
(オ) ②，④	(カ) ③，④	(キ) ①，②，③	(ク) ①，②，④
(ケ) ①，③，④	(コ) ②，③，④		

問3　下線部(2)に関する次の記述①～④のうち，正しいものを過不足なく含む組み合わせを，下の解答群の(ア)～(コ)のうちから一つ選べ。　35

① 呼吸には，酸素を使わない解糖系という過程がある。

② 消費者の生産量は，同化量から呼吸量と死滅（死亡）量を差し引いた分である。

③ 真核生物では，ミトコンドリア内で行われており，酸素を用いて生命活動に必要な ADP を合成している。

④ 燃焼との大きな違いは，燃焼では反応が急激に進むが，呼吸では穏やかに反応が進み，生じたエネルギーを蓄えることができる点にある。

35 の解答群

(ア) ①, ②　　　　(イ) ①, ③　　　　(ウ) ①, ④　　　　(エ) ②, ③

(オ) ②, ④　　　　(カ) ③, ④　　　　(キ) ①, ②, ③　　　　(ク) ①, ②, ④

(ケ) ①, ③, ④　　　(コ) ②, ③, ④

問4　下線部(3)に関する次の記述①〜④のうち，正しいものを過不足なく含む組み合わせを，下の解答群の(ア)〜(コ)のうちから一つ選べ。　36

① 化石燃料（石油・石炭・天然ガス）は，土壌中および海底中の動植物の遺骸（いがい）や排出物から過去に生成されたものである。

② 化石燃料の代替として期待されているバイオエタノールは，微生物の糖を発酵させてつくるエタノールである。

③ 化石燃料の燃焼により主として排出される温室効果ガスは，18世紀初めごろには大気の体積割合で約0.3％であったが，現在では約0.4％に上昇している。

④ 化石燃料の燃焼による排出ガス成分は，気候変動枠組条約において排出規制などが議論されている。

36 の解答群

(ア) ①, ②　　　　(イ) ①, ③　　　　(ウ) ①, ④　　　　(エ) ②, ③

(オ) ②, ④　　　　(カ) ③, ④　　　　(キ) ①, ②, ③　　　　(ク) ①, ②, ④

(ケ) ①, ③, ④　　　(コ) ②, ③, ④

Ｂ　下の図は，生物が関わる窒素循環を示したものである。このように，(4)多くの植物と土壌中の生物によって，窒素の循環は支えられている。(5)流域河川の富栄養化を避けるためには，過剰な化学肥料の農地への投入は控えるべきである。

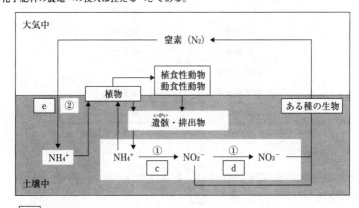

図　生物が関わる窒素の循環

問5 図中の空欄 c ・ d に入れる生物名と，それら二つの生物が関与する①の過程を示す語句の組み合わせとして最も適当なものを，次の解答群の(ｱ)～(ｸ)のうちから一つ選べ。 37

37 の解答群

	c	d	①の過程を示す語句
(ｱ)	亜硝酸菌	根粒菌	硝化
(ｲ)	亜硝酸菌	根粒菌	脱窒
(ｳ)	亜硝酸菌	硝酸菌	硝化
(ｴ)	亜硝酸菌	硝酸菌	脱窒
(ｵ)	硝酸菌	亜硝酸菌	硝化
(ｶ)	硝酸菌	亜硝酸菌	脱窒
(ｷ)	硝酸菌	根粒菌	硝化
(ｸ)	硝酸菌	根粒菌	脱窒

問6 図中の空欄 e に入れる生物名と，②の過程を示す語句の組み合わせとして最も適当なものを，次の解答群の(ｱ)～(ｸ)のうちから一つ選べ。 38

38 の解答群

	e	②の過程を示す語句
(ｱ)	アゾトバクター	窒素固定
(ｲ)	アゾトバクター	窒素同化
(ｳ)	酵母菌	窒素固定
(ｴ)	酵母菌	窒素同化
(ｵ)	脱窒素細菌	窒素固定
(ｶ)	脱窒素細菌	窒素同化
(ｷ)	乳酸菌	窒素固定
(ｸ)	乳酸菌	窒素同化

問7 下線部(4)に関する次の記述①～④のうち，正しいものを過不足なく含む組み合わせを，下の解答群の(ｱ)～(ｺ)のうちから一つ選べ。 39

① オオバヤシャブシは，窒素循環に関わる細菌と共生する樹木である。

②　脱窒は，遷移の初期に生育する植物の根に共生する菌が行うことが多い。

③　窒素の循環は，炭素の循環に比べ生物と大気との直接的なやりとりが多い。

④　窒素は，核酸やタンパク質などに含まれている生物に不可欠な元素である。

39 の解答群

(ア) ①, ②　　　　　　(イ) ①, ③　　　　　　(ウ) ①, ④　　　　　　(エ) ②, ③

(オ) ②, ④　　　　　　(カ) ③, ④　　　　　　(キ) ①, ②, ③　　　　(ク) ①, ②, ④

(ケ) ①, ③, ④　　　　(コ) ②, ③, ④

問8　下線部(5)に関する次の記述①～④のうち，正しいものを過不足なく含む組み合わせを，下の解答群の(ア)～(コ)のうちから一つ選べ。　　40

①　汚濁物質として環境中に流入した窒素などは，生態系では生物分解の他に，物理的な吸着や沈殿，希釈などの過程で減らすことができる。

②　サワガニやコガタシマトビケラは，富栄養化した水域ではなく清浄な水域に生息する指標生物である。

③　水域における富栄養化は，アオコや赤潮などの発生につながる。

④　窒素の他に，富栄養化の原因となる物質にはリンがある。

40 の解答群

(ア) ①, ②　　　　　　(イ) ①, ③　　　　　　(ウ) ①, ④　　　　　　(エ) ②, ③

(オ) ②, ④　　　　　　(カ) ③, ④　　　　　　(キ) ①, ②, ③　　　　(ク) ①, ②, ④

(ケ) ①, ③, ④　　　　(コ) ②, ③, ④

国語

（六〇分）

第一問 次の文章を読み、後の問い（問1〜10）に答えよ。

　鎌倉時代前半の武士の住宅には、デイと呼ばれる客を迎えるための部屋がありました。一方、平安時代の貴族の寝殿造住宅にも、出居という部屋があり、客を迎えることもあるものの、おもに主人の居間的な部屋として使われており、規模もより小さいものでした。武士住宅のデイは、貴族住宅にあった出居を＠ボタイとして、平安時代の武士たちによって生み出された空間だったのです。

　武士たちは、デイにおいて盛んに会合や酒宴を開いていました。これと見込んだ豪傑の元を訪れ、武士たちは酬酌しい酒杯を重ねて、互いを探り合いました。こうした武士の酒宴は、形を変えながら、近代までずっと続きます。

〈中略〉

　鎌倉幕府を開いた頼朝の時代になると、将軍が臣下の屋敷をおとずれる御成が盛んに行われるようになりました。将軍の御成は武士にとって名誉なことであり、わざわざ御成御殿を建ててもてなしていました。鎌倉時代の歴史書である『吾妻鏡』には、正治二年（一二〇〇年）六月に将軍頼家が大江広元邸に御成した時のことが記されています。広元が建てた「新造屋」は、「山木あり、立石あり、納涼迎遥の地」にありました。「山木」や「立石」とは庭園のことであり、暑い夏のひととき頼家が楽しめるように、広元は美しい庭に囲まれた新造の御殿で酒宴や管弦を行い、京都から取り寄せた職でもてなしたのです。

　というのは鎌倉時代前半までの武家住宅は、礎石を用いず、地面に穴を掘ってそのまま柱を立てる掘立柱の建物でした。将軍をはじめとした客人をもてなすデイも、当然のことながら掘立柱の建物にありました。

　ところが北条時代は一二三六年に、公家出身の将軍である九条頼経を迎えるために、鎌倉で初めての檜皮葺の御成御殿を建てました。この時から、柱を礎石の上に置く礎石建ての建物が武家住宅に入ってきたのです。武家住宅は公家文化の寝殿造の住宅の形式を取り入れて、建物全体が変化していったのです。この変化を受けて、重要な酒宴の場であったデイもまた、変化していきました。

　寝殿造の建物は、客の身分に合わせて着座する場所が定められていました。寝殿造は、天皇を頂点とする身分制度の上に成立した建築様式だったのです。能の「鉢木」で有名な鎌倉時代中期の名執権である北条時頼は、後嵯峨天皇の皇子であった宗尊将軍のために自邸である大倉邸

に、将軍用の寝殿を建てました。建長四年（一一五二年）に初めて宗尊を迎え入れた際は、執権の時頼と連署の重時は、玄関である中門廊の地面に皮を敷いて着座し、寝殿の南面に出てきた宗尊を迎えています。このように五位以下の地下人であった武士は、身分制度の上に成り立った寝殿造の建物では公家と(1)同じ部屋に着座することができなかったのです。

その少し前、一一四〇年頃に書かれたともいわれる北条重時の家訓『六波羅殿御家訓』には、全四三条のうち五条に「座席」ということばが出てきます。第八条で「酒宴ノ席」では、身なりで人を分け隔てることなく、相手にふさわしいもてなしをするよう説く。第二二条で他人が同席する所では唾を吐く時は口をおさえて「座席ヲ背テ」紙に出すべしと、第三三条ではくしく鏡を見て身だしなみを整えてから人前に出るように、「座席」では(c)身繕いしないよう戒め、第三五条で「遊宴ノ座席」での言葉遣いを注意しています。また、第三八条ではどんな「スハダレタル座席」であっても、他人の酒や肴な菓子を取って食べることを禁じています。このような注意の数々から、当時の鎌倉武士が酒宴の席でどのようにふるまっていたかがうかがえます。つまり、貧しい身なりの人を見下し、唾を吐き散らし、人前で衣装を直し、言葉遣いを悪くすれば、人の物を取って食い、酒を飲む。そんな　Ａ　な宴席の様子が目に浮かびます。

このように「座席」は、接客の場を意味していましたが、第二九条では「サシキノキタナキ所(中略)。酒宴ノ座席ノ事ハ沙汰ニ入他也」と、「座席」のほかに「ザシキ」ということばが出てきます。「汚き」という(2)形容詞が付けられていることから空間の名称であったことがわかります。(3)ここではじめて、書院造の中で最も基本的な空間概念である「座敷」が登場したのです。

ザシキおよび座敷は、客を迎えて宴会が行われる部屋です。将軍を筆頭とした一〇人以上の客を含め、合計二〇以上が集まる部屋は、九間と呼ばれる、一辺三間（約六メートル）とする三間×三間の正方形を正式な大きさとしていました。部屋の周囲には連続して同じ畳が敷かれていました。

武士たちは、掘立柱の武家住宅にあるザシキで盛んに会合や酒宴を開いていました。御成において酒宴が開かれたのも、ザシキだった。ここに集う人々は、同じ武家階級に属していました。ところが、都市鎌倉において、武士たちは摂家や宮家出身の将軍や京下りの公家たちをも含めた会合や酒宴を開かねばならなくなりました。それまでの身分社会の元では同じ座につくことが許されなかった人々が、相対することになったのです。武士たちは、寝殿造の形式を取り入れた磯石建ての建物をつくり、客を迎え入れようとしましたが、寝殿造には身分の異なる人々が相対できる空間は存在しませんでした。

そこで、これまでとは異なる形式と性格を持つ　Ｂ　が必要となりました。座敷は、こうして新興の武家社会にふさわしい身分(d)ヲカイホウされない自由な関係と、酒宴の席での平等な性質が表現されたザシキに代わる部屋として生まれました。鎌倉時代後期の政治家である安達泰盛の邸宅を描いた『蒙古襲来絵詞』と、寝殿造の貴族住宅を描いた『源氏物語絵巻』とを見比べながら、初期の座敷と寝殿造の部屋との違いをみてゆきましょう。

まず、注目すべきところは、床です。寝殿造の板張りの床には、座る人がいるところにだけ畳が

置かれています。『源氏物語絵巻』第四九巻では、清涼殿の朝餉間が描かれています。朝餉間は、もともと帝が朝の食事を取るプライベートな部屋で、内輪の謁見や遊びなどに使われました。冠をかぶり、相撲の袍のくつろいだ姿の帝と、同じく冠をかぶり、錦に唐草文様を織りだした華麗な直衣姿の薫が、碁盤を隔てて向かい合っています。帝は、最も格式の高い繧繝縁という朱・青・緑・紫の⑷濃淡に花菱ひし形の文様がついたカラフルな縁の畳に座り、薫は高麗縁と呼ばれる丸い文様を並べた縁の畳に座っています。畳は、身分に応じて種類と置く場所が決められていました。実は源頼義邸でも、このルールは守られているのです。ところが、安達泰盛邸では、部屋の四周に同じ種類の畳を並べる遍回し敷きとなっており、現在でも最もポピュラーな席とされる畳座の形を見ることができました。同じ畳が正方形に敷かれた空間は、座る位置を変えられる自由と、同じ部屋にいる人間同士の平等な関係性を示していました。部屋の形が正方形であるのは、上座と下座をわからなくすることで、座の平等性を保証するため。この性質は小さな家の三間×二間の八畳や、一・五間×一・五間の四畳半、一間×一間の二畳の茶室まで受け継がれていったのです。

　絵巻物では天井が描かれていませんが、床と同様に天井にも大きな違いがありました。寝殿造の住宅は基本的に天井がなく、寝る場所にだけ承塵と組入天井が張られていました。これらは、屋根裏から落ちる塵を受けるために、ベッド(寝室)の上方に板や布などを張りわたしたもので、その他の場所は屋根板がそのまま天井でした。そのために身分が高い人が座る建物の中央は高く、周囲にある庇は低くなっていました。天井もまた[　Ｃ　]を示すものであったのです。

　一方、座敷は、今も和室に見られる竿縁天井のように、一面水平な天井が張られました。格子を井桁に組む格天井や、格子や竿縁を一切見せない鏡天井など様々な形式がありますが、全て屋根裏の梁から品り下げられているので、まとめて吊り天井と呼びます。こうして天井も、どこに座っても同じ平面となったのです。当時、昼間の室内の明かりは、庭からの反射光でした。この反射光は天井に向かうので、部屋で一番明るく目立つ所は、実は天井でした。天井に趣向を凝らし、高価な材を使うのはこのためです。座敷の前の庭に白い砂を敷くのも、部屋をより明るくするための方法なのです。部屋に入ると真っ先に目に飛び込んでくる、正方形の平らな天井は、これまで見たことのない新しいものであり、平等で自由な空間を表現していました。

　次に、柱をみてみましょう。『源氏物語絵巻』第三八巻は、六条院の屋敷で行われた管弦の宴が描かれていますが、柱は丸柱です。安達邸では、角柱が用いられています。なぜ角柱が用いられるようになったかといえば、建具が関係しています。寝殿造の部屋は、蔀という格子状の桟に板を張った建具で仕切られていました。昼間は蔀を外し、御簾や几帳をかけ、土居という台に二本の柱を立て、横木を渡したものに絹の布を垂らした几帳を用いて、風や視線を防いでいました。寝殿造の室内は、ほとんど野外のようなので、寒さを凌ぐことは難しかったものと思われます。そのため、家族が暮らす住宅の北側の空間では、引き違いの建具である襖や障子が使われるようになっていましたが、丸柱では、隙間があたるというところに隙間ができてしまうことから、寝殿造住宅の私的な部屋では、角柱が使われるようになっていったのです。朝餉間は、帝のうしろにある副障...

え障子と、大和絵の様で次の間と仕切るところは角柱が使われています。

　畳敷きの床・吊り天井・角柱・引き違いの建具を用いた間仕切りの四つが、書院造という建築様式を(e)テイギする要素となります。これらの要素は、そのまま現代の和室にもあてはまります。私たちの和室は、中世の武家住宅にそのルーツがあるのです。

（藤田盟児「和室の起源と性格」による）

（注１）連署―――鎌倉時代の職名。執権を助けて行政・司法を総轄し、公文書に執権とともに署判する重職。

（注２）袙―――装束の内着の一種で、数枚重ねた衣装。

（注３）竿縁天井―――和室の天井の一形式。壁と天井の境界に回り縁を巡らせ、これに竿縁を一方向に渡し、その上に板を張る。

問1　傍線部ⓐ・ⓓ・ⓔに使用する漢字として最も適当なものを、次の各群の㋐~㋔のうちから、それぞれ一つずつ選べ。解答番号は、ⓐは 1 ・ⓓは 2 ・ⓔは 3 。

ⓐ　ボウダイ　　㋐帯　　㋑袋　　㋒退　　㋓態　　㋔胎

ⓓ　コウソク　　㋐速　　㋑筆　　㋒則　　㋓束　　㋔足

ⓔ　テイギ　　㋐義　　㋑疑　　㋒議　　㋓技　　㋔議

問2　傍線部ⓑ・ⓒの語句の意味として最も適当なものを、次の各群の㋐~㋔のうちから、それぞれ一つずつ選べ。解答番号は、ⓑは 4 ・ⓒは 5 。

ⓑ　逍遥
㋐見晴らしがよいこと
㋑気ままに歩き回ること
㋒気分が落ち着くこと
㋓落胆すること
㋔道のりが遠いこと

ⓒ　身繕い
㋐身なりを整えること
㋑体がふるえること
㋒身を動かすこと
㋓迎え撃つこと
㋔もてなすこと

問3　空欄 A に入る表現として最も適当なものを、次の㋐~㋔のうちから一つ選べ。解答番号は 6 。

㋐自縄自縛（じじょうじばく）　㋑自由放埒（じゆうほうらつ）　㋒自己欺瞞（じこぎまん）　㋓自家撞着（じかどうちゃく）　㋔隠忍自重（いんにんじちょう）

問４　空欄　B　に入る表現として最も適当なものを、次の㋐〜㋘のうちから１つ選べ。解答番号は　7　。

㋐　伝統的な茶室　　　　　　㋑　美しい庭　　　　　　　　㋒　広い納屋

㋓　新しい空間　　　　　　　㋔　厳かな酒宴

問５　空欄　C　に入る語句として最も適当なものを、次の㋐〜㋘のうちから１つ選べ。解答番号は　8　。

㋐　社会　　　　　㋑　模範　　　　　㋒　装飾　　　　　㋓　性差　　　　　㋔　身分

問６　傍線部(1)「同じ部屋に着座することができなかった」とあるが、なぜか。その理由として最も適当なものを、次の㋐〜㋘のうちから１つ選べ。解答番号は　9　。

㋐　接客の場を新しくしつらえてあるから。

㋑　人数が多くて狭い部屋には入りきれないから。

㋒　寝殿造の建物は身分制度の上に成り立っているから。

㋓　武士は言葉遣いを悪ければ、人の物を取って食うから。

㋔　公家は身だしなみを整えてから人前に出るから。

問７　傍線部(2)「形容詞」とあるが、次の㋐〜㋖のうちから「形容詞」を１つ選べ。解答番号は　10　。

㋐　しばらく　　　　　㋑　こきおう　　　　　㋒　うるおい　　　　　㋓　くだもの

㋔　おそらく　　　　　㋕　こきちよう

問８　傍線部(3)「ここではじめて」とあるが、「座敷」が登場した時期として最も適当なものを、次の㋐〜㋖のうちから１つ選べ。解答番号は　11　。

㋐　十二世紀はじめ　　　　　㋑　十二世紀なかば　　　　　㋒　十二世紀おわり

㋓　十三世紀はじめ　　　　　㋔　十三世紀なかば　　　　　㋕　十三世紀おわり

問９　傍線部(4)「濃淡」と同じ構成の熟語として最も適当なものを、次の㋐〜㋖のうちから１つ選べ。解答番号は　12　。

㋐　隠匿　　　㋑　握手　　　㋒　骨折　　　㋓　非力　　　㋔　虚実　　　㋕　俊敏

問10　本文の内容と合致しないものを、次の㋐〜㋘のうちから１つ選べ。解答番号は　13　。

㋐　平安貴族の寝殿造住宅の出居は、おもに主人の居間として使われていた。

㋑　将軍が臣下の屋敷をおとずれる構成ではわざわざ御殿を建ててもてなすことがあった。

　㋣　鎌倉時代前半までの武家住宅は礎石を用いず、地面に穴を掘って、そのまま柱を立てていた。

　㋤　武家住宅は公家文化の寝殿造の住宅形式を取り入れて、建物全体が変化していった。

　㋥　北条重時の家訓『六波羅殿御家訓』に、「サゲチ」ということばが出てくる。

　㋦　安達泰盛邸では、畳が遣回し敷きに並べられ、車座の形に座ることができた。

　㋧　吊り天井では、身分が高い人が座る建物の中央は高く、周囲にある庇は低くなっていた。

第二問　次の文章を読み、後の問い（問１〜11）に答えよ。

　現在インターネットが抱える問題として挙げられるのが「フィルターバブル」という問題だ。たとえば動画投稿サイト「YouTube」で音楽関連の動画を連続して観ると、関連するおすすめ動画で別の音楽動画が表示される。さらに動画を観続けると、今度はただの音楽動画のみならず、｜　　Ａ　　｜が表示されるようになる。すると、音楽関連動画のみが勧められ続けて、それ以外の動画はあまりおすすめ動画として表示されなくなる。このように、検索エンジンのアルゴリズムがユーザーの情報に基づいて、ユーザーが観たいであろう内容を｜Ｂ｜し、関連する情報を｜Ｃ｜するレコメンデーションによって、ユーザーが自覚することなく、自らの嗜好性のなかに閉じ込められてしまう現象は「フィルターバブル」と呼ばれている。

　この現象が文化的な趣味・嗜好の範疇に留まれば、まだ悪くない話のようにも思える。しかし、このフィルターバブルの影響は政治的思想の次元にまで及ぶ。特に米国では、トランプ政権下でのフェイクニュース㋐と関連して真剣な社会的議論が展開されている。ある調査によれば、米国の民主党と共和党の支持者たちは年々対立を深めており、合意できる政策の数が減少し、さらに双方ともに敵対する政治陣営の政策が国家的なウェルビーイングを阻害していると考える人間の割合が増加している。これは、ユーザーが見たいであろう情報のレコメンデーションによって、（1）対立構造を引き起こすような情報が目にとまることが増加し、政治思想がより過激に、攻撃的に変化していったとも考えられる。

　もちろんこの状況を引き起こした全責任が情報技術にあるわけではない。いくら技術が発達したとはいえ、その情報を信じるかどうかは人間の心理に関わっている。それに「信じたいものを信じる」という確証バイアスがもともと人間の心理に備わっているからこそ、こういったフィルターバブルのような現象は起きる。しかし、問題はレコメンデーションエンジンが価値中立的ではなく、設計者の意図が深く介在しうる点だ。

　このことを一般に広く知らしめたのは、約20億人のユーザーを抱える世界最大のSNS、Facebook による社会心理実験だった。過去、60万人以上の Facebook ユーザーに対し、事前に同意を得ることなく、ＡＢテストが行われた。半分のＡグループはネガティブな情報を一定期間見せ続け、もう片方のＢグループにはポジティブな情報を見せ続けた。すると前者のユーザーたちはよりネガティブな投稿を行うようになり、後者のユーザーはよりポジティブな投稿を行うよ

うになったのだ。

　この研究は大きな反響を呼び、事後的に実験のことを知った当該ユーザーたちによる集団訴訟にまで発展したが、ここで判明したのは、情報提示のアルゴリズムの設計者、そのⓑ<u>ロジック</u>を熟知する人間が、恣意的にユーザーの心理を操作できるということだ。実際、Facebookは現在のアメリカ社会において、公的なメディアとしての責任を追及されている。二〇一六年の大統領選挙の際しては、大量のロシア籍の広告主が、民主党候補を貶めるフェイクニュースの広告枠を購入していた事実が判明し、同社幹部が米議会の公聴会に召喚されている。

　Facebookにおけるフィルターバブル問題は、まさに個人から社会までのウェルビーイングのあり方が問われている。　Ｄ　を分断のみならず、ユーザー個々人に与える心理的な悪影響までもが広く論じられているからだ。たとえばトウェンジら[注2]による長期調査では、SNSをⓒ<u>ヘビー</u>に利用する若年層のウェルビーイングは、そうではない比較集団と比べて低下していることが示された。またタークル[注3]は、対面コミュニケーションとSNS上のコミュニケーションを比較し、後者には、常に他者と接続しなければならないという強迫観念を生み出す構造があることを論じている。これらの検証結果が表しているのは、SNSが「個」を強調するあまり、ウェルビーイングの一要素である「他者との関わり、良好な人間関係」が失われ始めているということではないだろうか。

　この状況を生み出した原因のひとつに、SNSの普及によって生じた「盛る」文化の浸透があげられる。二〇一七年に、マーストリヒト大学、ルーヴァン・カトリック大学、ミシガン大学などのチームが合同で発表した研究によると、ソーシャルメディア上では人々が現実よりも充実し幸せそうに演出された写真や書き込みをするため、それらを黙って受動的に見続けていることが気分の落ち込みにつながるという。つまり、他者と自身の状況とを比較し、「他人より自分は幸せではない」という思い込みにつながるのだ。特にフォロー数・フォロワー数が　Ｅ　される人とのつながりが　Ｆ　されたらま、「他者との関係を持った数」でも他人と自分を比較できるようになってしまった。これは、(2)<u>タークルのコミュニケーション比較における説とも通じるもの</u>がある。

　なお、こういったSNSが引き起こした問題の是正は、それに対するⓓ<u>ケンショウ</u>は情報技術産業の内側からも上がり、見直され始めている。Googleでデザイン倫理を担当していたトリスタン・ハリスは同社を退社後、ウェルビーイングを「Time Well Spent」（タイム・ウェル・スペント：心豊かになる滞在時間）という指標として企業が採り入れることを提唱した。ユーザーとのくページビュー数や滞在時間といった企業収益と直結する既存の指標に加えて、提供サービスがユーザーのウェルビーイングの向上にどれだけ貢献しているのかを技術的に捕捉し、測定可能にしようというアイデアだ。二〇一七年末には、Facebookの幹部と役員が、同社のアルゴリズムが人間の心理に与えている悪影響について批判を行った。二〇一八年一月、同社のＣＥＯマーク・ザッカーバーグが、Facebookのタイムラインを計算するアルゴリズムの変更を打ち出し、収益を引き換えにしてでもユーザーのTime Well Spentを向上させることに努めると発表した。具体的には、一日の合計利用時間に達した時のリマインダーや、通知機能の調整などにより、ユー

サーが常にＳＮＳを眺め続ける状態をなくすといった機能からの「Time Well Spent」の考えのもと発表・ジュンされた。

この設計思想はまだ新しく、今後もう具体的にどのように展開していくのか明らかになっていない。しかし、　　　Ｇ　　　という株式企業の論理と　　　Ｈ　　　という社会的規範や倫理を架構しようとする姿勢は、情報技術の設計に携わる人間にとって極めて重要なものとなる。

欧米では、「個（わたし）」が屹立してその個が集まって社会が構成されているのに対し、日本では、状況に応じて他者を主体を共有する「共（わたしたち）」の人間関係が観察される。実際、私たちの研究プロジェクトでは、ウェルビーイングを構成する3要素を挙げてもらうアンケートやさまざまな分野の専門家にインタビューを行うなか、日本社会におけるウェルビーイングにおいて「自律性」（個人内）、「思いやり」（個人間）、「受け容れ」（超越的）という3つの要因が重要ではないかと考えた。日本社会において多くのユーザーが利用しているＳＮＳやコミュニケーションツールの多くは、主にアメリカで設計された「個」の意識が強いものである。わたしたち日本人は、ツールに順応しているかのように見えて、(3)根本的には日本的なウェルビーイングを得られないような仕組みのなかに自らの身を沈めていることにならないだろうか。だからこそ、日本的ウェルビーイング、つまり他者とのつながりに重きを置く「共」を基盤とした情報技術のあり方を議論することや、そういった考えに基づくサービスを生み出すことは極めて有意義であろう。

今後ＳＮＳに限らず様々なサービス・テクノロジーのなかで、人々の中長期的なウェルビーイングを尊重する動きが経済的な合理性を帯びてくる可能性がある。その鍵を握るのは、他者のウェルビーイングに寄与できることを感じられる仕掛けや、他者との積極的な対話が生まれるツール、自発的な欲求を満たす選択構造といった「わたしたち」のウェルビーイングの考え方に基づく技術ではないだろうか。もちろん、「個」を失わせ「共」に重きをおくべき、ということを言っているのではない。個と共を対立軸として見るのではなく、「個でありながら共」言い換えれば「わたしのウェルビーイング」が満たされつつ「わたしたちのウェルビーイング」も充足される、という重層的な認識をもつことが重要であるということだ。

　　（ドミニク・チェン他編『わたしたちのウェルビーイングをつくりあうために』による）

（注１）ウェルビーイング──現代的ソーシャルサービスの達成目標として、個人の権利や自己実現が保障され、身体的、精神的、社会的に良好な状態にあることを意味する概念。

（注２）トウェンジ───アメリカの社会心理学者。

（注３）タークル────アメリカの臨床心理学者。

問１　傍線部ⓐ・ⓒ・ⓓ・ⓔに使用する漢字として最も適当なものを、次の各群のⓐ～ⓔのうち

から、それぞれ一つずつ選べ。解答番号は、ⓐは⎡14⎤・ⓒは⎡15⎤・ⓓは⎡16⎤・ⓔは⎡17⎤。

ⓐ オウコウ　　　㋐ 奥　　　㋑ 応　　　㋒ 段　　　㋓ 往　　　㋔ 横

ⓒ ボットウ　　　㋐ 抜　　　㋑ 当　　　㋒ 等　　　㋓ 頭　　　㋔ 透

ⓓ ケイショウ　　㋐ 承　　　㋑ 鏡　　　㋒ 称　　　㋓ 象　　　㋔ 少

ⓔ ジッソウ　　　㋐ 装　　　㋑ 相　　　㋒ 層　　　㋓ 総　　　㋔ 送

問2　傍線部ⓑの語句の意味として最も適当なものを、次の㋐〜㋔のうちから一つ選べ。解答番号は⎡18⎤。

ⓑ ロジック　　㋐ 構造
　　　　　　　㋑ 論理
　　　　　　　㋒ 法律
　　　　　　　㋓ 倫理
　　　　　　　㋔ 体系

問3　空欄⎡Ａ⎤に入る表現として最も適当なものを、次の㋐〜㋔のうちから一つ選べ。解答番号は⎡19⎤。

㋐ 長さが同程度の別の音楽の動画

㋑ その音楽の作られた国の文化にまつわる動画

㋒ 音楽のジャンルを統られた動画

㋓ その音楽とは系統の異なる音楽の動画

㋔ 音楽の批評を行っている動画

問4　空欄⎡Ｂ⎤・⎡Ｃ⎤に入る語句の組み合わせとして最も適当なものを、次の㋐〜㋕のうちから一つ選べ。解答番号は⎡20⎤。

㋐ 推測・提示　　　　　㋑ 考慮・請求　　　　　㋒ 蓄積・発信

㋓ 判断・処理　　　　　㋔ 把握・収集　　　　　㋕ 計算・獲得

問5　空欄⎡Ｄ⎤に入る語句として最も適当なものを、次の㋐〜㋔のうちから一つ選べ。解答番号は⎡21⎤。

㋐ 決定的　　　㋑ 政治的　　　㋒ 活動的　　　㋓ 総合的　　　㋔ 一義的

問6　空欄⎡Ｅ⎤・⎡Ｆ⎤に入る語句の組み合わせとして最も適当なものを、次の㋐〜㋕のうちから一つ選べ。解答番号は⎡22⎤。

㋐　抽象化・数値化　　　㋑　具体化・明確化　　　㋒　明確化・矮小化

㋓　明確化・数値化　　　㋔　数値化・抽象化　　　㋕　具体化・矮小化

問7　空欄　Ｇ　・　Ｈ　に入る表現の組み合わせとして最も適当なものを、次の㋐～㋔のうちから一つ選べ。解答番号は　23　。

㋐　収益の増大・ユーザーのウェルビーイングの向上

㋑　経済の活性化・ユーザーの情報処理能力の向上

㋒　資本の回収・ユーザーのサービス満足度の上昇

㋓　自由な経済活動・ユーザーの行動の企業による管理

㋔　社員の福利厚生・ユーザーの精神衛生増進への貢献

問8　傍線部⑴「対立構造を引き起こすような情報」とあるが、これは具体的にどのような情報か。その説明として最も適当なものを、次の㋐～㋔のうちから一つ選べ。解答番号は　24　。

㋐　支持政党と敵対政党の討論の様子に関する情報。

㋑　敵対政党の政策の変遷に関する情報。

㋒　支持政党の政策の優れた点に関する情報。

㋓　支持政党と敵対政党の共通点に関する情報。

㋔　それぞれの政党の支持者に関する情報。

問9　傍線部⑵「デジタルのコミュニケーション比較における説」とあるが、どのようなものか。その説明として最も適当なものを、次の㋐～㋔のうちから一つ選べ。解答番号は　25　。

㋐　SNSの発生により、人々が対面でのコミュニケーションをSNS上で代替する傾向が強まっているということ。

㋑　SNSの普及により、人々が対面でのコミュニケーションよりもSNS上でのコミュニケーションを重視するようになっているということ。

㋒　SNSを介したコミュニケーションにより、人々が他者とつながらなければならないと過度に思わされるようになっているということ。

㋓　SNS上でのやり取りを対面でのやり取りよりも優先した結果、人々のコミュニケーション能力が低下しているということ。

㋔　SNSでのコミュニケーションを苦手とする人々は、対面でのコミュニケーションも苦手とする可能性が極めて高いということ。

問10　傍線部⑶「根本的には日本的ウェルビーイングを得られないような仕組みの中に自らの身を沈めている」とあるが、なぜそう言えるのか。その理由として最も適当なものを、次の㋐～㋔のうちから一つ選べ。解答番号は　26　。

⑦　現在日本で普及しているＳＮＳの多くは「個」の意識の強いものであり、日本人がウェルビーイングにおいて重視していると思われる他者との関わりを得ることが重視されていないから。

④　現在日本で普及しているＳＮＳはアメリカ人がアメリカ人を対象に設計した「個」の意識の強いものであり、日本人のウェルビーイングについては考慮の対象とされていないから。

⑨　現在日本で普及しているＳＮＳはすべて日本以外の外国で生まれたものであり、日本人のウェルビーイングに必要な「共」の意識ではなく「個」の意識のもとに設計されているから。

㊃　現在世界で普及しているあらゆるＳＮＳは「個」の意識の強いものであり、世界の中で唯一「共」の意識をウェルビーイングにとって大切なものとみなす日本人には合わないから。

㊄　現在世界で普及しているＳＮＳの多くはアメリカのＳＮＳを元にした「個」の意識の強いものであり、日本人のウェルビーイングを重視した「共」の意識に基づくＳＮＳはまだ十分に広まっていないから。

問11　筆者の考える今後のサービス・テクノロジーやその使用のあり方として、適当でないものを、次の⑦〜㊄のうちから一つ選べ。解答番号は 27 。

⑦　ユーザーがサービスを利用する瞬間だけではなく、そのサービスを利用し続けた際に与える影響をも考慮して企業がサービスを開発する。

④　ユーザーがサービスを使用した時間の単純な長さではなく、ウェルビーイングに貢献した時間の長さを企業が重視するようになる。

⑨　ＳＮＳを、個人が自分の存在を発信する場として使用するのではなく、他とのつながりを得るためのツールとして使用するようになる。

㊃　現在存在するＳＮＳについて、「個」の側面も残しつつ、「共」のつながりを重視する要素をも取り入れて改良を加える。

㊄　人々が、他者とのつながりに関する強迫観念からではなく、自分の欲求に合わせてＳＮＳを使用するようになる。

第三問 次の文章を読み、後の問い（問１～６）に答えよ。漢字で答える解答は、楷書で丁寧に記入すること。

「作家」という職業が成立したのはいつかと問われたとき、一九一九年と答えるのが<u>もっとも</u>説得力があるだろう。それ以前に、小説家専業で生計を立てるのは大変むずかしかったからだ。近代日本を代表するベストセラー作家として、夏目漱石が思い浮かぶが、漱石は小説家であると同時に、朝日新聞社社員でもあった。漱石を専業作家というより、兼業作家というたほうがより適切だろう。妻と七人の子どもを養っていく経済力が安定していたとすれば、新聞社の月給・賞与が重要な鍵を握っていた。

漱石は一九一四年一一月から翌年三月にかけて、自ら家計簿をつけていた。家計簿の印税収入を一年に換算すると、三〇〇〇円前後となる。漱石には朝日新聞社からの三〇〇〇円の月給・賞与があったので、年収は六〇〇〇円前後だった。一九二〇年の東京府知事の<u>ネンポウ</u>と同じである。同時代の文学者から見れば、並外れた収入だった。

たとえば、岩野泡鳴の年収を日記の<u>キサイ</u>によって計算すると、一九一三年約九七円、一四年は約一四三円、一五年約一三〇八円、一六年約六九円、一七年は約八二八円だった。泡鳴に定職なく、原稿料は安く、単行本は出版できても多くは原稿料を支払われるだけで、印税契約を結べても再版はなかった。一九一六～一八年は小説集すら出版できなかった。出版ビジネスは、一九〇四年に日露戦争が始まって以降、不景気続きだったのである。

一九六八年にノーベル文学賞を受けた川端 Ａ は、中学生の頃から「文学者」を志していた。しかし、一九一六年一月一一日の日記には、ある小説に描かれた「作家の惨めしい生活難」を読んで、「志望の確信」が「ぐらつく」ともあった。文学では食べ<u>られ</u>ない現実が中学生の川端を直撃したのである。

（山本芳明「メディア――近現代」千葉俊二他編『日本文学の見取り図』による）

問１ 空欄 Ａ に入る小説家の名前を漢字で書け。解答は記述式解答欄 a 。

問２ 傍線部(1)「もっとも」の品詞名を漢字で書け。解答は記述式解答欄 b 。

問３ 傍線部(2)「ポウ」を漢字に直したとき、その漢字の部首名をひらがなで書け。解答は記述式解答欄 c 。

問４ 傍線部(3)「キサイ」を漢字で書け。解答は記述式解答欄 d 。

問５ 傍線部(4)「られ」の助動詞の意味を漢字（二字）で書け。解答は記述式解答欄 e 。

問６ 動詞連用形の撥音便のは音便形を本文中から一つ抜き出し、その終止形を書け。解答は記述式解答欄 f 。

解答編

■英語■

1　解答

① ─ (ウ)　② ─ (エ)　③ ─ (ア)　④ ─ (イ)　⑤ ─ (ウ)　⑥ ─ (エ)
⑦ ─ (エ)　⑧ ─ (イ)　⑨ ─ (ア)　⑩ ─ (イ)

解説　≪自動販売機の過去と現在≫

①第1段第5文（It is even …）から，魚のだしのボトルを専門に扱う自動販売機があるのだとわかるので，(ウ)がふさわしいと判断できる。

②第2段第1文（It may surprise …）から，アレクサンドリアのヘロンと呼ばれるエジプト人数学者兼技師により，最初の自動販売機が発明されたのだとわかるので，(エ)がふさわしいと判断できる。

③第2段第2文（The machine which …）から，古代エジプトの自動販売機は聖水を販売していたことがわかるので，(ア)がふさわしいと判断できる。

④第3段第1文（In more modern …）から，科学技術が進展し，自動販売機が広まったことがわかるので，(イ)がふさわしいと判断できる。

⑤第3段第4文（In Japan, too, …）から，俵谷高七という家具デザイナーが日本初の自動販売機を作ったことがわかるので，(ウ)がふさわしいと判断できる。

⑥第3段最終文（His machine also …）から，日本初の自動販売機では切手やはがきなどが売られていたことがわかるので，(エ)がふさわしいと判断できる。

⑦第4段第1文（The machines first …）から，日本では第二次世界大戦後に自動販売機がとても人気になったことがわかるので，(エ)がふさわしいと判断できる。

⑧第4段第4文（In 1967, there …）から，100円玉が短期間で急激に増えたことがわかるので，(イ)がふさわしいと判断できる。

⑨第4段最終文（In short, people …）から，日本人が以前より小銭をた

くさん使うようになったため，自動販売機をはるかに使うようになったことがわかるので，㋐がふさわしいと判断できる。

10最終段第４文（It is still …）から，自動販売機が消費する電力による環境への影響が懸念されていることがわかるので，㋑がふさわしいと判断できる。

2 解答

11—㋒ 12—㋓ 13—㋐ 14—㋒ 15—㋑ 16—㋓
17—㋑ 18—㋐ 19—㋓ 20—㋑

解説 11 may as well *do* で「～するほうがよい」という意味を表すことができるので，㋒がふさわしいと判断できる。

12分数は基数詞（one, two …）＋序数詞（third, fourth …）で表すことができるので，㋓がふさわしいと判断できる。「4 分の 3」は three-fourths または three-quarters。

13 put out ～ で「（電気，火など）を消す」という意味を表すので，㋐がふさわしいと判断できる。

14 stop *doing* で「～するのをやめる」という意味を表すので，㋒がふさわしいと判断できる。

15 have *A done* で「*A*（物）を～してもらう」という「依頼」の意味を表すことができるので，㋑がふさわしいと判断できる。

16 distinguish *A* from *B* で「*A* を *B* と区別する」という意味を表すことができるので，㋓がふさわしいと判断できる。

17仮定法過去完了の if 節は，if S had *done* の形になるので，㋑がふさわしいと判断できる。

18 over a cup of tea で「お茶を飲みながら」という意味を表すことができるので，㋐がふさわしいと判断できる。

19 what is worse で「さらに悪いことに」という意味を表すことができるので，㋓がふさわしいと判断できる。

20関係副詞の問題。at the train station で「列車の駅で」という意味になり，前置詞を含む関係副詞を選ぶ必要があるので，㋑がふさわしいと判断できる。

3 解答

21—(ウ) 22—(ク) 23—(オ) 24—(ア) 25—(コ) 26—(ア)
27—(コ) 28—(ケ) 29—(エ) 30—(カ)

解説 会話文だが，前後の形から文法的に考えていくと自然と答えに近づけるので意識してみよう。

21直後に「それがどこにあるか知っていますか？」とあり，最後のHonokaの発言で「サメ」に触れていることから，水族館に行こうとしているのだと判断できるので，(ウ)がふさわしい。

22直後に「はい，緑の看板のあるものですよね？」とあることから，道案内の目印となるコンビニが見えるかどうか確認しているのだと判断できるので，(ク)がふさわしい。

23次のHonokaの発言に「そこへ入り，Hiro駅までの切符を買ってね」とあることから，地下鉄の駅の入り口が見えているのだと判断できるので，(オ)がふさわしい。

24直後に「the blue line から the red line に乗り換えるのですか？」とあることから，乗り換えについての話だと判断できるので，(ア)がふさわしい。

25直前に「助けてくれてありがとう」とあることから，感謝を伝えているのだと判断できるので，(コ)がふさわしい。

26直後に「はいどうぞ」とあることから，パスポートを見せるよう求めたのだと判断できるので，(ア)がふさわしい。

27直後の「デトロイトでそれらを受け取る必要があるのか？」という質問に対し，「名古屋につくまでは受け取らない」とあることから，荷物の受け渡しに関する内容だと判断できるので，「名古屋までずっとあなたの荷物を預けます」となる(コ)がふさわしい。

28直後に「はい，紙とアプリがあります」とあることから，ワクチンの接種証明を持っているかどうかを尋ねているのだと判断できるので，(ケ)がふさわしい。

29直前に「乗り継ぎの時間は十分にありますか？」とあり，直後に「50分あり，ゲートも近い」とあることから，(エ)がふさわしいと判断できる。

30直後に「ありがとう」とあることから，Mireiを送り出す言葉をかけたのだと判断できるので，(カ)がふさわしい。

4

解答 31—(イ) 32—(ウ) 33—(ア) 34—(ア) 35—(エ)

解説 31 find fault with ～ で「～を非難する」という意味を表すことができるので,(イ)がふさわしい。

32 no later than で「遅くとも」という意味を表すことができるので,(ウ)がふさわしい。

33 do away with ～ で「～を廃止する」という意味を表すことができるので,(ア)がふさわしい。

34 more or less で「だいたい,およそ」という意味を表すことができるので,(ア)がふさわしい。

35 before long で「まもなく」という意味を表すことができるので,(エ)がふさわしい。(ア)の immediately は「すぐに,即座に」の意味なので,ここでは不適。

5

解答 36—(ウ) 37—(オ) 38—(ア) 39—(イ) 40—(エ)

解説 並べ替えた文は次のようになる。

36 The kindness of strangers has helped many families (enjoy a special holiday.)「見知らぬ人の親切のおかげで多くの家族が特別な休暇を楽しむことができている」

37 (The safety of human) beings is and will always be our (main concern.)「人類の安全は,今もそしてこれからも必ず私たちの主な関心ごとであるだろう」

38 (Our club welcomes) anyone who is interested in (life science.)「私たちのクラブは生命科学に興味がある人は誰でも歓迎する」

39 (Western culture as a whole) has maintained close contact with (its Greek-Latin heritage.)「西洋文化は全体としてギリシア・ラテン遺産と密接な関係を維持してきた」

40 (This system can) predict the influence the weather will have (on our everyday lives.)「このシステムは天気が私たちの日常生活に及ぼす影響を予測することができる」 have an influence on ～「～に影響を及ぼす」

日本史

Ⅰ 解答 《古代・中世の外交》

1 —(ウ) 　2 —(エ) 　3 —(エ) 　4 —(イ) 　5 —(イ) 　6 —(ウ) 　7 —(エ) 　8 —(ア)

Ⅱ 解答 《近世初期の法令》

9 —(ア) 　10 —(イ) 　11 —(イ) 　12 —(ウ) 　13 —(イ) 　14 —(イ) 　15 —(エ) 　16 —(ア)

Ⅲ 解答 《第一次世界大戦と日本の社会》

17 —(ア) 　18 —(エ) 　19 —(ウ) 　20 —(イ) 　21 —(エ) 　22 —(ウ) 　23 —(イ) 　24 —(ア)

Ⅳ 解答 《近衛三原則》

25 —(ウ) 　26 —(ウ) 　27 —(イ) 　28 —(ア) 　29 —(ア) 　30 —(エ) 　31 —(エ) 　32 —(イ)

■■■ 世界史 ■■■

Ⅰ　解答　≪列強の中国分割≫

1—(エ)　2—(エ)　3—(イ)　4—(イ)　5—(ア)　6—(ア)　7—(エ)　8—(ウ)

Ⅱ　解答　≪中国などでの土地制度≫

9—(エ)　10—(イ)　11—(ア)　12—(エ)　13—(イ)　14—(ウ)　15—(ア)　16—(ア)

Ⅲ　解答　≪19 世紀のドイツ帝国≫

17—(エ)　18—(イ)　19—(ウ)　20—(ア)　21—(エ)　22—(ア)　23—(ウ)　24—(ウ)

Ⅳ　解答　≪古代ローマ≫

25—(カ)　26—(イ)　27—(ア)　28—(イ)　29—(ウ)　30—(ア)　31—(ウ)　32—(エ)

■地理■

I 解答 ≪グローバルな環境問題≫

1—(イ)　2—(ウ)　3—(エ)　4—(ア)　5—(ウ)　6—(ア)　7—(ウ)　8—(エ)
9—(エ)　10—(イ)　11—(イ)

II 解答 ≪地図・地域調査≫

12—(エ)　13—(ウ)　14—(エ)　15—(ウ)　16—(イ)　17—(ア)　18—(イ)　19—(ウ)

III 解答 ≪生活文化≫

20—(ウ)　21—(エ)　22—(イ)　23—(ア)　24—(ウ)　25—(ア)　26—(エ)　27—(ウ)

IV 解答 ≪インドとバングラデシュの地誌≫

28—(ウ)　29—(ア)　30—(ウ)　31—(イ)　32—(イ)　33—(エ)　34—(ア)　35—(ウ)

政治・経済

Ⅰ　解答　≪日本の政党政治≫

$\boxed{1}$—(イ)　$\boxed{2}$—(ウ)　$\boxed{3}$—(ア)　$\boxed{4}$—(エ)　$\boxed{5}$—(ウ)　$\boxed{6}$—(イ)　$\boxed{7}$—(ア)　$\boxed{8}$—(エ)

$\boxed{9}$—(イ)　$\boxed{10}$—(ウ)　$\boxed{11}$—(ア)　$\boxed{12}$—(エ)

Ⅱ　解答　≪国際安全保障≫

$\boxed{13}$—(ウ)　$\boxed{14}$—(エ)　$\boxed{15}$—(ウ)　$\boxed{16}$—(ア)　$\boxed{17}$—(イ)　$\boxed{18}$—(ア)　$\boxed{19}$—(ウ)　$\boxed{20}$—(ア)

$\boxed{21}$—(エ)　$\boxed{22}$—(イ)　$\boxed{23}$—(エ)　$\boxed{24}$—(エ)　$\boxed{25}$—(ウ)

Ⅲ　解答　≪財政≫

$\boxed{26}$—(イ)　$\boxed{27}$—(エ)　$\boxed{28}$—(ウ)　$\boxed{29}$—(ウ)　$\boxed{30}$—(エ)　$\boxed{31}$—(ア)　$\boxed{32}$—(ア)　$\boxed{33}$—(ウ)

$\boxed{34}$—(イ)　$\boxed{35}$—(イ)　$\boxed{36}$—(エ)　$\boxed{37}$—(イ)　$\boxed{38}$—(ウ)

Ⅳ　解答　≪経済協力≫

$\boxed{39}$—(イ)　$\boxed{40}$—(ウ)　$\boxed{41}$—(ア)　$\boxed{42}$—(ウ)　$\boxed{43}$—(ア)　$\boxed{44}$—(エ)　$\boxed{45}$—(ア)　$\boxed{46}$—(エ)

$\boxed{47}$—(ウ)　$\boxed{48}$—(イ)　$\boxed{49}$—(ウ)　$\boxed{50}$—(エ)

■数学■

◀数学Ⅰ・Ⅱ・Ⅲ・A・B▶

I 解答

(1)ア 0　イ 2　(2)ウ 4

(3)エオ −3　カキ 12　ク 3　ケコ 16　サ 3

(4)シ 2　ス 5

解説 《小問4問》

(1) $f(x) = x^{2023}$ とおくと，$f(-x) = -f(x)$ となり，関数 $f(x)$ は奇関数だから

$$\int_{-1}^{1} x^{2023} dx = 0 \quad \rightarrow ア$$

$$\int_{1}^{2} (2024x-1)(x-1)^{2022} dx$$

$$= \left[(2024x-1)\cdot\frac{1}{2023}(x-1)^{2023} \right]_{1}^{2} - \int_{1}^{2} 2024\cdot\frac{1}{2023}(x-1)^{2023} dx$$

$$= \frac{1}{2023}\left[(2024x-1)(x-1)^{2023} - (x-1)^{2024} \right]_{1}^{2}$$

$$= \frac{1}{2023}\left[(x-1)^{2023}\{2024x-1-(x-1)\} \right]_{1}^{2}$$

$$= \frac{1}{2023}\left[2023x(x-1)^{2023} \right]_{1}^{2}$$

$$= 2\cdot 1^{2023} - 0$$

$$= 2 \quad \rightarrow イ$$

(2) $3\overrightarrow{DA} + 4\overrightarrow{DB} + 5\overrightarrow{DC} = \vec{0}$ を変形して

$$-3\overrightarrow{AD} + 4(\overrightarrow{AB} - \overrightarrow{AD}) + 5(\overrightarrow{AC} - \overrightarrow{AD}) = \vec{0}$$

$$12\overrightarrow{AD} = 4\overrightarrow{AB} + 5\overrightarrow{AC}$$

$$\overrightarrow{AD} = \frac{4\overrightarrow{AB} + 5\overrightarrow{AC}}{12}$$

$$\overrightarrow{AD} = \frac{3}{4}\cdot\frac{4\overrightarrow{AB} + 5\overrightarrow{AC}}{9}$$

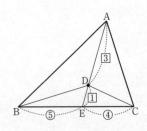

$$\frac{4\overrightarrow{AB}+5\overrightarrow{AC}}{9}=\overrightarrow{AE} \text{ とおくと, } \overrightarrow{AD}=\frac{3}{4}\overrightarrow{AE} \text{ と表せる。}$$

よって，線分 BC を5：4の比に内分する点をEとすると，点Dは線分 AE を3：1の比に内分する。

上図のように，△ABC と△BCD は，底辺 BC が共通なので，面積比は高さの比に等しくなり

$$△ABC : △BCD = AE : DE = 4 : 1$$

したがって，△ABC の面積は△BCD の面積の4倍である。 →ウ

(3) $y=\dfrac{12}{x}$ の両辺を x で微分して

$$y'=-\frac{12}{x^2}$$

よって，曲線上の点 (2, 6) における接線の方程式は

$$y=-\frac{12}{2^2}(x-2)+6$$

これを整理して，求める接線の方程式は

$$y=-3x+12 \quad →エ〜キ$$

次に，法線の方程式を求める。接線の傾きが−3なので，法線の傾きは $\dfrac{1}{3}$ である。

よって，曲線上の点 (2, 6) における法線の方程式は

$$y=\frac{1}{3}(x-2)+6$$

これを整理して，求める法線の方程式は

$$y=\frac{1}{3}x+\frac{16}{3} \quad →ク〜サ$$

(4) $z\bar{z}+2i(z-\bar{z})=1$ を変形して

$$z\bar{z}+2iz-2i\bar{z}=1$$
$$z(\bar{z}+2i)-2i(\bar{z}+2i)-4=1$$
$$(z-2i)(\bar{z}+2i)=5$$

したがって，$|z-2i|^2=5$ より

$$|z-2i|=\sqrt{5}$$

よって，点 z は複素数平面上で，点 $2i$ を中心とする半径 $\sqrt{5}$ の円を描く。

→シ・ス

II **解答** (1) $f(x) = e^x - 1 - x - \dfrac{x^2}{2}$ $(x > 0)$ とおく。

$$f'(x) = e^x - 1 - x$$
$$f''(x) = e^x - 1 > 0 \quad (\because \quad x > 0 \text{ より, } e^x > 1)$$

したがって, 関数 $f'(x)$ は単調増加して, $f'(0) = e^0 - 1 - 0 = 0$ だから, $x > 0$ のとき, $f'(x) > 0$ が成り立つ。

よって, 関数 $f(x)$ は単調増加して, $f(0) = e^0 - 1 - 0 - 0 = 0$ だから, $x > 0$ のとき, $f(x) > 0$ が成り立つ。

つまり, $x > 0$ のとき, $1 + x + \dfrac{x^2}{2} < e^x$ が成り立つ。　　　　(証明終)

(2) (1)より, $x > 0$ のとき, $0 < 1 + x + \dfrac{x^2}{2} < e^x$ ……① が成り立つ。

$x \to \infty$ より $x > 0$ としてよい。

①の不等式において, 逆数をとり, x をかけると

$$0 < \frac{x}{e^x} < \frac{x}{1 + x + \dfrac{x^2}{2}}$$

$$\lim_{x \to \infty} \frac{x}{1 + x + \dfrac{x^2}{2}} = \lim_{x \to \infty} \frac{\dfrac{1}{x}}{\dfrac{1}{x^2} + \dfrac{1}{x} + \dfrac{1}{2}} = \frac{0}{0 + 0 + \dfrac{1}{2}} = 0$$

よって, はさみうちの原理より

$$\lim_{x \to \infty} \frac{x}{e^x} = 0 \quad \cdots\cdots(\text{答})$$

[解 説] ≪不等式の証明, 関数の極限≫

(1) 2回微分して, 関数が単調増加することを示す。

(2) はさみうちの原理を用いる。

III **解答** (1)　$x^2 - 3x + 2 \leqq 0$　　　$(x - 2)(x - 1) \leqq 0$
　　　　　　　　　　　　$1 \leqq x \leqq 2$　……(答)

(2)　$-x^2 + (p + 1)x - p \geqq 0$

両辺に -1 をかけて

$$x^2 - (p + 1)x + p \leqq 0$$

$(x-1)(x-p) \leq 0$

p の値により分類して，求める実数 x の値の範囲は

$$\begin{cases} 1 < p \text{ のとき} & 1 \leq x \leq p \\ p = 1 \text{ のとき} & x = 1 \qquad \cdots\cdots(\text{答}) \\ p < 1 \text{ のとき} & p \leq x \leq 1 \end{cases}$$

(3)　$f(x) \leq 0$ であることが，$g(x) \geq 0$ であるための必要条件となるのは，$1 \leq x \leq 2$ の範囲内に，$g(x) \geq 0$ をみたす x の値が存在するときであるから，p の値の範囲は，$1 \leq p \leq 2$ である。　……(答)

次に，$f(x) \leq 0$ であることが，$g(x) \geq 0$ であるための十分条件となるのは，$g(x) \geq 0$ をみたす x の値の範囲内に，$1 \leq x \leq 2$ が存在するときであるから，p の値の範囲は，$p \geq 2$ である。　……(答)

[解 説]　《2 次不等式，必要条件・十分条件》

(2)　p と 1 との大小関係に留意して，2 次不等式を解く。

(3)　実数 x の値の範囲を集合とみて，包含関係を考える。

IV [解答]

(1)　時刻 n 秒（$n = 1, 2, 3, \cdots\cdots$）に頂点 A に滞在している確率を a_n とする。

1 秒ごとに異なる頂点に移動する確率は $\dfrac{1}{3}$ である。

$(n+1)$ 秒に頂点 A に滞在しているのは，時刻 n 秒に頂点 A 以外に滞在して，次の 1 秒で頂点 A に移動するときだから

$$a_{n+1} = \frac{1}{3}(1 - a_n) \quad (n = 1, 2, 3, \cdots\cdots)$$

変形して

$$a_{n+1} - \frac{1}{4} = -\frac{1}{3}\left(a_n - \frac{1}{4}\right)$$

数列 $\left\{ a_n - \dfrac{1}{4} \right\}$ は，初項 $a_1 - \dfrac{1}{4} = -\dfrac{1}{4}$，公比 $-\dfrac{1}{3}$ の等比数列だから

$$a_n - \frac{1}{4} = -\frac{1}{4}\left(-\frac{1}{3}\right)^{n-1}$$

$$a_n = -\frac{1}{4}\left(-\frac{1}{3}\right)^{n-1} + \frac{1}{4}$$

よって，求める確率は

$$-\frac{1}{4}\left(-\frac{1}{3}\right)^{n-1}+\frac{1}{4} \quad (n=1,\ 2,\ 3,\ \cdots\cdots) \quad \cdots\cdots\text{(答)}$$

(2) 時刻0秒からn秒までの間△BCDのいずれの辺も通過しない確率は
nが奇数のとき

$$1\times\frac{1}{3}\times1\times\frac{1}{3}\times\cdots\times1\times\frac{1}{3}\times1=\frac{1}{3^{\frac{n-1}{2}}}$$

nが偶数のとき

$$1\times\frac{1}{3}\times1\times\frac{1}{3}\times\cdots\times1\times\frac{1}{3}=\frac{1}{3^{\frac{n}{2}}}$$

であるから

$$\begin{cases} n\text{ が奇数のとき} & \dfrac{1}{3^{\frac{n-1}{2}}} \\[4mm] & \qquad\cdots\cdots\text{(答)} \\[2mm] n\text{ が偶数のとき} & \dfrac{1}{3^{\frac{n}{2}}} \end{cases}$$

(3) 時刻0秒からn秒までの間に，頂点B，C，Dに滞在しない事象をそれぞれB_n, C_n, D_nとすると，求める確率は，$P(B_n\cup C_n\cup D_n)$で

$$P(B_n\cup C_n\cup D_n)=P(B_n)+P(C_n)+P(D_n)-P(B_n\cap C_n)$$
$$-P(C_n\cap D_n)-P(D_n\cap B_n)+P(B_n\cap C_n\cap D_n) \quad \cdots\cdots(\text{※})$$

と表せる。
事象B_nが起こる確率は，P君が頂点A，C，Dを行き来するので

$$P(B_n)=\left(\frac{2}{3}\right)^n$$

同様にして

$$P(C_n)=P(D_n)=\left(\frac{2}{3}\right)^n$$

また，事象$B_n\cap C_n$が起こる確率は，P君が頂点A，Dを行き来するので

$$P(B_n\cap C_n)=\left(\frac{1}{3}\right)^n$$

同様にして

$$P(C_n\cap D_n)=P(D_n\cap B_n)=\left(\frac{1}{3}\right)^n$$

事象$B_n\cap C_n\cap D_n$が起こることはないから

$$P(B_n\cap C_n\cap D_n)=0$$

よって，求める確率 $P(B_n \cup C_n \cup D_n)$ は，（※）より

$P(B_n \cup C_n \cup D_n)$

$$= \left(\frac{2}{3}\right)^n + \left(\frac{2}{3}\right)^n + \left(\frac{2}{3}\right)^n - \left(\frac{1}{3}\right)^n - \left(\frac{1}{3}\right)^n - \left(\frac{1}{3}\right)^n + 0$$

$$= \frac{2^n - 1}{3^{n-1}}$$

よって，求める確率は　　$\dfrac{2^n-1}{3^{n-1}}$　……（答）

[解　説]　≪n 秒後の点の位置についての確率≫

(1)　求める確率を a_n として，漸化式をつくる。

(2)　△BCD のいずれの辺も通過しないのは，P君がどのように動く場合かを考える。

(3)　頂点B，C，Dに滞在しない事象をそれぞれ B_n，C_n，D_n とすると，求める確率は，$P(B_n \cup C_n \cup D_n)$ である。

◀数学Ⅰ・A（経営情報・国際関係・人文学部）▶

Ⅰ **解答** (1)ア 2　イ 2　(2)ウ 1　エ 3　オ 6　カ 9
(3)キ 7　ク 6　ケ 1　(4)コ 2　サ 2

(5)シス 60　セソ 40　タチ 30

解説 《小問5問》

(1) まず，$\sqrt{8}$ と $\dfrac{5}{2}$ の大小を比較する。

それぞれ2乗して差をとると

$$(\sqrt{8})^2 - \left(\dfrac{5}{2}\right)^2 = 8 - \dfrac{25}{4} = \dfrac{7}{4} > 0$$

したがって，$(\sqrt{8})^2 > \left(\dfrac{5}{2}\right)^2$ で，$\sqrt{8} > 0$, $\dfrac{5}{2} > 0$ だから　　$\sqrt{8} > \dfrac{5}{2}$

次に，$\sqrt{18}$ と $\dfrac{9}{2}$ の大小を比較する。

同様にして

$$\left(\dfrac{9}{2}\right)^2 - (\sqrt{18})^2 = \dfrac{81}{4} - 18 = \dfrac{9}{4} > 0$$

したがって，$\left(\dfrac{9}{2}\right)^2 > (\sqrt{18})^2$ で，$\dfrac{9}{2} > 0$, $\sqrt{18} > 0$ だから　　$\dfrac{9}{2} > \sqrt{18}$

よって

$$
\begin{aligned}
(与式) &= \sqrt{8} - \dfrac{5}{2} + \left(-\sqrt{18} + \dfrac{9}{2}\right) \\
&= 2\sqrt{2} - \dfrac{5}{2} - 3\sqrt{2} + \dfrac{9}{2} \\
&= 2 - \sqrt{2}　→ア・イ
\end{aligned}
$$

(2) 要素を並べると

　　$A = \{1,\ 2,\ 3,\ 6\}$, $B = \{1,\ 3,\ 9\}$

　　$C = \{6,\ 7,\ 8,\ 9,\ 10,\ 11,\ 12\}$

であるから

　　$A \cap B = \{1,\ 3\}$, $(A \cup B) \cap C = \{6,\ 9\}$　→ウ〜カ

(3) 求める2次関数を $y = ax^2 + bx + c$ $(a \neq 0)$ とする。

グラフが 3 点 $(-1,\ 12)$, $(1,\ 0)$, $(2,\ 15)$ を通るから

$$\begin{cases} 12 = a - b + c \\ 0 = a + b + c \\ 15 = 4a + 2b + c \end{cases}$$

これを解いて　　$a = 7$, $b = -6$, $c = -1$

よって，求める 2 次関数は

$$y = 7x^2 - 6x - 1 \quad \to \boxed{キ} \sim \boxed{ケ}$$

(4)　$\triangle\mathrm{ABC}$ は $\mathrm{A} = 90°$，$\mathrm{AB} = \mathrm{AC}$ の直角二等辺三角形だから，辺の比は

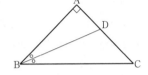

$$\mathrm{AB} : \mathrm{AC} : \mathrm{BC} = 1 : 1 : \sqrt{2}$$

である。角の二等分線の定理より

$$\mathrm{AD} : \mathrm{DC} = \mathrm{AB} : \mathrm{BC} = 1 : \sqrt{2} \quad \to \boxed{コ}$$

また

$$\tan\angle\mathrm{ABD} = \frac{\mathrm{AD}}{\mathrm{AB}} = \frac{1 \times \dfrac{1}{\sqrt{2}+1}}{1} = \sqrt{2} - 1 \quad \to \boxed{サ}$$

(5)　駅からの距離の平均値は

$$\frac{1}{5}(10 + 30 + 50 + 90 + 120) = 60 \,〔\mathrm{m}〕 \quad \to \boxed{シ}\boxed{ス}$$

標準偏差は

$$\sqrt{\frac{1}{5}\{(10-60)^2 + (30-60)^2 + (50-60)^2 + (90-60)^2 + (120-60)^2\}}$$

$$= \sqrt{1600} = 40 \quad \to \boxed{セ}\boxed{ソ}$$

また，一日の売り上げの平均が 60 万円のとき

$$\frac{1}{5}(90 + 70 + 60 + 50 + x) = 60$$

$$270 + x = 300 \qquad x = 30 \quad \to \boxed{タ}\boxed{チ}$$

II　解答

(1)　　$x^2 - x - 2 < 0$　　$(x-2)(x+1) < 0$

　　　　$-1 < x < 2$　……(答)

(2)　絶対値記号をはずして

$$f(x) = \begin{cases} x^2 - x - 2 - x & (-3 \le x \le -1,\ 2 \le x \le 5) \\ -x^2 + x + 2 - x & (-1 < x < 2) \end{cases}$$

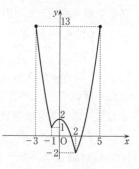

$$= \begin{cases} (x-1)^2-3 \\ \qquad (-3 \leqq x \leqq -1, \ 2 \leqq x \leqq 5) \\ -x^2+2 \quad (-1 < x < 2) \end{cases}$$

よって，$y=f(x)$ （$-3 \leqq x \leqq 5$）のグラフをかく
と，右図のようになる。

(3)　方程式 $f(x)=k$ の実数解の個数は，
$y=f(x)$ のグラフと直線 $y=k$ の共有点の個数
に等しい。

よって，(2)のグラフの定義域をすべての実数として，$y=f(x)$ のグラフ
と直線 $y=k$ が異なる2点で交わるような k の値の範囲は

　　$-2 < k < 1, \ 2 < k$　……(答)

[解説]　≪2次不等式，絶対値を含む2次関数のグラフ，方程式の実数解
の個数≫

(2)　x の値の範囲により絶対値記号をはずす。

(3)　一般に，方程式 $f(x)=g(x)$ の実数解の個数は，$y=f(x)$ のグラフと
$y=g(x)$ のグラフの共有点の個数に一致する。(2)のグラフで，定義域を
すべての実数として，直線 $y=k$ と異なる2つの共有点をもつような k の
値の範囲を求める。

III 解答　(1)

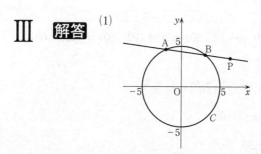

(2)　直線 OP と円 C との2つの交点をそれぞれ D，E とする。(ただし，
PD＞PE)

　　PE＝OP－OE＝7－5＝2

　　PD＝OP＋OD＝7＋5＝12

方べきの定理を用いて

　　PB・PA＝PE・PD

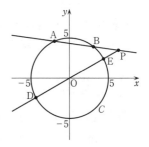

$(\text{PA}-4)\cdot\text{PA}=2\cdot12$

$\text{PA}^2-4\text{PA}-24=0$

$\text{PA}=2\pm2\sqrt{7}$

$\text{PA}>0$ より

$\text{PA}=2+2\sqrt{7}$　……(答)

(3)　△OAB は，OA＝OB の二等辺三角形で，点 O から辺 AB に垂線 OH を下ろし，直角三角形 OAH で三平方の定理を用いると

$$\text{OH}=\sqrt{5^2-2^2}=\sqrt{21}$$

よって，求める△PAO の面積は

$$\triangle\text{PAO}=\frac{1}{2}\cdot\text{PA}\cdot\text{OH}=\frac{1}{2}\cdot(2+2\sqrt{7})\cdot\sqrt{21}$$

$$=\sqrt{21}+7\sqrt{3}　……(答)$$

解説　≪方べきの定理，三角形の面積≫

(2)　方べきの定理を用いる。

(3)　AP を底辺としたときの高さ OH を，二等辺三角形 OAB を利用して求めればよい。

◀ 数学Ⅰ・A（応用生物・生命健康科・
　現代教育（幼児教育・現代教育〈現代教育専攻〉）学部）▶

I 　解答

(1)ア 5　イ 2　(2)ウ 6

(3)エ 2　オ 4　カ 4　キ 4　ク 7

(4)ケコ 25　サ 4　シ 5　ス 2

(5)セソ 15　タ 5

解説 《小問5問》

(1)　　　$(x+y)^2 = (x-y)^2 + 4xy = 2^2 + 4\cdot4 = 20$

$x>0$, $y>0$ より, $x+y>0$ だから　　$x+y = 2\sqrt{5}$

$$\frac{\sqrt{x}-\sqrt{y}}{\sqrt{x}+\sqrt{y}} = \frac{\sqrt{x}-\sqrt{y}}{\sqrt{x}+\sqrt{y}} \times \frac{\sqrt{x}-\sqrt{y}}{\sqrt{x}-\sqrt{y}} = \frac{x-2\sqrt{xy}+y}{x-y}$$

$$= \frac{2\sqrt{5}-2\sqrt{4}}{2} = \sqrt{5}-2 \quad \rightarrow ア\cdot イ$$

(2)　$3 \leq \sqrt{{}_nC_2 + 4} < 7$ の各辺を2乗して

$$9 \leq {}_nC_2 + 4 < 49$$

$$5 \leq {}_nC_2 < 45$$

$$5 \leq \frac{1}{2}n(n-1) < 45$$

$$10 \leq n(n-1) < 90$$

n は自然数だから, この不等式をみたす n の値は

$$n = 4, 5, 6, 7, 8, 9$$

よって, 与えられた不等式をみたす自然数 n の個数は6個である。　→ウ

(3)　頂点が直線 $y = 4x-2$ 上にあり, $y = 2x^2 - 3x + 4$ を平行移動したものだから, 求める放物線の方程式は

$$y = 2(x-t)^2 + 4t - 2$$

と表せる。この放物線が点 (2, 4) を通るから

$$4 = 2(2-t)^2 + 4t - 2 \qquad t^2 - 2t + 1 = 0$$

$$(t-1)^2 = 0 \qquad t = 1$$

よって, 移動後の放物線の方程式は

$$y = 2(x-1)^2 + 2 = 2x^2 - 4x + 4 \quad \rightarrow エ\sim カ$$

次に, もとの放物線と移動後の放物線の頂点の座標をそれぞれ求めると

$y = 2\left(x - \dfrac{3}{4}\right)^2 + \dfrac{23}{8}$ より，頂点の座標は　$\left(\dfrac{3}{4},\ \dfrac{23}{8}\right)$

$y = 2(x-1)^2 + 2$ より，頂点の座標は　　$(1,\ 2)$

よって，もとの放物線から

x 軸方向に　　$1 - \dfrac{3}{4} = \dfrac{1}{4}$　→ キ

y 軸方向に　　$2 - \dfrac{23}{8} = -\dfrac{7}{8}$　→ ク

だけ平行移動したものである。

(4)　まず，平均値を求める。

株Ａについて，仮平均を 25 cm とすると

$$\dfrac{1}{5}\{3 + (-1) + 0 + (-3) + 1\} = 0$$

株Ｂについても同様にして

$$\dfrac{1}{5}\{1 + (-1) + (-2) + 4 + (-2)\} = 0$$

よって，どちらの株もキュウリの長さの平均値は 25 cm である。　→ ケ コ

次に分散を求める。

株Ａについて

$$\dfrac{1}{5}\{(28-25)^2 + (24-25)^2 + (25-25)^2 + (22-25)^2 + (26-25)^2\} = 4$$

→ サ

株Ｂについて

$$\dfrac{1}{5}\{(26-25)^2 + (24-25)^2 + (23-25)^2 + (29-25)^2 + (23-25)^2\} = 5.2$$

→ シ ・ ス

(5)　気球Ｐから地上に垂線 PH を下ろす。

PH $= x$ [km] とおき $(x > 0)$，直角三角形

の辺の比を用いると，AH $= x$，BH $= \dfrac{1}{\sqrt{3}}x$，

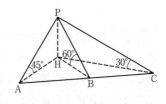

CH $= \sqrt{3}x$ と表せる。

$\angle$HAC $= \theta$ として，$\triangle$ABH，$\triangle$ACH でそれぞれ余弦定理を用いて

$$\cos\theta = \frac{x^2 + 1^2 - \left(\frac{1}{\sqrt{3}}x\right)^2}{2\cdot x\cdot 1} = \frac{\frac{2}{3}x^2 + 1}{2x} \quad \cdots\cdots ①$$

$$\cos\theta = \frac{x^2 + 2^2 - (\sqrt{3}x)^2}{2\cdot x\cdot 2} = \frac{-x^2 + 2}{2x} \quad \cdots\cdots ②$$

①, ②より

$$\frac{\frac{2}{3}x^2 + 1}{2x} = \frac{-x^2 + 2}{2x} \qquad \frac{2}{3}x^2 + 1 = -x^2 + 2 \qquad x^2 = \frac{3}{5}$$

$x > 0$ より　　$x = \dfrac{\sqrt{15}}{5}$

よって，気球 P は地上 $\dfrac{\sqrt{15}}{5}$ km の上空にある。　→[セ]～[タ]

Ⅱ　[解答]

(1)　学生全体から 1 人を選び出すとき，男子であるという事象を M，女子であるという事象を F，「ひつまぶし」が好きという事象を A とする。

求める確率 $P(A)$ は

$$P(A) = P(M\cap A) + P(F\cap A)$$

$$= \frac{3}{4}\times\frac{80}{100} + \frac{1}{4}\times\frac{50}{100}$$

$$= \frac{3}{5} + \frac{1}{8} = \frac{29}{40} \quad \cdots\cdots(答)$$

(2)　求める確率は $P_A(M)$ で

$$P_A(M) = \frac{P(A\cap M)}{P(A)} = \frac{\dfrac{3}{5}}{\dfrac{29}{40}} = \frac{24}{29} \quad \cdots\cdots(答)$$

[解説] ≪条件付き確率≫

(1)　全体から 1 人選ぶとき，男子でひつまぶし好きと女子でひつまぶし好きがあり，これらは排反である。

(2)　条件付き確率であることに注意する。

Ⅲ 解答

(1) 絶対値記号をはずして

$$f(x) = \begin{cases} x + 3x - 2x^2 & (0 \leq x \leq 3) \\ x - 3x - 2x^2 & (-2 \leq x < 0) \end{cases}$$

$$= \begin{cases} -2(x-1)^2 + 2 & (0 \leq x \leq 3) \\ -2\left(x + \dfrac{1}{2}\right)^2 + \dfrac{1}{2} & (-2 \leq x < 0) \end{cases}$$

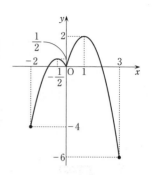

よって，$y = f(x)$ $(-2 \leq x \leq 3)$ のグラフをかく
と，右図のようになる。

(2) (1)のグラフの定義域をすべての実数として，$y = f(x)$ のグラフと直
線 $y = a$ が異なる 2 点で交わるような a の値の範囲は

$$a < 0, \quad \frac{1}{2} < a < 2 \quad \cdots\cdots(\text{答})$$

[解説] ≪絶対値を含む 2 次関数のグラフ，共有点の個数≫

(1) x の値の範囲により絶対値記号をはずす。

(2) (1)のグラフは定義域が制限されているので，定義域をすべての実数と
することに注意する。

物理

◀物理基礎・物理▶

Ⅰ　**解答**　　① ─(ウ)　② ─(イ)　③ ─(ウ)　④ ─(イ)　⑤ ─(ウ)　⑥ ─(エ)
⑦ ─(イ)　⑧ ─(エ)　⑨ ─(イ)　⑩ ─(ウ)　⑪ ─(ア)

解説　≪質量が異なる2球の衝突≫

① 力積と運動量変化の関係は

$$\vec{P} = \vec{P_2} - \vec{P_1}$$

図は(ウ)が適切。

② 図(ウ)より

$$\tan\theta = \frac{mv_2}{mv_1} = \frac{v_2}{v_1}$$

③ 図(ウ)より

$$P = \sqrt{(mv_1)^2 + (mv_2)^2} = m\sqrt{v_1{}^2 + v_2{}^2}$$

④ 運動量保存則より

$$P = MV_2 \qquad V_2 = \frac{P}{M}$$

⑥ 運動エネルギーが保存されるので

$$\frac{1}{2}mv_1{}^2 = \frac{1}{2}mv_2{}^2 + \frac{1}{2}MV_2{}^2$$

また，③と④の式より

$$m\sqrt{v_1{}^2 + v_2{}^2} = MV_2$$

2式より V_2 を消去して

$$v_2 = \sqrt{\frac{M-m}{M+m}}\, v_1$$

⑦ 力積の大きさ P は，⑥の式を③の式に代入して

$$P = m\sqrt{v_1{}^2 + v_2{}^2} = \sqrt{\frac{2M}{M+m}}\, mv_1$$

⑧ 力積と運動量変化の関係より $|\vec{P'}|$ は

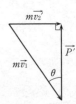

$$|\vec{P'}| = \sqrt{(mv_1)^2 - (mv_2')^2} = m\sqrt{v_1{}^2 - v_2'{}^2}$$

⑨・⑩　図1において，x 方向の運動量は保存する。⑥の式を用いて

$$mv_1\sin\theta = mv_2\cos\theta$$

$$\tan\theta = \frac{v_2}{v_1} = \frac{\sqrt{\dfrac{M-m}{M+m}}\,v_1}{v_1} = \sqrt{\frac{M-m}{M+m}} \quad \cdots\cdots ①$$

図2において

$$\tan\theta = \frac{mv_2'}{MV_2'} \quad \cdots\cdots ②$$

力積と運動量変化の関係より

$$MV_2' = m\sqrt{v_1{}^2 - v_2'{}^2} \quad \cdots\cdots ③$$

①，②，③を解いて

$$v_2' = \sqrt{\frac{M-m}{2M}}\,v_1, \quad V_2' = \sqrt{\frac{M+m}{2M}}\,\frac{m}{M}\,v_1$$

⑪　運動エネルギーの和の減少 ΔK は，⑨・⑩の式を用いて

$$\begin{aligned}
\Delta K &= \frac{1}{2}mv_1{}^2 - \frac{1}{2}mv_2'{}^2 - \frac{1}{2}MV_2'{}^2 \\[2mm]
&= \frac{1}{2}mv_1{}^2 - \frac{1}{2}m\left(\sqrt{\frac{M-m}{2M}}\,v_1\right)^2 - \frac{1}{2}M\left(\sqrt{\frac{M+m}{2M}}\,\frac{m}{M}\,v_1\right)^2 \\[2mm]
&= \frac{1}{2}mv_1{}^2 - \frac{1}{2}mv_1{}^2\cdot\frac{M-m}{2M} - \frac{1}{2}mv_1{}^2\cdot\frac{M+m}{2M}\cdot\frac{m}{M} \\[2mm]
&= \frac{1}{2}mv_1{}^2\left(\frac{M+m}{2M} - \frac{M+m}{2M}\cdot\frac{m}{M}\right) \\[2mm]
&= \frac{1}{2}mv_1{}^2\cdot\frac{M+m}{2M}\left(1 - \frac{m}{M}\right) \\[2mm]
&= \frac{1}{2}mv_1{}^2\cdot\frac{M^2-m^2}{2M^2} \\[2mm]
&= \frac{m(M^2-m^2)}{4M^2}\,v_1{}^2
\end{aligned}$$

Ⅱ　**解答**　　⑫—(ウ)　⑬—(ア)　⑭—(エ)　⑮—(ア)　⑯—(イ)　⑰—(イ)

⑱—(イ)　⑲—(ウ)　⑳—(ア)　㉑—(ウ)　㉒—(ア)　㉓—(ウ)

㉔—(イ)

解説 ≪磁場と電場がある領域での荷電粒子の運動≫

12 ローレンツ力の大きさは qvB であるので

$$m\frac{v^2}{r} = qvB$$

13 上式より

$$r = \frac{mv}{qB} \quad \cdots\cdots①$$

14 周期 T は

$$T = \frac{2\pi r}{v} \quad \cdots\cdots②$$

15 t は $\frac{T}{2}$ であるので,①,②を用いて

$$t = \frac{T}{2} = \frac{\pi m}{qB} \quad \cdots\cdots③$$

18 加速度 a は

$$a = \frac{qE}{m} \quad \cdots\cdots④$$

19 h は,等加速度直線運動の式より

$$h = \frac{1}{2}at^2$$

20 ③,④を用いて

$$h = \frac{1}{2}at^2 = \frac{1}{2}\frac{qE}{m}\left(\frac{\pi m}{qB}\right)^2 = \frac{\pi^2 mE}{2qB^2} \quad \cdots\cdots⑤$$

21 点 Q に戻ってくる荷電粒子の質量は z 座標が $2h$ になるので,⑤より質量は $2m$ であることがわかる。

22 半径が同じであるので,①より速さは $\frac{v}{2}$ であることがわかる。運動エネルギー K_Q は

$$K_Q = \frac{1}{2}\cdot 2m\cdot\left(\frac{v}{2}\right)^2 = \frac{1}{2}\cdot\frac{1}{2}mv^2 = \frac{K}{2}$$

23 ⑤より質量は $2m$ であることがわかる。半径が 2 倍になるので①より速さは v であることがわかる。運動エネルギー K_R は

$$K_R = \frac{1}{2}\cdot 2m\cdot v^2 = 2\cdot\frac{1}{2}mv^2 = 2K$$

24　⑤より質量は m であることがわかる。半径が 2 倍になるので，①より速さは $2v$ であることがわかる。運動エネルギー K_S は

$$K_S = \frac{1}{2} \cdot m \cdot (2v)^2 = 4 \cdot \frac{1}{2} mv^2 = 4K$$

III 　**解答**　　25—(イ)　26—(ア)　27—(イ)　28—(ア)　29—(ウ)　30—(イ)
31—(イ)　32—(ウ)　33—(イ)　34—(ウ)　35—(ア)

[解説]　《水の状態変化》

25　氷の比熱を c_1〔J/(g·K)〕とすると
$$100 \cdot 42 = 100 \cdot c_1 \cdot \{0 - (-20)\} \qquad c_1 = 2.1 \text{〔J/(g·K)〕}$$

29　氷の融解熱の大きさを x_1〔J/g〕とすると
$$100 \cdot (376 - 42) = 100 \cdot x_1 \qquad x_1 = 334 \text{〔J/g〕}$$

31　水の比熱を c_2〔J/(g·K)〕とすると
$$100 \cdot (796 - 376) = 100 \cdot c_2 \cdot (100 - 0) \qquad c_2 = 4.2 \text{〔J/(g·K)〕}$$

33　水の蒸発熱の大きさを x_2〔J/g〕とすると
$$100 \cdot (3053 - 796) = 100 \cdot x_2$$
$$x_2 = 2257 \fallingdotseq 2.26 \times 10^3 \text{〔J/g〕}$$

34　求める水の温度を t_1〔℃〕とする。熱量の保存により
$$1000 \cdot 4.2 \cdot (50 - t_1) = 100 \cdot 4.2 \cdot (t_1 - 20)$$
$$t_1 = 47.2 \fallingdotseq 47 \text{〔℃〕}$$

35　求める水の温度を t_2〔℃〕とすると
$$1000 \cdot 4.2 \cdot (50 - t_2) = 100 \cdot 2.1 \cdot \{0 - (-20)\} + 100 \cdot 334$$
$$+ 100 \cdot 4.2 \cdot (t_2 - 0)$$
$$t_2 = 37.3 \fallingdotseq 37 \text{〔℃〕}$$

■化学■

◀化学基礎・化学▶

$\boxed{\text{I}}$ 【解答】　$\boxed{1}$—(ク)　$\boxed{2}$—(ア)　$\boxed{3}$—(オ)　$\boxed{4}$—(カ)　$\boxed{5}$—(ケ)　$\boxed{6}$—(エ)
　　　　　　$\boxed{7}$—(オ)　$\boxed{8}$—(ウ)

【解説】 ≪結晶の比較，電子式，酸化還元滴定≫

$\boxed{1}$　分子結晶は(エ)ショ糖 $C_{12}H_{22}O_{11}$ と(ク)ナフタレン $C_{10}H_8$ である。ショ糖は水に溶けやすい。

$\boxed{2}$　イオン結晶は(ア)塩化カルシウム $CaCl_2$ と(ウ)硫酸バリウム $BaSO_4$ である。硫酸バリウムは水に溶けにくい。

$\boxed{3}$　共有結合結晶は(イ)黒鉛 C と(オ)ダイヤモンド C である。黒鉛は電気伝導性がある。

$\boxed{4}$　金属結晶は(カ)銅 Cu と(キ)ナトリウム Na である。ナトリウムは融点が低く，水と反応して水酸化ナトリウムになる。

$\boxed{5}$　NH_3 の電子式：

$\boxed{6}$　HCl の電子式：

$\boxed{7}$・$\boxed{8}$　ヨウ素と二酸化硫黄の化学反応式は

　　　酸化剤：$I_2 + 2e^- \longrightarrow 2I^-$　……①

　　　還元剤：$SO_2 + 2H_2O \longrightarrow SO_4^{2-} + 4H^+ + 2e^-$　……②

①＋② より

　　　$I_2 + SO_2 + 2H_2O \longrightarrow 2HI + H_2SO_4$

0.100 mol/L のヨウ素溶液 100 mL に吸収された二酸化硫黄の物質量を x

〔mol〕とすると，残っているヨウ素の物質量は $0.0100-x$〔mol〕である。
これに水を加えて全量を 1.00L とした溶液のうち 50.0mL と 0.0200
mol/L のチオ硫酸ナトリウム水溶液 30.0mL が過不足なく反応したので

$$(0.0100-x)\times\frac{50.0}{1000}\times2=0.0200\times\frac{30.0}{1000}$$

$$x=4.00\times10^{-3}\text{〔mol〕}$$

ヨウ素溶液 100mL に残っているヨウ素の物質量は $0.0100-x$〔mol〕なの
で

$$0.0100-4.00\times10^{-3}=6.00\times10^{-3}\text{〔mol〕}$$

II **解答**　⑨—(オ)　⑩—(カ)　⑪—(オ)　⑫—(ア)　⑬—(エ)　⑭—(イ)
⑮—(イ)　⑯—(ケ)

〔解説〕《金属の反応性，化学反応の量的関係，実用電池》

⑨　実験 1 の結果から，金属 **A**〜**F** のイオン化傾向の大きさについて次の
ことがわかる。

① イオン化傾向の大きい金属が電子を放出しやすく負極となるため
　　A＞**D**

② **B** のみ常温の水と反応するため，イオン化傾向が最大である。
　　B＞**A**，**C**，**D**，**E**，**F**

③・⑤　**C** と **D** は希塩酸に溶解せず，酸化力の強い酸に溶解し，**E** は王水
にのみ溶解するため　　**C**，**D**＞**E**

④ イオン反応式で表すと，$C^{n+}+D\longrightarrow C+D^{n+}$ となるため　　**D**＞**C**
以上より，**F** を除く **A**〜**E** のイオン化傾向の大きさは，**B**＞**A**＞**D**＞**C**＞**E**
である。

⑩〜⑫　Zn, Al, Ag, Cu, Na, Pt をイオン化傾向の大きい順に並べる
と，Na＞Al＞Zn＞Cu＞Ag＞Pt である。実験 1 の⑥の結果より，金属 **F**
は不動態を形成することから Al と決まり，金属 **A**〜**E** のイオン化傾向の
大きさが **B**＞**A**＞**D**＞**C**＞**E** であることから，金属 **A** は Zn，金属 **B** は Na，
金属 **D** は Cu，金属 **C** は Ag，金属 **E** は Pt である。

⑬　金属 **B**（Na）と水の反応を化学反応式で表すと

$$2Na+2H_2O\longrightarrow 2NaOH+H_2$$

となるので，**B** の化合物は NaOH である。金属 **B**（Na，原子量 23）4.60

g から得られる NaOH（式量 40）の質量は，反応式の係数比より

$$\frac{4.60}{23} \times 1 \times 40 = 8.00 〔g〕$$

得られた NaOH 水溶液の質量は，反応前と反応後で変化しないため 4.60+75.4＝80.0〔g〕となるので，質量パーセント濃度は

$$\frac{8.00}{80.0} \times 100 = 10.0 〔\%〕$$

⑭ 発生する H_2 の標準状態における体積は，反応式の係数比より

$$\frac{4.60}{23} \times \frac{1}{2} \times 22.4 = 2.24 〔L〕$$

⑮ (a)誤り。電池の放電のときは，正極で還元反応が起こり，負極で酸化反応が起こる。

(c)誤り。酸化銀電池（銀電池）は，電池式が（－）$Zn|KOHaq|Ag_2O$（＋）と表され，各極の反応式は次のようになる。

$$（＋）Ag_2O + H_2O + 2e^- \longrightarrow 2Ag + 2OH^-$$

$$（－）Zn + 2OH^- \longrightarrow ZnO + H_2O + 2e^-$$

Ⅲ 解答 ⑰―(エ) ⑱―(オ) ⑲―(ウ) ⑳―(イ) ㉑―(ク) ㉒―(エ) ㉓―(キ) ㉔―(オ)

解説 ≪ハーバー・ボッシュ法，ルシャトリエの原理，化学平衡，反応熱≫

⑲ 窒素と水素からアンモニアが生成する可逆反応は次式で表される。

$$N_2 + 3H_2 \rightleftharpoons 2NH_3$$

ルシャトリエの原理より高圧にすると，容器内の粒子数が減少する右向きに平衡が移動する。同様に，低温にすると，発熱方向である右向きに平衡が移動する。

⑳ 平衡状態（平衡 1）における各気体の物質量は，反応した窒素を x〔mol〕とすると次のようになる。

	N_2	$+$	$3H_2$	$\rightleftharpoons$	$2NH_3$	
（初め）	2.0		5.0		0	〔mol〕
（変化量）	$-x$		$-3x$		$+2x$	〔mol〕
（平衡 1）	$2.0-x$		$5.0-3x$		$2x$	〔mol〕

反応容器の容積と温度が一定のとき，平衡状態における各気体の分圧は物

質量に比例するので，水素とアンモニアの物質量が等しくなる。

$5.0 - 3x = 2x$ 　　　$x = 1.0$〔mol〕

よって，平衡時は

$N_2 : 2.0 - 1.0 = 1.0$〔mol〕, $H_2 : 5.0 - 3 \times 1.0 = 2.0$〔mol〕

したがって，N_2の分圧はH_2の分圧の0.5倍である。

21　生成するアンモニアの物質量は　　$2 \times 1.0 = 2.0$〔mol〕

22　アンモニアを回収後，未反応の窒素1.0molと水素2.0molに窒素を新たにy〔mol〕加えたときの平衡状態（平衡2）における各気体の物質量は反応した窒素をz〔mol〕とすると次のようになる。

$$\begin{array}{cccc} & N_2 & + \quad 3H_2 & \rightleftharpoons \quad 2NH_3 \\ (初\ \ め) & 1.0+y & 2.0 & 0 \quad 〔mol〕 \\ (変化量) & -z & -3z & +2z \quad 〔mol〕 \\ (平衡2) & 1.0+y-z & 2.0-3z & 2z \quad 〔mol〕 \end{array}$$

平衡状態において，水素とアンモニアの分圧が等しいとき，物質量も等しくなるので

$2.0 - 3z = 2z$ 　　　$z = 0.40$〔mol〕

よって，生成するアンモニアの物質量は

$2 \times 0.40 = 0.80$〔mol〕

23　平衡1における平衡定数Kは，$x = 1.0$より，反応容器の容積をV〔L〕とすると

$$K = \frac{[NH_3]^2}{[N_2][H_2]^3} = \frac{\left(\dfrac{2x}{V}\right)^2}{\left(\dfrac{2.0-x}{V}\right)\left(\dfrac{5.0-3x}{V}\right)^3} = \frac{1}{2}V^2$$

また，平衡2における平衡定数K'は，$z = 0.40$より

$$K' = \frac{[NH_3]^2}{[N_2][H_2]^3} = \frac{\left(\dfrac{2z}{V}\right)^2}{\left(\dfrac{1.0+y-z}{V}\right)\left(\dfrac{2.0-3z}{V}\right)^3} = \frac{1}{0.80(0.60+y)}V^2$$

温度一定なので，$K = K'$より

$$\frac{1}{2}V^2 = \frac{1}{0.80(0.60+y)}V^2 \qquad y = 1.9〔mol〕$$

24　アンモニアが燃焼して窒素と水（気体）になるときの熱化学方程式は，アンモニアの燃焼熱をQ〔kJ/mol〕とすると

$$NH_3 \text{(気)} + \frac{3}{4}O_2 = \frac{1}{2}N_2 + \frac{3}{2}H_2O \text{(気)} + Q \text{(kJ)}$$

と表せる。

反応熱＝（生成物の生成熱の総和）－（反応物の生成熱の総和）より

$$Q = 242 \times \frac{3}{2} - 46 = 317 \text{(kJ)}$$

よって，アンモニアの燃焼熱は 317 kJ/mol である。
したがって，2.0 mol のアンモニアが燃焼するとき，発生する熱量は

$$317 \times 2.0 = 634 \text{(kJ)}$$

Ⅳ 解答 25—(ケ) 26—(ウ) 27—(オ) 28—(オ) 29—(キ) 30—(キ) 31—(ウ) 32—(ク)

解説 ≪脂肪族炭化水素，酸素を含む脂肪族化合物，芳香族化合物，生分解性高分子，タンパク質の呈色反応≫

25 (c)誤り。アセチレンは $-CHO$ や CH_3CO-，$CH_3CH(OH)-$ をもたないので，銀鏡反応もヨードホルム反応も示さない。

（注） アセチレンをアンモニア性硝酸銀水溶液に通じることで，銀アセチリドの白色沈殿が生じる。

(e)誤り。炭素原子間の距離は $C-C > C=C > C\equiv C$ なので

エタン（CH_3-CH_3）＞アセチレン（$CH\equiv CH$）

26 シクロヘキセン C_6H_{10} に水素を付加させてシクロヘキサン C_6H_{12} が生成する反応を化学反応式で表すと，次のようになる。

$$C_6H_{10} + H_2 \longrightarrow C_6H_{12}$$

反応式の係数の比より，C_6H_{10}（分子量 82.0）246 mg に付加する H_2 の標準状態での体積は

$$\frac{246}{82.0} \times \frac{1}{1000} \times 1 \times 22.4 = 67.2 \times 10^{-3} \text{(L)} = 67.2 \text{(mL)}$$

27 解答群にある物質を以下に示す。

$CH_3-CH_2-CH_2-CH_2$ ｜ OH　　　$CH_3-CH_2-CH^*-CH_3$ ｜ OH

1-ブタノール　　　2-ブタノール

$$
\begin{array}{cc}
\underset{|}{\text{CH}_3} & \underset{|}{\text{CH}_3} \\
\text{CH}_3\text{-CH-CH}_2 & \text{CH}_3\text{-C-CH}_3 \\
\underset{}{}\text{OH} & \underset{}{}\text{OH}
\end{array}
$$

　　2-メチル-1-プロパノール　　　2-メチル-2-プロパノール

化合物Cは酸化されないため，第三級アルコールの 2-メチル-2-プロパノールと決まる。化合物Aは不斉炭素原子をもつため 2-ブタノールと決まる（2-ブタノールは第二級アルコールなので，酸化されるとカルボニル化合物（ケトン）になる）。この組み合わせの選択肢は(オ)だけである。

（注）　化合物Bは残りの 1-ブタノールか 2-メチル-1-プロパノールであるが，どちらも不斉炭素原子をもたず，第一級アルコールであるため酸化されるとカルボニル化合物（アルデヒド）になるため決まらないが，消去法で(オ)と決まる。

28 (a) (ア)の化合物Bと(イ)の化合物Cの分子式は $C_3H_6O_2$ なので，(ア)・(イ)は不適。

(b)化合物Aは加水分解すると，CH_3COOH と CH_3CH_2OH となるので，化合物Aは $\underset{\text{O}}{\overset{\|}{\text{CH}_3\text{-C-O-CH}_2\text{-CH}_3}}$ と決まり，(ウ)～(カ)にしぼられる。

(c)化合物Bと化合物Cを加水分解して生じるカルボン酸は同じであるため，(エ)・(カ)は不適。

(d)ヨードホルム反応を示すアルコールは $\underset{\text{OH}}{\text{CH}_3\text{-CH-}}$ をもつので，化合物

Cは $\underset{\text{O}}{\overset{\|}{\text{R}_1\text{-C-O-CH}_2\text{-CH}_3}}$ か $\underset{\text{O}\text{CH}_3}{\overset{\|}{\text{R}_1\text{-C-O-CH-CH}_3}}$ と表せる。よって，(ウ)は

不適。

以上より，(オ)となる。

なお，(e)化合物D $\left[\underset{\text{O}}{\overset{\|}{\text{CH}_3\text{-CH}_2\text{-C-O-CH}_3}}\right]$ を加水分解して生じるアルコールはメタノール CH_3OH なので，ヨードホルム反応を示さない。

29 (b)誤り。炭素原子間の結合距離は

　　　　C–C＞ベンゼンの炭素間の結合距離＞C＝C＞C≡C

(c)誤り。ベンゼン環は安定なので，ベンゼン環が破壊される付加反応より置換反応を起こしやすい。

30 (a)

フェノール ＋ (CH₃CO)₂O ⟶ 酢酸フェニル ＋ CH₃COOH
　　　　　 無水酢酸　　　　　　　　　　　　　　　酢酸

(b)

トルエン $\xrightarrow{\text{KMnO}_4}$ 安息香酸

(c)

サリチル酸 ＋ CH₃OH $\xrightarrow{\text{濃 H}_2\text{SO}_4}$ サリチル酸メチル
　　　　　 メタノール

31 ポリグリコール酸が微生物によって分解される反応は次式で示される。

$$\left[\mathrm{O{-}CH_2{-}\underset{\underset{\displaystyle O}{\|}}{C}}\right]_n + \frac{3}{2}O_2 \longrightarrow 2nCO_2 + nH_2O$$

ポリグリコール酸（分子量 $58n$）232 g を完全に分解したとき発生する二酸化炭素の標準状態における体積は

$$\frac{232}{58n}\times 2n\times 22.4 = 179.2 \fallingdotseq 179 〔L〕$$

32 ビウレット反応はトリペプチド以上のペプチドの水溶液に水酸化ナトリウム水溶液を加え塩基性にし，硫酸銅(Ⅱ)水溶液を加えると赤紫色を呈する反応である。キサントプロテイン反応は，ベンゼン環を含むアミノ酸を含む水溶液に濃硝酸を加えて加熱すると黄色を呈する反応である。さらに，ここにアンモニア水を加えて塩基性にすると，橙黄色を呈する。

生物

Ⅰ 解答

問1．(ウ)　問2．(イ)　問3．(ア)・(イ)・(ウ)　問4．(イ)
問5．(ケ)　問6．(オ)・(カ)　問7．(ク)　問8．(コ)

解説　≪酵素反応，酵素の性質≫

問1．過酸化水素は酵素反応によって分解され，酸素を生じる。反応式は，次式のようになる。

$$2H_2O_2 \longrightarrow 2H_2O + O_2$$

問2．酵素はそれぞれ決まった基質とのみ反応し，基質が結合する部位のことを活性部位と呼ぶ。

問3．(ア)・(イ)・(ウ)正文。酵素はタンパク質でできており，核内にある DNA の遺伝情報にもとづいて転写・翻訳されてつくられる。DNA ポリメラーゼなど細胞内ではたらく酵素もあるが，ペプシンなど細胞外に分泌されてはたらく酵素もある。また，タンパク質でできているので，温度や pH の影響を受ける。

(エ)誤文。酵素がはたらく相手を基質といい，反応によって生じる物質は生成物という。

問8．酵素の主成分はタンパク質であり，高温下などでその立体構造が変化してしまうことを変性という。変性した状態では基質と結合できないので，反応速度は低下する。

Ⅱ 解答

問1．(イ)　問2．(オ)　問3．(カ)　問4．(カ)　問5．(カ)
問6．(キ)　問7．(コ)　問8．(ア)・(ウ)・(エ)

解説　≪DNA の構造，転写，コドン表，タンパク質≫

問3．mRNA の塩基配列ではチミン（T）の代わりにウラシル（U）が使われることに注意して，②の鎖に相補的な塩基を考えると

　　②　　　ATGTACGGCGCGCGAGGAGGCTGTAG
　　mRNA　　UACAUGCCGCGCGCUCCUCCGACAUC

となるので，(カ)が答えとなる。

問4．問3で得られた mRNA の塩基配列に，開始コドンであるメチオニ

ン（AUG）から塩基 3 つずつの区切りを入れると，次のようになる。

　　mRNA　　　UAC|AUG|CCG|CGC|GCU|CCU|CCG|ACA|UC

したがって，7 番目のアミノ酸は ACA が指定するトレオニンである。

問 7．タンパク質を構成するアミノ酸は 20 種類あるので，5 つのアミノ酸からなる配列におけるアミノ酸の組合せは

　　　　$20 \times 20 \times 20 \times 20 \times 20 = 3,200,000$ 通り

となる。

問 8．(ｱ)正文。タンパク質を構成するアミノ酸は基本的に種に関わらず 20 種類である。

(ｲ)誤文。ヒトなどの動物の場合，細胞を構成する成分のうちタンパク質の占める割合は約 15 ％である。タンパク質が 1 個の細胞に 0.1mg 含まれているとすると，1 個の細胞の重さは

$$0.1 \times \frac{100}{15} = 0.66 \fallingdotseq 0.6 〔mg〕$$

より，約 0.6mg となる。体重 60kg のヒトを考えると，総細胞数は

$$\frac{60 \times 10^6}{0.6} = 10^8 個$$

$10^8 = 1$ 億個と算出できる。しかし，ヒトの総細胞数は 37 兆個といわれているので，これは矛盾する。

(ｳ)正文。動物細胞では水の占める割合が最も高く約 67 ％，2 番目がタンパク質で約 15 ％，3 番目が脂質で約 13 ％である。

(ｴ)正文。リボソームはタンパク質合成の場と呼ばれ，mRNA がリボソームに付着すると，アミノ酸同士がペプチド結合によって連結されていく。

Ⅲ　**解答**　問 1．(ｴ)　問 2．(ｳ)　問 3．(ｳ)　問 4．(ｵ)　問 5．(ｶ)
　　　　　　　問 6．(ｸ)　問 7．(ｷ)　問 8．(ｳ)

[解 説]　≪肝臓の構造とはたらき，血液凝固≫

問 5．①誤文。血糖濃度が上昇したときは，血液中のグルコースをグリコーゲンにすることで血糖濃度を低下させる。

②誤文。血糖濃度が低いときは，グルカゴンやアドレナリン，糖質コルチコイドが分泌される。インスリンが分泌されるのは，血糖濃度が高いときである。

③正文。小腸で吸収した大量のグルコースを，肝臓でグリコーゲンとして蓄えることで，血糖濃度を約 0.1％に保っている。

④正文。血糖が不足した際はグリコーゲン以外の物質からもグルコースを合成することができ，これを糖新生という。糖質コルチコイドのはたらきによってタンパク質からグルコースをつくることができる。

問6．細胞膜は半透性であり，さらに選択的透過性という性質をもつ。細胞を等張液に浸しても水の見かけ上の出入りはなく細胞の大きさは変化しないが，高張液に浸すと水が細胞外へ出ていき，低張液に浸すと水が細胞内へ入ってくる。

①正文。ヒトの体液は 0.9％の食塩水と等張で，これよりも塩分濃度の高い液に赤血球を浸すと細胞から水が出て，赤血球は収縮する。

②正文。半透性を示す膜を半透膜と呼ぶ。

③誤文。0.4％の食塩水は低張液なので，赤血球は膨張する。

④正文。ほ乳類の赤血球は無核の細胞である。

Ⅳ 解答

問1．(オ) 問2．(ア) 問3．(コ) 問4．(エ) 問5．(ウ) 問6．(キ) 問7．(オ) 問8．(ウ)

解説 《食作用，Ｔ細胞とＢ細胞のはたらき，免疫異常による疾患》

問2．①正文。好中球は食細胞の中で最も数が多い細胞である。

②正文。サイトカインの作用によって毛細血管の血管壁がゆるむと好中球は血管外へ移動し，食作用を行う。

③誤文。マクロファージがサイトカインなどを分泌すると，毛細血管が拡張する。

④誤文。毛細血管内の単球が血管外に出るとマクロファージに変化する。

問3．骨髄でつくられた未熟なＴ細胞は，胸腺（Thymus）で分化・成熟する。樹状細胞からの抗原提示を受けたヘルパーＴ細胞は，Ｂ細胞を活性化して抗体産生を促進させる。また，同じく樹状細胞からの抗原提示を受けたキラーＴ細胞は，感染細胞や移植された細胞を攻撃する。

①誤文。Ｔ細胞の分化は骨髄ではなく，胸腺である。

②正文。抗原提示により活性化されたＴ細胞やＢ細胞の一部は，記憶細胞として体内に残る。

③正文。他人の臓器を移植しても，多くの場合，キラーＴ細胞などのはた

らきによって定着せず脱落する。これを拒絶反応と呼ぶ。

④正文。抗原提示やＢ細胞の活性化などの免疫応答は，リンパ節やひ臓などで起こる。

問４．①誤文。抗体は免疫グロブリンと呼ばれるタンパク質でできている。

②正文。Ｂ細胞は骨髄（Bone marrow）でつくられ，骨髄で分化する。分化の過程で抗体遺伝子の再編成が起こるため，Ｂ細胞は１細胞につき１種類の抗体しかつくることができない。

③正文。Ｂ細胞は抗体，もしくはヘルパーＴ細胞によって活性化され，形質細胞となり抗体をつくる。

④誤文。Ｂ細胞がつくる抗体の種類は１細胞につき１種類である。

問６．①正文。Ｉ型糖尿病は，ランゲルハンス島Ｂ細胞が破壊されたことによる，インスリン不足が原因である。

②正文。関節リウマチとは，関節に存在するタンパク質が抗原となり，関節の炎症や変形が引き起こされる病気である。

③正文。重症筋無力症では，終板に存在するアセチルコリン受容体に対する抗体がつくられることで，興奮の伝達が起こらなくなる。

④誤文。多発性硬化症は中枢神経系に起こる疾患である。

問７．①誤文。エイズ感染者は 1981 年に初めて報告され，HIV は 1983 年に初めて分離されている。エイズは 20 世紀以降の病気である。

②正文。HIV は空気感染することはなく，日常的な皮膚の接触でも感染することはない。主な感染経路は性的感染，血液感染，母子感染である。

③誤文，④正文。HIV はヘルパーＴ細胞に感染する。

問８．①正文，②誤文。アレルゲンの侵入によってマスト細胞が活性化された結果，体内の広い範囲でヒスタミンが作用し，血管が拡張したり，血管から血しょうがもれ出たりする。すると急激な血圧の低下により死に至ることもある。

③誤文，④正文。アナフィラキシーショックは食物のほかに，ハチ毒やペニシリンなどの薬剤によっても引き起こされる。

Ⅴ 解答

問１．㋕　問２．㋕　問３．㋒　問４．㋒　問５．㋒
問６．㋐　問７．㋒　問８．㋘

解説 ≪物質循環, 化石燃料, 窒素循環≫

問２．①誤文。個体数を横棒の長さで表し, 積み上げたものは個体数ピラミッドと呼ばれる。生物量ピラミッドとは, 生物量（単位は t や kg などを使う）を用いて表したものである。

②誤文。光合成を行う生物は消費者ではなく, 生産者である。

③正文。一定面積内で一定期間内に各栄養段階が獲得するエネルギーの量をピラミッド状に示したものを生産力ピラミッドという。

④正文。生物の遺骸や排出物は, 主に土中に生息するミミズや節足動物, 菌類や細菌類などの分解者によって分解される。

問３．①正文。酸素を直接的に用いるのは電子伝達系で, 解糖系とクエン酸回路は酸素を使わない過程である。

②誤文。生産量は同化量から呼吸量を引いたものである。死滅（死亡）量は生産量の中に含まれる。

③誤文。呼吸によって合成されるのは ADP ではなく, ATP である。

④正文。燃焼では一度に大量のエネルギーが光や熱として放出されるが, 呼吸では段階的に放出されることによって ATP が合成される。この ATP は生命活動のエネルギーとして利用される。

問４．①正文。化石燃料とは, 過去の動植物の遺骸や排出物が地圧や地熱の影響で変化して生成されたものである。

②誤文。バイオエタノールとは, サトウキビやトウモロコシ, 古紙などからつくられるエタノールのことである。

③誤文。温室効果ガスには二酸化炭素, 水蒸気, メタン, フロンなどがある。二酸化炭素の体積割合は 0.03 ％であるため誤りである。

④正文。化石燃料の燃焼によって排出される温室効果ガスは地球温暖化の原因となるため, 大気中の温室効果ガス濃度の一定化を目指す気候変動枠組条約において, 締約国は排出・吸収量の把握や具体的な対策の立案などを求められている。

問７．①正文。オオバヤシャブシやイタドリは窒素固定細菌と共生することで遷移初期の土壌でも生育できる。

②誤文。脱窒を行う脱窒素細菌は大気中に窒素を放出するが, 植物は大気

中の窒素を利用することができないので，共生ではない。植物の根に共生するのは窒素固定細菌である。

③誤文。多くの生物は大気中の窒素を利用することができず，窒素循環は土壌中の窒素化合物の利用や食物連鎖などを介した閉鎖的な循環である。

④正文。核酸の塩基の部分や，タンパク質を形づくるアミノ酸内のアミノ基には窒素が含まれている。

問8．環境中に流入した汚濁物質は，自然浄化の過程を経て減らすことができる。しかし，窒素やリンなどが自然浄化の範囲を超えて流入し富栄養化が進むと，アオコや赤潮などが発生する原因となる。したがって①・③・④は正文である。

②誤文。サワガニはきれいな水域の指標生物であるが，コガタシマトビケラはやや汚れた水域に生息する。

国語

一

出典　藤田盟児「和室の起源と性格」（松村秀一・服部岑生編『和室学――世界で日本にしかない空間』平凡社）

解答

問1　ⓐ―㋩　ⓓ―㋤　ⓔ―㋐

問2　ⓑ―㋑　ⓒ―㋐

問3　㋑

問4　㋤

問5　㋩

問6　㋒

問7　㋕

問8　㋩

問9　㋩

問10　㋖

二

出典　ドミニク・チェン「インターネットのウェルビーイング」（渡邊淳司、ドミニク・チェン監修・編著『わたしたちのウェルビーイングをつくりあうために――その思想、実践、技術』ビー・エヌ・エヌ新社）

解答

問1　ⓐ―㋩　ⓒ―㋤　ⓓ―㋑　ⓔ―㋐

問2　㋑

問3　㋒

問4　㋐

問5　㋑

問6　㋤

問7　㋐

問8　㋒

問9　㋒

問10　㋐

問11　㋒

三

出典 山本芳明「メディア——近現代：「作家」という職業」（千葉一幹ほか編著『日本文学の見取り図——宮崎駿から古事記まで』ミネルヴァ書房）

解答

問1 康成

問2 副詞

問3 にんべん

問4 記載

問5 可能

問6 読む

■前期入試 AM・BM 方式（2 月 4 日実施分）

問題編

▶試験科目・配点

【AM 方式】

学部等	教　　科		科　　　目	配　点
工・理工	数　　学	必　　須	数学 I・II・III・A・B	100 点
	外　国　語	2 教科選択（3 教科受験も可）	コミュニケーション英語 I・II，英語表現 I	各 100 点
	理　　科		「物理基礎・物理」「化学基礎・化学」から 1 科目選択	
	国　　語		国語総合（古文，漢文を除く）・現代文 B	
人文（英語英米文化除く）・経営情報	外　国　語	3 教科選択（4 教科受験も可）	コミュニケーション英語 I・II，英語表現 I	各 100 点
	地歴・公民		「日本史 B」「世界史 B」「地理 B」「政治・経済」から 1 科目選択	
	数　　学		「数学 I・A」「数学 I・II・III・A・B」から 1 科目選択	
	国　　語		国語総合（古文，漢文を除く）・現代文 B	
国際関係・人文（英語英米文化）	外　国　語	必　　須	コミュニケーション英語 I・II，英語表現 I	人文(英語英米文化)：150 点 国際関係：100 点
	地歴・公民	2 教科選択（3 教科受験も可）	「日本史 B」「世界史 B」「地理 B」「政治・経済」から 1 科目選択	各 100 点
	数　　学		「数学 I・A」「数学 I・II・III・A・B」から 1 科目選択	
	国　　語		国語総合（古文，漢文を除く）・現代文 B	

応用生物	外 国 語	3教科選択 (4教科受験も可)	コミュニケーション英語Ⅰ・Ⅱ,英語表現Ⅰ	各100点
	数 学		「数学Ⅰ・A」「数学Ⅰ・Ⅱ・Ⅲ・A・B」から1科目選択	
	理 科		「物理基礎・物理」「化学基礎〈省略〉」「化学基礎・化学」「生物基礎」から1科目選択	
	国 語		国語総合(古文,漢文を除く)・現代文B	
生命健康科	外 国 語	3教科選択 (4教科受験も可)	コミュニケーション英語Ⅰ・Ⅱ,英語表現Ⅰ	各100点
	数 学		「数学Ⅰ・A」「数学Ⅰ・Ⅱ・Ⅲ・A・B」から1科目選択	
	理 科		「物理基礎〈省略〉」「物理基礎・物理」「化学基礎〈省略〉」「化学基礎・化学」「生物基礎」から1科目選択	
	国 語		国語総合(古文,漢文を除く)・現代文B	
現代教育	外 国 語	3教科選択 (4教科受験も可)	コミュニケーション英語Ⅰ・Ⅱ,英語表現Ⅰ	各100点
	地歴・公民・理科		「日本史B」「世界史B」「地理B」「政治・経済」「物理基礎〈省略〉」「物理基礎・物理」「化学基礎〈省略〉」「化学基礎・化学」「生物基礎」から1科目選択	
	数 学		「数学Ⅰ・A」「数学Ⅰ・Ⅱ・Ⅲ・A・B」から1科目選択	
	国 語		国語総合(古文,漢文を除く)・現代文B	

【BM 方式】

学部等	教 科		科 　 目	配 　 点
工・理工	数 　 学	必 　 須	数学 I・II・III・A・B	100 点
	外 国 語	1教科選択（2，3教科受験も可）	コミュニケーション英語 I・II，英語表現 I	100 点
	理 　 科		「物理基礎・物理」「化学基礎・化学」から1科目選択	
	国 　 語		国語総合（古文，漢文を除く）・現代文 B	
経営情報・人文（英語英米文化除く）	外 国 語	2教科選択（3，4教科受験も可）	コミュニケーション英語 I・II，英語表現 I	各 100 点
	地歴・公民		「日本史 B」「世界史 B」「地理 B」「政治・経済」から1科目選択	
	数 　 学		「数学 I・A」「数学 I・II・III・A・B」から1科目選択	
	国 　 語		国語総合（古文，漢文を除く）・現代文 B	
国際関係・人文（英語英米文化）	外 国 語	必 　 須	コミュニケーション英語 I・II，英語表現 I	人文(英語英米文化)：150 点　国際関係：100 点
	地歴・公民	1教科選択（2，3教科受験も可）	「日本史 B」「世界史 B」「地理 B」「政治・経済」から1科目選択	100 点
	数 　 学		「数学 I・A」「数学 I・II・III・A・B」から1科目選択	
	国 　 語		国語総合（古文，漢文を除く）・現代文 B	
応用生物	外 国 語	2教科選択（3，4教科受験も可）	コミュニケーション英語 I・II，英語表現 I	各 100 点
	数 　 学		「数学 I・A」「数学 I・II・III・A・B」から1科目選択	
	理 　 科		「物理基礎・物理」「化学基礎〈省略〉」「化学基礎・化学」「生物基礎」から1科目選択	
	国 　 語		国語総合（古文，漢文を除く）・現代文 B	

生命健康科	外　国　語	2教科選択 （3，4教科受験も可）	コミュニケーション英語Ⅰ・Ⅱ，英語表現Ⅰ	各100点
	数　　　学		「数学Ⅰ・A」「数学Ⅰ・Ⅱ・Ⅲ・A・B」から1科目選択	
	理　　　科		「物理基礎〈省略〉」「物理基礎・物理」「化学基礎〈省略〉」「化学基礎・化学」「生物基礎」から1科目選択	
	国　　　語		国語総合（古文，漢文を除く）・現代文B	
現代教育	外　国　語	2教科選択 （3，4教科受験も可）	コミュニケーション英語Ⅰ・Ⅱ，英語表現Ⅰ	各100点
	地歴·公民·理科		「日本史B」「世界史B」「地理B」「政治・経済」「物理基礎〈省略〉」「物理基礎・物理」「化学基礎〈省略〉」「化学基礎・化学」「生物基礎」から1科目選択	
	数　　　学		「数学Ⅰ・A」「数学Ⅰ・Ⅱ・Ⅲ・A・B」から1科目選択	
	国　　　語		国語総合（古文，漢文を除く）・現代文B	

▶備　考

• 解答方式は全問マークセンス方式。

• 【AM 方式】全学部とも必須科目を含む3教科以上を受験する。4教科とも受験した場合は，必須科目を含む高得点の3教科で合否判定を行う。

• 【BM 方式】全学部とも必須科目を含む2教科以上を受験する。3教科以上受験した場合は，必須科目を含む高得点の2教科で合否判定を行う。

【出題範囲】

「数学A」は「場合の数と確率，図形の性質」から出題する。

「数学B」は「数列，ベクトル」から出題する。

（60 分）

〔1〕次の文章を読み，下の設問に答えよ。

　　Norman Rockwell was born in New York City on February 3, 1894. He always wanted to
be an artist and started taking art classes at The New York School of Art when he was 14 years
old. He loved art so much that he quit high school when he was 16 to attend the National
Academy of Design, but later transferred to the Art Students League of New York. While he
was still a teenager, he became the art director for *Boy's Life,* the official publication for the Boy
Scouts of America.

　　Later, Rockwell moved to New Rochelle, New York, which was a place where many
artists lived. In 1916, he started selling his work to *The Saturday Evening Post*, which was a
weekly magazine at the time. In that same year, he married Irene O'Connor. They did not have
a particularly close relationship, and they had no children together. Eventually, they divorced
in January of 1930. He was looking forward to being a bachelor again but soon met Mary
Barstow and was married in April. Two years later, they had their first of three sons. Eventually
the family moved to Arlington, Vermont in 1939.

　　But what about Rockwell's art? Those in the art community did not seem to accept him as
an artist. His work was illustrations for magazines and advertisements. What he illustrated is
why he became popular and famous, but he was only appreciated by the public, not by the art
critics of the day. He painted life as he wanted it to be, but not necessarily how it was. The
scenes he depicted were the ideal America. His early works often showed mischievous children
and snapshots of what he felt life should be like.

　　In 1943, he produced his "Four Freedoms" paintings which were an inspiration from a
speech that President Roosevelt had given to Congress—the lawmakers elected by the
American people—in January 1941. This speech was about a vision for people all over the world
to have the freedom of speech and to choose the religion they wished to practice. It also was
about freedom from wants and fears. Rockwell tried to depict these freedoms in four different
paintings. They were used to help raise money to support the war effort because the United
States had entered World War II in December 1941. He did paint depictions of the war, but only
one of those showed men fighting and that picture showed a man with a gun. Some say the
reason for not showing men in action was because he wanted to feel loved.

　　In 1953, the Rockwell family moved to Stockbridge, Massachusetts mainly to help his
wife deal with her depression and alcoholism. Rockwell, worried about his wife, also sought out
counseling of his own. During this time, he developed a relationship with his doctor Erik

Erikson. This relationship influenced Rockwell's work, as he began illustrating his subjects with more sadness and emotion. Unfortunately, in 1959 Mary died.

In 1961, Rockwell met Molly Punderson—a retired school teacher. At this time in the U.S. there were problems between African-Americans and the white community. One of these problems was with school segregation—the separation of schools for African-Americans and whites. Some felt that the schools should be integrated, and Molly encouraged Rockwell to show that in his illustrations. Rockwell had always resisted controversial subjects saying that he did not want to disturb his audience, but with Molly's encouragement, he made a famous illustration of a young African-American girl being escorted to a white school. He also made illustrations in response to civil rights workers being murdered and housing integration.

On November 8, 1978, Norman Rockwell died at the age of 84. Over his six decades of work, he was able to see an America that changed quickly. If you ever find yourself in Stockbridge, be sure to visit the Norman Rockwell Museum to learn more about this artist who may not have been loved by his peers, but was loved by the people of the country he loved.

〔設問〕本文の内容と一致するように，次の空欄（ 1 ～ 10 ）に入れるのに最も適当なものを，
　　　それぞれ下の(ア)～(エ)のうちから一つずつ選べ。

Norman Rockwell was originally from 1 .

- (ア)　the countryside
- (イ)　a rural area
- (ウ)　a foreign country
- (エ)　an urban area

It seems Norman Rockwell did not have a very strong bond with his 2 .

- (ア)　children
- (イ)　parents
- (ウ)　first wife
- (エ)　second wife

Norman Rockwell's paintings 3 .

- (ア)　did not really show reality, but what he wanted his country to be like
- (イ)　were a true depiction of what life was like in the U.S. at that time
- (ウ)　helped raise money for charities that supported treatment of alcoholism
- (エ)　were never used to portray social issues of the time

The freedom to 4 was NOT one of the four freedoms Rockwell painted.

- (ア)　say what you want to say
- (イ)　not be afraid
- (ウ)　be able to own a gun
- (エ)　worship in the way you want

The Rockwell family 5 .

- (ア)　runs the Norman Rockwell Museum
- (イ)　relocated to Stockbridge because of Mary's health problems
- (ウ)　paints depictions of war, but resists controversial subjects
- (エ)　owns the magazines *Boy's Life* and *The Saturday Evening Post*

It is said that Norman Rockwell's relationships with 　6　 had an effect on his work.

- (ア)　Irene and Mary
- (イ)　Mary and Molly
- (ウ)　Erik and Mary
- (エ)　Molly and Erik

7 　was NOT mentioned as something Norman Rockwell illustrated.

- (ア)　The mixing of races in society
- (イ)　People being engaged in warfare
- (ウ)　Children being naughty
- (エ)　The murder of an African-American schoolgirl

Norman Rockwell was a painter and illustrator 　8　 .

- (ア)　mainly for the United States government
- (イ)　for about sixty years
- (ウ)　until his second wife died
- (エ)　because he was not good at other subjects in school

You can visit a place dedicated to honoring Norman Rockwell in 　9　 .

- (ア)　Massachusetts
- (イ)　Vermont
- (ウ)　New York
- (エ)　New Rochelle

The author suggests that Norman Rockwell 　10　 .

- (ア)　was popular with the public, but not with the art community
- (イ)　had a close relationship with his children, but not with any of his wives
- (ウ)　made illustrations that could be used to accurately see what life was like in America
- (エ)　enjoyed controversial subjects throughout his career

〔2〕次の空欄（ 11 ～ 20 ）に入れるのに最も適当なものを，それぞれ下の(ア)～(エ)のうちから
一つずつ選べ。

Kana walked along the street 11 with her brother.

　　(ア)　talk　　　　　　(イ)　talks　　　　　　(ウ)　talked　　　　　　(エ)　talking

Please let me know if you come up 12 a good name for the new product.

　　(ア)　on　　　　　　(イ)　to　　　　　　(ウ)　with　　　　　　(エ)　through

I always find it difficult to tell those two boys 13 .

　　(ア)　away　　　　　　(イ)　apart　　　　　　(ウ)　out　　　　　　(エ)　above

The boss told me to finish the work by the end of the day, 14 I found impossible.

　　(ア)　who　　　　　　(イ)　whom　　　　　　(ウ)　which　　　　　　(エ)　that

Something went wrong with Yoko's car, so she had to have it 15 last week.

　　(ア)　fix　　　　　　(イ)　fixed　　　　　　(ウ)　fixing　　　　　　(エ)　to fix

The students will 16 the assignment by the end of this month.

　　(ア)　finishing　　　　　　　　　　(イ)　be finished

　　(ウ)　have finished　　　　　　　　(エ)　have been finished

17 a little more effort, you could have passed this class.

　　(ア)　With　　　　　　(イ)　On　　　　　　(ウ)　To　　　　　　(エ)　In

Please be aware that you need to arrive an hour 18 departure.

　　(ア)　prior　　　　　　(イ)　before　　　　　　(ウ)　forward　　　　　　(エ)　backward

This is the town 19 Shakespeare was born.

　　(ア)　of where　　　　　　(イ)　in where　　　　　　(ウ)　of which　　　　　　(エ)　in which

Not until this morning did I 20 my mistake.

　　(ア)　realize　　　　　　(イ)　realized　　　　　　(ウ)　realizing　　　　　　(エ)　have realized

〔3〕次の対話が成り立つように，空欄（ 21 ～ 30 ）に入れるのに最も適当なものを，それぞれ下の㋐〜㋙のうちから一つずつ選べ。（同じ選択肢を 2 回以上使うことはない。選択肢は文頭にくる場合でも大文字で始まっているとは限らない。）

Hana and Joe are getting ready to go to a movie.

Hana: Joe, are you ready to go? The movie starts in about half an hour.

Joe: Almost, I just 21 and we can head out the door.

Hana: Seriously? When did you lose them?

Joe: I don't know, but they aren't on the key rack 22 .

Hana: Did you check the table beside your bed? You sometimes put them there.

Joe: Yeah, I 23 , but I didn't see them.

Hana: Hmm. What jacket did you wear yesterday?

Joe: I think I wore the brown one yesterday. 24 ?

Hana: Try checking the pockets of your jacket. Maybe you left them there.

Joe: I 25 my keys in my jacket, but I'll check ... huh, there they are. How'd you know?

Hana: Let's just call it a lucky guess.

㋐　already looked there

㋑　where I usually hang them

㋒　often like to place

㋓　have to find my keys

㋔　that I usually put them in

㋕　got my keys

㋖　found them there

㋗　what do you want

㋘　don't usually put

㋙　why do you ask

Yuta has brought his phone to the store for repairs.

Clerk: Welcome to T-phones, what can 26 ?

Yuta: Well, my phone stopped working suddenly, so I wanted to 27 .

Clerk: That's not a problem. Can I see your phone?

Yuta:　Sure, here it is. Do you need me to unlock it?

Clerk:　No, not yet. Just tell me ⎡28⎤ your phone.

Yuta:　Well, the top part of the screen is just black and doesn't show anything.

Clerk:　I see. Well, ⎡29⎤ , but it will cost about $15 to ship it, and if you need a new screen, it could cost anywhere from $100 to $200 for the repairs.

Yuta:　Wow, really? I ⎡30⎤ for that price!

Clerk:　That is probably a better option. Luckily, we are having a sale on newer models right now.

Yuta:　Alright, show me what's on sale.

(ア)　see if it can be fixed

(イ)　how often you usually use

(ウ)　could almost buy a new phone

(エ)　buy a new phone today

(オ)　we can send it for repairs

(カ)　you do for me

(キ)　what problem you are having with

(ク)　I do for you today

(ケ)　your phone can't be fixed

(コ)　could fix it by myself

〔4〕次の下線部（ 31 ～ 35 ）に最も近い意味を表すものを，それぞれ下の(ア)～(エ)のうちから
一つずつ選べ。

Not only academic performance, but on-the-job experience is also [31] taken into account.

(ア) filed　　　　　(イ) chosen　　　　(ウ) eliminated　　　(エ) considered

No one should be surprised that our marriage [32] broke up.

(ア) ended　　　　(イ) lasted　　　　(ウ) began　　　　(エ) strengthened

My computer is down so often that it is [33] far from useful.

(ア) pretty　　　　(イ) hardly　　　　(ウ) extremely　　　(エ) quite

The police took action immediately because people's lives were [34] at stake.

(ア) rescued　　　(イ) lost　　　　　(ウ) risked　　　　(エ) recovered

What do the letters "OHC" [35] stand for?

(ア) represent　　(イ) repeat　　　　(ウ) regard　　　　(エ) rewrite

〔5〕次の 36 ～ 40 について，正しい英文にするために枠内の語句を並べ替えるとき，空欄
A と空欄 B にくる語句の組み合わせとして正しいものをそれぞれ下の㋐～㋔のうち
から一つずつ選べ。（語句は文頭にくる場合でも大文字で始まっているとは限らない。）

36 We must think of a way to help farmers ____ A ____ B ____ the land better.

1. to	2. more	3. manage
4. resources to	5. find	

㋐　A-1　B-4　　　　　　㋑　A-5　B-4　　　　　　㋒　A-4　B-2

㋓　A-5　B-1　　　　　　㋔　A-4　B-1

37 It will probably ____ A ____ B ____ this investigation.

1. a couple	2. months	3. of
4. take	5. to complete	

㋐　A-5　B-1　　　　　　㋑　A-4　B-1　　　　　　㋒　A-5　B-2

㋓　A-4　B-5　　　　　　㋔　A-1　B-2

38 Nothing ____ A ____ B ____ ahead with our plans.

1. from	2. can	3. us
4. discourage	5. going	

㋐　A-5　B-3　　　　　　㋑　A-1　B-3　　　　　　㋒　A-4　B-1

㋓　A-4　B-5　　　　　　㋔　A-3　B-4

39 You are ____ A ____ B ____ of fifteen lessons.

1. to take	2. consists	3. which
4. required	5. an English course	

㋐　A-1　B-3　　　　　　㋑　A-4　B-2　　　　　　㋒　A-3　B-4

㋓　A-4　B-1　　　　　　㋔　A-1　B-4

40　____ [A] ____ [B] ____ in the past is often untrue.

1. was	2. considered	3. for our health
4. good	5. what	

(ア)　A-2　B-1　　　　(イ)　A-3　B-2　　　　(ウ)　A-4　B-3

(エ)　A-1　B-4　　　　(オ)　A-5　B-2

日本史

（60 分）

〔Ⅰ〕 次の文章Ａ・Ｂを読み，下の問い（問１〜５）に答えよ。

Ａ　人類の誕生は，約700万年前とされている。地質学でいう新第三紀の中新世後期である。人類は新第三紀から第四紀にかけて，道具をつくり，共同生活をするなかで言葉を発達させていった。第四紀では寒冷な氷期が繰り返され，少なくとも日本列島は２回，アジア大陸北東部と陸続きになったとみられる。この時代は，金属器を持たず，石を打ち欠いただけの(a)<u>打製石器</u>のみを用いた。この時代の遺跡が，日本列島において最初に学術調査によって確認されたのは，1949年，　1　遺跡においてである。

　その後，次第に温暖化が進み，海面も上昇し，約　2　万年前ころになると気候も現在に近いものとなった。この時代は地質学でいう完新世にあたる。こうした自然環境の変化に対応して，人びとの生活も大きく変わり，弓矢や土器，磨製石器をもった(b)<u>縄文文化</u>が成立した。

問１　文中の空欄　1　・　2　に入れるのに最も適当なものを，次のそれぞれの(ア)〜(エ)のうちから一つずつ選べ。

　　1　(ア)　板付　　　　　(イ)　岩宿　　　　　(ウ)　野尻湖　　　　　(エ)　吉野ヶ里

　　2　(ア)　1　　　　　　(イ)　3　　　　　　(ウ)　10　　　　　　(エ)　50

問２　下線部(a)「打製石器」の種類や使用の仕方について説明した文として誤っているものを，次の(ア)〜(エ)のうちから一つ選べ。

　　3　(ア)　狩猟にはナイフ形石器や尖頭器などの石器を棒の先につけた石槍を用いた。

　　　　(イ)　細石刃は一つの石核から多数の小石刃をはがしてつくった。

　　　　(ウ)　石皿はすり石やたたき石とともに出土し，木の実をすりつぶすために用いた。

　　　　(エ)　礫器や握槌は叩く・割る・削ることに用いられた。

問３　下線部(b)「縄文文化」についての文として誤っているものを，次の(ア)〜(エ)のうちから一つ選べ。

　　4　(ア)　死者の手足を折り曲げて埋葬する屈葬が広く行われていた。

　　　　(イ)　成人式などの通過儀礼と関係する抜歯の風習があった。

(ウ) 北九州では方形周溝墓がつくられるようになった。

(エ) 女性をかたどった土偶や，男性を表現した石棒が作られた。

B　約60年間にわたる南北朝の動乱は，　5　が室町幕府の将軍職につくころからおさまりはじめ，1392年には南北朝の合一が実現した。　5　はそれまで朝廷が掌握していた京都市中の警察権・民事裁判権や金融業者である　6　などに対する営業課税権，さらには臨時の課税として全国の田地の面積に応じて賦課する　7　の徴収権を幕府の管理下においた。また南北朝の動乱のなかで強大となった守護に対して，1399年には(c)中国地方の有力守護を討つなどして勢力を削減し，幕府の支配権を強化した。

問4　文中の空欄　5　～　7　に入れるのに最も適当なものを，次のそれぞれの(ア)～(エ)のうちから一つずつ選べ。

5　(ア) 足利直冬　　　(イ) 足利義教　　　(ウ) 足利義持　　　(エ) 足利義満

6　(ア) 土倉　　　　(イ) 両替商　　　　(ウ) 蔵元　　　　(エ) 金座

7　(ア) 年貢　　　　(イ) 撰銭　　　　　(ウ) 為替　　　　(エ) 段銭

問5　下線部(c)「中国地方の有力守護」の氏族の名称として最も適当なものを，次の(ア)～(エ)のうちから一つ選べ。

8　(ア) 大内　　　　(イ) 毛利　　　　　(ウ) 大友　　　　(エ) 土岐

〔Ⅱ〕次の文章を読み，下の問い（問1〜6）に答えよ。

　江戸時代に飢饉がたびたび起こった原因にはさまざまなことが指摘できる。自然条件としては，天候不順はもちろんのこと，虫害，(a)山の噴火による降灰などが大きな被害をもたらした。江戸時代の前期に，農業をめぐる社会的条件が大きく変化したことも関係がある。当時，(b)新田が次々に開発され，(c)新式の農具が普及し，新しい知識や技術を説く農書が出版され始めた。いまだ十分に肥沃とはいえない新田で，不慣れな方法で行う米作りでは，自然条件の変化に対応できないこともあったであろう。

　飢饉をきっかけに(d)百姓一揆や打ちこわしが続発したことは，飢饉が自然災害であるとともに人災でもあったことを物語っている。とりわけ天明の飢饉ではこれらが多発した。1787年，諸都市で激しい打ちこわしが起こった直後に老中となった 9 は，飢饉にそなえて各地に社倉や義倉をつくらせて(e)米穀を蓄えさせた。後に再び百姓一揆や打ちこわしが激増すると，陽明学者の大塩平八郎が 10 で，国学者の 11 が越後柏崎で蜂起した。

問1　文中の空欄 9 〜 11 に入れるのに最も適当なものを，次のそれぞれの(ア)〜(エ)のうちから一つずつ選べ。

9 (ア) 新井白石　(イ) 田沼意次　(ウ) 松平定信　(エ) 水野忠邦

10 (ア) 江戸　(イ) 名古屋　(ウ) 京都　(エ) 大坂

11 (ア) 伴信友　(イ) 塙保己一　(ウ) 生田万　(エ) 平田篤胤

問2　下線部(a)に関して，1783年に噴火し，関東，東北に大きな飢饉をもたらす一因となった山として最も適当なものを，次の(ア)〜(エ)のうちから一つ選べ。

12 (ア) 浅間山　(イ) 富士山　(ウ) 白山　(エ) 御岳

問3　下線部(b)に関して，新田開発について述べた文として最も適当なものを，次の(ア)〜(エ)のうちから一つ選べ。

13 (ア) 田畑の面積は17世紀初め以後の約100年間で10倍以上に増えた。
　　(イ) 開発された新田はすべて幕府の直轄地とされた。
　　(ウ) 享保の改革により商人による新田開発は禁止された。
　　(エ) 田沼時代に商人の力を借りて印旛沼，手賀沼の干拓が試みられた。

問4　下線部(c)に関して，江戸時代に普及した農具について述べた文として最も適当なものを，次の(ア)〜(エ)のうちから一つ選べ。

14 (ア) 中国から伝えられた龍骨車が普及し，踏車は姿を消した。

(イ) 千石簁が発明されて脱穀の能率が格段に上がった。

(ウ) 備中鍬はおもに田の荒おこしや開墾に用いられた。

(エ) 唐箕はわらを編んで作られた。

問5 下線部(d)に関して,複数の人物が円形に署名した要求文書の名称として最も適当なものを,次の(ア)～(エ)のうちから一つ選べ。

15 (ア) 傘連判状　　(イ) 御触書　　(ウ) 草双紙　　(エ) 札差

問6 下線部(e)に関して,このようにして蓄えられた米の名称として最も適当なものを,次の(ア)～(エ)のうちから一つ選べ。

16 (ア) 上げ米　　(イ) 切米　　(ウ) 蔵米　　(エ) 囲米

〔Ⅲ〕 次の文章を読み,下の問い(問1～4)に答えよ。

明治維新以降,新聞や雑誌が盛んに発行されるようになった。日本で最初に新聞と名付けられたものは,1862年に万屋兵四郎のもとから刊行された『バタビア新聞』である。これはバタビア(ジャカルタ)のオランダ政庁の機関誌から,幕府の 17 が記事を翻訳したもので,新聞というよりは海外情報を伝える雑誌に近いものであった。現在のような体裁をもつ日刊紙としては,1870年発刊の『横浜毎日新聞』が最初であり,前年に量産技術の導入に成功した 18 の鉛製活字が用いられた。

明治初期の雑誌としては,西洋近代思想の啓蒙的役割をはたした(a)『明六雑誌』があげられよう。また,平民的欧化主義を唱えた 19 は,民友社をおこして『国民之友』を発刊した。国家の独立と国民性を重視する近代的民族主義の運動をすすめる三宅雪嶺や志賀重昂らは,政教社を結成して 20 を発刊した。 19 や三宅らはともに,(b)明治政府の欧化主義や条約改正をめぐる政策を批判しつつ,互いに論争を繰り広げた。大正時代には自由主義的な思潮が高まり,(c)大正デモクラシー運動が展開した。明治後期に日本主義を唱え,日本の大陸進出を支持した高山樗牛らの雑誌も,『改造』や『中央公論』に押されて,ついには休刊となった。

大正時代には文壇にも新しい動きが見られた。武者小路実篤や有島武郎は,個人主義や人道主義をかかげて同人誌『白樺』を活動の場とし,耽美派と呼ばれた 21 や永井荷風は雑誌『スバル』によった。芥川龍之介ら東大生を中心に編集された『新思潮』では,理知的な眼で現実をとらえなおす新現実主義の文学が創られた。また夏目漱石門下の鈴木三重吉は,童話と童謡を創作する雑誌『赤い鳥』を創刊し,児童文学・綴方教育の発展に尽くした。

問1 文中の空欄 17 ～ 21 に入れるのに最も適当なものを,次のそれぞれの(ア)～(エ)のうちから一つずつ選べ。

17	(ア)	芝蘭堂	(イ)	長崎奉行	(ウ)	浦賀奉行	(エ)	蕃書調所
18	(ア)	本木昌造	(イ)	北里柴三郎	(ウ)	長岡半太郎	(エ)	西周
19	(ア)	福沢諭吉	(イ)	徳富蘇峰	(ウ)	板垣退助	(エ)	中村正直
20	(ア)	『日本人』	(イ)	『太陽』	(ウ)	『日本』	(エ)	『万朝報』
21	(ア)	菊池寛	(イ)	川端康成	(ウ)	志賀直哉	(エ)	谷崎潤一郎

問2　下線部(a)は明六社の機関誌であるが，明六社設立者のひとり森有礼は後に文部大臣となって近代教育制度を改革した。森有礼がおこなった教育改革として最も適当なものを，次の(ア)～(エ)のうちから一つ選べ。

22　(ア)　フランスの制度にならい，全国を8大学区にわけて，その下に中学区，小学区を設置した。

　　(イ)　帝国大学令・師範学校令・中学校令・小学校令が公布され，学校体系が整備された。

　　(ウ)　アメリカの教育制度にならい，義務教育年限を16か月とした。

　　(エ)　9年間の義務教育を含めた六・三・三・四制の学校体系を設けた。

問3　下線部(b)に関して，鹿鳴館での舞踏会などを積極的に外交交渉に利用した外相として最も適当なものを，次の(ア)～(エ)のうちから一つ選べ。

23　(ア)　大隈重信　　(イ)　寺島宗則　　(ウ)　井上馨　　(エ)　青木周蔵

問4　下線部(c)に関して，普選運動の実施やシベリア出兵反対，朝鮮の植民地化反対などの主張を『東洋経済新報』で展開した人物として最も適当なものを，次の(ア)～(エ)のうちから一つ選べ。

24　(ア)　新渡戸稲造　　(イ)　吉野作造　　(ウ)　美濃部達吉　　(エ)　石橋湛山

〔Ⅳ〕次の文章は，1951 年 9 月 8 日，サンフランシスコで調印された日本国とアメリカ合衆国との間の安全保障条約（1952 年 4 月 28 日発効。1960 年改訂）から抜粋したものである。これを読み，文章中の空欄 25 ～ 32 に入れるのに最も適当なものを，下のそれぞれの(ア)～(エ)のうちから一つずつ選べ。

　　日本国は，本日連合国との 25 に署名した。日本国は，武装を解除されているので， 25 の効力発生の時において固有の 26 を行使する有効な手段をもたない。

　　無責任な 27 がまだ世界から駆逐されていないので，前記の状態にある日本国には危険がある。よつて，日本国は 25 が日本国とアメリカ合衆国の間に効力を生ずるのと同時に効力を生ずべきアメリカ合衆国との安全保障条約を希望する。

　　 25 は，日本国が主権国として 28 取極を締結する権利を有することを承認し，さらに， 29 は，すべての国が個別的及び集団的自衛の固有の権利を有することを承認している。

　　これらの権利の行使として，日本国は，その防衛のための暫定措置として，日本国に対する武力攻撃を阻止するため日本国内及びその附近にアメリカ合衆国がその軍隊を維持することを希望する。

　　アメリカ合衆国は，平和と安全のために，現在，若干の自国軍隊を日本国内及びその附近に維持する意思がある。但し，アメリカ合衆国は，日本国が，攻撃的な脅威となり又は 29 の目的及び原則に従つて平和と安全を増進すること以外に用いられうべき軍備をもつことを常に避けつつ，直接及び間接の侵略に対する自国の防衛のため漸増的に自ら責任を負うことを期待する。

　　よつて，両国は，次のとおり協定した。

第一条 25 及びこの条約の効力発生と同時に，アメリカ合衆国の陸軍，空軍及び海軍を日本国内及びその附近に配備する権利を，日本国は，許与し，アメリカ合衆国は，これを受諾する。この軍隊は， 30 に寄与し，並びに，一又は二以上の外部の国による教唆又は干渉によつて引き起された日本国における大規模の内乱及び騒じようを鎮圧するため日本国政府の明示の要請に応じて与えられる援助を含めて，外部からの武力攻撃に対する日本国の安全に寄与するために使用することができる。

第二条 （略）

第三条 アメリカ合衆国の軍隊の日本国内及びその附近における配備を規律する条件は，両政府間の 31 で決定する。

第四条・第五条 （略）

　　以上の証拠として，下名の全権委員は，この条約に署名した。
　　1951 年 9 月 8 日にサン・フランシスコ市で，日本語及び英語により，本書二通を作成した。

日本国のために

32

アメリカ合衆国のために

ディーン・アチソン

ジョージ・フォスター・ダレス　（以下略）

25　(ア)　通商条約　　　　(イ)　降伏文書　　　　(ウ)　停戦協定　　　　(エ)　平和条約

26　(ア)　自由通行権　　　(イ)　自衛権　　　　　(ウ)　裁判権　　　　　(エ)　通商権

27　(ア)　軍国主義　　　　(イ)　共和主義　　　　(ウ)　ファシズム　　　(エ)　資本主義

28　(ア)　排他的経済水域　　　　　　　　(イ)　集団的安全保障
　　(ウ)　保護関税　　　　　　　　　　　(エ)　合同演習

29　(ア)　ジュネーブ協定　　　　　　　　(イ)　国際連合憲章
　　(ウ)　国際連盟規約　　　　　　　　　(エ)　ベルサイユ条約

30　(ア)　日本国領域内における国際の平和と安全の維持
　　(イ)　極東における国際の平和と安全の維持
　　(ウ)　太平洋における国際の平和と安全の維持
　　(エ)　全世界における国際の平和と安全の維持

31　(ア)　友好中立条約　　　　　　　　　(イ)　犯罪人引渡し条約
　　(ウ)　関税協定　　　　　　　　　　　(エ)　行政協定

32　(ア)　幣原喜重郎　　　(イ)　吉田茂　　　　　(ウ)　鳩山一郎　　　　(エ)　池田勇人

■世界史■

（60 分）

〔Ⅰ〕 次の文章を読み，下の問い（問1～5）に答えよ。

　　中国の学問は，「文史哲」と総称されるように，文学と史学，哲学を中心に発達した。歴史上，まず春秋・戦国時代には(a)諸子百家と呼ばれる多くの思想家や学派が登場した。(b)文学では，春秋・戦国時代に中国最古の詩集とされる　1　が成立した。対句を用いた華やかな四六駢儷体は魏晋南北朝時代の特色ある文体であり，その作品が梁の昭明太子が編纂した　2　に収められている。(c)唐詩の他，宋代に流行した詞（宋詞）や，　3　を代表作とする元曲も，中国文学史の中で重要な位置づけにある。史学では，まず(d)正史を挙げねばならない。王朝国家の編纂による一連の歴史書は，最も正統と認められたものという意味で正史と呼ばれ，紀伝体の形式で書かれている。これに対して，司馬光が編纂した　4　は編年体で著わされている。

問1　文中の空欄　1　～　4　に入れるものとして正しいものを，次のそれぞれの(ア)～(エ)のうちから一つずつ選べ。

1	(ア)	『西廂記』	(イ)	『詩経』	(ウ)	『資治通鑑』	(エ)	『文選』

2	(ア)	『西廂記』	(イ)	『詩経』	(ウ)	『資治通鑑』	(エ)	『文選』

3	(ア)	『西廂記』	(イ)	『詩経』	(ウ)	『資治通鑑』	(エ)	『文選』

4	(ア)	『西廂記』	(イ)	『詩経』	(ウ)	『資治通鑑』	(エ)	『文選』

問2　下線部(a)に関連して，儒学について述べた次の文 a～c が，年代の古いものから順に正しく配列されているものを，下の(ア)～(カ)のうちから一つ選べ。

a　王守仁（王陽明）が，知行合一を説いた。

b　鄭玄が，訓詁学を発展させた。

c　朱熹が，朱子学を大成した。

5	(ア)	a → b → c
	(イ)	a → c → b
	(ウ)	b → a → c
	(エ)	b → c → a

(オ) c → a → b

(カ) c → b → a

問3 下線部(b)に関連して，世界史上の文学作品とその作者について述べた文として誤っているものを，次の(ア)～(エ)のうちから一つ選べ。

6 (ア) トルストイが，『罪と罰』を著わした。

(イ) ウマル・ハイヤームが，『ルバイヤート』を著わした。

(ウ) ミルトンが，『失楽園』を著わした。

(エ) 魯迅が，『狂人日記』を著わした。

問4 下線部(c)に関連して，唐代の書画について述べた文として正しいものを，次の(ア)～(エ)のうちから一つ選べ。

7 (ア) 蘇軾が，「墨竹図」を描いた。

(イ) 顔真卿が，重厚な書体を残した。

(ウ) 徽宗が，「桃鳩図」を描いた。

(エ) 王羲之が，典雅な書風を残した。

問5 下線部(d)について述べた次の文中の空欄 a と b に入れる語の組合せとして正しいものを，下の(ア)～(エ)のうちから一つ選べ。

漢代以前の歴史を現在のわれわれに伝える最も重要な書物が a である。この史書は，司馬遷によって b の時期にまとめられたものであり，優れた人物描写を通じて動乱の時代を鮮やかに描き出している。

8 (ア) a － 『史記』，b － 始皇帝

(イ) a － 『史記』，b － 武帝

(ウ) a － 『漢書』，b － 始皇帝

(エ) a － 『漢書』，b － 武帝

〔Ⅱ〕　次の文章を読み，下の問い（問1〜6）に答えよ。

　　ユーラシア大陸では，広大な領土を持つ国や王朝が多く興亡した。13世紀初めにモンゴル高原から興り，(a)チンギス・ハンやその子孫たちによる遠征の結果，中国から東ヨーロッパに至るまでの領域を支配したモンゴル帝国がその一つである。モンゴル帝国の成立は(b)東西交流を活発化させた。一方で，(c)帝国内の各政権は，(d)地域ごとに独自の歴史を歩んだ。14世紀半ばごろから帝国内の各地で政権が動揺するが，これに乗じて存在感を強め，支配領域を広げたのがティムールである。ティムールは　9　でオスマン軍を破るなど，長距離の遠征を経てアナトリアから北インドに至る領域を支配した。ティムールの死後，ティムール朝は内紛が絶えなかったが，中心都市サマルカンドはモスク・マドラサ・隊商宿・病院のほか　10　が建設した天文台を備え，中央アジアの商業・学芸の中心として繁栄した。ティムール朝は16世紀初めにトルコ系の　11　人の攻撃を受け滅亡するが，このときティムール朝の王子バーブルがインドに進み，創始したのが(e)ムガル帝国であった。

問1　文中の空欄　9　〜　11　に入れるものとして正しいものを，次のそれぞれの(ア)〜(エ)のうちから一つずつ選べ。

　　9　(ア)　クレシーの戦い　　　　(イ)　アンカラの戦い　　　　(ウ)　ニコポリスの戦い
　　　　(エ)　プラタイアの戦い

　　10　(ア)　ウルグ・ベク　　　　　　　　(イ)　ラシード・アッディーン
　　　　(ウ)　イブン・シーナー　　　　　　(エ)　アブー・バクル

　　11　(ア)　ウイグル　　　(イ)　ナイマン　　　(ウ)　スキタイ　　　(エ)　ウズベク

問2　下線部(a)について述べた次の文a〜cが，年代の古いものから順に正しく配列されているものを，下の(ア)〜(カ)のうちから一つ選べ。

　　a　バトゥが，ドイツ・ポーランド連合軍を破った。
　　b　フラグが，アッバース朝を滅ぼした。
　　c　オゴタイが，金を滅ぼした。

　　12　(ア)　a　→　b　→　c
　　　　(イ)　a　→　c　→　b
　　　　(ウ)　b　→　a　→　c
　　　　(エ)　b　→　c　→　a
　　　　(オ)　c　→　a　→　b
　　　　(カ)　c　→　b　→　a

問3　下線部(b)について述べた次の文 a と b の正誤の組合せとして正しいものを，下の㋐～㋓の
うちから一つ選べ。

13

a　マルコ・ポーロが，大都を訪れてその見聞を『三大陸周遊記』としてまとめた。

b　郭守敬が，イスラームの天文学を取り入れて授時暦を作った。

　㋐　a － 正　　b － 正

　㋑　a － 正　　b － 誤

　㋒　a － 誤　　b － 正

　㋓　a － 誤　　b － 誤

問4　下線部(c)について述べた文として誤っているものを，次の㋐～㋓のうちから一つ選べ。

14

　㋐　イル・ハン国で，ヒンドゥー教が国教に定められた。

　㋑　チャガタイ・ハン国が，トルキスタンで勢力を確立した。

　㋒　キプチャク・ハン国が，キエフ公国を支配下に置いた。

　㋓　元で，交鈔が発行された。

問5　下線部(d)に関連して，元について述べた次の文中の空欄 a と b に入れる語の組合せとして
正しいものを，下の㋐～㋓のうちから一つ選べ。

　元は，東アジア各地に遠征軍を派遣したが，日本やベトナム北部の　a　などから強い抵抗を
受け，東アジアにおける元の影響力は限定的なものにとどまった。14世紀半ばには，元の内部で
も　b　をはじめとする反乱が起こった。やがて明に大都を奪われた元は，モンゴル高原に退い
た。

15

　㋐　a － 大越国，　b － 紅巾の乱

　㋑　a － 大越国，　b － 黄巣の乱

　㋒　a － マジャパヒト王国，　b － 紅巾の乱

　㋓　a － マジャパヒト王国，　b － 黄巣の乱

問6　下線部(e)について述べた文として正しいものを，次の㋐～㋓のうちから一つ選べ。

16

　㋐　アルハンブラ宮殿が造営された。

　㋑　バーブ教徒が武装蜂起した。

　㋒　マンサブダール制が採られた。

　㋓　黒旗軍が組織された。

〔Ⅲ〕 次の文章を読み，下の問い（問1〜6）に答えよ。

　　ソ連では，1924年にレーニンが亡くなると，その後継をめぐって(a)権力闘争がみられた。ス
ターリンは一国社会主義を主張し，世界革命の必要性を説く [17] を党から除名して支配権を固
めていった。1928年，スターリンは第1次五カ年計画を開始し，重工業の建設と(b)農業の集団化
を推進した。第2次五カ年計画が終わる1937年には，ソ連の工業生産高はアメリカに次ぐ世界第
2位となった。この計画経済の成果は，資本主義国からも注目され，イギリスのフェビアン社会
主義者 [18] は，ソ連を訪問した後，ソ連型経済を高く評価した。

　　しかし，その陰でスターリンは，集団化で数多くの農民を餓死させ，反対派の粛清や官僚主義，
個人崇拝の傾向を強めていた。1936年にスターリン憲法が発布されたが，(c)憲法の民主的な規定
はほとんど守られなかった。1953年にスターリンが亡くなると， [19] は1956年に(d)スターリン
批判を行ない，(e)冷戦状態にあったアメリカとの緊張関係が一時的にゆるんだ。

問1　文中の空欄 [17] 〜 [19] に入れるものとして正しいものを，次のそれぞれの(ア)〜(エ)のう
　　ちから一つずつ選べ。

[17]　(ア) マルクス　　　　(イ) ストルイピン　　　(ウ) ケレンスキー　　　(エ) トロツキー

[18]　(ア) ディケンズ　　　　　　(イ) ワイルド　　　　　　(ウ) ロバート・オーウェン
　　　(エ) ウェッブ

[19]　(ア) ブレジネフ　　　(イ) フルシチョフ　　　(ウ) ゴルバチョフ　　　(エ) エリツィン

問2　下線部(a)について述べた文として正しいものを，次の(ア)〜(エ)のうちから一つ選べ。

[20]　(ア) エジプト革命で，ディアス政権が打倒された。
　　　(イ) 文化大革命で，劉少奇が失脚した。
　　　(ウ) カストロ政権が，バティスタの起こした革命で崩壊した。
　　　(エ) スペイン内戦時に，アサーニャが独裁体制を確立した。

問3　下線部(b)について述べた次の文aとbの正誤の組合せとして正しいものを，下の(ア)〜(エ)の
　　うちから一つ選べ。

　　a　穀物増産を目的に，土地・家畜・農具を共有するコルホーズが組織された。
　　b　ミールという国営農場が，シベリアや中央アジアに導入された。

[21]　(ア) a－正　b－正
　　　(イ) a－正　b－誤
　　　(ウ) a－誤　b－正
　　　(エ) a－誤　b－誤

問4 下線部(c)に関連して，世界史上の法制度について述べた文として正しいものを，次の(ア)～(エ)のうちから一つ選べ。

22 (ア) 洪武帝が，明律を制定した。

    (イ) ムガル帝国で，ミドハト憲法が制定された。

    (ウ) エリザベス1世が，社会主義者鎮圧法を廃止した。

    (エ) オスマン帝国で，ホルテンシウス法が制定された。

問5 下線部(d)に関連して，ソ連での脱スターリン路線が引き起こした自由化運動や反ソ連運動について述べた文として誤っているものを，次の(ア)～(エ)のうちから一つ選べ。

23 (ア) ハンガリーで，労働者らが生活改善や民主化を求める暴動を起こした。

    (イ) ブルガリアで，ドプチェク政権が成立した。

    (ウ) ポーランドで，ポズナニ暴動が起こった。

    (エ) アルバニアが，ソ連と断交した。

問6 下線部(e)の時期に起こった出来事について述べた文として誤っているものを，次の(ア)～(エ)のうちから一つ選べ。

24 (ア) 日米安全保障条約が結ばれた。

    (イ) ホー・チ・ミンが，ベトナム青年革命同志会を結成した。

    (ウ) イラクで，サダム・フセインが大統領になった。

    (エ) インドネシアで，九・三〇事件が起こった。

〔Ⅳ〕 次の文章を読み，下の問い（問 1 ～ 6）に答えよ。

　産業革命をいち早く成し遂げた(a)イギリスでは，19世紀前半，産業資本家の強い経済力を基盤に様々な自由主義的改革が試みられた。1828年，非国教徒が公職に就くことを禁止した審査法が廃止され，さらに(b)アイルランド出身の 25 の尽力により1829年にカトリック教徒解放法が成立した。1830年代には(c)都市人口が増大し，労働者階級も数を増した。1832年の第 1 回選挙法改正で選挙権を得られなかった都市労働者を中心に(d)チャーティスト運動が盛り上がり，段階的に参政権が拡大された。1846年には(e)ヨーロッパ大陸からの輸入穀物に高い関税をかけて国内の地主を保護した穀物法が廃止された。また 26 が1651年に発布した航海法も1849年に廃止されたことで，イギリスは自由貿易体制を確立し， 27 の治世の下，「パックス・ブリタニカ」を実現した。

問 1　文中の空欄 25 ～ 27 に入れるものとして正しいものを，次のそれぞれの(ア)～(エ)のうちから一つずつ選べ。

　25　(ア) コブデン　　　(イ) ブライト　　　(ウ) オコンネル　　　(エ) デ・ヴァレラ

　26　(ア) チャールズ 1 世　　　(イ) クロムウェル　　　(ウ) ウォルポール
　　　(エ) ジェームズ 2 世

　27　(ア) ジョージ 3 世　　　(イ) アン女王　　　(ウ) ヴィクトリア女王
　　　(エ) ジョージ 5 世

問 2　下線部(a)の歴史について述べた文として正しいものを，次の(ア)～(エ)のうちから一つ選べ。

　28　(ア) エドワード 3 世が，東インド会社を設立した。
　　　(イ) アルゼンチンとの間に，フォークランド紛争を起こした。
　　　(ウ) エドワード 1 世が，ノルマン朝を建てた。
　　　(エ) トマス・モアが，『ハムレット』を書いた。

問 3　下線部(b)について述べた次の文中の空欄 a と b に入れる語の組合せとして正しいものを，下の(ア)～(エ)のうちから一つ選べ。

　イギリスでは自由党の a が19世紀末にアイルランド自治法案を議会に提出したが，決着がつかなかった。これに対して，アイルランドで民族意識が高まると，1905年に民族主義政党の b が設立された。

　29　(ア) a －グラッドストン，b －シン・フェイン党
　　　(イ) a －グラッドストン，b －緑の党
　　　(ウ) a －アトリー，b －シン・フェイン党

(エ)　a－アトリー，b－緑の党

問4　下線部(c)について述べた文として誤っているものを，次の(ア)～(エ)のうちから一つ選べ。

30　(ア)　ロンドンで，第1回万国博覧会が開催された。

(イ)　サンフランシスコに，国際連合の本部が置かれた。

(ウ)　オランダが，北米植民地にニューアムステルダムを建設した。

(エ)　マラケシュが，ムワッヒド朝の首都となった。

問5　下線部(d)に関連して，1839年に議会に提出された「人民憲章」の6項目に含まれないものを，次の(ア)～(エ)のうちから一つ選べ。

31　(ア)　男性普通選挙

(イ)　議員の財産資格の廃止

(ウ)　秘密投票（無記名投票）

(エ)　30歳以上の女性の投票権

問6　下線部(e)に関連して，19世紀のヨーロッパで起こった出来事について述べた文として誤っているものを，次の(ア)～(エ)のうちから一つ選べ。

32　(ア)　フランスが，クリミア戦争に参加した。

(イ)　ブルガリアが，独立を宣言した。

(ウ)　イギリスが，3C政策を進めた。

(エ)　サルデーニャ王国が，ロンバルディアを獲得した。

地理

（60 分）

〔Ⅰ〕　次の文章を読み，下の問い（問 1 ～ 11）に答えよ。

　　(a)鉄鋼業では，高炉の技術革新や鉱石専用船による安価な原料輸入などにより，炭田指向の必要性が低下し，立地場所に変化がみられるようになった。ヨーロッパでは，(b)フランス，イタリアなどの臨海部に港湾指向の銑鋼一貫製鉄所が建設された。現在では，鉄鋼業の生産の中心は東アジアへ移っている。(c)石油化学工業は，原油の精製過程で生成される(d)ナフサなどを主原料に，化学繊維などの化学製品をつくる工業であり，市場の近くで，原料の輸入に便利な臨海部に立地する。また，総合組立型工業である自動車工業は工場や企業間での分業が進みやすく，(e)関連工場や下請工場が集中する傾向がある。同じ組立型工業である電気機械工業は労働集約的な側面が強く，(f)中国や東南アジアで生産量が増加している。

　　付加価値の低い製品の製造は，先進国から発展途上国へと移っていった。そうして(g)新興工業経済地域が発展するなか，先進工業国では，多額の研究開発費を投じて，知識により利益を生み出す知識産業への転換が進められている。アメリカ合衆国や，ヨーロッパの地中海沿岸などでは，(h)研究開発型の企業や工場の集中する地域がみられる。日本では，(i)アニメやゲームソフトなどを制作する産業や大学ベンチャーとよばれる企業などが次々と生まれている。多国籍企業では，企業内での地域分業の再編が行われ，(j)生産部門を切り離す企業も現れている。このような知識集約化の一方，(k)イタリアでは伝統工芸技術や中小企業のネットワークの重要性が見直され，製品開発と生産が進められている。

問 1　下線部(a)に関して，次の表は粗鋼の生産量（2010年・2020年）の上位 5 か国（2020年現在）を示したものである。表中の A・B に該当する国の組み合わせとして最も適当なものを，下の(ア)～(エ)のうちから一つ選べ。

国　　　　名	2010年 （千 t ）	2020年 （千 t ）
A	638,743	1,052,999
イ　ン　ド	68,976	99,570
B	109,599	83,194
ロ　シ　ア	66,942	73,400
アメリカ合衆国	80,495	72,690

『世界国勢図会　2021/2022』矢野恒太記念会による。

1

	A	B
(ア)	中　国	ベトナム
(イ)	日　本	中　国
(ウ)	中　国	日　本
(エ)	ブラジル	ベトナム

問2　下線部(b)に関して，フランスとイタリアの港湾・工業都市の組み合わせとして最も適当なものを，次の(ア)～(エ)のうちから一つ選べ。

2

	フランス	イタリア
(ア)	ダンケルク	タラント
(イ)	タラント	フォス
(ウ)	ダンケルク	フォス
(エ)	タラント	ダンケルク

問3　下線部(c)「石油化学工業」の立地についての説明として**誤っている**ものを，次の(ア)～(エ)のうちから一つ選べ。

3　(ア)　油田地帯であるペルシャ湾岸などの原料産地にも立地する。

(イ)　デンマークのユーロポートやカナダのヒューストンに立地する。

(ウ)　日本では，太平洋ベルト地帯などに立地する。

(エ)　鹿島・川崎・大分では石油化学・鉄鋼の両方のコンビナートが立地する。

問4　下線部(d)に関して，次の表はナフサの生産量（2018年）の上位5か国を示したものである。表中のC・Dに該当する国の組み合わせとして最も適当なものを，下の(ア)～(エ)のうちから一つ

選べ。

国　名	生産量 （万 t）	世界シェア （％）
C	6,026	20.2
D	3,693	12.4
ロシア	2,724	9.1
インド	1,854	6.2
日　本	1,239	4.2

『地理統計要覧　2022年版』二宮書店による。

4

	C	D
(ア)	アメリカ合衆国	中　　　国
(イ)	中　　　国	オ ラ ン ダ
(ウ)	韓　　　国	アメリカ合衆国
(エ)	中　　　国	韓　　　国

問5　下線部(e)に関して，このような傾向がみられる自動車工業が集積する都市として誤っているものを，次の(ア)～(エ)のうちから一つ選べ。

5　　(ア)　デトロイト　　　　　(イ)　ヴォルフスブルク　　　(ウ)　マルセイユ
　　　(エ)　豊田

問6　下線部(f)に関して，次の表はアジアの主な国における薄型テレビの生産量（2003年・2015年）を示したものである。表中のE・Fに該当する国の組み合わせとして最も適当なものを，下の(ア)～(エ)のうちから一つ選べ。

国　名	2003年 （万台）	2015年 （万台）
E	5,102	10,513
F	1,323	902
タ　イ	1,177	675
インドネシア	519	504
韓　国	713	343

『地理統計要覧　2022年版』二宮書店による。

6

	E	F
(ア)	中　　　国	日　　　本
(イ)	日　　　本	マレーシア
(ウ)	中　　　国	マレーシア
(エ)	マレーシア	中　　　国

問7　下線部(g)に関して，アジアNIEsに含まれる国として最も適当なものを，次の(ア)〜(エ)のうちから一つ選べ。

7　　(ア)　タイ　　　　　　(イ)　シンガポール　　　(ウ)　マレーシア　　　(エ)　インドネシア

問8　下線部(h)に関して，アメリカ合衆国のテキサス州で，集積回路や航空宇宙産業などの先端技術産業が集積している地域の呼称として最も適当なものを，次の(ア)〜(エ)のうちから一つ選べ。

8　　(ア)　シリコンプレーン　　　　　　　　(イ)　リサーチトライアングルパーク
　　　(ウ)　シリコンデザート　　　　　　　　(エ)　シリコンヴァレー

問9　下線部(i)に関して，このような産業の呼称として最も適当なものを，次の(ア)〜(エ)のうちから一つ選べ。

9　　(ア)　アパレル産業　　　　(イ)　コンテンツ産業　　　(ウ)　エレクトロニクス産業
　　　(エ)　バイオ産業

問10　下線部(j)に関して，多大な設備投資を必要とする生産部門を切り離し，企画や開発に特化した企業の呼称として最も適当なものを，次の(ア)〜(エ)のうちから一つ選べ。

10　　(ア)　合弁企業　　　　(イ)　EMS企業　　　(ウ)　ファブレス企業
　　　(エ)　サテライトオフィス

問11　下線部(k)に関して，このように中小企業や職人による伝統工芸を中心とした産業に特色をもつヴェネツィア，フィレンツェなどの地域の呼称として最も適当なものを，次の(ア)〜(エ)のうちから一つ選べ。

11　　(ア)　第1のイタリア　　　　(イ)　第2のイタリア　　　(ウ)　第3のイタリア
　　　(エ)　第4のイタリア

〔Ⅱ〕次の文章を読み，下の問い（問1〜3）に答えよ。

　宇宙から見ると球体である地球も，大地に立てば，もっとも高いエベレスト（標高 12 m）から，もっとも深いマリアナ海溝の 13 mまで，大きな高低差をもち，かつ複雑で変化に富んでいる。こうした地形が生じる大きなメカニズムを説明する理論であるプレートテクトニクスは，14 の大陸移動説をきっかけとして発展した。プレートテクトニクスによれば，地球の表層部は複数の(a)プレートによって構成されており，その移動によって大地形が生じると理解されている。プレートの接触する地域は変動帯とよばれ，例えば，15 山脈などでは今も活発な造山運動が続いていると考えられている。逆に，長期間にわたり大きな地殻変動がなかった安定陸塊では，長年の侵食と堆積作用の繰り返しのなかで卓状地などが形成される。卓状地が傾き，柔らかい地層が侵食されると，16 とよばれる特徴的な地形が形成される。17 などは，16 に位置する代表的な都市として有名である。

問1　文中の空欄 12 〜 17 に入れるのに最も適当なものを，次のそれぞれの(ア)〜(エ)のうちから一つずつ選べ。

12　(ア) 6545　(イ) 7231　(ウ) 8848　(エ) 9226

13　(ア) 2310　(イ) 4623　(ウ) 8435　(エ) 10920

14　(ア) ウェゲナー　(イ) ヒラリー　(ウ) ケッペン　(エ) カント

15　(ア) ヒマラヤ　(イ) ウラル　(ウ) アパラチア
　　(エ) スカンディナヴィア

16　(ア) カール　(イ) ケスタ　(ウ) メサ　(エ) デルタ

17　(ア) ローマ　(イ) リマ　(ウ) カイロ　(エ) パリ

問2　下線部(a)「プレート」についての説明として最も適当なものを，次の(ア)〜(エ)のうちから一つ選べ。

18　(ア) 大陸プレートの方が海洋プレートよりも厚さは薄い。
　　(イ) 海洋プレートの方が大陸プレートよりも密度が高い。
　　(ウ) プレートはある程度柔軟で伸張する柔らかいものとして捉えられている。
　　(エ) プレートが移動するのは，火山活動によるところが大きい。

問3　下線部(a)に関して，日本列島とプレートの関係の説明として最も適当なものを，次の(ア)〜(エ)のうちから一つ選べ。

19　(ア) ナスカプレート，ユーラシアプレートと太平洋プレートの3つが接する地域に立地

している。

(イ) ユーラシアプレート，インド・オーストラリアプレート，太平洋プレートの３つが接する地域に立地している。

(ウ) ユーラシアプレート，インド・オーストラリアプレート，太平洋プレート，北アメリカプレートの４つが接する地域に立地している。

(エ) ユーラシアプレート，フィリピン海プレート，太平洋プレート，北アメリカプレートの４つが接する地域に立地している。

〔Ⅲ〕 次の文章を読み，下の問い（問１〜３）に答えよ。

　集落は，人々が一定の場所に集まり居住する，村落や都市の総称である。現代は大都市への人口集中や(a)そこで起こるさまざまな社会問題に注目が集まり，村落についてはやや等閑視されているように思われる。しかし，古く成立した村落は，地域の自然環境に適応しながら，立地場所が考慮されていることが多く，人間と自然環境の関わりを考える上で重要である。

　例えば，日本では水の得やすい河川沿いや，| 20 |の下端部分に集落が立地することが知られ，また沖積平野では災害に備えて，| 21 |などの微高地が選択された。このような災害を避ける集落立地は，居住する人々の経験に裏打ちされた「知恵」としての側面も認められる。また，関東平野周辺部の山地と平野の境界に立地する| 22 |などは，交通の要地としての社会条件が立地に影響を与えている。

　村落の形態も，さまざまな条件により異なっている。とくに村落内の家屋分布の様相から，集村と散村に二分される。集村は，日本やアジアのように稲作に伴う共同作業のみられる地域や，そのほか共同体の意識が強い地域にもみられるとの説がある。それだけでなく，防御の必要がある地域でも形成され，日本の奈良盆地にみられる| 23 |などはそのよい例である。また，道路沿いに形成される路村形態を持つ村落も集村と言える。(b)日本では新田集落の一部も同様の形態を取る。

　他方，家屋が一戸ずつ分散する散村は，各農家の周囲に農地を集めやすいなどの利点があるが，日本ではやや特殊な村落として関心を集めてきた。例えば，富山県にある| 24 |の散村景観はよく知られている。海外では，| 25 |などにみられるタウンシップ制の計画的な土地区画が作られた地域にみられることがある。

問１　文中の空欄| 20 |〜| 25 |に入れるのに最も適当なものを，次のそれぞれの(ア)〜(エ)のうちから一つずつ選べ。

| 20 | (ア) 扇状地　　(イ) 陸繋島　　(ウ) 断層　　(エ) 砂州

| 21 | (ア) 三日月湖　　(イ) 自然堤防　　(ウ) 後背湿地　　(エ) 三角州

22	㈦　輪中	㈣　広場村	㈡　条里制集落	㈢　谷口集落
23	㈦　林地村	㈣　環濠集落	㈡　丘上集落	㈢　屯田兵村
24	㈦　庄内平野	㈣　濃尾平野	㈡　砺波平野	㈢　讃岐平野
25	㈦　アメリカ合衆国	㈣　インド	㈡　イタリア	
	㈢　フィリピン			

問2　下線部(a)に関して，大都市地域にみられる社会問題として誤っているものを，次の㈦〜㈢のうちから一つ選べ。

26	㈦　スラム	㈣　インナーシティ問題	㈡　過疎化
	㈢　スプロール現象		

問3　下線部(b)に関して，次の日本の新田集落が示された地形図を見て，その説明として最も適当なものを，下の㈦〜㈢のうちから一つ選べ。

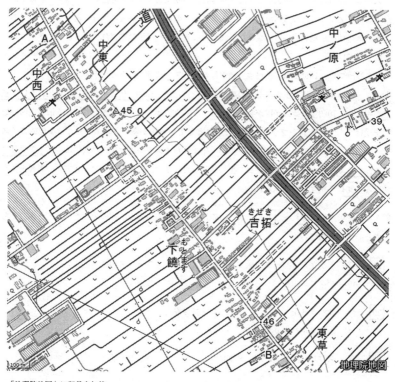

「地理院地図」に記号を加筆。

27　(ア)　AからBに至る道路の片側に家屋が並び，その背後には水田が広がっている。

　　(イ)　AからBに至る道路の両側に家屋が並び，その背後には畑が広がっている。

　　(ウ)　集落に複数の大規模な工場が立ち並び，路村の形態は残されていない。

　　(エ)　高速道路が開通し利便性が高まったため，ニュータウン開発が広く行われ，路村の形態は残されていない。

〔Ⅳ〕　次の文章を読み，下の問い（問1～6）に答えよ。

　アフリカ大陸のほとんどは，アフリカプレート上に位置する安定陸塊であり，北部には新期造山帯に属する 28 が連なっている。(a)紅海・エチオピアからヴィクトリア湖，ザンベジ川河口に至る地帯には，アフリカ最高峰のキリマンジャロ山などの火山や，タンガニーカ湖やマラウイ湖などの断層湖が続いている。また，南アフリカ共和国では，(b)先カンブリア時代の硬い岩盤層が台地状に取り残された地形がみられる。

　気候は，赤道付近の熱帯気候と南北回帰線付近の乾燥気候が大半を占め，(c)温帯気候は1割に過ぎない。アフリカ南部の西海岸は，北上する寒流のベンゲラ海流の影響で雨が少なく， 29 などの海岸砂漠が続いている。東海岸は暖流のモザンビーク海流が流れているため，サバナ気候が広がっている。

　アフリカでは，19世紀末に植民地分割が行われ，アフリカのほとんどがイギリス・フランス・ドイツ・ベルギー・ポルトガルなどの植民地となった。(d)1950年代後半から1960年代にかけて独立が相次ぎ，1960年には17か国が独立し，「アフリカの年」と言われた。独立後も旧宗主国の影響を受けており，英語やフランス語を公用語としている国が多い。北アフリカは歴史的にイスラームの影響を受けており，アラビア半島で生まれたイスラームはアラブ人によって(e)アフリカ北西部の地域へもたらされ，アラビア語も普及した。また，東海岸にはアラビア語の影響を強く受ける 30 を話す地域もみられる。

問1　文中の空欄 28 ～ 30 に入れるのに最も適当なものを，次のそれぞれの(ア)～(エ)のうちから一つずつ選べ。

28　(ア)　ドラケンスバーグ山脈　　　　　　(イ)　アトラス山脈

　　(ウ)　ザクロス山脈　　　　　　　　　　(エ)　カフカス山脈

29　(ア)　サハラ砂漠　　　　　　(イ)　コンゴ砂漠　　　　　　(ウ)　ナミブ砂漠

　　(エ)　ルブアルハリ砂漠

30　(ア)　スワヒリ語　　　(イ)　タガログ語　　　(ウ)　ヘブライ語　　　(エ)　マレー語

問2　下線部(a)に関して，紅海からザンベジ川河口に至る地域の呼称として最も適当なものを，

次の(ア)〜(エ)のうちから一つ選べ。

31 　(ア) フォッサマグナ　　　(イ) グランドキャニオン　　(ウ) ホワイトハイランド
　　　(エ) アフリカ大地溝帯

問3　下線部(b)に関して，この地形の呼称として最も適当なものを，次の(ア)〜(エ)のうちから一つ
選べ。

32 　(ア) トンボロ　　　(イ) メサ　　　(ウ) ラグーン　　　(エ) ドリーネ

問4　下線部(c)に関して，次の図中のA〜Dのうち，温帯気候に属する都市の位置と名称との組
み合わせとして最も適当なものを，下の(ア)〜(エ)のうちから一つ選べ。

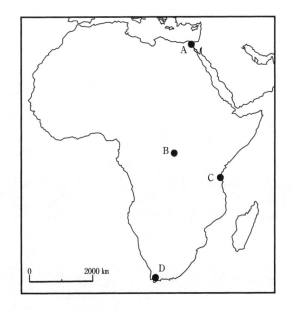

33

	位　　置	都　　市　　名
(ア)	A	カ　イ　ロ
(イ)	B	カ　イ　ロ
(ウ)	C	ケープタウン
(エ)	D	ケープタウン

問5 下線部(d)に関して，第二次世界大戦終了時のアフリカの独立国として誤っているものを，次の(ア)〜(エ)のうちから一つ選べ。

34 　(ア) リベリア 　　　　　(イ) ナイジェリア 　　　(ウ) エチオピア
　(エ) 南アフリカ共和国

問6 下線部(e)に関して，「日の沈む地」を意味するチュニジア，アルジェリア，モロッコなどのアフリカ北西部の地域の総称として最も適当なものを，次の(ア)〜(エ)のうちから一つ選べ。

35 　(ア) サブサハラ 　　(イ) サヘル 　　　(ウ) マグレブ 　　(エ) パレスチナ

政治・経済

(60 分)

〔Ⅰ〕次の文章を読み，下の問い（問1〜3）に答えよ。

問1　文中の空欄 | 1 | 〜 | 10 | に入れるのに最も適当なものを，次のそれぞれの㋐〜㋕のうちから一つずつ選べ。

　社会権は，自由権や平等権に対して， | 1 | 世紀に入ってから導入された権利概念であり， | 2 | によって世界で初めて広範に規定された。人間として最低限の生活を営む権利の主張と，その保障を国家に対して要求する権利を含むもので， | 3 | の理念に立ったものであると言える。日本国憲法では，具体的に以下のように権利が保障されている。

　第 | 4 | 条では，「すべて国民は，健康で文化的な最低限度の生活を営む権利を有する」として(a)生存権を規定している。そして，「国は，すべての生活部面について，社会福祉，社会保障及び公衆衛生の向上及び増進に努めなければならない」と述べている。これを受けて，生活保護法などが定められているのである。

　第26条では教育を受ける権利が定められ，すべての国民が「その | 5 | に応じて，ひとしく教育を受ける権利を有する」と記されている。また，「 | 6 | は，これを無償とする」とも規定されている。この理念を実際の教育の場で生かすため，1947年には | 7 | が制定された（2006年に改正）。

　(b)第27条では勤労の権利を定めているが，これは職業選択の自由とは異なり，国が施策を講じることで労働の機会を提供すべきだという考えに基づいている。また第28条では，労働者に団結権・団体交渉権・ | 8 | の労働三権を認め，使用者と対等な交渉ができるように保障している。これらを具体的に保障するため，労働基準法，労働組合法， | 9 | の労働三法が定められているのである。ただし， | 10 | は法律によって | 8 | が否定されており，第28条に違反するとの批判もある。

| 1 |　㋐ 18　　　　　　　㋑ 19　　　　　　　㋒ 20　　　　　　　㋓ 21

| 2 |　㋐ ビスマルク憲法　　　㋑ ロシア憲法　　　　㋒ フランス憲法
　　　㋓ ワイマール憲法

| 3 |　㋐ 福祉国家　　　　㋑ 夜警国家　　　　㋒ 民族国家　　　　㋓ 国民国家

| 4 | (ア) 21 | (イ) 23 | (ウ) 24 | (エ) 25 |

| 5 | (ア) 希望 | (イ) 能力 | (ウ) 学年 | (エ) 年齢 |

| 6 | (ア) 高等教育 | (イ) 初等教育 | (ウ) 義務教育 | (エ) 基礎教育 |

| 7 | (ア) 社会教育法 | (イ) 学校教育法 | (ウ) 私立学校法 | (エ) 教育基本法 |

| 8 | (ア) 議決権 | (イ) 争議権 | (ウ) 基本権 | (エ) 発言権 |

| 9 | (ア) 労働関係調整法 | (イ) 最低賃金法 | (ウ) 労働契約法 |
| | (エ) 職業安定法 |

| 10 | (ア) 鉄道従事者 | (イ) 医療従事者 | (ウ) 教員 | (エ) 公務員 |

問2 下線部(a)「生存権」についての説明として最も適当なものを，次の(ア)〜(エ)のうちから一つ選べ。

11
- (ア) 1957年〜67年にかけて行われた家永訴訟は，生活保護費があまりにも低く，最低限度の生活水準を維持できないとして国を相手に争われた訴訟である。
- (イ) 1967年に最高裁判所は，憲法の生存権規定は国民の具体的権利であるとの解釈を示し，これを機に生活保護費が大幅に引き上げられた。
- (ウ) 1970年の堀木訴訟では，障害福祉年金と児童扶養手当の併給を禁止した児童扶養手当法の規定が憲法の生存権保障に反するか否かについて争われた。
- (エ) 1982年に最高裁判所は，障害福祉年金と児童扶養手当の併給を禁止した児童扶養手当法規定は憲法違反だとの認識を示した。

問3 下線部(b)「第27条」についての説明として最も適当なものを，次の(ア)〜(エ)のうちから一つ選べ。

12
- (ア) 勤労は権利であって義務ではないと定めている。
- (イ) 勤労は権利であり義務でもあると定めている。
- (ウ) 育休や産休についても法律でこれを定めると明記されている。
- (エ) 男女の雇用機会均等についても法律でこれを定めると明記されている。

〔Ⅱ〕次の文章を読み，文中の空欄 13 〜 25 に入れるのに最も適当なものを，下のそれぞれの(ア)〜(エ)のうちから一つずつ選べ。

　1991年，自衛隊は 13 に掃海艇を派遣した。これは第二次世界大戦後はじめてとなる自衛隊の実任務での海外派遣であった。翌年6月，政府は 14 を制定して自衛隊の海外派遣の範囲の拡大を行った。この段階では，自衛隊の派遣は受け入れ国の同意を要すること，自衛隊の協力はあくまで武力行使を伴わないものであるとの限定が付けられ， 15 の参加が凍結されていた。

　1997年には日米安全保障共同宣言に基づいて， 16 が全面改定された。ここで「 17 」という概念が取り入れられた。これに基づき1999年に 17 法が成立し，「そのまま放置すれば我が国に対する直接の武力攻撃に至るおそれのある事態等我が国周辺の地域における我が国の平和及び安全に重要な影響を与える事態」に対して，米国との相互協力の下で，自衛隊による米軍への補給，輸送，修理，医療，通信などの 18 を行うことが可能になった。

　さらに2001年には，当時の緊迫した国際情勢を受け， 19 が時限立法として制定され，自衛隊の海外派遣にあたり「紛争の終結後」や「 17 」という条件が外され，非戦闘地域で行うこととされた。2003年には 20 が制定され，自衛隊の派遣について，受け入れ国の同意に代えて，国連総会又は安保理の決議に従って施政を行う機関の同意があれば可能とした。2003年には，いわゆる 21 関連3法の一つとして 22 も制定されており，日本が他国から武力攻撃を受けたときなどの対処方法が定められている。2009年には 23 が制定され，ソマリア沖のアデン湾などで外国船舶を含む民間の船舶を護衛するために海上自衛隊が派遣された。

　2014年，政府は， 24 の行使を認める憲法解釈の変更を閣議決定した。すなわち，日本と密接な関係にある国が攻撃された場合，①日本の存立が脅かされ，国民の生命，自由と幸福の追求権が根底から覆される明白な危険がある，②日本の存立を全うし，国民を守るために他に適当な手段がない，③必要最小限の実力行使にとどまることである。これらを満たせば， 24 は憲法上許容されると考えるべきであると判断するに至った。

　これを受けて2015年に 25 （改正自衛隊法ほか10の法律と，新規立法の国際平和支援法の総称）が制定された。こうして自衛隊は国際的な復興支援活動にこれまで以上に参加できるようになり，現に戦闘行為が行われている現場以外での他国軍隊支援ができるようになった。

13　(ア) ベンガル湾　　(イ) トンキン湾　　(ウ) マラッカ海峡　　(エ) ペルシャ湾

14　(ア) 国連平和維持活動協力法　　　　(イ) テロ対策特別措置法
　　(ウ) イラク復興支援特別措置法　　　(エ) 国民保護法

15　(ア) 多国籍軍　　　　　　　　　　　(イ) 国連緊急軍（UNEF）
　　(ウ) 平和維持軍（PKF）　　　　　　 (エ) 国連保護軍（UNPROFOR）

16　(ア) 日米安全保障条約
　　(イ) 日米地位協定

　　　(ウ)　日米防衛協力のための指針（ガイドライン）

　　　(エ)　日米相互防衛援助協定

17　(ア)　存立危機事態　　　　　(イ)　武力攻撃予測事態　　　(ウ)　武力攻撃切迫事態

　　　(エ)　周辺事態

18　(ア)　後方支援　　　　(イ)　武力行使　　　　(ウ)　駆けつけ警護　　(エ)　実力行使

19　(ア)　国連平和維持活動協力法　　　　　(イ)　テロ対策特別措置法

　　　(ウ)　イラク復興支援特別措置法　　　　(エ)　国民保護法

20　(ア)　国連平和維持活動協力法　　　　　(イ)　テロ対策特別措置法

　　　(ウ)　イラク復興支援特別措置法　　　　(エ)　国民保護法

21　(ア)　戦争法制　　　　(イ)　平和法制　　　　(ウ)　武力法制　　　　(エ)　有事法制

22　(ア)　海賊対処法　　　　　　　　　　　　(イ)　安全保障関連法

　　　(ウ)　武力攻撃事態法　　　　　　　　　(エ)　平和安全法制整備法

23　(ア)　海賊対処法　　　　　　　　　　　　(イ)　安全保障関連法

　　　(ウ)　武力攻撃事態法　　　　　　　　　(エ)　平和安全法制整備法

24　(ア)　個別的自衛権　(イ)　先制攻撃権　　(ウ)　敵地攻撃権　　(エ)　集団的自衛権

25　(ア)　海賊対処法　　　　　　　　　　　　(イ)　安全保障関連法

　　　(ウ)　武力攻撃事態法　　　　　　　　　(エ)　平和安全法制整備法

〔Ⅲ〕次の文章を読み，下の問い（問１～３）に答えよ。

　第二次世界大戦後，我が国の農業は大きな改革の時期を迎えた。戦前の日本農業の特徴であった封建的な 26 に基づく寄生地主制が崩壊し，27 農の創設が進められた。この結果全農地に対する 27 地の割合は，改革前の1938年に53％であったのが，1950年には 28 ％にまで増えた。こうして農家間の所得格差は緩和されたものの，1952年に制定された 29 は，農地所有，賃貸，売買に厳しい制限を設けたために，農地の 30 の拡大を抑制するとになった。

　こうした中で1961年に制定された 31 は，農業以外の他産業との生産性や所得格差を是正するために，稲作中心の農業から 32 などへの選択的拡大を奨励し，機械化などによる自立型の経営を目指した。日本人の主食である米は，33 に基づいて政府が買い上げることになっていたために，過剰米の問題を生んだ。そこで1970年からは 34 がスタートし，米の価格と流通は原則的に自由化された。1999年には 35 が制定され，農村振興が重視されることとなった。しかしながら我が国の農業は，高齢化が進む一方，海外からの廉価な農産品との価格競争にもさらされていて，36 などの事業により一層の工夫が求められている。また食の安全・安心の観点から，近年は(a)トレーサビリティ，(b)スローフードなどの取り組みも注目されるようになってきた。

問１　文中の空欄 26 ～ 36 に入れるのに最も適当なものを，次のそれぞれの㋐～㋓のうちから一つずつ選べ。

26　㋐ 資本家・労働者関係　　㋑ 資本家・小作関係　　㋒ 地主・小作関係
　　㋓ 地主・労働者関係

27　㋐ 主業　　㋑ 専業　　㋒ 自給　　㋓ 自作

28　㋐ 60％　　㋑ 70％　　㋒ 80％　　㋓ 90％

29　㋐ 農地法　　㋑ 農業法　　㋒ 農業経営法　　㋓ 農業不動産法

30　㋐ 営業規模　　㋑ 経営規模　　㋒ 商業規模　　㋓ 産業規模

31　㋐ 農業振興法　　㋑ 農業基本法　　㋒ 農業活性化法　　㋓ 農業促進法

32　㋐ 畜産・果樹　　㋑ 畜産・林業　　㋒ 果樹・漁業　　㋓ 果樹・林業

33　㋐ 食糧流通制度　　㋑ 食糧調整制度　　㋒ 食糧管理制度　　㋓ 食糧備蓄制度

34　㋐ 調整政策　　㋑ 減反政策　　㋒ 管理政策　　㋓ 自由化政策

35　㋐ 食料・農業・農村基本法
　　㋑ 食料・農業・農家基本法

　　(ウ)　食料・農業・漁業基本法

　　(エ)　食料・農業・林業基本法

36　(ア)　第 0 次産業化　　(イ)　第 4 次産業化　　(ウ)　第 5 次産業化　　(エ)　第 6 次産業化

問2　下線部(a)「トレーサビリティ」についての説明として最も適当なものを，次の(ア)～(エ)のうちから一つ選べ。

37　(ア)　食品の輸入・税率・消費の履歴を明らかにすること。

　　(イ)　食品の生産・価格・加工の履歴を明らかにすること。

　　(ウ)　食品の流通・価格・消費の履歴を明らかにすること。

　　(エ)　食品の生産・流通・消費の履歴を明らかにすること。

問3　下線部(b)「スローフード」についての説明として最も適当なものを，次の(ア)～(エ)のうちから一つ選べ。

38　(ア)　食事をゆっくりと食べること。

　　(イ)　食事を残さないようにすること。

　　(ウ)　食における自然で質の高いものを守ろうとすること。

　　(エ)　食において自炊を促進すること。

〔Ⅳ〕次の文章を読み，下の問い（**問1～6**）に答えよ。

　　戦後の貿易自由化はGATT体制の下で進められてきたが，GATTの第8回多角的貿易交渉において世界貿易機関（WTO）の設立が合意され，　39　年よりWTO体制がスタートした。2022年6月現在，164の国・地域が加盟しており，これらの国々で世界貿易の98%をカバーしている。

　　世界貿易のルールを決めるWTOでは，すべての加盟国・地域の全会一致が原則であるが，WTO成立後間もなくして，先進国と発展途上国との間の対立が大きくなり，(a)2001年から開始された多角的貿易交渉も大きな進展もなく，停滞した。

　　こうした中，各国の貿易自由化交渉は2国間での交渉が主流となり，関税の削減・撤廃を定めるFTA（自由貿易協定）や，関税だけでなく，サービス貿易や投資などのルールや　40　の保護なども含めたEPA（経済連携協定）の締結が進められている。

　　自由貿易協定が締結されると，域内国間の貿易は自由になる一方で，域外国との間の　41　は残るため，(b)WTOの無差別原則に反する結果となるが，WTOでは一定の条件に適合する場合に限って，自由貿易協定をこの原則の例外として認めている。

　　1994年発足の(c)NAFTA（現在はUSMCA）や1993年発足の(d)AFTAは多国間協定のはしりとして知られているが，当初は2国間での協定が多く締結されてきた。日本も2002年に発効した　42　との経済連携協定を皮切りに，メキシコ，マレーシアなど，さまざまな国との間で2国間協定を締結した。

　　近年では，メガFTAとも呼ばれる(e)広域経済連携が進んでいる。2013年から日本も交渉に加わったTPPは，　43　が離脱したものの，2018年にTPP11として協定が発効した。また，2019年には　44　とのEPAが発効し，世界GDPの約1／4，世界貿易の1／3を占める世界最大級の自由な経済圏が誕生することになった。また，　45　協定とよばれる地域的な包括的経済連携協定が2020年に署名され，2022年1月に10カ国について発効している。この協定は，日本・中国・韓国・ASEAN10ヵ国に，オーストラリアとニュージーランドを加えた15ヵ国が参加している大規模な自由貿易協定である。

問1　文中の空欄　39　～　45　に入れるのに最も適当なものを，次のそれぞれの(ア)～(エ)のうちから一つずつ選べ。

39	(ア)	1985	(イ)	1990	(ウ)	1995	(エ)	2000

40	(ア)	農業	(イ)	零細企業	(ウ)	先住民の生活	(エ)	知的財産権

41	(ア)	貿易赤字	(イ)	貿易黒字	(ウ)	貿易障壁	(エ)	貿易摩擦

42	(ア)	シンガポール	(イ)	インド	(ウ)	香港	(エ)	韓国

43	(ア)	中国	(イ)	韓国	(ウ)	米国	(エ)	インド

44 (ア) OPEC (イ) EU (ウ) アフリカ諸国 (エ) 南米諸国

45 (ア) RCEP (イ) APEC (ウ) EEA (エ) CPTPP

問2 下線部(a)「2001年から開始された多角的貿易交渉」として最も適当なものを，次の(ア)〜(エ)のうちから一つ選べ。

46 (ア) ウルグアイ・ラウンド (イ) ドーハ・ラウンド
(ウ) ハバナ・ウランド (エ) カンクン・ラウンド

問3 下線部(b)「WTOの無差別原則」について，「ある国に与えた通商上の利益や特典は，他のすべての国にも適用されるとする原則」の呼び名として最も適当なものを，次の(ア)〜(エ)のうちから一つ選べ。

47 (ア) 内国民待遇 (イ) 最恵国待遇 (ウ) 互恵待遇 (エ) 特恵待遇

問4 下線部(c)「NAFTA」の加盟国が所在する地域として最も適当なものを，次の(ア)〜(エ)のうちから一つ選べ。

48 (ア) 北米 (イ) 南米 (ウ) 東南アジア (エ) アフリカ

問5 下線部(d)「AFTA」の加盟国が所在する地域として最も適当なものを，次の(ア)〜(エ)のうちから一つ選べ。

49 (ア) 北米 (イ) 南米 (ウ) 東南アジア (エ) アフリカ

問6 下線部(e)「広域経済連携」のひとつで，1995年に発足したメルコスールの加盟国として最も適当なものを，次の(ア)〜(エ)のうちから一つ選べ。

50 (ア) インド (イ) メキシコ (ウ) ケニア (エ) ブラジル

数学

◀数学 I・II・III・A・B▶

(60 分)

< **注意** >　　次の $\boxed{ア}$ から $\boxed{ホ}$ にあてはまる数字または符号を，マークシート解答用紙の該当する解答欄にマークせよ。ただし，分数は既約分数で表せ。また，根号を含む形で解答する場合，根号の中に現れる自然数が最小となる形で答えよ。

1　整式 $P(x)$ を $x^2 - x - 2$ で割った余りが $3x + 5$ であるとする。

　　このとき $P(-1) = \boxed{ア}$ であり，また $P(2) = \boxed{イ}\boxed{ウ}$ である。

2　20 本のくじに 6 本の当たりくじが含まれている。このくじから同時に 3 本のくじを引くとき，少なくとも 1 本当たる確率は $\dfrac{\boxed{エ}\boxed{オ}\boxed{カ}}{\boxed{キ}\boxed{ク}\boxed{ケ}}$ である。

3　$\displaystyle\sum_{n=1}^{9999} \dfrac{1}{\sqrt{n+1}+\sqrt{n}} = \boxed{コ}\boxed{サ}$

4　xy 平面上に点 F(0, 2) と点 P(x, y) をとる。P から x 軸に下ろした垂線と，x 軸との交点を H とする。線分 PH の長さと PF の長さが等しいとき，点 P が描く軌跡の方程式は

$$y = \frac{\boxed{シ}}{\boxed{ス}}x^2 + \boxed{セ}$$

である。

5　△ABC の 3 辺の長さが AB = 5，BC = 7，CA = 8 のとき，∠A = $\dfrac{\boxed{ソ}}{\boxed{タ}}\pi$ である。また，∠A の二等分線が BC と交わる点を D とすると AD の長さは

$\dfrac{\boxed{チ}\boxed{ツ}}{\boxed{テ}\boxed{ト}}\sqrt{3}$ である。

6　$\displaystyle\int_{\frac{\pi}{6}}^{\frac{\pi}{4}} \frac{dx}{\sin x} = \log\left(\sqrt{\boxed{ナ}} + \boxed{ニ}\sqrt{2} - \sqrt{\boxed{ヌ}} - \boxed{ネ}\right)$

7　空間内に異なる 7 つの点 O，A，B，C，A$'$，B$'$，C$'$ があり，4 つの立体 OABC，OA$'$BC，OAB$'$C，OABC$'$ はいずれも 1 辺の長さが 1 の正四面体であるとする。このとき以下が成立する。

$$\overrightarrow{\mathrm{A'B'}} = \frac{\boxed{ノ}\boxed{ハ}}{\boxed{ヒ}}\overrightarrow{\mathrm{AB}}, \quad \overrightarrow{\mathrm{A'B'}} \cdot \overrightarrow{\mathrm{OC'}} = \boxed{フ}, \quad \overrightarrow{\mathrm{A'B}} \cdot \overrightarrow{\mathrm{CC'}} = \frac{\boxed{ヘ}}{\boxed{ホ}}$$

◀数学Ⅰ・A▶

（60 分）

< **注意** >   次の ア から ヨ にあてはまる数字または符号を，マークシート解答用紙の該当する解答欄にマークせよ。ただし，分数は既約分数で表せ。また，根号を含む形で解答する場合，根号の中に現れる自然数が最小となる形で答えよ。

1 実数 x, y が $x + y = 4$, $x^3 + y^3 = 208$ を満たすとき，$xy =$ ア イ ウ，

$|x - y| =$ エ である。

2 方程式 $x^2 - 6|x| + a + 2 = 0$ が相異なる 4 つの実数解をもつのは オ カ $< a <$ キ

のときである。

3 全体集合を 100 以下の自然数からなる集合とする。その部分集合を

$A = \{n \mid n \text{ は 9 の倍数}\}$, $B = \{n \mid n \text{ は 15 の倍数}\}$, $C = \{n \mid n \text{ は 45 の倍数}\}$

とすると，次が成り立つ。

- 36 ク $\overline{A} \cap \overline{B}$

- $A \cup B$ ケ C

- $(A \cap \overline{C}) \cup (B \cap \overline{C})$ に属する自然数のうち 4 番目に大きいものは コ サ である。

ただし， ク については下の 4，5 の選択肢， ケ については下の 1，2，3 の選択肢から正しいものを 1 つ選べ。

         1. $=$ 2. $\subset$ 3. $\supset$ 4. $\in$ 5. $\notin$

4 線分 AB は円 O, O' の共通接線であ

り, A, B はその接点であるとする。

円 O, O' の半径がそれぞれ 5, 3 であ

り, OO' = 12 である。このとき,

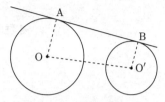

AB = $\boxed{シ}\sqrt{\boxed{ス}\boxed{セ}}$ であり, 四角形 OABO' の面積は $\boxed{ソ}\sqrt{\boxed{タ}\boxed{チ}}$ である。

5 $0° \leqq \theta \leqq 180°$, $\sqrt{3}\cos\theta + \sin\theta = -1$ を満たす θ は $\boxed{ツ}\boxed{テ}\boxed{ト}°$ である。

6 $\angle ABC = 60°$, $\angle ACB = 75°$ の $\triangle ABC$ がある。このとき, $AC = \dfrac{\sqrt{\boxed{ナ}}}{\boxed{ニ}}BC$

である。外接円の半径を R とすると, $\dfrac{R}{AC} = \dfrac{\sqrt{\boxed{ヌ}}}{\boxed{ネ}}$ である。

7 赤球 7 個と白球 3 個が入っている袋から, X, Y の 2 人がこの順に 1 個ずつ球を取り

出す。ただし取った球はもとに戻さない。このとき, 2 人とも赤球を取り出す確率は

$\dfrac{\boxed{ノ}}{\boxed{ハ}\boxed{ヒ}}$ であり, Y が白球を取り出す確率は $\dfrac{\boxed{フ}}{\boxed{ヘ}\boxed{ホ}}$ である。

8 7 枚のカードに 1, 2, 3, 4, 5, 6, 7 の数字がそれぞれ 1 つずつ記されている。この

中から同時に 4 枚を取り出すとき, 取り出したカードの数字のうち, 2 番目に大きな数

字が 4 となる確率は $\dfrac{\boxed{マ}}{\boxed{ミ}\boxed{ム}}$ である。

9 5 個のデータ　4, 2, 1, 2, 5　の平均値は $\boxed{メ}.\boxed{モ}$, 分散は $\boxed{ヤ}.\boxed{ユ}\boxed{ヨ}$ である。

■物理■

◀物理基礎・物理▶

(60 分)

I　次の文の $\boxed{1}$ ～ $\boxed{10}$ に入れるのに最も適した答を，それぞれの解答群の中から一つずつ選べ。

図のように，なめらかで水平な床となめらかで垂直な壁に囲まれた空間内で，質量 m_A，m_B の小球 A，小球 B の運動を考える。質量は $m_A > m_B$ として，2 つの壁の距離を L とする。小球 A，小球 B を，床から高さ h，左の壁から距離 L_1 の同じ位置から水平に v_A，v_B の速さで正反対に打ち出した。小球 A は壁で跳ね返り (衝突 1)，次に床で跳ね返った (衝突 2)。小球 B は床で跳ね返り (衝突 3)，次に壁で跳ね返った (衝突 4)。それぞれの衝突は短い時間で起きたとする。重力加速度の大きさを g とし，空気抵抗は考えない。床と小球 A，床と小球 B，壁

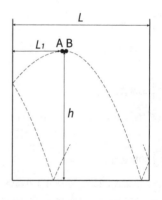

と小球 A，および，壁と小球 B のはね返り係数 (反発係数) は全て等しく，e とする。打ち出した時刻を $t = 0$ とし，衝突 1，衝突 2，衝突 3，衝突 4 が起きた時刻をそれぞれ t_1，t_2，t_3，t_4 とする。

衝突 1 で小球 A は水平方向に力積を受け，衝突 1 直後の小球 A の速度の水平成分と垂直成分の大きさはそれぞれ，$\boxed{1}$，$\boxed{2}$ となる。次に衝突 2 で小球 A は垂直方向に力積を受け，衝突 2 直後の小球 A の速度の水平成分と垂直成分の大きさはそれぞれ，$\boxed{3}$，$\boxed{4}$ となる。

t_2 と t_3 については $\boxed{5}$ が成り立つ。また t_1 から t_2 の間，2 つの小球の床からの高さは常に $\boxed{6}$ 。

衝突 4 が起きた後，2 つの小球は，床に再び衝突する前に，衝突 (衝突 5) をした。衝突 5 が起きた時刻 t_5 は，$t_5 = \boxed{7}$ である。衝突 5 の後，2 つの小球は一体となり鉛直上向きに動き，床からの高さ $\boxed{8}$ の最高点に達した後，落下し，時刻 $\boxed{9}$ で床に衝突した。衝突 5 の後，水平方向には動かなかったので，v_A と v_B には，$v_B = \boxed{10}$ の関係があったことが分か

る。

1 の解答群

(ア) v_A　　　　　(イ) ev_A　　　　　(ウ) gt_1　　　　　(エ) egt_1

2 の解答群

(ア) gt_1　　　　　(イ) egt_1　　　　　(ウ) $\dfrac{1}{2}gt_1^2$　　　　　(エ) $\dfrac{e}{2}gt_1^2$

3 の解答群

(ア) ev_A　　　　　(イ) e^2v_A　　　　　(ウ) $\sqrt{2gh}$　　　　　(エ) $e\sqrt{2gh}$

4 の解答群

(ア) $\sqrt{2gh}$　　　(イ) $e\sqrt{2gh}$　　　(ウ) ev_A　　　(エ) $e(v_A + \sqrt{2gh})$

5 の解答群

(ア) $t_2 < t_3$　　　　　(イ) $t_2 = t_3$　　　　　(ウ) $t_2 > t_3$

6 の解答群

(ア) 小球 A のほうが小球 B より高い　　　(イ) 同じである

(ウ) 小球 B のほうが小球 A より高い

7 の解答群

(ア) $\dfrac{(1-e)L}{e(v_A + v_B)}$　　(イ) $\dfrac{(1+e)L}{e(v_A + v_B)}$　　(ウ) $\dfrac{(1-e)L}{(v_A + v_B)}$　　(エ) $\dfrac{(1+e)L}{(v_A + v_B)}$

8 の解答群

(ア) eh　　　　　(イ) e^2h　　　　　(ウ) $(1-e)h$　　　　　(エ) $(1-e^2)h$

9 の解答群

(ア) $3\sqrt{\dfrac{2h}{g}}$　　　(イ) $(1+2e)\sqrt{\dfrac{2h}{g}}$　　　(ウ) $(1+2e^2)\sqrt{\dfrac{2h}{g}}$　　　(エ) $(3-2e^2)\sqrt{\dfrac{2h}{g}}$

10 の解答群

(ア) v_A　　　(イ) $2v_A$　　　(ウ) $\dfrac{m_A}{m_B}v_A$　　　(エ) $\dfrac{m_B}{m_A}v_A$

II　次の文の 11 ～ 26 に入れるのに最も適した答を，それぞれの解答群の中から一つずつ選べ。

図1のように，$x=0$, $z=\pm h$ のところに，大きさ I の一定の電流が y 軸方向負の向きに流れている。真空の透磁率を μ_0 として以下の各問に答えよ。

x 軸上に点 P をとり，その座標を $(x,0,0)$ とする（$x \geqq 0$）。$z=h$ および $z=-h$ にある電流が，点 P につくる磁束密度をそれぞれ $\vec{B}_1$, $\vec{B}_2$ とする。$\vec{B}_1$ と $\vec{B}_2$ の大きさは等しく，$\left|\vec{B}_1\right|=\left|\vec{B}_2\right|=$ 11 である。$\vec{B}_1$ と $\vec{B}_2$ の向きを図示すると，それぞれ，12, 13 のようになる。従って，$\vec{B}_1=$ 14, $\vec{B}_2=$ 15 である。

$\vec{B}_1$ と $\vec{B}_2$ を合成した磁束密度の向きは 16 の向きで，その大きさは 17 である。17 は，$\left|\vec{B}_1\right|=$ 11 を用いると 18 となり，これを $B(x)$ と表す。$B(0)$ については $B(0)=$ 19 であり，x を十分大きくしていくと，$B(x)$ の値は 20 ことを考えると，$B(x)$ の x 依存性の概略を示すグラフは 21 のようになる。

ここで，$z=0$ の xy 平面上に，電池と抵抗（抵抗値 R）からできた一辺 a（$a<h$）の正方形の回路 ABCD をおく（図3）。この回路には常に大きさ I' の一定の電流が A → B → C → D → A の向きに流れている。点 A, B, C, D の xy 座標はそれぞれ A$(x,0)$, B$(x+a,0)$, C$(x+a,a)$, D(x,a) であり，$x>h$ である。

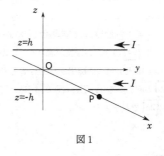

図1

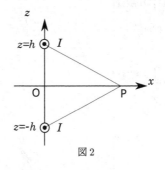

図2

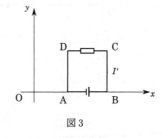

図3

　2 本の電流 I がつくる磁場から回路 ABCD 全体が受ける力は，各辺が受ける力の合力である。辺 AB と辺 CD が受ける力は大きさが等しく，向きが逆であるので，お互いに打ち消しあい，合力には寄与しない。辺 AD と辺 BC が受ける力の向きは逆であるが，$B(x)$ と $B(x+a)$ の大小関係より，回路 ABCD 全体が受ける力の向きは $\boxed{22}$ の向きである。また，この力の大きさは $\boxed{23}$ である。

　つぎに，回路 ABCD から電池を取り外し，両端を導線で結んだ (図 4)。そして，この回路を，x 軸方向正の向きに v の速さで動かした (図 5)。微小時間 Δt の間に回路は x 軸方向正の向きに $v\Delta t$ だけ移動するので，この間に回路を z 軸方向正の向きにつらぬく磁束の変化 $\Delta\Phi$ は，$B(x)$ を用いると $\Delta\Phi = (B(x+a) - B(x))av\Delta t$ と表される。

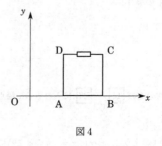

図 4

　この磁束の変化による誘導起電力によって，回路には $\boxed{24}$ の向きの電流が流れる。この電流が 2 つの電流 I による磁場から受ける力の向きは $\boxed{25}$ の向きであり，その大きさは $B(x)$ を用いると $\boxed{26}$ である。

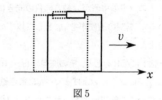

図 5

$\boxed{11}$ の解答群

(ア) $\dfrac{\mu_0}{2\pi}\dfrac{I}{x}$ 　　　(イ) $\dfrac{\mu_0}{2\pi}\dfrac{I}{h}$ 　　　(ウ) $\dfrac{\mu_0}{2\pi}\dfrac{I}{\sqrt{x^2+h^2}}$ 　　　(エ) $\dfrac{\mu_0}{2\pi}\dfrac{I}{x^2+h^2}$

$\boxed{12}$ の解答群

(ア)

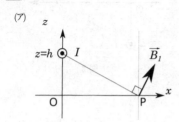

(イ)

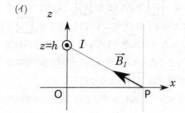

(ウ)
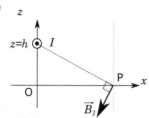

(エ)
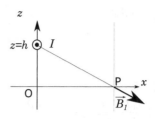

13 の解答群

(ア)
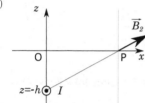

(イ)
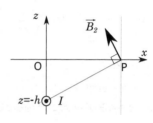

(ウ)
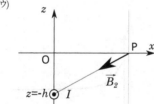

(エ)
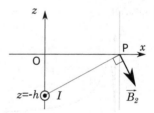

14 ， 15 の解答群

(ア) $\left(\dfrac{h}{\sqrt{x^2 + h^2}} \left| \vec{B}_1 \right|,\ 0,\ \dfrac{x}{\sqrt{x^2 + h^2}} \left| \vec{B}_1 \right| \right)$ 　(イ) $\left(\dfrac{x}{\sqrt{x^2 + h^2}} \left| \vec{B}_1 \right|,\ 0,\ \dfrac{h}{\sqrt{x^2 + h^2}} \left| \vec{B}_1 \right| \right)$

(ウ) $\left(\dfrac{-h}{\sqrt{x^2 + h^2}} \left| \vec{B}_1 \right|,\ 0,\ \dfrac{x}{\sqrt{x^2 + h^2}} \left| \vec{B}_1 \right| \right)$ 　(エ) $\left(\dfrac{-x}{\sqrt{x^2 + h^2}} \left| \vec{B}_1 \right|,\ 0,\ \dfrac{h}{\sqrt{x^2 + h^2}} \left| \vec{B}_1 \right| \right)$

16 の解答群

(ア) x 軸方向正　　　(イ) x 軸方向負　　　(ウ) y 軸方向正　　　(エ) y 軸方向負

(オ) z 軸方向正　　　(カ) z 軸方向負

17 の解答群

(ア) $\dfrac{h}{\sqrt{x^2+h^2}}\left|\vec{B_1}\right|$　(イ) $\dfrac{x}{\sqrt{x^2+h^2}}\left|\vec{B_1}\right|$　(ウ) $\dfrac{2h}{\sqrt{x^2+h^2}}\left|\vec{B_1}\right|$　(エ) $\dfrac{2x}{\sqrt{x^2+h^2}}\left|\vec{B_1}\right|$

18 の解答群

(ア) $\dfrac{\mu_0 I}{\pi}\dfrac{1}{\sqrt{x^2+h^2}}$　(イ) $\dfrac{\mu_0 I}{\pi}\dfrac{h}{\sqrt{x^2+h^2}}$　(ウ) $\dfrac{\mu_0 I}{\pi}\dfrac{h}{x^2+h^2}$　(エ) $\dfrac{\mu_0 I}{\pi}\dfrac{x}{x^2+h^2}$

19 の解答群

(ア) 0　　　(イ) $\dfrac{\mu_0 I}{\pi}\dfrac{1}{2h}$　　(ウ) $\dfrac{\mu_0 I}{\pi}\dfrac{1}{h}$　　(エ) $\dfrac{\mu_0 I}{\pi}\dfrac{2}{h}$

20 の解答群

(ア) 0 に近づいていく　　　　　　(イ) ある一定の正の値に近づいていく

(ウ) 0 とある正の値の間で振動を繰り返す

21 の解答群

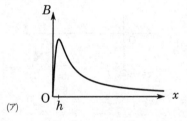
(ア)

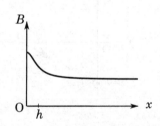
(イ)

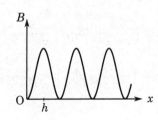
(ウ)

22 の解答群

(ア) x 軸方向正　(イ) x 軸方向負　(ウ) y 軸方向正　(エ) y 軸方向負

(オ) z 軸方向正　(カ) z 軸方向負

23 の解答群

(ア) $I(B(x) - B(x + a))a$　　(イ) $I(B(x + a) + B(x))a$　　(ウ) $I'(B(x) - B(x + a))a$

(エ) $I'(B(x + a) + B(x))a$

24 の解答群

(ア) A→B→C→D→A　　　　　　　　　(イ) A→D→C→B→A

25 の解答群

(ア) x 軸方向正　　(イ) x 軸方向負　　(ウ) y 軸方向正　　(エ) y 軸方向負

(オ) z 軸方向正　　(カ) z 軸方向負

26 の解答群

(ア) $\dfrac{va^2}{R}\left(B(x) - B(x + a)\right)$　　　　　　(イ) $\dfrac{va}{R}\left(B(x) - B(x + a)\right)^2$

(ウ) $\dfrac{va^2}{R}\left(B(x) - B(x + a)\right)^2$　　　　　(エ) $\dfrac{va^2}{R^2}\left(B(x) - B(x + a)\right)^2$

III 次の文の 27 ～ 40 に入れるのに最も適した答を，それぞれの解答群の中から一つずつ選べ。

　音波の性質について考えていく。1 気圧，気温 14°C の空気中で音の速さは，毎秒 27 m であり，波としては 28 である。

　28 は媒質が密集している (密度が高い) 部分とまばらな (密度の低い) 部分のくり返しが伝わっていくので，29 ともいわれる。媒質の密度と媒質の変位の関係は 30 である。疎と密の間隔は波長の 31 倍に等しくなっている。

　図のように x 軸上に長さ 1.25 m の閉管 (一端を閉じた管) を用意する。1 気圧，気温 14°C で，$x = 1.25$ m の管口においた音源が 3.40×10^2 Hz の正弦波の音を連続的に出している。発生した音波は波長 32 m の正弦波となり管のなかを進み，$x = 0$ m の管底で固定端で反射し，逆向

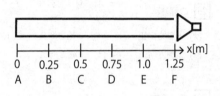

きに進む反射波になる。反射波と音源が発生した音波の合成波は 33 となり気柱は固有振動をした (開口端補正はないものとする)。33 は全く振動しない 34 と最も大きく振動する 35 が交互に並び，34 と 35 の間隔は波長の 36 倍である。図中の点 A から点 F のなかで 35 となる点をすべてあげると 37 である。

　時間とともに気温が高くなっていった。音波の速さは気温が高くなると 38 なるので，音源の振動数を変えないと，正弦波の波長は 32 m より 39 なる。従って，時間とともに音源の振動数を 3.40×10^2 Hz より 40 していかないと，気柱が固有振動を保ちつづけることができない。

27 の解答群

　(ア) 3.40×10^1　　　(イ) 3.40×10^2　　　(ウ) 3.40×10^3　　　(エ) 3.40×10^4

28 の解答群

　(ア) 縦波　　　　　　(イ) 横波

29 の解答群

　(ア) 合成波　　　　　(イ) 定在波 (定常波)　(ウ) 正弦波　　　(エ) 疎密波

30 の解答群

(ア) 最も密な点の変位は波の進む向きに最大であり, 最も疎になっている点の変位は波の進む向きと反対に最大

(イ) 最も密な点の変位は波の進む向きに最大であり, 最も疎になっている点の変位はゼロ

(ウ) 最も密な点の変位はゼロであり, 最も疎になっている点の変位は波の進む向きと反対に最大

(エ) 最も密な点の変位はゼロであり, 最も疎になっている点の変位もゼロ

31 の解答群

(ア) $\dfrac{1}{4}$　　　　　　(イ) $\dfrac{1}{2}$　　　　　　(ウ) 1　　　　　　(エ) 2

32 の解答群

(ア) 1.00×10^{-2}　　　(イ) 0.100　　　(ウ) 1.00　　　(エ) 1.00×10^{1}

33 の解答群

(ア) 定在波 (定常波)　(イ) 超音波　　　(ウ) 進行波　　　(エ) 横波

34 , 35 の解答群

(ア) 腹　　　　　　(イ) 節

36 の解答群

(ア) $\dfrac{1}{4}$　　　　　　(イ) $\dfrac{1}{2}$　　　　　　(ウ) 1　　　　　　(エ) 2

37 の解答群

(ア) A B C D E F　(イ) A C E　　　(ウ) B D F　　　(エ) C E

38 の解答群

(ア) はやく　　　　(イ) おそく

39 の解答群

　(ア) 大きく　　　　　　(イ) 小さく

40 の解答群

　(ア) 大きく　　　　　　(イ) 小さく

化学

◀化学基礎・化学▶

(60 分)

Ⅰ　次の文章(1), (2)を読み，下の問い(問 1 ～ 4)に答えよ。

(1)　原子や分子の中の 2 個ずつ対になった電子を電子対という。電子対には共有結合を形成する共有電子対と，共有結合に使われない非共有電子対がある。分子内で電子対同士は反発し，互いが遠ざかる位置関係をとろうとすることから，分子の形を推測することが可能である。二酸化炭素，水，メタン，アンモニア，四塩化炭素に関する次の問いに答えなさい。

問 1　二酸化炭素，水，メタン，アンモニア，四塩化炭素のうち

（ⅰ）　共有電子対の数が同じである分子の組み合わせは　$\boxed{1}$　である。

（ⅱ）　最も非共有電子対の数が多いものは　$\boxed{2}$　である。

（ⅲ）　水素イオンが配位結合して 1 価の陽イオンを形成する分子は　$\boxed{3}$　個ある。

（ⅳ）　無極性分子は　$\boxed{4}$　個ある。

　　$\boxed{1}$ ～ $\boxed{4}$ に入れるのに最も適当なものを，次のそれぞれの解答群のうちから一つずつ選べ。ただし，$\boxed{3}$ ，$\boxed{4}$ については同じものを繰り返し選んでもよい。

$\boxed{1}$ の解答群

　(ア)　二酸化炭素，水　　　　　　　　　(イ)　二酸化炭素，メタン，アンモニア

　(ウ)　水，四塩化炭素　　　　　　　　　(エ)　メタン，アンモニア，四塩化炭素

　(オ)　二酸化炭素，メタン，四塩化炭素　(カ)　水，メタン，アンモニア

$\boxed{2}$ の解答群

　(ア)　二酸化炭素　　(イ)　水　　　(ウ)　メタン　　　(エ)　アンモニア　　　(オ)　四塩化炭素

$\boxed{3}$ ，$\boxed{4}$ の解答群

　(ア)　0　　　　(イ)　1　　　　(ウ)　2　　　　(エ)　3　　　　(オ)　4　　　　(カ)　5

問2　分子名と分子の形の組み合わせが全て正しいものは $\boxed{5}$ である。$\boxed{5}$ に入れるのに最も適当なものを，次の解答群の(ア)～(ク)のうちから一つ選べ。

$\boxed{5}$ の解答群

	二酸化炭素	アンモニア	メタン
(ア)	折れ線形	三角錐形	正四面体形
(イ)	直線形	三角錐形	正四面体形
(ウ)	折れ線形	正四面体形	正四面体形
(エ)	直線形	正四面体形	正四面体形
(オ)	折れ線形	三角錐形	三角錐形
(カ)	直線形	三角錐形	三角錐形
(キ)	折れ線形	正四面体形	三角錐形
(ク)	直線形	正四面体形	三角錐形

(2)　7種類の原子(A～G)の陽子数と質量数を表1にまとめた。下の問い(問3，問4)に答えなさい。

表1

	A	B	C	D	E	F	G
陽子数	5	5	6	9	11	18	20
質量数	10	11	12	19	23	40	40

問3　同位体の関係にある原子の組み合わせは $\boxed{6}$ である。$\boxed{6}$ に入れるのに最も適当なものを，次の解答群の(ア)～(オ)のうちから一つ選べ。

$\boxed{6}$ の解答群

(ア) A，B　　　　(イ) B，C　　　　(ウ) F，G　　　　(エ) A，C，G　　　　(オ) D，E，F

問4　1族元素で常温の水と激しく反応して水素を発生し，空気中でもすぐに酸素や水蒸気と反応する原子は $\boxed{7}$ である。また N 殻に最外殻電子を持ち，橙赤色の炎色反応を示す原子は $\boxed{8}$ である。$\boxed{7}$，$\boxed{8}$ に入れるのに最も適当なものを，次の解答群の(ア)～(コ)のうちから一つずつ選べ。ただし，同じものを繰り返し選んでもよい。

$\boxed{7}$，$\boxed{8}$ の解答群

(ア) A　　　(イ) A，B　　　(ウ) A，C，G　　　(エ) B　　　(オ) C

(カ) D　　　(キ) E　　　(ク) F　　　(ケ) F，G　　　(コ) G

Ⅱ　次の文章を読み，下の問い(問1～3)に答えよ。

　　一種類の元素だけでできている純物質を(a)という。金属の(a)が，水溶液中で(b)になる性質の強さを表す指標を，金属のイオン化傾向という。イオン化傾向が大きい金属ほど(c)されやすい。不純物を含まない7種類の異なる金属 A ～ G を用いて，次の実験1～6を行った。金属 A ～ G は Ag, Cu, Fe, Mg, Na, Ni, Pt のいずれかである。

実験1：A，B，C，D をそれぞれ希硫酸に浸したところ気体(d)が発生した。

実験2：E と F は希硫酸にほとんど溶けないが，硝酸には溶けた。

実験3：A と D は濃硝酸に浸したところ不動態となり，G は濃硝酸には溶けなかった。

実験4：E は濃硝酸と反応して気体(e)が発生した。

実験5：水と反応させたところ，B は常温の水と激しく反応した。C は熱水と反応した。C と D は高温の水蒸気と反応した。B，C，D はいずれも同じ気体(f)を発生した。A，E，F，G は高温の水蒸気でも反応しなかった。

実験6：F の陽イオンを含む水溶液に E を浸すと，E の表面に F が析出した。

問1　文中の空欄(a)～(c)に当てはまる語句の組み合わせが正しいのは　9　である。　9
　　に入れるのに最も適当なものを，次の解答群の(ア)～(ク)のうちから一つ選べ。

9　の解答群

	a	b	c
(ア)	単体	陰イオン	酸化
(イ)	単分子	陽イオン	酸化
(ウ)	単体	陰イオン	還元
(エ)	単分子	陽イオン	還元
(オ)	単体	陽イオン	酸化
(カ)	単分子	陰イオン	酸化
(キ)	単体	陽イオン	還元
(ク)	単分子	陰イオン	還元

問2　金属 B は　10　，金属 D は　11　，金属 G は　12　である。また金属 A と金属 E を電極として電池を作った場合，負極になる金属は　13　である。　10　～　13　に入れるのに最も適当なものを，次の解答群の(ア)～(キ)のうちから一つずつ選べ。

10　，11　，12　，13　の解答群

(ア) Ag　　(イ) Cu　　(ウ) Fe　　(エ) Mg　　(オ) Na　　(カ) Ni　　(キ) Pt

問3　実験1で発生した気体(d)は $\boxed{14}$ ，実験4で発生した気体(e)は $\boxed{15}$ ，実験5で発生した気体(f)は $\boxed{16}$ である。$\boxed{14}$ ～ $\boxed{16}$ に入れるのに最も適当な気体を，次の解答群の(ア)～(カ)のうちから一つずつ選べ。ただし同じものを繰り返し選んでもよい。

$\boxed{14}$ ，$\boxed{15}$ ，$\boxed{16}$ の解答群

(ア) 水素　　　　(イ) 酸素　　　　(ウ) 硫化水素　　　　(エ) 二酸化硫黄

(オ) 一酸化窒素　　(カ) 二酸化窒素

Ⅲ　次の文章を読み，下の問い(問1，2)に答えよ。ただし，25℃における水のイオン積 $K_w=1.0\times10^{-14}(mol/L)^2$，$\log_{10}13=1.11$ とする。

弱塩基であるアンモニア NH_3 は水溶液中で次のような電離平衡状態となる。

$$NH_3+H_2O \rightleftharpoons NH_4^++OH^-$$

この電離平衡における平衡定数 K は，K= $\boxed{17}$ と表される。アンモニア水溶液において H_2O の濃度は一定と考えることができることから，アンモニアの電離定数 K_b を $K_b=K[H_2O]$ とおく。アンモニア水溶液の電離前の濃度を c mol/L，その電離度を α とすると，この水溶液中のアンモニア，アンモニウムイオン，水酸化物イオンのそれぞれのモル濃度は

$$[NH_3]=\boxed{18}\ mol/L, \quad [NH_4^+]=\boxed{19}\ mol/L, \quad [OH^-]=\boxed{20}\ mol/L$$

と表すことができるのでアンモニアの電離定数K_b は次式のようになる。

$$K_b = \frac{\boxed{21}}{1-\alpha}$$

アンモニアは弱塩基なので電離度αは1に比べて十分に小さく $1-\alpha\fallingdotseq1$ と近似することができる。このとき，電離度αは次式で表される。

$$\alpha = \boxed{22}$$

問1　文章中の $\boxed{17}$ ～ $\boxed{22}$ に入れるのに最も適当なものを，下のそれぞれの解答群から一つずつ選べ。ただし $\boxed{18}$ ～ $\boxed{21}$ は同じものを繰り返し選んでもよい。

$\boxed{17}$ の解答群

(ア) $\dfrac{[NH_3]\,[H_2O]}{[NH_4^+]\,[OH^-]}$　　　　(イ) $\dfrac{[NH_3]}{[NH_4^+]\,[OH^-]}$　　　　(ウ) $\dfrac{[NH_3]}{[NH_4^+]}$

(エ) $\dfrac{[NH_4{}^+][OH^-]}{[NH_3][H_2O]}$　　　(オ) $\dfrac{[NH_4{}^+]}{[NH_3]}$　　　(カ) $\dfrac{[NH_4{}^+][OH^-]}{[NH_3]}$

[18] , [19] , [20] , [21] の解答群

(ア) $(1-c)\alpha$　　(イ) $c(1-\alpha)$　　(ウ) $1-\alpha$　　(エ) $c\,\alpha$　　(オ) $(c\,\alpha)^2$

(カ) $c^2\,\alpha$　　(キ) $c\,\alpha^2$

[22] の解答群

(ア) $\dfrac{K_b}{1-c}$　　(イ) $1-\dfrac{K_b}{c}$　　(ウ) $1-K_b$　　(エ) $\dfrac{K_b}{c}$　　(オ) $\dfrac{\sqrt{K}}{b}$

(カ) $\dfrac{K_b}{c^2}$　　(キ) $\sqrt{\dfrac{K_b}{c}}$

問2　25℃におけるアンモニアの電離定数 K_b を 1.69×10^{-5} mol/L とすると，0.10 mol/L のアンモニア水溶液の電離度は [23] ，pH は [24] である。 [23] ， [24] に入れるのに最も適当な数値を，次のそれぞれの解答群(ア)〜(オ)のうちから一つずつ選べ。

[23] の解答群

(ア) 1.88×10^{-5}　(イ) 1.30×10^{-4}　(ウ) 1.69×10^{-4}　(エ) 1.30×10^{-2}　(オ) 1.69×10^{-2}

[24] の解答群

(ア) 2.89　　　(イ) 5.89　　　(ウ) 11.1　　　(エ) 12.1　　　(オ) 13.1

Ⅳ　化合物 X の合成経路を示した次の図を見て，下の問い（問 1 ～ 8）に答えよ。

問1　化合物 A および G の名称の組み合わせとして最も適当なものを，次の解答群の(ア)～(カ)の
うちから一つ選べ。 25

25 の解答群

	化合物 A	化合物 G
(ア)	アニリン	アセトン
(イ)	アニリン	アセトアルデヒド
(ウ)	アニリン	プロパン
(エ)	ニトロベンゼン	アセトン
(オ)	ニトロベンゼン	アセトアルデヒド
(カ)	ニトロベンゼン	プロパン

問2　化合物 E の構造として最も適当なものを，次の解答群の(ア)～(コ)のうちから一つ選べ。
26

26 の解答群

問3　図中の①～③の試薬の組み合わせとして最も適当なものを，次の解答群の(ア)～(ケ)のうちから一つ選べ。　27

27 の解答群

	①	②	③
(ア)	HCl	NaOH	HCl
(イ)	HCl	HNO_3，HCl	$NaNO_2$，HCl
(ウ)	HCl	NaOH	$NaNO_2$，HCl
(エ)	$NaNO_2$，HCl	NaOH	HCl
(オ)	$NaNO_2$，HCl	HNO_3，HCl	$NaNO_2$，HCl
(カ)	$NaNO_2$，HCl	NaOH	$NaNO_2$，HCl
(キ)	Sn，HCl	NaOH	HCl
(ク)	Sn，HCl	HNO_3，HCl	$NaNO_2$，HCl
(ケ)	Sn，HCl	NaOH	$NaNO_2$，HCl

問4　化合物Bおよび C に関する記述として誤っているものを，次の解答群の(ア)～(オ)のうちから一つ選べ。　28

28 の解答群

(ア)　化合物 B は水に溶けるが，化合物 C は水に溶けにくい。

(イ)　化合物 C は塩基性を示す。

(ウ)　化合物 C にさらし粉水溶液を作用させると，赤紫色を呈する。

(エ)　化合物 B に無水酢酸を作用させると，アミド結合を有するアセトアニリドが生成する。

(オ)　化合物 C は，工業的には化合物 A を触媒存在下水素で還元してつくられる。

問5　化合物 D は氷冷した水溶液中（5 ℃以下）では安定に存在するが，水温が上昇すると分解し，気体（　a　）を発生しながら，（　b　）を生じる。（　a　）および（　b　）に入れるのに最も適当なものの組み合わせを，次の解答群の(ア)～(ケ)のうちから一つ選べ。　29

29 の解答群

	a	b
(ア)	酸素	アニリン
(イ)	酸素	フェノール
(ウ)	酸素	ベンゼン
(エ)	水素	アニリン
(オ)	水素	フェノール
(カ)	水素	ベンゼン
(キ)	窒素	アニリン
(ク)	窒素	フェノール
(ケ)	窒素	ベンゼン

問6　化合物 F および H に関する次の記述のうち，誤っているものを，次の解答群の(ア)〜(オ)のうちから一つ選べ。　30

30 の解答群

(ア)　化合物 F にナトリウムを作用させると，化合物 H が生成する。

(イ)　化合物 F は弱い酸性を示すので，その塩である化合物 H に塩酸を作用させても変化しない。

(ウ)　化合物 F に塩化鉄(Ⅲ)水溶液を作用させると，紫色を呈する。

(エ)　化合物 F の水溶液に臭素水を加えると，白色沈殿が生じる。

(オ)　化合物 H に高温・高圧下で二酸化炭素を作用させると，サリチル酸ナトリウムが生じる。

問7　化合物 D と H から化合物 X が生成する反応において，(c)間に新たな結合が形成されている。この反応は(d)と呼ばれる。(c)および(d)に入れるのに最も適当なものの組み合わせを，次の解答群の(ア)〜(コ)のうちから一つ選べ。　31

31 の解答群

	c	d
(ア)	炭素原子－窒素原子	ジアゾ化
(イ)	炭素原子－窒素原子	ジアゾカップリング
(ウ)	炭素原子－窒素原子	付加
(エ)	炭素原子－酸素原子	ジアゾ化
(オ)	炭素原子－酸素原子	ジアゾカップリング
(カ)	窒素原子－窒素原子	ジアゾ化
(キ)	窒素原子－窒素原子	ジアゾカップリング
(ク)	窒素原子－窒素原子	付加
(ケ)	窒素原子－酸素原子	ジアゾ化
(コ)	窒素原子－酸素原子	ジアゾカップリング

問8　化合物 X の構造式として最も適当なものを，次の解答群の(ア)～(ケ)のうちから一つ選べ。
32

32 の解答群

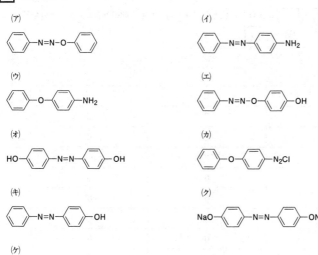

生物

(60 分)

I　次の文章A・Bを読み，下の問い（問1～8）に答えよ。

　A　生命活動には，エネルギーが必要である。多くの生物では，グルコース（ブドウ糖）を二酸化炭素と水に分解し，そのときに取り出されるエネルギーから生命活動のエネルギー源となるATPを合成する。この過程を呼吸という。これは次の化学反応式で表される。

$$C_6H_{12}O_6 + \boxed{a} \ O_2 + 6H_2O \rightarrow \boxed{b} \ CO_2 + \boxed{c} \ H_2O + エネルギー$$

　呼吸は，グルコースを $\boxed{d}$ にまで分解する解糖系と，その他の $\boxed{e}$，$\boxed{f}$ の2つの過程からなり，計3つの過程に分けられる。グルコース1分子から得られるATPは，解糖系では $\boxed{g}$ 分子，$\boxed{e}$ では最大 $\boxed{h}$ 分子，$\boxed{f}$ では $\boxed{i}$ 分子で，呼吸によって得られるATPのほとんどは $\boxed{e}$ から供給される。

問1　文中の空欄 $\boxed{a}$ ～ $\boxed{c}$ に入れる数値として最も適当なものの組み合わせを，下の解答群の(ア)～(ケ)のうちから一つ選べ。$\boxed{1}$

$\boxed{1}$ の解答群

	a	b	c
(ア)	2	2	6
(イ)	2	6	6
(ウ)	2	6	12
(エ)	6	6	6
(オ)	6	6	12
(カ)	6	12	12
(キ)	12	6	6
(ク)	12	12	6
(ケ)	12	12	12

問2　文中の空欄 $\boxed{d}$ ～ $\boxed{f}$ に入れる語句として最も適当なものの組み合わせを，次の解答

群の(ア)～(ク)のうちから一つ選べ。　2

2 の解答群

	d	e	f
(ア)	NADH	クエン酸回路	電子伝達系
(イ)	NADH	電子伝達系	クエン酸回路
(ウ)	NADPH	クエン酸回路	電子伝達系
(エ)	NADPH	電子伝達系	クエン酸回路
(オ)	クエン酸	クエン酸回路	電子伝達系
(カ)	クエン酸	電子伝達系	クエン酸回路
(キ)	ピルビン酸	クエン酸回路	電子伝達系
(ク)	ピルビン酸	電子伝達系	クエン酸回路

問3　文中の空欄　g　～　i　に入れる数値として最も適当なものの組み合わせを，次の解答群の(ア)～(ク)のうちから一つ選べ。　3

3 の解答群

	g	h	i
(ア)	2	20	2
(イ)	2	20	6
(ウ)	2	34	2
(エ)	2	34	6
(オ)	4	20	2
(カ)	4	20	6
(キ)	4	34	2
(ク)	4	34	6

問4　次の記述①～④のうち，文中の空欄　e　に関する記述として，正しい記述を過不足なく含むものを，下の解答群の(ア)～(コ)のうちから一つ選べ。　4

①　電子の受け渡しによって反応が進行する。

②　反応には，クエン酸が利用される。

③　反応によって，二酸化炭素が発生する。

④ 反応は，チラコイドの膜でおこる。

[4] の解答群

(ア) ①   (イ) ②   (ウ) ③   (エ) ④   (オ) ①, ②
(カ) ①, ③   (キ) ①, ④   (ク) ②, ③   (ケ) ②, ④   (コ) ③, ④

問5 次の呼吸の過程①〜③のうち，ミトコンドリアのマトリックス内で行われているものとして正しい過程を過不足なく含むものを，下の解答群の(ア)〜(ク)のうちから一つ選べ。 [5]

① 解糖系
② クエン酸回路
③ 電子伝達系

[5] の解答群

(ア) ①   (イ) ②   (ウ) ③   (エ) ①, ②
(オ) ①, ③   (カ) ②, ③   (キ) ①, ②, ③   (ク) どれも該当しない

B 生物では，生命活動に必要なエネルギー源として ATP（図）が利用されている。ATP は，[j] と糖の一種である [k] が結合し，さらに [k] にリン酸が3つ直列に結合した構造をしており，その分子内に，高エネルギーリン酸結合としてエネルギーを蓄えている。また，ATP が ADP に変化するときには，[l] が切れ，多量のエネルギーが放出される。

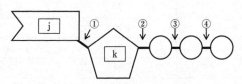

図　ATP の構造の模式図

問6 文中の空欄 [j]・[k] に入れる語句として最も適当なものの組み合わせを，次の解答群の(ア)〜(ケ)のうちから一つ選べ。 [6]

6 の解答群

	j	k
(ア)	アデニン	アデノシン
(イ)	アデニン	デオキシリボース
(ウ)	アデニン	リボース
(エ)	アデノシン	アデニン
(オ)	アデノシン	デオキシリボース
(カ)	アデノシン	リボース
(キ)	リボース	アデニン
(ク)	リボース	アデノシン
(ケ)	リボース	デオキシリボース

問7　図中の結合①～④のうち，下線部に相当する結合として最も適当なものを，下の解答群の(ア)～(コ)のうちから一つ選べ。　7

問8　文中の空欄 1 に入れる語句として最も適当なものを，次の解答群の(ア)～(コ)のうちから一つ選べ。　8

7 , 8 の解答群

(ア) ①の結合　　　　　　(イ) ②の結合　　　　　　(ウ) ③の結合

(エ) ④の結合　　　　　　(オ) ①と②の結合　　　　(カ) ①と③の結合

(キ) ①と④の結合　　　　(ク) ②と③の結合　　　　(ケ) ②と④の結合

(コ) ③と④の結合

Ⅱ　次の文章を読み，下の問い（問1〜8）に答えよ。

　体細胞分裂が終了してから，再び次の分裂が終了するまでの過程を細胞周期という。細胞周期は，分裂が行われる分裂期とそれ以外の間期に分けられる。間期に(1)DNA の複製が行われ，分裂期に染色体として2つの娘細胞に分配される。分裂期にはまず(2)太い棒状の染色体が形成され，続いて核分裂と(3)細胞質分裂が起きる。単細胞生物の場合，娘細胞はそれぞれが独立した個体となるが，多細胞生物では(4)娘細胞はそれぞれの運命や環境に応じて分化し，異なる機能をになっていく場合もある。

問1　下線部(1)に関する次の記述①〜④のうち，正しい記述を過不足なく含むものを，下の解答群の(ア)〜(コ)のうちから一つ選べ。　9

　①　DNA の2本鎖構造の一部が，1本鎖にほどける。

　②　DNA ポリメラーゼの働きで，ヌクレオチドが連結される。

　③　mRNA（伝令RNA）の，連続した塩基3個の配列に対応するアミノ酸が順番につながる。

　④　塩基配列の中でタンパク質の情報とならない部分が切断される。

9　の解答群

(ア) ①	(イ) ②	(ウ) ③	(エ) ④	(オ) ①，②
(カ) ①，③	(キ) ①，④	(ク) ②，③	(ケ) ②，④	(コ) ③，④

問2　次の記述①〜④のうち，下線部(2)の理由として正しい記述を過不足なく含むものを，下の解答群の(ア)〜(コ)のうちから一つ選べ。　10

　①　さまざまなタンパク質の助けを借りて，DNA が複雑に折りたたまれるため。

　②　染色体あたりの DNA の量が増えて，染色体が大きくなるため。

　③　転写が活性化し，DNA の塩基対がほどけるため。

　④　複数の DNA分子が束ねられて，染色体が大きくなるため。

10　の解答群

(ア) ①	(イ) ②	(ウ) ③	(エ) ④	(オ) ①，②
(カ) ①，③	(キ) ①，④	(ク) ②，③	(ケ) ②，④	(コ) ③，④

問3　下線部(3)に関する次の記述①〜④のうち，正しい記述を過不足なく含むものを，下の解答群の(ア)〜(コ)のうちから一つ選べ。　11

　①　減数分裂のときには，細胞質分裂は起きない。

　②　細胞質分裂の前後で，細胞あたりの DNA量に変化はない。

　③　植物細胞では，細胞板が新しい細胞壁となり，細胞質分裂が終了する。

④　動物細胞では，赤道付近の細胞膜が細胞の中心に向かってくびれ込み，細胞質分裂が終了する。

11 の解答群

(ア) ①　　　　(イ) ②　　　　(ウ) ③　　　　(エ) ④　　　　(オ) ①，②

(カ) ①，③　　(キ) ①，④　　(ク) ②，③　　(ケ) ②，④　　(コ) ③，④

問4　下線部(4)に関する次の記述①～④のうち，正しい記述を過不足なく含むものを，下の解答群の(ア)～(コ)のうちから一つ選べ。　12

①　細胞が分化するためには，特定の遺伝子を獲得することが必要である。

②　分化後の細胞の機能に関係ない遺伝子は，その前の細胞分裂のときに捨てられる。

③　分化後の細胞の機能に必要な遺伝子は，さかんに転写されるようになる。

④　分化によって細胞の形は大きく変わるが，細胞内のタンパク質にはほとんど変化がおきない。

12 の解答群

(ア) ①　　　　(イ) ②　　　　(ウ) ③　　　　(エ) ④　　　　(オ) ①，②

(カ) ①，③　　(キ) ①，④　　(ク) ②，③　　(ケ) ②，④　　(コ) ③，④

問5　次の記述①～④のうち，下線部(4)の例として正しい記述を過不足なく含むものを，下の解答群の(ア)～(コ)のうちから一つ選べ。　13

①　異常なヘモグロビンを合成する赤血球が，かま状になる。

②　血糖値の上昇で，肝臓がグリコーゲンを合成するようになる。

③　酸素が少なくなると，筋肉で乳酸を合成するようになる。

④　水晶体の細胞が，クリスタリンを合成するようになる。

13 の解答群

(ア) ①　　　　(イ) ②　　　　(ウ) ③　　　　(エ) ④　　　　(オ) ①，②

(カ) ①，③　　(キ) ①，④　　(ク) ②，③　　(ケ) ②，④　　(コ) ③，④

問6　次の記述①～④のうち，細胞分裂の中期の細胞にみられる現象として，正しい記述を過不足なく含むものを，下の解答群の(ア)～(コ)のうちから一つ選べ。　14

①　核膜が見えなくなる。

②　細胞板が形成される。

③　赤道面に染色体が並ぶ。

④　染色体が分かれる。

14 の解答群

(ア) ①　　　　　(イ) ②　　　　(ウ) ③　　　　(エ) ④　　　　(オ) ①, ②

(カ) ①, ③　　　(キ) ①, ④　　(ク) ②, ③　　(ケ) ②, ④　　(コ) ③, ④

問7　2013年に発表された論文では，成人したヒトの体には，およそ37兆個の細胞があるとされている。仮にすべての細胞が同じ回数の細胞分裂を経ていたとすると，受精卵から数えて，およそ何回の細胞分裂を経ていると考えられるか。分裂回数として最も適当なものを，次の解答群の(ア)～(ク)のうちから一つ選べ。ただし2の10乗は1000と計算してよい。　15

15 の解答群

(ア) 約25回　　　(イ) 約30回　　(ウ) 約35回　　(エ) 約40回

(オ) 約45回　　　(カ) 約50回　　(キ) 約55回　　(ク) 約60回

問8　タマネギの根端分裂組織をとり出し，細胞を酢酸オルセインで染色し，顕微鏡で観察した。間期と分裂期の細胞を数えたところ，それぞれ131個と14個であった。次の記述①～④のうち，この観察に関する考え方として正しい記述を過不足なく含むものを，下の解答群の(ア)～(コ)のうちから一つ選べ。　16

① 細胞周期が22時間とすると，間期は18時間と考えられる。

② 終期の細胞は，間期の細胞2個として数えられる。

③ 前期にある細胞は分裂期として数えられる。

④ 分裂準備期（G_2期）にある細胞は分裂期として数えられる。

16 の解答群

(ア) ①　　　　　(イ) ②　　　　(ウ) ③　　　　(エ) ④　　　　(オ) ①, ②

(カ) ①, ③　　　(キ) ①, ④　　(ク) ②, ③　　(ケ) ②, ④　　(コ) ③, ④

Ⅲ　次の文章A・Bを読み，下の問い（問1〜8）に答えよ。

A　ヒトのからだの(1)血液循環の原動力は，ポンプとして機能する心臓である。ポンプとして働くために，心臓には複数の(2)心腔（空洞である心房と心室のこと）があり，その周囲の筋肉である心筋が，収縮と弛緩を繰り返すことで，心腔の容積が変化する。心筋の収縮リズムのペースメーカーは，　a　とよばれる場所である。その場所は，　b　による信号を発生し，心臓全体の拍動リズムを決定している。

問1　文中の空欄　a　に入れる語句として最も適当なものを，次の解答群の(ア)〜(コ)のうちから一つ選べ。　17

17　の解答群

(ア) 右心室　　　　　(イ) 右房室弁　　　(ウ) 下大静脈　　　(エ) 肝門脈

(オ) 鎖骨下静脈　　　(カ) 左心房　　　　(キ) 大動脈　　　　(ク) 洞房結節

(ケ) 肺静脈　　　　　(コ) 半月弁

問2　文中の空欄　b　に入れる語句として最も適当なものを，次の解答群の(ア)〜(コ)のうちから一つ選べ。　18

18　の解答群

(ア) 音　　　　　　　(イ) 感覚　　　　　(ウ) 血圧　　　　　(エ) 血流

(オ) サイトカイン　　(カ) 磁気　　　　　(キ) 電気　　　　　(ク) 熱

(ケ) 光　　　　　　　(コ) ホルモン

問3　下線部(1)に関して，脊つい動物では，閉鎖血管系を構成し，昆虫などの節足動物の開放血管系とは異なる。各血管系に関する記述として正しいものを，次の解答群の(ア)〜(カ)のうちから**すべて選べ**。解答番号　19　には正しいものを**すべて**マークすること。　19

19　の解答群

(ア) 開放血管系では，酸素を含む血液と老廃物を含む血液が混合しにくい。

(イ) 開放血管系では，動脈を流れる血液は，組織のすき間に一度流れてから静脈に入る。

(ウ) 開放血管系では，閉鎖血管系と同様に，毛細血管が存在する。

(エ) 閉鎖血管系では，開放血管系に比べ，血圧を高く保つことが可能である。

(オ) 閉鎖血管系では，血液を一定の方向に循環できるため，酸素の運搬や二酸化炭素の排出などの効率がよい。

(カ) 閉鎖血管系では，赤血球やリンパ球のような有形成分は，常に血管内を流れている。

問4　下線部(2)に関して，脊つい動物の種類により，心房と心室の数は異なる。その関係について最も適当なものを，次の解答群の(ア)〜(コ)のうちから一つ選べ。　20

20 の解答群

	脊つい動物の種類	心房と心室の数
(ア)	魚類	1心房2心室
(イ)	魚類	2心房2心室
(ウ)	鳥類	1心房1心室
(エ)	鳥類	2心房1心室
(オ)	は虫類	1心房2心室
(カ)	は虫類	2心房2心室
(キ)	哺乳類	1心房1心室
(ク)	哺乳類	2心房1心室
(ケ)	両生類	2心房1心室
(コ)	両生類	2心房2心室

B　生物は，外界からさまざまな影響を受けて生活している。ヒトを含む多くの動物は，皮膚などのからだの表面の一部の組織が，外界と接しているだけで，それ以外の細胞は， c に浸されている。 c とは，(3)血しょうが毛細血管からしみ出たもので，細胞にとって直接の環境となる。そのため， d とよばれている。動物には，体外の環境が変化しても， d を一定に保とうとする性質があり，これを e という。 c の大部分は，再び毛細血管内に戻り，一部は f となる。

　からだに外傷をうけるなどして血管が破れると，血液が体外へ漏出する。しかし，生体には，(4)それを止めるしくみがある。

問5　文中の空欄 c ・ f に入れる語句として最も適当なものの組み合わせを，次の解答群の(ア)〜(ケ)のうちから一つ選べ。 21

21 の解答群

	c	f
(ア)	核液	細胞液
(イ)	核液	消化液
(ウ)	核液	リンパ液
(エ)	細胞内液	細胞液
(オ)	細胞内液	消化液
(カ)	細胞内液	リンパ液
(キ)	組織液	細胞液
(ク)	組織液	消化液
(ケ)	組織液	リンパ液

問6 文中の空欄 d ・ e に入れる語句として最も適当なものの組み合わせを，次の解答群の(ア)〜(コ)のうちから一つ選べ。 22

22 の解答群

	d	e
(ア)	生物的環境	緩衝作用
(イ)	生物的環境	酸素解離曲線
(ウ)	生物的環境	線溶
(エ)	生物的環境	多様性
(オ)	生物的環境	ホメオスタシス
(カ)	体内環境	緩衝作用
(キ)	体内環境	酸素解離曲線
(ク)	体内環境	線溶
(ケ)	体内環境	多様性
(コ)	体内環境	ホメオスタシス

問7 下線部(3)に関する記述として正しいものを，次の解答群の(ア)〜(エ)のうちから**すべて選べ**。解答番号 23 には正しいものを**すべて**マークすること。 23

23 の解答群

(ア)　主な働きは，栄養分や老廃物などの運搬や免疫などである。

(イ)　グルコースを約0.1％含んでいる。

(ウ)　血小板は含まないが，赤血球と白血球を含んでいる。

(エ)　タンパク質を約20％含んでいる。

問8　下線部(4)に関する記述として正しいものを，次の解答群の(ア)〜(エ)のうちから**すべて選べ**。解答番号 24 には正しいものを**すべて**マークすること。　 24

24 の解答群

(ア)　血しょう中にフィブリンとよばれるタンパク質でできた繊維が形成され，これが血球をからめて血ぺいとよばれる塊状の物質をつくり，血液凝固がおこる。

(イ)　血小板が血管の傷口に集合する。

(ウ)　血小板から放出される血液凝固因子などの働きにより，プロトロンビンはトロンビンに変わる。

(エ)　プロトロンビンは，フィブリノーゲンとよばれるタンパク質を繊維状のフィブリンに変える。

Ⅳ　次の文章A・Bを読み，下の問い（問1〜8）に答えよ。

A　さまざまな病原体から，からだを守るしくみを免疫といい，自然免疫と(1)適応免疫（獲得免疫）の2つに分類できる。自然免疫には，異物そのものではなく，病原体などに感染した細胞を攻撃するしくみがあり，このとき中心となるのは(2)ナチュラルキラー細胞（NK細胞）である。適応免疫とは，特定のB細胞やT細胞が認識した異物（抗原）に特異的に生じる強力な生体防御機構である。一度反応した抗原を記憶するしくみがあり，2回目以降侵入したときに，迅速な生体防御が可能となる。

　病原体に対応する免疫細胞には多くの種類があり，(3)造血幹細胞からつくられる。T細胞は， a から b に移動して成熟し，特異的な抗原により活性化され，感染細胞を破壊したり，適応免疫を補助する細胞へと変化したりする。

問1　文中の空欄 a ・ b に入れる語句として最も適当なものの組み合わせを，次の解答群の(ア)〜(カ)のうちから一つ選べ。　 25

25 の解答群

	a	b
(ア)	胸腺	骨髄
(イ)	胸腺	リンパ節
(ウ)	骨髄	胸腺
(エ)	骨髄	リンパ節
(オ)	リンパ節	骨髄
(カ)	リンパ節	胸腺

問2　下線部(1)に関する次の記述①～④のうち，正しいものを過不足なく含む組み合わせを，下の解答群の(ア)～(コ)のうちから一つ選べ。　26

① 抗原と抗体が結合した複合体は，マクロファージの食作用によって排除される。

② 細胞性免疫では，B細胞が活性化して免疫グロブリンを分泌し，細胞外の病原体を除去する。

③ 樹状細胞は病原体を認識して活性化すると，適応免疫を始動させる。

④ 体内に侵入した異物は樹状細胞などが分解し，異物の一部が抗原として提示される。

26 の解答群

(ア) ①，②	(イ) ①，③	(ウ) ①，④	(エ) ②，③
(オ) ②，④	(カ) ③，④	(キ) ①，②，③	(ク) ①，②，④
(ケ) ①，③，④	(コ) ②，③，④		

問3　下線部(2)に関する次の記述①～④のうち，正しいものを過不足なく含む組み合わせを，下の解答群の(ア)～(コ)のうちから一つ選べ。　27

① 移植された他人の細胞を，非自己として排除する。

② がん細胞は，もともとは自己の細胞なので攻撃しない。

③ 細胞表面のわずかな違いで，正常な細胞と感染細胞を識別する。

④ リンパ球の一種である。

27 の解答群

(ア) ①，②	(イ) ①，③	(ウ) ①，④	(エ) ②，③
(オ) ②，④	(カ) ③，④	(キ) ①，②，③	(ク) ①，②，④
(ケ) ①，③，④	(コ) ②，③，④		

問4　下線部(3)に関する次の記述①～④のうち，正しいものを過不足なく含む組み合わせを，下
　　の解答群の(ア)～(コ)のうちから一つ選べ。　28

①　T細胞やB細胞は成熟する過程で，自己を攻撃するものが排除される。

②　核が脱落して，白血球がつくられる。

③　孔辺細胞から分化する。

④　分化して血球がつくられる。

28　の解答群

(ア) ①，②　　　　　　(イ) ①，③　　　　　　(ウ) ①，④　　　　　(エ) ②，③

(オ) ②，④　　　　　　(カ) ③，④　　　　　　(キ) ①，②，③　　　(ク) ①，②，④

(ケ) ①，③，④　　　　(コ) ②，③，④

B　適応免疫では，免疫記憶の働きによって，一度かかった感染症に対して強い抵抗力をもち続
けることができる。この性質を利用して，弱毒化した病原体やその産物を接種し，抗体をつくる
能力を人工的に高めて免疫を獲得させる方法を(4)予防接種という。予防接種は，　c　に感染す
るウイルスをヒトの　d　のワクチンとして初めて使った，　e　の発見から生み出された感染
症予防法である。

　　また，ヒトの血液は，生まれつき赤血球の特徴が決まっており，(5)ABO式の血液型といわれる。
別々のヒトの血液を混ぜると赤血球が反応し，　f　がおこる場合がある。これは，血しょう中
に存在する成分と，赤血球の表面に存在する物質とが　g　をおこすために生じる。

問5　文中の空欄　c　～　e　に入れる語句として最も適当なものの組み合わせを，次の解答
　　群の(ア)～(ク)のうちから一つ選べ。　29

29　の解答群

	c	d	e
(ア)	ウシ	天然痘	北里柴三郎
(イ)	ウシ	天然痘	ジェンナー
(ウ)	ウシ	破傷風	北里柴三郎
(エ)	ウシ	破傷風	ジェンナー
(オ)	ウマ	天然痘	北里柴三郎
(カ)	ウマ	天然痘	ジェンナー
(キ)	ウマ	破傷風	北里柴三郎
(ク)	ウマ	破傷風	ジェンナー

問6　文中の空欄 f ・ g に入れる語句として最も適当なものの組み合わせを，次の解答群の(ア)～(ケ)のうちから一つ選べ。 30

30 の解答群

	f	g
(ア)	拡散	拒絶反応
(イ)	拡散	抗原抗体反応
(ウ)	拡散	酵素反応
(エ)	凝集	拒絶反応
(オ)	凝集	抗原抗体反応
(カ)	凝集	酵素反応
(キ)	結晶化	拒絶反応
(ク)	結晶化	抗原抗体反応
(ケ)	結晶化	酵素反応

問7　下線部(4)に関する次の記述①～④のうち，正しいものを過不足なく含む組み合わせを，下の解答群の(ア)～(コ)のうちから一つ選べ。 31

①　近年は，インフルエンザの予防法として，主に血清療法が用いられている。

②　結核では，BCG がワクチンとして用いられる。

③　天然痘は，予防接種により感染者が減少し，WHO から根絶宣言が出された。

④　ワクチンの接種によって体内に記憶細胞がつくられ，病原体が侵入した場合には急速に大量の抗体を産生する。

31 の解答群

(ア) ①, ②　　　(イ) ①, ③　　　(ウ) ①, ④　　　(エ) ②, ③

(オ) ②, ④　　　(カ) ③, ④　　　(キ) ①, ②, ③　　　(ク) ①, ②, ④

(ケ) ①, ③, ④　　　(コ) ②, ③, ④

問8　下線部(5)に関する次の記述①～④のうち，正しいものを過不足なく含む組み合わせを，下の解答群の(ア)～(コ)のうちから一つ選べ。 32

①　血液型A型の赤血球の表面には，抗原Aがある。

②　血液型AB型の血しょうには，抗A抗体と抗B抗体がある。

③　血液型B型の血しょうには，抗A抗体がある。

④　血液型O型の赤血球の表面には，抗原Aと抗原Bがある。

32 の解答群

(ア) ①, ②   (イ) ①, ③   (ウ) ①, ④   (エ) ②, ③

(オ) ②, ④   (カ) ③, ④   (キ) ①, ②, ③   (ク) ①, ②, ④

(ケ) ①, ③, ④   (コ) ②, ③, ④

Ⅴ バイオームに関する次の文章A・Bを読み，下の問い（問1〜8）に答えよ。

A 地球上では，地域ごとにその環境に適応した植物や動物，菌類，細菌などが，互いに関係をもちながら特徴のある集団を形成している。ある地域でみられる植生と，そこにすむ動物などを含めた生物の集まりを(1)バイオーム（生物群系）という。世界には，地域の気候に対応して，(2)森林，(3)草原，(4)砂漠，(5)ツンドラなどのさまざまなバイオームが分布している。

問1 次の気候条件①〜④のうち，下線部(1)の成立に影響する主な要因として正しいものの組み合わせを，下の解答群の(ア)〜(コ)のうちから一つ選べ。 33

① 相対照度

② 年降水量

③ 年平均気温

④ 年平均日照時間

33 の解答群

(ア) ①, ②   (イ) ①, ③   (ウ) ①, ④   (エ) ②, ③

(オ) ②, ④   (カ) ③, ④   (キ) ①, ②, ③   (ク) ①, ②, ④

(ケ) ①, ③, ④   (コ) ②, ③, ④

問2 下線部(2)のバイオームに関する次の分類①〜④のうち，温帯に分布するものとして正しいものを過不足なく含む組み合わせを，下の解答群の(ア)〜(コ)のうちから一つ選べ。 34

① 雨緑樹林

② 夏緑樹林

③ 硬葉樹林

④ 照葉樹林

34 の解答群

(ア) ①, ②   (イ) ①, ③   (ウ) ①, ④   (エ) ②, ③

(オ) ②, ④   (カ) ③, ④   (キ) ①, ②, ③   (ク) ①, ②, ④

(ケ) ①, ③, ④   (コ) ②, ③, ④

問3　下線部(2)のバイオームに関する次の記述①～④のうち，正しいものを過不足なく含む組み合わせを，下の解答群の㋐～㋙のうちから一つ選べ。　35

①　雨緑樹林では，チークなどの，雨季に葉をつけ乾季に落葉する，落葉広葉樹が優占している。

②　夏緑樹林では，ブナなどの，落葉広葉樹が優占しており，落葉することで冬の寒さに耐えている。

③　照葉樹林では，スダジイなどの，樹高が低い落葉広葉樹が優占し，生育している樹木の種類が少ない。

④　熱帯多雨林では，ミズナラなどの，林冠の高い常緑広葉樹を含む，多種多様な植物が生育している。

35 の解答群

㋐　①，②	㋑　①，③	㋒　①，④	㋓　②，③
㋔　②，④	㋕　③，④	㋖　①，②，③	㋗　①，②，④
㋘　①，③，④	㋙　②，③，④		

問4　下線部(3)のバイオームに関する次の記述①～④のうち，正しいものを過不足なく含む組み合わせを，下の解答群の㋐～㋙のうちから一つ選べ。　36

①　サバンナでは，草本が主に生育し，樹木は生育していない。

②　サバンナは，熱帯で，雨季と乾季がある，アフリカや南アメリカなどに分布する。

③　ステップでは，草本が主に生育し，木本はわずかしかみられない。

④　ステップは，温帯のユーラシア大陸中央部や北アメリカ中央部などに分布する。

36 の解答群

㋐　①，②	㋑　①，③	㋒　①，④	㋓　②，③
㋔　②，④	㋕　③，④	㋖　①，②，③	㋗　①，②，④
㋘　①，③，④	㋙　②，③，④		

問5　下線部(4)のバイオームに関する次の記述①～④のうち，正しいものを過不足なく含む組み合わせを，下の解答群の㋐～㋙のうちから一つ選べ。　37

①　アフリカ北部，アラビア半島，中央アジアなどに分布する。

②　種子で乾燥に耐え，降雨の後に発芽する一年生草本がみられることもある。

③　葉の表面積を小さくするなどして，乾燥に適応した植物が散在する。

④　プレーリードッグなどの穴を掘る植食性動物が生息している。

37 の解答群

(ア) ①, ②　　　　　(イ) ①, ③　　　　　(ウ) ①, ④　　　　　(エ) ②, ③

(オ) ②, ④　　　　　(カ) ③, ④　　　　　(キ) ①, ②, ③　　　(ク) ①, ②, ④

(ケ) ①, ③, ④　　　(コ) ②, ③, ④

問6　次の国名・地域名①〜④のうち，下線部(5)が分布する国・地域として正しいものを過不足なく含む組み合わせを，下の解答群の(ア)〜(コ)のうちから一つ選べ。　38

① アイルランド

② アメリカ合衆国

③ グリーンランド

④ ロシア連邦

38 の解答群

(ア) ①, ②　　　　　(イ) ①, ③　　　　　(ウ) ①, ④　　　　　(エ) ②, ③

(オ) ②, ④　　　　　(カ) ③, ④　　　　　(キ) ①, ②, ③　　　(ク) ①, ②, ④

(ケ) ①, ③, ④　　　(コ) ②, ③, ④

B　日本列島は南北に長いだけでなく，標高の違いも著しい。このため，日本のバイオームは水平方向だけでなく，垂直方向に沿っても異なる分布をしている。緯度の違いによって生じる水平方向のバイオームの分布を(6)水平分布，標高の違いによって生じる垂直方向のバイオームの分布を(7)垂直分布という。

問7　下線部(6)に関する次の記述①〜④のうち，正しいものを過不足なく含む組み合わせを，下の解答群の(ア)〜(コ)のうちから一つ選べ。　39

① 関東地方から九州では，タブノキなどで構成された照葉樹林が分布している。

② 九州南端から沖縄の地域では，コナラなどで構成された亜熱帯多雨林が分布している。

③ 北海道東北部には，カエデなどで構成された針葉樹林が分布している。

④ 北海道南部から東北地方にかけて，ブナなどで構成された夏緑樹林が分布している。

39 の解答群

(ア) ①, ②　　　　　(イ) ①, ③　　　　　(ウ) ①, ④　　　　　(エ) ②, ③

(オ) ②, ④　　　　　(カ) ③, ④　　　　　(キ) ①, ②, ③　　　(ク) ①, ②, ④

(ケ) ①, ③, ④　　　(コ) ②, ③, ④

問8　下線部(7)に関する次の記述①〜④のうち，正しいものを過不足なく含む組み合わせを，下の解答群の(ア)〜(コ)のうちから一つ選べ。　40

① 一般に，垂直分布のバイオームの境界の標高は，南斜面より北斜面のほうが高い。

② 森林限界をこえた標高では，低木林や高山植物がみられる。

③ 垂直分布のバイオームの境界の標高は，低緯度ほど高くなる。

④ 日本の本州中央部で照葉樹林と夏緑樹林がみられるところは，それぞれ丘陵帯（低地帯）と山地帯である。

40 の解答群

(ア) ①，②	(イ) ①，③	(ウ) ①，④	(エ) ②，③
(オ) ②，④	(カ) ③，④	(キ) ①，②，③	(ク) ①，②，④
(ケ) ①，③，④	(コ) ②，③，④		

（六〇分）

第一問 次の文章を読み、後の問い（問1〜10）に答えよ。

　(1)藪をつついて蛇を出すということがあって、誰でもその意味を知っている。現代の高層ビルディングのなかは通路が入り組み、それ自体、人為の藪の知らずを思わせるところにもなるが、しかしそこに本ものの蛇にお目にかかるのは、時限爆弾に遭遇するよりもなおめずらしいということと思われる。それにもかかわらず、そういうビルのなかの近代的な会議室で、「そりゃ、ヤくどだよ、君……」というような発言が聞かれることは、いっこうにめずらしくない。言うまでもなく、ヤクくとが決して本ものを意味してはいないからだ。

　それと同じような事情を表現するのに、フランスに、眠っている猫を起こしてはいけない、という言いかたがある。無論その忠告を聞いて、きょろきょろあたりを見まわし猫をさがすにはおよばない。〈⑦〉

　「藪のなかの蛇」や「眠っている猫」が、文字どおりにそういう生きものを意味する《本名》として使われる場合もあるのだから、それと比較して言えば、会議中の発言としてのそれらのことばは、いわば、ある種の事態や現象に対する《あだ名》だと見なしてよい。ほかの似ているものの名前をあだ名として借用する……。〈⑦〉

　あるものごとの名称を、それに似ている別のものごとをあらわすために流 A する表現法が《隠喩》──メタファール（メタファー）──である。つまり、蛇でも猫でもないものをくどとかネコなどと呼ぶ表現法だ（とくを言うと、「藪をつついて蛇を出す」とか「眠っている猫を起こす」というように、語句の隠喩が連続・展開されて文全体が隠喩となっているような形式は、隠喩とは区別して《諷喩》という別名で呼ばれることが多いのだが、いまはしばらく、まとめて隠喩としてあつかっておく）。

　行こうではないか、そしてとらわれぬ目で、
　ゆるゆると見ながら、彼女の顔を、俺がおしえてやる別の娘に、
　思い知らせてやろう、君の白鳥がただの烏だったのだと。

　　　　　　　　　　　　　　　　　　　　　（『ロミオとジュリエット』）

　これは、ロザラインという娘に片想いで惚れ込んでいるつもりのロミオに対して、友だちが言うせりふである。彼はロミオを、キャピュレット家恒例の宴会につれて行こうとしている。ご存知のとおり、ロミオはけっきょく出かけて行き、その宴会で、自分の一族の藪キャピュレット家

の嫉むジュリエットにめぐり合うこととなる。そして友人の予告どおり、ロミオにといている間に、白鳥と見えていたロザラインへの思慕は、たちまち消えてしまう。

レトリックの達人シェイクスピアの無数の隠喩のうちの、これは⟨a⟩たわいのない一例にすぎないが、ともかく私たちは、時代も洋の東西も越えて、まことに容易に「白鳥」と「烏」の比喩的な意味を理解する。どうやら、白鳥をこよなく美しく清らかに、そして烏をつまらなく下品きわまりない、上品さの欠けた存在として思い描く習性が、人類のあいだにかなり広まっているらしい。⟨㋑⟩

　　晩秋の夜、音楽会もすみ、日比谷公会堂から、おびただしい数の烏が、さまざまの形をして、押し合いもみ合いしながらぞろぞろ出て来て、やがておのおのの家路に向って、むらがらばっと飛び立つ。

　　「山名先生じゃ、ありませんか。」

　　呼びかけた一羽の烏は、無帽蓬髪のジャンパー姿で、痩せて背の高い青年である。

　　「そうですが……」

　　呼びかけられた烏は中年の、太った紳士である。青年にかまはず、有楽町のほうに向ってどしどし歩きながら、「あなたは？」
　　　　　　　　　　　　　　　　　　　　　　　　　　　　（太宰治『渡り鳥』）

　と、これはものがたりの冒頭の部分で、あとはおしまいまで、まったく烏は出てこない。これらの烏のイメージは、ロミオたちのそれとは単純ではなく、やや複雑で、特に下品さを特徴としているとは言えない。ものがたりの題名『渡り鳥』に呼応しているようでもある（が、烏は渡り鳥であろうか。……しかし旅烏ということばもある……）。

　東京に住んでいる方なら、いかにも、晩秋の夜、日比谷の公会堂からぞろぞろ出てくる人の群や、公園とホテルにはさまれた、ややうす暗い、そして広く立派な通りの、あの雰囲気を、思い浮かべられるだろう。その人々はたしかに烏の群に見えなくもない。群をなしているながら、それぞれ妙に孤独なような。そして、私たちは自分をその烏の一羽であった夜を容易に思い出すことができる。この文章の書かれた時分（一九四八年）は、まだ上野の文化会館もその近くのコンサート向きのホールもまだなく、日比谷は音楽会の多いところだった。また向かいがわの日生劇場だってありはしなかったから、日比谷公園沿いの夜の道は、しばしば音楽会帰りの人波がただ一時的に、静かにあふれたのであった。ほんの少々知識人風の ⎡ B ⎦ とする烏たちであった。

　近代における修辞（表現法）理論について第一人者と呼んでまず異論がないと思われるのは、十九世紀初頭にいくつかの卓越した研究を発表したフランスのピエール・フォンタニエであろう。その彼が『デュマルセ「比喩論」への理論的注釈』のなかで提案している定義――いわば古典レトリックの標準的な定義――によれば、《隠喩》とは次のようなものであった。

　「比喩［または転義］の一種であり、ふたつの観念がある種の類似性をもっている場合、その類似性にもとづき、一方の観念に固有のものとして決められている記号［表現］をもちいて、もう一方の観念をあらわす手法。それは、あらかじめほうの観念にその固有のものとしての記号がまだ指定されていないから、という理由による場合もあるし、また、そのような借用記号をた

よってその観念を感覚的にいうそうにらえやすくするものにしたから」あるいは「いうそうリいろまいるものにしたから」という理由による場合もある」

という口調子で、定義というものはどうも法律の文章のようで、たのもしさと引きかえにわらわしさを背負いこむものらしい。

早い話が、その動機は別として、形式を見れば、XとYというふたつのものにて（あるいは観念）が互いに類似しているとき、Yの名称（あるいは記号）すなわちYを借用してXを表現することで、それが古典時代以来の、まあ　C　値的な考えかたである。

つまり、平常表現ならぶんぶんというという語句が使われるべきをいうらにという語句が《代人》をれるのだ……ということになる。そして、Yはその際にかぎり、本来の意味YではなくXという臨時の意味を発揮する（すなわち転義現象が生する）というわけだ。

この古典的な説明法は《代人理論》と呼ばれ、近いうちの言語理論家たちのあるうだては評判がよくない。まくならのもっとも、この説明だけを読んでみると、代へされた語句が自発的にすっかり元のXにとってかわり、そうしてその意味をそっくりXに化けてしまう……というようなたしかに⑤ゴイイのある言いかたなのだ。

たとえば「あの隠密め……」と言うべきところを「あの犬め……」と言いかえたとする。古典的定義を文字どおりに読むと、⑥ちがら「犬」という語（Y）が「隠密」（X）に完全にとってかわり、その本来の意味〈犬〉（Y）はかき消すように視界からしりぞき、臨時に《隠密》（X）に変身して姿をあらわす……とでもいうように聞こえる。

古典的定義の第一の⑥ナンカイは、隠喩はまったくの代用品というふうになってしまう点である。ただの代用品なら、そんなつまらぬ手間をかけるより、はじめから「隠密」とはっきり言うほうが手っとりはやくじゃないか……。

第二に、もっと重大な欠点は、《代人理論》が、隠喩の当該部分の語句の代へだけを問題にしているというところにある。本当は前後の文脈や状況を考えに入れなければ、なぜ犬が隠密に化けるかという説明がつかないはずので。隠喩はじつは、たんなる当該語句の代へではなく、その発言全体にかかわる問題ではないか……という不満である。

たしかにそのとおりであろう。第一の点について見るなら、たしかに、わざわざ代んたからといって、「犬」という語が《犬》という意味をすっかり失ってべイそのものに化けてしまうわけない。それから、はなから「隠密」とか「間諜」「まわし者」「秘密諜報員」などと言えばいい。本当は、隠喩においては、使われた語句の本来の意味と臨時の意味の両方が生きていて二重うしになり、そこに《犬である隠密》という多義的な新しい意味が出現するのにちがらない。いわば複数の意味が互いに呼びかけ合う緊張関係がそこに成立するのだ。（⊖）

第二の点はもっと重要であろう。ただ代人部分だけを見ただては、そのY「犬」の変身した臨時的な意味がはたしてX《隠密》なのか、X₂《忠犬ハチ公なみの忠実ひとすじの家来》なのか、ひょっとすると、X₃《ポこミアアキ犬世のみじめな末期》なのか、あるいは、X₄、X₅…Xₙのどれなのか、読者には見当のつくはずがない。意味の緊張関係が成立するところか、意味はだらしなく弛緩してしま

ぱなしであろう。それをわからせてくれるのは発言全体の文脈であり、状況である。

　その上、①の単純すぎる例のように、たまたま隠喩としかスべ〔ス〕という平常表現が存在する場合は代入といえるけど、②もっと適当な固有の語句のない——名状しがたい——新規のものごとをあらわすための苦心の隠喩であったら、それを《何のかわりに》代入されたものと考えればよいのか、発言の前後事情抜きではどうにも説明がつかぬであろう。

　……というふうに、⑥いかにも代入理論は、厳密に考えれば不適当である。けれども私たちは、いま、そういう厳密な技術的定義をめざしているのではない。隠喩の現象面を簡単に描写してみたいのである。それゆえ、誤解の恐れのないかぎり、短いというにはこういう話のわかる古典的代入説の定義をそのまま採用し、いま触れたいくつかの問題点は当然の了解事項ということにしておこう。〈（⑦）〉

　よく考えてみれば《代入理論》も決してまちがいではない。たんに③口数がたりないだけなのだ。

　第一に、実際に目に見える現象としては、たしかに、Xという語が存在する場合にはその語が登場してもおかしくないと期待される個所に、それは現ず〔れず〕、かわりに「大〔犬〕」Yという語のみが現に使われているのだ。

　第二に、隠喩部分の意味が発言全体の文脈によってはじめて理解されるくらいのことは、ことさらに定義のうちにふくめなくても、古典レトリックの理論家たちだって百も承知だった。単独の単語だけ取り出して説明している場合も、それは話を長たらしくしないためだけである。隠喩どころか、常識的に使われている単語でさえ、前後の事情抜きではしょっちゅう人を誤解させるくらいのことは、何年か人間暮らしをしていれば誰でも身にしみることではないか。〈（⑦）〉

　　　　　　　　　　　　　　　　　（佐藤信夫『レトリック感覚』による）

（注）ボニファキウス八世——ボニファティウス八世。中世のローマ教皇。聖職者に課税しようとしたフランス王フィリップ四世と争い、屈辱を受け憤死した。

問1　傍線部⑧・⑥・⑥の語句の意味として最も適当なものを、次の各群の⑦〜⑦のうちから、それぞれ一つずつ選べ。解答番号は、⑧は　1　・⑥は　2　・⑥は　3　。

　⑧　たわいのない

　　　⑦　手抜かりがないさま
　　　⑦　そっけないさま
　　　⑦　悪くないさま
　　　⑦　取るに足らないさま
　　　⑦　頼りないさま

ⓒ さながら

⑦　たとえる
④　あたかも
⑨　たちまち
㊁　そっと
㊄　すでに

ⓔ いかにも

⑦　いくらか
④　まがりなりにも
⑨　たとえば
㊁　たしかに
㊄　いやしくも

問2 傍線部ⓑ・ⓓに使用する漢字として最も適当なものを、次の各群の⑦～㊄のうちから、それぞれ一つずつ選べ。解答番号は、ⓑは **4** ・ⓓは **5** 。

ⓑ　コウイ　　　⑦　丙　　　④　弊　　　⑨　蔽　　　㊁　幣　　　㊄　柄

ⓓ　ケンカン　　⑦　喚　　　④　慨　　　⑨　敢　　　㊁　換　　　㊄　陥

問3 本文には、次の一文が欠けている。この文が入る箇所として最も適当なものを、本文中の⑦～㊄のうちから一つ選べ。解答番号は **6** 。

そうでなければ、わざわざ言いかえるにはおよぶまい。

問4 空欄 **A** には漢字が一字入る。その漢字が含まれる熟語として適当でないものを、次の⑦～㊄のうちから一つ選べ。解答番号は **7** 。

⑦　□途　　　④　入□　　　⑨　慣□　　　㊁　□命　　　㊄　□虚

問5 空欄 **B** に入る語句として最も適当なものを、次の⑦～㊄のうちから一つ選べ。解答番号は **8** 。

⑦　匂い　　　④　声　　　⑨　手触り　　　㊁　味　　　㊄　音

問6 空欄 **C** に入る語句として最も適当なものを、次の⑦～㊄のうちから一つ選べ。解答番号は **9** 。

⑦　目標　　　④　期待　　　⑨　暫定　　　㊁　絶対　　　㊄　平均

問7 傍線部⑴「藪をつついて蛇を出す」に近い意味の慣用句として最も適当なものを、次の⑦～㊄のうちから一つ選べ。解答番号は **10** 。

㋐　君子危うきに近寄らず　　　　㋑　大山鳴動して鼠一匹　　　　㋒　杭だ子を起こす

㋓　蛇は一寸にして人を呑む　　　　㋔　鬼が出るか蛇が出るか　　　　㋕　窮鼠猫をかむ

問8　傍線部(2)「もともと」とあるが、その品詞名として最も適当なものを、次の㋐〜㋕のうちから一つ選べ。解答番号は　11　。

㋐　動詞　　　　　㋑　名詞　　　　　㋒　連体詞　　　　㋓　副詞　　　　㋔　接続詞

問9　傍線部(3)「口数」と同じ意味で「口」が用いられている熟語として最も適当なものを、次の㋐〜㋕のうちから一つ選べ。解答番号は　12　。

㋐　口径　　　　　㋑　人口　　　　　㋒　出口　　　　㋓　口絵　　　　㋔　口車

㋕　別口　　　　　㋖　口座

問10　本文の内容と合致しないものを、次の㋐〜㋕のうちから一つ選べ。解答番号は　13　。

㋐　「藪のなかの蛇」が文字どおりにそういう生きものを意味する場合もある。

㋑　時代も洋の東西も越えて鳥の比喩的な意味を理解する習性が広まっている。

㋒　「白鳥」や「烏」のイメージは、古今東西どの世界においても同じである。

㋓　隠喩においては使われた語句の本来の意味と臨時の意味の両方が生きている。

㋔　「犬」の臨時的な意味には「まわし者」の他にも「忠犬ハチ公なみの忠実ひとすじの家来」などの例もある。

第二問 次の文章を読み、後の問い（問1〜15）に答えよ。

　自分はすでに大人であると信じて疑わない時点で、その人はたぶんまだ大人ではない。ここでいう「大人」は、年齢とはいちおう無関係だが。生物学的に「大人である」ことと人間として「大人になる」こととは、まったく別のことがらである。では、「大人」とはいったいどういう存在のことをいうのだろうか。

　ふつうに考えると、人生経験を積み、世の中の仕組みを知り、分別をわきまえ、善悪の判断がつき、社会常識をそなえ、他人とうまくつきあい、周囲と折り合いをつけていける人のなかでもある人――だろうというのだろうが、一般的な「大人」のイメージだろう。だから平静に対応しなければならない場面でつい感情をあらわにしてしまったり、発言を控えるべきときにも率直な疑問を口にしてしまったりすると、「君、少しは大人になりなさい」とたしなめられたりもする。どうやら「大人である」ということは、むやみに波風を立てず、何か［　Ａ　］であらゆる事態に対処し、つねに清濁あわせ呑むすべを心得ているということであるというのが、世間で通用している暗黙の了解事項であるようだ。

　確かに［　Ｂ　］をなして反論すれば相手を不愉快にするし、空気の読めない疑問をうかつに口にすれば周囲の顰蹙を買う。そうした振舞いは、なるほど子どもじみているといわれても仕方がない。(2)そして人は年輪を重ねるにつれて、明示的・暗示的な(1)社会的検問を何度もくぐりぬけながら、感情を飼い馴らすすべを覚え、しだいに疑問を疑問と感じなくなっていく。そしてたいていこの場合、それが「大人になる」ことだと勘違いしてしまう。

　けれども自然にこみあげてくる怒りや苛立ちを抑制したり、湧き上がってくる不信や疑念を封印したりするのは、成熟の証しであるというより、むしろ退化の徴候なのではあるまいか。およそ人間であれば、いろいろな局面での感情の昂ぶりを覚えたり素朴な疑問を抱いたりするのは当然の反応である。そのことを隠すには及ばないし、恥じる必要もない。そうした反応ができるのは、人として欠くからざる、ひとつの貴重な能力である。だから(3)通常の定義に逆行するようなことを承知の上で、歳を重ねてもその能力を失わずにいることを「大人になる」ための第1条件と考えたい。

　この定義を踏まえてみれば、そもそも逆説的な言い方になるが、「大人になる」にはまず「子どもになる」ことが必要であるといえるだろう。子どものように悲しいことを悲しいと感じ、おかしいことをおかしいと思うこと。(4)青空を見上げているうちにわけのわからない涙が出そうになったり、見慣れた道を歩いているうちにどうして自分がここにいるのかわからなくなったりすること。そんな「子ども」になれないのであれば人は、たぶん「大人」にもなれないことがあらない。その意味では、すでに「大人である」と思っている人ほど「大人になる」ことはむずかしいといえる。

　ただしもちろん、ひたすら「子どもになる」だけでどうかというわけではない。「大人になる」ためにはもうひとつ、不可欠の要件がある。それはさまざまな感情や疑問を生の形で吐き

出すのではなく、自分の中で咀嚼し、反芻し、消化した上で、他者に共有可能な形で　C　化できる能力をもつということだ。この条件を満たせない限り、人は「子ども」のままにとどまってしまう。

みずからの内部に面した曖昧な感情や素朴な疑問に的確な言葉を与え、自分以外の他者に向けて差し出すこと——これは想像以上に困難をともなう作業であり、　D　全な形で実行するには、それなりの下地や素養が必要である。つまりこの作業を可能にするだけの豊富な知識や経験、そしてそれらに裏打ちされた高度な思考能力が欠けてはならない。私たちはこれらの要素をひとまとめにして、しばしば「教養」という言葉で表してきた。したがって「大人になる」ためにはこの意味での教養を身につけること、すなわち「教養人」になることが、第二の条件として求められることになる。

ところで、「教養人」という言葉から、あなたはどんな人間像を思い浮かべるだろうか。

「あの人は教養がある」という言い方をする場合、私たちはたいてい、いろいろなことを幅広く知っている人、自分の仕事以外のことにも関心があり、読書量が豊かで、どんな話題にも合わせられるだけの知識をそなえている人のことをイメージしている。たとえば情報産業の最前線で活躍する企業人が、ふと「モンテーニュ言ってますけど、人間とは、おそらくもっとも空しい、変わりやすく、うつろいやすい存在ですね」などというのをみせたりすると、私たちは率直に「ああ、この人は教養があるな」という印象を抱く。

逆に自分の専門とする分野のことにいくら　E　通じていても、それ以外の話題にまったく疎い人物のことを「教養人」と呼ぶ者はまずいない。『源氏物語』については生き字引のように詳しい国文学研究者が、うっかり「TPPってなんですか」などと口走ろうものなら、世間知らずの専門バカ呼ばわりされるのが　F　の山だろう。

こうしてみると、「教養人」の条件としてまず要求されるのは、複数の分野にまたがるバランスの取れた知識を持っていることであるといえそうだ。しかしながら、単に多くの知識を所有しているというだけで「教養がある」といえるわけではない。たとえばテレビのクイズ番組には信じられないほど博学な人がしばしば登場するけれど、彼らは「物知り」ではあっても、必ずしも「教養人」であるとは限らない。(5)いろいろなことを知っているということは、「教養人」であるための必要条件ではあるかもしれないが、けっして十分条件ではないからだ。

では、単なる「物知り」と「教養人」の違いはどこにあるのだろうか。

おそらく両者を隔てる決定的な一線は、さまざまな知識をただばらばらの断片として所有しているだけなのか、それともそれらを相互に関連づけ——貫した思考の体系（これを個別的な「知識」と区別する意味で、仮に「知」と呼んでおこう）へと統合できる能力をそなえているのか、という点にある。なにかを知っているということは、それだけではなにかを意味するわけでなく、せいぜい「そんなことまでよく知ってるね」と感心される程度のことにしか役に立たない。しかしそれが「知」を構築する要素として　G　的に組み込まれ、いつでも適切な仕方で動員されうる状態にまで昇華されるに至ったとき、人は単なる「物知り」ではなく「教養人」として振舞

りしとができるようになる。

　もちろん、なんの計画性もなく収集された知識の無秩序な広がりにも大いに意義があるという
ことは、強調しておかねばならない。手当たり次第の［　H　］読や雑学から得られた情報が、その
ときにはまったく無意味な断片にとどまっていたとしても、ある日ふと自分が［　I　］と築いてき
た「知」の体系と呼応して、しかるべき場所にパズルのピースのようにぴたりとはまるといった
ことは往々にしてあるからだ。その意味で、「物知り」であること自体はけっして悪いことでは
ないというか、「教養人」となるためにはむしろ不可欠の前提であるといえる。

　というのも、このように定義された「教養人」は、断片的な知識を体系的な「知」へと構造化する
ための「軸」をもっていなければならない。それはべつにいわゆる学問である必要はなく、仕事
の上でのノウハウであってもなんでもいいのだが、とにかく「これが自分の拠って立つ場である」
といえるような固有の基盤、それを中心としてもろもろの情報が＠キョウ集され統合される専門
性の「核」を保有していなければならない。そうでなければ、せっかくの豊富な知識もすべてが
均等な重みで並列されているだけで、相互に連動することのない寄せ集めの集合体にとどまって
しまうからだ。

　要するに、教養人はまず専門人でなければならないのである。

　　　　　　　　　　　　　　　　　　　（石井洋二郎『大人になるためのリベラルアーツ』による）

問1 傍線部＠に使用する漢字と同じ漢字を含むものとして最も適当なものを、次の⑦〜㊵のうち
から一つ選べ。解答番号は［14］。

　＠　キョウ集
　⑦　キョウ績をあげる　　　④　対象をキョウ視する　　　⑦　仏道の修キョウ
　㊴　人キョウ供養　　　　　㊵　驚いてキョウ天する

問2 空欄［　A　］に入る語句として最も適当なものを、次の⑦〜㊵のうちから一つ選べ。解答番
号は［15］。

　⑦　目線　　　　④　調子　　　　⑦　歩調　　　　㊴　表情　　　　㊵　呼吸

問3 空欄［　B　］に入る漢字として最も適当なものを、次の⑦〜㊵のうちから一つ選べ。解答番
号は［16］。

　⑦　角　　　　④　眉　　　　⑦　息　　　　㊴　音　　　　㊵　色

問4 空欄［　C　］に入る語句として最も適当なものを、次の⑦〜㊵のうちから一つ選べ。解答番
号は［17］。

　⑦　観念　　　　④　言語　　　　⑦　知識　　　　㊴　感覚　　　　㊵　絶対

問5 空欄［　D　］に入る漢字として最も適当なものを、次の⑦〜㊵のうちから一つ選べ。解答番

号は18。

㋐ 従　　　㋑ 重　　　㋒ 十　　　㋓ 充　　　㋔ 縦

問6 空欄 E に入る漢字として最も適当なものを、次の㋐～㋔のうちから一つ選べ。解答番号は19。

㋐ 共　　　㋑ 内　　　㋒ 精　　　㋓ 融　　　㋔ 貫

問7 空欄 F に入る漢字として最も適当なものを、次の㋐～㋔のうちから一つ選べ。解答番号は20。

㋐ 積　　　㋑ 席　　　㋒ 貫　　　㋓ 籍　　　㋔ 閑

問8 空欄 G に入る語句として最も適当なものを、次の㋐～㋔のうちから一つ選べ。解答番号は21。

㋐ 内省　　　㋑ 主体　　　㋒ 本質　　　㋓ 有機　　　㋔ 恣意

問9 空欄 H に入る漢字として最も適当なものを、次の㋐～㋕のうちから一つ選べ。解答番号は22。

㋐ 盧　　㋑ 輪　　㋒ 臨　　㋓ 欄　　㋔ 覧　　㋕ 倫

問10 空欄 I に入る語句として最も適当なものを、次の㋐～㋔のうちから一つ選べ。解答番号は23。

㋐ 営々　　　㋑ 明々　　　㋒ 恋々　　　㋓ 津々　　　㋔ 揚々

問11 傍線部(1)「社会的検閲」とあるが、ここではどういうことを意味しているか。その説明として最も適当なものを、次の㋐～㋔のうちから一つ選べ。解答番号は24。

㋐ 各集団で定められている大人になるための通過儀礼をこなしていくこと。
㋑ 周囲の大人をよく見てそれぞれの場で模範となるべき人を定めていくこと。
㋒ 大人の条件を満たした言動かどうか周囲の人間に判定されること。
㋓ 積極的に人間関係が構築できるかどうか社会集団の中で審査されること。
㋔ いかなる困難にも耐えられるかどうか学校教育の中で試されること。

問12 傍線部(2)「感情を飼い馴らす」とあるが、どういうことか。その説明として最も適当なものを、次の㋐～㋔のうちから一つ選べ。解答番号は25。

㋐ 感情が表出しないように抑えること。

㋑　負の感情を正の感情に転化すること。

㋒　負の感情を持つこと自体をなくすこと。

㋓　心情を吐露できる場所を見つけること。

㋔　自らの心の送らせるものを断ち切ること。

問13　傍線部⑶「通常の定義」に含まれないものを、次の㋐〜㋔のうちから一つ選べ。解答番号は 26 。

㋐　争いごとを起こりにくくしようとする。

㋑　善悪を分けずにすべて受け入れる。

㋒　妥協点を見出そうと考える。

㋓　自らが抱いた問いを率直に投げ掛ける。

㋔　ものの善悪や道理を冷静に区別する。

問14　傍線部⑷「青空を見上げているうちにわけもなく涙が出そうになったり」とあるが、「不来方のお城の草に寝ころびて／空に吸はれし／十五の心」という短歌の作者は誰か。次の㋐〜㋔のうちから一つ選べ。解答番号は 27 。

㋐　与謝野晶子　　㋑　石川啄木　　㋒　若山牧水　　㋓　斎藤茂吉　　㋔　正岡子規

問15　傍線部⑸「いろいろなことを知っているということは「教養人」であるための必要条件ではあるかもしれないが、けっして十分条件ではない」とあるが、どういうことか。その説明として適当なものを、次の㋐〜㋔のうちから二つ選べ。解答番号 28 に二つマークせよ。

㋐　「教養人」であるためにはいろいろなことを知っていなければならない。

㋑　いろいろなことを知っているほど「教養人」としてのレベルは上がる。

㋒　いろいろなことを知っていても「教養人」であるとは限らない。

㋓　いろいろなことを知っているということは「教養人」の条件にならない。

㋔　いろいろなことを知っていればそれは「教養人」である。

第三問　次の問い（問1〜3）に答えよ。

問1　次の(1)・(2)の二つの言葉の関係と同じ関係になる組み合わせはどれか。最も適当なものを各群の⑦〜㋔のうちから、それぞれ一つずつ選べ。解答番号は、(1)は 29 ・(2)は 30 。

(1) 違反―遵守
　⑦ 歴然―判然　　　　イ 釈明―弁解　　　　ウ 推量―忖度
　エ 知己―知人　　　　オ 多作―寡作

(2) 夭折―早世
　⑦ 案外―案の定　　　イ 思慮―分別　　　　ウ 妥協―固執
　エ 促進―抑制　　　　オ 求心―遠心

問2　次の(1)・(2)の空欄に入る語句として最も適当なものを、各群の⑦〜㋔のうちから、それぞれ一つずつ選べ。解答番号は、(1)は 31 ・(2)は 32 。

(1) 彼はある事件にも一枚□□□いるらしい。
　⑦ 触れて　イ 吊して　ウ 噛んで　エ 付けて　オ 撮んで

(2) 彼は父親の権威を□□□に着て、好き放題している。
　⑦ 盾　イ 笠　ウ 肩　エ 鎧　オ 簑

問3　次の(1)・(2)は、小説の冒頭部分である。その作者名を、後の⑦〜㋖のうちから、それぞれ一つずつ選べ。解答番号は、(1)は 33 ・(2)は 34 。

(1) 幼時から父は、私によく、金閣のことを語った。私の生れたのは、舞鶴から東北の、日本海へ突き出たうらさびしい岬である。

(2) 禅智内供の鼻と云えば、池の尾で知らない者はない。

　⑦ 夏目漱石　　　イ 志賀直哉　　　ウ 芥川龍之介　　　エ 川端康成
　オ 太宰治　　　　カ 宮沢賢治　　　キ 三島由紀夫

解答編

■英語■

1
解答　　①—(エ)　②—(ウ)　③—(ア)　④—(ウ)　⑤—(イ)　⑥—(エ)
　　　　　⑦—(エ)　⑧—(イ)　⑨—(ア)　⑩—(ア)

解説　《ノーマン=ロックウェル》

①第1段第1文（Norman Rockwell was …）から，ロックウェルが都市部の出身だとわかるので，(エ)がふさわしいと判断できる。

②第2段第3・4文（In that same … no children together.）から，最初の結婚相手との絆が強いとは言えないことがわかるので，(ウ)がふさわしいと判断できる。

③第3段第5・6文（He painted life … the ideal America.）から，ロックウェルの作品は現実ではなく，理想のアメリカを描いていたことがわかるので，(ア)がふさわしいと判断できる。

④第4段第2・3文（This speech was … wants and fears.）から，「銃を持つこと」は，ロックウェルが描いた自由ではないことがわかるので，(ウ)がふさわしいと判断できる。

⑤第5段第1文（In 1953, the …）から，ロックウェルの妻であるメアリーの健康問題のためにストックブリッジに移住したことがわかるので，(イ)がふさわしいと判断できる。

⑥第5段第3・4文（During this time, … sadness and emotion.）と第6段第5文（Rockwell had always …）から，ロックウェルの作品はエリックとモリーに影響を受けたことがわかるので，(エ)がふさわしいと判断できる。

⑦本文中に「アフリカ系アメリカ人女子学生の殺害」についての言及はないため，(エ)がふさわしいと判断できる。

⑧最終段第2文（Over his six …）から，ロックウェルは60年以上作品を作っていたことがわかるので，(イ)がふさわしいと判断できる。

⑨最終段最終文（If you ever …）から，ノーマン=ロックウェル美術館がストックブリッジにあることがわかる。また，第5段第1文（In 1953, the …）から，ストックブリッジがマサチューセッツにあることがわかるので，㋐がふさわしいと判断できる。

⑩第3段第4文（What he illustrated …）から，ロックウェルの作品は大衆受けはしたが，芸術界では評価されていなかったことがわかるので，㋐がふさわしいと判断できる。

2 解答

⑪—㋓　⑫—㋒　⑬—㋑　⑭—㋒　⑮—㋑　⑯—㋒
⑰—㋐　⑱—㋑　⑲—㋓　⑳—㋐

解説 ⑪分詞構文の付帯状況「～しながら」。そのほかの選択肢は接続詞がなく文が成立しないため，㋓がふさわしいと判断できる。

⑫come up with ～ で「（考えなど）を思いつく」という意味を表すことができるので，㋒がふさわしいと判断できる。

⑬tell *A* apart で「*A* を区別する」という意味を表すことができるので，㋑がふさわしいと判断できる。

⑭関係代名詞の which はカンマと一緒に使うことで，前文全て，あるいは前文の一部を先行詞としてとることができるので，㋒がふさわしいと判断できる。

⑮have *A* done で「*A*（物）を～してもらう」という「依頼」の意味を表すことができるので，㋑がふさわしいと判断できる。

⑯直前の will に注目。助動詞の後は動詞の原形が続く。また finish を受け身の形にする必要もないので，㋒がふさわしいと判断できる。

⑰with には「～があれば」という，仮定法表現として使う用法があるので，㋐がふさわしいと判断できる。

⑱before departure で「出発前」という意味を表すことができるので，㋑がふさわしいと判断できる。

⑲関係副詞の問題。be born in ～ で「～で生まれる」という意味なので，㋓がふさわしいと判断できる。in which＝where なので，㋑は選ばないこと。

⑳文頭に否定を表す表現がくる場合，続く文は疑問文の語順で倒置されるので，㋐がふさわしいと判断できる。

3 　解答

21―(エ)　22―(イ)　23―(ア)　24―(コ)　25―(ケ)　26―(ク)
27―(ア)　28―(キ)　29―(オ)　30―(ウ)

解説 　会話文だが，前後の形から文法的に考えていくと自然と答えに近づけるので意識してみよう。

21直後の Hana の発言に「いつそれらを失くしたの？」とあることから，Joe は鍵を探す必要があると判断できるので，(エ)がふさわしい。

22直前に「鍵棚にもない」とあることから，普段は鍵棚に鍵を入れていたのだと判断できるので，(イ)を選び「普段鍵をかけている鍵棚にもない」とする。(オ)が紛らわしいが，put *A* in は put it in a box のように「中に入れる，置く」というニュアンスなので，key rack には(イ)の hang のほうがふさわしい。

23直前の Hana の発言に「ベッドのそばのテーブルの上は確認したの？」とあり，空欄の後に続いて「でも鍵は見当たらなかった」とあることから，「すでに確認した」のだと判断できるので，(ア)がふさわしい。

24直後の Hana の発言に「ジャケットのポケットを調べて」とあることから，Joe は Hana がジャケットについて尋ねた理由を聞いているのだと判断できるので，(コ)がふさわしい。

25直後に「でも調べてみる」とあることから，Joe は普段ジャケットのポケットに鍵は入れないのだと判断できるので，(ケ)がふさわしい。

26直前に「ようこそ」とあることから，接客をしているのだと判断できるので，(ク)がふさわしい。

27直後の店員の発言に「携帯電話を見せてください」とあることから，修理できるかどうかを尋ねたのだと判断できるので，(ア)がふさわしい。

28直後の Yuta の発言に「画面の上部が黒くなり，何も映らない」とあることから，携帯電話の不具合について説明を求められたのだと判断できるので，(キ)がふさわしい。

29直後に「でも約 15 ドルの送料がかかる」とあることから，修理のために発送することができるのだと判断できるので，(オ)がふさわしい。

30直前の店員の発言で高額な修理費についての説明があり，直後の店員の発言で新しいモデルの携帯電話のセールについて話が進んでいることから，修理をする値段で新しい携帯電話が買えるかもしれないと驚いたと判断できるので，(ウ)がふさわしい。

4 解答 ③①—(エ) ③②—(ア) ③③—(イ) ③④—(ウ) ③⑤—(ア)

解説 ③① take *A* into account は「*A* を考慮する」という意味を表すので，(エ)がふさわしい。

③② break up は「(関係などが) 終わる」という意味を表すので，(ア)がふさわしい。

③③ far from 〜 は「決して〜ではない」という意味を表すので，(イ)がふさわしい。

③④ at stake は「危険にさらされて」という意味を表すので，(ウ)がふさわしい。

③⑤ stand for 〜 は「〜を表す」という意味を表すので，(ア)がふさわしい。

5 解答 ③⑥—(イ) ③⑦—(オ) ③⑧—(ウ) ③⑨—(ア) ④⓪—(エ)

解説 並べ替えた文は次のようになる。

③⑥ (We must think of a way to help farmers) to <u>find</u> more <u>resources</u> to manage (the land better.)「私たちは農夫が土地をうまく管理するより多くの手段を見つけるのに役立つ方法を考えなければならない」

③⑦ (It will probably) take <u>a couple</u> of <u>months</u> to complete (this investigation.)「この調査を完了するのにおそらく 2 カ月かかるだろう」

③⑧ (Nothing) can <u>discourage</u> us <u>from</u> going (ahead with our plans.)「私たちの計画の進行を邪魔する可能性があるものは存在しない」 discourage *A* from *doing*「*A* (人) が〜するのを妨げる」

③⑨ (You are) required <u>to take</u> an English course <u>which</u> consists (of fifteen lessons.)「あなたは 15 回の授業で構成される英語コースをとる必要がある」

④⓪ What <u>was</u> considered <u>good</u> for our health (in the past is often untrue.)「昔，私たちの健康によいと考えられていたものが，事実に反することがよくある」

日本史

I 解答 ≪旧石器文化・縄文文化，室町幕府≫

1 —(イ) 2 —(ア) 3 —(ウ) 4 —(ウ) 5 —(エ) 6 —(ア) 7 —(エ) 8 —(ア)

II 解答 ≪江戸時代の飢饉と農業・社会≫

9 —(ウ) 10 —(エ) 11 —(ウ) 12 —(ア) 13 —(エ) 14 —(ウ) 15 —(ア) 16 —(エ)

III 解答 ≪明治・大正時代の出版・思想・文学≫

17 —(エ) 18 —(ア) 19 —(イ) 20 —(ア) 21 —(エ) 22 —(イ) 23 —(ウ) 24 —(エ)

IV 解答 ≪日米安保体制≫

25 —(エ) 26 —(イ) 27 —(ア) 28 —(イ) 29 —(イ) 30 —(イ) 31 —(エ) 32 —(イ)

■世界史■

I　解答　≪中国の学問≫

1—(イ)　2—(エ)　3—(ア)　4—(ウ)　5—(エ)　6—(ア)　7—(イ)　8—(イ)

II　解答　≪ティムール朝≫

9—(イ)　10—(ア)　11—(エ)　12—(オ)　13—(ウ)　14—(ア)　15—(ア)　16—(ウ)

III　解答　≪スターリン時代≫

17—(エ)　18—(エ)　19—(イ)　20—(イ)　21—(イ)　22—(ア)　23—(イ)　24—(イ)

IV　解答　≪イギリスの自由主義的改革≫

25—(ウ)　26—(イ)　27—(ウ)　28—(イ)　29—(ア)　30—(イ)　31—(エ)　32—(イ)

地理

I 解答 ≪工業≫

1─(ウ) 2─(ア) 3─(イ) 4─(エ) 5─(ウ) 6─(ウ) 7─(イ) 8─(ア)
9─(イ) 10─(ウ) 11─(ウ)

II 解答 ≪大地形≫

12─(ウ) 13─(エ) 14─(ア) 15─(ア) 16─(イ) 17─(エ) 18─(イ) 19─(エ)

III 解答 ≪村落≫

20─(ア) 21─(イ) 22─(エ) 23─(イ) 24─(ウ) 25─(ア) 26─(ウ) 27─(イ)

IV 解答 ≪アフリカの地誌≫

28─(イ) 29─(ウ) 30─(ア) 31─(エ) 32─(イ) 33─(エ) 34─(イ) 35─(ウ)

政治・経済

Ⅰ　解答　《社会権》

1 —(ウ)　2 —(エ)　3 —(ア)　4 —(エ)　5 —(イ)　6 —(ウ)　7 —(エ)　8 —(イ)

9 —(ア)　10 —(エ)　11 —(ウ)　12 —(イ)

Ⅱ　解答　《日本の防衛政策》

13 —(エ)　14 —(ア)　15 —(ウ)　16 —(ウ)　17 —(エ)　18 —(ア)　19 —(イ)　20 —(ウ)

21 —(エ)　22 —(ウ)　23 —(ア)　24 —(エ)　25 —(イ)

Ⅲ　解答　《日本の農業》

26 —(ウ)　27 —(エ)　28 —(エ)　29 —(ア)　30 —(イ)　31 —(イ)　32 —(ア)　33 —(ウ)

34 —(イ)　35 —(ア)　36 —(エ)　37 —(エ)　38 —(ウ)

Ⅳ　解答　《経済統合と地域主義》

39 —(ウ)　40 —(エ)　41 —(ウ)　42 —(ア)　43 —(ウ)　44 —(イ)　45 —(ア)　46 —(イ)

47 —(イ)　48 —(ア)　49 —(ウ)　50 —(エ)

■数学■

◀数学 I・II・III・A・B▶

1 解答 ⑦2 ⑦ⓘ11

[解 説] ≪剰余の定理≫

整式 $P(x)$ を $x^2-x-2=(x+1)(x-2)$ で割ったときの商を $Q(x)$ として，余りは $3x+5$ だから

$$P(x)=(x+1)(x-2)Q(x)+3x+5$$

と表せる。

よって

$$P(-1)=3\cdot(-1)+5=2 \quad →⑦$$
$$P(2)=3\cdot2+5=11 \quad →⑦ⓘ$$

2 解答 ⓔⓕⓖ194 ⓚⓙⓚ285

[解 説] ≪余事象の確率≫

少なくとも1本当たるという事象は，すべてはずれるという事象の余事象である。

すべてはずれるという事象を A とすると，その確率 $P(A)$ は

$$P(A)=\frac{{}_{14}C_3}{{}_{20}C_3}=\frac{91}{285}$$

よって，求める確率 $P(\overline{A})$ は

$$P(\overline{A})=1-P(A)=1-\frac{91}{285}=\frac{194}{285} \quad →ⓔ〜ⓚ$$

3 解答 コサ 99

解説 ≪数列の和≫

$$\frac{1}{\sqrt{n+1}+\sqrt{n}}=\frac{\sqrt{n+1}-\sqrt{n}}{n+1-n}=\sqrt{n+1}-\sqrt{n}$$

よって，求める和は

$$
\begin{aligned}
(与式) &= \sum_{n=1}^{9999}(\sqrt{n+1}-\sqrt{n})\\
&= (\sqrt{2}-1)+(\sqrt{3}-\sqrt{2})+\cdots+(\sqrt{10000}-\sqrt{9999})\\
&= -1+100\\
&= 99 \quad →\boxed{コ}\boxed{サ}
\end{aligned}
$$

4 解答 シ 1　ス 4　セ 1

解説 ≪軌　跡≫

線分 PH と線分 PF の長さが等しいとき，PH＝PF が成り立つ。
両辺を 2 乗して　　$\mathrm{PH}^2=\mathrm{PF}^2$

$$
\begin{aligned}
|y|^2 &= \{\sqrt{x^2+(y-2)^2}\}^2\\
y^2 &= x^2+(y-2)^2\\
y &= \frac{1}{4}x^2+1 \quad →\boxed{シ}\sim\boxed{セ}
\end{aligned}
$$

5 解答 ソ 1　タ 3　チツ 40　テト 13

解説 ≪余弦定理，三角形の面積≫

△ABC で余弦定理を用いて

$$\cos A=\frac{8^2+5^2-7^2}{2\cdot8\cdot5}=\frac{1}{2}$$

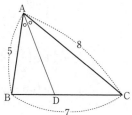

$0<\angle A<\pi$ より　　$\angle A=\dfrac{1}{3}\pi$　→$\boxed{ソ}\cdot\boxed{タ}$

△ABC の面積について，△ABD＋△ACD＝△ABC だから

$$\frac{1}{2}\cdot 5\cdot \mathrm{AD}\cdot \sin\frac{\pi}{6}+\frac{1}{2}\cdot 8\cdot \mathrm{AD}\cdot \sin\frac{\pi}{6}=\frac{1}{2}\cdot 8\cdot 5\cdot \sin\frac{\pi}{3}$$

$$\mathrm{AD}=\frac{40}{13}\sqrt{3}\quad \rightarrow \boxed{\text{チ}}\sim\boxed{\text{ト}}$$

6　解答　　$\boxed{\text{ナ}}$ 6　$\boxed{\text{ニ}}$ 2　$\boxed{\text{ヌ}}$ 3　$\boxed{\text{ネ}}$ 2

解説　《置換積分法》

$$\int_{\frac{\pi}{6}}^{\frac{\pi}{4}}\frac{dx}{\sin x}=\int_{\frac{\pi}{6}}^{\frac{\pi}{4}}\frac{\sin x}{\sin^2 x}dx=\int_{\frac{\pi}{6}}^{\frac{\pi}{4}}\frac{\sin x}{1-\cos^2 x}dx\quad \cdots\cdots(\text{※})$$

$\cos x=t$ とおくと　　$\dfrac{dt}{dx}=-\sin x$

x	$\frac{\pi}{6}\rightarrow\frac{\pi}{4}$
t	$\frac{\sqrt{3}}{2}\rightarrow\frac{1}{\sqrt{2}}$

$$(\text{※})=\int_{\frac{\sqrt{3}}{2}}^{\frac{1}{\sqrt{2}}}\frac{-1}{1-t^2}dt$$

$$=\frac{1}{2}\int_{\frac{\sqrt{3}}{2}}^{\frac{1}{\sqrt{2}}}\left(\frac{1}{t-1}-\frac{1}{t+1}\right)dt$$

$$=\frac{1}{2}\Big[\log|t-1|-\log|t+1|\Big]_{\frac{\sqrt{3}}{2}}^{\frac{1}{\sqrt{2}}}$$

$$=\frac{1}{2}\left[\log\left|\frac{t-1}{t+1}\right|\right]_{\frac{\sqrt{3}}{2}}^{\frac{1}{\sqrt{2}}}$$

$$=\frac{1}{2}\left(\log\left|\frac{\frac{1}{\sqrt{2}}-1}{\frac{1}{\sqrt{2}}+1}\right|-\log\left|\frac{\frac{\sqrt{3}}{2}-1}{\frac{\sqrt{3}}{2}+1}\right|\right)$$

$$=\frac{1}{2}\log\left(\frac{\sqrt{2}-1}{2-\sqrt{3}}\right)^2$$

$$=\log(\sqrt{6}+2\sqrt{2}-\sqrt{3}-2)\quad \rightarrow \boxed{\text{ナ}}\sim\boxed{\text{ネ}}$$

7 解答 ノハ−5 ヒ3 フ0 ヘ8 ホ9

解説 《空間ベクトル》

正四面体の頂点から対面に下ろした垂線と対面の
交点は，対面の正三角形の重心に一致する。
右図のように，正三角形 OBC の重心を G とする
と，2 点 A，A′ は点 G に関して対称である。

$$\overrightarrow{OA'} = \overrightarrow{OA} + \overrightarrow{AA'}$$
$$= \overrightarrow{OA} + 2\overrightarrow{AG}$$
$$= \overrightarrow{OA} + 2 \cdot \frac{1}{3}(\overrightarrow{AO} + \overrightarrow{AB} + \overrightarrow{AC})$$
$$= \overrightarrow{OA} + \frac{2}{3}(-\overrightarrow{OA} + \overrightarrow{OB} - \overrightarrow{OA} + \overrightarrow{OC} - \overrightarrow{OA})$$
$$= -\overrightarrow{OA} + \frac{2}{3}(\overrightarrow{OB} + \overrightarrow{OC})$$

同様にして

$$\overrightarrow{OB'} = -\overrightarrow{OB} + \frac{2}{3}(\overrightarrow{OC} + \overrightarrow{OA})$$

と表せるから

$$\overrightarrow{A'B'} = \overrightarrow{OB'} - \overrightarrow{OA'}$$
$$= -\overrightarrow{OB} + \frac{2}{3}(\overrightarrow{OC} + \overrightarrow{OA}) - \left\{ -\overrightarrow{OA} + \frac{2}{3}(\overrightarrow{OB} + \overrightarrow{OC}) \right\}$$
$$= -\frac{5}{3}(\overrightarrow{OB} - \overrightarrow{OA})$$
$$= -\frac{5}{3}\overrightarrow{AB} \quad \rightarrow \boxed{ノ} \sim \boxed{ヒ}$$

次に，$\overrightarrow{A'B'}$ と $\overrightarrow{OC'}$ の内積 $\overrightarrow{A'B'} \cdot \overrightarrow{OC'}$ を求める。
上と同様にして

$$\overrightarrow{OC'} = -\overrightarrow{OC} + \frac{2}{3}(\overrightarrow{OA} + \overrightarrow{OB})$$

と表せる。また

$$|\overrightarrow{OA}| = |\overrightarrow{OB}| = |\overrightarrow{OC}| = 1, \quad \overrightarrow{OA} \cdot \overrightarrow{OB} = \overrightarrow{OB} \cdot \overrightarrow{OC} = \overrightarrow{OC} \cdot \overrightarrow{OA} = \frac{1}{2}$$

であることに注意して

$$\overrightarrow{A'B'} \cdot \overrightarrow{OC'} = -\frac{5}{3}(\overrightarrow{OB} - \overrightarrow{OA}) \cdot \left\{ -\overrightarrow{OC} + \frac{2}{3}(\overrightarrow{OA} + \overrightarrow{OB}) \right\}$$

$$= -\frac{5}{3}\left(\frac{2}{3}\overrightarrow{OA} \cdot \overrightarrow{OB} + \frac{2}{3}|\overrightarrow{OB}|^2 - \overrightarrow{OB} \cdot \overrightarrow{OC} - \frac{2}{3}|\overrightarrow{OA}|^2 \right.$$

$$\left. -\frac{2}{3}\overrightarrow{OA} \cdot \overrightarrow{OB} + \overrightarrow{OA} \cdot \overrightarrow{OC} \right)$$

$$= -\frac{5}{3}\left(\frac{2}{3} \cdot \frac{1}{2} + \frac{2}{3} - \frac{1}{2} - \frac{2}{3} - \frac{2}{3} \cdot \frac{1}{2} + \frac{1}{2} \right)$$

$$= 0 \quad \rightarrow \boxed{ヲ}$$

最後に，$\overrightarrow{A'B}$ と $\overrightarrow{CC'}$ の内積 $\overrightarrow{A'B} \cdot \overrightarrow{CC'}$ を求める。

$$\overrightarrow{A'B} = \overrightarrow{OB} - \overrightarrow{OA'}$$

$$= \overrightarrow{OB} - \left\{ -\overrightarrow{OA} + \frac{2}{3}(\overrightarrow{OB} + \overrightarrow{OC}) \right\}$$

$$= \frac{1}{3}(3\overrightarrow{OA} + \overrightarrow{OB} - 2\overrightarrow{OC})$$

$$\overrightarrow{CC'} = \overrightarrow{OC'} - \overrightarrow{OC}$$

$$= -\overrightarrow{OC} + \frac{2}{3}(\overrightarrow{OA} + \overrightarrow{OB}) - \overrightarrow{OC}$$

$$= \frac{2}{3}(\overrightarrow{OA} + \overrightarrow{OB} - 3\overrightarrow{OC})$$

と表せるから，求める内積 $\overrightarrow{A'B} \cdot \overrightarrow{CC'}$ は

$$\overrightarrow{A'B} \cdot \overrightarrow{CC'} = \frac{1}{3}(3\overrightarrow{OA} + \overrightarrow{OB} - 2\overrightarrow{OC}) \cdot \frac{2}{3}(\overrightarrow{OA} + \overrightarrow{OB} - 3\overrightarrow{OC})$$

$$= \frac{8}{9} \quad \rightarrow \boxed{ヘ} \cdot \boxed{ホ}$$

◀数学 I・A▶

1 解答 アイウ－12 エ8

解説 ≪式の値≫

$x^3 + y^3 = (x+y)^3 - 3xy(x+y)$ より

$$208 = 4^3 - 3xy \cdot 4 \qquad xy = -12 \quad \rightarrow ア \sim ウ$$
$$|x-y|^2 = (x-y)^2 = (x+y)^2 - 4xy$$
$$= 4^2 - 4 \cdot (-12) = 64$$

$|x-y| \geqq 0$ より　　$|x-y| = 8$　→エ

2 解答 オカ－2 キ7

解説 ≪2次方程式の解の配置≫

$f(x) = x^2 - 6|x| + a + 2$ とおく。方程式 $f(x) = 0$ が，相異なる4つの実数解をもつのは，$y = f(x)$ のグラフと x 軸が異なる4点で交わるときである。

$y = f(x)$ のグラフは y 軸に関して対称であるから，$y = f(x)$ のグラフが x 軸の正の部分と異なる2点で交わるような，a の値の範囲を求めればよい。

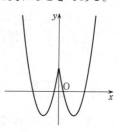

$x > 0$ のとき，$f(x)$ の絶対値記号をはずして，
$x^2 - 6x + a + 2 = g(x)$ とおく。

$$g(x) = (x-3)^2 + a - 7$$

$y = g(x)$ のグラフは，軸 $x = 3$，下に凸の放物線である。

2次方程式 $g(x) = 0$ の判別式を D とする。

求める条件は

$$\begin{cases} D > 0 & \cdots\cdots① \\ g(0) > 0 & \cdots\cdots② \end{cases}$$

①より

$$\frac{D}{4} = (-3)^2 - (a+2) = -a + 7 > 0$$

$a<7$　……①′

②より　　$g(0)=a+2>0$

　　　$a>-2$　……②′

①′，②′により，求める a の値の範囲は

　　$-2<a<7$　→オ～キ

3　解答　ク5　ケ3　コサ72

解説 ≪集合の要素≫

・36 は 9 の倍数だから，$36\notin\overline{A}$ である。

　よって，$36\notin\overline{A}\cap\overline{B}$ である。　→ク

・$A\cap B=C$ だから　　$A\cup B\supset C$　→ケ

・$A\cap\overline{C}$，$B\cap\overline{C}$ の要素を書き並べて表すと

　　$A\cap\overline{C}=\{9,\ 18,\ 27,\ 36,\ 54,\ 63,\ 72,\ 81,\ 99\}$

　　$B\cap\overline{C}=\{15,\ 30,\ 60,\ 75\}$

よって

　　$(A\cap\overline{C})\cup(B\cap\overline{C})$

　$=\{9,\ 15,\ 18,\ 27,\ 30,\ 36,\ 54,\ 60,\ 63,\ 72,\ 75,\ 81,\ 99\}$

となるから，4 番目に大きい要素は 72 である。→コサ

4　解答　シ2　スセ35　ソ8　タチ35

解説 ≪三平方の定理≫

点 O′ から線分 OA に垂線 O′H をおろすと，

四角形 AHO′B は長方形だから，

AB＝O′H である。

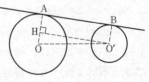

直角三角形 OO′H で，三平方の定理を用いて

　　$O'H=\sqrt{12^2-2^2}=\sqrt{140}$

　　　　$=2\sqrt{35}$　→シ～セ

四角形 OABO′ の面積は

　　$\dfrac{1}{2}(5+3)\cdot2\sqrt{35}=8\sqrt{35}$　→ソ～チ

5

解答　ツテト 150

[解 説] ≪三角比を用いた方程式≫

$\sqrt{3}\cos\theta = -1 - \sin\theta < 0$ より，$\cos\theta$ の値が負の数となるので，$90° < \theta \leq 180°$ である。

$\sin\theta = -1 - \sqrt{3}\cos\theta$ を $\sin^2\theta + \cos^2\theta = 1$ に代入して

$$(-1 - \sqrt{3}\cos\theta)^2 + \cos^2\theta = 1$$
$$1 + 2\sqrt{3}\cos\theta + 3\cos^2\theta + \cos^2\theta = 1$$
$$4\cos^2\theta + 2\sqrt{3}\cos\theta = 0$$
$$2\cos\theta(2\cos\theta + \sqrt{3}) = 0$$
$$\cos\theta = 0, \ -\frac{\sqrt{3}}{2}$$

$90° < \theta \leq 180°$ より　　$\theta = 150°$　→ツ〜ト

別解　「数学Ⅱ」で学習する三角関数の合成を利用すると以下のように解ける。

$$\sqrt{3}\cos\theta + \sin\theta = 2\sin\left(\theta + \frac{\pi}{3}\right) = -1$$

$0° \leq \theta \leq 180°$ より $\frac{\pi}{3} \leq \theta + \frac{\pi}{3} \leq \frac{4}{3}\pi$ であるから

$\sin\left(\theta + \frac{\pi}{3}\right) = -\frac{1}{2}$ のとき　　$\theta + \frac{\pi}{3} = \frac{7}{6}\pi$

よって　　$\theta = \frac{5}{6}\pi = 150°$

6

解答　ナ 6　ニ 2　ヌ 3　ネ 3

[解 説] ≪正弦定理≫

三角形の内角の和は 180° だから，∠A = 180° − (60° + 75°) = 45° である。
△ABC で正弦定理を用いて

$$\frac{AC}{\sin 60°} = \frac{BC}{\sin 45°}$$

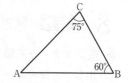

$$AC = \frac{BC}{\dfrac{1}{\sqrt{2}}} \cdot \frac{\sqrt{3}}{2}$$

$$= \frac{\sqrt{6}}{2}BC \quad \rightarrow \boxed{ナ} \cdot \boxed{ニ}$$

さらに，正弦定理を用いて

$$2R = \frac{AC}{\sin 60°}$$

$$\frac{R}{AC} = \frac{1}{2 \cdot \dfrac{\sqrt{3}}{2}} = \frac{\sqrt{3}}{3} \quad \rightarrow \boxed{ヌ} \cdot \boxed{ネ}$$

7 解答　$\boxed{ノ}$7　$\boxed{ハ}\boxed{ヒ}$15　$\boxed{フ}$3　$\boxed{ヘ}\boxed{ホ}$10

解説 ≪球を取り出す試行に関する確率≫

2 人とも赤球を取り出す確率は

$$\frac{7}{10} \times \frac{6}{9} = \frac{7}{15} \quad \rightarrow \boxed{ノ} \sim \boxed{ヒ}$$

Y が白球を取り出すのは次の(i)，(ii)の場合である。

(i)　X，Y がともに白球を取り出すとき

確率は　$\dfrac{3}{10} \times \dfrac{2}{9} = \dfrac{6}{90}$

(ii)　X が赤球を取り出し，Y が白球を取り出すとき

確率は　$\dfrac{7}{10} \times \dfrac{3}{9} = \dfrac{21}{90}$

(i)，(ii)は互いに排反だから，求める確率は

$$\frac{6}{90} + \frac{21}{90} = \frac{3}{10} \quad \rightarrow \boxed{フ} \sim \boxed{ホ}$$

8 解答　$\boxed{マ}$9　$\boxed{ミ}\boxed{ム}$35

解説 ≪カードを取り出す試行に関する確率≫

取り出した 4 枚のカードの数字のうち，2 番目に大きな数字が 4 となるの

は，4 のカードと，1，2，3 から 2 枚，5，6，7 から 1 枚取り出すときだから，求める確率は

$$\frac{{}_3C_2 \cdot 1 \cdot {}_3C_1}{{}_7C_4} = \frac{9}{35} \quad \rightarrow \boxed{マ} \sim \boxed{ム}$$

9 解答 $\boxed{メ}\,2$　$\boxed{モ}\,8$　$\boxed{ヤ}\,2$　$\boxed{ユヨ}\,16$

解説　≪平均値，分散≫

平均値は

$$\frac{1}{5}(4+2+1+2+5) = 2.8 \quad \rightarrow \boxed{メ}\cdot\boxed{モ}$$

分散は

$$\frac{1}{5}\left\{\left(4-\frac{14}{5}\right)^2 + \left(2-\frac{14}{5}\right)^2 + \left(1-\frac{14}{5}\right)^2 + \left(2-\frac{14}{5}\right)^2 + \left(5-\frac{14}{5}\right)^2\right\}$$

$$= \frac{1}{5}\left(\frac{36}{25} + \frac{16}{25} + \frac{81}{25} + \frac{16}{25} + \frac{121}{25}\right)$$

$$= \frac{1}{5}\cdot\frac{270}{25}$$

$$= 2.16 \quad \rightarrow \boxed{ヤ}\sim\boxed{ヨ}$$

別解　データの 2 乗の平均値は

$$\frac{1}{5}(4^2 + 2^2 + 1^2 + 2^2 + 5^2) = 10$$

（分散）＝（2 乗の平均）−（平均の 2 乗）より，分散は

$$10 - 2.8^2 = 2.16$$

物理

◀物理基礎・物理▶

I **解答** $\boxed{1}$—(イ) $\boxed{2}$—(ア) $\boxed{3}$—(ア) $\boxed{4}$—(イ) $\boxed{5}$—(イ) $\boxed{6}$—(イ)
$\boxed{7}$—(イ) $\boxed{8}$—(イ) $\boxed{9}$—(イ) $\boxed{10}$—(ウ)

解説 ≪床と壁で囲まれた空間内での 2 つの小球の衝突≫

$\boxed{4}$ 衝突 2 の直前の速度の垂直成分の大きさを v とすると，垂直方向の加速度の大きさは g であるので，等加速度直線運動の式より

$$v^2 - 0^2 = 2gh \qquad v = \sqrt{2gh}$$

衝突直後の速度の垂直成分の大きさは $\qquad e\sqrt{2gh}$

$\boxed{5}$・$\boxed{6}$ 2 つの小球の垂直方向の運動は同じであるので

$$t_2 = t_3$$

であり，高さも常に同じである。

$\boxed{7}$ 水平方向の距離，速さ，時刻の関係は

$$L = ev_A(t_5 - t_1) + ev_B(t_5 - t_4)$$

また

$$t_1 = \frac{L_1}{v_A}, \quad t_4 = \frac{L - L_1}{v_B}$$

t_1, t_4 を代入して

$$t_5 = \frac{(1+e)L}{e(v_A + v_B)}$$

$\boxed{8}$ 床での衝突直後の速度の垂直成分はどちらも $e\sqrt{2gh}$ である。合体直前の速度の垂直成分はどちらも同じであるので，合体直後の速度の垂直成分は合体直前の速度の垂直成分と同じである。床からの高さを H とすると

$$0^2 - (e\sqrt{2gh})^2 = 2(-g)H \qquad H = e^2 h$$

$\boxed{9}$ 最高点から床に衝突するまでの時間を t とすると

$$e^2h = \frac{1}{2}gt^2 \qquad t = e\sqrt{\frac{2h}{g}}$$

また

$$h = \frac{1}{2}gt_2{}^2 \qquad t_2 = \sqrt{\frac{2h}{g}}$$

求める時刻 t_6 は

$$t_6 = t_2 + 2t = \sqrt{\frac{2h}{g}} + 2e\sqrt{\frac{2h}{g}} = (1+2e)\sqrt{\frac{2h}{g}}$$

⑩　衝突 5 の直後には，運動量の水平成分は 0 になる。水平方向右向きを正として運動量保存則により

$$m_A ev_A + (-m_B ev_B) = 0 \qquad v_B = \frac{m_A}{m_B}v_A$$

II **解答**　⑪—(ウ)　⑫—(ア)　⑬—(イ)　⑭—(ア)　⑮—(ウ)　⑯—(オ)
⑰—(エ)　⑱—(エ)　⑲—(ア)　⑳—(ア)　㉑—(ア)　㉒—(イ)

㉓—(ウ)　㉔—(ア)　㉕—(イ)　㉖—(ウ)

〔解説〕 ≪2 本の平行電流がつくる磁場中を移動する正方形回路≫

⑪　磁場の大きさは，電流と P の距離はどちらも $\sqrt{x^2+h^2}$ であるので

$$|\vec{B_1}| = |\vec{B_2}| = \frac{\mu_0}{2\pi}\frac{I}{\sqrt{x^2+h^2}}$$

⑫　右ねじの法則より(ア)。

⑬　⑫と同様に(イ)。

⑭・⑮　x 成分，z 成分に分けると

$$\vec{B_1} = \left(\frac{h}{\sqrt{x^2+h^2}}|\vec{B_1}|,\ 0,\ \frac{x}{\sqrt{x^2+h^2}}|\vec{B_1}|\right)$$

同様に

$$\vec{B_2} = \left(\frac{-h}{\sqrt{x^2+h^2}}|\vec{B_1}|,\ 0,\ \frac{x}{\sqrt{x^2+h^2}}|\vec{B_1}|\right)$$

⑯・⑰　合成した磁束密度の向きは z 軸方向正である。

その大きさは　$\dfrac{2x}{\sqrt{x^2+h^2}}|\vec{B_1}|$

⑱　⑪の式を用いて

$$B(x) = \frac{2x}{\sqrt{x^2 + h^2}} \frac{\mu_0}{2\pi} \frac{I}{\sqrt{x^2 + h^2}} = \frac{\mu_0 I}{\pi} \frac{x}{x^2 + h^2}$$

[19]　$x = 0$ であるので　　　$B(0) = 0$

[20]　$x \to \infty$ では

$$\lim_{x \to \infty} \frac{\mu_0 I}{\pi} \frac{x}{x^2 + h^2} = 0$$

したがって，0 に近づいていく。

[21]　$x = 0$ で　　　$B(0) = 0$

$x \to \infty$ で　　　$B(x) \to 0$

適切なグラフは㋐。

[22]　㋐のグラフより $x > h$ では $B(x)$ は減少していく。辺 AD が受ける力の向きは x 軸方向負，辺 BC が受ける力の向きは x 軸方向正，辺 AD が受ける力の方が大きいので，全体が受ける力の向きは x 軸方向負。

[23]　この力の大きさ F は

$$F = I' \cdot B(x) \cdot a - I' \cdot B(x+a) \cdot a = I'\{B(x) - B(x+a)\}a$$

[24]　$B(x) > B(x+a)$ より

$$\Delta \Phi = \{B(x+a) - B(x)\}av\Delta t < 0$$

回路を貫く磁束は減少するので，レンツの法則より回路には A→B→C→D→A の向きの電流が流れる。

[25]　辺 AD が受ける力は x 軸方向負，辺 BC が受ける力は x 軸方向正，辺 AD が受ける力の方が大きいので，回路の電流が受ける力の向きは，x 軸方向負。

[26]　この回路の誘導起電力の大きさ V は，与式を用いて

$$V = \left| \frac{\Delta \Phi}{\Delta t} \right| = \left| \frac{\{B(x+a) - B(x)\}av\Delta t}{\Delta t} \right| = \{B(x) - B(x+a)\}av$$

回路の電流の大きさ i は　　　$i = \frac{\{B(x) - B(x+a)\}av}{R}$

力の大きさ f は[23]の式の I' を i に置き換えて

$$f = \frac{\{B(x) - B(x+a)\}av}{R}\{B(x) - B(x+a)\}a$$

$$= \frac{va^2}{R}\{B(x) - B(x+a)\}^2$$

Ⅲ 　**解答**　　27—(イ)　28—(ア)　29—(エ)　30—(エ)　31—(イ)　32—(ウ)
　　　　　　　 33—(ア)　34—(イ)　35—(ア)　36—(ア)　37—(ウ)　38—(ア)

39—(ア)　40—(ア)

[解　説]　≪閉管の固有振動≫

27　空気中の音の速さはおよそ 300 m/s より速い程度である。

32　波長 λ〔m〕は

$$\lambda = \frac{3.40 \times 10^2}{3.40 \times 10^2} = 1.00 \,〔\text{m}〕$$

37　図の閉管での固有振動は 5 倍振動であるので，腹となる点は B，D，F である。

38　気温が高くなるとはやくなる。

39　波長は大きくなる。

40　5 倍振動を保ちつづけるためには，正弦波の波長を一定にしなければならない。速さ v，振動数 f，波長 λ の関係は

$$v = f\lambda$$

したがって，λ を一定にするには，f も 3.4×10^2 Hz より大きくしていく必要がある。

■化学■

◀化学基礎・化学▶

I **解答** $\boxed{1}$—(オ)　$\boxed{2}$—(オ)　$\boxed{3}$—(ウ)　$\boxed{4}$—(エ)　$\boxed{5}$—(イ)　$\boxed{6}$—(ア)
$\boxed{7}$—(キ)　$\boxed{8}$—(コ)

解説　≪電子式，分子の形，アルカリ金属，炎色反応≫

$\boxed{1}$・$\boxed{2}$　CO_2, H_2O, CH_4, NH_3, CCl_4 の電子式および共有電子対の数と非共有電子対の数は次のようになる。

$$\ddot{O}::C::\ddot{O} \quad H:\ddot{O}:H \quad H:\overset{\displaystyle H}{\underset{\displaystyle H}{C}}:H \quad H:\overset{..}{\underset{\displaystyle H}{N}}:H \quad :\overset{\displaystyle :\ddot{C}l:}{\underset{\displaystyle :\ddot{C}l:}{\ddot{C}l:C:\ddot{C}l:}}$$

（共有電子対）	4	2	4	3	4
（非共有電子対）	4	2	0	1	12

$\boxed{3}$　H_2O, NH_3 はそれぞれ H^+ が次のように配位結合してオキソニウムイオン H_3O^+，アンモニウムイオン NH_4^+ を形成する。

$$H:\ddot{O}:H + H^+ \longrightarrow \left[H:\overset{..}{\underset{\displaystyle H}{O}}:H \right]^+$$

$$H:\overset{..}{\underset{\displaystyle H}{N}}:H + H^+ \longrightarrow \left[H:\overset{\displaystyle H}{\underset{\displaystyle H}{N}}:H \right]^+$$

$\boxed{4}$　極性分子は H_2O, NH_3，無極性分子は CO_2, CH_4, CCl_4 である。

$\boxed{5}$　CO_2, NH_3, CH_4 の分子の形は以下のようになる。

直線形　　　　三角錐形　　　　正四面体形

$\boxed{6}$　同位体は陽子数が同じで質量数が異なる原子である。

7 ・ 8 　原子 **A**～**G** は，**A** と **B** はホウ素 B，**C** は炭素 C，**D** はフッ素 F，
E はナトリウム Na，**F** はアルゴン Ar，**G** はカルシウム Ca である。
1 族元素の原子は **E** （Na）で，次のように水と反応して水素が発生する。

$$2Na + 2H_2O \longrightarrow 2NaOH + H_2$$

そして，酸素とは次のように反応する。

$$4Na + O_2 \longrightarrow 2Na_2O$$

また，橙赤色の炎色反応を示す原子は **G** （Ca）で，電子配置は K（2）L
（8）M（8）N（2）となるので，N 殻に最外殻電子を 2 個もつ。

II 解答

9 ―(オ)　10 ―(オ)　11 ―(ウ)　12 ―(キ)　13 ―(カ)　14 ―(ア)
15 ―(カ)　16 ―(ア)

解説　《金属の反応性，イオン化傾向》

9 　イオン化傾向が大きい金属ほど電子を失い，陽イオンになりやすいた
め，酸化されやすい。

10 ～ 12 ・ 14 ～ 16 　7 種類の金属のイオン化傾向は次のようになる。

$$Na > Mg > Fe > Ni > (H_2) > Cu > Ag > Pt$$

実験 1 ：水素よりもイオン化傾向が大きい金属は，希硫酸に溶けて水素
（気体(d)）を発生する。したがって，金属 **A**，**B**，**C**，**D** は Na，Mg，
Fe，Ni のいずれかである。

実験 2 ：金属 **E**，**F** は酸化力のある硝酸には溶けるので，Cu，Ag のいず
れかである。したがって，金属 **G** は Pt である。

実験 3 ：**A**，**D** は濃硝酸によって不動態となるので，**A**，**D** は Fe，Ni の
いずれかである。

実験 4 ：**E** は Cu，Ag のいずれかであるので酸化力のある濃硝酸に溶け
て二酸化窒素（気体(e)）を発生する。

実験 5 ：**B** は常温の水と激しく反応するので Na である。

$$2Na + 2H_2O \longrightarrow 2NaOH + H_2$$

C は熱水と反応するので Mg である。

$$Mg + 2H_2O \longrightarrow Mg(OH)_2 + H_2$$

D は高温の水蒸気と反応するので Fe である。また，実験 3 より **A** は Ni
である。

$$3Fe + 4H_2O \longrightarrow Fe_3O_4 + 4H_2$$

各反応式より，**B**，**C**，**D**はいずれも水素（気体(f)）を発生する。

実験 6：イオン化傾向が**E**＞**F**であるので，実験 2 より**E**は Cu，**F**は Ag である。

⑬ 2種類の金属を電池の電極としたとき，イオン化傾向の大きい金属が陽イオンとなり電子を放出するので，負極となる。今，**A**と**E**のイオン化傾向は **A**(Ni)＞**E**(Cu) であるので，Ni が負極となる。

Ⅲ 解答 ⑰—(エ) ⑱—(イ) ⑲—(エ) ⑳—(エ) ㉑—(キ) ㉒—(キ) ㉓—(エ) ㉔—(ウ)

解説 ≪アンモニアの電離平衡≫

⑰ $NH_3 + H_2O \rightleftharpoons NH_4^+ + OH^-$

平衡定数を K とすると，質量作用の法則より

$$K = \frac{[NH_4^+][OH^-]}{[NH_3][H_2O]} \quad ([H_2O]：一定)$$

⑱〜⑳ アンモニア水溶液の電離前の濃度を c〔mol/L〕，電離度を α とする平衡状態における各成分のモル濃度は次のようになる。

	NH_3	$+H_2O$	$\rightleftharpoons$	NH_4^+	$+OH^-$	
（初 め）	c	—		0	0	〔mol/L〕
（変化量）	$-c\alpha$	—		$+c\alpha$	$+c\alpha$	〔mol/L〕
（平衡時）	$c(1-\alpha)$	—		$c\alpha$	$c\alpha$	〔mol/L〕

よって

$$[NH_3] = c(1-\alpha) \text{〔mol/L〕}, \quad [NH_4^+] = [OH^-] = c\alpha \text{〔mol/L〕}$$

㉑ $[H_2O]$ は一定なので

$$K_b = K[H_2O] = \frac{[NH_4^+][OH^-]}{[NH_3]} = \frac{c^2\alpha^2}{c(1-\alpha)} = \frac{c\alpha^2}{1-\alpha}$$

㉒ $1-\alpha \fallingdotseq 1$ より $\quad K_b = c\alpha^2 \quad \alpha = \sqrt{\dfrac{K_b}{c}}$

㉓ $\alpha = \sqrt{\dfrac{1.69 \times 10^{-5}}{0.10}} = 1.30 \times 10^{-2}$

㉔ $[OH^-] = c\alpha = 0.10 \times 1.30 \times 10^{-2} = 1.30 \times 10^{-3}$〔mol/L〕

$[H^+][OH^-] = K_w$ より

$$[H^+] = \frac{K_w}{[OH^-]} = \frac{1.0 \times 10^{-14}}{1.30 \times 10^{-3}} = \frac{1}{13} \times 10^{-10} \text{〔mol/L〕}$$

よって

$$\mathrm{pH} = -\log_{10}[\mathrm{H}^+] = -\log_{10}\left(\frac{1}{13}\times 10^{-10}\right) = 10 + \log_{10}13$$

$$= 10 + 1.11 = 11.11 \doteqdot 11.1$$

参考　$[\mathrm{OH}^-]$ は以下のように求めることもできる。

$$[\mathrm{OH}^-] = c\alpha = c\sqrt{\frac{K_b}{c}} = \sqrt{cK_b} = \sqrt{0.10 \times 1.69 \times 10^{-5}}$$

$$= 1.30 \times 10^{-3}\,[\mathrm{mol/L}]$$

Ⅳ 解答

25 —(エ)　26 —(イ)　27 —(ケ)　28 —(エ)　29 —(ク)　30 —(イ)
31 —(イ)　32 —(キ)

解説 ≪芳香族化合物の反応≫

25　ベンゼンに濃硫酸と濃硝酸（混酸）を加えて約 60℃ に加熱すると，ニトロ化が起こり，ニトロベンゼン（化合物 **A**）が生成する。

また，クメンヒドロペルオキシドを硫酸で分解するとフェノール（化合物 **F**）とアセトン（化合物 **G**）が生成する。

26　ベンゼンに酸触媒下でプロペンを加えるとクメン（化合物 **E**）が生成する。

27　ニトロベンゼン（化合物 **A**）を濃塩酸とスズで還元し，アニリン塩酸塩（化合物 **B**）としたのち，水酸化ナトリウム水溶液を加えると弱塩基で

あるアニリン（化合物 **C**）が生成する。さらに，氷冷しながらアニリンに塩酸と亜硝酸ナトリウム水溶液を加えると，ジアゾ化が起こり，塩化ベンゼンジアゾニウム（化合物 **D**）が生成する。

28 ㈓誤り。アニリン（化合物 **C**）に無水酢酸を加えると，アセチル化が起こり，アセトアニリドが生成する。

29 塩化ベンゼンジアゾニウム（化合物 **D**）は 5℃以下の水溶液中では安定に存在するが，水温が高くなると加水分解して窒素を発生しながらフェノールを生じる。

30 ㈎正しい。フェノール（化合物 **F**）はナトリウムと反応すると，水素を発生しながらナトリウムフェノキシド（化合物 **H**）を生成する。

㈏誤り。弱酸の塩であるナトリウムフェノキシド（化合物 **H**）は強酸の塩酸と反応し，弱酸のフェノールが遊離する。

㈐正しい。ベンゼン環の炭素原子にヒドロキシ基 −OH が直接結合したフェノール類に塩化鉄(Ⅲ)水溶液を加えると，青紫〜赤紫などに呈色する。

㈢正しい。フェノール（化合物 **F**）の水溶液に臭素水を加えると，フェノールの *o* 位と *p* 位がブロモ化され，2,4,6-トリブロモフェノールの白色沈殿を生じる。

2,4,6-トリブロモ
フェノール

㈣正しい。ナトリウムフェノキシド（化合物 **H**）に高温・高圧下で二酸化炭素を反応させると，サリチル酸ナトリウムが生成する。

サリチル酸
ナトリウム

31・32　塩化ベンゼンジアゾニウム（化合物 **D**）とナトリウムフェノキシド（化合物 **H**）から橙赤色の *p*-ヒドロキシアゾベンゼン（*p*-フェニルアゾフェノール，化合物 **X**）が生成する反応はジアゾカップリングと呼ばれる。

p-ヒドロキシアゾベンゼン
（*p*-フェニルアゾフェノール）
X

この反応において，ベンゼン環の炭素原子−窒素原子間に新たな結合が形成されている。

生物

I
解答　問1. ㈹　問2. ㈸　問3. ㈽　問4. ㈦　問5. ㈾
　　　　問6. ㈽　問7. ㈿　問8. ㈼

解説　≪呼吸のしくみ，ATP の構造≫

問2. リード文の最後に「呼吸によって得られる ATP のほとんどは ┃ e ┃ から供給される」とあるので，空欄 e には「電子伝達系」を入れる。

問4. ①正文。電子伝達系についての説明である。

②誤文。クエン酸を利用するのはクエン酸回路である。

③誤文。二酸化炭素が発生するのは電子伝達系ではなく，クエン酸回路である。

④誤文。電子伝達系はミトコンドリア内膜で起こる。なお，チラコイドは葉緑体内の構造である。

II
解答　問1. ㈹　問2. ㈦　問3. ㈿　問4. ㈽　問5. ㈼
　　　　問6. ㈽　問7. ㈹　問8. ㈽

解説　≪体細胞分裂，細胞の分化≫

問1. ①正文。DNA ヘリカーゼのはたらきによって2本鎖が1本鎖になる。

②正文。DNA ポリメラーゼのはたらきで，ヌクレオチドが連結され新生鎖が合成される。

③誤文。DNA の複製ではなく，翻訳の説明である。

④誤文。転写後に起こるスプライシングの説明である。

問2. ①正文。②・③誤文。間期の細胞では，染色体は糸状のクロマチン繊維の状態で存在するが，分裂期になるとコンデンシンやコヒーシンなどのタンパク質のはたらきによって凝縮して太い棒状になる。

④誤文。複数の DNA 分子ではなく，1本の DNA 分子が束ねられて1本の染色体がつくられる。

問3. ①誤文。③・④正文。動物細胞ではくびれて切れることによって，

植物細胞では細胞板が形成されることによって細胞が二分されることを，細胞質分裂と呼ぶ。

②誤文。細胞質分裂によって細胞あたりの DNA 量は半減する。

問4．①・②・④誤文。③正文。体細胞は1つの受精卵が体細胞分裂を繰り返してつくられたものであるので，基本的に同じ遺伝子をもつ。分化後の細胞で細胞ごとに形や機能が異なるのは，発現する遺伝子の組み合わせが異なるためである。

問5．①不適。かま状赤血球症は環境の変化によって起こるのではなく，塩基配列の変化によって起こるものである。

②・③不適。細胞の分化に伴って起こる変化ではなく，分化後の機能について述べたものである。

問6．①は前期，②は終期，④は後期の特徴である。

問7．細胞分裂によって2倍ずつ増えていくので

$$2^x = 37 \times 10^{12} = 37 \times (10^3)^4 = 37 \times (2^{10})^4 = 37 \times 2^{40}$$

ここで，$2^5 = 32$ を用いて，上の式を

$$37 \times 2^{40} \doteqdot 2^5 \times 2^{40} = 2^{45}$$

と，近似することができる。よって，答えは(オ)となる。

問8．①誤文。細胞周期を22時間として，間期に要する時間を求めると

$$22 \times \frac{131}{131+14} = 19.9 〔時間〕$$

となる。

②誤文。終期の細胞は間期ではなく，分裂期の1つの細胞として数える。

③正文。前期の時点ですでに核酸の消滅などが始まっているため，分裂期として数える。

④誤文。分裂準備期の細胞は分裂期ではなく，間期の細胞として数える。

Ⅲ **解答**　問1．(ク)　問2．(キ)　問3．(イ)・(エ)・(オ)　問4．(ケ)
問5．(ケ)　問6．(コ)　問7．(ア)・(イ)　問8．(ア)・(イ)・(ウ)

解説　≪血液循環，血液凝固≫

問3．(ア)・(ウ)誤文。(イ)正文。動脈と静脈の間に毛細血管をもたないものを開放血管系と呼ぶ。動脈を出た血液は組織に流れ出る。

(エ)・(オ)正文。(カ)誤文。動脈と静脈を毛細血管でつないだものを閉鎖血管系

と呼ぶ。血液は毛細血管の中だけを流れるが，白血球は免疫反応などにより，血管外に遊走する場合もある。

問 7．(ア)・(イ)正文。(エ)誤文。血液の液体成分を血しょうと呼ぶ。血しょうにはタンパク質が約 7 %，グルコースが約 0.1 %含まれている。二酸化炭素や栄養素，ホルモン，抗体などを運搬している。

(ウ)誤文。赤血球，白血球，血小板は有形成分である。

問 8．(ア)・(イ)・(ウ)正文。血液凝固因子のはたらきでプロトロンビンがトロンビンに変化する。酵素であるトロンビンはフィブリノーゲンをフィブリンに変える。傷口に集まった血小板が塊をつくり，さらにフィブリンが血球をからめ取って血ぺいをつくる。

(エ)誤文。プロトロンビンではなく，トロンビンのはたらきである。

IV　解答

問 1．(ウ)　問 2．(ケ)　問 3．(ケ)　問 4．(ウ)　問 5．(イ)
問 6．(オ)　問 7．(コ)　問 8．(イ)

解説　≪自然免疫と適応免疫，造血幹細胞，予防接種，凝集反応≫

問 2．①・③・④正文。病原体を貪食した樹状細胞は，ヘルパー T 細胞に抗原提示する。活性化されたヘルパー T 細胞は，B 細胞を活性化し抗体産生を促す。体液中に分泌された抗体は抗原と結合し，その複合体は食作用を受けることで体内から排除される。この抗体による免疫を体液性免疫と呼ぶ。

②誤文。細胞性免疫ではなく，体液性免疫である。

問 3．①正文。NK 細胞は抑制性受容体をもち，この受容体が正常細胞のもつ MHC と結合することにより細胞への攻撃は抑えられる。異なる MHC をもつ非自己の細胞は破壊される。

③・④正文。②誤文。NK 細胞はリンパ球の一種で，感染細胞やがん細胞を破壊する。

問 4．①・④正文。すべての血球は造血幹細胞からつくられる。その過程で赤血球は核を失う。また自己反応性をもつ T 細胞と B 細胞は排除されることで免疫寛容が成立する。

②誤文。白血球ではなく赤血球の説明である。

③誤文。孔辺細胞とは植物の細胞である。

問 7．①誤文。インフルエンザの予防にはワクチン接種が用いられる。

②正文。BCG は結核の感染予防のためのものである。

③正文。天然痘ワクチンの普及によって，天然痘は 1980 年に WHO により根絶宣言が発表された。

④正文。予防接種とは，弱毒化または死滅させた病原体などを接種することで，免疫記憶を形成させ感染を予防するものである。

問8．①・③正文。②・④誤文。血液の凝集反応は，赤血球の表面にある糖鎖が抗原となり，血しょう中の抗体と抗原抗体反応を起こすことによる。各血液型における抗原と抗体の組み合わせは下表のようになる。

血液型	A型	B型	AB型	O型
抗　原	A	B	AとB	なし
抗　体	β (抗B抗体)	α (抗A抗体)	なし	αとβ (抗A抗体, 抗B抗体)

V 解答

問1．(エ)　問2．(コ)　問3．(ア)　問4．(コ)　問5．(キ)
問6．(コ)　問7．(ウ)　問8．(コ)

解説　≪バイオーム，垂直分布と水平分布≫

問2．①の雨緑樹林は熱帯と亜熱帯，②の夏緑樹林は冷温帯，③の硬葉樹林は暖温帯と冷温帯，④の照葉樹林は暖温帯に分布する。

問3．①正文。雨緑樹林は雨季と乾季が分かれている地域に成立する森林で，チークやサラソウジュなどが優占する。

②正文。夏緑樹林は温帯の中でも寒い地域に分布し，ブナやミズナラ，カエデなどが優占する。

③誤文。照葉樹林は落葉樹ではなく常緑樹が優占する。

④誤文。熱帯多雨林ではフタバガキなどの高木がみられる。ミズナラは夏緑樹林でみられる植物である。

問4．①誤文。サバンナではまばらに木本類がみられる。

問5．④誤文。プレーリードッグは北アメリカのステップ（プレーリーとも呼ばれる）に生息する動物である。

問6．②・③・④正しい。ツンドラは，カナダ，アメリカ合衆国（アラスカ），ロシア連邦，ノルウェーなどに分布する。

①誤り。アイルランドは夏緑樹林である。

問7．②誤文。コナラは本州や四国・九州地方などで広くみられる植物であるが，亜熱帯多雨林には分布していない。

③誤文。カエデは夏緑樹林でみられる植物である。

問8．①誤文。日本列島ではバイオームの境界は主に気温によって決まる。北に行くほど気温が下がるので，境界標高は北斜面の方が低くなる。

国語

一

出典　佐藤信夫『レトリック感覚』〈第二章　隠喩〉（講談社学術文庫）

解答

問1　ⓐ—㋓　ⓒ—㋑　ⓔ—㋓
問2　ⓑ—㋑　ⓓ—㋔
問3　㋓
問4　㋔
問5　㋐
問6　㋔
問7　㋒
問8　㋓
問9　㋔
問10　㋒

二

出典　石井洋二郎「『大人になるためのリベラルアーツ』とは」（石井洋二郎・藤垣裕子『大人になるためのリベラルアーツ——思考演習12題』〈はじめに〉東京大学出版会）

解答

問1　㋑
問2　㋔
問3　㋔
問4　㋑
問5　㋒
問6　㋒
問7　㋔
問8　㋓
問9　㋐
問10　㋐
問11　㋒
問12　㋐

問13　㋷

問14　㋐

問15　㋐・㋓

三　**解答**　問1　(1)—㋔　(2)—㋐

　　　　　　　問2　(1)—㋒　(2)—㋐

問3　(1)—㋕　(2)—㋒

//////////////// · **memo** · ////////////////

//////////////////// · memo · ////////////////////

/////////////// · **memo** · ///////////////

//////////////// · memo · ////////////////

//////////////// · **memo** · ////////////////

//////////////// · memo · ////////////////

教学社 刊行一覧

2025年版　大学赤本シリーズ

国公立大学（都道府県順）

374大学556点 全都道府県を網羅

全国の書店で取り扱っています。店頭にない場合は，お取り寄せができます。

1　北海道大学(文系－前期日程)
2　北海道大学(理系－前期日程)　医
3　北海道大学(後期日程)
4　旭川医科大学(医学部〈医学科〉)　医
5　小樽商科大学
6　帯広畜産大学
7　北海道教育大学
8　室蘭工業大学／北見工業大学
9　釧路公立大学
10　公立千歳科学技術大学
11　公立はこだて未来大学　総推
12　札幌医科大学(医学部)　医
13　弘前大学　医
14　岩手大学
15　岩手県立大学・盛岡短期大学部・宮古短期大学部
16　東北大学(文系－前期日程)
17　東北大学(理系－前期日程)　医
18　東北大学(後期日程)
19　宮城教育大学
20　宮城大学
21　秋田大学　医
22　秋田県立大学
23　国際教養大学　総推
24　山形大学　医
25　福島大学
26　会津大学
27　福島県立医科大学(医・保健科学部)　医
28　茨城大学(文系)
29　茨城大学(理系)
30　筑波大学(推薦入試)　医 総推
31　筑波大学(文系－前期日程)
32　筑波大学(理系－前期日程)　医
33　筑波大学(後期日程)
34　宇都宮大学
35　群馬大学　医
36　群馬県立女子大学
37　高崎経済大学
38　前橋工科大学
39　埼玉大学(文系)
40　埼玉大学(理系)
41　千葉大学(文系－前期日程)
42　千葉大学(理系－前期日程)　医
43　千葉大学(後期日程)　医
44　東京大学(文科)　DL
45　東京大学(理科)　DL　医
46　お茶の水女子大学
47　電気通信大学
48　東京外国語大学　DL
49　東京海洋大学
50　東京科学大学(旧 東京工業大学)
51　東京科学大学(旧 東京医科歯科大学)　医
52　東京学芸大学
53　東京藝術大学
54　東京農工大学
55　一橋大学(前期日程)
56　一橋大学(後期日程)
57　東京都立大学(文系)
58　東京都立大学(理系)
59　横浜国立大学(文系)
60　横浜国立大学(理系)
61　横浜市立大学(国際教養・国際商・理・データサイエンス・医〈看護〉学部)

62　横浜市立大学(医学部〈医学科〉)　医
63　新潟大学(人文・教育〈文系〉・法・経済科・医〈看護〉・創生学部)
64　新潟大学(教育〈理系〉・理・医〈看護を除く〉・歯・工・農学部)　医
65　新潟県立大学
66　富山大学(文系)
67　富山大学(理系)　医
68　富山県立大学
69　金沢大学(文系)
70　金沢大学(理系)　医
71　福井大学(教育・医〈看護〉・工・国際地域学部)
72　福井大学(医学部〈医学科〉)　医
73　福井県立大学
74　山梨大学(教育・医〈看護〉・工・生命環境学部)
75　山梨大学(医学部〈医学科〉)　医
76　都留文科大学
77　信州大学(文系－前期日程)
78　信州大学(理系－前期日程)　医
79　信州大学(後期日程)
80　公立諏訪東京理科大学　総推
81　岐阜大学(前期日程)　医
82　岐阜大学(後期日程)
83　岐阜薬科大学
84　静岡大学(前期日程)
85　静岡大学(後期日程)
86　浜松医科大学(医学部〈医学科〉)　医
87　静岡県立大学
88　静岡文化芸術大学
89　名古屋大学(文系)
90　名古屋大学(理系)　医
91　愛知教育大学
92　名古屋工業大学
93　愛知県立大学
94　名古屋市立大学(経済・人文社会・芸術工・看護・総合生命理・データサイエンス学部)
95　名古屋市立大学(医学部〈医学科〉)　医
96　名古屋市立大学(薬学部)
97　三重大学(人文・教育・医〈看護〉学部)
98　三重大学(医〈医〉・工・生物資源学部)　医
99　滋賀大学
100　滋賀医科大学(医学部〈医学科〉)　医
101　滋賀県立大学
102　京都大学(文系)
103　京都大学(理系)　医
104　京都教育大学
105　京都工芸繊維大学
106　京都府立大学
107　京都府立医科大学(医学部〈医学科〉)　医
108　大阪大学(文系)　DL
109　大阪大学(理系)　医
110　大阪教育大学
111　大阪公立大学(現代システム科学域〈文系〉・文・法・経済・商・看護・生活科〈居住環境・人間福祉〉学部－前期日程)
112　大阪公立大学(現代システム科学域〈理系〉・理・工・農・獣医・医・生活科〈食栄養〉学部－前期日程)　医
113　大阪公立大学(中期日程)
114　大阪公立大学(後期日程)
115　神戸大学(文系－前期日程)
116　神戸大学(理系－前期日程)　医

117　神戸大学(後期日程)
118　神戸市外国語大学　DL
119　兵庫県立大学(国際商経・社会情報科・看護学部)
120　兵庫県立大学(工・理・環境人間学部)
121　奈良教育大学／奈良県立大学
122　奈良女子大学
123　奈良県立医科大学(医学部〈医学科〉)　医
124　和歌山大学
125　和歌山県立医科大学(医・薬学部)　医
126　鳥取大学　医
127　公立鳥取環境大学
128　島根大学　医
129　岡山大学(文系)
130　岡山大学(理系)　医
131　岡山県立大学
132　広島大学(文系－前期日程)
133　広島大学(理系－前期日程)　医
134　広島大学(後期日程)
135　尾道市立大学　総推
136　県立広島大学
137　広島市立大学
138　福山市立大学　総推
139　山口大学(人文・教育〈文系〉・経済・医〈看護〉・国際総合科学部)
140　山口大学(教育〈理系〉・理・医〈看護を除く〉・工・農・共同獣医学部)　医
141　山陽小野田市立山口東京理科大学　総推
142　下関市立大学／山口県立大学
143　周南公立大学　前 総推
144　徳島大学　医
145　香川大学　医
146　愛媛大学　医
147　高知大学　医
148　高知工科大学
149　九州大学(文系－前期日程)
150　九州大学(理系－前期日程)　医
151　九州大学(後期日程)
152　九州工業大学
153　福岡教育大学
154　北九州市立大学
155　九州歯科大学
156　福岡県立大学／福岡女子大学
157　佐賀大学　医
158　長崎大学(多文化社会・教育〈文系〉・経済・医〈保健〉・環境科〈文系〉学部)
159　長崎大学(教育〈理系〉・医〈医〉・歯・薬・情報データ科・工・環境科〈理系〉・水産学部)　医
160　長崎県立大学　総推
161　熊本大学(文・教育・法・医〈看護〉学部・情報融合学環〈文系型〉)
162　熊本大学(理・医〈看護を除く〉・薬・工学部・情報融合学環〈理系型〉)　医
163　熊本県立大学
164　大分大学(教育・経済・医〈看護〉・理工・福祉健康科学部)
165　大分大学(医学部〈医・先進医療科学科〉)　医
166　宮崎大学(教育・医〈看護〉・工・農・地域資源創成学部)
167　宮崎大学(医学部〈医学科〉)　医
168　鹿児島大学(文系)
169　鹿児島大学(理系)　医
170　琉球大学　医

2025年版　大学赤本シリーズ

国公立大学 その他

私立大学①

2025年版 大学赤本シリーズ

私立大学③

[医] 医学部医学科を含む
[総推] 総合型選抜または学校推薦型選抜を含む
[DL] リスニング音声配信 [新] 2024年 新刊・復刊

掲載している入試の種類や試験科目、収載年数などはそれぞれ異なります。
詳細については、それぞれの本の目次や赤本ウェブサイトでご確認ください。

akahon.net

赤本 | 検索

難関校過去問シリーズ

出題形式別・分野別に収録した
「入試問題事典」
20大学 73点

定価 2,310~2,640円（本体2,100~2,400円）

先輩合格者はこう使った！
「難関校過去問シリーズの使い方」

61年,全部載せ！
要約演習で、総合力を鍛える

東大の英語 要約問題 UNLIMITED

[DL] リスニング音声配信
[新] 2024年 新刊
㊈ 2024年 改訂

いつも受験生のそばに──赤本

入試対策
赤本プラス

赤PLUS+本

赤本プラスとは、過去問演習の効果を最大にするためのシリーズです。「赤本」であぶり出された弱点を、赤本プラスで克服しましょう。

- 大学入試 すぐわかる英文法 DL
- 大学入試 ひと目でわかる英文読解
- 大学入試 絶対できる英語リスニング DL
- 大学入試 すぐ書ける自由英作文
- 大学入試 ぐんぐん読める
  英語長文(BASIC) DL
- 大学入試 ぐんぐん読める
  英語長文(STANDARD) DL
- 大学入試 ぐんぐん読める
  英語長文(ADVANCED) DL
- 大学入試 正しく書ける英作文
- 大学入試 最短でマスターする
  数学Ⅰ・Ⅱ・Ⅲ・A・B・C
- 大学入試 突破力を鍛える最難関の数学
- 大学入試 知らなきゃ解けない
  古文常識・和歌
- 大学入試 ちゃんと身につく物理
- 大学入試 もっと身につく
  物理問題集(①力学・波動)
- 大学入試 もっと身につく
  物理問題集(②熱力学・電磁気・原子)

入試対策
英検®
赤本シリーズ

英検®(実用英語技能検定)の対策書。
過去問集と参考書で万全の対策ができます。

▶過去問集 (2024年度版)
- 英検®準1級過去問集 DL
- 英検®2級過去問集 DL
- 英検®準2級過去問集 DL
- 英検®3級過去問集 DL

▶参考書
- 竹岡の英検®準1級マスター DL
- 竹岡の英検®2級マスター CD DL
- 竹岡の英検®準2級マスター CD DL
- 竹岡の英検®3級マスター CD DL

入試対策
赤本プレミアム

赤本の教学社だからこそ作れた、
過去問ベストセレクション

- 東大数学プレミアム
- 東大現代文プレミアム
- 京大数学プレミアム[改訂版]
- 京大古典プレミアム

入試対策
赤本メディカル
シリーズ

過去問を徹底的に研究し、独自の出題傾向をもつメディカル系の入試に役立つ内容を精選した実戦的なシリーズです。

- [国公立大]医学部の英語[3訂版]
- 私立医大の英語[長文読解編][3訂版]
- 私立医大の英語[文法・語法編][改訂版]
- 医学部の実戦小論文[3訂版]
- 医歯薬系の英単語[4訂版]
- 医系小論文 最頻出論点20[4訂版]
- 医学部の面接[4訂版]

入試対策
体系シリーズ

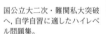

国公立大二次・難関私大突破へ、自学自習に適したハイレベル問題集。

- 体系英語長文
- 体系英作文
- 体系現代文
- 体系世界史
- 体系物理[第7版]

入試対策
単行本

▶英語
- Q&A即決英語勉強法
- TEAP攻略問題集[新装版] DL 新
- 東大の英単語[新装版]
- 早慶上智の英単語[改訂版]

▶国語・小論文
- 著者に注目! 現代文問題集
- ブレない小論文の書き方 樋口式ワークノート

▶レシピ集
- 奥薗壽子の赤本合格レシピ

入試対策 ｜ 共通テスト対策

赤本手帳

- 赤本手帳(2025年度受験用) プラムレッド
- 赤本手帳(2025年度受験用) インディゴブルー
- 赤本手帳(2025年度受験用) ナチュラルホワイト

入試対策
風呂で覚える
シリーズ

水をはじく特殊な紙を使用。いつでもどこでも読めるから、ちょっとした時間を有効に使える!

- 風呂で覚える英単語[4訂新装版]
- 風呂で覚える英熟語[改訂新装版]
- 風呂で覚える古文単語[改訂新装版]
- 風呂で覚える古文文法[改訂新装版]
- 風呂で覚える漢文[改訂新装版]
- 風呂で覚える日本史[年代][改訂新装版]
- 風呂で覚える世界史[年代][改訂新装版]
- 風呂で覚える倫理[改訂版]
- 風呂で覚える百人一首[改訂版]

共通テスト対策
満点のコツ
シリーズ

共通テストで満点を狙うための実戦的参考書。
重要度の高いリスニング対策は
「カリスマ講師」竹岡広信が一回読みにも対応できるコツを伝授!

- 共通テスト英語[リスニング]
  満点のコツ[改訂版] DL 新
- 共通テスト古文 満点のコツ[改訂版] 新
- 共通テスト漢文 満点のコツ[改訂版] 新
- 共通テスト生物基礎
  満点のコツ[改訂版] 新

入試対策 ｜ 共通テスト対策

赤本ポケット
赤本ポケット
シリーズ

▶共通テスト対策
- 共通テスト日本史[文化史]

▶系統別進路ガイド
- デザイン系学科をめざすあなたへ

CD リスニングCDつき　DL 音声無料配信
新 2024年新刊・改訂

2025 年版　大学赤本シリーズ　No. 454

中部大学

編　集　教学社編集部
発行者　上原　寿明
発行所　教学社
　　　　〒606-0031
　　　　京都市左京区岩倉南桑原町56

2024 年 7 月 30 日　第 1 刷発行
ISBN978-4-325-26513-9
定価は裏表紙に表示しています

電話　075-721-6500
振替　01020-1-15695
印　刷　太洋社